조선과 대한제국 의례의 경계

조선과 대한제국 의례의 경계

이 현 진 지음

(학)신구학원 신구문화사

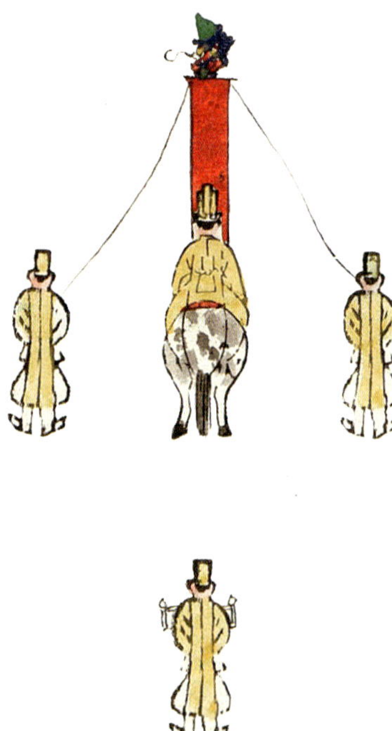

머리말

19세기 동아시아 여러 국가들은 서구 세력 혹은 근대를 경험한 국가를 통해 자의든 타의든 변화를 겪지 않을 수 없었다. 전통시대 조선도 이러한 흐름에 따라 근대적 국가를 지향한 대한제국으로 재탄생하면서 다방면에서 변화를 수반했다. 본서는 그중 의례에 초점을 두고 그것의 변화 양상을 살핀 책으로, 대상 시기는 1894년부터 1898년까지로 설정했다.

의례는 일상적으로 행하는 의례도 있지만 어떤 사건을 계기로 특별하게 행하는 의례도 있다. 마침 근대 사회로 전환하는 시점에 국가 의례의 변화를 보여줄 수 있는 사건이 발생했고, 그것은 바로 1895년 일본 자객들에 의한 '명성왕후 시해'였다. 명성왕후의 죽음과 향후 치러지는 국장은 국가 의례 중 흉례(凶禮), 상장(喪葬)에 국한되지만 조선에서 대한제국으로 국체가 변화하는 시기에 진행되어 본서의 주요 소재로 적격이었다.

유교 문화에서 예(禮)는 국가의 존재와 운영을 위해 강제력을 수반하는 법(法)만큼 중요한 요소였다. 사람의 행위를 규정짓는다는 점에서 공통점이 있지만 특히 의례는 차별적인 속성을 내포하고 있어, 유교 국가를 천명한 조선 역시 내부적으로 모든 질서를 '예'에 따라 차등적으로 구분지었다. 이는 대한제국으로 국체가 바뀌더라도 쉽사리 달라지기 어려운 부분이기도 했다.

그간 필자는 예의 이러한 속성이 어떻게 드러나는가를 확인하기 위해 흉례에 국한하지만 왕실 구성원들의 상장례를 하나하나 짚어보는 연구를 진행해 왔다. 그 결과 정조의 장례를 다룬 『왕의 죽음, 정조의 국장』(2015), 영조·문효세자·의소세손의 상장을 비교한 『조선 왕실의 상장례』(2017)를 출간했다. 그 밖에도 왕후, 세자빈, 후궁, 공주 등 신분에 따른 상장례의 특징을 드러내는 여러 편의 논문을 작성했다.

오랫동안 조선 왕실의 상장례를 연구해 온 터라, 그렇다면 조선이 아닌 대한제국을 선포한 뒤에는 어떻게 달라졌을까 궁금했다. 의례 절차, 용어, 거기에 사용된 물품 등 여러 방면에서 달라졌을 것이라는 확신하에 왕후의 신분에서 죽었으나 상장례를 치르는 동안 황후의 신분으로 바뀌어 국장에 변화가 생겼을 명성왕후/황후의 국장이 가장 적합한 대상으로 떠올랐다. 조선과 대한제국 의례를 모두 볼 수 있는 기회라고 판단하여 그의 국장 전 과정을 살펴보는 것이 이 책을 집필하게 된 직접적인 동기였다.

조선의 왕후 국장에서 시작하여 중간에 대한제국 선포, 대한제국 전례(典禮)가 확정되지 않은 상황에서 황후 국장을 치르기 위한 의례의 마련, 이를 파악하는 것은 지난한 과정이었다. 변화를 파악하는 것도, 그리고 그것의 근거가 된 문헌을 확인하는 것도 쉽지 않았지만 1895년을 전후한 당시의 대내외적 동향, 집권세력, 의례 담당자의 정치적 성격 파악 등은 이 시기를 공부하지 않았던 필자에게 또 다른 어려움을 안겨주었다. 그럼에도 막상 책으로 엮고 보니 조선에서 근대로 변화하는 다른 의례 연구를 위한 바탕이 된 것 같아 뿌듯한 마음이다. 조선 왕실과 대한제국 황실의 역사와 문화, 의례를 이해하는 데 조금이나마 도움이 되었으면 한다.

오래전부터 탈고를 기다려주고 도판과 도표가 많아서 편집이 힘들었을 텐데 이쁘게 만들어준 신구문화사 최승복 편집부장님의 열정은 오래도록 잊지 못할 것이다. 아울러 신구문화사 식구들에게도 깊이 감사드린다.

필자의 전공과 무관하여 반드시 자문이 필요한 부분이 있었다. 집필하는 기간 내내 의례 공간에 대한 이해 및 본서에 이를 반영하도록 도움을 준 이혜원 선생님, 복식에 관해 무엇이든 질문을 드렸음에도 항상 친절하게 답변해주신 박현정 선생님 너무나 고맙고 감사하다. 도판과 관련하여 도움을 준 임한수 선생님, 전혜원 선생님, 김광수 님, 이인복 선생님, 도판을 활용할 수 있도록 허락해준 여러 기관의 고마움 또한 잊을 수 없다. 그리고 여러 방면으로 도움을 준 권미숙 선생님, 이 책이 나오기까지 3년여 동안 원기 부족과 그로 인한 면역력 저하로 힘들어 할 때 주치의로서 필자의 건강을 책임져준 김동일 원장님(경희강한의원)께 진심으로 감사드린다.

마지막으로 그 누구보다도 필자를 아끼고 지지해준 아버지께서 2018년 가장 더울 때 갑자기 세상을 떠나셨고, 얼마 전 엄마가 또 돌아가셨다. 하늘이 무너지는 슬픔을 겪었다. 부모님 영전(靈前)에 이 책을 바친다.

2022년 2월

코로나바이러스감염증-19(COVID-19)로 집에서 집필을 마치다.

이 현 진

차례

표 목차

도판 목차

조선과 대한제국 의례의 경계

서 론

대내적으로 황제국을 자처하여 그에 걸맞게 국가 의례가 정비된 고려와 달리, 조선은 건국하면서 곧바로 제후국임을 천명하여 모든 제도와 의례 등이 그에 맞춰 정비되었다. 묘호(廟號), 능호(陵號) 등 천자국에서만 사용하는 용어를 완전히 배제하지는 않았지만 1897년 공식적으로 대한제국을 선포하기 전까지 제후국에서 벗어나지 않은 채 유지되었다. 참고로, 묘호는 승하한 국왕의 신위(神位)를 종묘에 봉안할 때 일컫는 추존 칭호이고, 능호는 왕릉의 명칭을 가리킨다.

임진왜란, 병자호란이라는 큰 전란을 겪고서도 17세기 숙종대부터 이를 잘 극복하여 18세기 영·정조대에는 소위 중흥의 시기를 보냈다. 그러다가 19세로 접어들면서 대내적으로는 안동김씨와 풍양조씨 등 몇몇 가문을 중심으로 정국이 운영되고, 대외적으로는 열강의 침입으로 국력이 급격히 약해졌다. 개항이 이루어진 뒤부터 이러한 양상은 가속화되었고, 조선은 더욱 가파르게 격변의 시기를 맞이하면서 '명성왕후(明成王后)/명성황후(明成皇后)'의 시해라는 상상조차 할 수 없는 사건까지 발생했다.

여기서 잠깐 '명성왕후/명성황후'라고 표기한 것부터 설명이 필요하다. 본서에서 간혹 명성왕후/황후라고 표기하는 경우가 종종 있어서이다. 사실 전통시대에는 칭호(稱號)가 당사자를 중심으로 다른 사람과의 관계를 드러내는 하나의 방편이었고, 그 자체만으로도 사람들 간 정체성을 드러낼 수 있었다. 이는 곧 당시의 시대성을 드러내기도 하므로, 본격적인 논의에 들어가기에 앞서 혼란을 줄 수 있는 칭호부터 정리할 필요가 있다.

우선 명성'왕후'이다. 조선시대에는 현종의 비 명성왕후(明聖王后, 1642~1683)가 있어 고종의 비 명성왕후와 혼란을 줄 수 있으나 시호(諡號)인 '명성'의 '성'자가 달랐다. 고종비는 '성(成)', 현종비는 '성(聖)'자였다. 시호는 죽은 뒤 이름을 대신하여 부르는 명칭이다.

다음은 명성'황후'이다. 고종의 비를 가리킬 때 대부분 명성'왕후'보다 명성'황후'라고 일컫는다. 엄밀하게 말하면, 고종이 명성왕후의 국장(國葬)을 치르는 가운데 조선에서 대한제국으로 국체가 승격됨에 따라 명성'왕후'에서 명성'황후'로 추증되었다. 그런 까닭에 대한제국을 선포하기 전까지는 명성왕후로 표기하는 것이 적절하다. 본서에서는 명성왕후와 명성황후라는 칭호를 모두 사용하되 대한제국을 선포하기 전까지는 명성왕후, 그 이후에는 명성황후라고 표기하고자 한다.

명성황후(1851~1895)는 경기도 여주에서 여성부원군 민치록(閔致祿, 1799~1858)과 한창부부인 이씨(韓昌府夫人李氏) 사이에서 태어났다. 본관은 여흥(驪興)으로, 태종의 비 원경왕후(元敬王后, 1365~1420)와 숙종의 계비(繼妃) 인현왕후(仁顯王后, 1667~1701)와 같은 집안이다.[1] 1866년(고종 3) 세 번의 간택 절차를 거쳐서[2] 납채(納采)·납징(納徵)·고기(告期)·책비(冊妃)·

1 『列聖王妃世譜』(藏 K2-1696) 卷12, 今上妃孝慈元聖正化合天中宮殿下. 『열성왕비세보』 중 〈藏 K2-1696〉본은 총 12책인데 그중 11책은 표제와 내제가 '列聖王妃世譜'라고 되어 있는 반면, 12번째 책만 '王妃世譜'라고 되어 있다. 여기서 참조한 책은 12번째 책이다. 원경왕후의 증조인 閔頔이 명성황후의 18대조, 인현왕후의 부친 閔維重이 명성황후의 6세조였다. 이하 한국학중앙연구원 장서각 소장 자료는 모두 '藏'자를 붙여 표기했다.

2 * 初揀擇: 1866년(고종 3) 2월 25일 午時. 창덕궁 重熙堂에서 거행.
* 再揀擇: 1866년 2월 29일 巽時. 중희당에서 거행. 첨정 민치록의 딸을 삼간택에 들게 함.
* 三揀擇: 1866년 3월 6일 손시. 중희당에서 거행.

친영(親迎)·동뢰(同牢)·조현(朝見) 등의 절차를 행한 뒤 고종의 왕비가 되었다.[3] 그 뒤 정치에 본격적으로 관여하면서 흥선대원군과 대립하게 되었고, 급기야 일본인의 만행으로 죽임을 당하기에 이르렀다.

고대부터 항렬이 낮거나 나이 어린 사람이 윗사람을 죽이는 것, 신분이 낮은 이가 높은 이를 죽이는 것을 '시(弑)' 혹은 '시해(弑害)'라고 표기했다. 명성왕후의 죽음도 여기에 해당하여, 그의 죽음에 대해 관찬 자료에는 '시후(弑后)', '국모(國母)를 시해(弑害)ᄒᆞ고' 등으로 표기했고,[4] 기존 연구에서

세 번의 간택은 『高宗明成皇后嘉禮都監儀軌』(奎 13153) 都廳儀軌 日記; 『高宗實錄』 卷3, 高宗 3年 2月 乙卯(25); 『高宗實錄』 卷3, 高宗 3年 2月 己未(29); 『高宗實錄』 卷3, 高宗 3年 3月 乙丑(6) 참조. 이하 서울대학교 규장각한국학연구원 소장 자료는 모두 '奎'자를 붙여 표기했다.

3 * 납채: 1866년 3월 9일 辰時. 고종이 창덕궁 인정전에서 친행.
* 납징: 1866년 3월 11일 午時. 고종이 인정전으로 親臨하여 거행.
* 고기: 1866년 3월 17일 오시. 고종이 인정전으로 친림하여 거행.
* 책비: 1866년 3월 20일 오시. 고종이 인정전으로 친림하여 거행. 殿庭에서 行禮한 뒤 別宮인 雲峴宮(흥선대원군 제택)으로 배진.
* 친영: 1866년 3월 21일 진시. 大駕가 별궁으로 가서 친영.
* 동뢰: 1866년 3월 21일 丁時. 중희당에서 동뢰연 거행.
* 조현: 1866년 3월 22일 진시에 대왕대비전 조현례, 같은 날 손시에 왕대비전 조현례, 같은 날 정시에 대비전 조현례 거행.

고종과 명성왕후의 嘉禮 절차는 『高宗明成皇后嘉禮都監儀軌』(奎 13153) 日記; 『承政院日記』 高宗 3年 3月 9日(戊辰); 『高宗實錄』 卷3, 高宗 3年 3月 戊辰(9); 『承政院日記』 高宗 3年 3月 11日(庚午); 『高宗實錄』 卷3, 高宗 3年 3月 庚午(11); 『承政院日記』 高宗 3年 3月 17日(丙戌[丙子]); 『高宗實錄』 卷3, 高宗 3年 3月 丙子(17); 『承政院日記』 高宗 3年 3月 20日(己卯); 『高宗實錄』 卷3, 高宗 3年 3月 己卯(20); 『承政院日記』 高宗 3年 3月 21日(庚辰); 『高宗實錄』 卷3, 高宗 3年 3月 庚辰(21); 『高宗實錄』 卷3, 高宗 3年 3月 辛巳(22) 참조. 『승정원일기』에 고기례를 행한 3월 17일이 '丙子'일인데 '丙戌'일이라고 되어 있어서 '丙子'일로 바로잡고 수정한 내용을 [ ]으로 표시했다. 이상의 가례 절차는 『國朝五禮儀』 卷3, 嘉禮 「納妃儀」의 규정에서 벗어나지 않는다.

4 * 弑后: 『高宗實錄』 卷34, 高宗 33年 2月 15日(陽曆); 『高宗實錄』 卷34, 高宗 33年 10月 19日(陽曆); 『承政院日記』 高宗 33年 9月 13日(乙巳)[陽曆 10月 19日]; 『承政院日記』 高宗 34年 11月 28日(癸丑)[陽曆 12月 21日]; 『高宗實錄』 卷38, 高宗 35年 12月 10日(陽曆); 『承政院日記』 高宗 35年 10月 29日(己酉)[陽曆 12月 12日]; 『高宗實錄』 卷39, 高宗 36年 1月 1日(陽曆); 『承政院日記』 高宗 35年 11月 20日(己巳)[陽曆 1月 1日]; 『承政院日記』 高宗 35年 11月 21日(庚午)[陽曆 1月 2日].
* 弑害: 『高宗實錄』 卷34, 高宗 33年 2月 27日(陽曆).

도 그의 죽음을 언급할 때 대부분 '시해'라고 썼다.

현재 명성왕후의 죽음과 관련한 직접적인 연구 및 이를 둘러싼 국제적 상황까지 상당히 많은 연구가 축적되어 있다. 명성왕후가 죽은 원인, 배경, 과정, 결과, 향후 영향까지 당시의 정치와 외교적인 측면에 주안점을 두고 다방면으로 다루었다. 그 때문에 본서에서는 이러한 기존 연구 성과를 토대로 하되 그간 상대적으로 관심이 적었던 '의례'에 초점을 두고자 한다. 단, 이때의 의례는 명성왕후가 세상을 떠난 뒤 진행한 상장례(喪葬禮)를 말한다.

조선이 건국된 뒤 왕후는 제후국 국왕의 비(妃)로서 국왕의 국장에 준해서 상장례를 치렀다. 그런데 명성왕후는 상장례를 치르는 동안 천자국 황제의 배우자로 신분이 바뀌기 때문에 상장례도 그에 맞게 치러져야 할 상황에 놓였다. 본서는 이렇듯 왕후의 국장에서 황후의 국장으로 바뀌면서 변화하는, 변화해야 하는 의례에 주목했다.

기존 연구에서는 대한제국의 성립은 을미지변의 소산이고, 황후의 죽음이 최초의 근대국가인 대한제국을 탄생시키는 계기가 되었다고 보았다.[5] 그런데 여기에는 주의할 점이 있다. 을미지변에 앞서 1894년(고종 31) 청일전쟁 발발 직후 고종이 연호로 개국(開國)과 건양(建陽)을 사용하여 조선은 제후국으로서의 위상을 벗어나 변화를 꾀하고 있었다는 사실이다.

그런 까닭에 조선에서 대한제국으로 국체가 바뀔 때, 바뀌는 과정에서 여러 부면에서 변화가 없지 않았을 것이다. 의례의 변화 역시 이러한 이유로 청일전쟁 이후부터 고려해야 하며, 명성왕후 국장에서 명성황후 국장으로의 변화도 이러한 면면의 흐름을 파악할 때 각각의 정체성이 더 잘 드러날 것으로 판단된다.

5 한영우, 2001『명성황후와 대한제국』효형출판, 14쪽 및 158~159쪽.

문제는 1894년 청일전쟁, 1895년 을미사변, 1897년 대한제국으로 가는 동안 변화의 양상이 점진적이었느냐 하는 점이다. 이 시기를 다룬 많은 연구 성과들을 통해 대내외적으로 급변하는 시기였음을 파악할 수 있었고, 그럴 경우 의례에 한정하더라도 변화를 준비하기 위한 중국과 한국의 각종 문헌이라든가 전례(前例)를 찬찬히 살펴볼 만한 겨를이 있었을까 하는 의문이 들기 때문이다. 조선에서 대한제국으로 거듭날 때, 특히 점진적이지 않고 급진적인 변화를 수반할 때, 그에 대한 대처 방안을 엿볼 수 있을 것이라는 예상도 본서의 관심사이다.

명성왕후/황후의 국장 기간에 있었던 수많은 변화상을 본서에 모두 담기는 현실적으로 불가능하다. '의례'에 주안점을 두었을 때 조선의 왕후 국장과 비교하여 눈에 띄는 변화가 있었을 것으로 유추되는 측면에 주목할 수밖에 없다. 따라서 의례 절차, 용어, 각종 의물(儀物) 등을 중심으로 연구 범위를 한정하고자 한다.

이를 위해서는 먼저 '변화'라는 단어에 주목해야 한다. '변화'는 변화하기 전의 모습, 상태, 상황 등이 전제되어야 파악할 수 있으므로 조선 왕실의 상장례에 대한 연구가 뒷받침될 때 유용하다. 그동안 조선에서 대한제국으로 거듭나는 과정에서 '변화'의 측면에 주목한 연구를 찾기 힘든 것도 바로 그 때문이다.

현재 조선시대 국왕이나 왕후의 국장 및 세자와 세자빈, 세손, 정1품 후궁 등의 예장(禮葬)에 대한 연구는 어느 정도 축적되었다. 여기에서 더 나아가 국왕 국장과 세자·세손 예장에 대한 비교 연구도 이루어졌고, 건축과 역사 두 분야에서 학제간 융합 연구도 나왔다.[6] 본서에서 다루고자

6 조선 왕실의 상장례에 관한 기존 연구는 이현진, 2017 『조선 왕실의 상장례』 신구문화사, 22쪽 및 338~339쪽 참조. 여기에 이욱, 2017 『조선시대 국왕의 죽음과 상장례喪葬禮: 애통·존숭·기억의 의례화』 민속원을 추가한다.

하는 명성왕후/황후의 국장 전반을 다룬 직접적인 연구도 현재 2편이 확인된다.[7]

기존 연구 2편 중 하나는 저서이고, 하나는 논문이다. 전자는 국장 전반의 진행 과정을 정치적 사건과 관련지어 다루었으나 국장 의례에 대한 재검토의 여지가 상당하다. 후자는 명성왕후/황후의 국장 자체 및 그 의례를 행하는 장소까지 두루 검토한 연구이다. 하지만 이 국장이 정치적 사건과 매우 유관하게 진행됨에도 그러한 점에 관심이 크게 두어져 있지 않고, 대한제국의 성립과 더불어 황후로 추존된 뒤 비로소 국장이 치러진 것으로 보아 그 이전부터 치렀던 국장은 무효인 것처럼 생각하기 쉽다.

기존 연구를 통해 명성왕후/황후 국장의 대체적인 파악은 이루어진 셈이다. 다만, 기존 연구에서 전자는 의궤를, 후자는 『경효전일기(景孝殿日記)』를 주요 자료로 삼았기에 국장의 전 과정을 천착하는 데 한계가 없지 않다. 특히 조선–대한제국 의례의 '변화'를 중심으로 재정리할 필요성을 일깨워준다.

국모의 시해라는 유례가 없는 이 사건은 그 자체로 조선 사회에 끼친 파장이 엄청났다. 의례라는 측면에서도 국장을 치를 때 그 전에 경험하지 못한, 상상조차 힘든 수많은 변례(變禮)를 낳았을 것으로 추정된다. 따라서 명성왕후/황후 국장의 전개는 다양한 변례가 어느 시점에서 혹은 어떤 사건으로 어떻게 드러나는가를 살펴볼 수 있을 뿐 아니라 처음으로 시행되는 황후의 국장이 어떻게 진행되는지도 엿볼 수 있는 기회이다. 대내외적으로 어수선한 가운데 치러진 명성왕후/황후의 국장은 그 때문에 전 과정을 다시 검토할 필요가 있다.

7 한영우, 2001 앞의 책, 제1부; 이욱, 2018 「대한제국의 성립과 명성황후(明成皇后) 국장(國葬)의 변화」 『종교와 문화』 34.

따라서 본서에서는 기존 연구 성과에 힘입어 명성'왕후'로 치른 국장과 명성'황후'로 치른 국장을 시간적 추이에 따라 정리하고, 이를 통해 의식 절차와 용어, 도설(圖說)로 나누어서 그 특징을 짚어보고자 한다. 그때마다 조선의 왕후 국장과의 차이를 염두에 두고 서술하는 것은 물론이다.

본서는 제후국 조선에서 천자국 대한제국으로 거듭나는 여정에서 명성왕후/황후의 국장을 통해 의례의 변화를 밝히는 것이 주요 목적이다. 이는 국가 의례의 변화가 처음으로 구체화된다는 점에서 특별한 의미가 있다. 명성황후의 죽음을 계기로 상장(喪葬)으로 대표되는 흉례(凶禮)가 다른 국가 의례인 길례(吉禮), 가례(嘉禮), 빈례(賓禮), 군례(軍禮)보다 앞서 수면으로 떠올랐기 때문이다. 곧, 국가 의례 '변화'의 시작에 명성왕후/황후의 국장이 출발점이 된 것이다.

이를 위해 본서에서 필자가 밝히고자 하는 구체적인 내용은 다음과 같다.

제1장에서는 조선의 왕후를 어떻게 일컬었는지 칭호부터 정리하고자 한다. 본서에서 주요하게 다루고자 하는 내용이 명성왕후에서 명성황후로 신분이 바뀌는 과정에서 드러나는 의례의 변화이다. 그렇다면 선제적인 작업으로 왕후의 칭호부터 정리할 필요가 있다. 이를 위해 조선 초기 왕후의 칭호가 어떻게 정비되어 가는지 고려말부터 검토하며, 이후 조선에서 왕후를 가리키는 칭호에 어떠한 것들이 있는지 전반적으로 파악해보고자 한다.

제2장에서는 조선의 왕후가 세상을 떠난 뒤 치르는 국장 절차를 검토한 뒤 어떠한 상황으로 인해 절차가 변화하게 되는지 그 계기를 살펴보고자 한다. 전자는 조선 왕실의 상장례를 최종 정비하면서 편찬한 『국조상례보편』(1758, 영조 34)을 주요 문헌으로 삼아 정리할 것이다. 후자는 을미

사변이 일어나기 전 조선의 국내외적 위상의 변화와 그것이 의례의 변화에 어떻게 영향을 끼치게 되는지를 짚어보고자 한다.

제3장에서는 김홍집 내각기에 명성왕후가 시해되고 우여곡절 끝에 국장을 치르게 되는 과정을 정리하고자 한다. 명성왕후가 시해되고 시해 직후 국장을 치르지 못하고 시간이 흐른 뒤에 시작하게 된 과정, 본격적인 국장의 전개, 그 와중에 연호 건양의 선포와 태양력의 사용으로 인한 향후 국가 의례 시행의 난항 예고 등을 추이별로 검토하고자 한다.

제4장에서는 명성왕후의 시해로 위협을 느낀 고종이 러시아 공사관으로 파천하는 과정과 그로 인한 정치세력의 교체, 그리고 국장이 어떻게 변화되어 가는가를 차근차근 다루고자 한다. 무엇보다 국장의 변화가 주목되는데 김홍집 내각 시절에 진행한 국장이 어느 부면에서 어떻게 달라지는가를 조명하고자 한다.

제5장에서는 러시아 공사관으로 거처를 옮긴 고종이 경복궁이 아닌 경운궁으로 돌아오고, 그 이후 연호 광무의 제정과 대한제국의 선포, 고종의 황제 즉위와 명성왕후의 황후 책봉 등 당시 국내 사정을 두루 정리하고자 한다. 국체가 달라진다는 것은 국장의 격과 직결되므로 향후 국장의 변화를 예고한다는 점에서 의미가 있기 때문이다. 아울러 정치적으로 굵직한 사건들은 국장에 영향을 미칠 것으로 예상되는데, 그때 고종이 국장을 어떻게 진행시켜 나가는지에 대해서도 주목하고자 한다.

제6장에서는 명성왕후의 황후 책봉으로 인해 왕후 국장이 아닌 황후 국장을 치르게 된 상황에 직면하여 어떠한 논의를 거치며 국장을 진행하고 마무리짓는가를 파악하고자 한다. 황후 국장을 처음 치르는 만큼 어떤 문헌을 참고하고 어떤 사례를 근거로 드느냐는 초미의 관심사이다. 이는 조선의 왕후 국장과의 차이를 드러내는 지점이기도 하므로 비교를 통해

그 차이도 드러내고자 한다. 단 한 번도 치르지 않은 황후 국장이기에 치르면서 겪는 어려움도 있지 않을까 예상해 본다.

제7장에서는 이제까지 정리해 온 명성왕후/황후 국장을 통해 이것의 특징을 짚어보고자 한다. 오랜 기간에 걸쳐 많은 일들을 겪으며 국장을 치르고, 중간에 황후 국장으로의 전환도 있었다. 조선시대 일반 왕후의 국장과 어떤 부면에서 어떻게 달라지는 것인가에 주안점을 두되 제6장과의 차별을 두기 위해 좀 더 구체적으로 심도 있게 다루고자 한다. 이를 파악하기 위해 그동안 검토한 문헌을 중심으로 의식 절차, 용어, 도설 세 부분으로 나누어서 살펴보려 한다. 비록 세 부분을 중심으로 검토하지만 당시 국내외적 상황을 고려할 때 조정에서 고심한 흔적을 엿보는 계기가 될 수 있을 것으로 기대된다.

참고로 본서에서 사용한 도판 중 의궤에 수록된 것은 가능한 한 서울대학교 규장각한국학연구원에 소장된 어람용 의궤의 것을 사용하고자 한다. 다만, 어람용 의궤 자체가 소장되어 있지 않거나 어람용 의궤에만 그려져 있지 않은 도판, 혹은 분상용 의궤에 그려진 도판의 상태가 어람용보다 더 나을 경우에는 분상용 의궤의 것을 쓰고자 한다. 도판상에서 어람용 의궤와 분상용 의궤의 결정적인 차이는 테누리를 표시한 인찰선의 색이다. 어람용은 붉은색이고, 분상용은 검은색이다.

본 연구는 비록 흉례에 국한되지만 국가 의례의 변화를 보여준다는 점에서 향후 길례, 가례, 빈례, 군례 등 다른 의례의 변화까지 고찰할 수 있는 바탕이 될 것으로 바래본다. 아울러 명성왕후/황후의 국장은 정치적 동향과도 밀접하게 관련되어 진행되었다. 명성왕후의 시해가 일어난 뒤 김홍집(金弘集, 1842~1896) 내각의 행보와 몰락, 아관파천, 대한제국 선포 등 국장을 마칠 때까지 중간중간 정치적으로 매우 굵직한 사건이 발생했고, 이는 명성왕후/황후의 국장에 고스란히 반영되었다. 그런 까닭에 명성왕후/황후의 국장 절차를 통해 당대 정치사도 계기적으로 이해할 수 있기를 기대해 본다.

본 연구를 위해 많은 문헌의 검토가 필요했다. 그중 주된 검토 자료는 관찬 자료, 국가전례서, 흉례 관련 의궤 등이다. 『고종실록』과 『승정원일기』는 연대기 자료로, 국가전례서 중 『국조상례보편(國朝喪禮補編)』은 조선시대 국가 의례 규정 자료로 참고했다. 흉례 관련 의궤는 관찬 자료에서 볼 수 없는 국장의 규모와 동원된 물품, 각종 도설을 통해 좀 더 생생하게 그 과정을 엿보기 위해, 또 조선의 왕후 국장과의 차이를 비교하기 위해 적극 활용했다. 그 밖에 의궤의 보충 자료로 『국휼등록(國恤謄錄)』과 『혼전일기(魂殿日記)』 역시 참고했다. 마지막으로 의례 공간 및 행렬의 동선 파악을 위해 여러 기관에 소장된 도면과 고지도를 사용했다.

| 제 1 장 |

조선의 왕후 칭호

제1절 고려말 조선초 왕후의 칭호 정비

제2절 조선의 왕후를 가리키는 여러 칭호

제 1 절

고려말 조선초 왕후의 칭호 정비

고려시대에는 서울과 지방에 아내를 두는 법규, 혹은 부인을 둘 두는 제도가 있었다. 태조 이성계도 국왕으로 즉위하기 전에 두 명의 부인이 있었다. 첫째 부인은 절비 한씨(節妃韓氏)이고, 둘째 부인은 현비 강씨(顯妃康氏)이다. 조선후기의 기록에 따르면, 현비는 태조가 잠저에 있을 때 개경의 아내로, 이를 이른바 '경처(京妻)'라고 했다.

절비는 1391년(공양왕 3)에 세상을 떠났고, 이듬해인 1392년에 태조가 조선을 건국하자 당시 부인이었던 강씨를 곧바로 현비로 삼았다. 따라서 조선이 건국된 후 태조의 배우자로 왕비가 된 이는 바로 현비였다. 절비는 그의 아들 정종이 즉위하면서 신의왕후(神懿王后, 1337~1391)로 추존했다. 1396년(태조 5) 현비가 훙(薨)하자 그는 신덕왕후(神德王后, ?~1396)가 되었다. 신덕왕후가 세상을 떠난 뒤 태조는 성비 원씨(誠妃元氏)와 정경궁주 류씨(貞慶宮主柳氏)를 맞아들였으나 비문(碑文)이나 문헌에는 절비와 현비만을 정비(正妃)로 인정하고 있다.

조선 건국 초기 절비·현비처럼 정비의 칭호를 '○비'로 일컬은 것은 아직 제도가 정비되지 않아서였다. 이러한 칭호는 원 간섭기의 제도에서 유래를 찾을 수 있다. 『고려사(高麗史)』 후비열전(后妃列傳)을 보면, 왕의 어머니를 왕태후(王太后), 적처를 왕후(王后), 첩을 부인(夫人)이라 일컫고, 부인은 귀비(貴妃)·숙비(淑妃)·덕비(德妃)·현비(賢妃) 등으로 불렀으며, 정종(靖宗, 재위: 1034~1046) 이후에는 궁주(宮主)·원주(院主)·옹주(翁主)라고 칭하는 등 일정하지 않았다.

그러다가 원 간섭기로 접어들면서 원나라 공주 이외의 정비를 '○비', '○비○씨'라고 일컬은 듯하다. 곧, 수비 권씨(壽妃權氏), 희비 윤씨(禧妃尹氏), 화비 홍씨(和妃洪氏) 등의 형태이다. 이러한 칭호는 그들이 살아 있을 때에는 물론 죽고 난 뒤에도 그들을 가리킬 때 사용되었고, 신의왕후로 추존되기 전 절비를 통해 짐작할 수 있다.

고려 말에 사용된 '○비', '○비○씨'라는 칭호는 조선 초기까지 이어져 현비·원비와 같이 정비의 칭호로 사용되었다. 다만, 조선이 건국된 이후에는 현비에서 보듯 살아 있을 때에는 '○비'라고 일컬었으나 세상을 떠난 뒤에는 '○○왕후'라고 칭했다. 조선은 중국의 내정 간섭을 받지 않는 국가로서 국왕의 배우자를 일컫는 칭호도 달라져 가고 있음을 보여준다.[1]

왕후의 칭호 변화는 국가의 제도 정비와 궤를 같이한다고 볼 수 있다. 조선 초 태조대부터 왕비의 칭호가 정비되어 가는 과정을 좀 더 구체적으로 살펴보면 다음과 같다.

먼저 태조대이다. 현비를 통해 왕비의 칭호가 '○비'에서 '○○왕후'로 변화되어 가는 것을 볼 수 있었다. 그 밖에 태조의 직계 4대조를 추존할 때 그 배우자들을 일컬은 칭호에서도 이러한 변화가 확인된다.

태조는 자신의 직계 4대조를 목왕(穆王)·익왕(翼王)·도왕(度王)·환왕(桓王)으로 추상(追上)했고, 이들의 부인들은 효비(孝妃)·정비(貞妃)·경비(敬

---

1 고려시대부터 원 간섭기까지 5단락은 이현진, 2018(c) 「신덕왕후, 왕후로 인정받지 못한 왕비」『조선의 왕비 기록으로 만나다』 한국학중앙연구원 출판부, 13~18쪽의 내용을 토대로 수정·보완한 것이다.

妃)·의비(懿妃)로 각각 추상했다.[2] 이후 태종이 이들을 목조(穆祖)·익조(翼祖)·도조(度祖)·환조(桓祖) 및 효공왕후(孝恭王后)·정숙왕후(貞淑王后)·경순왕후(敬順王后)·의혜왕후(懿惠王后)로 가상(加上)했다.[3] 태조 당대에 '○비'에서 '○○왕후'로 바뀐 것은 아니지만 태조대에 '○비'라고 일컬었다가 태종대에 '○○왕후'라고 하여 그러한 변화의 흐름을 보여준다.

이때 『태조실록』과 『태종실록』에는 이들의 칭호에 대해 존호(尊號) 혹은 시호라고 하여 존호와 시호를 동의어로 보았다. 하지만 존호는 국왕이나 왕후의 덕을 기리기 위해 올리는 칭호이므로 죽은 뒤 이름을 대신하여 부르는 시호와는 다르다. 또 추존 국왕들의 칭호는 '묘호'에 해당하고, 추존 왕비들의 칭호는 '시호'에 해당하여 구별이 필요하다. '○王', '○祖'는 묘호이고, '○○왕후'에서 '○○' 2글자는 시호이다.

이렇듯 태조대부터 왕비가 세상을 떠난 뒤 그를 가리키는 칭호는 '○비'가 아닌 시호 2글자와 왕후 2글자가 결합한 '○○왕후'의 형태로 바뀌어 갔다. 물론 여기에는 그의 성씨가 들어간 '○○왕후 ○씨'도 포함된다.

여기서 또 하나 짚고 넘어가고 싶은 것은 '추상'과 '가상'이라는 단어의 선택이다. 추상은 '추후로 올린다.'는 뜻으로 사람이 죽고 난 뒤 그에게 시호나 존호를 올릴 때 주로 쓴다. 그에 비해 가상은 '추가로 올린다.'는 뜻으로 살아 있는 이에게 존호를 올릴 때 대부분 사용한다. 현전하는 의궤는 임진왜란 이후에 편찬된 것으로, 그중 『추상존호도감의궤』와 『가상존호도감의궤』 등 존호 관련 의궤의 서명을 보면 추상과 가상의 용도를 좀 더 분명하게 이해할 수 있다.

---

2 『太祖實錄』 卷1, 太祖 1年 7月 丁未(28); 『太祖實錄』 卷2, 太祖 1年 11月 癸未(6).

3 『太宗實錄』 卷21, 太宗 11年 4月 壬子(22).

다음은 조선의 제2대 국왕인 정종의 비 정안왕후(定安王后, 1355~1412)이다. 1398년(태조 7) 8월 26일 제1차 왕자의 난을 평정하고 교지를 내린 날,[4] 태조와 신의왕후 소생 둘째 아들인 이방과(李芳果)를 왕세자로 책봉했다.[5] 그에 따라 그의 부인은 세자'비'가 되었고, 덕빈(德嬪)이라는 작호(爵號)가 내려졌다.[6] 덕빈은 세자'빈'이 아닌 세자'비'로 책봉되었는 바, 이 칭호 역시 고려시대의 유습이었다. 고려에서는 왕세자가 아닌 왕태자, 세자빈이 아닌 세자비라고 일컬었기 때문이다.[7]

열흘 정도 지난 9월 5일, 태조가 정종에게 양위하는 이날에 정종의 즉위와 함께 세자비였던 덕빈을 '왕덕비(王德妃)'로 책봉하기로 결정했다.[8] 11월 18일 그에게 책보(冊寶)를 수여하여 공식적으로 정종의 적비(嫡妃)가 되었다.[9] 이후 1412년(태종 12) '덕비'가 훙했고,[10] 존시(尊謚)를 '정안왕후'라고 정해 올렸다.[11]

그다음은 태종의 비 원경왕후(元敬王后, 1365~1420)이다. 원경왕후 또한 정안왕후와 동일한 절차를 밟았다. 정종이 아우 정안공(靖安公, 태종)을 왕세자로 삼으면서 세자빈을 '정빈(貞嬪)'으로 책봉했다. 이후 태종이 즉위하고서 '정비(靜妃)'로 책봉했고, 1420년(세종 2) 정비가 훙하자 존시를 '원경

---

4 『太祖實錄』 卷14, 太祖 7年 8月 己巳(26).

5 『列聖誌狀通紀』 卷3, 定宗恭靖懿文莊武溫仁順孝大王 「封王世子教文」(太祖七年戊寅八月二十六日己巳 ○冊文不傳), 한국정신문화연구원 영인본(이하 같음), 2003, 238~239쪽.

6 『太祖實錄』 卷15, 太祖 7年 9月 癸酉(1).

7 『高麗史』 卷30, 世家30 忠烈王3; 『高麗史』 卷31, 世家31 忠烈王4; 『高麗史』 卷46, 世家46 恭讓王2; 『高麗史』 卷66, 志20 禮8 嘉禮 「王太子納妃儀」. '세자비'는 『고려사』에서 충렬왕과 공양왕대에 주로 확인된다.

8 『太祖實錄』 卷15, 太祖 7年 9月 丁丑(5).

9 『太祖實錄』 卷15, 太祖 7年 11月 庚寅(18). 『列聖誌狀通紀』 卷3, 順德溫明莊懿定安王后金氏 「封德妃冊文」(太祖七年戊寅九月 定宗受禪 十一月十八日庚寅 冊封 以左政丞趙浚爲奉冊使 參贊門下府事李居易爲副使 ○教命不傳), 251쪽.

10 『太宗實錄』 卷23, 太宗 12年 6月 戊寅(25).

11 『太宗實錄』 卷24, 太宗 12年 7月 癸卯(20).

왕후'라 올렸다.[12] 주목할 점은 정빈부터 왕세자의 배우자를 세자'비'라 하지 않았고, 이후 『조선왕조실록』에서 '왕세자비'라는 용어는 1910년 일제에게 병합되는 날에 등장했다.[13]

그다음 세종의 비 소헌왕후(昭憲王后, 1395~1446)이다. 1418년(태종 18) 6월, 태종과 원경왕후의 셋째 아들인 충녕대군을 세자로, 그의 부인을 '경빈(敬嬪)'으로 책봉했다.[14] 이해 8월에 왕세자가 태종으로부터 내선(內禪)을 받고 경복궁 근정전에서 즉위하자,[15] 11월에 마침내 경빈을 '왕공비(王恭妃)'[16]로 책봉했다. 처음에는 검비(儉妃)로 정호(定號)했으나 당시 상왕이었던 태종이 '주상이 검약함을 좋아하여 이 호가 매우 좋지만 자(字)의 음이 호에는 적당하지 않다.'라고 하여, 공(恭)자로 고친 것이었다.[17] 왕비가 1446년(세종 28)에 훙하자,[18] 시호를 '소헌'으로 정했다.[19]

주목되는 점은 정안왕후는 '왕덕비', 소헌왕후는 '왕공비'라 하여, 왕(王)자가 붙었다. 국왕의 배우자로서 책봉받을 때 비로소 '왕○비'라고 일컬었음을 알 수 있다. 그러나 원경왕후는 문헌에 '정비(靜妃)'[20]는 나오지만 '왕

---

12 정빈에서 정비로, 다시 원경왕후로 칭호가 바뀌는 과정은 이현진, 2008 『조선후기 종묘 전례 연구』 일지사, 266쪽 참조.

13 『純宗實錄』(附錄) 卷1, 純宗 3年 8月 29日(陽曆).

14 『太宗實錄』 卷35, 太宗 18年 6月 丙申(17); 『列聖誌狀通紀』 卷5, 宣仁齊聖昭憲王后沈氏 「封王世子敬嬪冊文」(太宗十八年戊戌六月十七日丙申 ○敎命不傳), 390~391쪽.

15 『太宗實錄』 卷36, 太宗 18年 8月 丁亥(10).

16 당시 조성한 印에 '王恭妃之印'이라 새겼다[『世宗實錄』 卷2, 世宗 卽位年 11月 丙辰(10)].

17 『列聖誌狀通紀』 卷5, 宣仁齊聖昭憲王后沈氏 「封恭妃冊文」(戊戌八月 世宗受禪 十一月初十日丙辰 遣進冊官平陽府院君金承霔進寶官平壤君趙大臨 行冊禮 ○按實錄 始定號儉妃 啓於上王 上王曰 主上好儉約 此號甚好 然字音不宜於號 乃改以恭 ○敎命不傳), 391~392쪽; 『世宗實錄』 卷2, 世宗 卽位年 11月 丙辰(10).

18 『世宗實錄』 卷111, 世宗 28年 3月 辛卯(24).

19 『世宗實錄』 卷112, 世宗 28年 4月 丁巳(20); 『世宗實錄』 卷112, 世宗 28年 6月 己未(23); 『列聖誌狀通紀』 卷5, 宣仁齊聖昭憲王后沈氏 「諡冊文」(世宗二十八年丙寅六月二十三日己未), 394~395쪽.

20 靜妃에만 한글을 계속 병기한 것은 正妃와 혼용될 수 있어서이다.

정비(王靜妃)'는 찾아지지 않는다. 정안왕후의 경우에 왕덕비 혹은 덕비, 소헌왕후도 '왕공비'에 앞서 '검비'라고 정호한 것을 통해 원경왕후의 '정비'라는 칭호도 앞에 '왕'자가 생략된 것으로 보아야 할 듯하다.

왕비로 책봉되면 '왕○비', '○비'로 칭호를 정한 것을 볼 수 있다. 그렇다면 언제 즈음 국왕의 배우자를 '왕비' 2글자로만 지칭했을까. '정비(靜妃)'의 책봉을 기록한 『열성지장통기(列聖誌狀通紀)』의 「봉정비옥책문(封靜妃玉冊文)」이 주목된다. 부주(附註)에 '옛 본에는 왕비로 책봉한다고 되어 있으나 중궁(中宮)을 왕비로만 일컬은 것은 세종 임자년(1432, 세종 14)에 시작되었으므로 지금 이를 수정한다.'는 기록이 참고된다.[21] 그렇다면 적어도 국왕의 비를 '왕○비', '○비'에서 '왕비'라고 한 것은 1432년 이후임을 알 수 있다. 앞서 1446년 소헌왕후의 죽음을 기록하면서 '왕비'가 훙했다는 것에서 입증된다.

태조의 정비는 살아생전에는 현비, 세상을 떠난 뒤에는 신덕왕후라 일컬었다. 정종비는 덕빈[세자비], 왕덕비, 훙한 뒤에는 정안왕후라 칭했다. 태종비는 정빈[세자빈], 정비, 훙한 뒤에는 원경왕후라 했고, 세종비는 경빈[세자빈], 왕공비, 훙한 뒤 소헌왕후라 지칭했다. 왕세자의 배우자는 세자비에서 세자빈으로, 국왕의 배우자는 '왕○비', '○비'에서 왕비로, 국왕의 배우자는 또 세상을 떠난 뒤에는 '○○왕후'로 정비되어 갔다. 소헌왕후 이후에는 왕세자빈은 작호 없이 '왕세자빈'으로 기록되었고, 왕비는 덕비, 정비(靜妃), 공비 등 '○비'는 사라지고 그냥 '왕비'로만 재록되었다.[22]

---

21 『列聖誌狀通紀』 卷4, 彰德昭烈元敬王后閔氏 「封靜妃玉冊文」(太宗元年辛巳正月初十日 庚午 命參贊門下府事權近 賜冊寶 ○舊本作封王妃冊 而中宮只稱王妃 始於世宗壬子 今改之 ○敎命不傳), 308~309쪽; 『太宗實錄』 卷1, 太宗 1年 1月 庚午(10).

22 소헌왕후 이후 왕세자빈, 왕비의 칭호 검토는 『열성지장통기』를 참고했다. 『열성지장통기』는 역대 국왕과 왕후의 행적을 기록한 책이다.

그렇다고 덕비, 공비처럼 '○비'라는 칭호가 완전히 사라진 것은 아니었다. 폐위된 왕비에게서 그러한 자취가 발견된다는 점이 눈에 띈다. 대표적인 사례가 바로 중종의 첫 번째 부인이자 후일 단경왕후(端敬王后, 1487~1557)로 복위되는 신비(愼妃)이다. 신비는 연산군의 처남 신수근(愼守勤, 1450~1506)의 딸이었기에 남편인 중종이 반정할 때 신수근이 죽임을 당하자, 그 또한 왕비가 된 지 일주일 만에 반정군들에 의해 폐출되었다. 그 뒤 1739년(영조 15) 단경왕후로 복위될 때까지 그를 일컬을 때에는 '신비' 혹은 '폐비 신씨'라고 지칭했다.[23]

참고로 소헌왕후 이후 사라진 세자빈의 작호이다. 1735년(영조 11) 효장세자의 빈궁(嬪宮)에게 '현빈(賢嬪)'이라는 작호를 정하면서 세자빈의 작호가 부활되었다. 이때 중요한 사실을 알려주는데, 곧, 명종의 아들인 순회세자의 빈을 덕빈(德嬪)으로, 소혜왕후(昭惠王后, 1437~1504)를 수빈(粹嬪)으로 한 사례는 있으나 예종과 인종이 동궁에 있을 때부터 빈궁들에게 비로소 작호가 없었다는 내용이다.[24]

실제로 예종의 왕세자 시절 세자빈(후일 장순왕후章順王后)과 인종의 동궁 시절 세자빈(후일 인성왕후仁聖王后)에게는 세자빈 작호가 없었다.[25] 덕빈과 수빈처럼 간간이 세자빈 중에 작호를 받은 이도 있었으나 조선중기 이후부터 영조대에 세자빈의 작호를 다시 정할 때까지 '(왕)세자빈'으로만 일컬었다는 사실을 알려준다.

---

23 단경왕후의 폐출과 복위 과정은 이현진, 2008 앞의 책, 5장 2절; 강문식·이현진, 2011 『종묘와 사직 -조선을 떠받친 두 기둥-』 책과함께, 6장 단경왕후 참조.

24 『英祖實錄』 卷40, 英祖 11年 3月 丙戌(16); 『承政院日記』 英祖 11年 3月 16日(丙戌).

25 * 장순왕후: 『列聖誌狀通紀』 卷10, 徽仁昭德章順王后韓氏 「封王世子嬪冊文」(世祖六年庚辰四月十一日丁巳 ○教命不傳), 645~646쪽.
 * 인성왕후: 『列聖誌狀通紀』 卷13, 孝順恭懿仁聖王后朴氏 「封王世子嬪冊文」(中宗十九年甲申三月初六日辛未 上御勤政殿 行冊寶禮 ○教命不傳 …), 141쪽.

이처럼 소헌왕후를 기점으로 왕세자와 국왕의 배우자는 '세자빈', '왕비'라고 칭했다. 세자빈은 영조대에 작호를 정하면서 그 변화를 볼 수 있지만 왕비는 그렇지 않다. 작호는 없지만 왕비는 살아생전 및 사후 그를 일컫는 칭호가 매우 다양했다. 여기에 대해서는 다음 절에서 확인할 수 있을 것이다.

덕빈(德嬪)

덕빈은 명종의 아들 순회세자(順懷世子, 1551~1563)의 빈이다. 세자빈 작호로서의 덕빈으로 인해 그가 거처하는 곳을 덕빈궁(德嬪宮)이라 했고, 덕빈궁은 덕빈을 가리키는 대명사로 쓰이기도 했다.[26] 그런데 덕빈은 정종비 정안왕후의 세자비 시절 작호와 동일하다. 대개는 선후(先后) 중에 휘호(徽號)나 시호, 작호 등에서 동일한 글자가 발견되면 다시 정하거나 수정을 가하는데 순회세자빈인 덕빈은 그러한 기록이 『명종실록』이나 『선조실록』에서 확인되지 않는다. 또 순회세자가 향후에도 국왕으로 추존되지 않았기에 덕빈 또한 세자빈의 신분에 그쳤다.

수빈(粹嬪)

수빈은 세조의 맏아들 의경세자(懿敬世子, 1438~1457)의 빈이다. 1455년(세조 1)에 왕세자빈으로 책봉되면서 정빈(貞嬪)에 봉해져,[27] 그가 거처하는 처소도 정빈궁(貞嬪宮)이라 일컬었다. 그 뒤 세조가 실록을 보다가 원경왕후가 세자빈이 되었을 때 정빈(貞嬪)으로 책봉된 사실을 발견하고 정빈에서 수빈으로 고치도록 명했다.[28] 그의 아

26 『明宗實錄』 卷31, 明宗 20年 10月 丁卯(4).

27 『世祖實錄』 卷1, 世祖 1年 7月 己亥(26); 『列聖誌狀通紀』 卷9, 仁粹徽肅明懿昭惠王后韓氏 「封王世子貞嬪敎命文」(世祖元年乙亥七月二十六日己亥 ○舊本貞作粹 而按實錄 初封貞嬪 後十年乙酉 因考實錄覽 元敬王后封貞嬪 命改粹嬪 則此是封貞嬪文 故今正之), 611쪽; 『列聖誌狀通紀』 卷9, 仁粹徽肅明懿昭惠王后韓氏 「冊文」(月日同上), 611~612쪽.

28 『世祖實錄』 卷36, 世祖 11年 7月 壬申(27). 『열성지장통기』에도 정빈에서 수빈으로 수정하게 된 경위가 정리되어 있다[위 각주 27 참조].

들이 예종을 이어서 왕위에 즉위하자, 생부인 의경세자를 덕종(德宗)으로 추존하고,[29] 생모인 수빈을 왕비로 책봉했다. 명 헌종이 회간왕비(懷簡王妃)로 책봉하는 고명을 내렸다.[30]

현빈(賢嬪)

현빈은 영조의 첫째 아들 효장세자(孝章世子, 1719~1728)의 빈이다. 1727년(영조 3) 왕세자빈에 책봉되어[31] 빈궁(嬪宮)이라고 일컬어졌다. 이듬해인 1728년 11월 효장세자가 홍서(薨逝)하고, 7년 뒤인 1735년(영조 11) 1월 원자(후일 사도세자)가 태어나자 영조는 더 이상 '빈궁'이라는 칭호가 적당하지 않다고 판단하여 그에게 '현빈'이라는 작호를 내렸다. 이때부터 그가 거처하는 곳을 '현빈궁(賢嬪宮)'이라 했고, 현빈궁은 현빈을 가리키는 대명사로 쓰이기도 했다. 이렇듯 조선후기 세자빈에게 작호를 내린 것은 현빈에서 비롯되었다.[32]

29 덕종 추숭과 그의 종묘 부묘에 대해서는 池斗煥, 1994『朝鮮前期 儀禮硏究 -性理學 正統論을 中心으로-』서울大學校出版部, 119~125쪽 참조.

30 『成宗實錄』卷51, 成宗 6年 1月 己卯(29);『列聖誌狀通紀』卷9, 仁粹徽肅明懿昭惠王后韓氏「憲宗皇帝封王妃誥」(成宗六年乙未正月二十九日己卯 奏聞使賫回), 614~615쪽.

31 『列聖誌狀通紀』卷23, 徽貞賢淑孝純王后趙氏「封王世子嬪敎命文」(英宗三年丁未九月二十九日壬午), 761~762쪽;『列聖誌狀通紀』卷23, 徽貞賢淑孝純王后趙氏「竹冊文」(月日同上), 762~763쪽.

32 효장세자의 홍서부터 이하 내용은 이현진, 2016(a)「조선후기 세자빈 禮葬 의례와 그 특징 -賢嬪의 예장을 중심으로-」『한국문화』73, 311~312쪽 참조.

제 2 절

조선의 왕후를 가리키는 여러 칭호

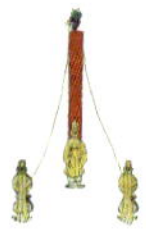

조선 초 각각의 신분을 정비하면서 살아 있는 국왕의 비는 왕비, 왕비전하(王妃殿下),[33] 중궁, 중궁전(中宮殿), 중궁전하(中宮殿下), 곤전(坤殿), 곤의(坤儀), 곤극(坤極), 곤위(坤位), 곤성전하(坤聖殿下),[34] 자전(慈殿) 등으로 일컬었다. 그중 곤위는 왕비의 자리 혹은 지위를 뜻하지만 왕비를 가리키기도 했다. 자전은 국왕의 어머니를 가리킬 때 쓰는 칭호이다. 중궁전은 사실 애매한 표현으로 중궁이 거처하는 전각을 가리킬 수도 있고 그곳에 거처하는 대상을 일컫기도 했다.

조선시대에는 중궁전 이외에도 대비나 왕대비, 왕대비전하,[35] 대왕대

33 왕비에 전하를 붙인 '왕비전하'라는 존칭은 주로 중궁에게 命婦들이 朝賀하거나 왕비가 백관들의 하례를 받을 때, 중궁에게 존호를 올릴 때 등등 왕실 의례를 거행할 경우 사용되었다. 1894년(고종 31) 왕실의 존칭을 新式으로 고쳐 정할 때 '王后陛下'로 고치기 전까지 이 존칭을 썼다. 왕실의 존칭 개정은 『承政院日記』 高宗 31年 12月 17日(己未); 『高宗實錄』 卷32, 高宗 31年 12月 己未(17) 참조.

34 곤성전하는 조선의 왕비를 가리키는 칭호이고 나중에 '坤聖陛下'로 바뀌었다. 1895년(고종 32) 11월 14일자 『고종실록』에는 '곤성폐하', 『승정원일기』에는 '곤성전하'라 하여 다르게 기록되어 있다[『高宗實錄』 卷33, 高宗 32年 11月 庚戌(14); 『承政院日記』 高宗 32年 11月 14日(庚戌)]. 1894년에 왕실의 존칭을 신식으로 고쳐 정한 것을 고려하면[위 각주 33 참조] 1895년에는 '곤성폐하'가 적확한 표현이다. '곤성폐하'라는 칭호는 『고종실록』은 여기에서 처음으로 등장하고, 『승정원일기』에는 1896년부터 확인된다〈『承政院日記』 高宗 33年 4月 2日(丁卯)[陽曆 5月 14日]〉. 『고종실록』은 웹사이트 http://sillok.history.go.kr을, 『승정원일기』는 웹사이트 http://sjw.history.go.kr을 참조했다.

35 왕대비에 전하를 붙인 '왕대비전하'라는 존칭 역시 1894년 왕실의 존칭을 신식으로 고쳐 정할 때 '王太后陛下'로 고치기 전까지 이 존칭을 사용했다. 이 역시 위의 왕비전하/왕후폐하,

비 등을 일컬을 때 대비전(大妃殿), 왕대비전(王大妃殿), 대왕대비전(大王大妃殿)이라고 표현했다. 이들 역시 그들이 거처하는 전각을 가리키기도 하지만 그곳에 거처하는 대상을 이런 식으로 표현하기도 했다. 이는 인조가 그의 생모에게 '계운궁(啓運宮)', 순조가 '가순궁(嘉順宮)'이라는 궁호(宮號)를 붙인 것과는 다르다.

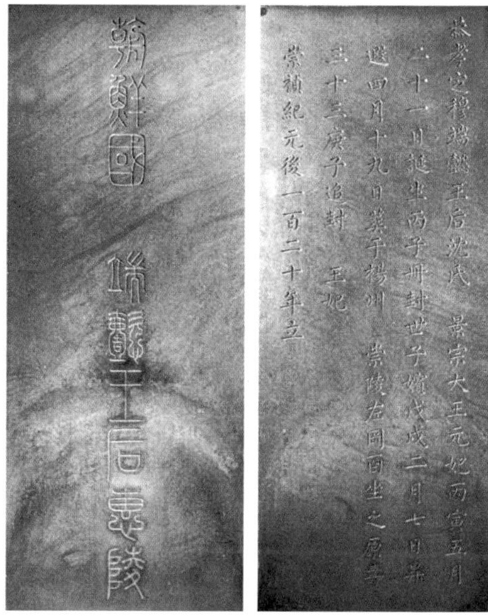

〈도판 1〉 단의왕후(端懿王后) 표석(表石) ⓒ 국립문화재연구소
단의왕후는 경종이 즉위하기 2년 전인 1718년(숙종 44)에 단의빈(端懿嬪)으로 졸서(卒逝)했다가 경종이 국왕으로 즉위하면서 왕후로 추봉되었다. 표석에는 '조선국(朝鮮國) 단의왕후혜릉(端懿王后惠陵)'이라고 쓰여 있다.

후궁이나 국왕의 생모는 거처하는 건물이 고정되어 있는 것이 아니라 그때그때 별도로 정해주므로 그들이 거처하는 곳에 '궁호'나 '당호(堂號)'를 지어주었다. 그런 까닭에 궁호나 당호가 건물을 뜻하는 경우도 있지만 그 건물에 사는 사람을 가리키는 대명사로 쓰이기도 했다. 그와는 달리 중궁, 대비, 왕대비, 대왕대비 등은 그들이 거처하는 곳을 대대로 물려주므로 전각명으로 부르지 않았다. '전(殿)'자를 붙여서 중궁전, 대비전, 대왕대비전 등으로 표현했다.

사실 조선시대에는 왕후를 포함해 여성들을 기록한 문헌에서 이름을 쓴 경우는 거의 발견되지 않는다. 왕후의 일생을 적은 행장(行狀)이나 지문(誌文)에도 본관[적(籍)]이 나와 있을 뿐이며, 이는 후궁이나 사대부 부인들에게도 마찬가지였다. 널리 알려진 허난설헌처럼 '난설헌(蘭雪軒)'이라는 호

곤성전하/곤성폐하와 같은 논리이다. 위 각주 33·34 참조.

〈도판 2〉 영빈전의이씨지묘(暎嬪全義李氏之墓) ⓒ 국립문화재연구소
영조가 친히 쓴 영빈 이씨의 묘비(墓碑) 탁본이다. 영빈 이씨는 영조의 후궁으로 정조의 생부인 사도세자를 낳았다. 전의(全義)는 영빈 이씨의 본관이다.

〈도판 3〉 초계 변씨(草溪卞氏) 묘비(墓碑) ⓒ 이인복
기암(企庵) 이완(李完)과 초계 변씨의 묘비이다.

(號)를 쓰거나 신사임당처럼 '사임당(師任堂)'이라는 당호(堂號)를 썼다.

지금까지는 살아생전의 왕비를 대상으로 한 칭호를 살펴보았다. 그 밖에 왕후를 지칭하는 칭호로 몇 가지가 더 있는데, 이들은 모두 세상을 떠난 뒤 일컫는 칭호이다. 그 종류가 국왕에는 미치지 못하지만 다양하면서도 나름의 원칙이 있었다. 첫째는 '시호(2글자)＋왕후', '시호(2글자)＋왕후＋성씨'이다. 신의왕후, 신의왕후 한씨, 신덕왕후, 신덕왕후 강씨처럼 '○○왕후', '○○왕후 ○씨'로 일컫는 방식이다. 왕후를 가리키는 칭호 중 사람들에게 가장 널리 알려진 것이 이것이다.

둘째는 혼전(魂殿)의 전각명인 전호(殿號)이다. 혼전은 국왕이나 왕후가 승하한 지 5개월 만에 산릉에서 장례를 치른 뒤 신주를 받들고 궁궐로 돌아와 종묘에 부묘(祔廟: 신주를 사당에 봉안하는 의례)할 때까지 신주를 봉안하는 곳이다. 가령, 순조대에 승하한 정조비 효의왕후(孝懿王后, 1753~1821)의 혼전 전호를 '효희전(孝禧殿)'으로 정한 후 효의왕후의 신주가 봉안된 효희전은 전각의 명칭이자 종종 효의왕후를 가리켰다. 혼전에 신위가 봉안되어 있는 동안은 혼전의 전각명이 그 신위의 주인을 가리키는 경우가 적지 않다.

명성왕후/황후를 포함하여 조선시대 왕후의 혼전 전호와 그 위치는 〈표 1〉과 같다.

〈표 1〉 조선시대 왕후의 혼전명과 혼전의 위치[36]

역대국왕/왕후	혼전명	궁궐명	전각명	비 고
태조비 신의왕후	문소전(文昭殿)	궐외		창덕궁 서북. 인소전 개명(改名). 성 안(『비고』)
태조계비 신덕왕후	인안전(仁安殿)			옛 한성부 객사로 추정. 경복궁(『비고』)
정종비 정안왕후	인덕전(仁德殿)	인덕궁		정종 사후 인덕전에 합부. 인덕궁(『비고』). 이궁 추정
태종비 원경왕후	광효전(廣孝殿)	궐외		창덕궁 동북. 태종 사후 광효전에 합부. 성 안(『비고』)
세종비 소헌왕후	휘덕전(輝德殿)	창덕궁	보평청	인정전 동편(東偏). 세종 사후 휘덕전에 합부. 별궁(『비고』)
문종비 현덕왕후	경희전(景禧殿)	경복궁	자선당	문종 사후 경희전에 합부. 불분명(『비고』)
세조비 정희왕후	태경전(泰慶殿)	경복궁	자선당	불분명(『비고』)
덕종비 소혜왕후	모자전(慕慈殿)			전해지지 않음(『비고』)
예종비 장순왕후				인성군 사저(실록). 경안전(景安殿, 『비고』·『통고』)
예종계비 안순왕후	영소전(永昭殿)	경복궁	자선당	창경궁. 전호(殿號) 일실(『비고』)
성종비 공혜왕후	소경전(昭敬殿)			경복궁(『비고』). 효경전(孝敬殿, 『통고』)
성종계비 정현왕후	효경전(孝敬殿)	창경궁	문정전	경복궁(『비고』)
중종비 단경왕후		경덕궁	자정전	추복
중종계비 장경왕후	영경전(永慶殿)			중종 사후 중종의 혼전인 경사전(景思殿)에 합부. 경복궁. 전호(殿號) 일실(『비고』)
중종계비 문정왕후	문덕전(文德殿)			창덕궁(『비고』)
인종비 인성왕후	효모전(孝慕殿)			효경전(孝敬殿). 경복궁(『비고』·『통고』)
명종비 인순왕후	경모전(敬慕殿)	창경궁	문정전	창경궁(『비고』)

36 〈표 1〉은 이현진, 2007 「조선 왕실의 혼전」 『조선시대 문화사』(상) 일지사, 【부표】(175~177쪽); 이현진·이혜원, 2019 「조선후기 왕실 喪葬에서 魂宮의 형성과 공간구성 -창경궁 通和殿을 중심으로-」 『朝鮮時代史學報』 88, 【부표】(177~178쪽)를 수정·보완했다. 『비고』는 『增補文獻備考』, 『통고』는 『春官通考』, 『여지비고』는 『東國輿地備考』를 각각 가리킨다.

역대국왕/왕후	혼전명	궁궐명	전각명	비 고
선조비 의인왕후	효경전(孝敬殿)			남별전[영희전](『비고』)
선조계비 인목왕후	효사전(孝思殿)	인경궁	승화전	경덕궁(빈전과 혼전)(『비고』)
인조비 인열왕후	숙녕전(肅寧殿)	창덕궁		1647년(인조 25)에 경덕궁으로 옮김. 창경궁(『비고』)
인조계비 장열왕후	효사전(孝思殿)	창경궁	문정전	창경궁(『비고』)
효종비 인선왕후	경사전(敬思殿)	창경궁	문정전	경덕궁(『비고』)
현종비 명성왕후	영모전(永慕殿)	창경궁	문정전	창경궁(『비고』)
숙종비 인경왕후	영소전(永昭殿)	경덕궁	계상당	계상당→문정전→계상당→문정전→[계상당]→명정전→문정전→계상당→[문정전]. 경덕궁(『비고』)
숙종계비 인현왕후	경녕전(敬寧殿)	창경궁	문정전	문정전→계상당. 창경궁, 시민당(『비고』)
숙종계비 인원왕후	효소전(孝昭殿)	창경궁	문정전	창덕궁(『비고』)
경종비 단의왕후	영휘전(永徽殿)	창경궁	구내반원	(창경궁)구내반원(舊內班院)→문정전→계상당. 추숭(경종즉위년). 창덕궁(『비고』)
경종계비 선의왕후	경휘전(敬徽殿)	창경궁	문정전	경덕궁(『비고』)
영조비 정성왕후	휘령전(徽寧殿)	창경궁	강서원	강서원→문정전. 창덕궁(『비고』)
영조계비 정순왕후	효안전(孝安殿)	창경궁	문정전	창경궁(『비고』)
진종비 효순왕후	연복전(延福殿)			추숭(정조즉위년). 창경궁 효순묘 옛 혼전→경희궁 위선당→태령전→창의궁. 창경궁(『비고』)
정조비 효의왕후	효희전(孝禧殿)	창경궁	통화전	창경궁(『비고』)
순조비 순원왕후	효정전(孝正殿)	창경궁	문정전	창경궁(『비고』)
익종비 신정왕후	효모전(孝慕殿)	경복궁	문경전	경복궁(『비고』)
헌종비 효현왕후	휘정전(徽定殿)	창경궁	문정전	경희궁(『비고』)
헌종계비 효정왕후	효혜전(孝惠殿)		인소전	경운궁(『비고』)
철종비 철인왕후	효휘전(孝徽殿)	창경궁	문정전	창경궁(『비고』)
고종비 명성황후	경효전(景孝殿)	경운궁	경소전	혼전 전호 : 덕성전(德成殿)(1895) → 경효전(1897, 양력) 혼전 전각 : 문경전(1895) → 경소전(1897, 양력)

〈표 1〉에 각 왕후마다 혼전이 마련되었으나 그것의 존재 기간은 왕후에 따라 달랐다. 물론 혼전의 전호가 왕후의 대명사로 쓰이는 기간도 그것에 준했다. 혼전의 존재 기간은 왕후 중 국왕보다 먼저 혹은 나중에 승하하느냐에 따라 다르게 적용되었다. 국왕보다 나중에 승하한 왕후는 3년상을 치르는데 빈전에 봉안되어 있는 기간인 5개월을 제외하면 혼전은

3년(27개월) 중 22개월 동안 유지되었다.

반면, 국왕보다 먼저 승하한 왕후의 장례는 3년상이 아닌 기년상(期年喪, 1년상)으로 치러졌다. 11개월 만에 연제(練祭)를 지내고 13개월 만에 상제(祥祭)를 지내며 15개월 만에 담제(禫祭)를 지냈다. 왕후의 신주는 배우자인 국왕의 신주와 함께 종묘에 부묘하는 것이 원칙이므로 담제를 지낸 후에도 왕후의 신주는 혼전에 계속 남아 있었다. 국왕이 승하하여 3년상을 마친 후 함께 부묘했기 때문에 이럴 경우 혼전의 존재 기간은 왕후마다 다를 수밖에 없었다.[37]

셋째는 왕릉의 명칭인 능호(陵號)이다. 신덕왕후를 '정릉(貞陵)'으로, 영조의 비 정성왕후(貞聖王后, 1692~1757)를 '홍릉(弘陵)'으로 일컫는 것과 같다. 두 사례는 왕후 1명만을 모신 능이지만 배우자인 국왕과 함께 모신 능은 구별이 필요했다. 조선시대에는 국왕의 능은 능호 혹은 '대왕릉(大王陵)'이라고 했으며, 왕후의 능은 능호 혹은 '왕후릉(王后陵)'이라 하여 구별했다. 특히 국왕과 왕후의 능호가 같은 경우, 조정에서 논의할 때에는 대왕릉을 가리키는 용례가 많으며, 각자 구별해야 할 때에는 '대왕릉', '왕후릉'으로 지칭했다.[38]

마지막으로 대행(大行)이다. 대행은 돌아가신 뒤 아직 '시호'를 정하지 않은 상태에서 돌아가신 왕후를 일컫는 칭호로,[39] '대행왕후(大行王后)', '대행왕비(大行王妃)', '대행왕비전하(大行王妃殿下)'가 그것이다. 대비는 '대행대비(大行大妃)', 왕대비는 '대행왕대비(大行王大妃)', 대왕대비는 '대행대

37 이현진, 2007 위의 논문, 146~150쪽; 이현진, 2015(b) 「인선왕후의 국장과 혼전도감의궤」 『외규장각 의궤 연구 흉례凶禮』(Ⅰ) 국립중앙박물관, 29~30쪽.

38 이현진, 2017 「조선의 왕릉 의례」 『문헌과해석』 81, 67쪽 각주 3.

39 대행의 구체적인 뜻에 대해서는 이현진, 2015 『왕의 죽음, 정조의 국장』 글항아리, 19~20쪽 참조.

왕대비(大行大王大妃)'라고 일컬었다. 대행왕비전, 대행대왕대비전처럼 '전(殿)'자가 붙기도 했다.

일반적으로 왕후의 시호를 정하는 시점은 승하하고 난 뒤 오랜 시간이 흐르지 않았을 때이다. 가령, 영조의 계비 정순왕후(貞純王后, 1745~1805)를 보더라도 1월 12일에 승하한 뒤 1월 18일에 시호 '정순(貞純)'을 정했다.[40] 대부분의 왕후도 이와 별반 다르지 않다. 그렇다면 '대행'이 들어가는 칭호를 행용하는 기간이 그리 길지 않음도 유추할 수 있다.

국왕을 일컫는 칭호[41]

조선시대에는 왕후보다 지존한 위치에 국왕이 있었다. 국왕은 이름을 부르기도 했고, 문헌에는 대부분 '상(上)', '주상(主上)', '전하(殿下)', '주상전하', '대전(大殿)', '상감(上監)'[42] 등으로 표현되었다. 그 밖에도 주지하다시피 임금, 나라님, 군왕, 국왕, 왕 등등 많은 단어들이 확인된다. 그중 이름은 중국의 황제에게 보내는 문서나 중국 황제가 조선 국왕을 거명할 때 이외에는 거의 사용할 일이 없었다. 국왕의 이름은 아랫사람이 함부로 부를 수 없었기에 문서에도 휘(諱)하여 쓰지 못했다.

국왕을 가리키는 이와 같은 칭호들은 국왕이 살아 있을 때 일컬었다. 돌아가신 국왕을 일컫는 칭호 또한 여러 가지가 있었고 이는 왕후보다 더 다양했다.

첫째는 묘호(廟號)이다. 태조, 정종, 태종, 세종 등 승하한 국왕의 신위(神位)를 종묘에 봉안할 때 일컫는 칭호이다.

둘째는 시호+왕, 시호+대왕이다. 시호는 두 가지가 있었는데, 중국 황제가 조선의 승하한 국왕에게 내려주는 2글자의 시호 및 조선의 신하들이 올린 8글자의 시호가 그것이다. 중국의 황제가 내린 시호는 태조의 '강헌(康獻)', 정종의 '공정(恭靖)', 세종의

---

40 * 정순왕후 승하: 『純祖實錄』 卷7, 純祖 5年 1月 丁酉(12).
* '정순' 시호 결정: 『承政院日記』 純祖 5年 1月 18日(癸卯); 『純祖實錄』 卷7, 純祖 5年 1月 癸卯(18).

41 왕실 구성원의 칭호에 관한 연구는 본격적으로 이루어지지 않았으나 여기서 설명한 국왕의 칭호는 이현진, 2015 앞의 책, 17~20쪽을 정리한 것이다.

42 상감은 國俗에서 主上을 그와 같이 일컬었다[『正祖實錄』 卷22, 正祖 10年 12月 丙寅(27)].

'장헌(莊憲)' 등이다. 조선의 신하들이 올린 8글자의 시호는 태종의 '성덕신공문무광효(聖德神功文武光孝)', 세종의 '영문예무인성명효(英文睿武仁聖明孝)', 정조의 '문성무열성인장효(文成武烈聖仁莊孝)' 등이다.

셋째는 국왕이 평소에 거처하던 궁(宮)이나 혼전 전각명으로 대신하기도 했다. 정종이 거처하던 '인덕궁(仁德宮)', 정조의 혼전인 '효원전(孝元殿)' 등이다.[43]

넷째는 '○+廟'의 형태로, 묘호에서 조(祖)·종(宗)을 빼고 묘(廟)를 결합한 방식이다. 인조를 '인묘(仁廟)', 영조를 '영묘(英廟)'로 일컫는 등이다.

다섯째는 능호이다. 태조의 능을 건원릉(健元陵)으로, 영조의 능을 원릉(元陵)으로 정한 뒤 능호를 그 사람을 대신하여 일컫는 것과 같다.

마지막으로 대행이다. 대행은 앞서 언급한 것처럼 돌아가신 뒤 아직 '묘호'나 '시호'를 정하지 않은 상태에서 돌아가신 국왕을 일컫는 칭호로, '대행대왕(大行大王)'이 그것이다. 국왕의 경우도 묘호, 시호를 정하는 시기는 승하한 뒤 얼마 지나지 않아서였다. 예를 들면, 영조는 3월 5일에 승하하고 3월 12일에 신하들이 그의 묘호와 시호 등을 논의하여 결정했고, 정조는 6월 28일에 승하하고 7월 6일에 신하들이 그의 묘호와 시호를 정했다. 대부분의 국왕도 이와 거의 유사하다.

그러다가 일제강점기에 고종비 명성왕후(후일 명성황후) 민씨(閔氏)를 '민비(閔妃)'로 격하시켰다. 그럼에도 이 칭호는 오랫동안 역사학과 국문학을 포함한 학계의 학자들과 그들의 논저 및 소설, 드라마, 영화, 뮤지컬 등 문화 예술계까지 우리나라 사회 전반에서 널리 사용되었다.

1990년대 말, 본격적으로는 2000년대에 접어들면서 역사학계에서 '민비'가 일본인들에 의해 격하된 칭호이며, 조선에서 승하한 왕후는 '시호+왕후', '시호+왕후 성씨'라고 칭한 사례를 들며 이의를 제기했다. 그 결과 '민비(명성황후)'처럼 민비에 명성황후를 병기하는 사례도 나타났으나[44] 점

43 조선시대 국왕의 혼전명은 이현진, 2007 앞의 논문, 【부표】(175~177쪽); 이현진, 2018(a) 「조선전기 국왕 국장(國葬)에서 명(明) 사신의 의례설행과 그 공간」『朝鮮時代史學報』 85, 〈표 3〉(135쪽); 이현진·이혜원, 2019 앞의 논문, 【부표】(177~178쪽) 참조.

44 유영익, 2002 「김홍집(金弘集) -개혁을 서둘다가 임금과 백성에게 배척당한 친일 정치가-」『한국사 시민강좌』 31, 103쪽. 이 논문에서는 '민비(명성황후)'라 쓰기도 했지만 대부분 '민비'라는 칭호를 사용했다.

차 '민비'라는 칭호는 사라지고 현재는 거의 사용하지 않게 되었다.[45]

한편, 2000년대 초 명성왕후를 '민왕후(閔王后)'라고 표기한 연구도 있다.[46] 문제는 조선시대에는 돌아가신 왕후를 '성(姓)+왕후'라고 지칭한 사례가 찾아지지 않는다는 사실이다. 성(姓)과 그 사람의 품계를 결합한 사례는 영조의 생모인 숙빈 최씨(淑嬪崔氏, 1670~1718)를 '최숙빈(崔淑嬪)'이라고 한 것처럼[47] 후궁에게서는 발견된다. 하지만 왕후의 경우에는 그렇지 않아 칭호로 사용하지 않았다고 볼 수 있다.

사실 조선시대 왕후는 법의 규정 밖에 있는 왕실의 구성원이기 때문에 법전에는 관련 규정이 수록되어 있지 않다. 그런 이유로 왕비가 살아 있는 동안에 일컫는 칭호만이 아니라 죽은 이후에 일컫는 칭호 역시 규정되어 있지 않다. 이는 국왕도 마찬가지이다. 조선시대에는 칭호가 곧 그 사람의 정체성을 드러내지만 국왕이나 왕후, 세자, 세자빈 등을 가리키는 칭호는 그 당시 사람들에게는 굳이 '규정'을 만들지 않더라도 누구나 알 수 있었기 때문으로 판단된다.

왕후의 칭호도 위에서 본 것처럼 역사적 변천을 겪었고, 심지어 살아생전과 사후의 칭호가 달랐다. '시호+왕후', '시호+왕후 성씨'를 제외한 어떤 왕후의 칭호를 알기 위해서, 어떤 칭호가 어느 왕후를 가리키는지 알기 위해서는 문헌을 통해 용례를 확인하는 방법이 가장 적절함을 알 수 있다.

---

45 민비의 '妃'자가 일본어에서 王妃의 약칭으로도 볼 수 있으므로 한국측에서 왕비의 호칭으로 적당하지 않다고 본 것에 대해, 지나치게 선입관에 의해 자의적으로 비하시키는 표현으로 받아들일 필요가 없다고 본 연구가 있다[서민교, 2004 「일본에서의 명성황후 시해사건에 대한 연구와 과제」『史叢』 59, 165~166쪽 각주 1)]. 이는 한국사에서 고려부터 조선까지 승하한 정비의 칭호에 대한 이해 부족에 기인한 것으로 판단된다.

46 한영우, 2001 앞의 책, 12쪽.

47 『承政院日記』 肅宗 44年 4月 29日(丁未); 『英祖實錄』 卷40, 英祖 11年 3月 辛巳(11).

제 2 장

조선의 왕후 국장 절차와 변화의 계기

제 1 절
국가전례서에 규정된 왕후 국장 절차

1. 국가전례서의 국장 규정: 『국조상례보편』[1]

조선의 국가전례는 태종대부터 정비하기 시작하여 세종대에 본격적으로 정리되었다. 이때 정리한 책이 바로 1451년(문종 1)에 편찬된 『세종실록오례(世宗實錄五禮)』이다. 서명에서 알 수 있듯이 조선의 국가전례는 길례(吉禮), 가례(嘉禮), 빈례(賓禮), 군례(軍禮), 흉례(凶禮)의 순서로 된 오례(五禮) 체제를 갖추었다.

본서에서는 오례 중 흉례를 위주로 살펴보고자 한다. 흉례는 살아 있는 사람이 돌아가신 자에 대해 슬픔을 표하는 의례이다. 하지만 슬픔이 지나쳐 몸을 상하게 하면 안 되므로 그 절차와 방법을 예서에 규정해 놓았다.

『세종실록오례』를 바탕으로 1474년(성종 5)에 『국조오례의(國朝五禮儀)』가 편찬되었다. 『국조오례의』는 조선에서 편찬된 대표적인 국가전례서로 그 지위를 계속 유지했다. 그러다가 임진·병자 양란을 겪으면서 국가전례의 수정이나 보완이 불가피한 상황을 맞았다. 시대가 변화하면서 국가의식 가운데 퇴이한 것이 생기기도 하고 수정이 필요하거나 새로운 제도들

1 조선 왕실의 흉례 절차가 정비되는 과정은 이현진, 2017 앞의 책, 제1장이 참조되고, 『국조상례보편』의 국장 규정은 이 책 제2장 제1절, 그리고 법전 및 국가전례서의 예장 규정은 이 책 제3장 제1절이 참조된다. 국왕과 왕후의 국장은 이 책 제1장 및 제2장 제1절이 해당된다.

이 생기게 되면서 기존 전례서만으로 해결할 수 없는 한계 상황에 이르렀고 흉례도 예외가 아니었다.

영조대에 이르러 『국조오례의』를 '보완'하는 성격을 띠는 『국조속오례의(國朝續五禮儀)』(1744, 영조 20), 흉례만 따로 정리한 『국조상례보편(國朝喪禮補編)』(1752, 영조 28)·(1758, 영조 34)이 각각 편찬되었다. 국가전례서가 편찬될 때마다 흉례도 의식 절차에서 출입(出入)이 있는가 하면, 의주(儀註)의 항목명은 동일하더라도 내용이 조금씩 바뀌는 등 변화를 보였다.

여러 국가전례서 중 1758년(영조 34)에 편찬된 『국조상례보편』이 조선 왕실의 상장례가 최종 정비된 의례서이다. 향후 '흉례'만 단독으로 다룬 국가전례서는 더 이상 편찬되지 않았고, 그 뒤에 나온 『국조오례통편(國朝五禮通編)』(1788, 정조 12)이나 『춘관통고(春官通考)』(1788, 정조 12)에 실린 흉례도 1758년본 『국조상례보편』을 수록했다. 따라서 1758년본 『국조상례보편』이 출간된 이후에 일어난 상장은 이 책을 주요 참고 자료로 삼아 치러졌다.

1758년본 『국조상례보편』은 국왕과 왕후의 '국장', 세자와 세자빈의 '예장'에 관한 규정을 담고 있다. 본서는 국장을 다루므로 국장 절차의 항목을 살펴보고자 한다.

> 고명(顧命), 초종(初終), 복(復), 전(奠), 역복불식(易服不食), 계령(戒令), 목욕(沐浴), 습(襲), 전(奠), 위위곡(爲位哭), 거림(擧臨), 함(含), 설빙(設氷), 영좌(靈座), 명정(銘旌), 고사묘(告社廟), 소렴(小斂), 전(奠), 치벽(治椑), 대렴(大斂), 전(奠), 성빈(成殯), 전(奠), 여차(廬次), 성복(成服), 복제(服制), 사위(嗣位), 반교서(頒敎書), 고부청시청승습(告訃請諡請承襲), 조석곡전급상식(朝夕哭奠及上食), 삭망전(朔望奠), 의정부솔백관진향의(議政府率百官進香儀), 치장(治葬), 재궁가칠의(梓宮加漆儀), 재궁서상자

> 의(梓宮書上字儀), 재궁결과의(梓宮結裹儀), 청시종묘의(請諡宗廟儀), 상시책보의(上諡冊寶儀), 계빈(啓殯), 조조의(朝祖儀), 조전(祖奠), 견전(遣奠), 발인반차(發引班次), 발인의(發引儀), 발인봉사의(發引奉辭儀), 노제(路祭), 천전의(遷奠儀), 하현궁시망곡의(下玄宮時望哭儀), 입주전(立主奠), [산릉우제시망곡의(山陵虞祭時望哭儀)], 반우반차(返虞班次), 반우의(返虞儀), 반우지영의(返虞祇迎儀), 안릉전(安陵奠), 산릉조석(곡급)상식(山陵朝夕(哭及)上食), 우제(虞祭), 졸곡제(卒哭祭), 혼전조석(곡급)상식(魂殿朝夕(哭及)上食), 사시급납친향혼전의(四時及臘親享魂殿儀), 섭사의(攝事儀), 속절급삭망친향혼전의(俗節及朔望親享魂殿儀), 섭사의(攝事儀), 사시납급속절삭망향산릉의(四時臘及俗節朔望享山陵儀), 친향산릉의(親享山陵儀), 영사시제급조부의(迎賜諡祭及弔賻儀), 사부의(賜賻儀), 사시의(賜諡儀), 분황의(焚黃儀), 사제의(賜祭儀), 연제(練祭), 상제(祥祭), 담제(禫祭), 부묘의(祔廟儀), 소상입묘의(小喪入廟儀).

모두 74조목이다. 여기에서 마지막 조목인 「소상입묘의(小喪入廟儀)」는 세자의 소상(小喪)을 위한 절차이므로 본서에서는 제외할 것이다. 위 조목들은 대부분 의식 절차를 다루고 있지만 그렇지 않은 몇 조목도 눈에 띈다. 의물(儀物)의 조성과 설치 방법을 제시한 「영좌(靈座)」나 「명정(銘旌)」이라든가, 행사 전에 미리 그 광경을 그림으로 나타내 참여하는 이들이 각자의 역할을 익힘으로써 착오가 없도록 하기 위해 만들어진 「발인반차(發引班次)」·「반우반차(返虞班次)」 조목이 그러하다.

이들은 분명 의식 절차는 아니지만 상장을 치를 때 반드시 필요한 의물이고 그림이다. 의식 절차가 중요한 것은 의심할 나위가 없지만 이를 실행할 때 소용되는 의물이나 그림도 매우 중요하기에 국가전례서에서 규정한 것이었다. 특히 누차 언급했듯이 본서는 왕후 국장에서 황후 국장으로 가는 과정에서 '변화'에 주목하고자 한다. 그중 제7장 제2절에서 의물을 위주로 그 변화를 살펴볼텐데 혹여 여기에서 누락되더라도, 국가전례서에 규정되어 있는 영좌, 명정과 같은 의물이 아니라고 하더라도 행례(行禮)할 때 필요하다면 그것을 언급하고자 한다.

이처럼 1758년본 『국조상례보편』은 조선에서 국장이 발생했을 때 반드시 참고하는 국가전례서였다. 고종의 비 명성왕후는 승하할 당시에는 왕후의 신분이었다. 따라서 명성황후로 책봉되어 황후 국장으로 치르기 전까지는 1758년본 『국조상례보편』에 규정된 왕후 국장 절차대로 치렀을 것으로 예상된다. 국장이 진행되는 추이에 따라 이 전례서에 규정된 절차를 준행했는지를 확인할 것이며, 또 황후 국장으로 바뀐 뒤에는 왕후 국장과의 비교를 위해 참고 전례서로 활용하고자 한다.

『국조상례보편』에 수록된 국장 절차[2]

* 고명(顧命): 국왕이 왕세자에게 전위(傳位)한다는 유언을 한 뒤 왕세자에게 대보(大寶)를 전달한다.
* 초종(初終): 햇솜(신면新綿)을 입과 코 사이에 얹어서 국왕의 죽음을 확인하다.
* 복(復): 몸에서 떠난 혼(魂)을 다시 돌아오라고 외친다. 국왕은 '상위복(上位復)', 왕후는 '중궁복(中宮復)'이라 외친다.
* 전(奠): 복을 한 뒤 평상시에 드시는 음식으로 올리는 전으로 '복후전(復後奠)'이라고도 한다. 전은 죽은 자에게 음식을 올리는 의례이다.
* 역복불식(易服不食): 왕세자가 옷을 바꾸어 입고 3일 동안 음식을 먹지 않는다.
* 계령(戒令): 국상이 발생했을 때 병조, 예조, 이조에서 각자 담당할 일과 각 도감에서 맡을 일, 그리고 그 담당자를 제시하다.
* 목욕(沐浴): 시신을 목욕시키다. 쌀을 일은 물로 머리를 감기고 향탕(香湯)으로 몸을 씻기다.

2 이현진, 2015 앞의 책, 제2부를 토대로 간략하게 정리했다. 다만, 『국조상례보편』에서 근간이 되는 국왕 국장 절차를 중심으로 서술했다.

* 습(襲): 시신에 수의(壽衣)를 입히다.
* 전(奠): 습을 행한 뒤 올리는 전이다.
* 위위곡(爲位哭): 왕세자와 왕비, 빈(嬪), 내·외명부(內外命婦) 등이 자리를 설치하고 곡하다.
* 거림(擧臨): 종친과 문무백관이 외정(外庭)에서 곡하다.
* 함(含): '반함(飯含)'이라고도 하며 입 속에 쌀과 진주를 넣다.
* 설빙(設氷): 얼음 위에 시신을 두다.
* 영좌(靈座): 죽은 자의 신혼(神魂, 혼령)을 모시는 자리이다. 이 항목에는 영좌 안에 평상을 설치하고, 그 위에 교의(交倚)를 안치한 뒤 교의 위에 신백함(神帛函)을 둔다는 내용이 포함되어 있다. 신백은 신주를 만들기 전에 비단을 묶어서 신혼이 깃들도록 한 의물로, '혼백(魂帛)'이라고도 한다.
* 명정(銘旌): 죽은 사람의 관직과 성명 등을 적어 영좌의 오른쪽에 설치한 기(旗)이다.
* 고사묘(告社廟): 사직과 영녕전, 종묘에 승하한 사유를 고하다.
* 소렴(小斂): 옷과 이불로 시신을 두르고 메우다. 염의(斂衣)는 19칭(稱)이다.
* 전(奠): 소렴한 뒤 올리는 전이다.
* 치벽(治椑): 국왕이나 왕후의 시신을 안치하는 관(棺), 곧 재궁(梓宮)을 만들다.
* 대렴(大斂): 옷과 이불로 시신을 두르고 메우다. 염의는 90칭이다.
* 전(奠): 대렴한 뒤 올리는 전이다.
* 성빈(成殯): 시신을 넣은 재궁을 찬궁(欑宮)에 담아 빈전(殯殿)에 봉안하다.
* 전(奠): 성빈한 뒤 올리는 전이다.
* 여차(廬次): 국상을 주관하는 자가 빈전에 의례를 행하기 전 잠시 머무는 공간이다.
* 성복(成服): 왕세자 이하 상복(喪服)을 입을 자들이 비로소 각각 상복을 입다.
* 복제(服制): 세상을 떠난 국왕이나 왕후와 혈연적으로 가깝고 먼가에 따라 어떤 상복을 얼마 동안 입는지를 규정하다.
* 사위(嗣位): 왕세자가 왕위를 계승하여 즉위하다.
* 반교서(頒敎書): 왕세자가 즉위한 뒤 교서를 반포하다.
* 고부청시청승습(告訃請諡請承襲): 중국 황제에게 국왕의 국상을 고하고, 승하한 국왕의 시호를 청하며, 새로 즉위한 국왕의 승습(承襲)을 청하다.
* 조석곡전급상식(朝夕哭奠及上食): 아침저녁으로 곡하고 전을 올리며 상식하다.
* 삭망전(朔望奠): 초하루와 보름에 전을 올리다.

* 의정부솔백관진향의(議政府率百官進香儀): 의정부에서 백관을 거느리고 향을 올리다.
* 치장(治葬): 산릉을 조성하다.
* 재궁가칠의(梓宮加漆儀): 재궁에 칠을 더하다.
* 재궁서상자의(梓宮書上字儀): 재궁의 윗면에 상자(上字)를 쓰다.
* 재궁결과의(梓宮結裹儀): 재궁을 묶고 싸다.[3]
* 청시종묘의(請謚宗廟儀): 종묘에 나아가 승하한 국왕이나 왕후의 시호를 올리는 것을 허락해주길 조종(祖宗)에 청하다.
* 상시책보의(上謚冊寶儀): 빈전에 시책(謚冊)과 시보(謚寶)를 올리다. 시책은 옥 조각에 시호를 정해 올린 내용을 새긴 후 책 모양처럼 엮은 옥책(玉冊)이고, 시보는 시호를 새긴 도장이다.
* 계빈(啓殯): 빈전에 봉안되어 있는 찬궁을 열다.
* 조조의(朝祖儀): 신백을 받들고 종묘에 가서 조알하다.
* 조전(祖奠): 길 신(神)에게 올리는 전이다.
* 견전(遣奠): 빈전 문[호(戶)] 밖에서 올리는 전이다.
* 발인반차(發引班次): 발인하기 전 발인에 참여하는 수많은 사람들에게 각자의 위치를 제시하다.
* 발인의(發引儀): 빈전에 봉안되어 있던 재궁을 대여(大轝)에 싣고 산릉으로 향하다.
* 발인봉사의(發引奉辭儀): 국왕이 발인 행렬을 따라 산릉까지 함께 가지 못할 경우 궁궐에서 하직하다.
* 노제(路祭): 발인한 뒤 산릉으로 가는 도중 길에서 지내는 제사이다.
* 천전의(遷奠儀): 대여가 산릉에 도착하여 정자각에서 재궁을 찬궁에 넣어서 성빈한 뒤, 다시 찬궁을 열고 재궁을 영여(靈轝)에 싣고 산릉에 올라가 녹로(轆轤)를 이용하여 재궁을 현궁(玄宮)에 내리다.
* 하현궁시망곡의(下玄宮時望哭儀): (국왕이 발인 행렬을 따라가지 못할 경우) 현궁에 재궁을 내릴 때 국왕이 궁궐에서 망곡하다.
* 입주전(立主奠): 길유궁(吉帷宮)에서 신주에 글을 쓴 뒤 올리는 전이다.
* [산릉우제시망곡의(山陵虞祭時望哭儀)]: (국왕이 발인 행렬을 따라가지 못할 경우) 산릉에서 우제를 지내게 될 때 국왕이 궁궐에서 망곡하다.

3 結裹의 뜻과 용례는 이현진, 2018(b) 「조선 왕실의 포장(包裝) 문화」 『문헌과해석』 82, 82~83쪽 참조.

* 반우반차(返虞班次): 반우하기 전 반우에 참여하는 수많은 사람들에게 각자의 위치를 제시하다.
* 반우의(返虞儀): 산릉에서 입주전을 행한 뒤 우주(虞主)를 받들고 궁궐로 돌아와 혼전에 봉안하다.
* 반우지영의(返虞祗迎儀): (국왕이 발인 행렬을 따라가지 못할 경우) 반우하는 신련(神輦)을 국왕이 성문 밖에서 삼가 맞이하다.
* 안릉전(安陵奠): 산릉에서 봉릉(封陵)하는 일을 마친 뒤 상황을 봐서 제물을 갖추어 올리는 전이다.
* 산릉조석(곡급)상식(山陵朝夕(哭及)上食): 산릉에서 아침저녁으로 곡하고 상식하다.
* 우제(虞祭): 장례를 치른 뒤 방황하는 혼(魂)을 편안하게 하기 위해 제사를 지내다.
* 졸곡제(卒哭祭): 우제를 마친 뒤 그동안 무시(無時)로 곡하던 것을 그치고 아침저녁 두 차례 혼전에서 상식할 때만 곡하다.
* 혼전조석(곡급)상식(魂殿朝夕(哭及)上食): 혼전에서 아침저녁으로 곡하고 상식하다.
* 사시급납친향혼전의(四時及臘親享魂殿儀): 춘·하·추·동 사시 및 납일(臘日)에 국왕이 혼전에서 친히 제사를 지내다. 납일은 동지(冬至) 후 세 번째 미일(未日)이다.
* 섭사의(攝事儀): 춘·하·추·동 사시 및 납일에 국왕이 아닌 다른 사람이 혼전에서 제사를 지내다.
* 속절급삭망친향혼전의(俗節及朔望親享魂殿儀): 속절 및 초하루·보름에 국왕이 혼전에서 친히 제사를 지내다. 속절은 『국조오례서례(國朝五禮序例)』에 정조(正朝)·한식·단오·추석·동지·납(臘)으로 규정했다가[4] 『속오례의』에서부터 납일이 없어졌다.[5] 1758년본 『국조상례보편』에도 들어가 있지 않으므로[6] 항식화되었음을 알 수 있다.
* 섭사의(攝事儀): 속절 및 초하루·보름에 국왕이 아닌 다른 사람이 혼전에서 제사를 지내다.
* 사시납급속절삭망향산릉의(四時臘及俗節朔望享山陵儀): 사시와 납일 및 속절·삭망에 산릉에서 제사를 지내다.

---

4 『國朝五禮序例』 卷1, 吉禮 「時日」 "凡祀有常日者 (…) 朔望俗節【(註) 正朝寒食端午秋夕冬至臘】享宗廟文昭殿懿廟山陵.

5 『春官通考』 卷17, 吉禮 陵寢 「健元陵」 "原儀時日 朔望【(註) 續儀無】俗節正朝寒食端午秋夕冬至臘享【(註) 續儀同 但無臘】".

6 『國朝喪禮補編』(奎 3940) 卷3, 「俗節【(註) 正朝冬至寒食端午中秋】及朔望親享魂殿儀」·「四時臘及俗節【(註) 正朝冬至寒食端午秋夕】朔望享山陵儀」.

* 친향산릉의(親享山陵儀): 산릉에서 국왕이 친히 제사지내다.
* 영사시제급조부의(迎賜諡祭及弔賻儀): (현 국왕이) 중국 황제가 선왕에게 내린 고명(誥命)과 제문(祭文) 및 부물(賻物)을 맞이하다.
* 사부의(賜賻儀): (현 국왕이) 중국 황제가 내린 부물을 받다.
* 사시의(賜諡儀): 중국 황제가 (선왕에게) 내린 시호를 받다.
* 분황의(焚黃儀): 승문원 관원이 황지(黃紙)에 시호가 기록된 고명을 전사(傳寫)하고, 종헌례(終獻禮)를 마친 뒤 황지를 불에 태우다.
* 사제의(賜祭儀): 중국 황제가 (선왕에게) 내린 제사를 받다.
* 연제(練祭): 돌아가신 지 1년이 되는 첫 번째 기일에 지내는 제사로, 소상(小祥)이라고도 한다.
* 상제(祥祭): 돌아가신 지 2년이 되는 두 번째 기일에 지내는 제사로, '대상(大祥)'이라고도 한다.
* 담제(禫祭): 상제를 지내고 2개월 뒤 상복을 벗을 때 지내는 제사이다.
* 부묘의(祔廟儀): 혼전에 봉안되어 있던 신주를 종묘 정전의 신실(神室)에 봉안하다.

2. 국왕·왕후 국장 절차의 차이

1758년본 『국조상례보편』에는 왕실 구성원 중 핵심 인사들의 장례 명칭을 신분에 따라 다음과 같이 규정지었다. 곧, 국왕의 상은 '대상(大喪)', 왕후의 상은 '내상(內喪)', 세자의 상은 '소상(小喪)', 세자빈의 상은 '소내상(小內喪)'이라 하여,[7] 국왕·왕후의 '국장'과 세자·세자빈의 '예장'보다 구체화시켜 놓았다. 그중 내상은 '내대상(內大喪)'이라고도 한다.[8]

서술 방식은 국왕의 대상 위주로 하되 나머지는 주석으로 자세하게 처

7 『國朝喪禮補編』(奎 3940) 凡例 "一 五禮儀 只擧大喪 而內喪則略以註見 此編亦主大喪 而內喪【(註) 如丁丑仁元王后喪】內喪在先【(註) 如丁丑貞聖王后喪】小喪【(註) 如戊申孝章世子喪】小內喪【(註) 如辛未孝純賢嬪喪】小內喪在先【(註) 如戊戌端懿嬪喪】皆詳著之".

8 『國朝喪禮補編』(奎 3940) 卷4, 受敎分類(上) 「戒令」.

리했다. 왕후의 국장 규정도 주석으로 처리했으나 절차면에서 대강은 국왕 국장과 큰 차이를 보이지 않는다. 그렇다고 전혀 차이가 없는 것은 아니기에 국왕 국장과 왕후 국장의 차이를 몇 가지로 정리하면 다음과 같다.

첫째, 「고명(顧命)」, 「사위(嗣位)」, 「반교서(頒敎書)」이다. 세 의주는 왕세자의 왕위 계승과 관련되는 의절이므로 왕후 국장과 무관하다.

둘째, 「고부청시청승습(告訃請諡請承襲)」과 이와 관련된 「영사시제급조부의(迎賜諡祭及弔賻儀)」, 「사부의(賜賻儀)」, 「사시의(賜諡儀), 「분황의(焚黃儀)」, 「사제의(賜祭儀)」 등이다. 먼저 「고부청시청승습」이다. 이는 국상이 났음을 중국 황제에게 알리고[고부], 승하한 국왕의 시호를 청하며[청시], 임시로 국사를 담당하고 있는 권서국사자(權署國事者)의 국왕 책봉을 청한다[청승습]는 뜻이다.

조선은 건국하면서부터 중국을 천자국으로, 스스로를 제후국으로 자처하여 공식적으로 1897년 고종이 대한제국을 선포하기 전까지 중국의 번방(藩邦)으로 존재했다. 그 때문에 중국에서 국가적으로 중요한 행사가 있거나 황실에서 중요한 일이 생겼을 때 그들은 조선에 사신을 파견하여 그 사실을 알렸고, 마찬가지로 조선에서도 국왕이나 왕후가 세상을 떠났다거나 제후국으로서의 의무를 수행해야 할 때 중국에 사신을 파견하여 그와 같은 사실을 알렸다.

문제는 고부·청시·청승습 세 가지 일이 조선의 승하한 '국왕'에게는 모두 해당하고, 왕후는 그중 '고부'만 관련되었다. 왕후에게는 황제가 시호를 내린다거나 권서국사자를 국왕으로 책봉할 일이 없었기 때문이다. 그런데 '고부'라고 하더라도 주의할 점이 있다. 중원의 주인이 명이 아닌 청이라는 조건이 필요하다.

왕후의 경우는 중원의 주인이 명이었을 때에는 공식적으로 그의 죽음을 명 조정에 알리지 않았으며, 그에 따라 명 조정에서도 조선에 그 사안과 관련한 명사(明使)를 별도로 파견하지 않았다. 그와는 달리 명에서 청으로 중원의 주인이 교체되었을 때에는 청 조정에 부고를 알렸고, 청 조정에서는 그 안건과 관련한 청사(淸使)를 조선에 파견했다.[9]

그렇다면 청이 중원의 주인이었을 때 왕후는 그의 죽음만을 알렸기에 국왕 국장에서 시행된 「영사시제급조부의」, 「사부의」, 「사시의」, 「분황의」, 「사제의」 등 다섯 절차도 모두 시행했을까. 사실 조선의 왕후 국장에서 중국 조정에 고부한 여부, 그에 따른 중국 사신의 조문 여부, 조문했다면 사신들이 행한 의례 등 현재 왕후의 국상과 관련한 이러한 연구는 매우 최근에 이루어졌다.

그중 의례에 대해서는 조선후기 대외관계에 있어서 사대교린(事大交隣) 관련 내용을 수록하고 있는 『통문관지(通文館志)』가 주목된다. 이 책에는 조선의 국장에 파견된 청 사신이 행하는 의례 절차가 수록되어 있다.

- 「교외에서 칙서를 맞이하는 의식[교영의(郊迎儀)]」
- 「인정전에서 접견하는 의식[인정전접견의(仁政殿接見儀)]」
- 「편전에서 칙서를 받는 의식[편전수칙의(便殿受勅儀)]」
- 「책봉하는 의식[책봉의(冊封儀)]」
- 「조제하는 의식[조제의(弔祭儀)][10]

다섯 의주 중 「교영의」·「인정전접견의」·「편전수칙의」는 국장이 아닌

9 둘째 「고부청시청승습」을 시작으로 왕후의 고부에 대해 서술한 네 단락은 이현진, 2018(a) 앞의 논문, 114~115쪽을 토대로 작성했다.

10 『通文館志』 卷4, 事大(下) 「郊迎儀」(宣勅儀附)·「仁政殿接見儀」(茶禮儀附)·「便殿受勅儀」(接見茶禮儀附)·「冊封儀」(禮物附)·「弔祭儀」(祭幣附).

다른 임무를 띠고 온 사신도 공통적으로 시행하는 의례이다. 국장과 관련하여 청 사신이 행하는 의례는 조제(弔祭)이다. 이는 국왕 국장만이 아니라 왕후의 국상에도 그의 죽음을 알리면 청에서 사신을 파견하여 제사를 지냈음이 확인된다.[11] 「영사시제급조부의」, 「사부의」, 「사시의」, 「분황의」, 「사제의」 등 다섯 절차를 『통문관지』에 수록된 절차와 견주어보면 좀 더 명확해질 것이다.

먼저 「영사시제급조부의」이다. 시호가 기록된 고명(誥命)과 관련한 절차를 제외한 나머지 절차는 그대로 시행되었다. 아울러 청 사신이 조제라는 제사를 지낸 점에서 이는 「사제의」에 해당한다고 볼 수 있다. 시호를 내리고, 권서국사자인 왕세자를 국왕으로 책봉하는 절차를 제외하면 국왕 국장에서 행례한 것과 거의 차이를 보이지 않는다.

이때 주목되는 것은 제사의 명칭이다. 명 황제가 내려주는 제사는 '사제'라고 한 반면, 청 황제가 내려주는 제사는 '사제'라고 한 곳도 발견되나 대부분 '조제'라 했고, '유제(諭祭)'를 쓰기도 했다.[12] 그런데 본서에서 살펴볼 명성왕후는 시해된 뒤 '고부'조차 하지 않았다. 국명은 그대로 '조선'이었지만 대외적으로 조선의 위상이 달라진 것에 그 이유가 있었고, 그에 대해서는 곧바로 이어지는 제2장 제2절에서 언급하고자 한다.

셋째, 「청시종묘의(請諡宗廟儀)」이다. 1758년본 『국조상례보편』에 왕후가 국왕보다 먼저 세상을 떠난 내상재선(內喪在先)의 국장에는 '청시가 없다.'라고 규정되어 있다.[13] 사실 『국조오례의』에는 "내상재선의 경우에는 하루 전에 대신을 파견하여 종묘에 고하되 평상시에 고하는 의식과 같이

---

11 이현진, 2007 앞의 논문, 155~156쪽; 본서 제6장 각주 62 참조.

12 이현진, 2012(b) 「명·청의 賜祭·賜諡에 대한 조선의 대응」 『朝鮮時代史學報』 63 참조.

13 『國朝喪禮補編』(奎 3940) 卷1, 「請諡宗廟儀」 "○內喪請諡宗廟儀同(內喪在先及小喪 則無請諡)".

한다. 청시는 없다."라고 규정되어 있다.[14] '무청시(無請諡)'라고 한 이 부분은 1758년본 『국조상례보편』에도 그대로 이어진 것이라고 볼 수 있다. 이는 국왕 국장과의 차이 및 국왕보다 먼저 승하한 왕후냐 그렇지 않느냐에 따른 차이이기도 하다. 후자는 아래의 '상기(喪期)'와도 연결된다.

넷째, 상기(喪期)이다. 이는 왕후만이 아니라 조선시대 여성이라면 누구에게나 적용된다. 조선시대에는 부인이 남편보다 앞서 죽으면 1년상을 하고 뒤에 죽으면 3년상을 치렀다. 왕후도 마찬가지로 국왕보다 먼저 승하한 왕후와 그렇지 않은 왕후의 상기가 달랐다.

국왕보다 앞서 세상을 떠난 왕후의 국상은 '내상재선'이라 했다. 이는 『의례(儀禮)』의 '아버지가 살아계신 데 돌아가신 어머니를 위한다[부재위모(父在爲母)].'는 조항에 해당된다.[15] 앞서도 언급했듯이 내상재선에 해당하는 왕후는 승하한 지 11개월 만에 연제, 13개월 만에 상제, 15개월 만에 담제를 지냈으며, 담제를 지낸 뒤에도 곧바로 종묘에 부묘되지 않고 혼전에 계속 남아 있다가 배우자인 국왕이 승하하고 27개월 국상을 모두 마친 뒤 함께 부묘되었다.

반면, 국왕보다 나중에 승하한 왕후, 소위 '내상재후(內喪在後)'에 해당하는 왕후는 삼년상을 치렀다. 13개월이 되는 달에 연제를 지내고, 25개월이 되는 달에 상제를 지내며, 27개월이 되는 달에 담제를 지낸 뒤 곧바로 종묘에 봉안되었다. '내상재후' 국장은 적어도 '상기'라는 면에서는 국왕 국장과 다를 바 없음을 알 수 있다.

결국 '상기'라는 면에서 보면 '국왕 국장'과 '내상재후' 국장은 차이가 없

14 『國朝五禮儀』 卷7, 凶禮 「內喪請諡如上請諡宗廟儀」 "(註) 若內喪在先 則前一日 遣大臣告宗廟如常告儀 無請諡".

15 『儀禮注疏』 卷30, 喪服11 (十三經注疏 整理本, 北京大學出版社, 2000. 漢 鄭玄 注; 唐 賈公彦 疏. 이하 같음).

고 '내상재선' 국장만 다른 것으로 정리된다. 그리고 이는 담제를 지낸 후 곧바로 종묘에 부묘하느냐의 여부, 배우자와 함께 혹은 단독으로 부묘하느냐의 여부라는 점으로 연결된다. '내상재선'과 '내상재후' 국장에서 이러한 차이가 드러나지만 그럼에도 승하 직후부터 담제까지 행하는 국장의 전 과정, 순차적으로 행하는 절차는 달라지지 않는다. 또 종묘에 부묘할 때 배우자와 함께하든 단독으로 하든 「부묘의」라는 의례 절차 자체도 변화가 없다.

이상은 국장 절차의 전 과정이라는 면에서 국왕 국장과 왕후 국장(내상재선 포함)의 차이를 제시했다. 그런데 실제 행례할 때에는 왕후 국장을 고려해야 하는 부분이 곳곳에 내재해 있다. 이는 곧 국왕 국장과 왕후 국장의 차이가 곳곳에 있다는 뜻이기도 하다.

그와 같은 구체적인 차이는 가령, 왕후 국장에서는 여관(女官)들이 담당해야 하는 일이 많다. 그때 어떤 여관들이 담당하며, 그리고 이들이 입어야 하는 복색(服色)까지 여러 곳에 별도의 장치가 필요하다. 거기에 더해 '내상재선'과 '내상재후'까지 구분해야 하는 경우도 위에서 본 것처럼 있다. 다만, 그 정도의 차이는 국가전례서에 그때그때 주석으로 처리되어 있으므로 본서에서는 다루지 않는다.

명성왕후는 고종보다 앞서 세상을 떠났으므로 '내상재선'에 해당하여 기년상을 치러야 한다. 그리고 그에 맞춰 국장을 치르면 문제될 것이 없다. 그런데 주지하다시피 그의 국장은 진행되는 도중에 국체가 제후국에서 천자국으로 승격되는 변수가 생기면서 새로운 국면을 맞이했다. 미리 준비가 되어 있든 아니든 불가피하게 왕후 국장이 아닌 황후 국장으로 치러야 한다. 과연 그때에는 어떤 전례서를 참고하면서 절차를 진행했는지가 관건이며, 이는 본서의 또 다른 주요 관심사이다.

마지막으로 국왕 국장과 왕후 국장의 차이는 아니지만 짚고 넘어가야 할 의절이 있는데, 바로 「조조의(朝祖儀)」이다. 조조례는 영조가 처음 제정한 의례였지만 정조 초 영조의 국장에서부터 시행하지 않았다. 그 이후에도 국왕 국장이든 왕후 국장이든 단 한 차례도 시행되지 않은 의례가 바로 조조례였다.[16] 명성왕후/황후의 국장은 조선의 왕후로서의 국장과 대한제국 황후로서의 국장을 모두 치러기 때문에 「조조의」의 시행 여부는 발인할 때에 이르러 반드시 확인이 필요하다.

한편, 중국은 당(唐) 이후 명 태조 홍무제의 칙명에 의해 편찬된 『대명집례(大明集禮)』가 편찬될 때까지 황실의 국장 과정이 전하지 않는다. 한국에서는 당의 영향을 받은 고려에서 왕실의 국휼(國恤)에 관한 의식을 제정하지 않았다.[17] 그 때문에 조선이 건국된 후 국가전례를 정비할 때 흉례는 『주자가례(朱子家禮)』를 근간으로 삼았다. 중종대에 국휼 제도만은 두우(杜佑, 735~812)가 편찬한 『통전(通典)』을 따랐다고 한 기록도 있어서 『통전』과 『주자가례』와의 검토가 필요하겠으나 기본적으로는 『주자가례』의 「상례(喪禮)」 조목을 토대로 정비했다.[18]

대한제국으로 국체가 바뀐 뒤 국가전례를 정리한 『대한예전(大韓禮典)』은 명성왕후/황후의 국장이 끝난 뒤에 마무리되었다. 곧, 위암 장지연(張志淵, 1864~1920)이 1898년(고종 35, 광무 2) 연말에 편찬한 것으로 추정되기 때문이다.[19] 물론 고종이 대한제국의 건립을 선포할 때 거행한 행사들의 의주

16 이현진, 2017 앞의 책, 87쪽.

17 중국 황실과 고려 왕실의 국장에 대해서는 이현진, 2011 「조선시대 종묘의 부묘 의례와 성격」 『서울학연구』 43, 2장 2절 참조.

18 이현진, 2017 앞의 책, 제1장 제1절 참조.

19 『대한예전』의 편찬 과정에 대해서는 김문식, 2006(b) 「장지연이 편찬한 『대한예전』」 『문헌과 해석』 35; 임민혁, 2007 「대한제국기 『大韓禮典』의 편찬과 황제국 의례」 『역사와 실학』 34; 김문식, 2009 「조선시대 國家典禮書의 편찬 양상」 『藏書閣』 21, 4장 3절 참조.

(儀註)가 수록되어 있으나 흉례와 관련해서는 권10의 마지막에 간략하게 실려 있을 뿐 국장 전반을 보여주는 구체적인 조목은 재록되어 있지 않다.[20]

명성왕후에서 명성황후로 추증되기 이전에 진행되는 국장 과정은 조선의 국가전례서를 참고할 수 있다. 하지만 그 이후는 국가전례서에 규정과 의절이 마련되어 있지 않기 때문에 관찬 자료, 의궤, 등록, 일기류 등을 통해 국장 과정을 정리한 뒤에야 파악이 가능하다. 향후 제3·4·5장에서 명성왕후의 국장을, 제6장에서 명성황후의 국장을 통해 확인할 수 있다.

이상의 과정을 통해 왕후·황후 국장의 차이만이 아니라 국왕 국장과의 차이도 자연스레 드러날 것으로 예측된다. 그리고 왕후 국장과 황후 국장의 비교는 마지막 제7장에서 의절, 용어, 도설을 중심으로 진행하여 좀 더 구체적인 결과를 기대할 수 있을 것으로 예상된다.

용어 설명

* 빈전(殯殿)/빈궁(殯宮): 빈전은 국왕 혹은 왕후의 시신을 봉안하는 곳으로 발인하기 전까지 존재한다. 국왕이나 왕후는 대체로 돌아가신 지 5개월 만에 발인하므로 빈전의 존재 기간은 보통 5개월이 된다. 빈전은 별도의 전각을 새로이 짓지 않고 기존에 있던 전각 중에서 택하여 사용했고, 빈전에 따로 이름을 지어 주지 않았다. 빈궁은 세자 혹은 세자빈, 정1품 후궁, 대원군 등 예장에서 시신을 봉안하는 곳으로 빈전을 한 등급 낮춰 일컫는 용어이다. 세자나 세자빈 등은 일반적으로 돌아가신 지 3개월 만에 장례를 치르므로 빈궁의 존재 기간은 보통 3개월이 된다.

20 『대한예전』에 실린 흉례 조목을 제시하면 다음과 같다.
『大韓禮典』(藏 K2-2123) 卷10, [凶禮] 「爲外祖父母擧哀儀」·「爲皇后父母擧哀儀」·「遣使吊外祖父母儀」·「遣使吊皇后父母儀」·「遣使吊宗戚貴臣儀」·「遣使榮贈外祖父儀」·「遣使榮贈皇后父儀」·「遣使榮贈宗戚貴臣儀」·「遣使致奠外祖父母儀」·「遣使致奠皇后父母儀」·「遣使致奠宗戚貴臣儀」·「皇后爲父母擧哀儀」·「皇后爲祖父母外祖父母擧哀儀」·「皇太子爲外祖父母擧哀儀」·「皇太子爲妃父母擧哀儀」·「皇太子遣使致奠外祖父母妃父母儀」·「皇太子妃爲父母擧哀儀」·「皇太子妃爲祖父母外祖父母擧哀儀」.

* 혼전(魂殿)/혼궁(魂宮): 혼전은 국왕이나 왕후가 승하한 지 5개월 만에 산릉에서 장례를 치른 뒤 신주를 모시고 궁궐로 돌아와 종묘에 신주를 봉안할 때까지 신주를 모셔두는 곳이다. 혼전을 위한 별도의 전각을 건립하지 않고 기존에 있던 전각 중에서 택했는데, 주로 편전(便殿: 평소 정무를 보는 전각)에 마련했다. 혼전은 빈전과 달리 전각에 이름을 지어 주었는데, 국왕과 대신들이 함께 논의해서 결정했다. 예컨대, 정조의 혼전은 '효원전(孝元殿)', 숙종의 혼전은 '효령전(孝寧殿)'이라고 한 것과 같다. 혼궁은 빈궁처럼 예장에서 혼전을 한 등급 낮춰 일컫는 용어이다.
* 산릉(山陵)/원소(園所)/묘소(墓所): 국왕과 왕후의 무덤은 '왕릉' 혹은 '산릉'이라 한다. 엄밀하게 구분하면, 능이 처음 조성되어 3년 간 국장이 진행되는 동안에는 '산릉'이라 하고 이후부터는 왕릉이라 일컬었다. 원래 왕릉은 천자국인 중국 황제의 무덤을 지칭하는데 조선에서는 국왕과 왕후의 무덤을 왕릉이라 했다. 원소는 적장자가 아닌 방계(傍系)로 즉위한 국왕이 자신을 낳아준 부모[사친(私親)]의 무덤 혹은 조선후기 왕실의 후궁 가운데 그의 아들이 국왕 혹은 추존 국왕이 되어 생모를 위해 조성한 무덤을 가리킨다. 그 밖에 왕세자를 위해 '원'을 조성한 경우가 있는데 장헌세자(莊獻世子)의 영우원(永祐園)·현륭원(顯隆園)이 그것이다. 묘소는 능과 원을 제외한 무덤으로, 세자·세자빈·대원군·폐비·후궁·국왕의 사친 등 대부분의 무덤이 여기에 속한다. 사대부의 무덤 또한 묘소라 했다.
* 총호사(摠護使)/도제조(都提調): 총호사는 빈전도감·국장도감·산릉도감의 도제조에 임명된 좌의정이 상장(喪葬)에 관한 모든 일을 총괄하는 직책으로, 국왕이나 왕후의 국장에서만 볼 수 있다. 도제조는 국장을 제외한 왕실 행사를 거행할 때 그 행사를 총괄하는 직책을 가리킨다.
* 재궁(梓宮)/재실(梓室)/벽실(椑室): 재궁은 국왕과 왕후의 관(棺)이고, 재실은 세자·세자빈 등 예장에 해당하는 사람들의 관을 가리킨다.[21] 재궁에서 '재'는 나무의 미칭(美稱)이고, '궁'은 살아 있을 때 거처한 곳을 형상화한 말이다.[22] 벽실은 관찬 자료에서 흥선대원군과 여흥부대부인(驪興府大夫人)의 관을 지칭할 때 처음 등장한다. 참고로 『예기(禮記)』에 '옻칠의 견고하고 튼튼함이 벽돌과 같으므로 벽이라 명명한다.'고 되어 있다.[23]
* 외재궁(外梓宮)/외재실(外梓室)/외벽실(外椑室): 외재궁은 재궁을 보호하는 바깥의 더

21 예장이라고 하더라도 재실은 후궁에게는 쓸 수 없는 용어이다. 재실과 관련되는 외재실, 찬실 역시 마찬가지이다. 하지만 정1품 후궁 중 재실, 외재실, 찬실이라는 용어를 사용한 사례가 있는데 바로 정조의 후궁이자 순조의 생모인 수빈 박씨의 상장례이다. 이현진, 2016(b) 「조선후기 綏嬪 朴氏의 喪葬 의례와 성격」『朝鮮時代史學報』76, 2장 및 3장 2절 참조.

22 『仁祖實錄』卷46, 仁祖 23年 4月 庚辰(28).

23 『禮記集說大全』卷3, 檀弓上3 (元 陳澔 註. 이하 같음); 이현진, 2015 앞의 책, 113쪽.

큰 재궁이고, 외재실은 재실을 보호하는 외곽의 더 큰 재실이다. 외벽실은 벽실을 보호하는 바깥의 더 큰 벽실로, 관찬 자료에는 흥선대원군과 여흥부대부인의 상에서 처음으로 보인다.

* 찬궁(欑宮)/찬실(欑室): 찬궁은 재궁을 산릉에 안장하기 전까지 담아서 보관하는 의물(儀物)이고, 찬실은 재실을 보관하는 구조물이다. 재궁이나 재실은 시신을 봉안하는 빈전(빈궁), 발인하는 중에 하룻밤을 묵어가는 행궁, 능에서 제사를 올리는 정자각/침전(寢殿) 등에서 그대로 안치하지 않고 찬궁 혹은 찬실에 넣어서 두었다.

* 현궁(玄宮)/현실(玄室): 현궁은 산릉에서 재궁을 안장하는 큰 구덩이이고, 현실은 원소나 묘소에서 재실을 안장하는 큰 구덩이이다.

* 능상각(陵上閣)/원상각(園上閣)/묘상각(墓上閣): 무덤의 봉분을 조성할 때까지 비와 눈 등을 피하기 위하여 현궁/현실 위에 세우는 임시 건물로 '옹가(甕家)'라고도 한다. 능상각·원상각·묘상각의 기능은 모두 동일하지만 왕릉·원소·묘소라는 조성하는 무덤에 따라 다르게 불렀다.

* 부묘(祔廟)/부궁(祔宮)/입묘(入廟): 상장 절차를 마친 뒤 신주를 사당에 봉안하는 의례이다. 부묘는 국왕과 왕후의 신위가 종묘에 봉안되는 것을 뜻한다. 부궁은 세자가 죽고 건립한 사당이 '○○宮'일 경우 세자빈의 신위가 훗날 그곳에 봉안되는 것을 말하는데, 장헌세자의 사당인 '경모궁(景慕宮)'에 세자빈인 혜경궁의 신위를 봉안하는 것이 대표적인 예이다. 입묘는 사당의 명칭이 '○○廟'일 경우 여기에 신위를 봉안하는 것으로, 순조의 아들이자 헌종의 부친인 효명세자나 정조의 후궁이자 순조의 생모인 수빈 박씨(綏嬪朴氏)를 예로 들 수 있다.[24]

* 우주(虞主)·연주(練主)/신주(神主): 우주·연주·신주는 모두 사자(死者)의 혼(魂)이 깃든 의물로 사당에 봉안했다. 우주와 연주는 국왕과 왕후를 위해 조성하는 신주이다. 우주는 뽕나무로 만들고, 산릉에서 신주에 글을 쓴 뒤 첫 번째 기일 때까지 혼전에 봉안하는 신주이다. 연주는 밤나무로 만들되 만드는 방법은 우주와 같으며, 연제를 지내는 첫 번째 기일에 혼전에 봉안한 뒤 상장례를 모두 마치고 최종 종묘에 봉안되는 신주이다. 내상재선일 때에는 연주가 혼전에 계속 봉안되어 있다가 배우자인 국왕이 승하하고 삼년상을 마친 뒤 종묘에 봉안될 때 함께 안치되었다. 신주는 세자나 세자빈이 죽었을 때 조성하는데, 이들에게는 우주와 연주의 구별을 두지 않고 '신주'라고 일컬었다.

* 시보(諡寶)/시인(諡印): 시보와 시인은 시호(諡號)를 새긴 도장이다. 보는 국왕이나 왕후에게, 인은 세자나 세자빈 등에게 올려졌다.

---

24 부묘·부궁·입묘의 정의와 각각의 사례는 이현진, 2011 앞의 논문, 2장 1절; 이현진, 2015 앞의 책, 263~265쪽 참조.

제 2 절

명성왕후 시해 직전 조선의 위상과 의례의 변화

1. 청일전쟁과 조선의 자주독립: 제후국인가 천자국인가

명성왕후의 시해가 일어나기 전, 조선에서는 이미 제후국의 위상을 벗어나 있음이 용어에서부터 확인되며, 이는 의례에서도 예외가 아니었다. 사실 한국사를 공부하는 대부분의 연구자는 1897년 대한제국을 선포하면서 '제후국'이 아닌 '천자국'으로 국체가 격상되었으며, 이를 계기로 용어를 비롯한 여러 방면에서 변화가 일어났다고 알고 있다. 하지만 대한제국을 선포하기 이전부터 조선에서는 제후국이라는 위상에서 벗어나 있었다.

조선은 유교를 천명한 국가였고, 유교문화권에서는 모든 질서를 '예(禮)'에 따라 차등적으로 구분지었다. 이는 국가간에도 적용되어 중국은 천자국, 조선은 중국의 제후국으로 존재했다. 조선 내부에서는 신분에 따라 모든 것을 구분지었고 법전과 국가전례서에 이를 성문화했다. 그중 예제도 마찬가지로 대외적으로는 천자국 중국보다 한 등급 낮추는 방향으로 정비했고, 그리고 조선 내부에서는 이 또한 신분에 따라 다르게 규정지었다. 이러한 모습은 조선이 주변 나라들에 취한 외교 정책에서도 드러난다.

조선이 주변 나라들에 취한 외교 관계를 흔히 '사대교린'이라는 네 글자로 표현한다. 중국과는 조공-책봉을 통한 '사대' 관계를, 일본이나 유구국과는 이웃 나라[인국(隣國)]라 하여 '교린' 관계를 유지해 왔다. 비록 국가 전례서에 외국 사신 접대를 위해 마련한 '빈례(賓禮)'조에 중국에 대해서는 '사대', 이웃 나라에 대해서는 '교린'이라 딱히 명시하고 있지는 않지만[25] 『통문관지』에는 사대와 교린으로 항목을 나누어 싣고 있다는 점에서 분명해진다.[26] 단, 조선후기에는 유구와 야인을 접대하는 예는 끊어져 일본과의 관계만 수록되었다.[27]

이렇듯 조선과 중국(명·청)은 조공－책봉을 통해 조선이 중국에 대해서는 '사대'를, 중국은 조선에 대해 '자소(字小)'의 관계를 취했다. 『춘추좌전(春秋左傳)』에 '소국이 대국을 섬기고 대국이 소국을 보살피는 것이 예(禮)이다.' 및 '소국이 대국을 섬기는 것은 신(信)이고, 대국이 소국을 보호하는 것은 인(仁)이다.'라고 한 내용이 바로 그것이다. 사대와 자소의 관계는 오래전부터 유교문화권에서 큰 나라와 작은 나라가 상호 공존하기 위한 평화적 외교방침이었다.[28]

앞서 조선은 건국하면서부터 스스로 중국의 제후국으로 자처하며 대한제국을 선포하기 전까지 중국의 번방국이었다고 했다. 그러한 조선이 여

---

25 『世宗實錄五禮』 卷133, 賓禮儀式 「受隣國書幣儀」(隣國 如日本琉球國之類); 『國朝五禮儀』 卷5, 賓禮 「受隣國書幣儀」(隣國 如日本琉球國之類); 『國朝五禮通編』 卷13, 賓禮; 『春官通考』 卷73, 賓禮; 『春官通考』 卷74, 賓禮.

26 『通文館志』 卷3, 事大(上); 『通文館志』 卷4, 事大(下); 『通文館志』 卷5, 交隣(上); 『通文館志』 卷6, 交隣(下).

27 『通文館志』 卷5, 交隣(上); 『通文館志』 卷6, 交隣(下); 『春官志』(서울大學校 奎章閣韓國學研究院 영인본, 2013) 凡例 "一 典客之客 日本也 琉球也 野人也 接琉球野人之禮 今絶焉 今玆所著 最詳於日本"; 『春官志』(성균관대학교 대동문화연구원 영인본, 2002) 凡例 "一 典賓之客 日本也 琉球也 野人也 接琉球野人之禮 今絶焉 只日本與之通信 今者所著 最詳於日本"; 『春官通考』 卷73, 賓禮; 『春官通考』 卷74, 賓禮. 『춘관지』는 소장본에 따라 내용이 조금 달라서 둘 다 제시했다. 그리고 1788년(정조 12)에 편찬된 『춘관통고』 이외의 중요한 국가전례서로 평가받는 『국조오례통편』을 빼놓을 수 없는데, 이 책에는 조선 성종대에 편찬된 『국조오례의』 「빈례」의 내용을 수록하고 있어(『國朝五禮通編』 卷13, 賓禮) 조선후기 변화한 교린 관계를 파악하기 어렵다.

28 사대와 자소의 관계에 대한 이 단락은 이현진, 2018(a) 앞의 논문, 114쪽 참조.

전히 중원의 주인으로 청이 자리하고 있음에도, 그리고 대한제국으로 국체가 바뀌지 않았음에도 제후국이라는 위상에 걸맞다고 보기에는 석연치 않은 정황들이 포착된다. 그렇다면 언제, 어떤 일이 계기가 되어 이러한 현상이 발생했는가부터 구명할 필요가 있다. 먼저 명성왕후가 시해되기 전 국내외 정세부터 파악하는 것이 유효할 듯하다.

1894년(고종 31) 3월 20일(양력 4월 25일) 전라도 무장에서 동학농민운동이 발발했다. 이 사건을 계기로 5월 7일(양력 6월 10일) 일본군은 남대문에 도착하고, 이날 청군(淸軍)은 아산만에 상륙하면서[29] 조선에서의 군사적 주도권은 일본군에게 넘어갔다. 6월 21일(양력 7월 23일) 일본군은 경복궁을 점령하여 조선 정부를 장악하고, 이틀 뒤 6월 23일(양력 7월 25일) 청일전쟁을 일으켰다.

6월 25일(양력 7월 27일) 군국기무처(軍國機務處)는 중국과 조선간의 무역장정 등의 폐기 요구에 응했다. 그 결과 장정에 규정된 조선의 조공국 지위가 부정되면서 청으로부터 벗어난 엄연한 '독립국'이라는 국제법적 지위를 획득했다. 이는 조선의 자의가 아닌 일본이라는 타의에 의해 이루어진 것이었다. 한편, 이날은 조선에서는 소위 '갑오개혁'을 시작한 중차대한 날이기도 했다.

7월 26일(양력 8월 26일) 조선과 일본 사이에 맹약이 체결되었고, 이는 조선이 자주국으로서 체결한 최초의 특맹 조약이었다. 12월 12일(양력 1895년 1월 7일) 고종이 종묘와 영녕전에 나아가 서고(誓告)를 행했고, 그 내용은 조선이 다른 나라에 의지하지 말고 자주독립의 터전을 공고히 하자는 것이었다. 특히 서고한 14조의 홍범(洪範) 중 제1조에서 그러한 고종의

29 청의 선발부대가 아산에 도착하고, 일본군이 서울로 들어와 주둔한 날짜가 5월 6일이라고 한 연구가 있다(연갑수, 2008 『고종대 정치변동 연구』 일지사, 270쪽).

의지가 분명하게 드러났다. 바로 '청국에 붙어서 의지하는[부의(附依)] 생각을 베어서 끊어버리고 자주독립의 기초를 굳건하게 세운다.'였다.[30]

조선에서 국왕이 종묘에 나아가 어떠한 사실을 고한다는 것은 그 일의 확정을 의미한다. 물론 1895년(고종 32) 3월 23일(양력 4월 17일) 청일전쟁에서 일본의 승리로 끝나고 맺은 하관(下關) 조약으로, 조선은 일본에 의해 청으로부터 자주독립을 획득했다. 결국 조선은 자의가 아닌 일본이라는 타의에 의해 중국과의 조공–책봉 관계를 청산하고, 대내외적으로 독립국이 되었다.[31]

자주독립한 후 조선의 위상은 국내외적으로 변화가 있었던 것은 분명하다. 우선 청에게 조공을 바친다든가, 새로운 국왕이 즉위했을 때 청으로부터 책봉받을 필요가 사라졌다. 그렇다면 조선이 세워진 이후부터 청일전쟁이 종결될 때까지 제후국으로서 정비된 모든 제도나 규정은 수정이 불가피했다. 그렇다고 당장 고종이 황제로 즉위하여 천자국으로 국체가 변모한 것도 아니었다.

그렇다면 조선은 제후국인가, 천자국인가? 이 당시 대내외적으로 급박하게 변화하는 시점에서 제후국이냐 천자국이냐가 과연 유의미한가 라고 물을 수도 있다.

조선은 청일전쟁 이후 자의가 아닌 일본이라는 외세에 의해 자주독립을 이루었다. 그렇다고 근대로 완전히 변화하지도 못한 애매한 상황 속에서 갑작스럽게 맞이한 대외적 자주독립에 조선은 순조로운 사회적 변화를

---

30 『高宗實錄』 卷32, 高宗 31年 12月 甲寅(12) "洪範 一 割斷附依淸國慮念 確建自主獨立基礎".

31 1894년 동학농민운동의 발발부터 1895년 하관 조약의 체결까지 네 단락은 유바다, 2017 『19세기 후반 조선의 국제법적 지위에 관한 연구』 고려대학교 한국사학과 박사학위논문, 8장 1·2절을 정리하되, 필자가 본서의 성격에 맞춰 내용을 보완했다.

기대하기 어려웠다. 제후국에서 천자국으로 국체를 바꿀 수도 혹은 전통 시대 국가에서 근대 국가로 변모하기도 쉽지 않은 상황이었다. 국체의 변화가 먼저 수반되어야 그에 따른 사회적 제도, 규정, 의례 등 여러 면에서 변화가 뒤따를 수 있겠지만 조선은 아직 그러한 준비가 되어 있지 못했던 것이다.

조선이라는 나라의 정체성이 확고하지 않은 시점에 여러 변수가 생길 수 있는 가능성은 항상 열려 있었다. 그중 특히 외교적인 분야는 빼놓을 수 없기에 이것의 정비부터 서둘러야 했다. 언제든 발생할 수 있는 국가 간 외교에서 외교 내용 자체가 중요한 것은 말할 것도 없지만 그 형식도 무시할 수 없다. 소위 '의전(儀典, Protocol)'이라는 것은 국가 간 외교에서 반드시 필요하기 때문이다. 그런 까닭에 이 당시 외교 의례를 시행해야 한다면 어떻게 할 것인가는 당면한 주요 현안이었다.

조선이 천자국을 천명하든가 혹은 근대 국가로 변화하지 않는 상태에서 조속한 시일 내에 국가적 의례를 행해야 한다면 제후국과 천자국 의례 중 하나를 택하는 것이 가장 손쉬운 방법이다. 일단 중국의 번방에서 벗어났기에 대국의 속국으로서 시행했던 의례는 더 이상 쓰지 않아도 되며, 대외적으로 다른 나라들과 어깨를 나란히 할 수 있게 되었으므로 굳이 그럴 필요조차 없었다. 그럼에도 당장 택해야 한다면 후자를 택하는 것이 합리적이겠지만 조선은 갑작스럽게 추진하지도 않았다. 다음의 2항에서 연호의 사용과 고종의 칭호 변화, 그리고 제5장 제2절에서 1897년에 이르러서야 대한제국을 선포하는 등 일련의 과정에서 볼 수 있다.

따라서 청일전쟁 이후 조선에서 외교 관련 일이 발생했을 때 적어도 의례적인 면에서는 조선이 제후국인가 천자국인가 하는 국가의 정체성은 중요한 문제였다. 근대 국가에 따른 근대적 제도의 마련이 쉽지 않은 가운데 기존의 제후국에 맞춰진 의례를 행용할 것인가, 아니면 중국의 천자국 의례를 정비해서 시행할 것인가 하는 선택의 기로에 놓일 수 있기 때문이다.

2. 개국기년(開國紀年)과 의례 변화의 예고

조선이 청으로부터 자주독립을 획득하면서 제후국의 위상이 아님을 천명한 첫 번째 조치는 바로 연호(年號)에서 드러났다. 연호는 일정한 기원으로부터 계산한 햇수로, 전통시대에는 천자국의 황제만이 사용했다. 조선은 명·청 황제의 연호로 햇수를 헤아리다가 청일전쟁이 종결된 시점부터 독자적인 연호를 사용할 수 있는 기반이 마련되었다.

1894년 6월 25일, 차비(差備) 근처에 군국기무처를 설치하고, 회의총재(會議總裁)에 영의정 김홍집을 임명하면서 본격적인 개혁을 단행했다.[32] 군국기무처는 바로 갑오개혁의 추진을 위해 새로이 설치한 핵심 국가기구였다.[33] 김홍집은 이날 영의정에 임명되면서 곧바로 회의총재에도 발탁된 것이었다.

3일 뒤인 6월 28일, 조선의 성헌(成憲)과 각국의 통례(通例)를 참고하여 의정부 이하 각 아문의 관제(官制)와 직장(職掌)을 개정했다. 이때 군국기무처에서 올린 의안(議案) 중 첫 번째 조항이 '지금부터 이후로 국내외 공사(公私) 문첩(文牒)에 개국기년(開國紀年)을 쓰는 일'이었다.[34] 중국의 연호를 대신하여 갑오개혁 때 1392년 조선의 건국을 기원으로 한 '개국'이라는

32 『高宗實錄』卷31, 高宗 31年 6月 庚午(25).

33 연갑수, 2008 앞의 책, 271쪽.

34 『高宗實錄』卷31, 高宗 31年 6月 癸酉(28) "軍國機務處進議案 一 從今以後 國內外公私文牒 書開國紀年事".

연호의 사용을 공식적으로 천명한 것이었다. 이로써 '개국 503년'으로 쓰는 조처가 비로소 취해졌다.

조선은 청일전쟁 이후 청의 속국에서 벗어나 자주독립국이 되었다. 이제 더 이상 청 황제의 연호를 그대로 쓸 수도 없고, 쓸 필요도 없게 되었다. 그런데 칭제(稱帝)를 하지 않은 상황에서 연호를 정하기가 쉽지 않았으며, 그렇다고 당장 공문서, 사문서에 기록할 때 햇수를 어떻게 쓸 것인가 하는 현실적인 문제에 직면했다. 이때 취할 수 있는 가장 적합한 연호가 바로 '개국'이었을 것이다. 갑오개혁 때 공식적으로 천명하지 않았더라도 이미 '개국'을 연호로 사용하고 있었기 때문이다.

근·현대 연구에서 연호에 대해 직접적으로 다룬 연구가 한 편 있다. 여기에 따르면, 중국 황제의 연호가 끊어지고 우리나라에서 최초로 사용한 연호가 1894년의 "개국(開國) 503년"이라고 했다.[35] 하지만 '개국기년'으로서의 '개국'은 공식적인 천명을 한 1894년 6월 28일보다 훨씬 이른 시점부터 문헌에 등장한다.

『고종실록』에는 1876년(고종 13) 1월 25일자 기사에서 정부에서 접견 대관(接見大官)을 통하여 일본국 판리 대신(辨理大臣)에게 보낸 서술 책자(敍述冊子)에서부터 사용했음이 확인된다.[36] 서술 책자의 마지막에 '대조선 개국 485년 병자 정월(大朝鮮開國四百八十五年丙子正月)'이라고 기재되어 있기 때문이다. 외교 관계에서 청 연호를 대신하여 개국을 쓴 것으로 보인다.

문제는 현재 국사편찬위원회에서 제공하는 『조선왕조실록』 웹사이트에 기재된 연도 표시이다. 특히 주목되는 부분은 1866년(고종 3)의 마지막 기사를 수록한 12월 29일자까지도 '1866년 청 동치(同治) 5년'이라고 기재

35 도진순, 2019 「역사와 기억 – 건국연도와 연호, 그 정치적 함의」 『역사비평』 126, 397쪽.
36 『高宗實錄』 卷13, 高宗 13年 1月 丁巳(25).

했고, 바로 다음 기사인 1867년(고종 4) 1월 1일자에는 '1867년 조선 개국(開國) 476년'이라고 표기했다.[37] 이틀 사이에 한 해가 바뀌었을 뿐인데 햇수는 청의 연호에서 조선 개국으로 확연히 달라졌다.

그렇다면 동일한 날짜의 『승정원일기』에는 어떻게 기록되어 있을까. 『승정원일기』를 제공하는 각 기관에서 기록하는 방식을 보면 다음과 같다.[38]

〈『승정원일기』 1866년 12월 30일자〉

* 텍스트: 고종 3년 12월 30일 을묘 1866년 同治(淸/穆宗) 5년
* 원문: 同治五年丙寅十二月三十日【(註) 乙卯】晴
* 번역: 고종 3년 병인(1866) 12월 30일(을묘) 맑음

〈『승정원일기』 1867년 1월 1일자〉

* 텍스트: 고종 4년 1월 1일 병진 1867년 同治(淸/穆宗) 6년
* 원문: 同治六年丁卯正月初一日【(註) 丙辰】晴
* 번역: 고종 4년 정묘(1867) 1월 1일(병진) 맑음

『승정원일기』는 날짜를 기록할 때 텍스트와 원문, 번역 등에서 일관

---

37 『조선왕조실록』은 국사편찬위원회에서 제공하는 웹사이트 http://sillok.history.go.kr 참조. 필자가 최종 확인한 날짜는 2020년 12월 13일이다.

38 『승정원일기』에서 텍스트는 국사편찬위원회에서 제공하는 웹사이트 http://sjw.history.go.kr, 원문은 서울대학교 규장각한국학연구원 웹사이트 http://kyudb.snu.ac.kr/, 번역은 한국고전번역원에서 제공하는 한국고전종합DB 웹사이트 http://db.itkc.or.kr이 참조된다. 현재 국사편친위원회에서 제공하는 웹사이트에 들어가면 원문과 번역을 모두 확인할 수 있도록 설정되어 있다. 규장각 원본이라고 한 표시는 서울대학교 규장각한국학연구원 웹사이트, 국역이라고 한 표시는 한국고전종합DB 웹사이트와 연동되어 있어서 이곳을 클릭하면 곧바로 들어갈 수 있다. 필자가 최종 확인한 날짜는 2020년 12월 13일이다.

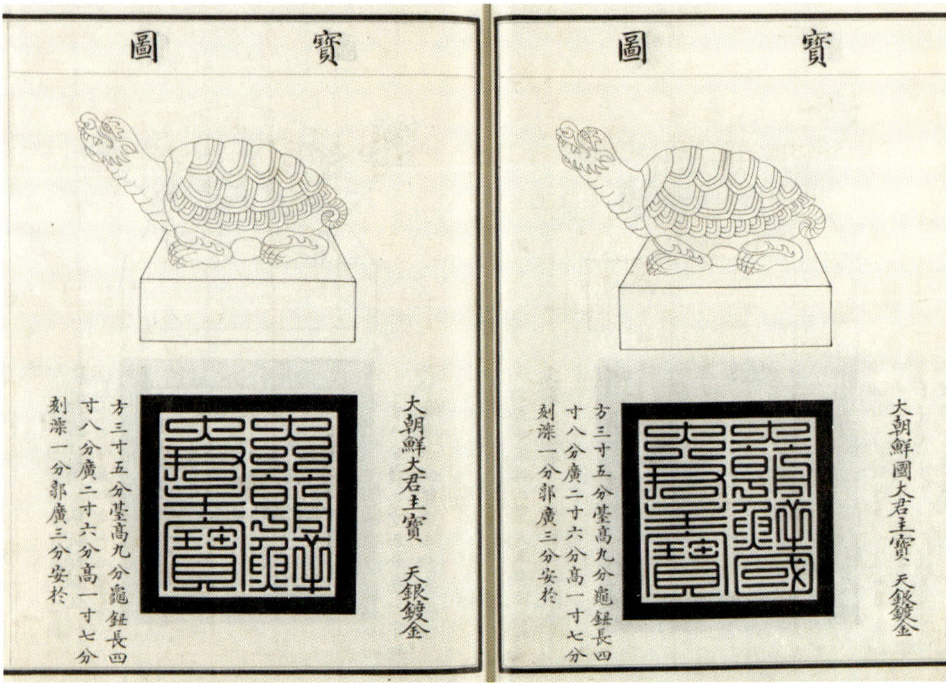

〈도판 4〉「대조선대군주보(大朝鮮大君主寶)」(좌)·「대조선국대군주보(大朝鮮國大君主寶)」(우), 『보인부신총수』, 규장각한국학연구원
고종이 대외적으로 독자적인 군주로서 '대군주'라고 일컬었다. 그에 맞춰 인장도 '대조선대군주보', '대조선국대군주보'를 조성했다.

성이 보인다. 그렇다면 『고종실록』을 번역하면서 시기를 왜 그처럼 표기한 것인지에 대해서는 확인이 필요하다.

현재 추정할 수 있는 것은 1866년 병인양요 이후부터 '개국'을 썼으며, 외국과의 조약을 체결할 때 청의 연호를 사용할 수 없었기에 그 대안으로 개국을 사용했을 것이라는 판단이다. 실제로 1888년(고종 25) 고종이 프랑스 대통령에게 보낸 국서(國書)에 '대조선국(大朝鮮國) 개국사백구십칠년(開國四百九十七年) 짐어극지이십오년구월이십삼일(朕御極之二十五年九月二十三日) 재한양경복궁(在漢陽景福宮) 친서압검보(親署押鈐寶)'라 쓰고 그 옆에 '대조선국대군주보(大朝鮮國大君主寶)'가 찍혀 있는 것을 통해 입증된다.[39]

39 국립고궁박물관, 2020 『新신 왕실도자 －조선왕실에서 사용한 서양식 도자기－』 국립고궁박

〈도판 5〉 대군주보(大君主寶) ⓒ 국립고궁박물관
외교 관련 업무에 사용하기 위해 조성한 '대군주보'의 실물이다. 현재 국립고궁박물관에 소장되어 있다. 1882년에 제작한 이후 1897년 대한제국을 선포하기 전까지 대군주의 명으로 반포된 법률, 칙령, 조칙 및 관리 임명장에 사용되었다.[40]

일본국 판리 대신에게 보낸 서술 책자에서도 당시를 기록할 때 이와 같은 이유로 개국을 썼을 것으로 생각된다. 그런데 1897년 대한제국을 선포한 뒤 얼마 지나지 않아 편찬한 책에서도 '광무(光武)'가 아닌 '개국'을 썼다는 사실이다. 1897년 명성황후의 장례를 치르고 난 뒤 편찬한 의궤의 표지 기록이 그것이다.

『명성황후국장도감의궤(明成皇后國葬都監儀軌)』, 『명성황후빈전혼전도감의궤(明成皇后殯殿魂殿都監儀軌)』, 『명성황후홍릉산릉도감의궤(明成皇后洪陵山陵都監儀軌)』를 보면, 표지에 모두 '開國五百四年【(註) 乙未】'라고

물관, 76쪽.

40 대군주보에 대한 설명은 국립고궁박물관 홈페이지(https://www.gogung.go.kr)에서 〈소장품 100〉 중 '대군주보'에 대한 '소장품 상세설명'을 수정·보완했다.

쓰여 있다. 햇수를 헤아릴 때 왜 '개국'을 쓰게 되었는가에 대한 이유라든가 배경, 개국을 사용한 기간 등 여기에 대해서는 향후 좀 더 연구가 이루어져야 할 듯하다.

명성황후 흉례 관련 의궤

의궤는 일반적으로 국가의 중요한 행사가 끝난 뒤 그 행사의 준비와 진행 과정, 의식 절차, 소요 경비, 참가 인원, 행사 후의 논상(論賞) 및 사후 처리 내용 등 제반 사항을 정리하여 기록한 행사의 보고서이다. 명성황후의 상장 과정을 기록한 의궤는 『명성황후국장도감의궤』, 『명성황후빈전혼전도감의궤』, 『명성황후홍릉산릉도감의궤』가 있다. 『부묘도감의궤』는 1921년 3월 31일 고종과 함께 종묘에 부묘된 뒤 편찬되므로 여기에 포함되지 않는다.

〈도판 6〉은 1897년 명성황후의 장례를 치른 뒤 편찬한 의궤의 표지이다. 『명성황후국장도감의궤』는 명성황후의 국장에 관한 것을 담당한 국장도감에서 편찬한 의궤이다. 『국장도감의궤』라고 하여 상장례 전 기간을 기록한 것이 아니라 명성황후가 세상을 떠난 시점부터 홍릉(洪陵)에 시신을 매안한 뒤 신주를 받들고 궁궐로 돌아와 혼전인 경효전(景孝殿)에 신주를 봉안할 때까지 국장도감에서 담당한 일만 담고 있다.[41]

『명성황후빈전혼전도감의궤』는 빈전과 혼전의 조성을 주관하기 위해 설치한 빈전도감과 혼전도감에서 담당한 업무를 기록한 의궤이다. 빈전은 보통 5개월 동안 존재하고, 혼전은 국왕 및 국왕보다 뒤에 승하한 왕후의 그것은 대개 5개월 동안 존재한다. 그런데 국왕보다 먼저 승하한 왕후의 혼전은 배우자인 국왕이 승하하여 3년상을 마친 후 종묘에 함께 부묘할 때까지 존재하여 그 기간이 일정하지 않다.

빈전도감은 빈전에 필요한 내외 부속 건물을 짓고 빈전에서 거행하는 각종 제전(祭奠)에 필요한 물품을 조달하는 일을 맡았다. 혼전도감은 혼전의 존속 기간과는 달리 혼전에 필요한 내외 부속 건물을 지은 뒤 혁파되어 빈전도감과 거의 비슷한 기간 동안 존재했다.

41 『明成皇后國葬都監儀軌』(奎 13883) 卷1, 都廳儀軌 「時日」 참조.

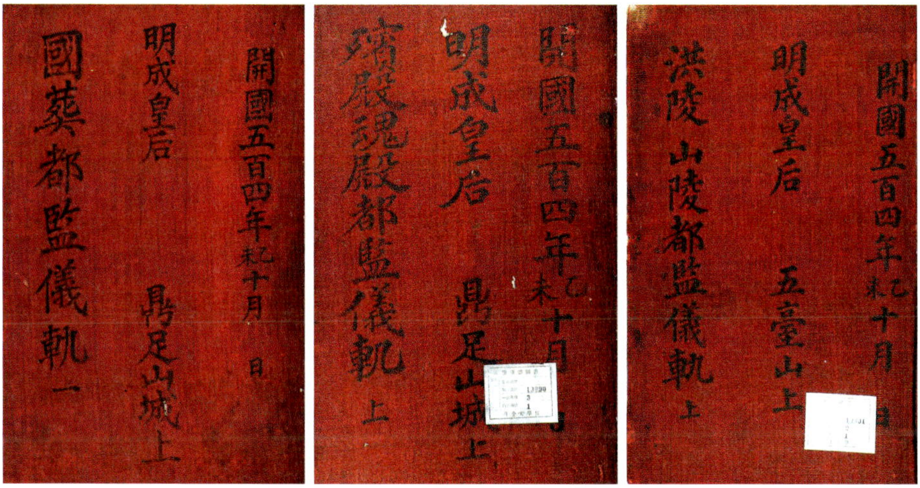

〈도판 6〉 명성황후국장도감의궤 | 명성황후빈전혼전도감의궤 | 명성황후홍릉산릉도감의궤 ⓒ 규장각한국학연구원

따라서 『빈전혼전도감의궤』도 일반적으로 국왕이나 왕후의 승하부터 산릉에서 장례를 치른 뒤 혼전에 신주를 봉안하기까지 빈전도감과 혼전도감에서 담당한 일을 담고 있다. 『명성황후빈전혼전도감의궤』는 명성황후가 세상을 떠난 시점부터 신주를 혼전에 봉안하여 초우제(初虞祭)를 지낸 뒤 신백(神帛)을 산릉에 매안할 때까지의 내용이 수록되어 있다.[42]

『명성황후홍릉산릉도감의궤』는 명성황후의 홍릉을 조성하는 것과 관련한 모든 일을 맡은 산릉도감에서 편찬한 의궤이다. 명성황후가 세상을 떠난 시점부터 안릉전(安陵奠)을 행한 뒤 그 일을 복명(復命)할 때까지의 내용이 담겨 있다.[43]

42 『明成皇后殯殿魂殿都監儀軌』(奎 13890) 卷1, 擧行日時 참조. 전체 목록에는 '거행일시'가 아닌 '時日'이라고 되어 있다.

43 『明成皇后洪陵山陵都監儀軌』(奎 13891) 上編, 時日 참조. 참고로 『명성황후홍릉산릉도감의궤』에는 「時日」이라는 항목이 2번 나온다. 첫 번째는 1895년 10월 22일(음력) 능호를 肅陵으로 정한 뒤 행한 공사 일정이다. 1895년 8월 20일(양력 10월 8일) 명성왕후의 죽음을 시작으로 1896년 1월 28일(양력 3월 11일) 조칙을 내려 세 도감의 공역을 우선 정지한다는 내용까지 날짜별로 진행 과정을 담았다. 두 번째는 1896년 9월 26일(음력) 새로 산릉 자리를 알아보게 된 이유부터 시작하여 洪陵이라는 능호를 정하고, 산릉 조성 과정을 거쳐서 1897년 11월 6일(음력) 安陵奠을 행한 뒤 復命한 내용까지 날짜별로 진행 과정을 구체적으로 실었다.

오랫동안 중국(명·청) 황제의 연호를 사용해 온 조선에서 이를 사용하지 않는다는 것은 매우 중요한 의미가 있다. 적어도 조선-중국과의 조공-책봉 관계에서 벗어난, 근대적 의미로 본다면 속국(屬國), 속방(屬邦)에서 벗어난 것을 뜻하기 때문이다. 대한제국을 선포하고 난 뒤에도 '개국'을 썼지만 적어도 '개국'의 사용은 천자국 중국-제후국 조선이라는 관계를 벗어난, 그래서 의례적인 측면에서 공식적으로 천자국에서 행용하는 의례, 용어, 의물을 쓸 수 있는 여건이 조성된 셈이다. 개국에서 더 나아가 건양과 광무라는 공식적인 연호의 사용은 그러한 여건조차 필요 없게 되었음을 뜻한다고 볼 수 있다.

1894년 7월 1일, 군국기무처에서 올린 의안에 각 아문의 관제와 직장의 실시는 7월 20일을 기한으로 정하고, 국내 각 지방에 통행하는 문첩에도 개국기년을 쓰도록 했다.[44] 이처럼 개국은 갑오개혁을 시작으로 조선에서 처음으로 공식적인 천명을 통해 사용된 연호였다. 10월, 전 승지 신기선(申箕善, 1851~1909)의 상소에서 개국을 연호라고 한 표현에서 개국이 연호로 통용되고 있음이 입증되며,[45] 이윽고 11월에는 을미년 역서(曆書)를 바야흐로 개국기년으로 간행했다.[46]

그에 따라 이듬해인 1895년 3월에 내무아문(內務衙門)에서 각 도에 제반 규례를 훈시할 때 제86조가 주목된다. 곧, '明과 淸國을 尊崇ᄒᆞ지 말고 我朝의 開國紀元이 定ᄒᆞ얏슨즉 諸般明文과 契書等項에 淸國年號를 記치 勿홀 事'이라고 한 조항이 그것이다.[47] 물론 이어지는 제87조에서 인

44 『高宗實錄』 卷32, 高宗 31年 7月 乙亥(1) "軍國機務處進議案 一 各衙門官制職掌實施 限期以七月二十日爲定事 一 京各司及各道各邑通行文牒 書開國紀年行會事".

45 『高宗實錄』 卷32, 高宗 31年 10月 丙午(3).

46 『高宗實錄』 卷32, 高宗 31年 11月 壬辰(20).

47 『高宗實錄』 卷33, 高宗 32年 3月 辛巳(10).

민에게 일본이 우리의 독립자주를 도운 형편을 효유하라는 규정에서 조선의 청으로부터의 자주독립에 일본의 도움이 있었음도 명시하고 있다. 이러한 조항을 각 동(洞)에 분급하여 이민(吏民)들이 한결같이 준수하도록 하여, 이제 조선의 중국으로부터의 자주독립을 국내에 모르는 사람이 없게 되었다.

그에 앞서 1894년 12월, 총리대신 김홍집을 비롯한 여러 대신들이 왕실의 존칭(尊稱)에 대하여 새 규식[신식(新式)]을 정하여 고종에게 재가를 청했다.[48]

주상 전하(主上殿下) → 대군주 폐하(大君主陛下)

왕대비 전하(王大妃殿下) → 왕태후 폐하(王太后陛下)

왕비 전하(王妃殿下) → 왕후 폐하(王后陛下)

왕세자 저하(王世子邸下) → 왕태자 전하(王太子殿下)

왕세자빈 저하(王世子嬪邸下) → 왕태자비 전하(王太子妃殿下)

전문(箋文) → 표문(表文)

고종은 이러한 존칭 변화에 모두 윤허했다. 이전부터 사용해 오던 '대군주'라는 칭호를 마침내 공식화하고 그 밖의 왕실 구성원들의 존칭도 모두 새롭게 정비했다. 이 중 '왕후폐하'는 '곤성폐하(坤聖陛下)'라고 일컫기도 했다.[49]

국제적으로 조선의 위상이 달라졌으므로 왕실 구성원 중 특히 해와 달에 비유되는 군주의 칭호 변화는 급선무였다. 단, 위 존칭에서 주의할 점

---

48 『承政院日記』 高宗 31年 12月 17日(己未); 『高宗實錄』 卷32, 高宗 31年 12月 己未(17).

49 곤성폐하는 곤성전하에서 바뀌었고 여기에 대해서는 본서 제1장 제2절 각주 34 참조.

은 '대군주 폐하'라는 칭호가 제후국 군주와 천자국 황제의 중간 지점에 있다는 사실이다. 왕태후 폐하, 왕후 폐하, 왕태자 전하, 왕태자비 전하 등도 마찬가지이다. 중국 황실이 아니더라도 본서 제5장 제2절에서 대한제국을 선포한 뒤 고종은 황제로, 왕후는 황후로, 왕태자는 황태자로 책봉한 사실에서 볼 수 있다.

이렇듯 조선이 청으로부터 자주독립하고 독자적인 연호를 사용한 사실은 고종이 대군주 폐하로 지위가 격상되는 것을 시작으로 모든 방면으로의 변화를 예고했다. 왕실 존칭의 격상은 외교관계, 왕실행사 등 당장 거행해야 할 모든 일과 관련되며, 무엇보다 유교 국가인 조선에서 '법'만큼 중요시한 '예' 또한 국내외의 이러한 변화에 맞춰 변화를 수반할 것은 의심할 여지가 없다.

| 제 3 장 |

김홍집 내각기 명성왕후 국장

제 1 절

명성왕후 시해와 왕후의 죽음 공표

1. 명성왕후 시해와 폐서인(廢庶人)

1895년(고종 32) 4월, 러시아·독일·프랑스 3국의 간섭으로 일본이 청일 전쟁 후 점령했던 요동반도를 청에 반환했다. 이를 기화로 조선에서 일본의 입지가 불리해지자, 7월 13일 주한 일본공사로 부임하여 온 미우라 고로[삼포오루(三浦梧樓)]가 불리해진 일본의 상황을 역전시키고자 명성왕후의 시해 사건을 획책했다.[1]

8월 20일(양력 10월 8일) 묘시(卯時), 왕후가 경복궁 안 건청궁(乾淸宮) 곤녕합(坤寧閤)에서 붕서(崩逝)했다.[2] 『고종실록』에는 훈련대 병사들이 궁문으로 난입하고 일본 병사도 따라 들어와 창졸간에 변이 일어났으며, 피시(被弑)된 사실은 추후에 알았기 때문에 (죽음을) 즉시 반포하지 못한 것으로 기록되어 있다.[3] 『승정원일기』에는 이날 인정(寅正)이 지난 뒤에 일본인과

1 연갑수, 2008 『고종대 정치변동 연구』 일지사, 273쪽. 좀 더 구체적인 과정은 崔文衡 외, 1992 『明成皇后弑害事件』 民音社, 50~65쪽 참조.

2 『明成皇后國恤謄錄』(藏 K2-2933). 미우라 공사가 애초 명성왕후의 시해 계획을 8월 23일로 잡았다가 여의치 않아 8월 21일 아침에 자행했다고 한 연구가 있다(연갑수, 2008 위의 책, 274~275쪽). 그러나 관찬 자료, 등록, 의궤 등 여러 문헌 자료를 비롯하여 기존 연구에는 시해한 날이 8월 20일(양력 10월 8일)이라고 기록되어 있다.

3 『高宗實錄』 卷33, 高宗 32年 8月 戊子(20).

2훈련대가 곤녕합에 돌입하여 변란이 창졸간에 일어난 것으로 기재되어 있다.[4]

이때 관찬 자료에는 주로 일본 군대가 움직인 것으로 되어 있다. 그러나 기존 연구에 따르면, 일본군 수비대를 주요 무력으로 한 일단의 일본인들, 일본군 장교, 영사경찰, 신문기자, 사복차림의 일본인 등 다양한 계층의 사람들이 가담했다고 한다.[5] 서울 주둔 일본 수비대, 일본공사관의 경관, 한성신문사 일본 직원(낭인 포함), 조선정부 고문관 등을 하수인으로 동원 및 조선 군부의 전 협판(協辦) 이주회(李周會, 1843~1895)와 훈련대 2대대장 우범선(禹範善, 1857~1903), 2대대장 이두황(李斗璜, 1858~1916) 등 한국인 장교를 동조자로 확보했다는 연구도 있다.[6]

명성왕후 시해 사건과 관련하여 실제 처벌을 받은 이는 박선(朴銑), 이주회, 윤석우(尹錫禹) 등이었다. 후일(이해 11월 14일) 판결 선고서(判決宣告書)를 보면 이들이 교형에 처해졌기 때문이다.[7] 판결 선고서에 따르면, 세 사람 중 곤전의 어소(御所)로 가서 왕후를 시해하고 시신을 불태운 사람은 박선이라고 되어 있다.

정작 시해 사건에 전적으로 책임을 져야 할 일본인들이 아닌 직접적인 관련성이 적은 조선 사람들이 그 대가를 치른 셈이었다. 물론 일본 정부에서도 미우라 공사를 비롯한 사건 연루자들을 송환하여 재판에 회부하기는 했다. 하지만 무죄로 방면하고 심지어 일본에서는 이들을 극진하게 대우한 것에서 지극히 형식적인 조치였음을 알 수 있다.[8]

---

4 『承政院日記』 高宗 32年 8月 20日(戊子).

5 이민원, 2002 『명성황후시해와 아관파천』 국학자료원, 65쪽.

6 유영익, 2002 앞의 논문, 121~122쪽.

7 『高宗實錄』 卷33, 高宗 32年 11月 庚戌(14); 『承政院日記』 高宗 32年 11月 14日(庚戌). 『고종실록』에는 '判決宣告書', 『승정원일기』에는 '裁判宣告書'라고 기록되어 있다.

8 崔文衡 외, 1992 앞의 책, 30쪽.

세 사람 중 박선과 윤석우는 이듬해인 1896년에 신원이 회복되어 그들의 처벌이 억울하고 부당했다는 사실이 입증되었다. 윤석우는 1896년 고종의 명에 따라 특별히 종2품 군부 협판으로 추증되었다.[9] 나흘 뒤 박선이 신원되고 윤석우에게는 휼금(恤金)이 지급되었다.[10] 이주회는 1907년[11] 11월 18일(양력) 조칙에서 죄적(罪籍)에 죄명(罪名)이 있는 자를 탕척하라는 안건에 따라 이듬해인 1908년 3월(양력)에 그의 죄명이 벗겨졌고,[12] 4월(양력)에 그의 관작이 회복되었다.[13]

---

9 『高宗實錄』 卷34, 高宗 33年 4月 25日(陽曆).

10 『高宗實錄』 卷34, 高宗 33年 4月 29日(陽曆).

11 1907년에 대한 기록 방식이다. 1907년 7월 19일(음력 6월 10일) 황태자에게 대리청정을 명하고〈『高宗實錄』 卷48, 高宗 44年 7月 19日(陽曆); 『承政院日記』 高宗 44年 6月 10日(己巳)[陽曆 7月 19日]〉, 8월 27일(음력 7월 19일)에 고종이 순종에게 양위하여 순종이 즉위했다〈『純宗實錄』 卷1, 純宗 卽位年 8月 27日(陽曆); 『承政院日記』 純宗 1年 7月 19日(戊申)[陽曆 8月 27日]〉. 문제는 현재 국사편찬위원회에서 제공하는 『조선왕조실록』의 웹사이트(http://sillok.history.go.kr)와 『승정원일기』의 웹사이트(http://sjw.history.go.kr)에 1907년을 '순종 즉위년' 혹은 '순종 1년'이라 표기하여 다르게 제공하고 있다는 사실이다. 이와 관련된 웹사이트를 정리하면 다음과 같다.

* 『순종실록』: 이해 8월 2일에 개정할 연호를 융희로 정한 뒤 다음 날인 8월 3일(음력 6월 25일)부터 '순종 즉위년=융희(隆熙) 1년'으로 쓰기 시작. 『純宗實錄』 卷1, 純宗 卽位年 8月 2日(陽曆); 『純宗實錄』 卷1, 純宗 卽位年 8月 3日(陽曆) 참조.
* 『승정원일기』: 이해 음력 6월 25일부터 '융희원년=순종 1년'이라고 하며 순종 관련 기사를 기록하기 시작. 『承政院日記』 純宗 1年 6月 25日(甲申)[陽曆 8月 3日] 참조. 이것의 원문인 『秘書監日記』에는 '隆熙元年丁未六月二十五日'로 되어 있다. 『비서감일기』의 원문은 서울대학교 규장각한국학연구원에서 제공하는 사이트가 참조된다(http://kyudb.snu.ac.kr/pf01/rendererImg.do?item_cd=SJW&book_cd=GK12793_00&vol_no=0029&page_no=042a). 필자가 세 웹사이트에서 확인한 날짜는 2020년 11월 10일이다.

그 밖에 『동양연표』에는 1907년 7월에 고종이 양위하고 순종이 즉위한 것으로, 그리고 이해를 '隆熙 1'이라고 표기되어 있다(李鉉淙 編著, 1990 『東洋年表』 探求堂, 111쪽). 1907년 7~8월에 고종이 양위하고 순종이 즉위하면서 연호를 光武에서 융희로 바꾸었다. 따라서 이때부터 융희 원년이자 순종 1년으로 표기하는 것이 적합하다는 판단이다. 이하 '순종 ○년'을 기록할 때 『순종실록』과 『승정원일기』는 1년의 차이가 있음을 밝혀둔다.

12 『純宗實錄』 卷2, 純宗 1年 3月 21日(陽曆); 『承政院日記』 純宗 2年 2月 19日(乙亥)[陽曆 3月 21日].

13 『純宗實錄』 卷2, 純宗 1年 4月 30日(陽曆); 『承政院日記』 純宗 2年 4月 1日(乙卯)[陽曆 4月 30日].

사실 관찬 자료에는 명성왕후의 시해와 그 시신의 뒤처리에 대한 당일 기록은 수록되어 있지 않다. 『고종실록』에는 11월 14일 박선, 윤석우의 죄명을 드러낸 판결 선고서에서 확인된다.

> 피고 박선은 본래 머리를 깎고 양복 차림을 하고는 일본 사람이라고 가칭(假稱)하여 행색이 수상했다. 개국(開國) 504년 8월 20일 새벽에 일어난 사변(事變) 때 피고가 일본 사람과 함께 난도(亂徒)들 속에 섞여 광화문(光化門)으로 돌입했다. 이때 홍계훈(洪啓薰)이 문을 막으며 역적이라고 일컬었기 때문에 칼로 그의 팔을 치고는 곧바로 전각(殿閣)의 방실(房室)에[14] 이르러 곤전(坤殿)의 어소(御所)에 달려들었다. 손으로 달비채를 휘어잡고 마루 끝까지 끌어내어 칼로 가슴을 찌른 뒤에 검은 옷으로 말아서 석유를 부어 불태워버렸다. 이렇게 시역(弑逆)한 절차를 손으로 형용하는 것이 역력하다는 김소사(金召史)의 고발에 의해 피고를 잡아다 신문했더니, 피고는 줄곧 거부했으나 궁중 인원들[액속(掖屬)]의 많은 눈을 가리기 어렵고 증인들이 분명하게 단언(斷言)했다.

> 피고 윤석우는 이해 8월 20일 상오 4시에 대대장(大隊長) 이두황(李斗璜)과 중대장(中隊長) 이범래(李範來)·남만리(南萬里)로부터 야간 훈련을 하라는 명령을 받아 휘하의 병사를 거느리고 동별영(東別營)에서 출발하여 태화궁(太和宮)으로 가서 지키다가 춘생문(春生門)으로 들어가 강녕전(康寧殿) 뜰에[15] 이르러 병정을 각처로 파견해 보내고, 광화문과 건춘문(建春門)을 순행했다. 그러던 중 녹산(鹿山) 아래에 이르러 시체 하나가 불타는 것을 보고 하사(下士) 이만성(李萬成)에게 자세히 물었더니 나인(內人)의 시체를 태운다고 했다. 그런데 그 이튿날인 21일에 궁중에서

14 『고종실록』에는 殿閣房'室'로, 『승정원일기』에는 殿閣房'屋'으로 기록되어 있다.
15 『고종실록』에는 '康寧殿庭'으로, 『승정원일기』에는 '康寧殿'으로 표기되어 있다.

> 전해지는 말을 들어 보니 그날 밤 사변이 일어난 때 곤성폐하[16]는 파천(播遷)할 겨를이 없었고, 궁녀 중에도 해를 입은 자가 없다고 했다. 그렇다면 녹산의 연기가 나던 곳은 결국[17] 구의산(九疑山)[18]이라고 했다. 그래서 그날[21일] 밤에 대대장 우범선(禹範善)과 이두황에게 청하여 불타다 남은 유해(遺骸)에서 하체만 거두어서 오운각(五雲閣) 서쪽 봉우리 아래에 몰래 묻어버렸다고 했다. 피고가 그날 밤에 군병을 거느리고 대궐로 들어간 것이 비록 장수의 명령을 따른 것이라고는 하지만 정황과 자취[정적(情跡)]가 여러 가지로 의심스럽다. 뿐만 아니라 녹산 아래의 시체를 피고가 이미 충분히 알고 있었음에도 더없이 중하고 존엄한 시체[지(地)]에 거리낌 없이 손을 대어 함부로 행동한 것은 스스로 크게 불경한 죄과(罪科)를 지은 것이다.[19]

여기에 따르면, 박선이 명성왕후를 시해한 뒤 석유를 부어서 시신을 불태우고, 윤석우는 불타다 남은 유해(遺骸) 중 하체만 거두어서 오운각 서쪽 봉우리 아래에 몰래 매안한 것으로 되어 있다.[20]

한편, 명성왕후의 시해와 그 시신의 처리에 대해 다음과 같은 보고서 및 연구 논문도 있다. 보고서는 당시 일본의 경성 주재 일등영사 우치다 사다쓰지[내전정퇴(內田定槌)]가 작성한 『한국왕비살해일건(韓國王妃殺害一

16 『고종실록』에는 '坤聖陛下'로, 『승정원일기』에는 '坤聖殿下'로 쓰여 있다.

17 『고종실록』에는 '竟'是九疑山으로, 『승정원일기』에는 '疑'是九疑山으로 기재되어 있다.

18 九疑山의 구의는 순임금을 장례치른 곳이다(『史記』 卷1, 五帝本紀1 "舜年二十以孝聞 … 年六十一代堯踐帝位 踐帝位三十九年 南巡狩 崩於蒼梧之野 葬於江南九疑 是爲零陵"). 宋 裴駰의 集解에 따르면, '순임금의 무덤이 零陵의 營浦縣에 있는데 그 산의 九谿가 모두 서로 비슷하므로 九疑라고 한다.'라고 했다. 여기서는 명성왕후의 시신을 불태운 곳을 구의산으로 비유했다.

19 『高宗實錄』 卷33, 高宗 32年 11月 庚戌(14); 『承政院日記』 高宗 32年 11月 14日(庚戌).

20 을미사변의 좀 더 생생한 진행 과정은 한영우, 2001 앞의 책, 제1부 3장 〈을미지변의 진행과정〉(50~60쪽) 참조.

件)』(二)이다. 여기에 따르면, 일본인들은 장안당(長安堂)과 곤녕합 사이 뜰로 왕후를 끌고와서 시해하고, 시신을 곤녕합의 일부인 동쪽 건물(옥호루玉壺樓)의 방 안으로 잠시 옮겨 놓았다가 건청궁 동쪽의 인공산인 녹산(鹿山) 남쪽에서 시신을 불태웠다고 기록되어 있다.[21]

연구 논문에는 곤녕합에 있던 명성왕후를 옥호루(玉壺樓)로 끌어내어 시해한 뒤, 오기하라 히데지로오[적원수차랑(荻原秀次郎)]의 지시에 의해 낭인들이 옥호루의 동쪽에 있는 송림(松林)에서 시신을 불태웠고, 그 유해는 우범선의 지시에 의해 윤석우가 정전(正殿)에서 좀 떨어진 곳에 묻었다는 내용이 실려 있다.[22]

조선인 박선이냐 일본의 낭인이냐 하는 시해의 주체가 다른 차이가 있다. 하지만 앞서 언급한 것처럼 박선과 윤석우는 이듬해에 그들의 죄가 신원되고 관직 추증, 휼금 지급 등이 이루어진 사실에서 이들의 죄가 아님이 명백해졌다. 실제 명성왕후의 시해에 가담했다면 그들에게 이러한 조치를 취하는 것은 불가능하며, 이러한 조치가 이루어졌다는 사실 자체만으로 일본인들이 범인이라는 것을 우회적으로 드러낸 것이라고 볼 수 있다.

일국의 왕후를 시해하고 불태우며 그 시신을 유기한 사실은 조선이라는 나라의 근간을 흔드는 유래를 찾기 힘든 놀라운 사건임에 틀림없다. 하지만 명성왕후의 불행은 여기서 그치지 않았다.

일반적으로 국왕이나 왕후가 죽음에 임박하면 종묘, 사직, 산천 등에 기도하라는 명을 내린다. 영조의 계비 정순왕후를 예로 들면, 1805년(순조 5) 1월 12일 승하하기 직전에 순조가 묘(廟)·사(社)·궁(宮)과 산천에 기도하

21 2006년 文化財廳에 제출한 경복궁 건청궁 관련 보고서인 『景福宮 乾淸宮重建報告書』 104쪽.

22 崔文衡 외, 1992 앞의 책, 60~62쪽.

〈도판 7〉 건청궁 남행각과 관문각(觀文閣)
건청궁 남행각의 정면 모습과 관문각의 면모를 보여주는 사진이다. 촬영 시기는 관문각이 헐린 1901년(광무 5) 6월 이전이다.[23]

〈도판 8〉 건청궁 곤녕합(坤寧閤)의 옥호루(玉壺樓)
명성왕후가 시해된 곤녕합의 옥호루를 보여주는 사진이다. 출처가 분명하지 않지만 동일한 사진이 시노부 쥰페이[신부순평(信夫淳平)]의 『한반도(韓半島)』(1901, 광무 5)에도 실려 있다.[24]

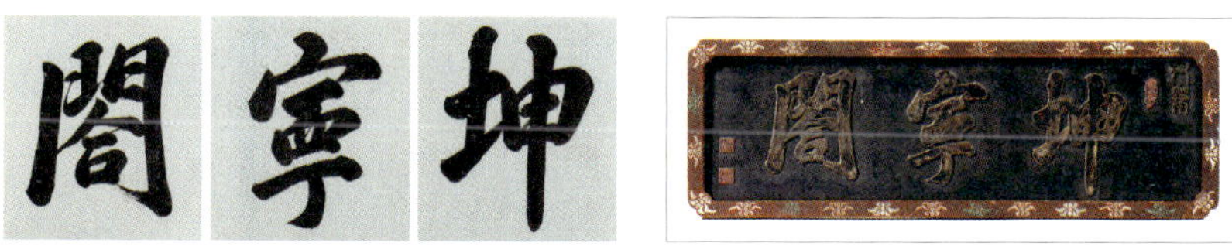

〈도판 9〉「곤녕합」, 『어필현판첩』, 규장각한국학연구원(좌①) | 곤녕합 현판 ⓒ 국립고궁박물관(우②)
① 곤녕합 세 글자는 1885년(고종 22)에 현판 제작을 위해 고종이 직접 쓴 어필이다.
② 국립고궁박물관에 소장하고 있는 (어필) 곤녕합의 현판이다. 연대는 1873년이고, 크기는 세로 30.4cm, 가로 93cm이다.

---

23 사진의 출처는 『병합기념조선사진첩』(신반도사, 1910)이다. 사진 제공과 출처, 사진 설명 등은 ㈜이음건축사사무소 이혜원 선생님의 도움을 받았다. 『景福宮 乾淸宮重建報告書』(2006, 文化財廳) 110쪽에 수록되어 있다.

24 사진 제공 및 그 출처는 ㈜이음건축사사무소 이혜원 선생님의 도움을 받았다. 『景福宮 乾淸宮重建報告書』(2006, 文化財廳) 109쪽에 수록되어 있다.

라고 명한 것과 같다.[25] 영조와 정조의 국장 때에도 마찬가지로 종묘와 사직, 산천에 기도제(祈禱祭)를 설행했다.[26] 그런데 명성왕후는 이처럼 시해를 당한 채 죽음을 맞이하여 일반적인 왕후의 죽음과 달랐다.

문제는 왕후가 시해되었음에도 『고종실록』의 기록처럼 그의 죽음을 바로 알리지 못하고 있다는 사실이다. 그로 인해 국가전례서에 기재된 규정대로 상장을 치르지 못하는 상황이 벌어졌다.

그날(8월 20일), 고종은 모든 정령은 모두 먼저 내각(內閣) 대신들부터 의논하게 하라는 조서를 내렸다.[27] 내각은 1894년(고종 31) 12월 16일 의정부를 궁궐 안 수정전(修政殿)으로 옮겨 설치하되 내각으로 고쳐 부르면서 발족되었고, 이때까지만 하더라도 고종은 국정 사무를 자신이 직접 각 대신들에게 순문하여 재결하겠다는 조서를 내렸다.[28] 명성왕후 시해 당시의 내각은 김홍집 주도의 내각이었다.

김홍집 내각은 민씨 정권과 반대의 입장으로 친일적인 성격을 띠었다.[29] 그런 까닭에 본격적으로 상장을 치르기는커녕, 일본인들이 자행한 명성왕후 시해 사건을 은폐했다. 시해사건 당일 내부(內部)에서 고시한 내용에서 시해사건을 언급하지 않은 것에서 짐작된다.

> 내부에서 고시하기를, "병정(兵丁)과 순검(巡檢)이 싸운 일로 병기(兵器)를 환수하고 훈련대(訓鍊隊)를 해산하자는 의론이 제기되자 병정들의 마음을 격동시켜 마침내 대내(大內)에 분소(奔訴)하기에 이르렀다. 그러나 즉시 진정되어 궁정이 조용해졌

25 『承政院日記』 純祖 5年 1月 12日(丁酉); 『純祖實錄』 卷7, 純祖 5年 1月 丁酉(12).
26 *영조의 국장: 이현진, 2017 앞의 책, 62쪽 참조.
*정조의 국장: 이현진, 2015 앞의 책, 94쪽 참조.
27 『高宗實錄』 卷33, 高宗 32年 8月 戊子(20).
28 『高宗實錄』 卷32, 高宗 31年 12月 戊午(16).
29 김홍집의 생애 전반 및 총리대신으로서의 행적에 대해서는 유영익, 2002 앞의 논문 참조.

으니 중앙과 지방[내외(內外)]의 백성들은 각각 생업에 안착하는 것이 마땅하다."[30]

사건 당일 궁궐 안에서 타국 사람이 국모를 시해했음에도 이와 관련해서는 단 한마디의 언급 없이 병정과 순검이 다툰 정도로 공시했다. 그런데 더욱 심각한 것은 김홍집 내각이 여기에 머물지 않고 급기야 명성왕후의 '왕후'로서의 신분을 박탈하기에 이르렀다는 사실이다. 시해 사건이 일어난 지 이틀 뒤인 8월 22일(양력 10월 10일), 고종의 명의로 왕후를 폐하여 서인(庶人)으로 삼는다는 조칙을 발표하게 했다.[31]

폐서인으로 발표한 다음 날인 23일, 왕태자가 고종의 칙지가 부당하다는 소를 올렸다. 고종은 왕태자의 심정을 고려하여 이날 곧바로 폐서인 민씨에게 빈호(嬪號)를 특별히 하사했다.[32] 왕후로의 복위가 아닌 빈호가 내려졌기에 8월 26일에는 곤의(坤儀)를 간택하는 절차를 거행하라는 조령이 내려지기도 했다.[33] 그러나 중전의 간택은 이루어지지 않았고, 고종은 이후로도 정비(正妃)를 맞이하지 않았다.

고종은 명성왕후의 폐서인, 빈호의 하사, 곤의 간택 등에 대해 조령을 내렸다. 하지만 이상의 정황을 통해 그러한 조치가 고종의 의지가 아님을 짐작할 수 있다. 이러한 상황에서 왕후의 신분이 아닌 그를 위해 '국장'을 진행하지 않는 것은 당연하다. 좀 더 엄밀하게 말하면 '국장'을 시행할 수 없었다. 빈호의 하사를 받았기 때문에 국장이 불가능했다. 그렇다면 빈의 신분에 맞춰 예장으로 치러야 한다. 그럼에도 관찬 자료인 『고종실록』이나 『승정원일기』에는 상장례와 관련한 그 어떤 기록도 수록되어 있지 않다.

30 『高宗實錄』 卷33, 高宗 32年 8月 戊子(20).
31 『高宗實錄』 卷33, 高宗 32年 8月 庚寅(22).
32 『高宗實錄』 卷33, 高宗 32年 8月 辛卯(23).
33 『高宗實錄』 卷33, 高宗 32年 8月 甲午(26).

을미지변 당시 『승정원일기』의 도찰(刀擦) 기록

1895년 8월 20일 명성왕후가 시해를 당한 날, 『승정원일기』에는 다음과 같이 기록되어 있다. 사실 이 당시에는 시종원(侍從院) 소속 비서감(秘書監)에서 승정원이 하던 일을 담당하고 있었으므로 『승정원일기』가 아닌 『비서감일기(秘書監日記)』가 적확하다.

> "이날 인정(寅正)이 지난 뒤에 일본인과 2훈련대가 곤녕합에 돌입하여 변란이 창졸간에 일어났는데, 궁내부대신 이경직(李耕稙)이 곤녕합 기둥 밖에서 살해당하고 연대장 홍계훈(洪啓薰)이 광화문 밖에서 살해당했다."[34]

명성왕후가 시해를 당했다는 직접적인 내용은 거론되어 있지 않고 '변란이 창졸간에 일어났다.'가 전부이다. 이후 명성왕후의 폐서인, 빈호 하사, 곤의 간택 등의 내용은 모두 『고종실록』에 실려 있을 뿐이다. 이러한 기록의 부재는 너무 급박하고 혼란스러운 상황 속에 고종이 제대로 정사를 보지 못하고 승지들도 입시하지 못해 빚어진 현상으로 추정할 수 있다. 그리고 거기에는 당시 『비서감일기』의 기록을 담당한 비서감의 성격 파악이 선행되어야 한다는 점도 있다.

1895년 4월 2일 반포된 궁내부 관제에 따르면, 시종원은 시종(侍從)과 시강(侍講) 등의 사무를 맡아서 처리하며, 비서감은 '대군주의 비서(秘書)와 문서보존의 사무를 맡는다'.라고 되어 있다.[35] 하지만 이 시기 시종원과 비서감의 역할은 주로 궁내 사무 및 각종 제사의 집행을 담당했다.[36] 전자와 후자를 통해 『비서감일기』에 매우 예민한 정치적 사건은 소략하게 기술될 여지가 있음을 알려준다.

여기에 더해 시해가 일어난 지 5일 뒤인 8월 25일자 기사 중 마지막에 주석을 단 부분이 하나의 단서가 되지 않을까 한다. 도찰(刀擦)과 관련하여 고종이 통탄한 내용을 부주(附註)로 처리한 부분이다. 주석으로 처리한 내용이 다소 길지만 제시하면 다음과 같다.

> 을미년 8월 25일 일차 문안(日次問安)에 전의사 겸부장(典醫司兼副長) 윤정구(尹定

34 『承政院日記』 高宗 32年 8月 20日(戊子).

35 『高宗實錄』 卷33, 高宗 32年 4月 癸卯(2).

36 홍문기, 2006 「甲午改革 이후 秘書機關의 변천과 君主權」 『韓國史論』(서울대학교 국사학과) 52, 276~277쪽.

> 求)는 청원(請願) 중이어서 나오지 않았고, 궁내부 참서관 유기환(兪箕煥)이 나와서 참석했다. 동월 29일과 9월 5일 일차 문안에도 윤정구는 역시 청원 중이어서 나오지 않았다. 그런데도 전의사가 궁내부의 지시로 인하여 윤정구를 거짓으로 써 넣은 것이다. 이에 (윤정구가) 상소하여 사실을 밝힘으로써 잘못을 바로잡으라는 성상의 비지를 받았기에 『비서감일기』에 주석을 단다. 그리고 8월 25일 일기를 열람하니 '궁내부 참서관 유기환(宮內府參書官兪箕煥)' 9자를 칼로 긁어내고[도찰(刀擦)] '겸부장 윤정구(兼副長尹定求)' 6자로 고쳐 쓰여 있었는데, 원 글자의 흔적이 완연할 뿐만 아니라 전의사의 문적(文蹟)에도 (이 사실이) 분명하게 있다. 또 소를 올려 받든 비지에 "상소를 보고 잘 알았다. 잘못을 바로잡아달라는 일은 그대로 시행하라. 막중한 국사(國史)를 거리낌 없이 칼로 긁어냈으니 지극히 통탄스럽고 놀랍다. 법부로 하여금 엄밀히 원인을 조사한 다음 조율하여 감처(勘處)하게 하라."라 했다. 이에 원 글자로 고치고서 여기에 주를 단다.[37]

고종대를 기록한 관찬 자료 중 『고종실록』에 수록된 상당한 내용이 『승정원일기』의 내용을 요약해서 정리했다. 물론 『고종실록』에 실려 있는 내용이 『승정원일기』에 있지 않거나 그 반대의 사례도 적지 않다. 그런데 명성왕후의 시해가 일어난 직후에 시해와 관련한 내용이 『승정원일기』에 기재되어 있지 않다는 것은 의문이다. 『승정원일기』는 『조선왕조실록』, 『비변사등록(備邊司謄錄)』, 『일성록(日省錄)』과 함께 조선후기 대표적인 관찬 자료로 국가의 공적인 기록을 담고 있다. 그럼에도 매우 민감한 이 즈음에 유독 도찰이 확인된다는 것은 사료적 검토가 반드시 필요하다는 방증이다.

위 인용문에서 도찰한 내용 자체는 당시의 정국 동향으로 볼 때 크게 눈여겨볼 만하지는 않다. 하지만 고종의 말대로 '국사'를 무난(無難)하게 수정할 수 있다는 사실만으로도 그 원인이나 배경에 주의할 필요가 있다. 특히 국모의 시해라는 중차대한 일이 발생한 시점에 그와 관련한 기록을 『승정원일기』에 적기하지 않은 것부터 의심스럽기 때문이다.

기존 연구에서 『일성록』의 도삭(刀削) 문제를 다루면서 『일성록』 뿐 아니라 승정원의 공식 기록인 『승정원일기』와 국왕의 윤음(綸音)을 모은 『윤발(綸綍)』 등에도 상당한 양이 도삭되어 있다고 언급했다.[38] 여기서 주목되는 것은 『일성록』의 도삭 문제를 정치

37 『承政院日記』 高宗 32年 8月 25日(癸巳).

38 李泰鎭·洪順敏, 1989 「≪日省錄≫ 刀削의 실상과 경위」 『한국문화』 10, 62쪽.

적 역학관계의 반영으로 파악하고 있다는 점이다. 그렇다면 고종대 이 시기 『승정원일기』의 도찰도 그와 같은 맥락에서 검토가 필요한 듯하며, 그에 따른 『승정원일기』의 사료적 가치에 대해서도 좀 더 고민하게 될 것이라 판단된다.

사실 『승정원일기』의 내용을 모두 파악한 것은 아니지만 8월 29일자 『승정원일기』의 마지막에도 이처럼 주석을 달아 놓았다. 고종이 잘못된 부분을 바로잡는 내용인데, 위 기사와는 달리 이때에는 도찰로 인한 물의는 빚어지지 않았다. 『승정원일기』의 도찰과 이에 대해 날짜의 말미에 부주하는 서술 방식 등에 대해서는 추후의 연구가 요구된다.

2. 왕후 위호(位號) 회복과 죽음의 공식 선언

두어 달쯤 지난 10월 10일(양력 11월 26일), 고종은 왕후 민씨의 위호(位號)를 회복하고 8월 22일 조칙을 격소하라는 조령을 내렸다.[39] 폐서인이 되었다가 빈호를 하사받았던 명성왕후는 비로소 왕후의 지위를 회복했다. 그런데 고종은 여기에 그치지 않고 그 전에 폐서인을 명했던 조칙의 격소도 동시에 명했다.

이 조칙은 결국 8월 22일자 조칙이 고종의 의도가 아니었다는 사실을 짐작하게 한다. 왕후의 폐서인이라는 결정은 결코 작은 일이 아니기 때문에 고종이 직접 이를 주도했다면 폐서인을 명한 뒤 종묘에 고했을 가능성이 크다. 그럼에도 종묘에 고한 기록이 이 당시 관찬 자료에서 발견되지 않는다. 그리고 마침내 이날 왕후의 위호 회복을 알리면서 굳이 그 전에 내린 조칙의 '격소'까지 명했을 리 만무하다는 판단에 근거했다.

이제 명성왕후의 신분이 회복되었으므로 고종은 그와 관련하여 당장 처리해야 할 2가지 과제에 직면했다. 명성왕후의 죽음을 어떤 식으로든

39 『高宗實錄』卷33, 高宗 32年 10月 丁丑(10).

공식적으로 천명해야 한다는 것과 그 이후에 이어질 '국장'이다. 사실 국장의 명분은 왕후의 위호 회복으로 조성되었지만 문제는 죽음을 어떻게 알리며 국장을 시작하느냐였다.

명성왕후가 자연스럽게 죽음을 맞이했다면 일반적인 왕후 국장 수순에 따라 공표하고 상장을 치르면 될 일이었다. 하지만 시간이 한참 흐른 뒤에 그것도 시해에 의한 죽음이라는 사실을 어떻게 공표하느냐는 일본에 의해 국모가 시해를 당할 정도의 위압 속에 놓여 있는 당시 정세로 볼 때 결코 쉬운 일이 아니었다. 그러한 불안정한 상황을 알려주는 사건이 곧이어 터진 것에서 그러한 면면을 읽을 수 있다.

이틀 뒤 10월 12일, 소위 '춘생문(春生門)' 사건이 일어났다. 춘생문은 1433년(세종 15)에 건립한 경복궁의 북문인 신무문(神武門) 후원의 동쪽 출입문이다. 북문의 건립은 1433년이지만 문 이름인 신무문은 성종대에 서거정(徐居正, 1420~1488)이 지었다. 고종대에 경복궁을 중건하면서 신무문 밖에 후원을 조성했고, 그 후원의 동쪽 출입문이 바로 춘생문이었다.[40]

명성왕후 시해 사건 이후 고종을 경복궁 밖으로 탈출시키고 김홍집 내각을 타도하고자 일으킨 사건이 바로 춘생문 사건이었다.[41] 춘생문 사건은 비록 실패로 돌아갔으나 결과적으로 고종이 몰래 궁궐을 탈출해야 할 정도로 당시의 정국이 매우 불안정했음을 알 수 있다.

---

40 춘생문과 신무문에 대한 정보는 ㈜이음건축사사무소 이혜원 선생님의 도움을 받았다.

41 춘생문 사건에 대해서는 다음의 연구 성과가 참조된다.
洪景萬, 1990 「春生門事件」『이재룡박사환력기념 한국사학논총』 이재룡박사환력기념한국사학논총간행위원회.
이민원, 2005 「춘생문사건 전후의 조선」『지역문화연구』 4.
김영수, 2006 「춘생문사건 주도세력 연구 -궁내부에 기반을 둔 정치세력의 형성을 중심으로 -」『士林』 25.
오영섭, 2006 「고종과 춘생문 사건」『鄕土서울』 68.
장경호, 2018 「명성황후 시해사건과 춘생문사건 당시 미국의 태도」『江原史學』 31.

이렇듯 어수선한 상황에서 10월 15일(양력 12월 1일), 마침내 개국 504년 8월 20일 묘시에 왕후가 곤녕합에서 승하한 사실을 공식적으로 반포했다.[42] 고종은 조서에서 변란(變亂)이 발생했을 때에는 왕후의 소재를 알지 못했고, 시간이 흐르면서 8월 20일에 붕서했다는 증거가 확실해지면서 마침내 왕후의 승하를 반포한다고 했다.[43] 결국 죽음의 원인에 대해서는 과정을 생략한 채 '변란'이라는 두 글자로 대체했다.

시해를 당한 지 두어 달이 지나고 왕후의 위호를 회복했으므로 그의 죽음을 공식적으로 반포할 수 있었다. 이는 미우라 공사를 비롯한 사건의 연루자들이 일본에서 재판에 회부되고 시해사건의 주범이 드러나면서 가능했다. 그럼에도 당시 정권을 잡고 있는 김홍집 내각은 일본인의 소행을 공식적으로 선포하지 않았다. 오히려 앞서 언급한 11월 14일 판결 선고서에서 보듯 조선인들을 주범으로 몰아 교형에 처했다.[44]

시해, 폐서인, 빈호 하사, 곤의 간택 등 우여곡절을 겪은 끝에 마침내 왕후의 위호 회복, 죽음의 공식 선언이 이루어졌다. 비로소 왕후의 위상에 걸맞는 상장 절차를 진행할 수 있는 여건이 조성되었다.

---

42 『高宗實錄』 卷33, 高宗 32年 10月 壬午(15).

43 『明成皇后國恤謄錄』(藏 K2-2933) 乙未十月十五日 "詔曰 向者變亂之際 王后不知所在 日月漸久 當日崩逝 證據的確 開國五百四年八月二十日卯時 王后坤寧閤昇遐頒布"; 『高宗實錄』 卷33, 高宗 32年 10月 壬午(15); 『承政院日記』 高宗 32年 10月 15日(壬午).

44 유영익, 2002 앞의 논문, 126~127쪽.

제 2 절

국장의 시작과 건양(建陽) 선포

1. 국장의 시작과 전개

10월 15일에 명성왕후의 죽음을 반포하자마자 곧바로 국장 절차에 돌입했다. 우선 이날 미시(未時)에 「복(復)」 절차를 거행했다.[45] 차비산반 봉시내관 반학영(潘學榮)이 곤녕합 지붕으로 올라가 세 번 '복(復)'을 외쳤다.[46] 이는 『경효전일기』의 기록이고, 의궤에는 '중궁복(中宮復)'이라고 되어 있다.[47] 호복(呼復)은 종사관 전수 원우혁(元寓爀)이 맡았다.[48] '복'은 몸에서 떠난 혼을 다시 돌아오라고 부르는 행위이므로 그 대상은 죽은 당사자이다. 중궁의 승하이므로 엄밀하게는 '중궁복'이라 한 의궤의 기록이 더 적확하다.

원래 「복」 절차는 죽은 직후에 곧바로 거행해야 한다. 하지만 명성왕후는 승하 사실을 공식적으로 공표한 이때에 이르러 행했다. 비록 돌아가신지 두 달 정도 지난 시점에 「복」을 거행했으나 이를 기점으로 국가전례서

45 『明成皇后殯殿魂殿都監儀軌』(奎 13890) 卷1, 擧行日時 「乙未十月十五日」 "擧復儀"; 『景孝殿日記』(藏 K2-2418) 乙未十月十五日壬午 "未時 復".

46 『景孝殿日記』(藏 K2-2418) 乙未十月十五日壬午.

47 『明成皇后殯殿魂殿都監儀軌』(奎 13890) 卷1, 儀註 「復」.

48 『景孝殿日記』(藏 K2-2418) 乙未十月十五日壬午 "呼復 從事官典守元寓爀".

에 규정된 순서대로 국장 절차를 진행하기 시작했다.

이날은 그 밖에 국장과 관련하여 여러 가지 일들을 결정지었다. 빈전은 경복궁 태원전(泰元殿)으로, 혼전은 문경전(文慶殿)으로, 백관이 곡반(哭班)하는 처소는 경유문(景維門) 밖으로 정했다.[49] 그리고 고종은 궁성을 호위하도록 명했다.[50]

이어서 상장에 관한 모든 일을 총괄하는 총호사(總護使)는 궁내부 대신 이재면(李載冕, 1845~1912)이 겸임하고, 그 밖에 빈전제거, 국장제거, 산릉제거 등을 담당할 사람들을 각각 차출했다. 이어서 종척들 중 집사를 담당할 종척집사(宗戚執事)들을 차하(差下)하고, 이재면과 영평군 이경응(李景應, ?~1902)은 내곡반(內哭班)에 입참하라고 명했다.[51] 이재면은 종척집사이면서 총호사를 겸했다.

『고종실록』과 『승정원일기』에는 이처럼 명성왕후의 국장을 담당할 사람들을 고종이 조칙을 내려서 임명한 것으로 기록되어 있다. 그중 가장 주목할 만한 직책은 아무래도 국장을 총괄하는 총호사이다. 사실 국가전례서에는 이 자리에 좌의정을 임명한다고 규정되어 있다.[52] 그런데 1894년

---

49 『明成皇后國葬都監儀軌』(奎 13883) 卷1, 都廳儀軌 詔勅(奏本幷) 「乙未十月十五日」; 『明成皇后殯殿魂殿都監儀軌』(奎 13890) 卷1, 詔勅(稟奏幷入) 「乙未十月十五日」; 『高宗實錄』 卷33, 高宗 32年 10月 壬午(15); 『承政院日記』 高宗 32年 10月 15日(壬午); 『承政院日記』 高宗 32年 10月 16日(癸未). 『명성황후빈전혼전도감의궤』와 『고종실록』에는 10월 15일에 빈전과 혼전 처소, 백관의 곡반 처소 등 세 가지를 모두 결정한 것으로 기재되어 있는 반면, 『승정원일기』에는 빈전 처소와 백관의 곡반 처소는 10월 15일에, 혼전 처소의 결정은 10월 16일에 조칙을 내린 것으로 되어 있다.

50 『景孝殿日記』(藏 K2-2418) 乙未十月十五日壬午.

51 국장을 담당한 사람들의 임명은 『承政院日記』 高宗 32年 10月 15日(壬午); 『高宗實錄』 卷33, 高宗 32年 10月 壬午(15) 참조. 『경효전일기』에는 총호사 자리에 궁내부 대신 이재면을 차하할 뿐 '겸임'이라는 표현이 없으며 종척집사에도 들어가 있지 않다[『景孝殿日記』(藏 K2-2418) 乙未十月十五日壬午].

52 『國朝喪禮補編』(奎 3940) 卷1, 「戒令」 "三都監都提調 以左議政爲之 稱摠護使 總治喪葬諸事".

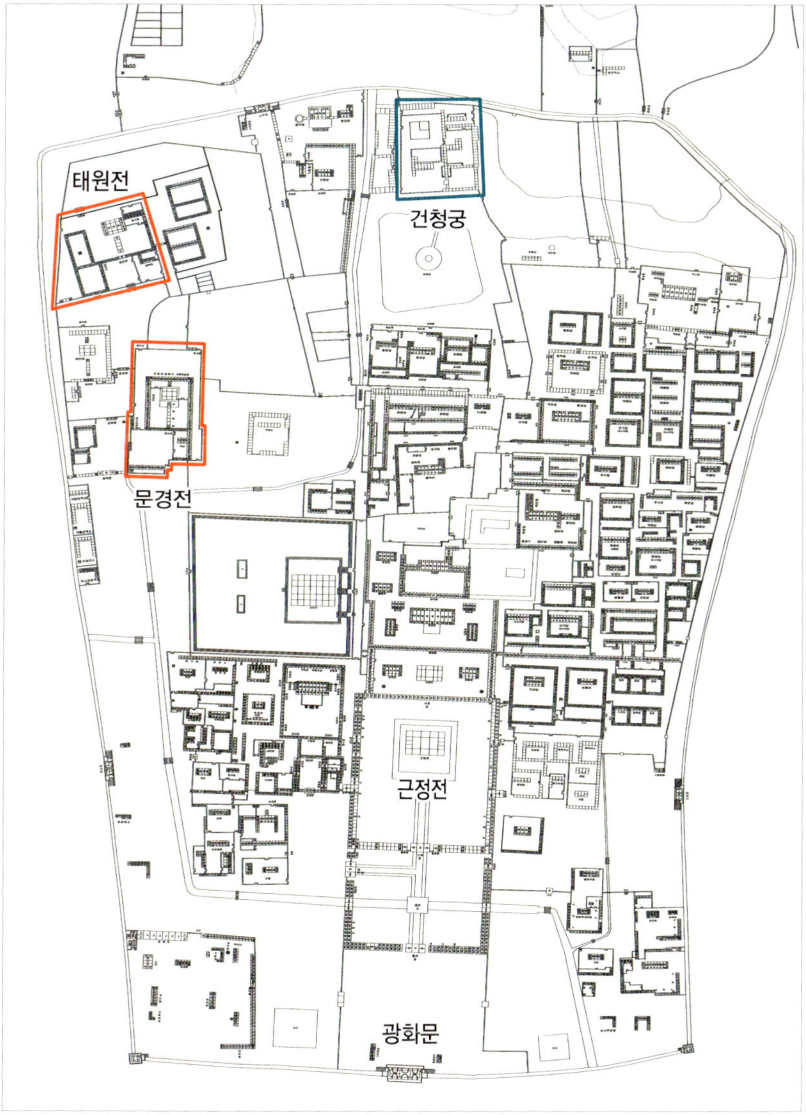

〈도판 10〉 건청궁(곤녕합·옥호루)과 태원전, 문경전의 위치, 〈북궐도형(北闕圖形)〉, 국립문화재연구소

〈북궐도형〉(1905~1908)[53]을 통해 본 건청궁, 태원전(泰元殿), 문경전(文慶殿)의 위치이다. 건청궁은 명성왕후가 붕서한 장소이고, 태원전은 명성왕후의 시신을 봉안할 빈전이며, 문경전은 명성왕후의 신주를 봉안할 혼전이다. 본서에서 참조한 〈북궐도형〉은 국립문화재연구소 소장본으로 〈도판 10〉은 이를 재작도 한 것이다. 이하 〈북궐도형〉은 이와 같다.

---

53 〈북궐도형〉의 제작시기 및 자료적 특징에 대해서는 李蕙遠, 2009 『景福宮 중건 이후 殿閣構成의 변화－「경복궁배치도」와 「北闕圖形」을 중심으로－』 경기대학교 건축공학과 박사학위논문, 9~11쪽 참조.

『고종실록』과 『승정원일기』에 기록된 총호사와 제거[54]

* 총호사

- 이재면(李載冕): 궁내부 대신. 총호사는 겸임.

* 빈전제거

- 김종한(金宗漢): 궁내부 협판.
- 이재순(李載純): 시종원 경.
- 조동면(趙東冕): 궁내부 특진관.

* 국장제거

- 조병호(趙秉鎬): 장례원 경.
- 이재완(李載完): 궁내부 특진관. 명정 서사관 겸임.
- 민영달(閔泳達): 정2품.

* 산릉제거

- 민영준(閔泳駿): 정1품.
- 이헌직(李憲稙): 궁내부 특진관.
- 정기회(鄭基會): 왕태자궁 우일강관.

총호사는 국장을 총괄하는 임시 직책으로 직책의 명칭과 그가 담당한 역할에 대해서는 예전과 다름이 없다. 그런데 총호사 아래의 실무를 담당하는 '제거'라는 직책의 명칭이 국장에서는 보기 어렵기에 유독 눈에 띈다. 그동안 진행된 조선시대 국장에서는 '제조(提調)'에 해당하는 직명이지만 여기서는 '제거'라고 적기되어 있어서이다.

사실 제조와 제거는 법전에서도 그 역할이 달라 소속이 다르게 규정되어 있다. 제조는 사신 접대, 제사, 의학, 의복, 음악, 천문, 영선(營繕) 등 경관직(京官職)에는 거의 대부분 속해 있다.[55] 그에 비해 제거는 사옹원(司饔院) 소속 정·종3품의 관직으로[56] 경

54 『高宗實錄』 卷33, 高宗 32年 10月 壬午(15); 『承政院日記』 高宗 32年 10月 15日(壬午). 『경효전일기』에는 총호사의 차하는 10월 15일, 그 밖의 빈전제거와 국장도감제거, 산릉도감제거의 임명은 16일이었다[『景孝殿日記』(藏 K2-2418) 乙未十月十五日壬午; 『景孝殿日記』(藏 K2-2418) 乙未十月十六日癸未]. 임명된 사람들은 『고종실록』·『승정원일기』의 기록과 같다.

55 『大典會通』 卷1, 吏典 京官職.

56 『大典會通』 卷1, 吏典 京官職 正三品衙門 「司饔院」 "[原] 掌供御膳及闕內供饋等事 … 提擧【(註) 正從三品】".

관직의 관서에서는 찾아보기 어렵다.

『고종실록』에는 1895년 10월 15일에 처음으로 빈전제거, 국장제거, 산릉제거 등이 등장한다. 『승정원일기』에는 빈전제거와 국장제거는 이때 처음으로 나오지만 산릉제거는 이보다 앞서 영조대에 1건이 확인된다. 영조대에 형조판서 오명준(吳命峻, 1662~1723)이 경종의 국장에서 자신이 맡은 산릉제거의 직임을 체직해 주기를 청하는 상소에서 볼 수 있다.[57] 그런데 오명준은 상소하기 전 형조판서라는 본직 이외에 임시로 산릉도감당상, 산릉도감제조를 겸하고 있었으며,[58] 『경종의릉산릉도감의궤(景宗懿陵山陵都監儀軌)』에도 '제조'를 담당한 명단에 그의 이름이 올라가 있다.[59]

영조대 오명준의 사례를 통해 산릉제거는 곧 산릉도감당상, 산릉도감제조와 동일한 직책임을 알 수 있다. 물론 조선시대에는 도감을 뺀 빈전제조, 국장제조, 산릉제조라 일컫기도 했다. 이로써 적어도 관찬 자료에는 영조대의 산릉제거 1건 이외에 국장에서 빈전제거, 국장제거, 산릉제거 등으로 일컫는 사례는 보기 어려우며, 거의 사용하지 않았다고 할 수 있다. 심지어 명성왕후가 승하하기 불과 5년 전인 1890년(고종 27)에 승하한 익종비 신정왕후의 국장에서도 '빈전도감제조', '국장도감제조', '산릉도감제조'라고 했으며,[60] 그의 흉례 관련 기록을 담은 의궤에도 국장을 담당하는 사람들의 명단을 제시한 「좌목(座目)」에 총호사 다음에 '제조'라고 기재되어 있다.[61]

명성왕후/황후의 국장에서는 빈전(도감)제조, 국장(도감)제조, 산릉(도감)제조 등으로 썼다. 후술하겠지만 본서 제4장 제1절 2항에서 명성왕후/황후 흉례 관련 의궤의 「좌목」에도 총호사 다음에 분명히 '제조'라고 기재되어 있다. 하지만 관찬 자료에는 1895년 10월 15일 이후에도 빈전제거, 국장제거, 산릉제거가 간간이 등장한다. '제조'를 잘못 기재한 것이라고 보기도 어렵고, 또 그 어느 기사에서도 '제거'라고 한 이유는 구체적으로 명기되어 있지 않다. '제거'라는 직책이 비록 겸직이라고 하지만 좀 더 고민이

---

57 『承政院日記』 英祖 卽位年 10月 6日(丙子).

58 『承政院日記』 英祖 卽位年 9月 11日(辛亥); 『承政院日記』 英祖 卽位年 9月 14日(甲寅); 『承政院日記』 英祖 卽位年 9月 15日(乙卯); 『承政院日記』 英祖 卽位年 9月 18日(戊午).

59 『景宗懿陵山陵都監儀軌』(藏 K2-2329) [座目]. 전체 목록에는 '좌목'이라고 항목명이 명시되어 있으나 정작 본문에는 항목명이 없이 '甲辰八月二十五日吏曺'라고 쓰여 있다. 吏曺別單'을 뜻한다고 예측되나 전체 목록을 따라 '座目'이라고 쓰고 항목명이 구체적으로 드러나지 않았다는 의미로 [ ]을 표시했다.

60 『承政院日記』 高宗 27年 4月 17日(丙辰); 『高宗實錄』 卷27, 高宗 27年 4月 丙辰(17).

61 『神貞王后國葬都監儀軌』(奎 13736) 卷1, 都廳儀軌 「座目」; 『神貞王后殯殿魂殿都監儀軌』(奎 13747) 卷1, 座目; 『神貞王后綏陵山陵都監儀軌』(奎 13749) 上編, 座目.

필요하다는 판단이다.

여기서는 『고종실록』과 『승정원일기』에 기록된 총호사와 제거에 대해 살펴보았다. 그런데 『승정원일기』에는 1895년 10월 16일자 기사에 '빈전도청위원(殯殿都廳委員)', '빈전위원(殯殿委員)', 국장도청위원(國葬都廳委員), '국장위원(國葬委員)', '산릉도청위원(山陵都廳委員)', '산릉위원(山陵委員)' 등의 명단이 나열되어 있다.[62] 『조선왕조실록』에는 이 중 '국장위원' 1건이 순종대에 나올 뿐 나머지는 찾아지지 않는다.[63]

흉례 관련 의궤에는 각자 맡은 일을 담당한 사람들의 명단을 적은 항목이 있다. 거기에 총호사, 제조 다음에 도청(都廳), 낭청(郎廳), 감조관(監造官) 등의 관직명(겸직)이 순서대로 등장한다. 『승정원일기』의 이 기사와 비교해 보면, 도청위원은 도청에, 위원은 낭청에 해당하는 듯한데 정확하지는 않다. 여러 문헌들을 놓고 일일이 확인하는 작업이 요구되지만 예상컨대 근대로 변화하는 시기에 관직명이 바뀌어가는 과정을 보여주는 일례(一例)로 판단된다.

6월 28일 관제를 개편할 때 의정부는 총리대신 1원, 좌찬성 1원, 우찬성 1원, 사헌(司憲) 5원, 참의(參議) 5원, 주사(主事) 31원 등으로 구성하여,[64] 의정부의 정1품 관직이었던 영의정, 좌의정, 우의정이라는 관직은 아예 제외되었다.

관제 개편에 따라 며칠 뒤인 7월 3일 좌의정 조병세(趙秉世, 1827~1905)가 재상의 직책[상직(相職)]을 사직하고,[65] 7월 5일 우의정 정범조(鄭範朝, 1833~1897)도 재상의 직책을 사직했다.[66] 좌의정과 우의정이라는 관직은 이로써 역사에서 사라졌다. 열흘 뒤인 7월 15일 김홍집이 의정부 총리대신에 임명되었다.[67] 영의정은 『고종실록』에 따르면 관제 개편을 단행하기

62 『承政院日記』 高宗 32年 10月 16日(癸未).
63 『純宗實錄』(附錄) 卷10, 純宗 12年 3月 14日(陽曆).
64 『高宗實錄』 卷31, 高宗 31年 6月 癸酉(28).
65 『高宗實錄』 卷32, 高宗 31年 7月 丁丑(3).
66 『高宗實錄』 卷32, 高宗 31年 7月 己卯(5).
67 『高宗實錄』 卷32, 高宗 31年 7月 己丑(15); 『承政院日記』 高宗 31年 7月 15日. 『승정원일

하루 전인 6월 27일자 기사에 '영의정 김홍집'이라고 하여 이때 마지막으로 확인된다.[68] 이로써 영의정이라는 관직도 없어졌다.

이러한 까닭으로 고종은 총호사 자리에 좌의정을 대신할 누군가를 임명해야 한다. 그런데 고종은 종척집사에 차하된 자신의 형이자 궁내부 대신인 이재면에게 총호사를 겸임하도록 했다. 종척집사 자리에 임명한 사람에게 총호사를 겸임하게 한 것은 쉽사리 납득이 가지 않는다. 이보다 이전에 있었던 국장에서는 찾아보기 힘든 인사 결정이기 때문이다.

사실 김홍집을 의정부 총리대신에 임명한 그날[7월 15일]에 영종정 이재면은 궁내부 대신에 임명되었다.[69] 따라서 김홍집 내각이 주도할 때 총호사에 이재면이 임명된 것은 정치적으로 접근할 때 단서를 찾을 수 있지 않을까 한다. 기존 연구에서 이재면이 이전의 궁내부 대신들에 비해 일본측 입장을 보다 충실히 대변하는 인물로 추정한 것에서 뒷받침되며,[70] 무엇보다 명성왕후/황후의 흉례 관련 의궤에는 모두 궁내부 특진관 '조병세'를 총호사로 '임명'한 것으로 되어 있기 때문이다.[71]

당시는 정치적으로 매우 혼란을 겪고 있던 시기이다. 관찬 자료와 의궤의 기록 차이 또한 이러한 배경에서 그 원인을 찾을 수 있을 것으로 예측된다. 하지만 우선 국장 진행의 추이를 좀 더 지켜볼 필요가 있을 듯하다.

다음 날인 10월 16일, 대사(大祀)·중사(中祀)·소사(小祀)는 졸곡을 기한으로 정지하되 묘(廟)·전(殿)·궁(宮)에서는 초하루와 보름에 분향(焚香)만

기』에 '己丑' 2글자는 쓰여 있지 않다.

68 『高宗實錄』 卷31, 高宗 31年 6月 壬申(27).

69 『高宗實錄』 卷32, 高宗 31年 7月 己丑(15); 『承政院日記』 高宗 31年 7月 15日.

70 홍문기, 2006 앞의 논문, 278쪽 각주 87).

71 『明成皇后國葬都監儀軌』(奎 13883) 卷1, 都廳儀軌 詔勅(奏本幷) 「乙未十月十五日」 "同日詔曰 命總護使宮內府特進官趙秉世"; 『明成皇后殯殿魂殿都監儀軌』(奎 13890) 卷1, 詔勅(稟奏幷入) 「乙未十月十五日」; 『明成皇后洪陵山陵都監儀軌』(奎 13891) 上編, 詔勅(奏本狀啓附) 「乙未十月十五日」.

하며, 각 능·원·묘에서 기신제(忌辰祭, 忌晨祭)를 지낼 때에도 분향만 행하기로 결정했다.[72] 기신제는 돌아가신 날 사자(死者)를 추모하며 지내는 제사이다. 또 이날에는 왕후의 시신을 넣는 재궁(梓宮)은 '곤자(崑字)' 재궁을 쓰기로 정했다. 재궁은 크기가 다른 곤자·강자(崗字)·호자(號字) 가운데 '곤자'로 낙점한 것이었다.[73]

그 밖에 졸곡 전까지 동지(冬至)·정조(正朝)·탄일(誕日)의 진하 의식은 권정례(權停例)로 하고 지방의 전문(箋文)과 백관들의 표리(表裏)는 전례대로 거행하며, 또 혼전에 천신(薦新)하는 물종 중 영조대에 16종을 제감하도록 한 수교(受教)가 있는데 이번에도 그것에 따라 마련하기로 결정했다.[74] 또 대행왕후의 승하 사실을 사직·종묘·영녕전·경모궁에 고하는 일은 다음 날인 17일에 설행하기로 했다.[75]

10월 17일, 진시(辰時)에 종척집사들이 옥체를 봉심했다. 미시에 대행왕후의 목욕과 습(襲) 절차를 차례로 거행하고, 신시(申時)에 소렴(小斂)을 행한 뒤 이날 명정(銘旌)을 세웠다.[76] 빈전에 처음 세운 초명정(初銘旌)에는 특진관 이재완(李載完, 1855~1922)이 니금(泥金)을 사용하여 전자(篆字)로 '효자원성정화합천대행왕후재궁(孝慈元聖正化合天大行王后梓宮)'이라고 썼다.[77]

---

72 『承政院日記』 高宗 32年 10月 16日(癸未); 『高宗實錄』 卷33, 高宗 32年 10月 癸未(16).

73 『明成皇后殯殿魂殿都監儀軌』(奎 13890) 卷1, 詔勅(稟奏幷入) 「乙未十月十六日」 "同日 長生殿梓宮望單子 崑字【(註) 踏啓字】 崗字 號字". 『경효전일기』에는 10월 18일에 內梓宮을 곤자로 정한 것으로 기록되어 있다[『景孝殿日記』(藏 K2-2418) 乙未十月十八日乙酉].

74 『承政院日記』 高宗 32年 10月 16日(癸未). 혼전에 천신하는 물종 중 제감하기로 결정한 16종이 나열되어 있다. 혼전에 천신하는 물종의 제감 기사가 『경효전일기』에는 10월 17일로 되어 있다[『景孝殿日記』(藏 K2-2418) 乙未十月十七日甲申].

75 『景孝殿日記』(藏 K2-2418) 乙未十月十七日甲申.

76 『景孝殿日記』(藏 K2-2418) 乙未十月十七日甲申.

77 『景孝殿日記』(藏 K2-2418) 乙未十月十七日甲申; 『明成皇后殯殿魂殿都監儀軌』(奎 13890) 卷1, 儀註 「銘旌」.

초명정에서 효자, 원성, 정화, 합천은 명성왕후가 살아 있을 때 그에게 올린 존호이다. 조선시대에 국왕에게는 8글자의 존호를 올리는 반면, 왕후에게는 이처럼 2글자의 존호를 올렸다. 효자는 1872년(고종 9) 12월부터 이듬해 4월까지,[78] 원성은 1888년(고종 25) 1월부터 3월까지,[79] 정화는 1889년(고종 26) 12월부터 이듬해 2월까지,[80] 합천은 1892년(고종 29) 6월부터 7월까지[81] 조정에서 논의하여 정해 올렸다.

이날에는 또 궁내부 대신이 3가지 일을 아뢰었고 고종이 모두 윤허했다. 첫째는 내재궁(內梓宮)이 궐에 나아가는 길일이다. 일관(日官) 김동만(金東萬)에게 추택하게 한 결과 '10월 19일 진시'가 길하다고 하여 이 날짜에 행하기로 했다. 둘째는 대행왕후의 시호를 의논하는 길일이다. 이 역시 일관 김동만이 추택했고 '10월 22일'이 길하다고 보고했다. 궁내부 대신과 총리대신 및 여러 신하들이 함께 참여하여 시호를 회의할 때 능호와 전호도 함께 의정하도록 결정했다.

마지막 셋째는 상복을 입는 이들의 공제(公除)에 관한 안건이다. 성복(成服)하는 10월 22일부터 계산해서 대군주 폐하, 왕태자 전하, 왕태자비 전하는 오는 11월 7일까지 만 15일이고, 왕태후 폐하는 성복일로부터 10월

78 『承政院日記』 高宗 9年 12月 24日(甲戌); 『高宗實錄』 卷9, 高宗 9年 12月 甲戌(24). 존호를 올리는 구체적인 과정은 『高宗神貞王后孝定王后哲仁王后明成王后上尊號都監儀軌』(奎13455) 참조.

79 『承政院日記』 高宗 25年 1月 15日(丁卯); 『高宗實錄』 卷25, 高宗 25年 1月 丁卯(15). 존호를 올리는 구체적인 과정은 『高宗神貞王后孝定王后明成王后加上尊號都監儀軌』(奎13475) 참조.

80 『承政院日記』 高宗 26年 12月 17日(戊子); 『高宗實錄』 卷26, 高宗 26年 12月 戊子(17). 존호를 올리는 구체적인 과정은 『高宗神貞王后孝定王后明成王后加上尊號都監儀軌』(奎13473) 참조.

81 『承政院日記』 高宗 29年 6月 24日(庚戌); 『高宗實錄』 卷29, 高宗 29年 6月 庚戌(24). 존호를 올리는 구체적인 과정은 『翼宗神貞王后高宗孝定王后明成王后上號都監儀軌』(奎13425) 참조.

26일까지 만 5일이라는 내용이었다.[82]

공제는 공적인 사무를 보기 위해 상복을 벗는다는 뜻이다. 특히 국왕은 나라를 다스려야 하는 막중한 책임이 있으므로 오랜 기간 국상에만 전념할 수 없다. 정사를 보기 위해 상복을 입는 기간을 제한한 제도가 바로 공제이다. 조선에서는 공제 일수(日數)에 대해 국가전례서에 '성복할 때 입는 상복과 같지만 역월제(易月制)를 적용한다.'라고 규정했다.[83] 이는 상복의 종류와 그것을 입는 기간에 따라 공제 일수가 비례한다는 것을 보여준다.

그렇다면 공제 논의에서는 누가 어떤 상복을 어느 기간까지 입느냐 하는 것이 관건이다. 상복의 종류와 상복을 입는 기간은 전적으로 사자(死者)와의 관계에 달려 있는 바, 이번 국장에서는 상복을 입는 자들이 명성왕후와의 관계가 멀고 가까우냐에 따라 결정된다.

사실 문헌에는 아직 성복하는 날에 누가 어떤 상복을 입을 것인지에 대한 논의 기록이 보이지 않는다. 그럼에도 궁내부 대신이 대군주와 왕태자, 왕태자비, 왕태후의 공제 일수에 대해 고종에게 보고했다. 당시 사람들이 '내상재선'일 경우 입는 '상복 제도[복제(服制)]'에 대해 익히 알고 있으며 그것에 역월제를 적용하여 공제 일수를 산출한 것으로 이해된다. 성복일로부터 만 15일이 되는 날에 대군주와 왕태자, 왕태자비가 공제한다는 것은 이들이 자최복(齊衰服)을 1년 동안 입으며, 만 5일에 왕태후가 공제한다는 것은 그가 소공복(小功服)을 5개월 동안 입는다는 사실을 알려준다.

이틀 뒤 10월 19일, 진시(辰時)에 장생전에서 재궁(梓宮, 내재궁)을 배진하여 경복궁 회안전(會安殿)에 임시로 봉안했다. 손시(巽時)에 영상(靈牀)을

82 궁내부 대신이 10월 17일에 고종에게 아뢰어 윤허 받은 3가지 일을 다룬 두 단락은 『承政院日記』 高宗 32年 10月 17日(甲申) 참조.

83 『國朝喪禮補編』(奎 3940) 卷1, 「戒令」 "禮曹 … 停祭【(註) 公除以日易月之制也 三年二十七日 杖朞十五日 朞十三日 大功九日 小功五日 緦三日 皆自成服日計】".

빈전인 태원전으로 옮겨 봉안했는데, 옥체를 옮길 때 소란상(小欄牀)과 소금저(素錦褚)를 사용했다.[84] 미시에 대렴(大斂)을 행하고, 신시에 재궁을 받들어 내려서 성빈(成殯)했다. 해시(亥時)에 대렴전(大斂奠)과 성빈전(成殯奠)을 겸하여 행했다.[85]

참고로 명성왕후가 승하한 건청궁 곤녕합에서 소렴까지 마친 뒤 빈전인 태원전으로 영상을 옮기는 과정을 제시하면 다음과 같다. 대청에 소란상을 들여놓은 뒤, 먼저 (소란상에) 평상시 사용하는 욕(褥)을 깔고 (그 위에 시신을) 옮겨 봉안한 뒤 홍주(紅紬)로 교결(交結)하고 평상시 사용하는 이불로 덮었다. 그다음 소금저로 덮고 또 홍면포(紅綿布)로 위·아래를 교결한 뒤 겉에 백주(白紬)로 덮고 이불로 덮었다.[86]

이후 건청궁에서 태원전으로 이동했는데, 구체적인 경로는 나와 있지 않다. 다만, 이를 시위(侍衛)한 이들의 위치가 『경효전일기』에 나와 있기에 참고가 될 듯하여 제시하면 다음과 같다.

> (곤녕합) 대청, 건청궁 대문, 정화문(精華門), 치화문(致和門), 유호문(攸好門), 예성문(禮成門), 응벽문(凝碧門), 정양문(正陽門), 경안문(景安門), (태원전).[87]

---

84 『國朝喪禮補編』(奎 3940) 圖說 ○小斂 「小欄牀」 “(註) 襲斂殿與殯殿稍遠 則用小欄牀素錦褚 受教”.

85 10월 17일과 19일에 거행한 의례는 『明成皇后殯殿魂殿都監儀軌』(奎 13890) 卷1, 擧行日時 「乙未十月十七日」·「乙未十月十九日」; 『景孝殿日記』(藏 K2-2418) 乙未十月十七日甲申·十月十九日丙戌 참조.

86 『景孝殿日記』(藏 K2-2418) 乙未十月十九日丙戌 “巽時 玉體移奉于泰元殿敎是時 小欄床入排于大廳 先藉以常御褥 自內侍衛 移奉于小欄床 宗戚執事次知以下 以紅紬交結 覆以常御衿 次覆素錦楮 又以紅綿布交結上下 外覆白紬 覆衿”. 원문에 소금저의 ‘저’자가 ‘楮’로 되어 있어서 원문을 따랐으나 국가전례서 및 의궤에는 ‘褚’자로 되어 있다.

87 『景孝殿日記』(藏 K2-2418) 乙未十月十九日丙戌 “自大廳侍衛路 由乾淸宮大門精華門致和門攸好門禮成門凝碧門正陽門景安門敎是時”.

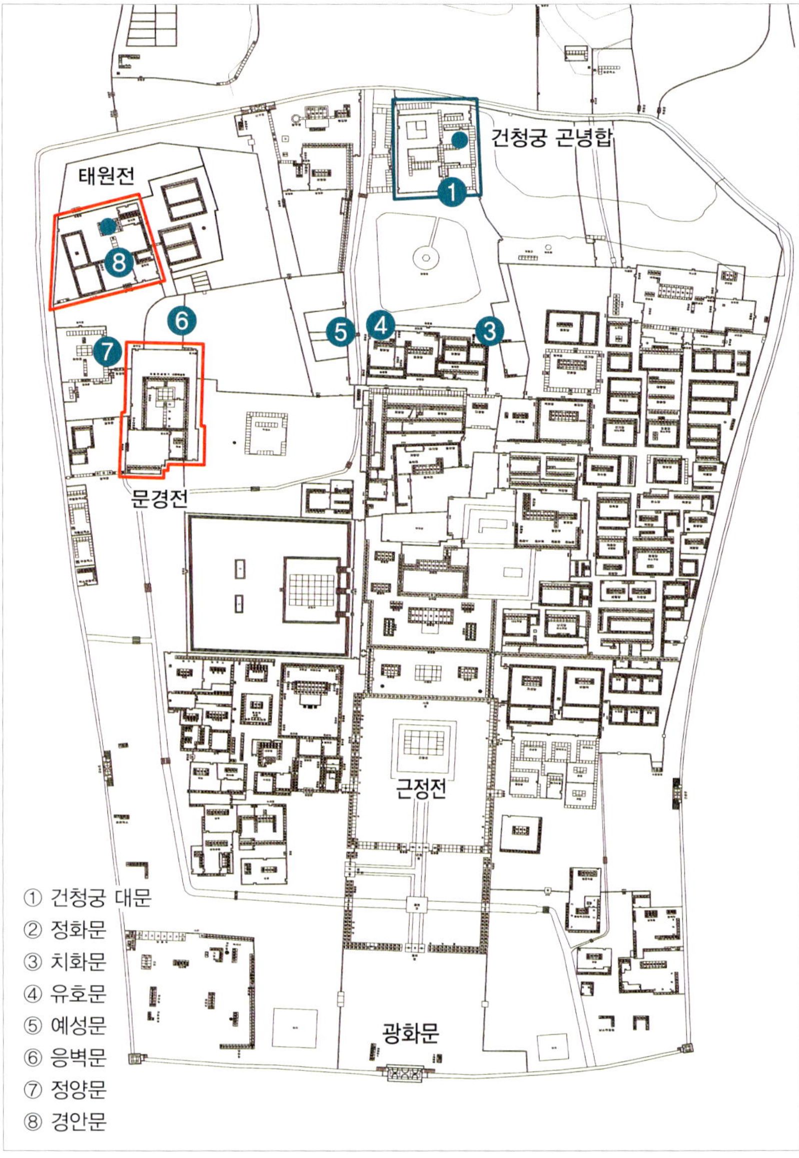

〈도판 11〉 〈북궐도형〉을 통해 본 시위자(侍衛者)들의 위치, 〈북궐도형(北闕圖形)〉, 국립문화재연구소
영상을 옮길 때 시위한 사람들의 위치를 〈북궐도형〉에 표기한 모습이다. 이것만으로 영상의 이동 경로를 정확하게 파악하기가 쉽지 않지만 당시의 이동 경로는 대략 유추할 수 있다. 참고로 위 〈북궐도형〉에서 '정화문'의 위치는 정확하지 않아 범례에는 있으나 그림에는 표시되어 있지 않다.

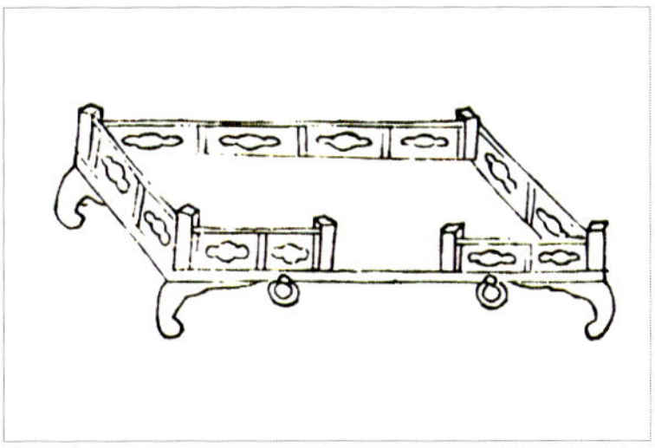

〈도판 12〉「소란상(小欄牀)」, 『국조상례보편』, 규장각한국학연구원

소란상은 습(襲)과 염(斂)을 하는 전각이 빈전과 약간 떨어져 있을 때 (시신을) 이안(移安)하기 위해 사용하는 평상이다.[88] 명성왕후의 국장에서도 옥체를 승하한 곳인 건청궁 곤녕합에서 빈전인 태원전으로 옮겨 봉안할 때 소란상을 사용했다.[89]

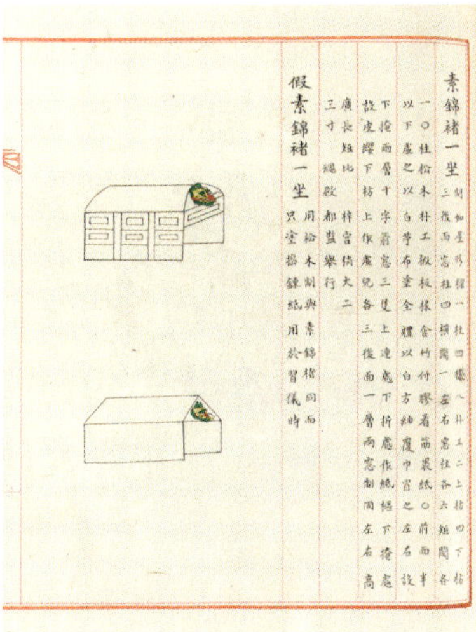

〈도판 13〉「소금저(素錦褚)」(상)·「가소금저(假素錦褚)」(하), 『명성황후국장도감의궤』, 규장각한국학연구원

소금저는 재궁을 덮을 때 쓰는 집 형태의 기물로 재궁의 견양(見樣)보다 조금 더 크게 만들었다.[90] 명성왕후가 승하한 건청궁에서 빈전인 태원전으로 영상을 옮겨 봉안할 때 소금저로 덮어서 이동했다. 그 밖에 발인할 때 및 재궁을 윤여로 받들어 내어 퇴광의 산륜(散輪) 위에 안치할 때에도 사용했다. 가소금저는 형태는 소금저와 같지만 주로 습의(習儀)할 때 사용했다.

이상 10월 17일과 10월 19일에 거행한 의식은 『명성황후빈전혼전도감의궤』를 위주로 하되 『경효전일기』를 참고하여 작성했다. 두 문헌의 큰 차이는 대렴과 성빈을 한 시간이다. 의궤에는 미시에 대렴, 신시에 성빈한 것으로, 일기에는 신시에 대렴과 성빈을 한 것으로 되어 있다.

---

88 『國朝喪禮補編』(奎 3940) 圖說 ○小斂 「小欄牀」(襲斂殿與殯殿稍遠 則用小欄牀素錦褚 受教) "牀【(註) 卽移安平牀】 制同高欄牀 但無四柱及蓮葉一層".

89 『景孝殿日記』(藏 K2-2418) 乙未十月十九日丙戌.

90 『明成皇后國葬都監儀軌』(奎 13883) 卷2, 一房儀軌 圖說 「素錦褚」·「假素錦褚」.

두 문헌보다는 기록이 좀 소략하지만 관찬 자료의 기록은 다음과 같다. 『승정원일기』에는 각 의례를 시행한 시각은 기록되어 있지 않지만 10월 17일에 목욕과 습, 소렴전을 차례로 거행한 것으로,[91] 10월 19일에는 영상 이봉(移奉)과 대렴, 재궁 봉하(奉下)[성빈]의 순서대로 행례한 것으로 되어 있다.[92] 『고종실록』에는 10월 17일 미시에 목욕과 습을,[93] 10월 19일 손시에 영상 이봉과 소렴을, 미시에 대렴을, 신시에 재궁을 봉하한 것으로 기록되어 있다.[94]

『고종실록』을 제외한 세 문헌은 시각을 제외하고 거행한 의절만 보면, 10월 17일에 목욕, 습, 소렴(전), 입명정을, 이틀 뒤인 19일에 영상 이봉, 대렴, 성빈, 대렴전, 성빈전을 행한 것으로 정리된다. 『고종실록』만 영상 이봉, 소렴, 대렴, 성빈을 하루 만에 마친 것으로 기록되어 있다. 국가전례서에는 소렴과 대렴을 같은 날에 거행하지 않는다고 규정짓고 있으므로 세 문헌의 기록에 좀 더 무게가 실린다. 의절을 거행한 '시점'에 대해서는 본서 제7장 제1절에서 다시 다루고자 한다.

지금까지 거행한 절차들은 「복」, 「목욕」, 「습」, 「소렴」, 입명정, 영상 이봉, 「대렴」, 「성빈」 등이다. 그런데 혼을 부르는 「복」을 제외한 나머지 「목욕」, 「습」, 「소렴」, 영상 이봉, 「대렴」, 「성빈」 등은 시신이 있어야 거행할 수 있는 절차들이다. 명성왕후는 불태워져서 시신이 없다고 생각할 수 있다. 하지만 앞서 유해(遺骸)를 묻었다고 했는데 이를 대상으로 이러한 의절들을 거행한 것으로 이해된다.

의궤에 이 의식들을 거행하기 위해 마련한 의주(儀註)가 『명성황후빈전

91 『承政院日記』 高宗 32年 10月 17日(甲申).
92 『承政院日記』 高宗 32年 10月 19日(丙戌).
93 『高宗實錄』 卷33, 高宗 32年 10月 甲申(17).
94 『高宗實錄』 卷33, 高宗 32年 10月 丙戌(19).

혼전도감의궤』에 재록되어 있다.[95] 여기에 따르면 마치 시신이 있는 상황에서 각각의 의례를 행한 것으로 기록되어 있다. 곧, 절차면에서 『국조상례보편』에 실린 의주와 거의 차이를 보이지 않았다.

「복」을 행할 때 '중궁복'을 세 번 외쳤고, 「습」할 때 9칭(稱)의 옷을 입혔으며, 「소렴」할 때에는 19칭의 염의(斂衣)를 사용했다. 그런데 「대렴」할 때에는 90칭의 염의가 아닌 19칭을 사용한 것으로 적기되어 있다.[96] 조선에서 왕후 국장에 90칭의 염의를 쓰므로[97] 의궤의 기록이 오류일 것으로 추정되는 가운데, 대렴 절차를 기록한 의주에서 염의의 칭수(稱數)를 제외한 나머지는 국가전례서의 의주 기록과 거의 다르지 않다.

10월 19일에는 또 왕후의 시신을 담는 재궁의 은정(銀釘) 위에 가칠(加漆)하는 날짜와 횟수를 정했다. 곧, 10월 21일을 시작으로 총 10번을 진칠(進漆)하되 하루 걸러서 하도록 했다.[98] 이날은 또 외재궁(外梓宮)의 시역(始役) 및 합목(合木)하는 길한 일시(日時)도 확정지었다. 일관 김동만이 추택한 결과 시역은 10월 22일 손시, 합목은 11월 4일 신시가 길하다는 보고였다.[99]

일관이 '재궁 은정 위 가칠'을 위한 길한 시각을 추택했다. 그 결과를 장례원에서 별단에 써서 올렸는데, 구체적인 날짜와 시각을 제시하면 다음과 같다.[100]

---

95 『明成皇后殯殿魂殿都監儀軌』(奎 13890) 卷1, 儀註 참조.

96 『明成皇后殯殿魂殿都監儀軌』(奎 13890) 卷1, 儀註 「大斂」 "凡斂衣十九稱【(註) 皆用袷衣袷衾】".

97 『國朝喪禮補編』(奎 3940) 卷1, 「大斂」 "凡斂衣九十稱【(註) 皆用袷衣袷衾】 … 諸具 斂衣九十稱【(註) 皆用袷衣袷衾 (內備)】".

98 『承政院日記』 高宗 32年 10月 19日(丙戌); 『明成皇后殯殿魂殿都監儀軌』(奎 13890) 卷1, 詔勅(稟奏幷入) 「乙未十月十九日」.

99 『承政院日記』 高宗 32年 10月 19日(丙戌).

100 『明成皇后殯殿魂殿都監儀軌』(奎 13890) 卷1, 掌禮院來照 「乙未十月十九日」.

* 초도(初度): 10월 21일 오시(午時).

* 재도(再度): 10월 23일 미시.

* 3도(三度): 10월 25일 손시.

* 4도(四度): 10월 27일 오시.

* 5도(五度): 10월 29일 미시.

* 6도(六度): 11월 2일 손시.

* 7도(七度): 11월 4일 오시.

* 8도(八度): 11월 6일 미시.

* 9도(九度): 11월 8일 손시.

* 10도(十度): 11월 10일 오시.

재궁, 벽(椑)의 조성

벽은 국왕 또는 왕후의 시신을 넣는 관, 즉 재궁이다. 벽돌처럼 굳고 강하게 칠(漆)하기 때문에 벽이라고 명명했다.[101] 조선의 국왕에게 사용하는 벽은 즉위하는 해에 소나무 황장판(黃腸板)을 가지고 만들었다. 왕후의 재궁은 별도로 언급한 기록이 없는 것으로 보아, 국왕의 그것과 동일하다는 것을 알 수 있다. 벽, 곧 재궁을 만드는 방법은 『국조오례서례(國朝五禮序例)』와 『국조상례보편』에 수록된 도설이 참조된다.

먼저 『국조오례서례』의 기록이다. '즉위한 해에 소나무 황장판으로 벽을 만든다. 두께는 3치[촌(寸)]이고, 높이와 너비, 길이는 임시로 재정(裁定)한다. 또 황장목으로 임(衽)을 만드는데 그 형태는 양쪽 머리는 넓고 중앙은 좁다. 벽과 덮개[개(蓋)]의 합봉처(合縫處)에서 양쪽 곁에는 각각 3개, 양쪽 끝에는 각각 1개를 뚫어서 홈[감(坎)]을 만든다. 저판(底板, 밑판)의 연합처(連合處)에는 철정(鐵釘)으로 박는다. 해마다 한 번 칠(漆)을 하고, 그 안에는 붉은 소두(小豆)를 넣어둔다. 때맞추어[임시(臨時)] 벽 안을, 사방은 붉은 비단으로, 네 모퉁이는 푸른 비단으로 바른다. 그 바닥에 차좁쌀을 태운 재를 4치 정

101 『國朝五禮序例』 卷5, 凶禮 歛殯圖說 「椑」 "(註) 音辟 卽親身之棺 漆之堅强甓甓然 故名椑".

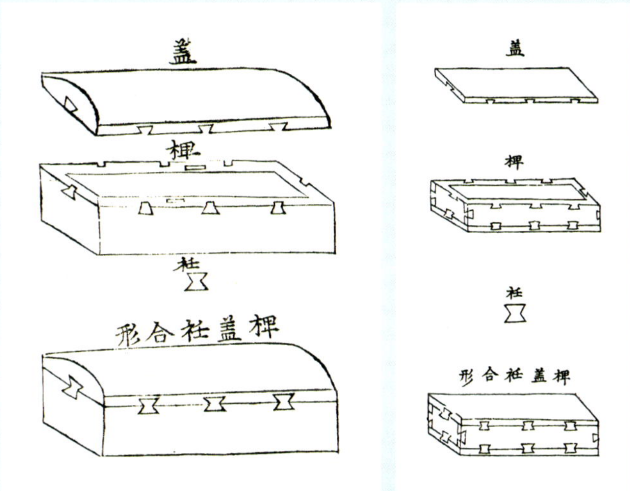

〈도판 14〉「벽(椑)」, 『국조오례서례』, 규장각한국학연구원(좌) | 「벽」, 『국조상례보편』, 규장각한국학연구원(우)

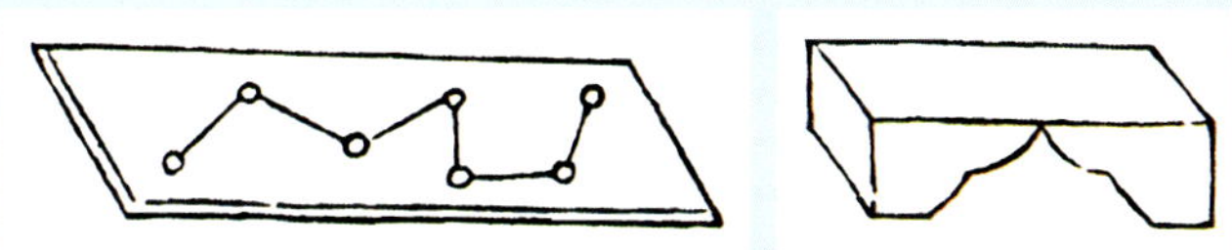

〈도판 15〉「칠성판(七星板)」, 『국조상례보편』, 규장각한국학연구원(좌①) | 「등(凳)」, 『국조상례보편』, 규장각한국학연구원(우②)

① 칠성판은 재궁의 바닥에 출미(秫米)의 재[(회灰)]를 깔고 그 위에 올려 두는 널판지로, 북두(北斗)의 형상처럼 7개의 구멍을 뚫었다. 칠성판의 규모는 재궁의 바닥 크기에 준했으며, 성빈할 때 칠성판 위에 시신을 안치했다.[102] 북두의 신이 죽음을 관장한다고 믿었기 때문에 재궁에 칠성판을 둔 것이었다.[103]

② 등은 국장에서 국왕이나 왕후의 시신을 넣은 재궁이 땅에 닿지 않도록 받쳐주는 기물이다. 세속에서는 괴목(塊木) 또는 침목(枕木)이라고 한다. 길이는 벽(椑, 재궁)의 너비에 준한다. 다리까지 포함한 높이는 7치이며, 백칠(白漆)을 한다.[104]

102 칠성판에 대해서는 이현진, 2015 앞의 책, 113쪽 참조.

103 이욱, 2017 『조선시대 국왕의 죽음과 상장례喪葬禮 -애통·존숭·기억의 의례화-』 민속원, 62쪽.

104 『國朝喪禮補編』(奎 3940) 圖說 ○治椑 「凳」(所以承椑者) "凳【(註) 俗名 塊木又枕木】長準椑廣 通足高七寸 白漆".

도의 두께로 펴고, 칠을 한 5푼[분分] 두께의 칠성판(七星板)을 (그 위에) 안치한다. 붉은 색 비단으로 만든 요[욕(褥)]와 자리[석(席)]를 (칠성)판 위에 깐다.'라고 되어 있다.[105]

다음은 『국조상례보편』에 수록된 내용이다. '벽은 즉위한 해에 소나무 황장판으로 만든다. 두께는 3치이다. 그 제도는 방직(方直)하되 머리쪽은 크고 발쪽은 작다. 저판 및 양 끝의 합봉처는 칠을 하고, 벽과 저개(底盖)의 합봉처에서 양쪽 곁에는 각각 3개, 양쪽 끝에는 각각 1개를 뚫어서 홈을 만든다. 저판에 임을 설치하고 안팎에 각각 백 번에 준하도록 칠을 한 뒤 해마다 한 번 칠을 한다. 안에 붉은 소두를 넣어둔다. 개판(盖板, 덮개판)과 합봉하는 곳은 때맞추어 준비해둔 칠을 임에 사용한다.'라고 되어 있다.[106]

벽의 모습을 보여준 『국조오례서례』와 『국조상례보편』에 수록된 도설에서 두드러지게 드러나는 차이는 임의 사용이다. 임은 두 부재 사이의 결합을 위해 나비 모양으로 홈을 파서 그 홈에 끼워넣는 장부이다. 『국조오례서례』에는 임은 벽과 덮개에, 철정은 벽과 밑판에 사용하여, 임과 철정을 함께 사용했다. 단, 철정의 흔적은 그림에 표시되어 있지 않다. 그에 비해 『국조상례보편』에는 철정은 전혀 사용하지 않았고, 모두 임으로 대체했다.

그런 이유에서인지 『국조상례보편』에 벽 아래에 임이라고 한 주석이 있고, 또 임 아래에 '곧 소요(小腰)이니 속칭 은정(銀釘)'이라고 한 주석 및 이를 만드는 방법이 매우 구체적으로 기록되어 있다. 이 중 전자는 벽이 곧 임이라는 뜻으로 이해할 수도 있으나 그보다 '벽은 임을 써서 만든다.'는 뜻으로, 임의 의미를 좀 더 적극적으로 부여한 것이 아닌가 추정된다.[107]

---

105 『國朝五禮序例』 卷5, 凶禮 斂殯圖說 「椑」 "卽位之年 用松黃腸板爲椑 厚三寸 高廣及長臨時裁定 又以黃腸木作衽 其形兩頭廣中央小 鑿椑與盖合縫處 兩旁各三 兩端各一 作坎其底板連合處 釘以鐵釘 歲一漆之 藏物於中【(註) 物卽赤小豆】 臨時於椑內 以紅綾貼四方 綠綾貼四角 以煉熟秫米灰 鋪其底 厚四寸許 加七星板【(註) 厚五分漆之】 鋪紅綾褥及席于板上".

106 『國朝喪禮補編』(奎 3940) 圖說 ○治椑 「椑」(衽) "椑 卽位之年 用松黃腸板爲之 厚三寸【(註) 用營造尺 下並同】 其制方直 頭大足小 底板及兩端合縫處用漆 鑿椑與底盖合縫處 作坎【(註) 兩旁各三 兩端各一】 底板設衽 內外漆 各準百度 後歲一漆之 藏物於中【(註) 卽赤小豆】 盖板合縫處 臨時備漆衽用之【(註) 大棺制同 厚四寸 長及高廣從椑各剩寸五分】".

107 현재 건축에서는 임을 '나비장(나비모양의 장부, butterfly joint)'이라고 일컫고 있다.

10월 20일, 칙령으로 대행왕후의 시책문(諡冊文)·애책문(哀冊文)·지문(誌文) 등의 제술관과 서사관(書寫官), 행장 제술관, 개명정(改銘旌) 서사관, 하현궁 명정 서사관 등등을 임명했다.[108] 이는 『승정원일기』의 기록이고 『고종실록』은 10월 22일에 이들을 임명한 것으로 되어 있다.[109]

10월 21일, 궁내부에서 복제(服制) 의주(儀注)를 정탈했다. 대군주 폐하인 고종은 자최장기(齊衰杖朞), 왕태후 폐하는 소공(小功) 5개월, 왕태자는 자최장기, 왕태자비는 자최기년(齊衰朞年), 대원군과 부대부인은 대공(大功) 9개월, 경빈(慶嬪, 1832~1907)은 왕태후와 같은 소공 5개월 동안 상복을 입는다는 내용이었다.[110] 당시 왕태후는 헌종의 계비 효정왕후(孝定王后, 1831~1904)이고, 경빈은 헌종의 후궁인 경빈 김씨이다.

명성왕후의 국장이 내상재선에 해당하므로 이 국상을 주관하는 고종과 왕태자는 기년복(朞年服)을 입고 지팡이를 짚는 것으로 결정되었다. 이는 『국조상례보편』의 규정 그대로였다.[111] 이번 복제 결정으로 앞서 정한 각자의 공제 일수가 분명해졌다. 만 15일 동안 상복을 입는 대군주와 왕태자, 왕태자비는 자최기년복을, 만 5일간 상복을 입는 왕태후는 소공 5개월복을 입는다는 사실에서 확인된다.

사실 이날은 오시에 '재궁 은정 위 가칠'을 하는 첫날이다. 그런데 『승정원일기』에는 이날 재궁의 전체 가칠을 위한 '고유제(告由祭)'를 지낸 것으로 기록되어 있다.[112] 재궁은 '은정 위 가칠', '칠포 위 가칠'을 한 뒤 '전체 가칠'을 하므로 『승정원일기』 기록은 오류가 아닌가 생각된다.

---

108 『承政院日記』 高宗 32年 10月 20日(丁亥).

109 『高宗實錄』 卷33, 高宗 32年 10月 己丑(22).

110 『高宗實錄』 卷33, 高宗 32年 10月 戊子(21); 『明成皇后殯殿魂殿都監儀軌』(奎 13890) 卷1, 儀註 「服制」.

111 『國朝喪禮補編』(奎 3940) 卷1, 「服制」.

112 『承政院日記』 高宗 32年 10月 21日(戊子).

다음 날 10월 22일 손시에 상복을 입는 성복(成服) 절차를 거행했다.[113] 주목되는 점은 『명성황후빈전혼전도감의궤』에 실린 「성복」 의주에 고종과 왕태자, 대원군, 왕태자비, 부대부인이 차례로 최복(衰服)을 입는 절차가 하나의 의주로 설정되어 있고,[114] 왕태후 폐하가 별전(別殿)에서 성복하는 의주는 그다음에 별도로 싣고 있다는 것이다.[115]

이날 왕태후에게 크게 문제될 만한 일이 문헌에 전하지 않고 건강 역시 기후일양(氣候一樣)이라고 되어 있다.[116] 왕태후의 성복 의주만 별도로 의주가 마련된 것에 대해서는 그 이유를 알기가 어렵다. 또 왕태후와 같은 소공 5개월복을 입는 경빈은 성복 의주조차 마련되어 있지 않다. 의궤의 기록은 일반적인 규정을 싣는 국가전례서와는 달리 실제 행례한 것을 기록할 가능성이 크고, 더구나 성복은 상장에서 중요한 절차이다. 왕태후와 경빈의 성복과 관련한 이러한 기록 방식에 대해 이유가 있었겠지만 의궤의 다른 항목 및 관찬 자료에서는 찾아지지 않는다.

그 밖에 이날에는 지난 10월 17일에 대행왕후의 시호와 전호, 능호 등을 정하기로 한 결정에 따라 3가지를 모두 의논했다. 시호는 '순경(純敬)', 전호는 '덕성(德成)', 능호는 '숙릉(肅陵)'으로 결정했다.[117] 이때 시호망순경(謚號望純敬), 전호망덕성(殿號望德成), 능호망숙릉(陵號望肅陵)이라고 되어 있어 '삼망(三望)' 중에서 택한 것인지는 불분명하다. 이는 모두 관찬 자료의 기록에 따라 정리한 것이고, 『명성왕후국장도감의궤』나 『명성왕후빈전혼전도감의궤』에는 세 호를 정하는 기록이 수록되어 있지 않다.

113 『高宗實錄』 卷33, 高宗 32年 10月 己丑(22).
114 『明成皇后殯殿魂殿都監儀軌』(奎 13890) 卷1, 儀註 「成服」.
115 『明成皇后殯殿魂殿都監儀軌』(奎 13890) 卷1, 儀註 「王太后陛下成服儀」.
116 『承政院日記』 高宗 32年 10月 22日(己丑).
117 『承政院日記』 高宗 32年 10月 22日(己丑); 『高宗實錄』 卷33, 高宗 32年 10月 己丑(22).

시호와 능호, 전호가 정해짐에 따라 이제 더 이상 명성왕후를 '대행왕후'라고 지칭할 필요가 없어졌다. 시호+왕후인 '순경왕후', 아니면 혼전 전호인 '덕성전', 혹은 능호인 '숙릉' 등 그를 지칭할 칭호가 생겼기 때문이다. 그런데 그 이후에도 계속해서 명성왕후는 '대행왕후'라 지칭했으며, 이는 '대행'의 뜻과도 어긋난다. 그 이유에 대해 관찬 자료, 의궤, 일기 등 문헌에 구체적으로 제시되어 있지 않다.

아울러 주목되는 것은 이때 휘호(徽號)를 정하지 않았다는 사실이다. 휘호는 후비가 승하한 뒤 시호 2글자 위에 있는 4글자를 말하며 왕후에게 올리는 일종의 존호였다. 가령, 영조의 계비 정순왕후의 국장에서 시호와 전호, 능호를 논의할 때 휘호 '소숙정헌(昭肅靖憲)'도 함께 논의하여 정했다.[118] 그런데 명성왕후의 국장에서는 휘호에 관한 논의가 문헌에 나오지 않는다. 이는 '내상재선'에 해당하는 왕후라는 것과 관련된다.

조선에서 '내상재선'에 해당하는 왕후는 배우자인 국왕의 국상을 마친 후 종묘에 함께 부묘하기 전에 휘호를 정했다. 영조의 비 정성왕후를 예로 들면, 1757년(영조 33) 승하한 당시에는 시호와 능호, 전호만 정하고 휘호는 정하지 않았다가[119] 1778년(정조 2) 5월 2일에 영조와 함께 종묘에 부묘하기에 앞서 정성왕후의 휘호를 '단목장화(端穆章和)'로 추상했다.[120] 명성왕후도 정성왕후처럼 1921년 3월 31일에 부묘하기 전, 3월 9일에 후호(后號)를 '태황후(太皇后)'라고 올릴 때 휘호를 '제휘열목(齊徽烈穆)'으로 추상

118 『貞純王后國葬都監儀軌』(奎 13592) 禮關「乙丑正月 日」; 『承政院日記』 純祖 5年 1月 18日(癸卯); 『純祖實錄』 卷7, 純祖 5年 1月 癸卯(18). 의궤에는 관찬 자료와는 달리 휘호를 정한 날짜가 구체적으로 기록되어 있지 않다.

119 『貞聖王后國葬都監儀軌』(奎 13589) 都廳儀軌 禮關秩「丁丑二月 日」; 『英祖實錄』 卷89, 英祖 33年 2月 癸未(21). 의궤에는 『영조실록』과 달리 정확한 날짜가 기재되어 있지 않다.

120 『正祖實錄』 卷5, 正祖 2年 2月 丙辰(25); 『承政院日記』 正祖 2年 4月 19日(己酉); 『列聖誌狀通紀』 卷22(下), 惠敬莊愼康宣恭翼仁徽端穆章和貞聖王后徐氏「追上徽號玉冊文」(今上二年戊戌 親上冊寶 在祔廟前十三日), 675~676쪽.

했다.[121]

한편, 명성왕후 국장과 관련한 일이 며칠 없다가 10월 26일에 처음으로 산릉 자리를 보러 나가기로 논의한 듯하다. 궁내부 대신이 '장례원 관원이 상지관(相地官)을 거느리고 간심(看審)하여 산릉 자리를 정하도록 이미 주하(奏下)했다.'라고 아뢰었기 때문이다.[122] 정작 출거(出去)는 다음 날인 27일이었고, 이때 간심하러 간 곳은 동구릉(東九陵) 국내(局內)와 의릉(懿陵) 국내였다.[123] 그리고 결과 보고는 고종이 공묵재(恭默齋)에서 '처음' 간심하러 나갔다가 궁으로 들어온 산릉제거 이하의 사람들을 소견한 28일에 있었다.[124]

동구릉은 숭릉(崇陵)의 오른쪽 언덕[우강(右崗)]을 중심으로 간심했고 의릉은 국내 전반이었다. 산릉제거부터 상지관까지 간심하러 간 이들은 이견없이 모두 숭릉 우강에 대해 '길지(吉地)', '상길지(上吉地)', 십전대길지(十全大吉地)라 하며 의릉에 비해 월등히 낫다고 평가했다.[125]

10월 26일에는 그간 조선시대 국장에서는 보기 힘든 기사가 하나 더 있다. '국장거행소(國葬擧行所)'에 대한 공역을 이날 시작하므로 위원들이 돌아가며 입직하겠다는 궁내부 대신의 보고가 있었다.[126] 국장거행소는 '국장을 거행하는 곳' 혹은 '국장을 치르는 곳'으로 풀이되는데 국장도감 및 각 방(房)을 가리키는 것으로 짐작된다. 『명성황후국장도감의궤』에 10월 24일에 도감을 종정사(宗正司)에 설치하고, 26일에 각 방을 시역(始役)한다

121 『高宗太皇帝明成太皇后祔廟主監儀軌』(藏 K2-2218) 卷上, 下敎及上啓 「二月十六日」; 『純宗實錄』(附錄) 卷12, 純宗 14年 3月 9日(陽曆).

122 『承政院日記』 高宗 32年 10月 26日(癸巳).

123 『明成皇后洪陵山陵都監儀軌』(奎 13891) 上編, 時日 「乙未十月二十七日」 "山陵初看審出去【(註) 東九陵局內 懿陵局內】".

124 『承政院日記』 高宗 32年 10月 28日(乙未); 『高宗實錄』 卷33, 高宗 32年 10月 乙未(28).

125 『承政院日記』 高宗 32年 10月 28日(乙未).

126 『承政院日記』 高宗 32年 10月 26日(癸巳).

고 되어 있어서이다.[127]

한편, 10월 26일은 성복한 22일부터 헤아리면 만 5일이 되므로 왕태후가 공제하는 날이다. 1752년(영조 28) 영조는 공제는 익일(翌日)이 되어서야 복이 끝나므로 문안은 마땅히 익일에 해야 한다고 했다.[128] 이후로 이 규정은 지켜졌고, 그런 까닭에 이번에도 신하들이 다음 날인 10월 27일에 고종과 왕태후, 왕태자, 왕태자비에게 각각 문안했다.[129]

10월 28일에는 산릉을 간심한 결과를 보고받은 것 이외에 제사 및 양력 반포에 따른 사전(祀典)에 대해 논의했다. 먼저 제사에 관한 건이다. 성빈한 뒤 환구(圜丘)[130]와 사직에만 제사를 지내도록 주하(奏下)한 것에 따라 11월 7일에 행할 환구대제는 예문에 따라 설행하기로 결정했다.

후자는 이보다 앞서 9월 9일에 고종이 태양력 사용을 명한 조칙과 관련된 듯하다. '삼통(三統)을 서로 번갈아 사용한 일은 시세에 따라 적절한 조치를 취한 것이므로, 정삭(正朔)을 고치고 태양력(太陽曆)을 사용하여 개국 504년 11월 17일을 505년 1월 1일로 삼으라.'고 한 것이 조칙의 내용이다.[131] 양력의 반포와 시행은 그동안 음력으로 지내온 많은 제사의 날짜를 전면 수정해야 한다. 그 때문에 궁내부 대신이 양력을 반포하여 시행한

---

127 『明成皇后國葬都監儀軌』(奎 13883) 卷1, 都廳儀軌 「時日」 "乙未十月二十四日 設都監于宗正司 二十六日辰時 各房始役".

128 『承政院日記』 英祖 28年 3月 14日(乙亥).

129 『承政院日記』 高宗 32年 10月 27日(甲午).

130 현재 圜丘를 읽을 때 '환구' 혹은 '원구'라 하여 둘 다 쓰고 있다. 대표적으로 『조선왕조실록』 웹사이트(http://sillok.history.go.kr)와 한국고전종합DB 웹사이트(http://db.itkc.or.kr)가 참조된다. 『예기주소』에서 漢의 鄭玄은 그가 단 注에서 圜을 圓이라고 발음한다고 했다 [『禮記注疏』 卷46, 祭法23 (十三經注疏 整理本, 北京大學出版社, 2000. 漢 鄭玄 注; 唐 孔穎達 疏. 이하 같음) "祭法 有虞氏禘黃帝而郊嚳 祖顓頊而宗堯 夏后氏亦禘黃帝而郊鯀 祖顓頊而宗禹 殷人禘嚳而郊冥 祖契而宗湯 周人禘嚳而郊稷 祖文王而宗武王 (注) 此禘謂祭昊天於圜丘也 … 圜音圓"]. 본서에서는 현재 사람들의 용례까지 고려하여 원문에 '圜丘'라고 쓰여 있으면 '환구', '圓丘'라고 기록되어 있으면 '원구'라고 표기하고자 한다.

131 『承政院日記』 高宗 32年 9月 9日(丙午).

이후에는 크고 작은 사전을 이정하지 않을 수 없다고 아뢰었고 고종도 허락했다.[132]

전통시대에 주로 중국이나 일본과 교류했다면 근대로 접어들면서 점차 그 범위가 서구 여러 나라들로 확장되었다. 무엇보다 조약을 맺거나 중요한 결정을 내릴 때 양력을 쓰는 다른 국가들과 달리 조선에서는 음력을 쓰면서 어려움이 있었다. 사실 청일전쟁 이후 국제적으로 자주독립국이 되었으나 햇수는 청의 연호가 아닐 뿐 개국을 본격적으로 사용하여 아직 서기(西紀)를 사용하는 단계까지는 이르지 못했다. 그런 가운데 음력 대신 태양력을 사용하라는 조칙이 내려진 것이었다.

양력의 시행은 오랫동안 음력을 상용해 온 조선에서 전면적인 조정이 불가피한 곳이 많아 결코 녹록한 일이 아니다. 그중 급선무는 유교 국가 조선에서 매우 중요하게 여기는 제사지내는 날짜의 조정이다. 조선에 사는 사람이라면 누구나 제사를 지내므로 음력에서 양력으로 바뀌면 날짜의 조정을 둘러싸고 곳곳에서 혼란이 야기될 가능성이 컸다. 그런 이유로 우선 크고 작은 국가 제사부터 서둘러 이정하고자 한 것으로 이해된다.

한편, 고종은 이날에 재궁의 '은정 위 가칠'을 날마다 하라고 명했다.[133] 열흘 전인 10월 19일에 '재궁 은정 위 가칠'을 하는 날짜와 시각을 확정해서 어느 정도 진행되고 있었는데 이를 수정하라는 명이었다. 이는 『고종실록』의 기록이고, 의궤와 『승정원일기』에는 다음 날인 29일에 '내일[11월 1일]부터 은정 위 가칠은 날마다 하라.'라는 '칙령(勅令)'이 내려졌다.[134] 그

132 환구·사직 제사의 설행과 양력 반포로 인한 祀典의 釐正에 대해 논한 두 단락은 『承政院日記』 高宗 32年 10月 28日(乙未) 참조.

133 『高宗實錄』 卷33, 高宗 32年 10月 乙未(28).

134 『明成皇后殯殿魂殿都監儀軌』(奎 13890) 卷1, 詔勅(稟奏幷入) 「乙未十月二十九日」; 『承政院日記』 高宗 32年 10月 29日(丙申).

리고 이에 대한 본격적인 논의는 『고종실록』과 의궤, 『승정원일기』에 모두 29일에 진행한 것으로 되어 있다.

10월 29일, 고종은 기존에 하루 걸러서 하던 가칠을 11월 1일부터 5일까지 '매일' 하도록 조칙을 내렸다. 원래 정한 10번 중 10월에 거행한 5번은 이미 지나갔고, 11월에 행할 5번의 날짜와 시각의 조정이었다.[135] 고종의 조칙으로 '재궁 은정 위 가칠'은 결국 5일이 당겨져 11월 5일에 모두 마친다. '은정 위 가칠'의 수정에 대해 『고종실록』은 28일과 29일에 걸쳐서, 의궤와 『승정원일기』에는 29일에 진행한 차이가 있다.

여기서 주목되는 기록상의 차이가 하나 더 발견된다. 바로 고종이 '재궁 은정 위 가칠을 날마다 하라.'라는 조칙을 내린 뒤 이것의 구체적인 실행에 대해 아뢰는 주체이다. 『고종실록』과 『승정원일기』에는 궁내부 대신 이재면, 의궤에는 '총호사 조병세'로 명기되어 있다는 사실이다.[136]

『고종실록』이나 『승정원일기』에는 왕후의 죽음을 공식적으로 선포한 10월 15일에 궁내부 대신 이재면에게 총호사 자리를 겸임하도록 명했고, 그 뒤로 총호사를 교체한 기록이 없다. 여전히 관찬 자료와 의궤에서 전자는 총호사가 이재면, 후자는 조병세라고 기록하여 차이를 보이고 있다.

'재궁 은정 위 가칠'에서 11월 1일부터 5일까지 길시(吉時)의 추택은 장례원에서 담당했다. 기존에 정한 날짜·시각과 수정한 날짜·시각을 모두 제시하면 다음과 같다.[137]

* 6도(六度): 11월 2일 손시 → 11월 1일 미시.

---

135 『明成皇后殯殿魂殿都監儀軌』(奎 13890) 卷1, 詔勅(稟奏幷入) 「乙未十月二十九日」; 『承政院日記』 高宗 32年 10月 29日(丙申); 『高宗實錄』 卷33, 高宗 32年 10月 丙申(29).

136 위와 같음.

137 『明成皇后殯殿魂殿都監儀軌』(奎 13890) 卷1, 掌禮院來照 「乙未十月二十九日」.

* 7도(七度): 11월 4일 오시 → 11월 2일 손시.

* 8도(八度): 11월 6일 미시 → 11월 3일 미시.

* 9도(九度): 11월 8일 손시 → 11월 4일 오시.

* 10도(十度): 11월 10일 오시 → 11월 5일 손시.

이날 29일에는 '재궁 은정 위 가칠'만이 아니라 재궁의 '칠포(漆布) 위 가칠'에 대해서도 논의했다. 10번 거행하던 각년(各年)과는 달리 이번에는 15번 진칠하되 '은정 위 가칠'을 날마다 하라고 명했듯이 이 역시 날마다 거행하라는 제칙이 내려졌다.[138]

11월 1일, 고종과 왕태자가 빈전에 나아가 삭전(朔奠)과 조전(朝奠), 주다례(晝茶禮)를 행했다.[139] 그리고 내일은 산릉제거와 상지관들이 산릉을 재간심하기 위해 나가는데 고종이 총리대신 김홍집도 함께 가도록 명했다.[140] 산릉 자리의 중요성을 감안한 것으로 이해된다.

그 밖에 총호사 조병세가 전날 결정한 재궁의 '칠포 위 가칠'에 대해 고종의 조칙을 한 번 더 확인한 뒤 15번의 진칠을 할 길한 시각은 장례원에서 담당하도록 승인을 받았다.[141] 총호사를 조병세라고 지칭했으므로 이 문장은 의궤 기록을 참조했음을 알 수 있다. 이는 이후에도 주의가 요망되는 지점이다. 길시(吉時)는 3일 뒤인 11월 4일에 추택하기로 확정했고, 그에 따라 이날 정한 구체적인 날짜와 시각은 다음과 같다.[142]

* 초도: 11월 6일 손시.

138 위 각주 135와 같음.
139 『高宗實錄』 卷33, 高宗 32年 11月 丁酉(1).
140 『承政院日記』 高宗 32年 11月 1日(丁酉).
141 『明成皇后殯殿魂殿都監儀軌』(奎 13890) 卷1, 詔勅(稟奏幷入) 「乙未十一月初一日」.
142 『明成皇后殯殿魂殿都監儀軌』(奎 13890) 卷1, 掌禮院來照 「乙未十一月初四日」.

* 재도: 11월 7일 오시.

* 3도: 11월 8일 손시.

* 4도: 11월 9일 미시.

* 5도: 11월 10일 오시.

* 6도: 11월 11일 손시.

* 7도: 11월 12일 미시.

* 8도: 11월 13일 오시.

* 9도: 11월 14일 손시.

* 10도: 11월 15일 미시.

* 11도: 11월 16일 오시.

* 12도: 11월 17일 손시.

* 13도: 11월 18일 미시.

* 14도: 11월 19일 오시.

* 15도: 11월 20일 손시.

11월 2일, 발인할 때 사용할 2가지 의물의 조성에 대해 결정했다. 하나는 광중(壙中)에 매안할 삽선(翣扇)으로, 이는 재궁을 가리는 데 사용하는 부채 모양의 의물이다. 광중삽선은 『국조상례보편』에는 백저(白苧)로 조성한다고 규정되어 있지만 매번 홍공단(紅貢緞)으로 대내에서 만들어 내린 전례(前例)를 따라 이번에도 대내에서 만들어 내리기로 결정했다.

다른 하나는 혼백(魂帛)을 담는 데 사용하는 토등방상자(土籐方箱子)이다. 대개 국장에서는 '혼백함소성토등방상자(魂帛函所盛土籐方箱子)'라고 하여, 혼백을 넣은 혼백함(魂帛函)을 담는 데 사용하는 네모난 상자를 일컫는데 여기서는 혼백을 곧바로 토등방상자에 넣는 것으로 표현했다. 전부터 치수[척촌(尺寸)]에 혹 착오가 생길 것을 염려하여 도감이 아닌 대내에서 모두 견양(見樣)을 내렸는데 이번에도 대내에서 견양을 내리기로 했다.[143]

이처럼 국장과 관련하여 조정 내부에서 논의하는 것도 있지만 다른 한편으로 외부에서 확인해야 하는 일이 있었다. 산릉의 재간심이다. 하루 전날 논의한 것처럼 총리대신 이하 여러 사람들이 산릉을 재간심하러 숭릉 우강과 의릉 우강으로 나갔다.[144]

이튿날인 11월 3일, 고종이 공묵재에서 총리대신 김홍집과 총호사 이재면 이하 산릉 자리를 재간심하러 갔다가 복명한 이들을 소견했다. 그들은 한결같이 숭릉 국내가 최고의 '대길지(大吉地)'라고 보고했고, 고종은 이번에 새로 정한 곳[신점처(新占處)]이 수릉(綏陵)에서 그리 멀지 않아 그 또한 다행이라고 하며 수망(首望)으로 정하라고 명했다. 고종은 또 봉표(封標)는 삼간심(三看審)한 뒤 그대로 하며, 석의(石儀)는 명릉(明陵)·홍릉(弘陵)의 예(例)를 따라 장대하게 하지 않는 것이 좋을 듯하고 하교했다.[145]

11월 3일에는 또 외재궁의 착칠(着漆)에 대해 결정했다. 내일 4일에 합목(合木)을 필역(畢役)한 뒤 모레 5일부터 착칠을 시작하되 각년의 사례를 따라 60번을 거행한다는 내용이다.[146]

그 밖에도 주목할 만한 결정이 눈에 띄는데, 바로 양력의 반포와 시행에 관한 안건이다. 궁내부 대신이 양력을 장차 반행하려니 월일의 일정한 도수(度數)가 음력과 다르므로 각 전(殿)·궁(宮)의 탄일(誕日) 월일을 양력에 따라 신력(新曆)을 인명(印明)할 건으로 상주하여 고종의 허락을 받았

143 2가지 의물의 조성과 관련한 두 단락은 『承政院日記』 高宗 32年 11月 2日(戊戌) 참조.

144 『明成皇后洪陵山陵都監儀軌』(奎 13891) 上編, 時日 「乙未十一月初二日」 "山陵再看審出去【(註) 崇陵右岡 懿陵右岡】".

145 『承政院日記』 高宗 32年 11月 3日(己亥); 『高宗實錄』 卷33, 高宗 32年 11月 己亥(3).

146 『承政院日記』 高宗 32年 11月 3日(己亥).

용어 설명

* 숭릉(崇陵): 현종과 명성왕후 김씨(明聖王后金氏)의 능호이다.
* 의릉(懿陵): 경종과 계비 선의왕후 어씨(宣懿王后魚氏)의 능이다.
* 수릉(綏陵): 헌종이 추존한 익종(翼宗)과 신정왕후 조씨(神貞王后趙氏)의 능이다.
* 명릉(明陵): 숙종과 계비 인현왕후 민씨(仁顯王后閔氏), 두 번째 계비 인원왕후 김씨(仁元王后金氏)의 능을 가리킨다.
* 홍릉(弘陵): 영조의 비 정성왕후 서씨(貞聖王后徐氏)의 능호이다.
* 동구릉(東九陵) : 태조 이성계의 건원릉(健元陵)을 시작으로 주변에 한두 기의 왕릉이 더해지면서 1855년(철종 6)에 양주 용마봉(龍馬峰)에 있던 익종의 수릉을 옮겨오면서 마침내 동구릉이 되었다. 건원릉, 문종과 현덕왕후 권씨(顯德王后權氏)의 현릉(顯陵), 선조와 의인왕후 박씨(懿仁王后朴氏), 계비 인목왕후 김씨(仁穆王后金氏)의 목릉(穆陵), 인조 계비 장렬왕후 조씨(莊烈王后趙氏)의 휘릉(徽陵), 현종과 명성왕후 김씨의 숭릉, 경종의 비 단의왕후 심씨(端懿王后沈氏)의 혜릉(惠陵), 영조와 계비 정순왕후 김씨의 원릉(元陵), 헌종과 효현왕후 김씨(孝顯王后金氏), 계비 효정왕후 홍씨(孝定王后洪氏)의 경릉(景陵), 익종과 신정왕후 조씨의 수릉 등이다.[147]

다.[148] 고종을 비롯한 왕실의 직계 사람들을 중심으로 음력 생일을 양력으로 환산했고,[149] 제시하면 다음과 같다.

* 대군주 폐하: 만수성절(萬壽聖節). 음력 임자년(1852) 7월 25일 → 양력 9월 8일.
* 왕태후: 경절(慶節). 음력 신묘년(1831) 정월 22일 → 양력 3월 6일.
* 왕태자: 경절.[150] 음력 갑술년(1874) 2월 8일 → 양력 3월 25일.
* 왕태자비: 탄일. 임신년(1872) 10월 20일 → 양력 11월 20일.

---

147 동구릉은 이현진, 2017 앞의 책, 82쪽을 참조했다.
148 『承政院日記』 高宗 32年 11月 3日(己亥).
149 『承政院日記』 高宗 32年 11月 3日(己亥); 『高宗實錄』 卷33, 高宗 32年 11月 己亥(3).
150 『承政院日記』 高宗 32年 11月 3日(己亥); 『高宗實錄』 卷33, 高宗 32年 11月 己亥(3).

* 서고일(誓告日): 음력 12월 12일 → 양력 (이듬해) 1월 7일.

이는 조만간 음력 대신 양력의 사용을 예고한 모습이다. 공식적으로 양력을 반포하고 시행하기에 앞서 왕실 구성원들의 탄일부터 음력에서 양력으로 바꾸는 작업을 시행한 것이었다.

여기서 고종은 '만수성절(萬壽聖節)', 왕태후와 왕태자는 '경절(慶節)', 왕태자비는 '탄일'이라고 하여 신분에 따라 태어난 날을 다르게 지칭했다. 이러한 단어 선택이 비록 생일에 국한되지만 점차 황제국에서 쓰는 용어를 사용함으로써 자주독립국 체제를 갖추어 나가고 있음도 보여준다.

고종의 생일은 만수성절 이외에도 '천추성절(千秋聖節)'이나 탄일이라고도 일컬었다.[151] 그중 '천추성절'은 각국 공사들의 표현이라는 점에서 주목된다. 외국 공사들이 '천추성절'이라고 한 것은 조선의 신하들이 '만수성절'이라고 한 표현에서 한 단계 격을 낮춘 것으로, 조선의 신하들이 왕태자에게 '경절' 이외에 '천추경절(千秋慶節)'이라고도 일컬은 것에서 유추된다.[152] 따라서 '천추성절'은 만수성절과 천추경절의 중간에 해당하는 표현으로 볼 수 있다. 대외적으로 아직 고종이 황제로 즉위한 것이 아니기 때문에 그들의 말을 번역하는 과정에서, 그리고 그것을 관찬 자료에 반영하면서 그와 같이 기록한 것으로 이해된다.

11월 4일, 산릉은 수망으로 숭릉 우강으로 정하고, 삼간심을 한 후 그대로 봉표하라고 칙령을 내렸다.[153] 조칙을 받들고자 이튿날인 11월 5일에 곧바로 삼간심을 하기 위해 숭릉 우강으로 나갔고, 이날 진시(辰時)에

151 『承政院日記』 高宗 32年 7月 25日(癸亥).

152 『高宗實錄』 卷34, 高宗 33年 8月 21日(陽曆); 『承政院日記』 高宗 33年 7月 13日(丙午)[陽曆 8月 21日].

153 『承政院日記』 高宗 32年 11月 4日(庚子); 『高宗實錄』 卷33, 高宗 32年 11月 庚子(4).

그곳에 봉표했다.[154] 이때 고종의 제칙에 따라 총리대신 김홍집과 특진관 정범조도 함께 갔다.[155]

총리대신 김홍집 이하 삼간심을 한 이들이 돌아와서 공묵재에서 고종에게 숭릉은 '대길지'였고 봉표도 순조롭게 이루어져 아주 다행이라고 보고했다.[156] 그리고 봉표를 마쳤으므로 산릉과 관련한 각종 일의 시행을 위해 택일을 즉시 거행하고, 돌을 떠내는[부석(浮石)] 일이 한시가 급한데 한겨울이므로 능침(陵寢) 근처에 있는 돌을 가져다 쓰며, 산릉의 공역이 호대하므로 종1품 강윤(姜潤)을 별감동(別監董)으로 차하하여 감독하도록 결정했다.[157]

11월 5일에는 또 고종이 빈전·국장·산릉 세 곳에 내하전(內下錢) 2만 원을 분배하여 보용하라고 명했다.[158] 이는 『고종실록』의 기록이고, 『승정원일기』에는 세 곳에 들어가는 비용이 너무 많을 것을 염려하여 경비로 탕은(帑銀) 2만 원을 특별히 하사했으니 궁내부에서 분배하여 보용하겠다는 내용으로 기록되어 있다.[159] 탕은이라면 2만 '원(元)'이 아니라 2만 '냥(兩)'이지 않을까. '원'과 '냥' 및 '내하전 2만 원'과 '탕은 2만 원'의 규모 등에 대해서는 경제학 전공자의 고견이 필요한 듯하다.

---

154 『明成皇后洪陵山陵都監儀軌』(奎 13891) 上編, 時日「乙未十一月初五日」"山陵三看審出去【(註) 崇陵右岡】同日辰時 封標于崇陵右岡"; 『高宗實錄』 卷33, 高宗 32年 11月 辛丑(5).

155 『承政院日記』 高宗 32年 11月 4日(庚子); 『高宗實錄』 卷33, 高宗 32年 11月 辛丑(5).

156 『承政院日記』 高宗 32年 11月 6日[5日]. 이 시기 『승정원일기』에서 날짜를 기록하는 방식은 '開國五百四年乙未十一月初五日', '開國五百四年乙未十一月初六日' 등이다. 그런데 김홍집이 보고하는 이 부분은 '開國五百四年'이 빠진 '乙未十一月初六日'로만 기록되어 있다. 또 『고종실록』에는 고종이 산릉을 세 번 간심하고 돌아온 이들을 소견하는 날짜가 11월 5일로 되어 있다. 그에 따라 『승정원일기』의 날짜를 11월 '6일'이 아닌 '5일'로 고치고 수정한 내용을 '[5日]'로 표기했다.

157 『承政院日記』 高宗 32年 11月 6日[5日].

158 『高宗實錄』 卷33, 高宗 32年 11月 辛丑(5).

159 『承政院日記』 高宗 32年 11月 5日(辛丑).

산릉 자리를 정하자, 궁내부에서 11월 7일 산릉에서 행하는 일의 길한 날짜를 정해 별단으로 작성해서 올린 '산릉택일별단(山陵擇日別單)'에 대해 상주했다.[160] 택일할 때 모든 지사(地師)들도 함께 의논에 참여했으며,[161] 모든 일관들도 불러서 상세히 회의하여 태양력 4월이 길삭(吉朔)이라는 결론을 도출했다.[162]

이때 궁내부에서 상주한 '산릉택일별단'에서 『고종실록』에는 음력으로 날짜를 기록했다. 반면, 산릉과 관련한 각 항목의 길한 날을 별단으로 작성해서 올린 『승정원일기』의 '산릉각항길일(山陵各項吉日)'에는 양력을 먼저 쓴 뒤 음력을 쓰는 방식을 취했다. 아직 공식적으로 양력의 시행을 공포하지 않았지만 앞서 왕실 구성원들의 탄신일처럼 양력의 시행을 미리 대비하기 위해서인지, 혹은 양력의 시행에 따른 혼란을 방지하기 위해서인지 그 이유는 분명하지 않지만 『승정원일기』에는 양력과 음력을 병기했다.

건양을 선포하기 전이므로 『고종실록』에 따라 궁내부에서 상주한 '산릉택일별단'의 기록 방식이 『승정원일기』에 비해 우선이다. 다만, 당시 관찬 자료의 기록 방식을 보여준다는 측면에서 『승정원일기』의 '산릉각항길일'을 보여주는 것도 의미가 없지 않다. 두 관찬 자료에 기록된 별단을 제시하면 다음과 같다.

○ 『고종실록』의 산릉택일별단[163]

* 시역(始役): 11월 14일 손시.

160 『高宗實錄』 卷33, 高宗 32年 11月 癸卯(7); 『承政院日記』 高宗 32年 11月 7日(癸卯).

161 『承政院日記』 高宗 32年 11月 6日(壬寅).

162 『承政院日記』 高宗 32年 11月 7日(癸卯).

163 『高宗實錄』 卷33, 高宗 32年 11月 癸卯(7).

* 참초파토(斬草破土): 음력 병신년(1896) 정월 20일 묘시.

* 사후토(祠后土)·고선릉(告先陵): 같은 날(정월 20일) 새벽[효두(曉頭)]에 먼저 행함.

* 작옹가(作甕家): 1월 29일 묘시.

* 개금정(開金井): 2월 11일 묘시. 혈심(穴深)은 4자[척(尺)].

* 외재궁 배진(外梓宮陪進): 2월 18일 묘시.

* 하외재궁(下外梓宮): 2월 19일 미시.

* 계찬궁(啓欑宮): 2월 24일 손시. 먼저 남방을 엶.

* 발인(發靷): 2월 25일 자시.

* 성빈(成殯): 대여가 능소에 도착한 후 때에 따라[수시(隨時)].

* 능소 계찬궁(陵所啓欑宮): 2월 25일 미시. 먼저 남방을 엶.

* 진발(進發): 계찬궁 후 때에 따라.

* 하현궁(下玄宮): 2월 26일 해시.

○ 『승정원일기』의 산릉각항길일[164]

* 시역: 11월 14일 손시.

* 참초파토: 3월 3일 묘시, 먼저 남방에서 시작. 태음력(太陰曆) 병신년 정월 20일.

* 사후토·고선릉: 같은 날 새벽에 먼저 행함.

* 작옹가: 같은 달(3월) 12일 묘시, (태음력)[165] 같은 달(1월) 29일

* 개금정: 3월 24일, 태음력 2월 11일. 혈심은 4자, 영조척(營造尺) 사용.

* 외재궁 배진: 3월 31일 묘시, (태음력) 2월 18일.

* 하외재궁: 4월 1일 미시, (태음력) 2월 19일.

* 계찬궁: 4월 6일 손시, 먼저 남방을 엶. (태음력) 2월 24일.

164 『承政院日記』 高宗 32年 11月 7日(癸卯).

165 '(태음력)'은 필자가 기입한 것이며 아래도 동일하다.

* 발인: 4월 7일 자시, (태음력) 2월 25일.

* 성빈: 대여가 능소에 도착한 후 때에 따라.

* 능소 계찬궁: 4월 7일 미시, 먼저 남방을 엶.

* 진발: 계찬궁 후 때에 따라.

* 하현궁: 4월 8일 해시, (태음력) 2월 26일 해초이각(亥初二刻).

별단에 따르면, 발인은 이듬해인 1896년(고종 33) 2월 25일(양력 4월 7일) 자시(子時)에 행한다고 되어 있다. 왕후의 죽음을 공식적으로 세상에 공표한 1895년 10월 15일을 기준으로 삼는다면 5개월째가 된다. 비록 10월 15일이 승하한 달은 아니지만 이를 기준으로 한다면 왕후 국장에서 승하한 지 5개월이 되는 달에 산릉에서 장례를 치른다고 한 국가전례서의 규정에 부합한다.[166]

11월 7일 이날은 또 고종과 왕태자가 공제하는 날이다. 10월 22일에 성복했으므로 만 15일이 되는 11월 7일이 공제하는 당일이었다.[167] 이날은 왕태자비도 공제했다. 앞서 10월 17일에 궁내부 대신이 고종과 왕태자, 왕태자비 모두 이날에 공제한다고 아뢴 것에 따른 조처이다. 그런데 국가전례서의 규정을 통해 왕태자비의 공제 일수는 좀 더 엄밀하게 짚어볼 필요가 있다.

애초 고종과 왕태자, 왕태자비의 공제 일수가 같다고 정한 것은 그들이 모두 '자최복을 1년 동안 입는다.'는 것에 착안한 것 같다. 궁내부에서 10월 21일에 정탈한 복제에서도 고종과 왕태자는 '자최장기', 왕태자비는 '자최기년'이라고 하여 '자최복을 1년 동안 입는다.'는 점에서는 문제될 것이

166 『國朝喪禮補編』(奎 3940) 卷1, 「治葬」"五月(小喪則三月)而葬".
167 『承政院日記』高宗 32年 10月 17日(甲申).

없다. 그런데 국가전례서에는 '자최장기', '자최기년'에 대해 공제 일수를 구분짓고 있다는 점에 유의할 필요가 있다.

『국조상례보편』에는 공제 일수에 대해 '장기십오일(杖朞十五日)', '기십삼일(朞十三日)'이라고 규정되어 있다.[168] 1년 동안 상복을 입는다는 점에서는 동일하지만 지팡이를 짚느냐 그렇지 않느냐에 따라 공제 일수를 다르게 규정한 것이다. 지팡이를 짚는 상주(喪主)와의 차등을 고려하여 그렇게 규정한 것으로 짐작된다. 국가전례서의 규정대로라면 왕태자비는 이틀 전인 11월 5일에 공제를 해야 한다. 그런데 실제는 고종·왕태자와 같은 날에 공제한 것이었다.

공제한 이튿날인 11월 8일, 재실(齋室)에서 신하들이 고종에게 승후(承候)했다.[169] 고종과 왕태자, 왕태자비의 공제로 인해 그 이튿날에 문안한 것이었다. 고종 및 왕태후, 왕태자, 왕태자비 각각에게도 단자(單子)로 문안했다.[170]

11월 11일, 국장과 관련하여 궁내부 대신이 아뢴 몇 가지 구체적인 안건을 의정했다. 공제도 끝나고 차근차근 국장을 진행시켜 나감을 볼 수 있다. 첫째, 복완(服玩)과 경소함(鏡梳函)이다. 복완은 죽은 이를 위하여 무덤 속에 넣는 의복 및 그와 관련한 물품이다.[171] 『국조상례보편』에는 사자(死者)가 평상시 쓰던 것을 사용한다면 더 만들지 말도록 규정되어 있다. 이번에는 대내에서 내리겠다는 고종의 명이 있었다.

둘째, 지석(誌石)이다. 지석은 죽은 사람의 행적을 새겨서 퇴광(退壙)과

168 『國朝喪禮補編』(奎 3940) 卷1, 「戒令」 "禮曹 … 停祭【(註) 公除以日易月之制也 三年二十七日 杖朞十五日 朞十三日 大功九日 小功五日 緦三日 皆自成服日計】".

169 『承政院日記』 高宗 32年 11月 8日(甲辰); 『高宗實錄』 卷33, 高宗 32年 11月 甲辰(8).

170 『承政院日記』 高宗 32年 11月 8日(甲辰).

171 복완의 정의와 그것의 규정에 대한 간략한 설명은 이현진, 2017 앞의 책, 43쪽 참조.

장명등(長明燈) 사이에 매안하는 판석(板石)이다. 지석은 자지(磁誌, 지문을 자기에 새긴 것)로 한다고 『국조상례보편』에 재록되어 있으나 그동안 국장이 발생했을 때 매번 오석(烏石)을 들여와 썼다. 이번에도 기존의 방식대로 오석으로 정했다.

셋째, 대여(大轝)와 소여(小轝)의 복색(服色)이다. 『국조상례보편』에는 '단초(緞綃)'라고 재록되어 있으나 매번 대내에서 내려준 단(緞)의 등속과 문단(紋緞)을 참용했다. 이번에도 대내에서 내리겠다고 명했다.

넷째, 발인할 때 대여가 지나갈 길[작로(作路)]과 주정(晝停)에 관한 건이다. 인산하는 날짜가 정해졌으므로 경인년(1890, 고종 27)의 예대로 신작로(新作路)로 마련하여 거행하겠다는 아룀에 윤허했다. 다섯째, 발인하고 반우할 때의 신백련(神帛輦)과 평교자(平轎子), 신백요여(神帛腰轝)이다. 신백련과 평교자는 으레 평상시 타던 것을 들여서 쓰며, 신백요여도 함께 받들고 오되 투상(渝傷)한 곳이 있으면 모두 수보해서 쓰기로 했다.[172]

11월 11일 혹은 12일, 우주(虞主)의 조성 및 봉안하는 처소에 대해 논의했다. 의궤에는 11월 11일자에, 『승정원일기』에는 11월 12일자에 논의한 것으로 기록되어 있다. 전부터 국휼 때 우주를 조성하는 처소는 빈 궁궐[공궐(空闕)]의 전각에 설행했는데 이번에는 우주를 조성하고 이후 이를 봉안하는 곳까지 모두 창경궁 명정전(明政殿)에서 하도록 칙지를 내렸다.[173]

건양을 선포하기 이틀 전 11월 13일, 궁내부 대신과 논의하여 몇 가지 일을 결정했다. 그중에는 곧 닥칠 양력의 시행을 앞두고 미리 대비하는 모습도 보인다. 첫째, 다가 올 1월 1일 원조(元朝)에 빈전에 표리(表裏)를

172 11월 11일 5가지 안건에 대해 다룬 네 단락은 『承政院日記』 高宗 32年 11月 11日(丁未) 참조.

173 『明成皇后國葬都監儀軌』(奎 13883) 卷1, 都廳儀軌 詔勅(奏本幷) 「乙未十一月十一日」; 『承政院日記』 高宗 32年 11月 12日(戊申).

봉진(封進)하는 절차이다. 등록에는 '발인 전 절일(節日)에 올리는 표리는 생시를 본떠 빈전에 봉진한다.'고 되어 있는데, 왕태자가 대내에서 빈전에 올리는 표리와 백관이 올리는 표리는 규례대로 봉진하되 이때 백관이 곡림(哭臨)하는 예(例)가 있으므로 이번에도 이대로 거행한다는 내용이다.

둘째, 장차 양력을 반행하고자 하므로 각 사당과 무덤에 분향하는 건이다. 종묘와 영희전, 경모궁, 각 능, 현릉원, 각 묘(廟)·궁·원·묘(墓)의 분향은 오는 1월을 시작으로 매달 1일에 거행하기로 정했다. 셋째, 양력의 반행과 관련하여 빈전에 올리는 삭전(朔奠)도 오는 1월을 시작으로 매달 1일에 설행하기로 했다.

넷째, 혼전에서 쓰는 제기(祭器)에 관한 건이다. 본래는 주조하는 것이 정해진 규례이지만 각년의 등록에 '은기(銀器)는 대내에서 내리고 놋쇠로 주조하는 제기는 산릉 제기를 주성(鑄成)할 때 규례대로 함께 거행하도록 국장도감에 분부한다.'고 하자 고종은 은기는 이번에도 대내에서 내리겠다는 제칙을 내렸다.[174]

이렇듯 궐 안에서는 국장이 진행되고 있었으나 궐 밖에서는 의병이 활동하고 있었다. 11월 11일 밤에 의병이 창기했다가 금방 패했다는 소식이 전해졌다. 당시 의사(義士)들이 해를 입기도 하고 도망가 숨기도 했는데, 옥정(獄情)에 잘못된 일이 많아 사람들의 분노가 씻기지 않아 애석하다는 『승정원일기』의 평이 유독 눈에 띈다.[175] 을미사변 이후 봉기한 을미의병의 상황을 보여주는 기사이다.

---

174 11월 13일 궁내부 대신이 고종에게 아뢰어 허락받은 4가지 일을 다룬 세 단락은 『承政院日記』 高宗 32年 11月 13日(己酉) 참조.

175 『承政院日記』 高宗 32年 11月 11日(丁未).

2. 연호 건양의 선포와 국장

11월 15일, 고종이 빈전에 나아가 망전(望奠)을 올렸고, 왕태자도 따라 나아가 행례(行禮)했다. 이윽고 연호를 건양(建陽)으로 의정했다. 내각 총리대신 김홍집이 '조칙을 받들어 내각의 의논을 거쳐 연호를 건양으로 의정했다.'고 아뢰자, 고종이 '가하다.'는 조령을 내렸다.[176] 고종은 조칙을 내려 건양에 대해 다음과 같이 공표했다. 『고종실록』과 『승정원일기』에 수록된 내용에서 미묘한 차이가 포착되어 둘 다 제시했다.

* 『고종실록』: 정삭(正朔)을 이미 고쳐서 태양력을 사용할 것이다. 개국 505년부터 연호를 세우되 일세일원(一世一元)으로 제정하여 만세자손들이 삼가 지키게 하라.[177]
* 『승정원일기』: 정삭을 이미 개정했으니 개국 505년부터는 오로지 태양력을 사용한다. 연호를 건립하여 일세일원으로 제정하니 만세자손들은 삼가 지키고 어기지 말라.[178]

을미년(1895)이 개국 504년, 이듬해인 병신년(1896)이 개국 505년으로 이때부터 오로지 태양력을 사용한다는 내용이다. 너무나 오랫동안 사용해 온 음력이 비로소 역사에서 사라지는 순간이다.

그 밖에 고종은 이날 역사적으로 중요한 결단을 내렸다. 바로 솔선하여 단발을 한 것이었다. 이때 그가 내린 조칙에 솔선하여 단발한 의도를 백

176 『高宗實錄』 卷33, 高宗 32年 11月 辛亥(15). 『승정원일기』에는 11월 15일에 내각의 의논을 거쳐서 연호를 건양으로 의정한 기사가 실려 있지 않다.

177 『高宗實錄』 卷33, 高宗 32年 11月 辛亥(15).

178 『承政院日記』 高宗 32年 11月 15日(辛亥).

성들에게 자신의 뜻을 잘 본받아 '만국과 나란히 서는 대업(大業)을 이루게 하라', '만국의 대열에 나란히 서서 영원히 대업을 이루라.'라고 선언했다.[179] 전자는 『고종실록』, 후자는 『승정원일기』에 따른 번역이다. 대업에 대해 『고종실록』에는 만국과 대등하게 서는 것이고, 『승정원일기』에는 만국의 대열에 서서 이루는 무엇이 되는 셈이다.

두 관찬 자료에서 미묘한 차이가 드러나지만 소위 '단발령'이 내린 후 내부(內部)에서 고시(告示)한 내용을 보면, 단발의 목적은 바로 위생에 이롭고 일할 때 편리하다는 것에 있었다. 내부에서 단발과 관련하여 고시한 내용은 다음과 같다.

> 이제 단발은 위생(衛生)에 이롭고 일하는 데에 편리하기 때문에 우리 성상 폐하(聖上陛下)께서 정치 개혁과 민국(民國)의 부강을 도모하며 솔선궁행(率先躬行)하여 표준을 보인 것이다. 무릇 우리 대조선국(大朝鮮國) 민인(民人)은 이러한 성상의 뜻을 우러러 받들되 의관(衣冠) 제도는 다음과 같이 고시한다.
>
> 1. 나라의 상사(喪事)를 당했으니 의관은 나라의 거상 기간에는 예전대로 백색(白色)을 사용함.
>
> 1. 망건(網巾)은 폐지함.
>
> 1. 의복 제도는 외국 제도를 채용하여도 무방함.[180]

내부에서 고시한 단발의 목적과 고종의 대업은 얼핏 다른 듯하다. 하지만 문제는 그것보다 국장이 진행되고 있고, 연호를 건양으로 바꾸고, 태양력을 곧 사용할 시점에서 갑자기 왜 단발령을 내렸을까 하는 점이다.

179 『高宗實錄』 卷33, 高宗 32年 11月 辛亥(15); 『承政院日記』 高宗 32年 11月 15日(辛亥).

180 『高宗實錄』 卷33, 高宗 32年 11月 辛亥(15). 『승정원일기』에는 內部에서 告示한 내용이 기록되어 있지 않다.

단발이 그렇게 시급하게 시행해야 할 일인가 하는 의구심이 들기 때문이다. 마치 밀려드는 서구 세력과 문물에 대처하여 열강들과 어깨를 나란히 하기 위한 조치로 보인다.

기존 연구에서 고종의 단발령과 내부의 고시에 일본의 개입이 있었다고 밝혔다. 단발 자체가 일본군이 대궐을 포위한 상태에서 강요된 것이며 심지어 단발령에 반대한 김홍집 내각조차 일본공사의 장악하에 놓여 있어 결국 이 모든 배후 세력이 일본 공사라는 연구 결과이다.[181] 그리고 의관 제도에 대해서는 세 조항을 분석하기 보다는 일본 자국산 상품의 판로 확장, 조선 수출과 연결지어 설명했다.[182]

그렇다면 단발령이 내려지고 의관(衣冠) 제도의 고시가 국장에 미친 영향이 무엇일까를 살펴볼 필요가 있다. 내부에서 고시한 내용 중 의관 제도와 관련한 3건이 주목된다. 국상 중이므로 의관은 옛 그대로 백색을 쓰고, 망건은 폐지하고, 의복 제도는 외국의 제도를 채용할 수 있다는 내용이다. 이 3건은 단발령으로 인해 의관이 바뀔 것을 염두에 둔 조치라고 볼 수 있다. 그중 첫 번째인 국상 기간 동안 착용하는 의관의 경우 '흰색'으로 한다는 조항이 국장과 가장 직접적으로 관련된다. 두 번째 조항은 관련이 거의 없는 듯하다.

세 번째 조항은 좀 더 세부적인 설명이 뒤따랐으면 하는 아쉬움이 있다. 단발을 했으므로 양복이나 양장을 해도 좋다는 뜻으로 해석되지만 상복도 포함되는지가 불분명하기 때문이다. 다만, 기존 연구대로라면, 혹은 당시의 시국이라면 상복은 조금도 염두에 두지 않은 듯하다. 만약 이 조항에서 상복이 해당된다면 첫 번째 조항처럼 국상이라는 점을 명시하고

181 李玟源, 2002 「조선의 단발령과 을미의병」『毅菴學研究』創刊號, 2장 참조.
182 李玟源, 2002 위의 논문, 51~53쪽.

조금이나마 부연설명이 뒤따랐거나 그렇지 않더라도 국장에서 상복이 차지하는 비중이 매우 큰 만큼 이와 관련한 세부적인 내용을 담은 조칙이 연이어 내려졌을 것이기 때문이다. 그럼에도 전혀 그러한 기록이 없다는 점에서 상복과는 무관한 조항으로 짐작된다.

한편, 고종은 칙령으로 내일이 한 해의 마지막인 제석(除夕)이므로 조상식(朝上食), 주다례, 석상식(夕上食)에 백관들의 입참을 명했다.[183] 건양이라는 연호를 세워 11월 17일을 새해 첫날로 삼았기에 11월 16일이 을미년의 마지막 날이었다. 뿐만 아니라 곧 다가올 새해를 앞두고 내각에서 탁지부에서 올린 건양 원년도 총예산을 보고했다. 세입 480만 9,410원(元), 세출 631만 6,831원으로 결산(決算)했으며 부족한 세입은 국채(國債)나 기타 방법으로 보충한다는 안건이었다. 물론 이 안은 내각의 회의를 거쳐서 상주한 것이었고, 이에 고종도 '가하다.'는 제칙을 내렸다.[184]

음력을 사용하는 마지막 날인 11월 16일, 고종은 우선 빈전에서 조상식, 주다례, 석상식을 거행했다. 이때 왕태자도 따라 나아가 행례했다.[185] 그리고 칙령으로 내일이 원조(元朝)이므로 조상식, 주다례, 석상식에 백관들의 입참을 명했다.[186]

이러한 일상적인 의례 이외에 전날에 단행한 단발령에 대한 즉각적인 반응도 나타났다. 학부대신 이도재(李道宰, 1848~1909)가 건원과 체발(剃髮)에 반대하는 소를 올린 것이었다.[187] 이로 인해 그는 이날 곧바로 본관

183 『承政院日記』 高宗 32年 11月 15日(辛亥).

184 『高宗實錄』 卷33, 高宗 32年 11月 辛亥(15). 『승정원일기』에는 내각에서 보고한 차년도 예산 기사가 재록되어 있지 않다.

185 『高宗實錄』 卷33, 高宗 32년 11月 壬子(16).

186 『承政院日記』 高宗 32年 11月 16日(壬子).

187 『高宗實錄』 卷33, 高宗 32년 11月 壬子(16).

(本官)에서 면직되었으나[188] 이후 이러한 반응은 조정에서 시작하여 전국으로 확산되었다.[189] 열흘 즈음 지난 11월 27일(양력 1896년 1월 11일)에는 정삭을 고치고 연호를 세우며 복색(服色)을 바꾸고 단발한 것에 대해 고종이 조칙을 내려 입장을 표명하기에 이르렀다.[190]

이상 그동안 음력으로 날짜를 쓴 『고종실록』의 기록은 여기까지이다. 이후 『고종실록』의 첫 기사는 '建陽元年一月一日【(註) 陰曆乙未十一月十七日】'로 시작하고 이후 날짜는 음력을 병기하지 않고 대부분 양력으로만 기재되어 있다. 『승정원일기』와 『일성록』은 『고종실록』과 달리 음력을 계속 고수하되 양력을 병기하는 방식을 채택했다.

『승정원일기』에는 '開國五百四年乙未十一月十七日【(註) 癸丑】晴 陽曆一月一日'이라 하여, 음력으로 날짜를 쓰고 여러 칸을 비운 뒤 양력 날짜를 병기했다. 이 시기 『승정원일기』의 날짜 기재는 대체로 이러한 방식이었다. 『일성록』도 『승정원일기』와 거의 유사하게 '開國五百四年乙未十一月十七日【(註) 癸丑】 陽曆一月一日【(註) 水曜】'이라고 썼다. 『승정원일기』는 날씨를, 『일성록』은 요일을 기록하는 정도의 차이가 발견될 뿐이다.

1895년 11월 17일, 이날은 곧 건양 1년(1896, 고종 33) 1월 1일(양력)이다. 이날을 시작으로 『고종실록』에는 양력으로 날짜를 기재했다. 그런데 『승정원일기』와 『일성록』을 비롯한 그 밖의 문헌들은 날짜를 기록하는 방식이 제각기 달랐다. 양력만을 쓴 문헌, 혹은 음력만을 견지하는 문헌, 음력

188 『高宗實錄』 卷33, 高宗 32년 11月 壬子(16); 『承政院日記』 高宗 32年 11月 16日(壬子).

189 단발령에 대한 조선의 반응에 대해서는 李玟源, 2002 앞의 논문, 4장 1)절 참조. 여기에는 일본에서의 반응도 포함되어 있다.

190 『高宗實錄』 卷34, 高宗 33年 1月 11日(陽曆); 『承政院日記』 高宗 32年 11月 27日(癸亥) [陽曆 1月 11日].

과 양력 순으로 쓴 문헌, 양력과 음력 순으로 쓴 문헌 등등 다양했다. 음력에서 양력으로 바뀌면서 문헌마다 날짜를 기록하는 방식, 이로 인해 문헌을 볼 때 발생할 수 있는 혼란과 주의해야 할 점은 결론에서 몇몇 사례를 들며 좀 더 구체적으로 다루고자 한다.

단, 여기서 짚고 넘어갈 것은 건양으로 연호를 제정하고 선포했음에도 『승정원일기』와 『일성록』에는 여전히 '개국'을 쓰고 있다는 사실이다. 두 문헌 모두 양력을 병기한 점에서 태양력의 사용은 인정한다고 볼 수 있다. 그런데 고종이 공식적으로 '건양'이라는 연호의 사용을 공포했음에도 굳이 '개국'으로 햇수를 기록한 것은 이를 인정하지 않겠다는 의도인지 분명하지 않다. 또 학부대신 이도재에서 보듯 연호 건양의 시행을 비판하는 분위기가 『승정원일기』와 『일성록』의 기록 방식에 영향을 미친 것인지 이 또한 의문이다. 이 당시 햇수와 날짜를 기록하는 방식에 대해서는 또 다른 연구가 요구된다.

무엇보다 국장을 진행하는 도중에 태양력의 사용은 절차를 거행할 때마다 실무자들에게 어려움을 안겨줄 것은 불을 보듯 명백하다. 다른 일상생활에서도 혼란스럽겠지만 전통시대에 법과 대등할 만큼 중요한 국가 의례의 시행은 모두 음력을 따랐기 때문이다. 그럼에도 본서에서는 『고종실록』을 따라 건양 1년 1월 1일부터 '양력'으로 날짜를 쓰되 필요한 경우 음력을 병기하고자 한다.[191]

1896년(고종 33, 건양 1) 1월 1일, 고종은 하루 전날 내린 칙령에 따라 빈전에 나아가 삭전을 정조전(正朝奠)과 겸행(兼行)하고, 이어서 주다례·석상식을 행했다. 이때 왕태자도 따라 나아가서 행례했다.[192] 그리고 빈전에

191 각주에서 『고종실록』은 양력으로 작성하고, 『승정원일기』는 음력과 양력을 병기하되 양력은 [ ]으로 표시했다.

192 『高宗實錄』 卷34, 高宗 33年 1月 1日(陽曆); 『承政院日記』 高宗 32年 11月 17日(癸丑)[陽

표리를 올렸다.[193] 『승정원일기』 원문에 '혼전진표리(魂殿進表裏)'라고 하여 혼전에 올린 것으로 기재되어 있는데 며칠 전인 11월 13일에 '1월 1일 원조에 빈전에 표리를 봉진하는 절차'를 논했다는 점, 그리고 아직 장례를 치르지 않아 시신(유해)이 빈전에 봉안되어 있다는 점을 고려하면 '혼전'은 빈전의 오류가 확실하다.

태양력을 사용한 새해 첫 날인 만큼 고종은 빈전에 나아가 행례한 뒤 공묵재에서 국내 대신들을 소견하고, 각국 공사들을 접견했다. 이들이 신년 문후(問候)를 했기 때문이다. 각국 공사들을 접견하고 이들이 문후하는 절차는 『승정원일기』에 간략하게 수록되어 있다.[194] 『고종실록』과 『승정원일기』의 내용이 일치하는 부분도 있지만 전자는 정치적 성격이 강하다. 그에 비해 후자는 『고종실록』에 기록되어 있지 않은 내용을 파악하기에 용이하며, 특히 의례의 시행과 그 절차의 수록면에서는 더욱 그러하다.

다음 날인 1월 2일부터는 다시 국장과 관련한 일들이 진행되었다. 재궁 전체 가칠은 전례(前例)를 따라 5번 거행하되 진칠하는 일자(日字)는 날마다 하기로 결정했다.[195] 그리고 이날 곧바로 길한 일시(日時)를 추택했으며, 길한 날짜와 시각은 관찬 자료에는 나오지 않고 의궤에 나온다.[196] 의궤에는 '음력' 일자만 기재되어 있는데 건양을 선포한 이후이므로 양력을 병기하면 다음과 같다.

曆 1月 1日].

193 『承政院日記』 高宗 32年 11月 17日(癸丑)[陽曆 1月 1日].

194 『高宗實錄』 卷34, 高宗 33年 1月 1日(陽曆); 『承政院日記』 高宗 32年 11月 17日(癸丑)[陽曆 1月 1日].

195 『明成皇后殯殿魂殿都監儀軌』(奎 13890) 卷1, 詔勅(稟奏幷入) 「乙未十一月十八日」; 『承政院日記』 高宗 32年 11月 18日(甲寅)[陽曆 1月 2日].

196 『明成皇后殯殿魂殿都監儀軌』(奎 13890) 卷1, 掌禮院來照 「乙未十一月十八日」.

* 초도: 음력 11월 21일 미시 (양력 1월 5일).

* 재도: 음력 11월 22일 오시 (양력 1월 6일).

* 3도: 음력 11월 23일 손시 (양력 1월 7일).

* 4도: 음력 11월 24일 미시 (양력 1월 8일).

* 5도: 음력 11월 25일 오시 (양력 1월 9일).

1월 4일, 이날은 음력으로 11월 20일이다. 재궁의 '칠포 위 가칠'을 15번째 하는 마지막 날이다. 그리고 외부대신 김윤식(金允植, 1835~1922)에게 학부대신의 사무를 임시로 서리(署理)하라고 명하고, 이도재를 대신할 학부대신 자리에는 정2품 조병직(趙秉稷, 1833~1901)을 임명했다.[197]

1월 5일 빈전에 나아가 조전과 주다례를 행했고 왕태자가 따라 나아가 행례했다.[198] 미시에 재궁의 전체 가칠을 처음 실시했으며, 이때 칙령으로 총리대신과 총호사 이하 백관들이 입참했다.[199] 등록에 따라 소방상(小方牀)은 장생전에 있는 황장판(黃腸板) 1닙[입(立)]을 가져다 쓰며, 재궁에 상자(上字)를 쓰는 서사관으로 영평군 이경응을 서임하고 예차(預差)로는 조경하(趙敬夏, 1844~1897)를 예정했다.[200] 차근차근 하나씩 국장이 진행되어 가고 있었다.

이튿날인 6일, 빈전에 나아가 주다례를 거행하고 왕태자도 따라 가서 예를 행했다.[201] 두 번째 재궁 전체 가칠을 했다.

197 『高宗實錄』 卷34, 高宗 33年 1月 4日(陽曆); 『承政院日記』 高宗 32年 11月 20日(丙辰)[陽曆 1月 4日].

198 『高宗實錄』 卷34, 高宗 33年 1月 5日(陽曆).

199 『承政院日記』 高宗 32年 11月 19日(乙卯)[陽曆 1月 3日]; 『承政院日記』 高宗 32年 11月 21日(丁巳)[陽曆 1月 5日].

200 『承政院日記』 高宗 32年 11月 21日(丁巳)[陽曆 1月 5日].

201 『高宗實錄』 卷34, 高宗 33年 1月 6日(陽曆).

1월 7일, 빈전에 나아가 주다례를 거행하고 왕태자도 함께 따라 가서 예를 행했다.[202] 예정된 세 번째 재궁 전체 가칠을 시행했다. 또 궁내부 대신이 이틀 뒤인 9일에 재궁의 전체 가칠이 끝나므로[5도] 재궁에 상자(上字)를 쓰고 재궁을 싸서 묶는 결과(結裹)를 할 길한 일시를 장례원에서 추택하도록 주청했다. 고종이 허락하자, 이날 곧바로 일관 김동만이 서상자는 1월 10일 손시에, 결과는 1월 12일 오시가 길하다고 보고했다. 이에 고종은 상자는 동궁이 직접 쓰라고 명했다.[203] 결과한 뒤 올리는 별전(別奠)은 그다음 날인 1월 8일에 시각을 딱히 정하지 않고 전례에 의거하여 때에 따라[수시(隨時)] 설행하기로 논의했다.[204]

이외에도 관의(棺衣)에 도끼무늬[보(黼)]를 그리는 길일은 1월 8일 손시에 하되 장소는 경인년(1890, 고종 27)의 사례대로 회안전(會安殿)으로 결정했다. 도끼무늬에 칠할 채색은 『국조상례보편』에 '분채(粉彩)'라고만 재록되어 있기에 각년의 예대로 당분(唐粉), 이청(二靑), 삼청(三靑), 니금(泥金), 니은(泥銀)을 병용하기로 했다. 또 북한행궁에 보관되어 있는 대행왕후의 평상시의 교명(敎命)과 책보는 빈전에 봉안해야 하므로 배래(陪來) 담당을 규장원(奎章院)에 맡겼다. 그리고 이날 우주 서사관, 지문초도(誌文草圖) 서사관, 만장(輓章) 제술관·서사관 등을 담당할 사람 및 그 예비 인원들도 차정했다.[205]

이후 국장과 관련하여 논의하거나 결정한 사항이다. 1월 8일과 9일, 빈

202 『高宗實錄』 卷34, 高宗 33年 1月 7日(陽曆).

203 재궁서상자 및 결과에 대한 논의 과정은 『明成皇后殯殿魂殿都監儀軌』(奎 13890) 卷1, 詔勅(稟奏幷入) 「乙未十一月二十三日」; 『明成皇后殯殿魂殿都監儀軌』(奎 13890) 卷1, 掌禮院來照 「乙未十一月二十三日」; 『承政院日記』 高宗 32年 11月 23日(己未)[陽曆 1月 7日] 참조.

204 『明成皇后殯殿魂殿都監儀軌』(奎 13890) 卷1, 掌禮院來照 「乙未十一月二十四日」.

205 관의에 도끼무늬를 그리는 길일부터 여러 서사관 및 예차인들의 차정까지 이 단락은 『承政院日記』 高宗 32年 11月 23日(己未)[陽曆 1月 7日] 참조.

전에 나아가 주다례를 거행하고 왕태자도 따라 가서 예를 행했다.[206] 8일에 네 번째, 9일에 다섯 번째 마지막 재궁 전체를 가칠했다.

1월 10일, 고종은 빈전에 나아가 왕태자에게 재궁에 상자를 직접 쓰라고 명한 뒤 별다례(別茶禮)를 행했다.[207] 손시에 왕태자가 상자를 친히 쓸 때 총리대신과 총호사 이하 칙임관 이상이 입시했다.[208] 별다례를 행한 뒤 고종과 왕태자가 빈전에서 봉위(奉慰)와 문후를 위해 온 총리대신과 총호사 이하를 소견했다.[209]

이틀 뒤 12일, 오시에 빈전에서 재궁을 결과했다. 결과하기 전 김병시(金炳始, 1832~1898)가 재궁을 봉심했다.[210] 고종은 재궁을 결과(結裹)한 것을 친히 살핀 후 별전(別奠)과 주다례를 행했고, 왕태자도 따라 나아가 예를 행했다.[211] 재궁을 결과할 때 총리대신과 총호사 및 칙임관이 입시했으며, 별전을 올릴 때에는 종친과 문무 백관이 입참했다.[212]

1월 14일, 빈전에 향을 올리는 안건에 대해 논의했다. 국가전례서에 수록된 '의정부에서 백관을 거느리고 향을 올린다는 「의정부솔백관진향의(議政府率百官進香儀)」'라는 조항에 대한 논의인데 1894년 갑오개혁으로 경외(京外)의 관제(官制)가 이미 개정되었기 때문에 조정이 불가피했다. 이에

---

206 『高宗實錄』 卷34, 高宗 33年 1月 8日(陽曆); 『高宗實錄』 卷34, 高宗 33年 1月 9日(陽曆).

207 『高宗實錄』 卷34, 高宗 33年 1月 10日(陽曆).

208 『承政院日記』 高宗 32年 11月 24日(庚申)[陽曆 1月 8日]; 『承政院日記』 高宗 32年 11月 25日(申酉)[陽曆 1月 9日]; 『高宗實錄』 卷34, 高宗 33年 1月 9日(陽曆).

209 『高宗實錄』 卷34, 高宗 33年 1月 10日(陽曆); 『承政院日記』 高宗 32年 11月 26日(壬戌)[陽曆 1月 10日].

210 『承政院日記』 高宗 32年 11月 28日(甲子)[陽曆 1月 12日].

211 『高宗實錄』 卷34, 高宗 33年 1月 12日(陽曆). 『승정원일기』에는 하루 전날에 별전과 주다례를 '겸행'하도록 고종이 칙령을 내린 것으로 되어 있다〈『承政院日記』 高宗 32年 11月 27日(癸亥)[陽曆 1月 11日]〉.

212 『承政院日記』 高宗 32年 11月 24日(庚申)[陽曆 1月 8日]; 『承政院日記』 高宗 32年 11月 28日(甲子)[陽曆 1月 12日].

궁내부 대신이 예문(禮文)대로 마련하되 궁내부와 내각의 진향은 택일하여 거행하도록 아뢰자 고종이 윤허했다. 궁내부의 진향은 1월 24일 오시, 내각은 1월 27일 오시가 길하다는 보고에 따라 이날 이 시각에 행하기로 결정했다.[213]

다음 날 15일에는 혼전에 입번할 향관(享官)은 종실(宗室)의 군(君)으로 차출,[214] 16일에는 산릉 정자각 상량문 제술관·서사관 및 예비 인원의 차정과 혼전의 향관을 차하했다.[215] 20일에는 시책문 초도서(草圖書)를 써서 들이고, 발인할 때 주정소(晝停所)의 찬궁(欑宮) 및 여사군(轝士軍) 체운처(替運處)에 막차를 배설하는 것에 대해 논의했다.

원래는 주정소에 찬궁을 설치하고 여사군이 교대하는 처소에는 막차를 설치해야 한다. 그러나 이번에는 각년의 의궤에 따라 주정소에 찬궁을 설치하지 않고 막차만 설치하여 대여 그 자체로 머물다가 출발하고, 체운처에는 막차를 설치하지 않고 여사군이 미리 운(運)을 나누어 대기했다가 편의대로 체운하기로 했다.[216]

1월 22일에는 국장과 관련하여 몇 가지를 의논하여 결정했다. 첫째, 시책(諡冊)과 시보(諡寶)를 대내에 들이고 대내에서 내가는 처소는 기존대로 근정전으로 하며, 둘째, 시책·시보를 대내에 들일 때에는 애책(哀冊)도 함께 대내에 들이고 대내에서 내간 뒤에는 애책을 빈전에 먼저 봉안하고 시책·시보는 예를 행한 뒤에 봉안하며, 셋째, 정자각에서 찬궁을 배설하는 곳의 주갑장(紬甲帳)은 예전처럼 모란 병풍을 쓰며, 넷째, 조조(朝祖) 의절

213 『承政院日記』 高宗 32年 11月 30日(丙寅)[陽曆 1月 14日].

214 『承政院日記』 高宗 32年 12月 1日(丁卯)[陽曆 1月 15日].

215 『承政院日記』 高宗 32年 12月 2日(戊辰)[陽曆 1月 16日]; 『高宗實錄』 卷34, 高宗 33年 1月 16日(陽曆).

216 『承政院日記』 高宗 32年 12月 6日(壬申)[陽曆 1月 20日].

은 『국조상례보편』에 '신백(神帛)으로 행례한다.'고 재록되어 있으나 각년의 전례(前例)대로 품지(稟旨)한 뒤 이 규정을 마련하지 않으며, 다섯째, 현궁에 재궁을 내리는 시각이 해시(亥時, 밤 9시~11시)이므로 늦은 시각이지만 초우제(初虞祭)는 산릉의 행전(行殿)에서 설행하지 않고 반우한 뒤 이어서 설행한다는 등등이다.[217]

이 중에서 「조조의」는 영조가 처음 제정하여 1758년본 『국조상례보편』에 성문화되었지만 정조대에 영조의 국장을 치를 때부터 시행하지 않았다. 이후에도 정조대의 결정을 따라 국장뿐만 아니라 예장에서도 시행하지 않았다.[218] 명성왕후의 국장 역시 국가전례서의 규정이 아닌 그동안 시행하지 않기로 한 기존의 결정을 그대로 준행하여 행례하지 않기로 한 것이었다.

이어서 이튿날인 1월 23일에도 국장과 관련하여 여러 안건을 처리했

---

217 국장과 관련하여 결정한 첫째부터 다섯째까지의 내용은 『承政院日記』 高宗 32年 12月 8日(甲戌)[陽曆 1月 22日] 참조.

218 국장과 예장의 구체적 사례에서 「조조의」를 시행하지 않기로 결정한 논저는 다음과 같다.
* 영조 국장: 이현진, 2017 앞의 책, 87쪽.
* 정조 국장: 이현진, 2015 앞의 책, 153~154쪽.
* 문효세자 예장: 이현진, 2017 앞의 책, 180~181쪽 참조. 필자가 효장세자의 상장 관련 논문을 작성하면서 '조조례'에 대해 '효명세자의 상장에서도 실제로 행하지 않았고, 그렇다고 이를 둘러싼 논란조차 없었다.'라고 한 적이 있었다[이현진, 2019(b) 「효명세자의 상장례와 代理聽政 세자의 위상」 『東洋古典硏究』 75, 362쪽]. 이 내용이 틀린 것은 아니고 실제로 효명세자의 상장에서 조조례를 시행하지 않았으며 논란이 없었던 것도 사실이다. 하지만 이 논문을 작성할 때 간과했던 사실이 있기에 여기서라도 부연설명을 하고자 한다. 문효세자의 예장에서는 조조례에 대해 논의하고 그 결과에 따라 행례하지 않기로 한 과정을 설명했는데, 효명세자의 상장에서는 왜 그렇게 하지 못했을까 하는 의문이 생길 것에 대한 우려 때문이다. 효명세자의 발인 동선을 구체적으로 제시한 기록[『孝明世子葬禮都監儀軌』(奎 13718) 卷1, 都廳儀軌 來關 「庚寅七月初三日」], 발인 절차를 수록한 문헌[『孝明世子殯宮魂宮都監儀軌』(奎 13721) 卷1, 儀註 「發引」(下墓所奠附)], 그리고 기존에 썼던 이 논문의 351~352쪽을 다시 확인한 결과 창경궁에서 출발하여 묘소까지 가는 동안 종묘를 경유하지 않는다는 사실을 알 수 있었다. 종묘를 경유하지 않기 때문에 발인하기 전에 굳이 「조조의」를 논의할 필요가 없었고 실제로도 시행하지 않은 것이었다.

다. 첫째, 몇 가지 의절을 거행하는 길한 날짜와 시각의 결정이다.

* 증시빈전(贈諡殯殿) 습의(習儀): 3월 1일.
* 시책·시보 내입(內入): 3월 7일 손시.
* 시책·시보 내출(內出): 3월 8일 진시.
* 증시빈전: 3월 8일 손시.
* 개명정: 3월 8일 묘시.
* 발인 습의 초도: 3월 27일.
* 발인 습의 2도: 4월 2일.
* 발인 습의 3도: 4월 3일.

둘째, 대행왕후의 보전문(寶篆文)은 서사관인 궁내부 특진관 조병세가 쓴 정본(正本)과 부본(副本) 중 정본으로 입각(入刻)하며, 셋째, 발인할 때 고종이 곡하며 영결하는[곡결(哭訣)] 곳은 광화문(光化門) 밖이며, 넷째, 왕태자가 발인할 때에는 궐문 밖에서 하직하고[봉사(奉辭)] 반우할 때에는 성문 밖에서 지영(祗迎)하며, 다섯째, 경무사 허진(許璡, 1853~1932)이 인산할 때의 배왕대장(陪往大將)을 겸임한다는 등등이다.[219]

1월 25일, 애책문 초도서를 써서 들이며, 도로와 교량 감동위원에 서상열(徐相說)을 임명했다.[220] 다음 날 26일에는 국장과 관련하여 시행할 일들의 날짜와 시각을 정했다.

---

219 1월 23일 국장과 관련하여 결정한 첫째부터 다섯째까지의 내용은 『承政院日記』 高宗 32年 12月 9日(乙亥)[陽曆 1月 23日] 참조. 『고종실록』에는 이 중에서 허진을 배왕대장에 임명한다는 1건만 수록되어 있다[『高宗實錄』 卷34, 高宗 33年 1月 23日(陽曆)].

220 『承政院日記』 高宗 32年 12月 11日(丁丑)[陽曆 1月 25日].

* 참초파토: 2월 20일 묘시, 음력 (1896년) 1월 8일.

* 작옹가: 2월 24일 손시, 음력 1월 12일.

* 개금정: 3월 3일 미시, 음력 1월 20일.

* 혼전·산릉 제기의 조성: 1월 27일 오시.[221]

이 중 전자는 고종의 칙령에 따른 것으로, 앞서 1895년 11월 7일(음력)에 산릉과 관련한 각 항목의 길한 날을 정해서 올린 별단에 대한 수정이다. 그 때문에 원래의 별단에 고쳐서 부표(付標)했다[개부표(改付標)]. 이 내용은 『승정원일기』에 수록되어 있고 날짜는 양력을 먼저 쓴 뒤 음력을 쓰는 방식을 취했다. 후자는 1895년 11월 13일(음력)에 혼전에서 쓰는 제기 중 놋쇠로 주조하는 제기는 산릉 제기를 주성할 때 함께 한다는 결정이 있었는데 이제서야 길한 날과 시각을 정한 것이었다.

1월 27일은 대행왕후의 지문 서사관인 궁내부 특진관 이준용(李埈鎔, 1870~1917)을 대신하여 예차였던 종2품 조동윤(趙東潤, 1871~1923)을 승차하여 담당하도록 했다.[222]

2월 4일, 궁내부 대신이 국장과 관련하여 몇 가지를 아뢰어서 결정지었다. 첫째, 『국조상례보편』에 성문화되어 있는 의례 중에서 영의정과 좌의정, 우의정을 대신하여 그 일을 맡게 될 담당자에 대해 논의했다. 의정부를 대신하여 내각이 들어서고 관제가 개정되면서 세 관직이 모두 사라졌으므로 조정이 불가피했다. 이에 고종은 총리대신과 궁내 대신이 각각 맡도록 제칙을 내렸다. 의절 담당자의 변경은 다음과 같다.

221 『承政院日記』 高宗 32年 12月 12日(戊寅)[陽曆 1月 26日].
222 『承政院日記』 高宗 32年 12月 13日(己卯)[陽曆 1月 27日].

빈전에 증시(贈謚)할 때 영의정이 맡은 일은 총리대신이 행한다. 하현궁(下玄宮)할 때 영의정이 맡은 진옥백(進玉帛), 전애책(奠哀冊), 현궁감봉(玄宮監封) 및 발인과 하현궁할 때 좌의정이 맡은 솔여재궁관(帥舁梓宮官)은 모두 총리대신이 담당한다. 계찬궁(啓欑宮)할 때 우의정이 맡은 식재궁관(拭梓宮官)과 역시 우의정이 맡은 하현궁 후 복토관(覆土官)은 모두 궁내 대신이 담당한다 등이다.[223] 이를 다시 정리하면 다음과 같다.

* 증시빈전: 영의정 → 총리대신.
* 하현궁할 때 진옥백·전애책·현궁감봉: 영의정 → 총리대신.
* 발인 및 하현궁할 때 솔여재궁관: 좌의정 → 총리대신.
* 계찬궁할 때 식재궁관, 하현궁 후 복토관: 우의정 → 궁내 대신.

이러한 논의는 개편된 관제에 익숙하지 않은 것인지, 아니면 개편된 관제 내용이 구체적이지 않아서인지 분명하지 않다. 그동안의 국내외적 상황에 비춰본다면 둘 다 예상이 가능하다. 문제는 관제 개편으로 인한 혼란이 이후에도 지속된다는 사실이다. 급기야 1897년(고종 34) 3월에 이르러 고종은 조칙을 내려 이와 관련한 대책 마련에 나섰다. 관제 개편으로 인한 그간의 사정을 잘 알려준다.

> 오늘 정부의 여러 신하들을 소견하고 이미 직접 타이른 것이 있다. 모든 정무에서 실효를 거두지 못한 것은 대개 관제가 혹 많이 변경되었거나 규칙 가운데 아직도 불편한 점이 있기 때문이다. 군주와 신하, 윗사람과 아랫사람이 진실로 정신

223 『高宗實錄』卷34, 高宗 33年 2月 4日(陽曆); 『承政院日記』高宗 32年 12月 21日(丁亥)[陽曆 2月 4日].

> 을 가다듬어 다스림을 도모했다면 나라의 위급한 형편과 백성들의 급박한 사정이 어찌 이와 같이 심할 수 있겠는가? 이것이 정사를 경장(更張)해야 할 하나의 기회이다. 지금부터 별도로 하나의 부서[일소(一所)]를 설치하여 신구(新舊)의 전식(典式)을 절충하여 제반 법규를 일통(一通)으로 만들어 각별하게 준수하는 바탕으로 삼고, 의정(議政)할 인원은 별도로 선정해서 (그 명단을) 들여보내라.[224]

모든 정무에서 실질적인 효과를 거두지 못하는 이유 중에 관제의 많은 변경이 거론되었다. 그리고 이때에 이르러서야 정사를 경장(更張)할 기회라며 부서를 설치하여 신구 전식(典式)을 절충, 제반 법규를 일통(一通)하게 한다는 점에서 그동안은 그럴 정황이나 겨를이 없었음도 짐작하게 한다. 참고로 이때 새로 마련한 부서가 중추원에 설치한 교전소(校典所)이다.[225] 1894년 6월에 관제를 개정한 이후부터 1897년 3월에 고종이 이와 같은 조칙을 내리기까지 오랜 세월 동안 어려움을 겪어 왔음을 알 수 있다.

둘째, 신백 매안에 관한 안건이다. 기존대로 반우한 뒤 혼전에서 초우제를 지내고 이후 산릉으로 신백을 받들고 가서 매안하기로 했다. 셋째, 국가 제사이다. 2월 18일에 지낼 환구단 기곡대제(祈穀大祭)와 3월 16일에 지낼 사직대제에서 고종이 직접 제사를 지낼 것인지 및 친히 향축을 전할 것인지에 관해 논의했다. 아직 인산 전이므로 규례대로 섭행(攝行)으로 하기로 결론내렸다.[226]

정치적으로 혼란한 상황에서도 국장과 관련하여 일련의 일들은 차근차

---

224 『高宗實錄』 卷35, 高宗 34年 3月 16日(陽曆); 『承政院日記』 高宗 34年 2月 14日(癸酉)[陽曆 3月 16日].

225 『高宗實錄』 卷35, 高宗 34年 3月 23日(陽曆); 『承政院日記』 高宗 34年 2月 21日(庚辰)[陽曆 3月 23日].

226 둘째와 셋째 논의는 『承政院日記』 高宗 32年 12月 21日(丁亥)[陽曆 2月 4日] 참조.

근 진행되고 있었다. 물론 빈전에서 일정한 때가 되면 행하는 삭전이라든가, 매일 거행하는 조전이나 주다례 등은 일상적으로 진행되고 있었다. 특히 건양 선포 이후 1월에 들어와서 국장과 관련한 일들이 좀 더 본격적으로 진척되고 있었다.

일국의 왕후가 시해를 당하고 한참 뒤에 죽음을 공표하며, 건원과 태양력을 단행하며, 단발령을 시행하고 의관제도를 개편했다. 이러한 일련의 일들의 배후에는 일본 세력이 있었다. 그동안 조선 조정에서 공포한 조칙의 관건을 일본에서 쥐고 있었기 때문이다.[227] 당시 조선이 국내외적으로 얼마나 절박하고 위태로운 상황에 처해 있었는지는 학부대신 이도재의 상소에서 '지금 내란이 빈번하게 일어나고, 나라의 형편은 위태하며, 생령들은 곤궁하고 고달프며, 강한 이웃들은 으르렁대며 엿본다.'라고 한 표현에서 단적으로 엿볼 수 있다.[228]

결국 여기서 그치지 않고 고종과 왕태자가 타국 공사관으로 몸을 피하는 지경에까지 이르렀다. 1월 12일에 공묵재에서 국서를 올리기 위해 온 러시아 공사를 접견한 것도 깊은 관련이 있을 것으로 예측된다.[229]

---

227 李玟源, 2002 앞의 논문, 44~45쪽.

228 『高宗實錄』 卷33, 高宗 32년 11月 壬子(16).

229 『高宗實錄』 卷34, 高宗 33年 1月 12日(陽曆); 『承政院日記』 高宗 32年 11月 28日(甲子)[陽曆 1月 12日]. 『고종실록』에는 '국서를 올리기 위해 온 러시아 신임공사 스페예르[士貝耶: Speyer, Alexei de]와 전 공사 베베르[韋貝: Waeber, K.]를 접견했고, 신임 공사는 얼마 지나지 않아 교체되고 전 공사 베베르가 다시 곧바로 임명되었다.'라는 내용이 기재되어 있다. 그에 비해 『승정원일기』에는 국서를 올리기 위해 온 러시아 공사를 접견하는 '절차'를 위주로 기록되어 있다. 『승정원일기』에는 공사의 이름은 제시되어 있지 않다.
『고종실록』에 러시아 공사의 성명은 신임 공사는 '士貝耶(스파야)', 전 공사는 '韋貝'라고 쓰여 있는데 이를 '스페예르[士貝耶: Speyer, Alexei de]'와 '베베르[韋貝: Waeber, K.]'라고 한 것은 『고종실록』의 번역본을 따랐다. 이하 외국인 성명은 모두 『고종실록』의 번역본을 따라 표기하고자 한다. 『고종실록』의 번역은 『조선왕조실록』 웹사이트(http://sillok.history.go.kr)를 참조했다. 이하도 마찬가지이다.

| 제 4 장 |

아관파천과 명성왕후 국장

제1절 아관파천과 고종 주도의 국장

제2절 빈전의 경운궁 이봉(移奉)과 국장 재개

제 1 절

아관파천과 고종 주도의 국장

1. 아관파천 단행과 김홍집 내각의 몰락

1895년 10월 15일(음력) 명성왕후의 죽음을 공식적으로 반포한 뒤 국장 절차가 하나하나 진행되고 있었다. 하지만 고종은 1896년 2월 11일(음력 1895년 12월 28일)에 왕태자와 함께 대정동(大貞洞)에 있는 아국(俄國) 공사관으로 주어(駐御)했고, 왕태후와 왕태자비는 경운궁으로 이어(移御)했다.[1] 소위 '아관파천(俄館播遷)'이라 불리는 이 사건은 고종의 위기탈출이자 일본의 왕후 시해와 위압에 맞선 러시아의 대응이었다.[2]

경복궁에서 아관으로의 파천은 향후 명성왕후의 국장에 끼치는 파장이 매우 클 것으로 예상된다. 명성왕후의 시신을 봉안한 빈전이 경복궁에 있으므로 발인하기 전까지 그곳에서 거행해야 할 의례 담당자들이 아관에 있기 때문이다. 뿐만 아니라 이 사건으로 인해 명성왕후의 죽음을 공포한 뒤부터 진행된 국장 절차가 고종의 의지가 반영된 것인지, 아니면 고종의 의도와는 무관한 채 진행되었는지를 알 수 있는 계기가 될 수도

1 『高宗實錄』卷34, 高宗 33年 2月 11日(陽曆); 『日省錄』高宗 32年 12月 28日(甲午)[陽曆 2月 11日(火曜)].

2 아관파천의 과정에 대해서는 이민원, 2002 『명성황후시해와 아관파천』 국학자료원, 3장 1절 2)항 참조.

있다.

만약 후자의 경우라면 아관파천 이후 진행되는 국장 절차와 대비해서 볼 때 그러한 점이 더 부각될 수 있지 않을까 생각된다. 그렇다고 그간 치른 의식 절차를 뒤집고 처음부터 다시 진행하리라고는 생각되지 않는다. 이는 향후 고종의 행보를 통해 살펴볼 수밖에 없다.

참고로 아관파천에 대한 관찬 자료의 기록 방식을 언급하고자 한다. 아관파천을 단행한 이날은 양력으로는 1896년 2월 11일이며, 음력으로는 1895년 12월 28일이다. 『고종실록』과 『일성록』에는 위에서처럼 아관파천에 대해 간략하면서도 명확하게 제시했다. 그와는 달리 『승정원일기』에는 아관파천과 관련한 내용이 수록되어 있지 않다.

『승정원일기』에는 하루 전날인 12월 27일까지 '상이 경복궁에 있었다[상재경복궁(上在景福宮)].'에서 28일부터 '상이 러시아 공사관에 머물렀다[상주아국공사관(上駐俄國公使館)].'로 바뀐 것 이외에는 아관파천과 관련한 그 어떠한 내용도 기재되어 있지 않다. '상주아국공사관'이라는 기록이 아관파천을 드러내는 유일한 표현이었다.

『고종실록』은 고종의 사후에 편찬되므로 이 사건에 대해 위에서처럼 간단하게 기술할 수 있다. 그런데 『승정원일기』는 고민이 필요하다. 원래는 일기 형식으로 한 달에 한 권씩 작성하는 것이 원칙이므로 당대의 일을 좀 더 생생하게 엿볼 수 있으며 실록과는 달리 열람이 자유롭다. 문제는 1895년 12월 28일에 기록한 일들은 서명(書名)이 『승정원일기』가 아닌 『비서원일기(秘書院日記)』라는 점이다.

『승정원일기』는 승정원에서 담당하여 작성하다가 승선원(承宣院), 궁내부 참의, 시종원 소속 비서감(秘書監)을 거쳐 건양을 시행하기 전인 1895년 11월 10일(음력)에 궁내부의 관제를 개정할 때 비서원(秘書院)을 신설하면서 마침내 비서원에서 담당했다.[3] 담당 부서가 바뀜에 따라 각각 작성한 책의 서명도 『승정원일기』에서 『승선원일기』, 『궁내부일기』, 『비서감일기』, 『비서원일기』 등으로 바뀌었다. 다만, 본서에서는 국사편찬위원회에서 『승정원일기』라는 서명으로 통칭해서 웹사이트에 제공하는 것을 따라 각각의 서명을 구별하지 않고 『승정원일기』라고 표기하고자 한다.

이러한 담당 관서의 변경은 일기의 내용에 영향을 미칠 가능성을 배제할 수 없다. 고종의 측근에 있는 비서원이 비서'감'에서 승격되었으며 그 구성원 중 친로(親露)적인 성향을 띤 인물이 있다는 점에서[4] 『비서원일기』도 다시 바라볼 필요가 있다. 사료적 비판이 필요하다는 뜻이다. 아관파천도 그러한 이유로 『승정원일기』(『비서원일기』)에 특별한 언급이 없을 수 있다. 아관파천 자체가 매우 비밀스럽게 진행되었고, 또 일본이 경계하는 '러시아'라는 나라의 공사관에 고종이 머물게 되었다는 예민한 현안이라면 더더욱 그럴 수 있다.

『승정원일기』와 맥락이 다르지만 현재 학계에서 『고종실록』 자체의 사료적 비판을 둘러싼 논란이 있다.[5] 관찬 자료의 기록이라는 면에서 온전히 객관성을 담보할 수 있다면 더할 나위 없겠지만 정치적 입김이 작용할

---

3 『高宗實錄』 卷33, 高宗 32年 11月 丙午(10). 원문에는 秘書院의 '비'자가 '祕'로 되어 있다. 갑오개혁 이후 승정원의 변천에 대해서는 홍문기, 2006 앞의 논문, 2장 참조.

4 홍문기, 2006 앞의 논문, 279쪽. 이 논문 278~280쪽에 따르면, 1895년 11월 10일에 비서원의 신설을 고종의 군주권 강화와 연결지으며 대한제국이 수립되기 전까지 비서원의 주요 직원들이 아관파천 이후 명성왕후의 국장과 관련된 일들에서 실무를 맡았다고 한다.

5 현재 『고종실록』을 주요 소재로 다룬 연구가 많지 않은 가운데 기존 연구에서 입장이 다른 두 연구가 있다. 하나는 '『고종실록』·『순종실록』이 일본인의 주도로 왜곡된 인식과 편견으로 만들어진 식민사관이 투영된 결과물'로 보는 연구이다(장영숙, 2014 「李王職의 『高宗·純宗實錄』 편찬사업과 그 실상」 『사학연구』 116). 다른 하나는 『고종실록』을 직접적으로 다루었다기보다는 일본 궁내청 소장 '공족실록'을 통해 '일본인의 시각에서 정리된 편찬물이지만 기록의 조작이나 왜곡, 가필 등은 거의 보이지 않으므로 앞서의 연구에 대해 재고가 필요하다.'고 보는 연구이다(정욱재, 2016 「日本 宮內廳 所藏 '公族實錄'의 편찬과 특징 -『李熹公實錄』·『李熹公實錄資料』·『李埈公實錄』·『李埈公實錄資料』를 중심으로- 」 『韓國史學報』 64).

여지는 언제든지 있게 마련이다. 본서를 작성할 때에도 고려하지 않을 수 없는 지점들이 있을 수 있다. 그러한 경우에는 일단 어느 문헌이 타당한가라는 판단을 내리기보다 가능한 한 여러 문헌을 모두 소개하는 방식을 취하고자 한다. 주로 참고하는 『고종실록』과 『승정원일기』 등의 관찬 자료에 국한하지 않고 의궤라든가 일기, 등록 등 본서에서 참고하는 여타의 문헌도 자료들 간의 비교를 통해 이러한 서술 방식을 적용하고자 한다.

고종은 러시아 공사관으로 옮겨가자마자 그날 곧바로 인사부터 단행했다. 먼저 내각 총리대신인 김홍집과 그 내각을 구성했던 사람들의 본관(本官)을 면직했다. 그 대신 특진관 김병시를 내각 총리대신에, 정2품 이재순(李載純, 1851~1904)을 궁내부 대신에, 중추원 의장 박정양(朴定陽, 1841~1905)을 내부대신에, 종2품 이완용(李完用, 1858~1926)을 외부대신에 임명하는 등 내각을 전면 개편했다.[6]

그 밖에 이날[2월 11일]에는 김홍집과 정병하가 죽었다. 그들의 죽음에 대해, 『고종실록』에는 전 내각 총리대신 김홍집과 전 농상공부 대신 정병하(鄭秉夏, 1849~1896)가 민중들에게 살해되었다고 기록되어 있다.[7] 하지만 『승정원일기』에는 '지난 8월 사변(事變)의 역괴 김홍집과 정병하가 오늘 복법(伏法)되었다.'고 기재되어 있다.[8] 향후 김홍집의 처벌을 둘러싸고 계속해서 제대로 된 처벌을 요청하는 것에서[9] 『승정원일기』의 '복법'이라

6 『高宗實錄』 卷34, 高宗 33年 2月 11日(陽曆); 『承政院日記』 高宗 32年 12月 28日(甲午)[陽曆 2月 11日].

7 『高宗實錄』 卷34, 高宗 33年 2月 11日(陽曆). 그 뒤에도 『고종실록』에는 愚民들이 폭동을 일으켜 갑자기 살해했다거나〈『高宗實錄』 卷34, 高宗 33年 2月 13日(陽曆); 『承政院日記』 高宗 33年 1月 1日(丙申)[陽曆 2月 13日]〉, 분격한 민중들이 그들을 살해한 것으로 기록되어 있다[『高宗實錄』 卷34, 高宗 33年 2月 15日(陽曆)].

8 『承政院日記』 高宗 32年 12月 28日(甲午)[陽曆 2月 11日].

9 김홍집과 정병하의 제대로 된 처벌을 요청하는 후대의 기록 중 대표적으로 두 사례를 들면 다음과 같다. 1897년 1월(양력) 법부대신 趙秉式이 두 역적에게 제대로 된 처벌을 하지 못한 것은 크게 失刑한 것이므로 極律의 추시를 요청하거나〈『高宗實錄』 卷35, 高宗 34年 1月

는 표현이 적절한가 라는 의문이 든다.

이들이 죽은 뒤 내린 제칙에서 고종은 난역자들의 집명(執命)과 교무(矯誣)로 인해 왕후의 붕서를 알리는 조칙의 반포가 석 달 동안 저지되었다고 하며 통탄해 마지않았다. 그리고 이어서 을미년 8월 22일의 조칙과 10월 10일의 조칙은 모두 역적들의 '교무'이므로 다 격소하라고 명했다.[10]

을미년 8월 22일의 조칙은 명성왕후를 폐하여 서인으로 강등시킨다는 것이고, 10월 10일의 조칙은 왕후의 위호를 회복한다는 조칙이다. 아관파천 이전에 내린 조칙들이 고종의 의사가 아니었다는 고종의 단호한 의지를 알 수 있다.

아관파천한 이틀 뒤인 2월 13일(양력), 음력으로는 1월 1일이 되는 이날, 고종은 비서원 승(丞)에게 종묘와 영녕전, 사직, 영희전(永禧殿), 진전(眞殿), 경모궁, 빈전 등을 봉심하도록 칙령을 내렸다. 이 중 '진전'과 '빈전'은 경복궁에 있었다. 또 궁내부 참서관에게 왕태후 폐하가 있는 경운궁 행재소(行在所)와 대원군 부대부인궁(大院君府大夫人宮)에 가서 문후하고 오라는 칙령을 내렸다.[11] 고종과 왕태자가 아국 공사관에 머무르고 있었기 때문에 제사를 지내야 하는 곳이라든가 윗전의 안부는 전적으로 신하들을 시킬 수밖에 없었다.

의례를 행하는 곳을 봉심한다든가 웃어른에게 하는 문후는 이처럼 다른 사람을 시켜서 처리했다. 그리고 궁내부 이하 조정의 백관들은 고종과

27日(陽曆), 『承政院日記』 高宗 33年 12月 25日(乙酉)[陽曆 1月 27日]〉, 1898년 12월(양력) 찬정 최익현이 '살해를 당한 두 역적에게 아직도 그 죄를 명백하게 바로잡지 못했다.'는 상소 내용이 그것이다〈『高宗實錄』 卷38, 高宗 35年 12月 10日(陽曆); 『承政院日記』 高宗 35年 10月 29日(己酉)[陽曆 12月 12日]〉. 후자는 동일한 내용임에도 날짜에서 차이를 보인다.

10 『高宗實錄』 卷34, 高宗 33年 2月 11日(陽曆). 『승정원일기』에는 난역자들의 집명과 교무, 을미년 8월 22일자 및 10월 10일자 조칙의 격소를 담은 조령이 실려 있지 않다.

11 『高宗實錄』 卷34, 高宗 33年 2月 13日(陽曆); 『日省錄』 高宗 33年 1月 1日(丙申)[陽曆 2月 13日(木曜)]; 『承政院日記』 高宗 33年 1月 1日(丙申)[陽曆 2月 13日].

왕태후, 왕태자, 왕태자비에게 여느 때처럼 단자(單子)로 문안했다.[12] 이러한 일상적인 일들은 고종이 러시아 공사관에 머물더라도 크게 문제될 것이 없었다. 다만, 명성왕후의 시신이 봉안되어 있는 빈전이 경복궁에 있다는 사실이 크나큰 근심이었다.

고종과 왕태자는 그동안 빈전에서 조전, 조상식, 주다례, 석상식 등 일상적인 의례를 거행해 왔다. 적어도 발인하기 전까지는 이러한 의례 및 빈전에서 거행해야 하는 다른 의례들도 거행해야 한다. 하지만 의례를 주관해 온 담당자들이 위험을 무릅쓰고 비밀리에 러시아 공사관으로 왔기에 당장 경복궁에 있는 빈전에서 고종과 왕태자가 행해야 하는 의례부터 해결해야 했다.

다행히 이날 빈전에서 조전(朝奠)과 주다례를 거행했다. 이때 고종의 칙령으로 각원(各院)과 각사(各司)의 백관들도 입참했다.[13] 두 의례가 가능했던 것은 고종과 왕태자를 대신하여 다른 사람이 의례를 거행했기 때문이다. 관찬 자료에는 행례한 사람의 이름은 기록하지 않은 채 '섭의(攝儀)' 2글자로 당시의 상황을 아울렀다. 향후 고종과 왕태자가 경복궁으로 돌아가기 전까지 빈전에서 행해야 하는 일상적인 의례 및 다른 의례들도 이러한 방식으로 처리할 듯하다.

이날은 또 아관파천한 사실과 김홍집 내각이 무너졌음을 비로소 백성들에게 윤음(綸音)을 내려서 알렸다. 『고종실록』과 『일성록』에는 '윤음'이라고 기록되어 있고, 『승정원일기』에는 '조칙'으로 되어 있는데 소개하면 다음과 같다.

---

12 『承政院日記』 高宗 33年 1月 1日(丙申)[陽曆 2月 13日].

13 『日省錄』 高宗 33年 1月 1日(丙申)[陽曆 2月 13日(木曜)]; 『承政院日記』 高宗 33年 1月 1日(丙申)[陽曆 2月 13日].

> 아! 임금은 백성의 표준이니 백성들은 임금이 아니면 무엇에 의지하겠는가? 그런 까닭에 임금은 일거 일동(一擧一動)을 백성들에게 명백히 보이는 것이 귀중하다. 그저께 일은 차마 말할 수 있겠는가? 역괴(逆魁)와 난당(亂黨)의 흉악한 음모와 교활한 계책은 정절(情節)을 숨길 수 없는데 그들을 막고 제어하는 방법에 있어서 혹 허술할까 염려스러웠다. 외국에서 이미 시행한 규례대로 임시 방편[권의(權宜)]으로 짐이 왕태자를 거느리고 대정동(大貞洞)에 있는 러시아 공사주관(俄羅斯國公使駐館)으로 잠시 이어(移御)했고, 그 뒤에 왕태후께서는 왕태자비를 거느리고 경운궁으로 행차했다. 짐이 유사(有司)에게 명하여 모든 범인을 잡아들인 다음에 바로 환어(還御)하고자 했는데, 어떤 범인을 잡아들일 때 우민(愚民)들이 폭동을 일으켜 갑자기 사람을 죽이고 해치는 바람에 나머지 범인들이 모두 목숨을 건지려고 도망치고 말았다. 군중의 심리[군정(群情)]가 더욱 흉흉하여 안정되지 않고 있다. 이 때를 당하여 짐이 있는 곳을 너희들 백성들에게 명백히 알릴 겨를이 없었는데 이제 대궐[궁정(宮庭)]이 무사하고 민심이 예전같이 되었으니 짐이 경사스럽고 다행하게 여기는 바이다. 며칠 안으로 장차 환어하려고 한다. 이에 명백히 알리니 너희 백성들은 각각 의심을 풀고 생업에 안착하라.[14]

윤음을 몇 가지로 정리하면, 첫째, 아관파천을 하게 된 배경이 (경복궁에서는) 을미사변의 역적들을 제어하기가 쉽지 않다는 것, 둘째, 러시아 공사관으로 이어(移御)한 것은 외국에서 시행했던 규례를 근거로 임시 방편이라는 것, 셋째, 이어의 기간은 길지 않고 '잠시'라는 것, 넷째, 범인들을 잡아들인 뒤 바로 환어(還御)하고자 했으나 다 잡지 못하여 군정(群情)이 흉흉한 상황에서 자신의 소재처를 백성들에게 명고(明告)할 겨를이 없었

14 『高宗實錄』 卷34, 高宗 33年 2月 13日(陽曆); 『日省錄』 高宗 33年 1月 1日(丙申)[陽曆 2月 13日(木曜)]; 『承政院日記』 高宗 33年 1月 1日(丙申)[陽曆 2月 13日].

다는 것, 다섯째, 며칠 안으로 환어하겠다는 것 등이다.

이처럼 고종은 아관에 잠시 머물다가 상황이 안정되면 조만간 궁궐로 돌아가겠다고 선언했다. 하지만 3일 뒤인 2월 16일, 고종은 다시 조령을 내려서 경운궁과 경복궁의 수리가 끝나는 대로 환어를 하든지, 다른 곳으로 거처를 옮기든지[이차(移次)] 확정하겠다고 명했다.[15] 며칠 안으로 환어하겠다는 기존 입장을 번복한 것은 아직 환어할 만한 상황이 아니며, 다른 곳으로 거처를 옮긴다는 것은 그 밖의 다른 장소를 물색할 수도 있다는 뜻이다.

이틀 뒤인 18일에 고종이 대소 민인들에게 '기의(起義)'한 이유가 난신적자(亂臣賊子)의 성토인데 이를 해결했으니 해산하여 예전의 생업에 안착하라는 조령을 내려 유시했다.[16] 이에 따라 내부대신이 토역(討逆)하는 일에 더 이상 의거(義擧)하지 말며, 단발 건은 편리한 대로 하도록[종편(從便)] 허락한 만큼 의거의 명분이 없으졌으니 칙사가 도착하는 날에 무기를 놓고 부대를 해산하여 집으로 돌아가 생업에 안착하라고 훈시했다.[17]

국왕과 왕태자는 외국 공사관으로 몸을 피하고, 곳곳에서는 을미사변과 단발령으로 의병이 일어나 국내적으로 당시 정세가 매우 위태롭고 정국이 안정되지 못했음을 보여준다.

---

15 『高宗實錄』 卷34, 高宗 33年 2月 16日(陽曆); 『承政院日記』 高宗 33年 1月 4日(己亥)[陽曆 2月 16日].

16 『高宗實錄』 卷34, 高宗 33年 2月 18日(陽曆); 『日省錄』 高宗 33年 1月 6日(辛丑)[陽曆 2月 18日(火曜)]; 『承政院日記』 高宗 33年 1月 6日(辛丑)[陽曆 2月 18日].

17 『高宗實錄』 卷34, 高宗 33年 2月 18日(陽曆).

2. 국장 담당자의 교체와 국장 중지

러시아 공사관으로 거처를 옮긴 뒤 국장과 관련하여 고종이 우선 단행한 것은 담당자들의 교체였다. 산릉제거와 빈전제거를 다시 임명하는 것은 물론,[18] 2월 18일 혹은 20일 가장 중요한 직책인 총호사 자리의 인사를 단행했다. 궁내부에서 조칙을 받들어서 기존에 총호사 직책을 겸임했던 궁내부 대신 이재면을 해면(解免)시키는 대신 정1품 조병세로 전격 명임(命任)한 것이었다.[19] 그 밖에 혼전 향관(享官)을 차하하고,[20] 인산할 때의 배왕대장 또한 경무사 김재풍(金在豐)으로 바꾸었다.[21]

이러한 인사는 바로 고종 주도의 국장으로 전환한 것을 의미했다. 하지만 고종은 3월 11일에 세 도감의 공역을 우선 정지하고 제반 일자(日子)는 하교를 기다려 추택하라는 조칙을 내렸다.[22] 이로써 아관파천 후 명성왕후의 국장은 일단 중지되었다.

그러는 와중에 왕태후가 4월 13일(음력 3월 1일) 상복을 벗었다[제복(除服)].[23] 왕태후는 소공 5개월복을 입기 때문에 음력 8월 20일에 돌아가신

18 『高宗實錄』 卷34, 高宗 33年 2月 13日(陽曆); 『承政院日記』 高宗 33年 1月 1日(丙申)[陽曆 2月 13日]; 『高宗實錄』 卷34, 高宗 33年 2月 16日(陽曆); 『承政院日記』 高宗 33年 1月 4日(己亥)[陽曆 2月 16日].

19 『高宗實錄』 卷34, 高宗 33年 2月 18日(陽曆); 『日省錄』 高宗 33年 1月 6日(辛丑)[陽曆 2月 18日(火曜)]; 『承政院日記』 高宗 33年 1月 8日(癸卯)[陽曆 2月 20日].

20 『高宗實錄』 卷34, 高宗 33年 3月 1日(陽曆).

21 『高宗實錄』 卷34, 高宗 33年 3月 3日(陽曆).

22 『高宗實錄』 卷34, 高宗 33年 3月 11日(陽曆); 『承政院日記』 高宗 33年 1月 28日(癸亥)[陽曆 3月 11日]; 『明成皇后洪陵山陵都監儀軌』(奎 13891) 上編, 時日 「丙申正月二十八日」. 단, 『명성황후빈전혼전도감의궤』에는 음력 1월 27일로 되어 있다[『明成皇后殯殿魂殿都監儀軌』(奎 13890) 卷1, 詔勅(稟奏幷入) 「丙申正月二十七日」]. 본문에는 3월 11일(음력 1월 28)로 기록된 자료가 더 많아 이를 따랐다. 이후에도 『명성황후빈전혼전도감의궤』의 「詔勅」 조에 기록된 날짜가 다른 문헌의 날짜와 차이를 보여 주의가 필요하다. 그리고 그러할 경우 가능하면 그 차이를 표기했다.

23 『承政院日記』 高宗 33年 3月 1日(丙申)[陽曆 4月 13日].

날을 기준으로 한다면 1895년 12월(음력)에 제복하는 것이 규정에 부합한다. 만약 승하한 날을 공포했던 음력 10월 15일(양력 12월 1일)을 기준으로 삼는다면 음력으로는 1896년 2월에, 양력으로는 4월에 제복하는 것이 규정에 부합한다. 아울러 소공 5개월복을 입은 경빈 역시 이날 왕태후와 함께 제복했다. 공복(功服)에서 담복(淡服)으로, 다시 길복(吉服)으로 바꾸어 입는 절차를 거치며 상복을 벗었다.[24]

비록 세 도감의 공역은 중지되었으나 빈전제거의 임명이라든가,[25] 조병세가 총호사의 직책을 사임하자(4월 24일)[26] 궁내부 특진관 김병시로 총호사를 삼는 등(4월 26일)[27] 국장을 담당하는 사람을 교체하는 일은 지속되었다. 국장이 잠시 중지되었을 뿐임을 알 수 있다.

문제는 국장의 중지로 4월 7일에 거행하기로 한 인봉(因封, 인산[因山])이 무산되었다는 점이다. 이에 대해 총호사가 된 김병시가 5월 1일 상소하여, 인봉 날짜를 지난번에 물린 것도 의외의 일인데 아직도 길한 날을 추택(追擇)하라는 성명(成命)을 듣지 못한 것을 궁금해하고 그 까닭을 듣고 싶어했다. 하지만 고종은 그에 대한 비답을 내리지 않았다.[28] 인봉은 이제 국장을 재개하는 날까지 기약없이 미루어지게 되었다.

여기서 주목되는 것은 총호사 및 상장례의 실무를 담당하는 사람들에 대한 문헌 기록의 차이이다. 국장을 담당하는 사람들을 기록한 문헌 자료

24 왕태후와 경빈이 제복하는 의절은 『明成皇后殯殿魂殿都監儀軌』(奎 13890) 卷1, 儀註 「王太后陛下除服儀」 참조. 왕태후는 功服을 입을 때에는 具, 바꾸어 입을 때에는 '改具'라는 한자를 썼으며, 경빈은 '具' 대신 '服'자를 썼다. 이 또한 신분에 따라 한자를 다르게 쓴 것으로 추정된다.

25 『高宗實錄』 卷34, 高宗 33年 4月 1日(陽曆); 『高宗實錄』 卷34, 高宗 33年 4月 8日(陽曆).

26 『承政院日記』 高宗 33年 3月 12日(丁未)[陽曆 4月 24日]; 『高宗實錄』 卷34, 高宗 33年 4月 24日(陽曆).

27 『承政院日記』 高宗 33年 3月 14日(己酉)[陽曆 4月 26日]; 『高宗實錄』 卷34, 高宗 33年 4月 26日(陽曆).

28 『高宗實錄』 卷34, 高宗 33年 5月 1日(陽曆).

중 『고종실록』·『승정원일기』와 의궤의 「좌목(座目)」에 기재된 사람이 어느 정도 일치하는 것은 1895년 10월 15일(음력) 명성왕후의 죽음을 공식적으로 반포한 이후라는 사실이다. 또 『고종실록』·『승정원일기』에는 '제거(提擧)', 의궤에는 '제조(提調)'라고 되어 있는 점 또한 다르다.

의궤의 「좌목(座目)」에 등재된 총호사와 제조

의궤에서 「좌목」은 각 행사를 담당한 사람들의 명단을 적은 항목이다. 「이조별단(吏曹別單)」이라는 항목명 또한 「좌목」과 다르지 않다. 국장에서는 일반적으로 국장 전체를 총괄하는 총호사를 포함하여 국장도감·빈전도감·혼전도감·산릉도감의 제조와 도청, 낭청, 감조관 등의 담당자와 이들의 재직 시기 및 직책 변동 상황이 「좌목」 혹은 「이조별단」에 기재되어 있다. 여기서는 앞서 『고종실록』·『승정원일기』에 기록된 총호사와 제거와의 차이를 살펴보기 위해 각 의궤의 「좌목」에서 총호사와 제조를 중심으로 정리하고자 한다.

○ 『명성황후국장도감의궤』 「좌목」[29]

* 총호사

- 조병세(趙秉世): 궁내부 특진관. 개국 504년(을미) 10월 15일 임명[명(命)]. 개국 505년(병신) 3월 14일 해임[해(解)]. 4월 6일 재임(再任). 광무 1년(정유) 10월 28일까지 재직.
- 김병시(金炳始): 궁내부 특진관. 개국 505년 3월 14일 임명. 4월 6일 해임.

* 제조

- 이재완(李載完): 종정원 경. 개국 504년 10월 15일 임명. 11월 13일 해임.
- 조병호(趙秉鎬): 궁내부 특진관. 개국 504년 10월 15일 임명. 개국 505년 10월 16일 해임. 개국 506년(정유) 1월 12일 재임. 1월 26일 해임. 6월 6일 삼임(三任) 광무 1년 10월 26일까지 재직.
- 민영달(閔泳達): 궁내부 특진관. 개국 504년 10월 15일 임명. 개국 506년 1월 24일 해임. 2월 27일 재임. 광무 1년 10월 28일까지 재직.

---

29 『明成皇后國葬都監儀軌』(奎 13883) 卷1, 都廳儀軌 「座目」.

- 홍순형(洪淳馨): 정2품. 개국 504년 11월 3일 임명. 광무 1년 10월 28일까지 재직.
- 이정로(李正魯): 궁내부 특진관. 개국 505년 9월 14일 임명. 개국 506년 1월 12일 해임.
- 민병석(閔丙奭): 의정부 참찬. 개국 506년 1월 26일 임명. 6월 6일 해임.
- 김종한(金宗漢): 궁내부 특진관. 개국 506년 1월 24일 임명. 2월 5일 해임.
- 조동면(趙東冕): 궁내부 특진관. 개국 506년 2월 11일 임명. 2월 27일 해임.

○ 『명성황후빈전혼전도감의궤』 「좌목」[30]

* 총호사 1원(員)

- 조병세(趙秉世): 궁내부 특진관. 을미 10월 15일 임명. 병신 3월 14일 해임. 4월 6일 재임. 광무 1년(정유) 10월 28일까지 재직.
- 김병시(金炳始): 궁내부 특진관. 병신 3월 14일 임명. 4월 6일 해임.

* 제조 3원

- 김종한(金宗漢): 궁내부 협판. 을미 10월 15일 임명. 병신 1월 15일 해임.
- 이재순(李載純): 시종원 경. 을미 10월 15일 임명. 11월 3일 해임.
- 조동면(趙東冕): 궁내부 특진관. 을미 10월 15일 임명. 10월 29일 해임. 정유 4월 8일 재임. 5월 2일 해임.
- 서정순(徐正淳): 궁내부 특진관. 을미 11월 3일 임명. 병신 2월 19일 해임. 2월 27일 재임. 7월 11일 해임.
- 민영규(閔泳奎): 궁내부 특진관. 을미 11월 3일 임명. 정유 1월 1일 해임.
- 이정로(李正魯): 궁내부 특진관. 병신 1월 15일 임명. 8월 5일 해임. 정유 1월 12일 재임. 4월 8일 해임.
- 이순익(李淳翼): 궁내부 특진관. 병신 2월 19일 임명. 2월 27일 해임.
- 이희로(李僖魯): 정2품. 병신 7월 11일 임명. 광무 1년(정유) 10월 28일까지 재직.
- 이헌직(李憲稙): 궁내부 특진관. 병신 8월 5일 임명. 8월 23일 해임. 광무 1년(정유) 7월 23일 재임. 9월 2일 해임.
- 민병석(閔丙奭): 궁내부 특진관. 병신 8월 28일 임명. 9월 26일 해임.
- 이재완(李載完): 종정원 경. 병신 9월 26일 임명. 10월 16일 해임.
- 조병호(趙秉鎬): 정2품. 병신 10월 16일 임명. 정유 1월 12일 해임.

30 『明成皇后殯殿魂殿都監儀軌』(奎 13890) 卷1, 座目.

- 이헌영(李𨯶永): 정2품. 병신 12월 29일 임명. 정유 1월 11일 해임. 광무 1년(정유) 9월 6일 재임. 9월 29일 해임.
- 조병식(趙秉式): 비서원 경. 정유 1월 11일 임명. 광무 1년(정유) 9월 6일 해임.
- 김병익(金炳翊): 정2품. 정유 5월 13일 임명. 7월 15일 해임.
- 김규홍(金奎弘): 시종원 경. 광무 1년(정유) 9월 6일 임명. 10월 28일까지 재직.
- 조병필(趙秉弼): 정2품. 광무 1년(정유) 10월 3일 임명. 10월 28일까지 재직.

○ 『명성황후홍릉산릉도감의궤』 「좌목」[31]

* 총호사 1원

- 조병세(趙秉世): 정1품 궁내부 특진관. 을미 10월 15일 임명. 병신 3월 14일 해임.
- 김병시(金炳始): 정1품 궁내부 특진관. 병신 3월 14일 임명. 4월 6일 해임.
- 조병세(趙秉世): 정1품 궁내부 특진관. 병신 4월 6일 임명. 정유 10월 28일까지 재직.

* 제조 3원

- 민영준(閔泳駿): 정1품 궁내부 특진관. 을미 10월 15일 임명. 병신 1월 4일 면직[면(免)].
- 이헌직(李憲稙): 종1품 궁내부 특진관. 을미 10월 15일 임명. 11월 1일 해임.
- 이순익(李淳翼): 종1품 궁내부 특진관. 을미 10월 15일 임명. 11월 3일 해임.
- 이재완(李載完): 종1품 종정원 경. 을미 11월 1일 임명. 병신 9월 25일 해임. 정유 1월 26일 임명. 2월 4일 해임.
- 김종한(金宗漢): 정2품 궁내부 협판. 을미 11월 3일 임명. 12월 28일 면직. 병신 1월 1일 임명. 정유 1월 24일 해임. 정유 2월 4일 임명. 10월 28일까지 재직.
- 민병석(閔丙奭): 정2품 의정부 참찬. 병신 1월 4일 임명. 1월 11일 해임. 병신 9월 25일 임명. 정유 1월 26일 해임.
- 이호익(李鎬翼): 정2품 궁내부 특진관. 병신 1월 11일 임명. 정유 10월 28일까지 재직.
- 민영달(閔泳達): 정2품 궁내부 특진관. 정유 1월 24일 임명. 2월 27일 해임.
- 조동면(趙東冕): 정2품 궁내부 특진관. 정유 2월 27일 임명. 4월 8일 해임.
- 이정로(李正魯): 정2품 궁내부 특진관. 정유 4월 8일 임명. 10월 28일까지 재직.

각 의궤의 총호사와 제조를 통해 몇 가지 특징을 정리하면 다음과 같다. 첫째, 총호사를 비롯한 제조들은 여러 차례 바뀌었다는 점이다. 둘째,

31 『明成皇后洪陵山陵都監儀軌』(奎 13891) 上編, 座目.

『고종실록』과 『승정원일기』에 이름이 올라 있는 '제거'의 인원수보다 의궤 「좌목」에 등재된 '제조'가 더 많다는 점이다. 셋째, 두 관찬 자료와 의궤 「좌목」에 등재되어 있는 사람들 중 가장 두드러진 차이는 무엇보다 총책임을 맡고 있는 총호사이다. 김홍집 내각에서 주도하여 상장을 치를 때 총호사를 담당한 이재면은 각 의궤의 「좌목」에서 총호사란에 아예 등재되어 있지 않기 때문이다.

앞서 언급했듯이 관찬 자료(『일성록』 포함)에는 이재면에서 조병세로 총호사를 교체한 것으로 기록되어 있다. 하지만 의궤에는 처음부터 조병세가 총호사가 된 것으로 적기되어 있고, 심지어 교체한 사람 명단에 김병시만 있을 뿐이다. 아관파천을 단행한 뒤 고종이 국장을 주도하면서 국장을 담당하던 세력, 그중에서 총호사를 교체했다는 관찬 자료의 기록이 합리적이라는 판단이다.

넷째, 두 관찬 자료의 '제거'와 의궤 「좌목」의 '제조' 중 일치하는 사람도 있지만 그렇지 않은 사람들이 더 많다. 의궤 「좌목」에 올라 있는 사람들이 고종 주도의 국장에 참여한 사람들이라는 점을 감안한다면, 그리고 이들 실무진이 더 많다는 사실은 친일적인 성격을 띤 김홍집 내각과는 달리 고종이 좀 더 적극적으로 국장을 주도하고 있다는 점이 부각된다.

그 밖에 명성왕후/황후 흉례 관련 의궤에는 '을미 십월 십오일(乙未十月十五日)'이라고 하여, 1895년 10월 15일(음력)부터 국장 관련 내용의 기록을 시작하고 있다. 국장과 관련한 고종의 조칙도 이 날짜부터 수록되어 있다.[32] 왕후의 위호를 회복한 뒤 공식적인 죽음을 선포, 본격적으로 국장을 시작한 시점부터 기록한 것이다. 시해 이후에 있었던 폐서인, 빈호 하

32 『明成皇后國葬都監儀軌』(奎 13883) 卷1, 都廳儀軌 詔勅(奏本幷) 「乙未十月十五日」; 『明成皇后殯殿魂殿都監儀軌』(奎 13890) 卷1, 詔勅(稟奏幷入) 「乙未十月十五日」; 『明成皇后洪陵山陵都監儀軌』(奎 13891) 上編, 詔勅(奏本狀啓附) 「乙未十月十五日」.

사 등은 왕후의 신분이 아니었으며, 그리고 일련의 일들이 국장과 관련이 없을 뿐 아니라 고종의 의사와도 무관하게 취해진 조처였기에 '흉례'를 기술하는 의궤에는 싣지 않은 것으로 보인다.

이렇듯 명성왕후/황후 흉례 관련 의궤에는 1895년 10월 15일(음력)부터 본격적으로 국장에 관해 기록하고 있다. 그중 유독 총호사 담당자에 관한 기록이 관찬 자료의 그것과 현격하게 달랐다. 이는 한참 뒤에 의궤를 편찬하면서 김홍집 내각 시절에 진행된 국장을 인정하지 않고자 하는 의도, 그중에서도 왕후의 국장을 총괄하는 자리에 친일적 성향을 띤 이재면이 임명된 사실조차 기록하지 않아 편찬자의 의도가 강하게 반영되었다.

어떤 행사를 치른 뒤 의궤를 편찬할 때 편찬자의 의도, 혹은 정치적 입김이 들어갔느냐의 여부는 판별하기가 쉽지 않다. 하지만 적어도 명성왕후의 국장에서는 '총호사' 담당자에 한해서 그러한 점이 확인된 셈이다. 그런 까닭에 명성왕후/황후 국장의 전 과정을 파악하고자 할 때 무엇보다 이러한 점을 염두에 두고 관찬 자료 및 기타 관련 자료들까지 두루 검토하여 객관성의 담보에 좀 더 유의해야 할 필요가 있다.

5월 14일, 일본과 러시아 사이에 제1회 일로협상(日露協商)이 체결되었다. 협정한 각서 중 첫 번째 조항은 '양 대표는 조선 국왕에게 환궁을 충고(忠告)할 일'이고, 두 번째 조항은 '양 대표는 조선 국왕에게 온화한 사람으로 각신을 임명하고 관인(寬仁)한 태도로 신민을 대하도록 권고(勸告)할 일'이었다.[33] 충고, 권고라고 했지만 두 조항은 내정 간섭으로 비춰질 만하다. 그중 첫 번째 조항에서 고종은 두 나라간의 협상에 상관없이 환궁하지 않았다.

이때 양국에서 조선의 지도자를 '대군주 폐하'가 아닌 '국왕'이라 표현한 점이 눈에 띈다. 대외적으로 중국으로부터 독립한 사실을 인정하고 싶지

33 『高宗實錄』卷34, 高宗 33年 5月 14日(陽曆).

않아서인지, 아니면 중국의 속국에서 벗어나기는 했으나 아직 황제로 즉위하지 않아서 그러한 것인지 분명하지 않다. 청일전쟁으로 조선의 자주독립이 대외적으로 알려졌으므로 후자일 가능성에 무게가 실릴 법하다.

5월 18일, 총호사 김병시를 해임하고 조병세로 대체했다.[34] 6월 9일, 제2회 일로협상이 체결되었고,[35] 7월 3일에는 프랑스인[법국인(法國人), 그리러회사]에게 경의(京義) 철도 부설권을 허락했다.[36] 일로협상에서는 조선 문제 의정서(朝鮮問題議定書)를 만들어 조선의 재정, 군대, 경찰까지 간여하려는 의도를 볼 수 있다. 이렇듯 열강들에 의해 조선의 국권 침탈이 이루어지고 있었다. 37383940

러시아 공사관을 가리키는 대명사

『고종실록』이나 『승정원일기』에 러시아 공사관에 대한 표현이다. 가장 널리 알려진 것은 역사 용어로 굳어진 '아관파천'에서의 아관(俄館), 그리고 문헌에 가장 자주 등장하는 아국 공사관(俄國公使館)이다. 특히 후자의 경우는 아관파천 이후 『승정원일기』의 첫 기사에 거의 매일 '상이 러시아 공사관에 머물렀다[상주아국공사관(上駐俄國公使館)]'로 시작한 것에서 볼 수 있다. 그 밖에 동일한 표현으로 '아라사국 공사주관(俄羅斯國公使駐館)',[37] '노국공관(露國公館)',[38] 노관(露館),[39] '아공관(俄公館)'[40] 등등을 썼다.

---

34 『高宗實錄』 卷34, 高宗 33年 5月 18日(陽曆).

35 『高宗實錄』 卷34, 高宗 33年 6月 9日(陽曆).

36 『高宗實錄』 卷34, 高宗 33年 7月 3日(陽曆). '그리러회사'에서 '그리러'라는 표기는 『고종실록』의 원문 및 번역본을 따랐다. 『승정원일기』에는 이 기사가 나오지 않는다.

37 『高宗實錄』 卷34, 高宗 33年 2月 13日(陽曆); 『日省錄』 高宗 33年 1月 1日(丙申)[陽曆 2月 13日(木曜)]; 『承政院日記』 高宗 33年 1月 1日(丙申)[陽曆 2月 13日].

38 『承政院日記』 高宗 33年 12月 30日(庚寅)[陽曆 2月 1日]; 『高宗實錄』 卷35, 高宗 34年 2月 1日(陽曆).

39 『高宗實錄』 卷35, 高宗 34年 2月 13日(陽曆); 『承政院日記』 高宗 34年 1月 12日(壬寅)[陽曆 2月 13日]. 두 자료에는 또 러시아 공사관을 '外館'이라 표현하기도 하고, 『승정원일기』에는 '殊館'이라고도 했다.

40 『日省錄』 高宗 32年 12月 28日(甲午)[陽曆 2月 11日(火曜)].

관찬 자료에는 그 밖에 러시아 공사관을 가리키는 용어들이 있다. 먼저 '행재소'이다. 해주부 관찰사 이건창(李建昌, 1852~1898)이 1896년 4월 29일 올린 소에서 '행재삼월(行在三月)'이라고 하여 고종이 행재소에 계신 지 석달이라고 한 표현이 해당된다.[41] 행재소는 국왕이 궁궐을 떠나 임시로 머무르는 곳이다. 그 때문에 러시아 공사관을 가리켜 행재소라고 한 경우는 적어도 환궁하기 전까지는 사용할 수 있기에 곳곳에서 확인된다.

뿐만 아니라 앞서 1896년 2월 11일 아관파천을 단행할 때 왕태후는 경운궁으로 이어했다. 그런데 이틀 뒤인 2월 13일에 고종이 궁내부 참서관에게 왕태후에게 문후하고 오라고 할 때 왕태후가 거처하는 곳을 '경운궁 행재소'라고 명시했다. 왕태후 역시 경복궁을 떠나 경운궁에 임시로 머물고 있기 때문에 경운궁에 '행재소'를 덧붙인 것이라 할 수 있다.

다음은 외국 공사를 접견하거나 조선의 신하를 만나는 장소이다. 이때에도 행재소라고 표현하지만 좀 더 구체적으로는 러시아 공사관 안 접견 장소를 가리킨다. 『승정원일기』에 1896년 4월 28일 영국 수사제독(水師提督)이나 프랑스[법국(法國)] 공사를 접견할 때 고종이 '행재소에 나아갔다.'라는 기록이 그것이다.[42] 이날 『승정원일기』의 첫 기사가 '상이 러시아 공사관에 머물렀다.'였으며 다른 곳으로 행차를 한 기록이 없으므로 영국과 프랑스 공사를 접견하기 위해 나아간 행재소는 러시아 공사관 안 접견을 위한 공간이라는 것을 알 수 있다. 그리고 1896년 8월 26일 진전을 봉심한 후 복명(復命)한 비서원 경 김명규(金明圭, 1848~?)를 소견할 때 고종이 '행재소에 나아갔다.'는 대목도 마찬가지이다.[43]

다음은 '궁(宮)'이다. 1897년 1월 18일 일본의 황태후가 붕서하자 각국에서 보복(報服)한 규례에 비추어 고종이 '궁내(宮內)'에서 복(服)을 입었다[행궁내복(行宮內服)]는

---

41 『高宗實錄』 卷34, 高宗 33年 4月 29日(陽曆); 『承政院日記』 高宗 33年 3月 17日(壬子)[陽曆 4月 29日].

42 『承政院日記』 高宗 33年 3月 16日(辛亥)[陽曆 4月 28日]; 『高宗實錄』 卷34, 高宗 33年 4月 28日(陽曆). 『고종실록』에는 영국 수사제독과 프랑스 공사 콜랭 드 플랑시[葛林德: Victor Collin de Plancy]를 접견했다고만 기록되어 있을 뿐 접견 장소에 대해서는 아무런 언급이 없다. 프랑스 공사의 한자 이름인 葛林德은 『고종실록』의 원문에 그와 같이 기록되어 있고, 이를 '콜랭 드 플랑시(Victor Collin de Plancy)'라고 표기한 것은 『고종실록』의 번역본을 따랐다.

43 『承政院日記』 高宗 33年 7月 18日(辛亥)[陽曆 8月 26日]; 『高宗實錄』 卷34, 高宗 33年 8月 26日(陽曆). 『고종실록』에는 비서원 경 김명규를 소견했다고만 되어 있고 어디서 소견했는지에 대해서는 기록되어 있지 않다.

사례이다.[44] 이때 역시 고종이 러시아 공사관에 머물고 있던 시기인데 '궁내'라고 표현했다.

러시아 공사관을 가리키는 대명사로서 행재소라든가 궁이라는 용어는 1896년 2월 11일(음력 1895년 12월 28일) 고종이 경복궁에서 아관으로 파천한 이후부터 1897년 2월 20일(음력 1월 19일) 경운궁으로 환어하기 전까지 간간이 사용되었다. 따라서 이 시기 고종의 동선을 파악하고자 할 때 이러한 단어들에 주의가 필요하다.

7월 24일에는 고종이 국가 제사와 관련하여 몇 차례의 조칙을 내렸다. 먼저 태묘와 전(殿), 궁(宮), 각 능원(陵園)의 제향은 한결같이 옛 법식[구식(舊式)]대로 준행하며, 대·중·소사의 날짜는 모두 구력(舊曆)을 사용하라는 명이었다. 둘째는 환구와 사직, 모든 산천, 모든 사당[묘(廟)]의 향사는 장례원의 전적인 주관하에 궁내부 대신과 장례원 경에게 시의(時宜)를 참작하고 예를 상고하여 바로잡게 하라는 것이었다. 셋째는 고종은 이를 두고 '사전(祀典)의 복구(復舊)'라고 표명하며 고유(告由)하는 절차를 하되 대신을 보내서 설행하도록 했다.[45]

고종이 갑자기 국가 제사를 다시 옛 법식대로 정비하라고 한 이유는 무엇일까. 조칙 속에 언급한 다음의 두 가지에서 파악된다. 하나는 더없이 엄하고 삼가야 할 국가 사전을 내각의 역신(逆臣)이 명령을 집행하면서[집명(執命)] 자의로 재감(裁減)했다는 점이다. 다른 하나는 구력의 사용과 관련한 것으로, 신력(新曆)과 구력의 날짜는 원래 서로 차이가 있지만 성신(誠愼)의 도리로 볼 때 신력의 사용은 더욱 마음이 편치 못하다는 것이었다.[46]

44 『承政院日記』 高宗 33年 12月 16日(丙子)[陽曆 1月 18日]; 『高宗實錄』 卷35, 高宗 34年 1月 18日(陽曆).

45 『高宗實錄』 卷34, 高宗 33年 7月 24日(陽曆); 『承政院日記』 高宗 33年 6月 14日(戊寅)[陽曆 7月 24日].

46 위와 같음.

이는 곧 현재 시행하고 있는 국가 제사와 관련한 일이나 규정 역시 고종 자신의 뜻이 아니었음을 보여준다. 그런 까닭에 적어도 국가 제사 및 제사를 지내는 날짜는 김홍집 내각 시절의 결정을 뒤엎고 그 이전으로 돌아가자는 뜻이었다. 마지막으로 사전 복구에 대한 고유 절차에서 대신으로 하여금 대행하게 한 것은 아관에 거처하고 있는 고종의 입장에서는 다른 선택을 할 여지가 없었던 것이다.

고종의 이러한 조칙에 대해 궁내부 대신 이재순이 당장 급하게 행해야 할 몇 가지를 상주했다. 첫째, 빈전에서 올리는 삭망전(朔望奠)은 구력으로 6월 15일(양력 7월 25일)부터 매달 삭망일에 거행하고, 삭망과 속절의 제전(祭奠) 때에는 규례대로 백관이 배제(陪祭)한다는 내용이다. 둘째, 종묘, 영희전, 경모궁, 각 능원, 각 궁묘(宮廟)의 분향은 구력으로 6월 15일부터 매달 삭망일에 거행하며, 셋째, 사전 복구에 대한 고유 설행은 종묘와 영녕전, 빈전, 사직, 경모궁에서의 고유는 구력으로 6월 15일에 설행하고, 빈전에서의 고유는 같은 날에 올리는 망전과 함께 고한다는 것이었다.[47] 특히 경복궁에 있는 빈전과 관련된 의절은 더더욱 고종의 참여가 불가능하여 대신이 섭행할 수밖에 없었다.

전통시대 유교 국가에서 제사는 매우 중요한 의례였다. 그 때문에 건국 초 국가 사전 체계의 정비는 다른 의례에 앞서서 진행되었다. 그런데 김홍집 내각이 들어서면서 자의로 이를 재감했고, 고종은 아관으로 파천한 뒤 5개월이 지나서야 비로소 국가 사전을 예전대로 되돌리는 조치를 취했다. 국내외적으로 많은 일들로 인해 겨를이 없었음을 짐작하게 한다.

아울러 국가 제사는 국왕이 주관하여 지내는 것이 원칙이다. 고종과 고

47 『承政院日記』 高宗 33年 6月 14日(戊寅)[陽曆 7月 24日]; 『高宗實錄』 卷34, 高宗 33年 7月 24日(陽曆).

종을 대신할 왕태자까지 러시아 공사관을 벗어날 수 없는 상황에서는 대신이 대행하는 것이 유일한 방법이다. 러시아 공사관에서 머무는 동안 국가 제사만이 아니라 기타 대부분의 국가 의례는 고종의 지시에 따라 섭행이 이루어질 수밖에 없다. 또 양력을 사용함으로써 가장 불편한 점이 제사를 지내는 날짜를 헤아리는 일이다. 이번에 국가 제사는 양력에서 다시 음력을 사용하게 되면서 그러한 혼란을 조금이나마 피할 수 있게 되었다.

국가 제사를 복구(復舊)하라는 고종의 조칙을 받들어 8월 14일에 궁내부 대신 이재순이 국가 제사 체계를 정리하여 별단을 올렸다. '대중소사별단(大中小祀別單)'은 다음의 〈표 2〉와 같다.

국가 사전이 다시 정비되고, 국가 제사는 음력에 맞춰 지내게 되었다.

〈표 2〉 대사·중사·소사[48]

제사의 규모	해당 제사
대사(大祀)	환구(圜丘), 종묘(宗廟), 영녕전(永寧殿), 사직(社稷), 대보단(大報壇)
중사(中祀)	경모궁(景慕宮), 문묘(文廟), 미기성(尾箕星),[49] 선농(先農), 선잠(先蠶), 우사(雩祀), 관왕묘(關王廟)
소사(小祀)	삼각산(三角山), 목멱산(木覓山), 한강(漢江), 사한(司寒), 중류(中霤), 계성사(啓聖祠), 사현사(四賢祠), 선무사(宣武祠), 정무사(靖武祠),[50] 둑제(纛祭), 여제(厲祭), 성황제(城隍祭), 마조(馬祖), 기우(祈雨), 영제(禜祭), 기설(祈雪)
속례(俗禮)	영희전(永禧殿), 준원전(濬源殿), 화령전(華寧殿), 각 능(陵)·원(園), 조경묘(肇慶廟), 각 묘(廟)·궁(宮)
외도(外道)	만동묘(萬東廟), 역대시조(歷代始祖), 기자릉(箕子陵), 동명왕릉(東明王陵), 삼성사(三聖祠), 성신사(城神祠),[51] 무열사(武烈祠), 정충단(旌忠壇), 풍운뢰우(風雲雷雨)

48 『高宗實錄』 卷34, 高宗 33年 8月 14日(陽曆). 『승정원일기』에는 궁내부 대신 이재순이 조칙을 받들어 국가 사전을 정비한 별단을 올린다는 내용만 있고, '大中小祀別單' 자체는 수록되어 있지 않다〈『承政院日記』 高宗 33年 7月 6日(己亥)[陽曆 8月 14日]〉.
궁내부 대신 이재순이 祀典을 복구했다고 하지만 〈표 2〉를 보면 과거와 달라진 것이 보인다. 조선시대 국가전례서와 地誌에 규정된 국가 사전 체계는 이현진, 2019(a) 「성저십리 및 근교에서 설행한 국가제사」 『조선시대 다스림으로 본 성저십리』 서울역사편찬원, 210~221쪽이 참조된다. 기존 연구에서 밝힌 조선시대 사전 체계와 〈표 2〉를 비교할 때 가장 큰 차이는 '外道祀典'이라고 하여 지방에서 지내는 제사를 별도의 항목으로 두었다는 점이다. 소소

그중 음력의 사용은 국가 제사에 그치지 않고, 그 이후에는 고종 이하 각 전·궁의 탄신 월일에도 적용되었다. 8월 21일에 지금부터 시작하여 음력을 따르고 내년의 신력을 인명한다는 안건을 고종이 윤허한 것이었다.[52] 앞서 고종과 왕태후, 왕태자, 왕태자비의 탄신 날짜를 양력으로 환산했다. 음력은 해가 바뀌어도 날짜에 변화가 없지만 이를 양력으로 환산하면 해마다 바뀌기에 혼란스럽다. 이를 피하고자 생일도 음력을 사용하도록

하게는 조선시대 국가전례서와 지지에는 등재되어 있으나 〈표 2〉에는 누락되었다거나 〈표 2〉에는 들어가 있으나 국가전례서와 지지에는 없는 제사들도 발견된다. 필자가 오랫동안 문헌을 검토한 바, 조선시대 국가 사전 체계는 국가전례서와 지지를 비롯하여 『經國大典』·『續大典』·『大典通編』·『大典會通』 등의 법전류, 그 밖에도 법전류처럼 각종 규정을 정해놓은 『典律通補』, 『銀臺便攷』, 『六典條例』, 『銀臺條例』 등에도 기록되어 있다. 이 모든 문헌들을 함께 검토할 때 시대별 국가 제사 체계의 변화 및 그 변화의 원인에 대해서도 파악할 수 있을 것으로 판단된다. 단, 문헌마다 제사의 出入에서 차이를 보이는데 이는 각 문헌의 성격과도 유관하며, 당대의 역사적 상황까지 고려해야 할 문제라고 판단된다. 추후의 연구 과제로 삼고자 한다.

49 미기성은 조선시대 국가전례서와 지지에 나오지 않는 제사 대상이다. 고종 33년 8월 14일(양력)의 기사에 앞서 『大典會通』(1865, 고종 2)과 『六典條例』(1867, 고종 4) 「禮典」조를 보면 국가 사전 체계에 편입되어 있음이 확인된다. 따라서 추후의 연구가 필요한 제사이다.

* 『大典會通』(서울大學校 奎章閣 영인본, 1999. 〈奎 1302〉를 영인함) 卷3, 禮典 「祭禮」 "[補] 社稷祈穀 正月上辛 大祀 ○尾箕星 正月上寅 中祀". 『대전회통』에서 '補'는 『大典通編』(1785, 정조 9)이 편찬된 이후 새로이 添補한 규정을 가리킨다.

* 『六典條例』(서울大學校 奎章閣 영인본, 1999. 〈奎 5289〉를 영인함) 卷5, 禮典 禮曹 典享司 「祭祀」 "○中祀 景慕宮風雲雷雨山川城隍尾箕星先農先蠶雩祀文宣王釋奠東南關王廟".

50 정무사는 조선시대 국가전례서와 지지에 나오지 않는 사당이다. 1884년(고종 21) 고종이 중국의 흠차 제독 吳長慶의 喪變 소식을 듣고[『高宗實錄』 卷21, 高宗 21年 6月 壬午(10)], 그의 위판을 봉안하여 제사지내기 위하여 이듬해(1885)에 정무사를 건립했다[『承政院日記』 高宗 22年 4月 28日(丙申); 『高宗實錄』 卷22, 高宗 22年 4月 丙申(28)]. 祝式 및 享祀 의절은 征東宮軍祠의 例를 따라 마련했으며[『承政院日記』 高宗 22年 9月 7日(壬寅)], 운양 金允植의 문집인 『雲養集』에 그의 致祭文이 전한다[『雲養集』 卷9, 御製代撰 致祭文(共十七 錄十) 「靖武祠吳長慶致祭文」(乙酉五月)].

51 성신사는 수원 華城의 城神을 받들어 제사지내는 사당으로, 조선시대 국가전례서와 지지에 기록되어 있지 않다. 사당이 건립된 위치, 건물의 규모, 그곳에서 지내는 제사에 대해서는 『華城城役儀軌』(奎 14590) 卷首, 圖說 「城神祠」 참조.

52 『高宗實錄』 卷34, 高宗 33年 8月 21日(陽曆); 『承政院日記』 高宗 33年 7月 13日(丙午)[陽曆 8月 21日].

수정한 것으로 이해된다.

조선이 중세에서 벗어나 근대로 나아가기 위해, 더 이상 고립이 아닌 다른 열강들과 어깨를 나란히 하고자 관제를 개편하고 달력도 양력을 사용하게 되었다. 하지만 관제의 개편과 양력의 사용은 여기에 익숙하지 않는 이들에게 혼란을 초래했고, 관제는 원래대로 되돌아가기가 힘들지만 탄신을 포함한 각종 국가 의례는 행례의 편리를 위해 다시 구력으로 되돌아갔다.

음력에서 양력, 다시 음력으로 돌아가는 일련의 일들은 시간을 두고 철저한 준비 속에서 진행되지 않았음을 반증하는 모습이다. 이후 국가 의례를 거행할 때마다, 그리고 왕실 구성원들의 탄신일이 다가올 때마다 양력과 음력이 함께 거론될 것이며, 명성왕후의 국장도 마찬가지로 각 의식을 행할 때마다 그러할 것임은 명약관화하다. 건양 선포 이후 양력을 사용하면서 문헌마다 날짜를 기재하는 방식에 차이가 있다고 앞서 언급했다. 특히 이즈음부터는 문헌을 검토할 때 이러한 부분에 있어서 더더욱 세심한 주의가 필요함은 물론이다.

고종은 아관파천을 결행한 후 김홍집 내각에 몸담았던 세력들을 내치고 새로운 사람들을 등용하여 김홍집 내각 시절에 있었던 일을 바로잡거나 그 이전으로 되돌리는 일들을 추진했다. 명성왕후 국장 또한 본인 주도로 진행시키고자 국장 담당자를 교체하는 등 노력을 기울였다.

그중 후자는 빈전이 경복궁에 있었기 때문에 여러모로 여의치 않았다. 아관에서 경복궁으로 환어할 날을 기약할 수 없는 상황에서 빈전에서 행해야 하는 의례를 마냥 섭행으로 처리할 수만은 없었다. 이를 타개할 방법을 모색했고, 마침내 대정동과 가까우면서도 왕태후와 왕태자비가 이어해 있는 경운궁으로 빈전을 옮기는 계획을 세우기에 이르렀다.

제 2 절

빈전의 경운궁 이봉(移奉)과 국장 재개

1. 경복궁에서 경운궁으로의 빈전 이봉

8월 10일, 고종은 경운궁의 수리와 관련하여 조령을 내렸다. 열성들이 임어했던 경운궁의 수리가 아직도 미흡하여 궁내부와 탁지부에게 맡아서 수리하게 하되 간단하게 하라는 내용이었다.[53] 경운궁의 수리는 고종이 환궁을 하더라도 경복궁이 아닌 경운궁으로 가려는 의도로 예측된다. 이는 8월 23일 경복궁에 있는 빈전과 진전(眞殿)을 경운궁 별전(別殿)으로 옮겨 봉안하라는 조령에서 어느 정도 명확해진다.[54]

일반적으로 국왕이 다른 궁궐로 이어를 하면 혼전에 봉안되어 있는 신주나 진전에 안치되어 있는 어진도 함께 간다.[55] 빈전과 진전의 이봉을 함께 명한 것도 그 때문이다. 명성왕후는 아직 발인을 하지 않았으므로 혼전이 아닌 빈전의 이봉이 된 셈이다. 무엇보다 빈전과 진전의 경운궁 이봉은 경운궁이 러시아 공사관과 가깝다는 장점 이외에도 고종이 경운궁으

53 『高宗實錄』卷34, 高宗 33年 8月 10日(陽曆).

54 『高宗實錄』卷34, 高宗 33年 8月 23日(陽曆); 『承政院日記』高宗 33年 7月 15日(戊申)[陽曆 8月 23日].

55 이현진·손신영, 2017 「조선후기 궁궐의 殿閣 月臺와 의례 -〈동궐도〉와 〈서궐도안〉을 대상으로-」『東洋古典研究』67, 411~412쪽.

로 환어할 가능성도 시사하므로 그 의미가 남다르다. 본서에서는 국장을 다루므로 진전의 이봉은 차치하고 '빈전의 이안'에만 초점을 두고 전개하고자 한다.

고종은 러시아 공사관으로 이차(移次)한 지 꽤 되었으나 빈전을 요망(遙望)하기만 할 뿐이었다. 그러던 중 8월 23일에 고종은 동궁이 빈전에서 행해야 하는 의례를 거행하지 못하고 있다는 이유를 들어 빈전의 이안(移安)을 지시했다. 경복궁 태원전에 마련되어 있던 빈전을 경운궁 별전으로 음력 7월 그믐께 옮기라는 조칙을 내렸다.[56] 또 이날에는 인산할 때의 배왕대장 김재풍을 해임하고 경무사 이종건(李鍾健, 1843~1930)을 그 자리에 임명했다.

참고로 문헌에는 경복궁에 있는 빈전을 경운궁 별전으로 옮긴다고 하여 '빈전이안(殯殿移安)' 혹은 '빈전이봉(殯殿移奉)'이라고 표현했다. 이를 그대로 풀이하면 건물인 빈전을 옮겨 봉안한다는 뜻이 된다. 하지만 실상은 경복궁 태원전에 마련되어 있던 빈전을 경운궁 별전에 마련해서 태원전에 봉안되어 있는 '재궁'을 경운궁 별전으로 옮겨 봉안한다는 의미이다.

8월 24일 혹은 8월 25일, 궁내부 대신 서리 윤정구(尹定求, 1841~?)가 고종의 조칙을 받들어 일관 김동만에게 빈전을 경운궁 별전으로 이안하는 길한 일시를 추택하게 했다. 김동만은 음력 7월 27일이 길하며, 그에 따른 세부적인 절차의 길한 일시에 대해서도 보고했다.

『고종실록』에는 이와 같은 내용을 담은 기사가 실려 있지 않고, 『승정

---

56 『高宗實錄』 卷34, 高宗 33年 8月 23日(陽曆); 『承政院日記』 高宗 33年 7月 15日(戊申)[陽曆 8月 23日]; 『明成皇后殯殿魂殿都監儀軌』(奎 13890) 卷1, 詔勅(稟奏幷入) 「丙申七月十六日」. 『명성황후빈전혼전도감의궤』에는 음력 7월 16일로 되어 있는데 본문에는 관찬 자료를 따라 8월 23일(음력 7월 15일)로 기입했다. 『명성황후빈전혼전도감의궤』의 「詔勅」조에 기록된 날짜가 다른 문헌의 날짜와 차이를 보이는 곳이 이후에도 계속 발견된다.

원일기』와 의궤에 구체적으로 기록되어 있다. 두 문헌에서 시각이 일치하지 않는 곳이 있어 둘 다 제시하며, 또 음력으로만 날짜가 기재되어 있어서 양력 날짜를 병기했다. 두 문헌의 내용은 다음과 같다.

○ 『승정원일기』 : 7월 16일(양력 8월 24일)[57]

* 계빈(啓殯): 음력 7월 26일 신시(양력 9월 3일). 먼저 동방을 엶.
* 이봉(移奉): 음력 7월 27일 미시(양력 9월 4일).
* 봉안(奉安)·성빈(成殯) : 음력 7월 27일 경시(庚時)(양력 9월 4일).

○ 『명성황후빈전혼전도감의궤』 : 7월 17일(양력 8월 25일)[58]

* 계빈(啓殯): 음력 7월 26일 신시(양력 9월 3일). 먼저 동방을 엶.
* 이봉(移奉): 음력 7월 27일 병시(丙時)(양력 9월 4일) → 미시(음력 7월 24일자 개정).
* 봉안(奉安)·성빈(成殯): 7월 27일(음력) 미시(未時)(양력 9월 4일) → 경시(음력 7월 24일자 개정).

두 문헌에서 윤정구가 고종에게 보고한 날짜가 하루 차이가 나고, 보고한 내용에서는 시각에서 차이를 보였다. 그런데 의궤에서 윤정구가 보고한 후 일주일 즈음 지난 음력 7월 24일(양력 9월 1일)자 궁내부 주본(奏本)에 따르면, 빈전을 이봉하는 시각은 27일 병시(丙時)에서 미시(未時)로 개정하고, 봉안·성빈하는 시각은 27일 미시(未時)에서 경시(庚時)로 개정한다고

57 『承政院日記』 高宗 33年 7月 16日(己酉)[陽曆 8月 24日].

58 『明成皇后殯殿魂殿都監儀軌』(奎 13890) 卷1, 詔勅(稟奏幷入) 「丙申七月十七日」. 『명성황후빈전혼전도감의궤』의 「詔勅」조에 기록된 날짜가 다른 자료의 날짜와 차이를 보인다고 바로 위 각주 56에서 지적했다. 이를 고려하면 『명성황후빈전혼전도감의궤』에 기록된 날짜가 7월 17일이므로 관찬 자료일 경우 음력 7월 16일이 될 가능성이 크다.

되어 있다.[59] 결국 『승정원일기』의 기록과 동일하게 된 셈인데, 의궤의 기록은 시각을 조정하는 과정을 보여준다는 점에서 의미가 있다.

고종은 빈전을 이안하는 이유로 동궁의 성효(誠孝)를 강조했다. 그에 따라 8월 25일에 고종은 이안하는 날인 음력 7월 27일(양력 9월 4일)에 동궁이 응당 별전(別奠)을 행할 것이므로 백관의 입참을 명했다.[60] 이틀 뒤 8월 27일에는 인산할 때 돈체사(頓遞使)에 한성부판윤 정낙용(鄭洛鎔, 1827~1914)을 임명했다.[61]

8월 28일, 영조대 수교(受敎)와 『보편』의 횡간도(橫看圖)를 따라 복제를 이정(釐正)하여 마련하도록 조령을 내렸다.[62] 이는 성복할 때 입었던 최복(衰服)이 아닌 고종의 시사복(視事服)과 연거복(燕居服), 왕태자와 왕태자비의 진현복(進見服) 등의 이정이었다. 최복의 수정은 상복을 입는 자들의 신분 혹은 인적 관계가 바뀌지 않는 한 거의 불가능하다. 그에 따라 다음 날인 29일에 기존의 복제의주에 이러한 내용을 담아 개부표(改付標)하여 올렸다.[63]

빈전을 이안하는 3일 전인 9월 1일(음력 7월 24일), 종묘와 영녕전, 사직, 경모궁에 대신을 파견하여 '빈전이안'을 고유하는 절차를 거행했다.[64] 이

59 『明成皇后殯殿魂殿都監儀軌』(奎 13890) 卷1, 詔勅(稟奏幷入) 「丙申七月二十四日」.

60 『高宗實錄』 卷34, 高宗 33年 8月 25日(陽曆); 『承政院日記』 高宗 33年 7月 17日(庚戌)[陽曆 8月 25日]. 『명성황후빈전혼전도감의궤』에는 음력 7월 18일로 되어 있다[『明成皇后殯殿魂殿都監儀軌』(奎 13890) 卷1, 詔勅(稟奏幷入) 「丙申七月十八日」].

61 『高宗實錄』 卷34, 高宗 33年 8月 27日(陽曆); 『承政院日記』 高宗 33年 7月 19日(壬子)[陽曆 8月 27日].

62 『高宗實錄』 卷34, 高宗 33年 8月 28日(陽曆); 『承政院日記』 高宗 33年 7月 20日(癸丑)[陽曆 8月 28日]. 『명성황후빈전혼전도감의궤』에는 음력 7월 22일로 되어 있다[『明成皇后殯殿魂殿都監儀軌』(奎 13890) 卷1, 詔勅(稟奏幷入) 「丙申七月二十二日」].

63 『高宗實錄』 卷34, 高宗 33年 8月 29日(陽曆); 『承政院日記』 高宗 33年 7月 21日(甲寅)[陽曆 8月 29日].

64 『高宗實錄』 卷34, 高宗 33年 8月 29日(陽曆); 『承政院日記』 高宗 33年 7月 21日(甲寅)[陽曆 8月 29日].

틀 뒤 9월 3일에 '빈전이봉'을 위한 습의(習儀)를 1번 시행했다. 습의는 원래 3번을 해야 하는데 이번에는 정일(正日)이 임박하여 하루 전날에 1번만 시행한 것이었다.[65]

'빈전이봉' 습의에 앞서 9월 2일에 '빈전이봉'으로 인해 지내야 하는 제사에 대해 논의했다. 해사제(解謝祭) 및 견여가 지나가는 문로(門路)·교량(橋梁)에서 제사지내는 곳, 설제처(設祭處)를 정하는 등의 안건이었다. 해사제는 빈전해사제이고, 그 밖의 제사지내는 장소는 광화문 50신위(神位), 혜정교(惠政橋), 대광통교(大廣通橋) 등이었다.[66]

빈전해사제는 나중에 다시 한 번 더 언급하겠지만 빈전이 경운궁에 마련됨에 따라 기존에 마련되었던 태원전은 더 이상 빈전으로서의 기능을 상실하게 된다. 그에 따라 태원전에서 재궁이 나가고 나면 이곳에서 해사제를 지낸다는 뜻이다. 나머지 세 곳의 설제처는 경복궁에서 경운궁으로 가는 동안 아무 탈없이 무사히 갈 수 있도록 세 곳에서 제사를 지낸다는 의미이다.

9월 4일(음력 7월 27일), 마침내 경복궁에 있던 빈전을 경운궁으로 옮겨 봉안했다.[67] 앞서 빈전 처소를 경운궁 별전이라고 했는데, 그 별전은 바로

---

65 『承政院日記』 高宗 33年 7月 21日(甲寅)[陽曆 8月 29日]. 『명성황후빈전혼전도감의궤』에는 음력 7월 23일로 되어 있다[『明成皇后殯殿魂殿都監儀軌』(奎 13890) 卷1, 詔勅(稟奏幷入) 「丙申七月二十三日」].

66 『明成皇后殯殿魂殿都監儀軌』(奎 13890) 卷1, 掌禮院來照 「丙申七月二十五日」 "掌禮院照會內開院單子 今此殯殿移奉時 解謝祭所過門路橋梁祭 磨鍊後錄爲白去乎 令各該司 依此擧行爲白乎矣 祝文令侍讀撰出 亦令國葬都監 專掌檢飭 何如 殯殿解謝祭 光化門五十神位 惠政橋 大廣通橋 启依所启施行事 奏下爲有旀 …".

67 『景孝殿日記』(藏 K2-2418) 丙申七月二十七日庚申 陽九月四日. 빈전을 경운궁 별전으로 이봉할 때의 의주는 『明成皇后殯殿魂殿都監儀軌』(奎 13890) 卷1, 儀註 「殯殿移奉慶運宮別殿儀」; 『明成皇后國葬都監儀軌』(奎 13883) 卷1, 都廳儀軌 儀註 「殯殿移奉慶運宮別殿儀」(移安成殯後 別奠親行儀) 참조. 이동하는 모습을 보여주는 반차도는 『明成皇后國葬都監儀軌』(奎 13883) 卷2, 一房儀軌 [班次圖] 「殯殿移奉慶運宮時班次圖」; 『殯殿移奉慶運宮時班次圖明成皇后發靷班次圖』(藏 K3-550) 참조.

새로 지은 경소전(景昭殿)이다.[68] 이봉할 때 재궁의 배봉은 대여(大轝)가 아닌 견여(肩轝)로 했으며,[69] 신백(神帛)은 신련(神輦)에 봉안하여 거행했다.[70] 좌의정이 담당하던 솔여재궁관(帥舁梓宮官)과 우의정이 맡았던 식재궁관(拭梓宮官)은 관제의 개정으로 이번에는 총호사가 겸행(兼行)했다.[71] 견여의 사용과 총호사의 겸행에는 '인산할 때와는 다르다.'는 조건이 있었다.

고종은 최복 차림으로 경운궁 대문 밖으로 나아가 신(백)련과 영여(靈轝)를 맞이하면서 곡하고[영곡(迎哭)], 동궁 또한 최복 차림으로 그곳으로 나아가 지영(祗迎)했다.[72] 빈전에 신백과 재궁을 봉안하여 성빈한 뒤 고종과 왕태자는 각각 별전(別奠)을 올렸다.[73]

경복궁 태원전(빈전)에서 경운궁 경소전(빈전)으로 신백과 재궁을 운반하는 이동 경로는 다음과 같다.

---

68 『景孝殿日記』(藏 K2-2418) 丙申七月二十七日庚申 陽九月四日. 빈전이 경소전이라는 사실은 이욱, 2018 앞의 논문, 47쪽을 통해 알 수 있었다. 이때 빈전으로 마련한 경소전은 새로 지은 전각이었다〈『承政院日記』 高宗 33年 9月 13日(乙巳)[陽曆 10月 19日]; 『高宗實錄』 卷34, 高宗 33年 10月 19日(陽曆)〉.

69 『高宗實錄』 卷34, 高宗 33年 8月 29日(陽曆); 『承政院日記』 高宗 33年 7月 21日(甲寅)[陽曆 8月 29日]. 『명성황후빈전혼전도감의궤』에는 음력 7월 23일로 되어 있다[『明成皇后殯殿魂殿都監儀軌』(奎 13890) 卷1, 詔勅(稟奏幷入) 「丙申七月二十三日」].

70 『承政院日記』 高宗 33年 7月 21日(甲寅)[陽曆 8月 29日]. 『명성황후빈전혼전도감의궤』에는 음력 7월 23일로 되어 있다[『明成皇后殯殿魂殿都監儀軌』(奎 13890) 卷1, 詔勅(稟奏幷入) 「丙申七月二十三日」].

71 『高宗實錄』 卷34, 高宗 33年 9月 1日(陽曆); 『承政院日記』 高宗 33年 7月 24日(丁巳)[陽曆 9月 1日]; 『明成皇后殯殿魂殿都監儀軌』(奎 13890) 卷1, 詔勅(稟奏幷入) 「丙申七月二十四日」.

72 『明成皇后殯殿魂殿都監儀軌』(奎 13890) 卷1, 詔勅(稟奏幷入) 「丙申七月二十四日」; 『承政院日記』 高宗 33年 7月 27日(庚申)[陽曆 9月 4日]; 『高宗實錄』 卷34, 高宗 33년 9月 4日(陽曆). 고종이 영곡하는 의주와 왕태자가 지영하는 의주는 『明成皇后殯殿魂殿都監儀軌』(奎 13890) 卷1, 儀註 「殯殿移奉慶運宮別殿時陛下迎哭儀」·「殯殿移奉慶運宮別殿時王太子祇迎儀」 참조. 『승정원일기』에는 고종이 영곡하는 의주가 간략하게 수록되어 있다.

73 『高宗實錄』 卷34, 高宗 33년 9月 4日(陽曆); 『承政院日記』 高宗 33年 7月 27日(庚申)[陽曆 9月 4日].

○ 『경효전일기』: 신백과 재궁의 이동 경로[74]

* 미시(未時): 신백을 담은 신백함(神帛函)을 토등방상(土籐方箱)에 넣어 안치한 뒤 신련에 봉안했다. (신련이) 출발할 때 소선(素扇)과 소개(素盖)를 찬궁 앞에 진열하고, 이어서 난간평상(欄干平床)을 설치했다. 총호사 조병세가 여재궁관(舁梓宮官) 및 여러 사람들을 거느리고 무예청(武藝廳)으로 들어가서 재궁을 받들어 냈다. (난간평상에 재궁을 싣고) 출발하여 경안문(景安門), 건숙문(建肅門), 정양문(正陽門), 경유문(景維門)을 경유하여 경유문 밖 앞 뜰[전정(前庭)]에서 견여에 재궁을 봉안했다. (견여가) 청목문(淸穆門), 용성문(用成門), 광화문(光化門), 종각 모퉁이[종각우(鍾閣隅)], 광통교(廣通橋), 미동병문(美洞屛門), 소정동(小貞洞), 연화문(延和門)을 경유했다. 연화문의 서쪽 뜰 안에 막차(幕次)를 설치했다. 고종이 최복(衰服)을 입고 영곡하고 왕태자가 지영했다. 곡하면서 영여(靈轝)를 따라 숙목문(肅穆門) 보계(補階), 융안문(隆安門)을 경유하여 경소전에 이르렀다. 찬궁 안에 사자(死者)의 머리가 남쪽을 향하도록 재궁을 돌리고 이어서 성빈했다. 영좌(靈座)를 배설하고, 명정(銘旌)과 선(扇), 개(盖), 상(床), 거(車) 등을 안으로 들여서 배열했다.

* 경시(庚時): 고종이 직접 성빈전(成殯奠)을 올리되 석상식을 겸행하고, 왕태자는 모시고 곡했다. 왕태자비와 군부인은 곡림했다.

* 신시(申時): 석전(夕奠)을 겸행했다. 왕태자가 직접 별전을 올렸다.

---

74 『景孝殿日記』(藏 K2 2418) 丙申七月二十七日庚申 陽九月四日 “未時 神帛函盛安于土籐方箱 奉安於神輦 進發敎是時 素扇素盖 陳列於欑宮前 仍設欄干平床 摠護使宮內府特進官趙秉世 率舁梓宮官及內外各差備鳳頭別監 扶策武藝廳入來 奉出梓宮 攝通禮跪啓請進發 由景安門建肅門正陽門 景維門外前庭 奉安于肩轝 由淸穆門用成門光化門鍾閣隅廣通橋美洞屛門小貞洞延和門 門西庭內 設幕次 白 (생략) 上具衰服迎哭 王太子祇迎 哭隨轝由肅穆門補階 叓奉進隆安門景昭殿 欑宮內回南首 仍爲成殯 欑宮擧行 靈座排設 銘旌扇盖床車入排 幷上同 庚時 成殯奠兼夕上食親行 王太子侍哭 … 王太子妃郡夫人 哭臨爲之 … 申時 夕奠兼行 王太子別奠親行敎是時 饌物七十器 …”.

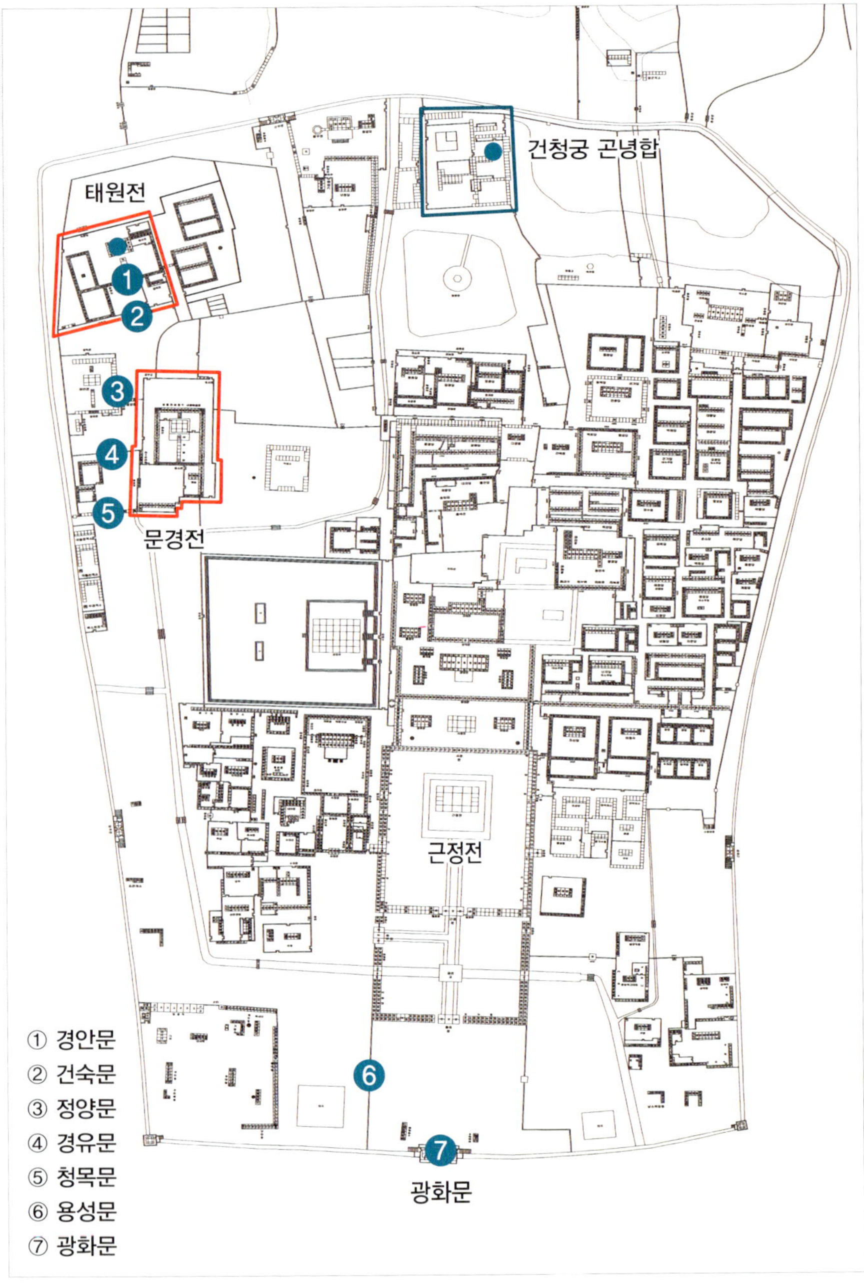

〈도판 16〉〈북궐도형〉을 통해 본 빈전 이봉 행렬 동선, 〈북궐도형(北闕圖形)〉, 국립문화재연구소

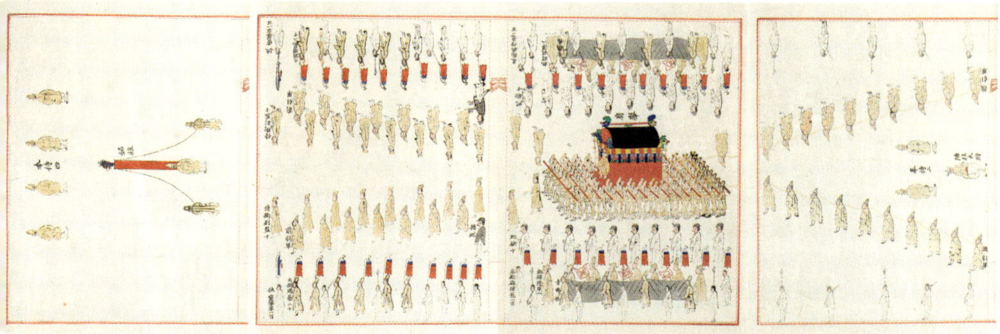

〈도판 17〉「빈전이봉경운궁시반차도(殯殿移奉慶運宮時班次圖)」, 『명성황후국장도감의궤』, 규장각한국학연구원
경복궁 태원전에 마련한 빈전에 봉안되어 있던 명성왕후의 재궁을 경운궁 경소전에 마련한 빈전으로 옮기는 행렬을 보여주는 반차도의 일부이다. 반차도는 왕실 행사의 주요 장면을 그림으로 표현하여 행사에 동원된 인원이 각자 서야 할 위치 및 의장(儀仗)의 순서를 보여주는 그림이다. 재궁의 주인이 명성왕후임을 나타내는 명정이 앞서고, 재궁을 실은 견여가 이를 뒤따르고 있다.

○ 의궤 : 행렬이 지나가는 내외 문로(門路) 및 난간평상 배설 처소[75]

빈전에서 경안문(景安門), 건숙문(建肅門), 정양문(正陽門), 경유문(景維門)을 경유하여 나와서 월대(月臺)에 이르러 난간평상을 배설한다. 월대에서 견여로 배봉하여 청목문(淸穆門), 용성문(用成門), 광화문(光化門)을 경유하여 나와서 경운궁 중삼문 밖 월대에 이르러 난간평상을 배설한다.

난간평상(欄干平床)의 용도

난간평상은 국가전례서에 도설이 실려 있지 않다. 하지만 죽은 자의 혼령이 깃든 신백을 담은 신백함(神帛函)을 올려두는 영좌교의(靈座交椅)를 안치하는 기능을 담당했다. 원래 이러한 기능을 하는 평상은 국가전례서에는 고란평상(高欄平牀)이라고 되어 있다.[76]

75 『明成皇后殯殿魂殿都監儀軌』(奎 13890) 卷1, 詔勅(稟奏幷入) 「丙申七月二十五日」 "同日 摠護使臣趙秉世謹奏 殯殿移奉慶運宮時 內外門路及欄干平床排設處所 與轝路 已經奏下而自殯殿 由景安門建肅門正陽門景維門 出至月臺 排設欄干平床 自月臺 陪奉於肩轝 由淸穆門用成門光化門 出至慶運宮中三門外月臺 排設欄干平床 依此磨鍊矣 預爲指揮於殯殿都監轝士廳之意 謹上奏 奉旨依奏"; 『明成皇后殯殿魂殿都監儀軌』(奎 13890) 卷1, 來照 「丙申七月二十五日」.

76 『國朝喪禮補編』(奎 3940) 圖說 ○靈座 「高欄平牀」 "(註) 所以安靈座交椅者".

난간평상과 고란평상은 이처럼 그 기능은 동일하지만 형태면에서 차이를 보인다. 곧, 난간평상은 1층의 난간을 두른 평상이고, 고란평상은 2층의 난간을 부착한 평상이다. 그 밖에도 난간평상에 네 기둥이 있는 것도 있고 그렇지 않은 것도 있다. 『명성황후국장도감의궤』에 실린 난간평상은 네 기둥이 있지만 『현종국장도감의궤(顯宗國葬都監儀軌)』에 수록된 난간평상은 그렇지 않다(〈도판 18〉).

경복궁 빈전[태원전]에서 경운궁 빈전[경소전]으로 빈전을 바꾸면서 재궁을 옮기는 과정에 대해 앞서 살펴보았다. 그중 『경효전일기』의 기록이 시각에 따라 이동 경로를 매우 구체적이고 상세하게 알려준다. 그에 비해 의궤의 기록은 재궁을 운반하는 경로 및 이때 쓸 난간평상을 배설하는 위치에 대한 정보를 제공해 준다. 두 문헌에서 주목되는 것은 난간평상의 용도이다. 기구의 용도는 이를 설치한 위치와 깊은 관련성을 가지므로 함께 검토할 필요가 있다.

난간평상은 『명성황후국장도감의궤』에 수록된 도설을 보면, 국가전례서에 수록된 고란평상과 그 형태가 다르지 않고(〈도판 18〉), 발인할 때 노제소(路祭所), 주정소(晝停所),

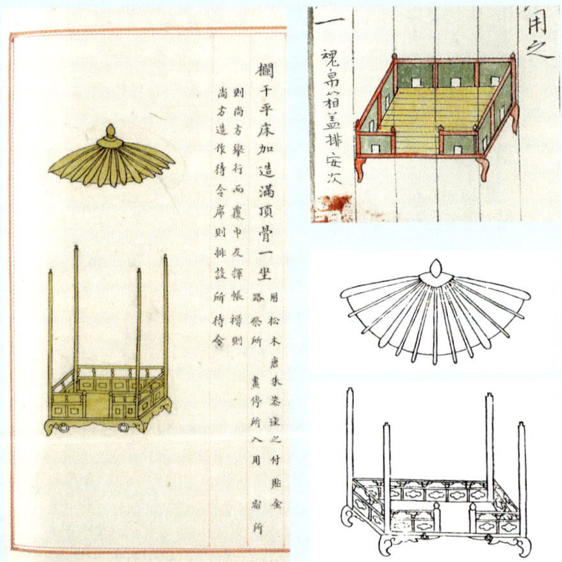

〈도판 18〉 「난간평상(欄干平床)」, 『명성황후국장도감의궤』, 규장각한국학연구원(좌) | 「난간평상」, 『현종국장도감의궤』, 규장각한국학연구원(우·상) | 「고란평상(高欄平牀)」·「악(幄)」, 『국조상례보편』, 규장각한국학연구원(우·하)

숙소(宿所)에서 사용한 것으로 되어 있다.[77] 더구나 만정골(滿頂骨)이 있기에 영좌교의를 안치하는 고란평상과 같은 기능을 담당한 것이 분명하다. 만정골과 함께 그려진 난간평상과 영좌교의에 대해서는 본서 제7장 제2절 2항에서 다시 다루고자 한다.

난간평상[고란평상]의 용도가 이와 같다면 빈전을 옮길 때 사용한 평상은 이 평상이 아닐 것이라는 의문이 든다. 먼저 두 문헌에서 난간평상을 설치한 위치는 제시하고 있으나 몇 좌(坐)를 설치한 것인가에 대해서는 언급이 없다. 설치한 곳에 반드시 일좌(一坐)라고 명시하지는 않았으나 평상이라면 일반적으로 그와 같이 생각하기 쉽다. 『경효전일기』의 기록대로라면 난간평상 1좌에 재궁을 싣고 빈전에서 출발하여 견여가 있는 곳까지 운반한 것으로, 의궤의 기록은 경복궁 월대와 경운궁 월대에 각각 난간평상을 배설한 셈이다.

문제는 막상 '빈전이봉'을 위한 의주(儀註)를 보면 일좌가 아니라는 사실이다. 이는 난간평상의 일반적인 용도를 의심하기에 충분하다. 경복궁 빈전에서 순(輴)이 있는 곳까지 난간평상을 '연달아' 설치한다든가[자전내지순소(自殿內至輴所) 연포난간평상(連鋪欄干平牀)],[78] 경운궁에 설치한 순의 앞부터 별전에 봉안되어 있는 찬궁 안까지 난간평상을 '연이어' 설치한다는 것[자순전지별전찬궁내(自輴前至別殿欑宮內) 연포난간평상(連鋪欄干平牀)]이 그것이다.[79] 순은 곧 견여이다.[80]

빈전을 이봉할 때 동선을 보여주는 『경효전일기』와 의궤 두 문헌에서 재궁의 이동 경로를 이동 수단에 따라 정리하면 다음과 같다. 먼저 『경효전일기』이다. 경복궁 빈전에서 출발하여 경유문 밖 앞 뜰에서 견여에 재궁을 봉안하기까지는 난간평상으로 이동하고, 그 이후부터는 견여로 경운궁 빈전까지 이동한 것으로 볼 수 있다. 다음은 의궤의 '행렬이 지나가는 내외 문로 및 난간평상 배설 처소'의 기록이다. 재궁의 이동 수

---

77 『明成皇后國葬都監儀軌』(奎 13883) 卷2, 一房儀軌 圖說 「欄干平床加造滿頂骨」.

78 『明成皇后殯殿魂殿都監儀軌』(奎 13890) 卷1, 儀註 「殯殿移奉慶運宮別殿儀」 "摠護使帥舁梓宮官及奉侍 捧梓宮 從欄干牀上【(註) 自殿內至輴所 連鋪欄干平牀】 將進詣輴所 覆以素錦褚 內外皆哭". 『명성황후국장도감의궤』에는 동일한 내용을 수록하고 있으나 총호사 대신 摠理大臣이라고 기재되어 있다[『明成皇后國葬都監儀軌』(奎 13883) 卷1, 都廳儀軌 儀註 「殯殿移奉慶運宮別殿儀」(移安成殯後 別奠親行儀)].

79 『明成皇后殯殿魂殿都監儀軌』(奎 13890) 卷1, 儀註 「殯殿移奉慶運宮別殿儀」 "摠護使帥舁梓宮官等 捧梓宮 降輴從欄干平牀上【(註) 自輴前至別殿欑宮內 連鋪欄干平牀如上】 進安於欑宮內 榻上南首". 『명성황후국장도감의궤』에는 위 각주 78처럼 총호사 대신 총리대신이라고 한 부분이 다를 뿐 동일한 내용을 싣고 있다.

80 『國朝喪禮補編』(奎 3940) 圖說 ○發引 「輴」(所以奉梓宮 陞降大轝者) "輴【(註) 卽肩轝】".

단이 경복궁 빈전에서 견여가 있는 월대까지는 난간평상으로, 견여가 있는 월대에서 경운궁 중삼문 밖 월대까지는 견여로, 중삼문 밖 월대에서 (경운궁) 빈전까지는 난간평상으로 이동했다.

경복궁 빈전에서 경운궁 빈전까지 이동한 것을 본다면 난간평상은 재궁을 싣고 운반했다는 것을 알 수 있다. 난간평상의 규모가 『명성황후국장도감의궤』에 수록된 도설에는 나오지 않지만 난간평상이 고란평상과 동일한 의물이라면 고려해 봄직하다. 더구나 『명성황후국장도감의궤』의 도설에 실린 「난간평상가조만정골(欄干平床加造滿頂骨)」이 곧 국가전례서의 고란평상과 악(幄)[만정(滿頂)]을 합친 것과 같기 때문이다. 악은 영좌교의를 보호하기 위하여 고란상(高欄牀) 위에 설치한 반달 모양의 덮개이다.[81]

『국조상례보편』에 규정한 고란평상의 규모는 다음과 같다. 평상의 길이는 6자 1치 2푼이고, 너비는 3자 6푼이다. 족부(足部)까지 포함한 높이는 1자 5치 5푼이고, 위에는 2층 난간을 설치한다. 네 귀퉁이에 기둥을 세우는데 길이는 5자 6치 1푼이고 사방은 2치이다. 악으로 덮는다. 주변에 휘장(揮帳)을 설치하고 앞면에 끈을 달아서[교금(交衿)] 열고 닫는다.[82]

다만, 난간평상[고란평상]의 규모를 고려할 때 두 가지 난점이 있다. 하나는 재궁의 크기이다. 명성왕후의 체형을 고려한 재궁, 이것을 실을 만큼 넉넉한가라는 점이다. 이는 소란상에서 해결의 실마리를 찾을 수 있다. 소란상의 규모가 네 기둥이 없다는 것을 제외하고는 고란평상과 같기에[83] 재궁을 싣기에 충분하다. 앞서 건청궁 곤녕합에서 빈전인 태원전으로 영상을 옮길 때 소란상을 사용한 것에서 입증된다.

다른 하나는 소금저의 동반 여부이다. 소란상으로 영상을 옮길 때에는 소금저를 덮어서 이동했다. 재궁의 운반에는 소금저가 함께 동반되어야 하는데, 그에 비해 난간평상[고련평상]은 휘장으로 둘렀다는 점에서 큰 차이를 보인다. 휘장을 두른 것은 재궁이 아닌 영좌교의를 안치하는 평상이기 때문일 것이다. 경복궁 빈전에서 경운궁 빈전까지 난간평상으로 이동할 때 소금저는 언급되지 않았다. 또 이동하는 모습을 보여주는 반차도에는 재궁을 실은 견여가 가는 모습을 보여주므로 난간평상과는 무관하다.

---

81 『國朝喪禮補編』(奎 3940) 圖說 ○靈座 「幄」(所以設於高欄牀上者) "幄【(註) 俗名滿頂 其機滿頂骨 其覆滿頂巾】制如日傘 殺其半如半月形".

82 『國朝喪禮補編』(奎 3940) 圖說 ○靈座 「高欄平牀」.

83 『國朝喪禮補編』(奎 3940) 圖說 ○小斂 「小欄牀」(襲斂殿與殯殿稍遠 則用小欄牀素錦褚 受敎) "牀【(註) 卽移安平牀】 制同高欄牀 但無四柱及蓮葉一層".

소금저의 동반 여부에서는 난간평상[고란평상]의 규모를 파악하기가 어렵다. 그럼에도 전반적으로 상황을 헤아려보면 난간평상[고란평상]은 재궁을 담을 정도는 되는 것으로 보인다.

다음은 빈전이봉 '의주'를 근거로 한 난간평상의 용도이다. 경복궁 빈전에서 견여가 있는 월대까지, 경운궁 중삼문 밖 월대에서 경운궁 별전 찬궁 안까지 '연달아' 난간평상을 설치했다고 앞서 언급했다. 이렇듯 난간평상을 연달아 설치한다는 것은 마치 재궁의 운반을 위해 배설한 윤여(輪轝)를 연상시킨다(〈도판 19〉). 윤여는 원래 재궁을 받들어 진발(進發)할 무렵 견여나 대여에 올리고 내릴 때 사용하는 기구이다.[84] 하지만 발인할 때 빈전에서 대여가 있는 곳까지, 정자각 안에서 견여가 있는 곳까지 윤여로 재궁을 운반하기도 했다.

윤여의 전자의 뜻으로 보면, 명성왕후/황후의 국장에서는 난간평상이 그 기능을 담당했음이 확인된다. 명성황후의 발인 때 '발인의주'를 보면, '재궁을 순에서 내리고 대여에 올릴 때 난간평상을 사용하고, 승강(陞降)할 때 모두 그러하다.'고 한 것이 그것이다.[85] 그런데 거의 동일한 역할을 담당한 평상이 있는데 바로 어간평상(御間平床)이다(〈도판 19〉). 이 또한 '발인'할 때 재궁을 대여에 올리거나 내릴 때 이 평상을 사용한 것으로 되어 있다.[86] 쓰임면에서 두 평상의 차이점이 뚜렷하지 않다.

발인은 아니지만 빈전의 이봉 과정은 발인 행렬과 크게 다를 바 없다. 견여가 있는 곳에 난간평상을 설치하여, 견여에 재궁을 올리거나 내릴 때 사용하기 위한 것이라면 두 평상은 용도라는 면에서 문제될 것이 없다. 그리고 이는 의궤에서 행렬이 이동할 때 '난간평상 배설 처소'와도 부합한다. 견여에 재궁을 올릴 때, 견여에서 재궁을 내릴 때 그곳에 난간평상을 설치했다고 되어 있기 때문이다. 그러면 이때의 난간평상은 어간평상의 역할과 동일하다고 볼 수 있으며, 그 형태는 네 기둥도 없고 악[만정]도 없을 것으로 판단된다.

반면, 윤여의 후자의 뜻으로 난간평상을 본다면, 연달아 난간평상을 설치한 것은 윤여를 길게 배설한 것이 연상된다. 예를 들면, 의소세손의 예장(禮葬)에서 발인할 때 빈

84 『國朝喪禮補編』(奎 3940) 圖說 ○發引「輪轝」"(註) 所以奉梓宮 進發陞降者".

85 『明成皇后殯殿魂殿都監儀軌』(奎 13890) 卷1, 儀註「發靷儀」"議政帥舁梓宮官等 捧梓宮陞輴 攝左掌禮前導 至外門外 攝左掌禮進當輴前 奏請降輴陞大轝俯伏興 議政帥舁梓宮官等 捧梓宮 陞大轝南首【(註) 降輴陞大轝時 用欄干平牀 凡陞降同】".

86 『明成皇后國葬都監儀軌』(奎 13883) 卷2, 一房儀軌 圖說「御間平床」.

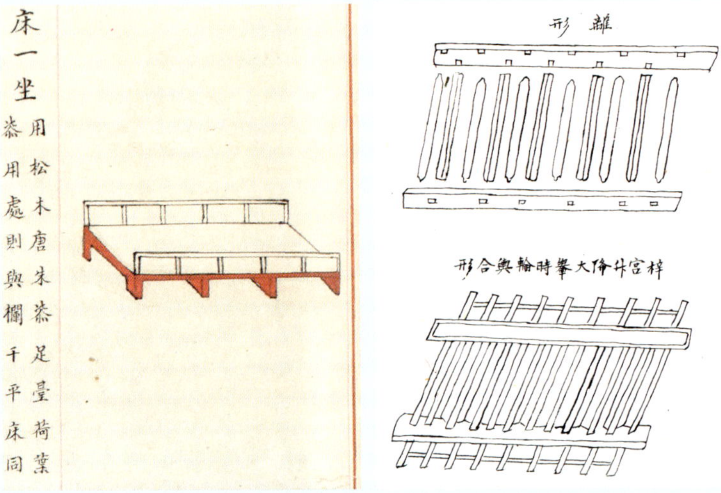

〈도판 19〉「어간평상(御間平床)」, 『명성황후국장도감의궤』, 규장각한국학연구원(좌①) | 「윤여(輪轝)」, 『춘관통고』, 규장각한국학연구원(우②)

① 어간평상은 대여의 장강(長杠) 사이에 설치하는 평상으로, 발인 때 대여와 견여에 재궁을 올리거나 내릴 때 사용한다. 재궁을 대여에 올릴 때에는 대여의 뒤쪽 장강의 어간에 이 평상을 설치하고, 그 반대로 대여에서 재궁을 내릴 때에는 대여의 앞쪽 장강에 이 평상을 대고 내린다. 국장 때에 어간평상은 2좌를 조성하는데 하나는 대여에 사용하고, 하나는 견여에 사용한다.[87]

② 윤여는 재궁을 받들어 견여와 대여에 올리고 내릴 때 및 빈전이나 정자각, 퇴광에서 재궁을 옮기기 위해 사용하는 기구이다.[88]

궁에서 숭화문(崇化門) 밖까지 윤여를 배설하여 재실(梓室)을 옮겼는데 그 거리가 391자였다.[89] 이러한 난간평상의 용도를 뒷받침하는 결정적인 도설이 있는데, 바로 『철종예릉산릉도감의궤(哲宗睿陵山陵都監儀軌)』에 실린 「난간평상배설도(欄干平床排設圖)」이다(〈도판 20〉).

「난간평상배설도」는 1864년(고종 1) 철종의 국장 때 발인한 뒤 정자각 월대에서 정전(正殿)의 3칸 중 정중앙 1칸에 봉안된 찬궁까지 재궁을 옮기기 위해 설치한 찬궁, 윤

87 『明成皇后國葬都監儀軌』(奎 13883) 卷2, 一房儀軌 圖說 「御間平床」 "梓宮陞大轝時 設於後面長杠御間 降轝時 移設於前面 … 一坐設於大轝 一坐設於肩轝 制樣幷同".

88 이현진, 2015 앞의 책, 202쪽; 이현진, 2017 앞의 책, 274쪽.

89 이현진, 2017 앞의 책, 273쪽.

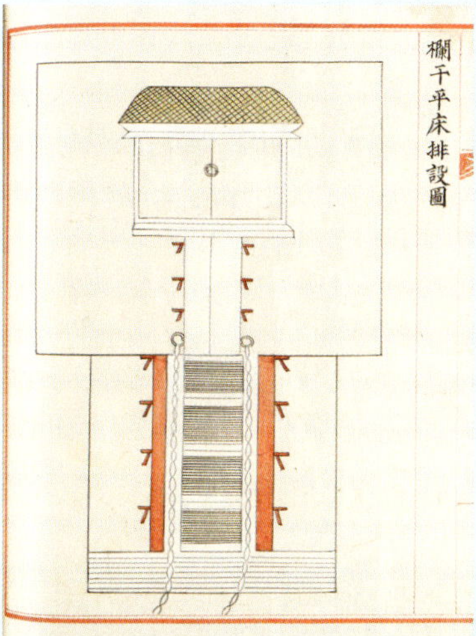

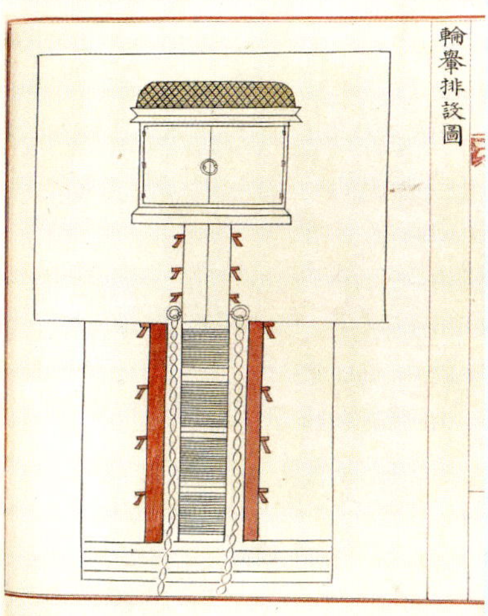

〈도판 20〉「난간평상배설도(欄干平床排設圖)」, 『철종예릉산릉도감의궤』, 규장각한국학연구원(좌) | 「윤여배설도(輪轝排設圖)」, 『신정왕후수릉산릉도감의궤』, 규장각한국학연구원(우)

「난간평상배설도」라 하면 말 그대로 난간평상을 배설한 그림이다. 하지만 이 도판은 정자각 월대에서 그 정전 한가운데에 봉안한 찬궁까지 재궁을 운반하기 위해 윤여를 배설한 모습을 그렸다. 이 도판을 설명하는 내용에서 난간평상은 언급조차 없다.

이러한 그림은 「윤여배설도(輪轝排設圖)」라고 명명하며 일반적으로 『산릉도감의궤』에 실려 있다. 정자각 월대에서 찬궁까지 재궁을 운반하기 위해, 그 반대로 산릉에 오르기[상산릉(上山陵)] 위해 정자각 안 찬궁에 봉안되어 있던 재궁을 견여가 있는 곳까지 운반하기 위해 윤여를 배설한 모습이다. 예를 들면, 1890년(고종 27) 신정왕후의 국장 때 정자각의 안팎에서 재궁의 운반을 위해 윤여를 설치한 모습을 그린 「윤여배설도」가 그것이다.

뿐만 아니라 『철종예릉산릉도감의궤』의 「난간평상배설도」의 그림과 그에 관한 설명은 일반 『산릉도감의궤』의 「윤여배설도」의 그림과 그 그림에 대한 설명과 같다. 「난간평상배설도」와 「윤여배설도」가 동일한 것임이 명백해진다. 다만, 난간평상과 윤여가 명백히 다른 기물임에도 「윤여배설도」가 아닌 「난간평상배설도」라고 도판 이름을 붙인 것에 대해서는 좀 더 연구가 필요하다.

여, 내왕판(來往板), 마목(馬木)의 모습을 그린 그림이다.[90] 빈전이봉 '의주'에서 '연달아' 난간평상을 설치했다고 한 것 역시 이러한 모습이라고 보는 것이 적절하다. 그렇지 않다면 난간평상으로 재궁을 운반하면서 여러 번 교체한 것으로 볼 수 있는데, 이는 의궤의 '난간평상 배설 처소' 기록과 어긋난다.

90 『哲宗睿陵山陵都監儀軌』(奎 13852) 下編, 造成所儀軌 圖說 「欄干平床排設圖」.

2. 산릉 재확정과 국장 재개

경복궁에서 경운궁으로 마침내 빈전을 옮겼다. 빈전에서 거행해야 하는 각종 의례를 행함은 물론 본격적인 국장을 다시 진행할 여건도 마련된 셈이다.

빈전을 옮긴 3일 뒤인 9월 7일, 장례원 경 민종묵(閔種默, 1835~1916)이 '인봉과 연제'를 행할 시기에 대해 상소했다. 인봉은 이미 시기가 지났고, 연제는 명성왕후가 세상을 떠난 지 1년이 다 되어 초기신(初忌辰)을 앞두고 있었기 때문이다.

사실 인봉은 원래 1896년 4월 7일에 거행하기로 했으나 국장의 중지로 무산되었다. 이에 대해 5월 1일에 총호사 김병시가 인봉 날짜를 추택하라는 고종의 명이 없는 것에 대해 상소까지 올렸으나 고종은 묵묵부답이었다. 이후 9월 4일에 경운궁으로 빈전을 옮겼으니 인봉을 거론할 만한 상황이 조성되었고, 이날 장례원 경이 거론하는 것은 당연했다. 인봉이 지체될수록 다른 의례까지 영향이 미치는데 심지어 초기신을 앞두고 있었으므로 인봉을 서두를 필요가 있었다.

그러면서 민종묵은 '인봉과 연제'는 당시의 형편을 고려하면 초기(初忌)인 음력 8월 20일(양력 9월 26일) 이전에는 거행하기 어려울 듯하고 했다. 그리고 이러한 변례를 위해 『가례증해(家禮增解)』(1792, 이의조李宜朝), 『예기(禮記)』의 「소기(小記)」·「증자문(曾子問)」, 『예의유집(禮疑類輯)』(1783, 박성원朴聖源) 등을 인용하며 자신의 견해를 피력했다.[91]

사실 2월 11일 아관파천, 3월 11일 세 도감의 공역 정지 등으로 인해

91 『高宗實錄』 卷34, 高宗 33年 9月 7日(陽曆); 『承政院日記』 高宗 33年 8月 1日(癸亥)[陽曆 9月 7日].

국장은 사실상 중단된 상태였다. 그러다가 9월 4일 경복궁에 있던 명성왕후의 시신을 마침내 경운궁으로 옮기게 되면서 국장을 재개할 수 있게 되었다. 민종묵은 장례원 경이라는 직책에 걸맞게 국장을 논의해야 하지만 우선은 오랜 시간이 소요되는 인봉보다 곧 닥칠 명성왕후의 첫 번째 기신을 준비해야 했다. 초기신을 맞기 전에 빈전을 이봉한 것은 다행이지만 아직 장례를 치르지 않은 상황에서 초기신을 맞는 일 자체가 처음 겪는 변례인 만큼 여러 예서를 참고한 것으로 보인다. 하지만 산릉에서 장례를 치르기 전에는 이와 같은 변례가 계속해서 발생할 것임은 쉽사리 예상할 수 있다.

초기신 3일 전인 9월 23일, 민종묵의 상소 내용을 두고 조정에서는 본격적인 대책을 마련하고자 논의했다. 특진관 김병시가 『상례비요(喪禮備要)』(1648, 신의경申義慶·김장생金長生)에서 인용한 『개원례(開元禮)』와 『주자대전(朱子大全)』의 내용을 근거로 '장례와 연제를 추후로 행하는 절차[추행장련지절(追行葬練之節)]'를 중심으로 아뢰었다. 다른 신하들이 개진한 의견도 이와 대동소이했다. 문제는 이러한 논의가 모두 사상례(士喪禮)일 뿐 왕조의 전례(典禮)가 아니었기에 더 이상 진척되지 못했다.[92]

고종은 신하들의 의견을 듣고 대행왕후의 초기신에 직접 '별전(別奠)'을 행하겠다는 제칙을 내렸다. 초기신에 제사를 지내지 않고 별전을 올리는 것 역시 처음 있는 경우였다. 그에 따라 이를 준비해야 하는 이들은 의주의 마련에 대해서도 어떻게 해야 할 것인지를 고종에게 의견을 구했고, 고종은 '제례(祭禮)'에 의거하여 마련하라고 지시했다.[93]

---

92 『承政院日記』 高宗 33年 8月 17日(己卯)[陽曆 9月 23日]; 『明成皇后殯殿魂殿都監儀軌』(奎 13890) 卷1, 詔勅(稟奏幷入) 「丙申八月十七日」; 『高宗實錄』 卷34, 高宗 33年 9月 23日(陽曆).

93 위와 같음.

조선이 건국된 이래 이러한 사태는 처음 발생했으므로 별전을 올리는 의주를 마련하는 것조차 고종의 재가가 필요할 정도였다. 변례에 변례를 거듭하는 상황에서 인산과 그 이후 국장 절차의 진행은 여전히 요원했다.

9월 24일, 내각을 다시 의정부라고 개칭했다. 1894년(고종 31)에 의정부를 수정전으로 이설(移設)하면서 내각으로 개칭했는데,[94] 고종은 3년 만에 이러한 조치를 '교제(矯制)'라고 비판하며 지금부터 내각을 폐지하고 다시 의정부로 일컫도록 조칙을 내렸다.[95]

고종은 조칙에서 지난날 난역의 무리들이 국권을 조롱하고 조정의 정사를 변경한 3년 동안 중외가 소란하여 백관과 만민이 분노하고 통탄하며, 심지어 근래에는 온갖 일이 창황하고 개혁이 다단(多端)하여 민심은 안정되지 못하고 조령(朝令)은 신뢰가 없어졌음을 강조했다. 그 때문에 이번에 새로 정한 전칙(典則)은 옛 법을 따르면서 새 규식을 참작했으며, 또 이번에 관제를 바로잡을 때에는 변통이 있을 것이라고 했다.

그에 따라 재가하여 반포한 칙령 제1호 〈의정부 관제(官制)〉에는 고종의 이러한 의지가 반영되었다. 직원은 의정(議政), 내부대신(참정 겸임), 외부대신, 탁지부 대신, 군부대신, 법부대신, 학부대신, 농상공부 대신, 찬정(贊政) 5인, 참찬(參贊) 1인 등으로 구성했다[합성(合成)].[96] 이처럼 의정부가 복설되었다고 해서 예전처럼 삼정승의 관직이 회복되지 않은 것에서 입증된다.

의정부의 복설 역시 김홍집 내각을 강력하게 부정하고 과거로 회귀하려는 고종의 의지에서 비롯되었다. 정치적으로, 의례적으로 여러 방면에

---

94 『高宗實錄』 卷32, 高宗 31年 12月 戊午(16). 본서 제3장 각주 28 참조.

95 『高宗實錄』 卷34, 高宗 33年 9月 24日(陽曆); 『承政院日記』 高宗 33年 8月 18日(庚辰)[陽曆 9月 24日].

96 『高宗實錄』 卷34, 高宗 33年 9月 24日(陽曆).

서 김홍집 내각 시절에 변화를 준 일들을 비판하며 예전의 자리를 찾아가고 있었다. 그렇다고 예전 그대로가 아닌 변화한 사회에 맞춰 정비해 나가고 있음도 볼 수 있다.

이틀 뒤 9월 26일(음력 8월 20일), 명성왕후가 시해를 당한 지 1주년이 되는 날이다. 고종과 왕태자가 빈전에 나아가 명성왕후의 초기신 별전을 친행했다.[97] 최복 차림을 한 고종이 초헌관(初獻官), 왕태자가 아헌관(亞獻官), 의정 김병시가 종헌관(終獻官)이 되어 행례했다.[98] 장례를 치르기 이전이므로 제사를 지낼 수 없어서 별전을 올렸으나 초기신을 맞이했기에 그 절차는 고종의 지시대로 '제례'를 따랐다.[99] 초기신 별전을 올릴 때 궁내부 각사는 숙목문(肅穆門) 안에서, 백관들은 숙목문 밖에서 곡했다.[100] 실직이 없더라도 문·음·무관으로 3품 이상을 지낸 사람도 곡반에 입참했다.[101]

고종과 왕태자는 아국 공사관에 머물고, 경복궁에 마련했던 빈전은 겨우 경운궁으로 옮긴 상황에서 명성왕후의 초기신을 맞이했다. 그나마 다행인 것은 경운궁 경소전에 마련한 빈전에서 초기신을 맞았기에 고종과 왕태자가 직접 그곳에 가서 행례할 수 있었다는 것, 아쉬운 점은 초기신

---

97 『高宗實錄』 卷34, 高宗 33年 9月 26日(陽曆); 『承政院日記』 高宗 33年 8月 20日(壬午)[陽曆 9月 26日].

98 『承政院日記』 高宗 33年 8月 20日(壬午)[陽曆 9月 26日].

99 『承政院日記』 高宗 33年 8月 20日(壬午)[陽曆 9月 26日]. 여기에 초기신 별전을 친행하는 절차가 수록되어 있다. 『명성황후빈전혼전도감의궤』에는 고종이 빈전에서 별전을 친행하는 절차와 그때 왕세자가 아헌례를 행하는 의주가 실려 있다[『明成皇后殯殿魂殿都監儀軌』(奎 13890) 卷1, 儀註 「殯殿別奠親行儀」·「殯殿別奠親行時王太子行亞獻禮儀」]. 이후부터 고종이 빈전에서 제례 절차를 따라 별전을 거행하고, 그때 왕세자가 아헌례를 행할 때에는 『명성황후빈전혼전도감의궤』에 수록된 두 의주를 참고했을 것으로 추정된다.

100 『高宗實錄』 卷34, 高宗 33年 9月 24日(陽曆); 『承政院日記』 高宗 33年 8月 18日(庚辰)[陽曆 9月 24日].

101 『高宗實錄』 卷34, 高宗 33年 9月 23日(陽曆); 『承政院日記』 高宗 33年 8月 17日(己卯)[陽曆 9月 23日]; 『明成皇后殯殿魂殿都監儀軌』(奎 13890) 卷1, 詔勅(稟奏幷入) 「丙申八月十七日」.

에 제대로 된 의례를 시행할 수 없었다는 것이다.

장례를 치르기 전에는 빈전에서 전(奠)을 올리고, 치른 이후부터는 혼전에서 제사를 지내는 것이 일반적인 원칙이다. 명성왕후는 '내상재선'에 해당하여 돌아가신 지 11개월 만에 연제, 13개월 만에 상제를 지내는 것이 통례였다. 그런데 그에 앞서 5개월 만에 치렀어야 하는 장례도 치르지 못했고 연제와 상제를 지내는 절차도 없이, 돌아가신 지 1년이 되는 기신(忌辰)을 맞이한 난감한 상황에 직면했다.

제대로 된 의례의 시행이 불가능한 가운데 어떤 방식으로든 슬픔을 다하는[치애(致哀)] 거조를 취해야 했다. 그 결과 미봉책으로 빈전에서 별전을 올리되 형식은 제례 절차를 따르는 절충적인 방식을 취했다. 원임의정 정범조는 다음 날에 '인봉(因封) 전의 제례'라 하여 예를 갖추어 제사를 지내지 못한 것에 대해 애통하고 서운하게 여겼다.[102] 향후 장례를 치르기 전에는 이와 같은 변례가 계속해서 발생할 것이고, 그때마다 임시방편으로 해결하는 것 외에는 달리 방법이 없었다.

이튿날인 9월 27일, 고종과 정범조가 작년 8월 20일에 있었던 명성왕후의 시해를 회상하면서 통분해하고 원통해했다. 이어서 정범조가 빈전을 이봉한 후 인봉의 명령이 내려지기를 중외에서 간절히 바라고 있고 자신도 누차 연석에서 아뢰었으나 고종의 답변이 없어서 근심하고 답답하게 여기고 있다고 아뢰었다. 그러자 고종은 새 능이 미흡하다는 논의가 있어서 그사이에 상지관(相地官)을 몇 곳으로 나누어 보내어 다시 간심하여 길지(吉地)를 택하게 했다고 답했다.[103]

정범조는 고종의 답변을 들은 뒤, 인산이 늦어지는 이유를 중외에서도

102 『承政院日記』 高宗 33年 8月 21日(癸未)[陽曆 9月 27日].
103 『承政院日記』 高宗 33年 8月 21日(癸未)[陽曆 9月 27日]; 『高宗實錄』 卷34, 高宗 33年 9月 27日(陽曆).

비로소 자세하게 알 수 있게 되었다고 아뢰었다. 그동안 명성왕후의 인산이 늦어지는 이유에 대해 신하들조차 제대로 모르고 있었음을 알 수 있다.

9월 28일, 궁내부 대신 이재순이 경운궁 역소(役所)의 공역이 준공되었다고 상주했다.[104] 고종과 왕태자가 러시아 공사관으로 옮겨갔을 때 왕태후와 왕태자비는 경운궁으로 거처를 옮겼다. 그리고 명성왕후의 시신이 경복궁의 빈전에 있어서 거행해야 하는 의례를 시행하지 못하다가 마침내 빈전도 경운궁으로 이봉했다. 경운궁에서 하던 공사가 어느 정도인지 그 규모는 정확하지 않지만 역소의 공역을 마쳤다는 것은 고종의 이어를 예측해 봄직하다.

이런 상황에서 10월 12일, 마침내 의정부 의정 김병시가 상소하여 당면한 가장 큰 현안을 직접적으로 수면 위로 올렸다. 급작스런 변란에 대처하기 위해 다른 나라 공사관으로 처소를 옮겼으나 그곳에 머문 날이 너무 오래되었으니 바로 경운궁으로 이어하며, 대행왕후의 인봉 길일의 추택이 지체되면서 우제, 졸곡제, 연제, 상제도 이미 예월(禮月)을 지나쳤고 대소 향사(享祀)도 오랫동안 지내지 못했으며, 근래 능의 길지를 다시 택해야 한다는 논의도 있으니 그렇다면 빨리 명을 내려서 제반 의절을 속히 거행하기를 바란다는 내용이었다.

김병시는 다른 사람들의 입장을 대변해서 당시 처한 상황을 상소를 통해 고종에게 전달했다. 사실 고종도 이를 모르는 것은 아니었으나 그러한 결단을 내리기가 쉽지 않았다. 우선 아관으로 파천할 만큼 위급했던 상황에서 다시 궁궐로 이어하는 것은 그 자체만으로도 고려해야 할 면이 많았을 터이다. 고종의 비답에서 '나라가 바야흐로 병들었다.', '(김병시의 상소

104 『承政院日記』 高宗 33年 8月 22日(甲申)[陽曆 9月 28日]; 『高宗實錄』 卷34, 高宗 33年 9月 28日(陽曆).

내용을) 널리 시행하겠다.', '이처럼 어려운 시기를 만나 경장(更張)하는 기회' 등의 표현을 통해, 고종 역시 어려운 시기에 새로운 것을 도모하려는 심중을 드러냈다.[105]

그런 와중에 다가오는 10월 31일(음력 9월 25일)이 명성왕후의 탄일이다. 아직 빈전에 재궁이 봉안되어 있으므로 그곳에서 행할 의례에 대해 10월 10일 혹은 11일에 궁내부 대신 이재순과 논의했다. 이때의 논의는 빈전에 봉진할 표리에 대한 것이었다. 이재순은 등록에는 '발인하기 전 탄일에 올리는 표리는 살아 있을 때처럼 빈전에 봉진한다고 기록되어 있다.'고 하면서 왕태자가 대내에서 빈전에 올리는 표리와 백관들이 올리는 표리는 규례대로 봉진하며, 백관들은 또 곡림하는 예(例)가 있는데 이번에도 이대로 거행하겠다고 상주했다.[106] 고종이 허락하여 이 절차는 해결되었다.

다만, 정작 탄일 당일에 고종과 왕태자가 빈전에서 거행할 절차는 아직 정하지 않았다. 이는 탄일 사흘 전인 10월 28일에 이르러 신하들과의 논의 없이 고종이 정한 뒤 3번의 조칙을 내려서 알렸다. 첫 번째는 음력 (9월) 25일에 빈전에서 별전을 친히 행하며, 제문(祭文)은 직접 지어서 내린다. 두 번째는 동궁이 음력 25일에 직접 전(奠)을 한 번 올려서 지극한 정(情)을 펴도록 하며, 제문은 동궁이 지어서 내린다. 세 번째는 고종이 친히 행하는 별전은 전작례(奠酌禮)에 의거하고, 동궁이 친히 행하는 별전은 작헌례(酌獻禮)에 의거하여 마련하며, 백관은 입참한다 등이 조칙의 내용이다.[107]

탄일 하루 전인 10월 30일, 고종은 청목재(淸穆齋)에 나아가 빈전에서

105 김병시의 상소 내용과 고종의 비답을 다룬 두 단락은 『承政院日記』 高宗 33年 9月 6日(戊戌)[陽曆 10月 12日]; 『高宗實錄』 卷34, 高宗 33年 10月 12日(陽曆) 참조.

106 『高宗實錄』 卷34, 高宗 33年 10月 10日(陽曆); 『承政院日記』 高宗 33年 9月 5日(丁酉)[陽曆 10月 11日].

107 『高宗實錄』 卷34, 高宗 33年 10月 28日(陽曆); 『承政院日記』 高宗 33年 9月 22日(甲寅)[陽曆 10月 28日].

전작례를 행할 때 쓸 제문에 친압했다. 이어서 빈전에 나아가 조전과 주다례, 석상식을 행했다. 그 밖에 내일 행할 의례에 대해 몇 가지를 명했다. 출궁은 대내에서 하며, 내일 각 제전(祭奠)에 백관은 입참하며, 별전을 친히 행할 때에는 조전(朝奠)을 겸행하고 동궁이 직접 별전을 올릴 때에는 주다례를 겸행하라는 등이다.[108]

마지막으로 이날 고종은 빈전에서 행하는 의례와는 무관하지만 상지관을 차임했다. 주운환(朱雲煥), 김광식(金光植), 오성근(吳聖根), 길영수(吉永洙), 김원성(金源性) 등으로, 본격적으로 묏자리를 찾아 나서기 위함이었다.[109]

10월 31일(음력 9월 25일), 명성왕후의 탄일에 고종이 빈전에 나아가 직접 별전을 행하되 전작례를 따라 진행했다. 최복 차림을 한 고종이 초헌관, 왕태자가 아헌관, 의정 김병시가 종헌관이 되어 행례했다. 이어서 왕태자도 별전을 친행하되 작헌례를 따라 의절을 거행했다.[110] 초기신 때에는 별전을 올리면서 그 의례는 '제례'를 따라 거행했고, 이번 탄일에는 별전을 올리면서 '전작례', '작헌례'를 따라 각각 행례했다. 의례의 성격이 다르므로 실제 거행한 의례 또한 그에 맞게 달리한 것이었다.

그 밖에도 이날 두 가지 중요한 논의가 있었다. 명성왕후의 탄일에 맞춰 이러한 논의가 있었는지는 분명하지 않지만 명성왕후의 국장 지연과 고종의 아관 거처에 관한 안건이었다. 두 가지는 오랫동안 시간을 끌었으

108 『承政院日記』 高宗 33年 9月 24日(丙辰)[陽曆 10月 30日]; 『高宗實錄』 卷34, 高宗 33年 10月 30日(陽曆). 『승정원일기』에 고종이 제문에 친압하는 절차가 간략하게 수록되어 있다.

109 『承政院日記』 高宗 33年 9月 24日(丙辰)[陽曆 10月 30日].

110 『明成皇后殯殿魂殿都監儀軌』(奎 13890) 卷1, 詔勅(稟奏幷入) 「丙申九月二十二日」; 『承政院日記』 高宗 33年 9月 25日(丁巳)[陽曆 10月 31日]; 『高宗實錄』 卷34, 高宗 33年 10月 31日(陽曆). 『승정원일기』에 고종과 왕태자가 빈전에서 전작례를 친행하는 절차가 재록되어 있다.

며 언제든 여건이 되면 해결해야 하는 가장 핵심적인 안이기도 했다.

전자는 산릉에 대한 중론(衆論)이 일치하지 않고 서로 달라서 길한 곳[길지(吉地), 길강(吉岡)]을 택정하여 인봉을 서두르자는 것이었다. 고종은 아직까지 인봉을 미루고 지체하는 이유가 '형편[사세(事勢)]' 때문이기도 하지만 산릉으로 정한 곳을 두고 중론이 일치하지 않는다는 것을 들었다.[111] 김홍집 내각 시절에 산릉 자리를 '숭릉 국내'로 정한 것을 마땅찮게 여긴 것을 이런 식으로 표출한 듯하다.

후자는 고종의 경운궁 이어의 표명이었다. 고종은 진전과 빈전을 이미 이봉했으니 경운궁으로의 이어는 자신과 동궁의 입장에서는 당연한 바, 당우(堂宇)를 수선(修繕)하는 공역을 조속히 마치도록 조칙을 내렸다.[112] 결국 고종은 경복궁으로의 환어가 아닌 경운궁으로의 이어를 선택했다. 이는 그동안 신하들이 명성왕후의 인봉과 함께 모든 신민들이 앙망하는 중요한 안건이라며 계속해서 고종에게 촉구한 바였다.

앞서 경운궁 역소의 공역이 준공되었다고 하지만 아직 당우까지 완료된 것은 아님을 알 수 있다. 뿐만 아니라 고종이 이어할 전각도 완성되지 않아, 고종은 '전각이 조성되면 마땅히 이어하겠다.'는 조건을 내걸었다.[113] 그렇다고 고종이 이를 빌미로 이어를 미루겠다는 것은 결코 아니었

111 『高宗實錄』 卷34, 高宗 33年 10月 31日(陽曆); 『承政院日記』 高宗 33年 9月 25日(丁巳)[陽曆 10月 31日]; 『明成皇后洪陵山陵都監儀軌』(奎 13891) 上編, 時日 「丙申九月二十六日」; 『明成皇后洪陵山陵都監儀軌』(奎 13891) 上編, 詔勅(奏本狀啓附) 「丙申九月二十六日」. 관찬 자료에는 10월 31일(음력 9월 25일)로 되어 있으나 『명성황후홍릉산릉도감의궤』에는 음력 9월 26일로 되어 있다.

112 『高宗實錄』 卷34, 高宗 33年 10月 31日(陽曆); 『承政院日記』 高宗 33年 9月 25日(丁巳)[陽曆 10月 31日]; 『明成皇后殯殿魂殿都監儀軌』(奎 13890) 卷1, 詔勅(稟奏幷入) 「丙申九月二十五日」.

113 당우는 그것의 '수선' 공역을 며칠 내로 준공을 고하라는 조칙에서 수리가 진행되고 있음을 알 수 있다. 이는 전각에서도 마찬가지였을 것으로 추정되지만 특히 전각은 '조성'하는 공역을 추진하고 있었던 듯하다. 고종과 조병세의 다음의 대화에서 확인된다. 고종이 "전각이 조

다. 오히려 이어할 날이 머지않다는 예고였다.

당시 대외적인 일들은 차지하더라도 명성왕후의 시해, 아관파천, 김홍집 내각의 몰락 등 국내적으로 상상조차 못할 크나큰 일들이 급박하게 일어났다. 고종이 아국의 공사관에 머물면서 점차 자신의 주도하에 본격적으로 국장을 진행시켜 나갔고, 고민 중의 하나였던 경복궁에 있던 빈전을 경운궁으로 이봉하는 일까지 마쳤다.

이제 명성왕후의 인봉과 고종의 경운궁으로의 이어만 남았다. 이는 사실상 더 이상 미룰 수도 없는 중차대한 일이기도 했다. 전통시대에 나라의 장례를 미룬다는 것과 일국의 대표가 다른 나라 공사관에 머물고 있는 것은 쉽사리 납득하기 어려운 일이었기 때문이다.

그러는 와중에 11월 12일, 일주일 뒤에 있을 추상지기(追喪之期, 혹은 추복지기追服之朞)의 복제에 대해 논의했다. 왕후의 죽음을 공식적으로 반포한 '음력 10월 15일'이 양력으로 11월 19일이었다. 다가올 그 날에 원칙대로 할 것인지, 변통으로 할 것인지는 제마(除麻)의 여부에 달렸다는 장례원 경 김규홍(金奎弘, 1845~?)이 10월 22일에 상소한 것에 대한 논의였다.[114]

대개는 승하한 당일인 '기신일(忌辰日)'만 있으나 명성왕후는 승하한 당일 이외에도 공식적으로 죽음을 공표한 날이 있어서, 그 날을 '추상지기' 혹은 '추복지기'라 하여 초기신과는 별도로 중요하게 여겼다. 추상지기 혹

성되면 마땅히 이어하겠지만 진전의 처소가 몹시 좁아서 매우 송구하고 답답하다."라고 하자, 조병세가 "만약 전각이 완성되면 진전은 새로 건립한 처소로 옮겨 봉안하고, 時御所는 卽祚堂으로 정하는 것도 좋겠습니다."라고 한 대화이다. 고종이 이어하려고 하는 전각이 아직 조성되지 않았음을 알 수 있다. 그리고 여러 정황들로 보아 당시 경운궁 내부가 공역으로 분주한 상황임도 충분히 짐작된다. 『承政院日記』 高宗 33年 9月 25日(丁巳)[陽曆 10月 31日]; 『高宗實錄』 卷34, 高宗 33年 10月 31日(陽曆) 참조.

114 장례원 경 김규홍의 상소는 『高宗實錄』 卷34, 高宗 33年 10月 22日(陽曆); 『承政院日記』 高宗 33年 9月 16日(戊申)[陽曆 10月 22日] 참조. 김규홍은 10월 4일에 장례원 경에 임명되었다〈『高宗實錄』 卷34, 高宗 33年 10月 4日(陽曆); 『承政院日記』 高宗 33年 8月 28日(庚寅)[陽曆 10月 4日]〉.

은 추복지기에 상복을 입을 것인지의 여부에 대한 논의는 대행왕후의 인봉이 오랫동안 이루어지지 않았던 것에 기인했다.

사실 승하한 시기를 헤아리더라도 1년이 훌쩍 지났기에 원칙대로라면 가장 오래도록 상복을 입는 대군주 폐하인 고종과 왕태자, 왕태자비도 벌써 상복을 벗고 길복을 입었어야 했다. 그런데 산릉에서 장례를 치르지 못한 채 시간이 많이 흘렀고, 이로 인해 계속해서 변례가 파생되었다. 김규홍의 상소를 둘러싼 논의도 파생되는 변례에 대한 대처 방안을 강구하기 위한 자리였다. 인산을 하지 않는 한 이러한 변례는 계속해서 생길 수밖에 없고, 그에 따른 임시 방편적인 대책 마련도 잇따를 수밖에 없었다.

고종은 여러 신하들의 의견이 귀일되지 않자 다시 의정에서 순문하도록 제칙을 내렸다. 하지만 확정적인 답변이 없자, 고종은 우암 송시열(宋時烈, 1607~1689)의 후손인 봉조하 송근수(宋近洙, 1818~1903)의 견해를 따라 신서(臣庶)의 복제는 우제와 졸곡제를 기다려서 벗도록 제칙을 내렸다.[115] 송근수는 이미 자최와 참최의 구별이 없는 조건에서 이번에 정신(廷臣)들의 기제(朞制)는 다른 기년복과 대공복의 기한과는 다른 점이 있는 듯하다는 의견을 제시했다.[116]

추상지기 4일 전인 11월 15일, 고종과 왕태자가 빈전에서 거행할 의례에 대해 논의했다. 탄일 때처럼 이번에도 신하들과의 논의 없이 고종이 정한 뒤 2번의 조칙을 내려서 알렸다. 첫째, 이달 음력 15일 빈전에서 별

115 『明成皇后殯殿魂殿都監儀軌』(奎 13890) 卷1, 詔勅(稟奏幷入) 「丙申十月初八日」; 『高宗實錄』 卷34, 高宗 33年 11月 12日(陽曆); 『承政院日記』 高宗 33年 10月 8日(己巳)[陽曆 11月 12日].

116 위와 같음. 단, 『고종실록』과 『명성황후빈전혼전도감의궤』에는 '而旣無齊斬之別'이라 하여 자최와 참최의 구별이 없다고 되어 있으나 『승정원일기』에는 '而旣無齊衰之別'이라 하여 자최의 구별이 없다고 되어 있다. '別'이라고 했으므로 그것의 대상이 있는 '齊斬'이 적합한 표현이라고 보아 본문에는 이를 따랐다.

전을 친히 올리되 한결같이 제례에 의거하여 마련하고 제문은 직접 지어서 내린다. 둘째, 동궁의 슬프고 사모하는 심정을 고려하여 이달 음력 15일에 몸소 별전을 올리되 주다례를 겸행하며 제문은 (동궁이) 지어서 내린다. 그리고 조칙 속에는 고종과 왕태자가 각각 별전을 올릴 때마다 백관들의 입참이 포함되어 있었다.[117]

11월 19일(음력 10월 15일), 고종이 대행왕후의 죽음을 공식적으로 알린 지 1년이 되는 날이다. 고종과 왕태자는 빈전에 나아가 별전을 거행했다.[118] 이때 행한 별전도 그 절차는 고종의 지시대로 '제례'를 따라 진행되었다.[119] 최복 차림을 한 고종이 초헌관, 왕태자가 아헌관, 의정 김병시가 종헌관이 되어 행례했다.[120] 이때 실직이 없더라도 문·음·무관으로 3품 이상을 지낸 사람도 곡반에 입참했다.[121]

이틀 뒤 10월 21일, 독립협회에서 전 영은문(迎恩門) 곁에 독립문을 창건하고자 이날 기공식을 행했다.[122] 청일전쟁 후 청으로부터 조선이 자주독립을 이룬 지 한참 지난 뒤였으나 '독립'이라는 상징성을 드러내고자 영은문을 헐고 독립문을 세우고자 한 것이었다.

117 『高宗實錄』 卷34, 高宗 33年 11月 15日(陽曆); 『承政院日記』 高宗 33年 10月 11日(壬申)[陽曆 11月 15日]; 『明成皇后殯殿魂殿都監儀軌』(奎 13890) 卷1, 詔勅(稟奏幷入) 「丙申十月十一日」.

118 『高宗實錄』 卷34, 高宗 33年 11月 19日(陽曆); 『承政院日記』 高宗 33年 10月 15日(丙子)[陽曆 11月 19日].

119 『高宗實錄』 卷34, 高宗 33年 11月 15日(陽曆); 『承政院日記』 高宗 33年 10月 11日(壬申)[陽曆 11月 15日]; 『明成皇后殯殿魂殿都監儀軌』(奎 13890) 卷1, 詔勅(稟奏幷入) 「丙申十月十一日」.

120 『承政院日記』 高宗 33年 10月 15日(丙子)[陽曆 11月 19日]. 고종이 빈전에서 별전을 친행하는 절차가 실려 있다.

121 『高宗實錄』 卷34, 高宗 33年 11月 17日(陽曆); 『承政院日記』 高宗 33年 10月 13日(甲戌)[陽曆 11月 17日]; 『明成皇后殯殿魂殿都監儀軌』(奎 13890) 卷1, 詔勅(稟奏幷入) 「丙申十月十三日」.

122 『高宗實錄』 卷34, 高宗 33年 11月 21日(陽曆).

12월 8일, 고종은 조칙을 내려 국장의 발생으로 정지했던 각종 국가 제사를 지내도록 했다. 묘(廟)·전(殿)·궁(宮)·능(陵)·원(園)에서 지내는 대소(大小) 향사를 지내지 않은 지 주세(周歲)가 되었으므로 장례원에서 준봉하여 거행하도록 명했다. 또 비록 인산 전이지만 사가(私家)의 폄장(窆葬)과 상제(祥祭), 담제(禫祭) 역시 금지하지 말라고 조령을 내렸다.[123]

1년여 전인 1895년 10월 16일(음력)에 대·중·소사는 졸곡을 기한으로 정지하되 묘(廟)·전(殿)·궁(宮)에서는 초하루와 보름에 분향만 하며, 각 능·원·묘에서 기신제를 지낼 때에도 분향만 행하기로 결정했다. 그런데 '숭릉 국내'로 정한 산릉 자리를 대신하여 다시 다른 곳을 물색하고 있는 등 1년이 넘도록 장례를 치르지 못한 상황에서 국가 제사까지 지내지 않고 있을 수만은 없었다. 뿐만 아니라 사가에서 행해야 할 의례까지 더 이상 금지할 수 없었으므로 불가피하게 이러한 조칙을 내렸다.

조선은 건국 초 국가 체제를 정비하면서 국가전례는 길·가·빈·군·흉례의 순서로 된 오례 체제를 갖추었고, 그중 국가 제사는 오례 중 수위(首位)인 길례로 분류했다. 유교 문화를 표방한 조선에서 유교 윤리의 정수인 '효(孝)'를 실천하는 방법 중 하나가 바로 제사였다. 그 어떤 의례보다도 중요하게 여겼기에 장례를 치르지 않았더라도 국가 제사의 시행은 더 이상 미룰 수 없었던 것이다.

12월 9일, 산릉 초간심을 마치고 온 대신 이하 사람들을 소견했다. 앞서 10월 31일에 인봉이 지연되는 이유로 형편만이 아니라 기존에 정한 산릉 자리에 대해 중론이 일치하지 않은 것을 거론하며 고종이 여러 곳을 다시 간심하고 오라는 조령을 내렸었다.[124] 그에 따라 바로 다음 날인 11월

123 『高宗實錄』卷34, 高宗 33年 12月 8日(陽曆); 『承政院日記』高宗 33年 11月 4日(乙未)[陽曆 12月 8日].

124 본서 제4장 각주 111 참조.

1일에 총호사 조병세가 여러 대신들이 상지관을 거느리고 내일 간심하러 나간다고 고종에게 아뢰었다.[125] 이들이 나간 지 한 달이 지나서 간심한 결과를 고종에게 보고하기 위해 마침내 이날 한자리에 모였다. 그들은 27곳 중 7군데가 아주 좋았다고 보고했다.[126]

4일 뒤인 12월 13일에 대신들과 상지관이 7곳을 재간심하러 나가서[127] 5일 뒤인 12월 18일에 그 결과를 고종에게 보고했다. 7곳을 재간심했으나 일가(日家)가 모두 연운(年運)이 맞지 않고, 설령 좌향(坐向)을 바꾸더라도 구기(拘忌)가 있다고 대답했다.[128] 일가의 이와 같은 말은 간심한 여러 곳에 대해서는 더 논할 여지가 없다는 뜻이었다.

인봉하는 기일이 늦어져 온 나라 사람들이 애를 태우며 답답해하고 있는 가운데, 계절은 동절기이고, 간심한 곳은 산릉 자리로 적절하지 못하자 한시라도 빨리 다른 곳을 알아보기로 결정했다. 그러자 고종은 먼저 지사(地師)를 보내어 가까운 곳에서 길지를 구하게 한 다음에 간심하는 것이 좋겠다고 했다.[129]

---

125 『承政院日記』 高宗 33年 9月 26日(戊午)[陽曆 11月 1日]; 『高宗實錄』 卷34, 高宗 33年 11月 1日(陽曆); 『明成皇后洪陵山陵都監儀軌』(奎 13891) 上編, 詔勅(奏本狀啓附) 「丙申九月二十八日」. 관찬 자료에는 11월 1일(음력 9월 26일)로 되어 있으나 『명성황후홍릉산릉도감의궤』에는 음력 9월 28일로 되어 있다. 따라서 간심하러 나간 날노 관찬 사료는 11월 2일, 의궤는 4일이 된다.

126 『承政院日記』 高宗 33年 11月 5日(丙申)[陽曆 12月 9日]; 『高宗實錄』 卷34, 高宗 33年 12月 9日(陽曆). 상지관의 의견은 『고종실록』에는 7곳 중 2곳[安甘川·檜巖]이 가장 좋다고 뭉뚱그려서 기록되어 있으나 『승정원일기』에는 상지관들 각자의 소견이 구체적으로 기재되어 있으면서 7곳 중 3곳[安甘川·檜巖·昌陵左岡]을 거론하고 있다. 이후에도 간심한 뒤 그 결과를 보고하는 자리에서 상지관 각각의 소견은 『고종실록』보다 『승정원일기』에 구체적으로 실려 있다.

127 『高宗實錄』 卷34, 高宗 33年 12月 11日(陽曆); 『承政院日記』 高宗 33年 11月 7日(戊戌)[陽曆 12月 11日].

128 『明成皇后洪陵山陵都監儀軌』(奎 13891) 上編, 詔勅(奏本狀啓附) 「丙申十一月十三日」; 『承政院日記』 高宗 33年 11月 14日(乙巳)[陽曆 12月 18日]; 『高宗實錄』 卷34, 高宗 33年 12月 18日(陽曆). 의궤와 관찬 자료의 날짜에서 하루 차이가 난다.

129 위와 같음.

다음 날인 12월 19일, 총호사 조병세가 이번에 재간심한 7곳이 모두 산운(山運)과 맞지 않으므로 다시 산릉 자리를 구하기 위해 간심해야겠다고 상주하자 고종이 윤허했다.[130] 12월 31일, 다시 산릉 초간심을 마치고 온 대신 이하 사람들을 소견했다. 그들은 7곳을 간심했고, 상지관은 그중 연희궁(延禧宮), 청량리(淸凉里), 개운사(開運寺) 등 3곳을 중심으로 견해를 개진했다.[131]

이틀 뒤인 1897년(고종 34) 1월 2일에 대신들과 상지관이 3곳을 재간심하러 나갔다.[132] 이번에는 군부대신 민영환(閔泳煥, 1861~1905)과 특진관 이헌직(李憲稙, ?~1907), 탁지부 대신 심상훈(沈相薰, 1854~?)도 함께 가도록 명했다. 그동안 산릉을 간심하러 갈 때에는 대개 총호사, 궁내부 대신, 장례원 경, 산릉제거/제조 등이 상지관을 거느리고 갔는데 이번에는 군부대신과 특진관, 탁지부 대신도 동행했다.

재간심한 결과는 바로 다음 날에 보고했다. 1월 3일, 고종은 먼저 상지관 각자의 소견을 묻고, 또 다시 총호사 조병세의 견해를 물었다. 조병세는 청량리가 '안길(安吉)한 땅'이라고 답했고, 이를 들은 고종은 곧바로 산릉은 청량리로 정하며 삼간심을 한 뒤 그대로 봉표하라는 조칙을 내렸다. 고종이 청량리로 정한 것은 동릉(東陵, 동구릉)과의 거리가 멀지 않아 행행하기에 편하고 가깝다고 생각해서였다. 동릉과의 거리는 20리에 불과했다.[133]

---

130 『高宗實錄』 卷34, 高宗 33年 12月 19日(陽曆); 『承政院日記』 高宗 33年 11月 15日(丙午)[陽曆 12月 19日]; 『明成皇后洪陵山陵都監儀軌』(奎 13891) 上編, 詔勅(奏本狀啓附) 「丙申十一月十五日」.

131 『明成皇后洪陵山陵都監儀軌』(奎 13891) 上編, 詔勅(奏本狀啓附) 「丙申十一月二十七日」; 『承政院日記』 高宗 33年 11月 27日(戊午)[陽曆 12月 31日]; 『高宗實錄』 卷34, 高宗 33年 12月 31日(陽曆). 『명성황후홍릉산릉도감의궤』에 연희궁, 청량리, 개운사 각각에 대한 상지관들의 山論이 함께 수록되어 있다.

132 『明成皇后洪陵山陵都監儀軌』(奎 13891) 上編, 詔勅(奏本狀啓附) 「丙申十一月二十八日」; 『高宗實錄』 卷35, 高宗 34年 1月 1日(陽曆).

133 『明成皇后洪陵山陵都監儀軌』(奎 13891) 上編, 詔勅(奏本狀啓附) 「丙申十二月初一日」;

고종은 또 이날, 세 도감에 대한 일은 총호사가 모두 주관하는데 작년부터 옛 법식을 어기는 일이 많아 주차(奏差)에 관한 일을 간혹 궁내부에서 주관하기도 하므로 사체에 맞지 않는다며 지금부터 도감 인원의 차하는 한결같이 옛 규정대로 총호사가 전적으로 주관하도록 교지를 내렸다. 이에 총호사 조병세는 돈장(敦匠)의 직임을 맡고 있은 지 1년이나 되었으나 세 도감의 일을 알지 못할 뿐 아니라 낭관이 누구인지도 모르며 근래에 산릉을 간심하고 주본을 올린 것도 성상의 하교대로 거행했을 뿐이라고 응대했다.[134]

상장에 관한 모든 일을 총괄하는 직책이 총호사이다. 그런데 총호사 조병세의 대답에서 그는 자신의 직무를 제대로 수행하지 못하고 있다. 명성왕후가 승하한 사실을 공표한 뒤 처음 국장을 시작할 때 궁내부 대신 이재면이 총호사를 겸임했다. 고종이 아관으로 거처를 옮긴 이후에는 총호사 자리에 조병세를 대신 임명했다. 그럼에도 조병세는 1년이 되도록 세 도감의 일을 제대로 파악하지 못하고 있으며 도감의 인사까지 주관하지 못하고 있다.

임무 파악과 인사 문제는 궁극적으로 '인사'와 관련된다. 조병세가 궁내부에서 기월(幾月) 동안 거행해 온 인사를 총호사가 갑자기 맡는 것에 대해 훗날 의궤를 보는 자들이 의아하게 여기지 않을까 하는 말에서 그동안 국장에 관한 인사를 궁내부에서 간여해 왔다는 사실을 알 수 있다. 의궤의 「좌목」에 기재된 것과 달리 관찬 자료에 기록된 것처럼 궁내부 대신 이

『承政院日記』 高宗 33年 12月 1日(辛酉)[陽曆 1月 3日]; 『高宗實錄』 卷35, 高宗 34年 1月 3日(陽曆). 『명성황후홍릉산릉도감의궤』와 『승정원일기』의 기사가 『고종실록』보다 내용이 자세하므로 본문은 전자를 따라 서술했다. 『명성황후홍릉산릉도감의궤』에 연희궁, 청량리, 개운사 각각에 대한 상지관들의 山論이 함께 수록되어 있다.

134 위와 같음.

재면이 총호사를 겸임한 것도 이로써 명확해진다.

궁내부는 1894년 6월 25일 일본에 의해 개혁 추진을 위해 설치된 군국기무처에서 6월 28일 왕실과 정부를 분리하여 왕실의 정치적 권한, 곧 군주권을 제한하기 위해 신설된 관청이다.[135] 무엇보다 의례를 담당하고 있는 장례원이 궁내부 소속이란 점을 감안하면 국장 담당 인사에 대한 조병세의 말이 어느 정도 짐작된다.

뿐만 아니라 고종이 '제조·낭청의 직명은 모두 이미 옛 법식대로 개정한 것은 좋다.'라고 했다. 이는 두 직명이 중간에 바뀌었다가 예전대로 회복한 것을 뜻한다. 명성왕후의 국장에서 제조와 제거의 혼용이 여러 곳에서 확인되는 것도 이 때문인 듯하다. 총호사처럼 과거의 직제에 맞는 역할을 수행하도록 하거나 제조·낭청처럼 직명을 예전대로 회복하도록 한 고종의 조치 역시 내각기 이전으로 회귀하려는 의도라고 볼 수 있다.

근대로 접어들면서 가장 혼란스럽고 어려우면서도 해결해야 하는 문제 중 하나를 꼽자면 바로 용어일 것이다. 조선이 동아시아를 벗어나 세계 속으로 편입된 이상 반드시 정비해야 할 일이기도 했다. 다양하게 수용된 신문물, 새롭게 맺은 국제관제 속에서 다각도로 변화하는, 변화해야 하는 흐름 속에서 지식인들은 새로 단어를 만들기도 하고, 기존에 사용하던 단어를 변용하기도 하는 등 여러 방식으로 대처해 나갔다.

개화기에서 일제강점기에 이르는 동안 서구인 선교사 및 조선총독부의 주도로 조선어를 외국어로 번역한 사전들이 나왔다. 리델의 『한불ᄌᆞ뎐韓佛字典』(1880), 게일의 『한영ᄌᆞ뎐』(1911)과 『한영대ᄌᆞ뎐』(1931), 조선총독부의 『朝鮮語辭典』(1920) 등등으로 현재 이를 11권으로 영인하여 출간된

135 궁내부의 설치와 운영에 대해서는 徐榮姬, 1990 「1894~1904년의 政治體制 變動과 宮內府」『韓國史論』(서울대학교 국사학과) 23 참조.

상태이다.[136]

조선 정부에서도 이를 위한 노력을 강구하지 않은 것은 아니었다. 앞서 언급했듯이 1897년 3월에 고종이 관제 변경에 따른 규정의 불편함을 해소하기 위한 조칙을 내렸고, 관련 부서로 교전소(校典所)를 설치한 것이 바로 그것이다.[137] 그런 까닭으로 교전소에는 조선인과 외국인을 함께 참여시켰다.

총재대원(總裁大員)은 의정부 의정 김병시와 궁내부 특진관 조병세·정범조를, 부총재대원은 의정부 찬정 김영수(金永壽, 1829~1899)·박정양·윤용선(尹容善, 1829~?)과 의정부 찬정 외부대신 이완용을, 위원은 고문관 르장드르[이선득(李善得), Le Gendre, Charles William], 그레이트하우스[구례(具禮), Greathouse], 브라운[백탁안(柏卓安), J. McLeavy Brown], 서재필(徐載弼, 1864~1951)을 각각 임명했다.[138]

제조와 제거처럼 위에서 본 직제, 직명의 변화는 근대화와는 무관한 국내의 정치적인 문제로 빚어졌다고 볼 수 있다. 하지만 이 시기 전반적인 관직의 직제, 직명의 변화는 근대 조약이 체결되면서 이루어지고 있었고, 그러한 변화만을 살피더라도 당시 조선 정부의 국내외적인 대처 양상도 보여준다고 판단된다. 향후 연구가 이루어져야 할 가장 절실한 분야가 아닌가 생각된다.

한편, 그동안 명성왕후의 국장에서 가장 큰 고민 중의 하나가 바로 인산이었다. 돌아가신 횟수로 치자면 벌써 3년째에 접어든 셈이다. 산릉 자

---

136 황호덕·이상현 편, 2012 『한국어의 근대와 이중어사전』 박문사 참조.

137 본서 제3장 각주 225 참조.

138 『高宗實錄』 卷35, 高宗 34年 3月 23日(陽曆); 『承政院日記』 高宗 34年 2月 21日(庚辰)[陽曆 3月 23日]. 『고종실록』과 『승정원일기』에는 외국인 성명을 '한자'로 기록하고 있는데 본문에 쓴 것처럼 각국의 언어로 병기한 것은 『고종실록』의 번역본을 따랐다.

리가 정해지고 산릉을 조성하여야 장례를 치를 수 있고, 그 이후에 진행하는 의례도 차근차근 시행할 수 있다. 이제 비로소 산릉 자리를 확정했으므로 그것을 조성하는 기간이 꽤 걸릴 수 있다손 치더라도 본격적인 국장의 재개가 눈앞에 다가온 것임에는 틀림없다.

1897년 1월 3일 이날은 산릉 자리를 최종 정하고 이를 담당하는 사람들의 직책도 바로잡은 날이었다. 여기에 더해 고종은 대행왕후의 시호와 능호, 전호를 다시 의정하라는 조칙을 내렸다. 의정부 찬정 김영수가 상소하여 작년 겨울에 이를 의정할 때에는 역신 김홍집이 그 일을 주관했기에 이를 무산시키고 다시 정할 것을 요청했다. 이에 고종도 '지난해 겨울에 역신이 그 일을 주관하여 신종(愼終)과 관련한 옛 전장(典章)을 변란시켜 유감이다.'라는 비답으로 마침내 김영수의 요구를 받아들였다.[139]

다음 날 4일에 일관 김동만이 시호·능호·전호를 의논하기에 길한 날짜가 1월 6일이라고 추택했다.[140] 이틀 뒤 6일, 시호는 문성(文成)·명성(明成)·인순(仁純) 중에서 문성으로, 능호는 홍릉(洪陵)·희릉(熹陵)·헌릉(憲陵) 중에서 홍릉으로, 전호는 경효(景孝)·정효(正孝)·성경(誠敬) 중에서 경효로 정했다.[141] 특이한 것은 이렇듯 시호와 능호, 전호를 다시 정했음에도 명

139 『承政院日記』 高宗 33年 12月 1日(辛酉)[陽曆 1月 3日]; 『高宗實錄』 卷35, 高宗 34年 1月 3日(陽曆); 『明成皇后殯殿魂殿都監儀軌』(奎 13890) 卷1, 詔勅(稟奏幷入) 「丙申十二月初一日」.

140 『明成皇后殯殿魂殿都監儀軌』(奎 13890) 卷1, 詔勅(稟奏幷入) 「丙申十二月初二日」; 『高宗實錄』 卷35, 高宗 34年 1月 4日(陽曆); 『承政院日記』 高宗 33年 12月 2日(壬戌)[陽曆 1月 4日]. 동일한 기사임에도 『고종실록』과 『승정원일기』에는 '今一月六日爲吉云'이라고 하여 양력으로, 의궤에는 '今陰曆十二月初四日爲吉云'이라 하여 음력으로 기록했다. 양력 1897년 1월 6일이 음력 1896년 12월 4일이다. 『고종실록』과 『승정원일기』의 '今一月六日爲吉云'에서 전통시대에는 일반적으로는 '六日'이 아닌 '初六日'이라고 쓰는데 여기서는 원문에 '初'자가 쓰여 있지 않다.

141 『高宗實錄』 卷35, 高宗 34年 1月 6日(陽曆); 『明成皇后國葬都監儀軌』(奎 13883) 卷1, 都廳儀軌 詔勅(奏本幷) 「丙申十二月初四日」; 『明成皇后殯殿魂殿都監儀軌』(奎 13890) 卷1, 詔勅(稟奏幷入) 「丙申十二月初四日」; 『明成皇后洪陵山陵都監儀軌』(奎 13891) 上編,

성왕후를 가리킬 때 여전히 '대행왕후'라 일컬었다는 사실이다. 이 또한 그 이유에 대해 문헌에서 발견되지 않는다.

명성왕후의 시호와 전호, 능호는 1895년 10월 22일(음력)에 처음 정했다. 이때에는 김홍집 내각 시절에 국장이 진행되고 있었던 터, 그때 정한 세 호를 인정하고 싶지 않았기에 그 이후에도 '대행왕후'라고 지칭할 수 있다. 의궤에 그 당시 세 호를 정한 기록이 기재되어 있지 않다는 점도 이러한 맥락에서 이해할 수 있다. 하지만 지금 시점에서 세 호를 정했으면 '대행왕후'라는 용어는 더 이상 불필요하다. 그럼에도 문성왕후, 홍릉, 경효전이라 칭하지 않고 계속해서 '대행왕후'라고 일컬었다는 점은 납득하기가 쉽지 않다.

1월 9일, 산릉 삼간심을 하기 위해 청량리로 나갔고, 미시에 길강(吉岡)을 택정하여 봉표했다.[142] 총호사 조병세, 의정부 의정 김병시, 궁내부 특진관 정범조, 궁내부 대신 이재순, 장례원 경 민영준(閔泳駿, 1852~1935, 후일 민영휘閔泳徽로 개명), 내부대신 박정양, 군부대신 민영환, 산릉도감 제조 이호익(李鎬翼, 생몰년 미상)·민병석(閔丙奭, 1858~1940)·김종한(金宗漢, 1844~1932), 탁지부 대신 심상훈, 산릉도감의 도청(都廳)과 낭청(郎廳) 각 1원 및 상지관들이 삼간심에 참여했다.[143] 산릉 자리를 최종 확정하러 가는 만큼 참여하는 인원도 많아졌다. 박정양은 지방이 이미 내부(內部)의 관할에

詔勅(奏本狀啓附) 「丙申十二月初四日」; 『承政院日記』 高宗 33年 12月 4日(甲子)[陽曆 1月 6日]. 『승정원일기』에는 시호 二望 중에서 '奉勅 副望謹依'라 하여, 고종이 수망인 '문성'이 아닌 부망인 '명성'으로 정한 것으로 기록되어 있어 다른 문헌들과 차이를 보인다. 본문에는 『고종실록』과 의궤를 따라 '문성'으로 서술했다.

142 『明成皇后洪陵山陵都監儀軌』(奎 13891) 上編, 時日 「丙申十二月初七日」 "山陵三看審出去【(註) 淸凉里】 未時 因爲封標"; 『承政院日記』 高宗 33年 12月 7日(丁卯)[陽曆 1月 9日].

143 『承政院日記』 高宗 33年 12月 6日(丙寅)[陽曆 1月 8日]; 『明成皇后洪陵山陵都監儀軌』(奎 13891) 上編, 詔勅(奏本狀啓附) 「丙申十二月初六日」.

속했으므로 내부대신의 자격으로 동행했다.[144]

봉표한 곳이 선릉(先陵)인 수릉의 국내(局內)는 아니지만 봉표한 곳의 뒷산줄기[후룡(後龍)]가 의릉의 강(岡)과 접해 있었다. 또 동문(東門)과는 10리쯤, 동릉과는 20리에 위치해 있었다.[145] 국내 근처에 민가와 무덤이 많더라도 파서 옮길 때 후하게 보조해 주도록 하고, 사찰도 그 대상에 포함시켰다.[146]

산릉 자리를 봉표하자, 고종은 마침내 세 도감의 공역을 이날부터 시작하라는 조칙을 내렸다.[147] 지난해 3월 11일에 세 도감의 공역을 중지하라고 명한 이후 이제서야 공역의 재개를 명한 것이었다.

뿐만 아니라 고종은 국장에 참여하는 인사의 모든 권한을 총호사에게 일임하고 있음을 거듭 확인할 수 있는 명을 내렸다. 세 도감의 당상과 낭청, 각 차비는 모두 총호사가 차임한다고 하며, 지난 겨울에 주차(奏差)된 자 중에 더러 탈이 있는 자가 있으므로 구직(舊職)에 잉임시킬 수 있는 자는 구직에 잉임시키고 새로 차임해야 할 자는 새로 차임하되 한결같이 옛 규례대로 하라고 하교했다.[148]

144 『高宗實錄』 卷35, 高宗 34年 1月 7日(陽曆); 『承政院日記』 高宗 33年 12月 5日(乙丑)[陽曆 1月 7日]; 『明成皇后洪陵山陵都監儀軌』(奎 13891) 上編, 詔勅(奏本狀啓附) 「丙申十二月初五日」.

145 『承政院日記』 高宗 33年 12月 7日(丁卯)[陽曆 1月 9日]; 『明成皇后洪陵山陵都監儀軌』(奎 13891) 上編, 詔勅(奏本狀啓附) 「丙申十二月初七日」.

146 『承政院日記』 高宗 33年 12月 7日(丁卯)[陽曆 1月 9日]; 『明成皇后洪陵山陵都監儀軌』(奎 13891) 上編, 詔勅(奏本狀啓附) 「丙申十二月初七日」; 『高宗實錄』 卷35, 高宗 34年 1月 9日(陽曆).

147 『高宗實錄』 卷35, 高宗 34年 1月 9日(陽曆); 『承政院日記』 高宗 33年 12月 7日(丁卯)[陽曆 1月 9日]; 『明成皇后國葬都監儀軌』(奎 13883) 卷1, 都廳儀軌 詔勅(奏本幷) 「丙申十二月初七日」; 『明成皇后殯殿魂殿都監儀軌』(奎 13890) 卷1, 詔勅(稟奏幷入) 「丙申十二月初七日」; 『明成皇后洪陵山陵都監儀軌』(奎 13891) 上編, 詔勅(奏本狀啓附) 「丙申十二月初七日」.

148 『高宗實錄』 卷35, 高宗 34年 1月 9日(陽曆); 『承政院日記』 高宗 33年 12月 7日(丁卯)[陽曆 1月 9日].

아울러 이날 고종은 혼전 처소를 '경소전'으로 마련하라고 명했다.[149] 빈전이었던 곳을 그대로 혼전으로 사용한다는 뜻이다. 고종이 경운궁으로 환어할 예정이므로 경운궁에 혼전을 설치할 것이라는 예상은 충분히 가능하다. 하지만 그동안 빈전과 혼전은 각각 다른 전각에 마련해 왔기 때문에 경소전이라는 곳에 빈전과 혼전을 모두 설치한 것은 매우 드문 사례이다.

빈전은 시신을 빈전에 안치한 뒤부터 발인하기 전까지 존재한다. 혼전은 산릉에서 장례를 치르고 반우하여 혼전에 신주를 봉안한 뒤부터 종묘에 부묘하기 전까지 존재한다. 두 건물이 제 기능을 하는 시기가 겹치지는 않지만 그럼에도 국장에서는 대부분 빈전과 혼전을 각각 다른 처소에 마련한다.[150] 그런 점에서 명성왕후의 국장에서 빈전과 혼전 처소가 동일한 전각에 마련되었다는 사실은 상당히 이례적이다.

경복궁에서 경운궁으로 빈전을 옮겼고, 조만간 아국 공사관에서 경운궁으로 고종도 환어할 예정이며, 산릉 자리 및 시호·능호·전호를 다시 정하고, 경운궁의 경소전으로 혼전 처소를 정하는 등 본격적으로 국장을 재개할 여건이 조성되었다.

산릉 자리가 확정되자 1월 10일에 총호사 조병세가 '산릉각항길일(山陵各項吉日)'을 다시 정하기 위해 신하들이 빈청에 모여 일관들을 불러서

---

149 『高宗實錄』 卷35, 高宗 34年 1月 9日(陽曆); 『承政院日記』 高宗 33年 12月 7日(丁卯)[陽曆 1月 9日]; 『明成皇后國葬都監儀軌』(奎 13883) 卷1, 都廳儀軌 詔勅(奏本幷) 「丙申十二月初七日」; 『明成皇后殯殿魂殿都監儀軌』(奎 13890) 卷1, 詔勅(稟奏幷入) 「丙申十二月初七日」.

150 조선시대 국왕과 왕후의 빈전·혼전 처소는 丁裕美, 2000 「朝鮮時代 궁궐의 喪·葬禮공간에 관한 研究」 고려대학교 건축공학과 석사학위논문, 표 3(10~11쪽) 및 표 7(33~34쪽); 申智惠, 2010 『조선 숙종대 왕실 喪葬禮 設行공간의 건축특성 -빈전·산릉·혼전을 대상으로-』 경기대학교 건축공학과 박사학위논문, 표 6(24쪽) 및 표 23(102쪽); 본서 〈표 1〉 및 제1장 각주 36 참조.

상세하게 회의한 결과를 상주했다. '정유년 4월이 길삭(吉朔)'이라고 하므로 그에 맞춰 산릉과 관련한 각 항목의 길한 날을 별단으로 작성해서 올렸다.[151]

여기서 굳이 '정유년(1897)'이라고 제시한 것은 양력으로 헤아리면 이미 정유년에 들어서서 언급할 필요가 없겠지만 음력으로는 아직 '병신년(1896)'이었기 때문이다. 앞서 국가 행사 중 의례와 관련한 일은 음력에 따라 진행하기로 한 결정에 따른 것으로, 당일 1월 10일이 음력으로는 병신년(1896) 12월 8일이었다.

별단의 내용은 『고종실록』보다 『승정원일기』와 『명성황후홍릉산릉도감의궤』의 기록이 더 상세하다. 후자에 따라 '산릉각항길일'의 내용을 제시하면 다음과 같다.

* 시역: 오는 정유년(1897) 정월 25일 묘시. (이하 모두 음력)

* 참초파토: 3월 2일 미시.

* 사후토: 같은 날(3월 2일) 새벽에 먼저 행함.

* 작옹가: 3월 11일 묘시.

* 개금정: 3월 14일 미시. 혈심은 4자 5치.

* 외재궁 배진: 3월 26일 묘시.

* 하외재궁: 3월 27일 신시.

* 계찬궁: 3월 28일 손시. 먼저 남방을 엶.

* 발인: 4월 4일 축시(丑時).

* 성빈: 대여가 능소에 도착한 후 때에 따라.

151 『承政院日記』 高宗 33年 12月 8日(戊辰)[陽曆 1月 10日]; 『明成皇后洪陵山陵都監儀軌』(奎 13891) 上編, 詔勅(奏本狀啓附) 「丙申十二月初八日」; 『高宗實錄』 卷35, 高宗 34年 1月 10日(陽曆).

* 능소 계찬궁: 4월 4일 손시. 먼저 남방을 엶.

* 진발: 계찬궁 후 때에 따라.

* 하현궁: 4월 5일 신시.

별단에 따르면, 발인은 음력 4월 4일, 양력으로는 5월 5일 축시(丑時)에 행한다고 되어 있다. 날짜를 정한 당일(1월 10일)을 기준으로 계산하면 대략 4개월 정도 있으면 기다리고 기다리던 장례를 치를 수 있게 된다.

이날[1월 10일]은 또 빈전에 진향(進香)할 각 기관에 대해 논의했다. 빈전을 경운궁으로 옮겨 왔으므로 늦었지만 각 기관에서 진향하는 절차를 거행해야 한다. 빈전에 향을 올리는 일은 궁내부와 내각에서는 1896년 1월 24일과 27일에 각각 거행했다. 문제는 현재 내각은 폐지되고 도로 의정부로 불리는 상황에서 정부 이하 각 기관에서 진향하는 절차를 어떻게 해야 할 것인가였다. 고종은 궁내부와 의정부, 종정원(宗正院), 귀족원(貴族院), 각 도에서 종전대로 거행하라는 제칙을 내렸다.[152]

음력에서 양력으로, 다시 의례처럼 일정한 부분에 한정하여 양력에서 음력으로 연월일을 헤아리는 변화가 있었다. 또 내각기 시절 개정한 관제와 직제를 아관파천 이후 다시 수정하는 등의 혼란을 겪었다. 그에 따른 파장은 정치, 사회, 외교 등 여러 분야에 그치지 않고 이렇듯 국가 의례에도 영향을 미쳤다. 명성왕후 국장을 진행하는 동안 이러한 논의가 안건으로 적지 않게 오른 것도 당연했다.

빈전에 진향하는 안건은 6일 뒤인 1월 16일에 고종이 내린 제칙에 따라

152 『高宗實錄』 卷35, 高宗 34年 1月 10日(陽曆); 『承政院日記』 高宗 33年 12月 8日(戊辰)[陽曆 1月 10日]; 『明成皇后殯殿魂殿都監儀軌』(奎 13890) 卷1, 詔勅(稟奏幷入) 「丙申十二月初八日」.

각 기관에서 진향할 길한 날짜와 시각을 추택하도록 결정했다.[153] 그러자 곧바로 이날 관상감에서 각 기관에서 진향하는 길한 일시(日時)를 보고했고, 구체적인 날짜와 시각은 다음과 같다.[154] 단, 제도(諸道)의 관찰사는 예전처럼 다른 관리로 하여금 대행하도록 하고, 경기관찰사만 직접 올라와서 진향하도록 결정했다.[155]

* 궁내부(宮內府): (정유년) 정월 26일 손시. (이하 모두 음력)
* 의정부(議政府): 정월 27일 미시.
* 종정원(宗正院): 2월 10일 오시.
* 귀족원(貴族院): 2월 10일 미시.
* 경기(京畿): 2월 20일 미시.
* 강원도(江原道): 2월 20일 미시.
* 충청북도(忠淸北道): 2월 20일 유시(酉時).
* 충청남도(忠淸南道): 2월 22일 진시.
* 황해도(黃海道): 2월 22일 오시.
* 평안남도(平安南道): 2월 22일 미시.

153 『承政院日記』 高宗 33年 12月 14日(甲戌)[陽曆 1月 16日]; 『高宗實錄』 卷35, 高宗 34年 1月 16日(陽曆).

154 『明成皇后殯殿魂殿都監儀軌』(奎 13890) 卷1, 掌禮院來照 「丁酉十二月十四日」. '정유년'이라고 되어 있으나 '병신년'의 오기이다. 그 이유는 먼저 궁내부와 의정부, 종정원, 귀족원, 각 도에서 진향할 길한 日時를 그날 곧바로 관상감에서 보고하고 있다는 점이다. 다음은 명성왕후/황후 국장 과정을 기록한 의궤에는 날짜를 음력으로 기록하고 있다는 사실이다. '음력 정유년(1897, 고종 34) 12월 14일'은 '양력 무술년(1898, 고종 35) 1월 6일'이 되지만 '음력 병신년(1896, 고종 33) 12월 14일'이라면 '양력 정유년 1월 16일'에 해당하기 때문이다.

155 『明成皇后殯殿魂殿都監儀軌』(奎 13890) 卷1, 掌禮院來照 「丁酉十二月十四日」. '정유년'이라고 기록한 것에 대해서는 바로 위 각주 154에서 설명했다. 고종과 왕태자 및 각 기관에서 진향하는 절차는 『明成皇后殯殿魂殿都監儀軌』(奎 13890) 卷1, 儀註 「親進香儀」(親進香時 王太子行禮儀同)·「王太子親進香儀」·「宮內府進香儀」(議政府進香儀同 而惟文武百官 ○宗正院貴族院諸道觀察使進香儀同) 참조.

* 평안북도(平安北道): 2월 29일 미시.
* 전라북도(全羅北道): 2월 29일 신시.
* 전라남도(全羅南道): 2월 29일 유시.
* 경상북도(慶尙北道): 3월 11일 오시.
* 경상남도(慶尙南道): 3월 11일 신시.
* 함경남도(咸鏡南道): 3월 14일 오시.
* 함경북도(咸鏡北道): 3월 14일 미시.

한편, 이렇듯 국장 절차가 차근차근 진행되는 중 1월 13일, 총호사 조병세가 예산에 문제가 생겼다고 아뢰었다. 국장에 들어가는 물력(物力)은 작년 겨울에 이미 정해 놓았으나 현재는 그것도 부족할까봐 염려되는 가운데 산릉에 봉표한 곳을 다시 옮겨 정하면서 예산 부족 문제가 가중되었다는 내용이다. 산릉 봉표의 이정(移定)에 필요한 물력은 새로 마련하는 것과 다를 바 없었기 때문이다.[156] 이때 국장 비용으로 10만 원을 탁지부의 예산 외의 지출로 사용하게 되었다.

그에 따라 다음 날인 14일, 의정부에서 탁지부의 요청에 따라 홍궁(洪宮, 홍릉) 터를 사는 데 드는 비용은 예비금 중에서 2196원을 책정했다고 상주하자 고종이 윤허했다.[157] 그리고 1월 17일, 석의와 재목, 기와 등은 작년 겨울에 봉표해서 공역을 진행하고 있었던 숭릉 우강의 것을 철훼하고 옮겨다 쓰기로 했다.[158] 이미 많이 준비해 둔 것이므로 내버려 둘 이유

156 『明成皇后洪陵山陵都監儀軌』(奎 13891) 上編, 詔勅(奏本狀啓附) 「丙申十二月十一日」; 『承政院日記』 高宗 33年 12月 11日(辛未)[陽曆 1月 13日]; 『高宗實錄』 卷35, 高宗 34年 1月 13日(陽曆).

157 『高宗實錄』 卷35, 高宗 34年 1月 14日(陽曆).

158 『明成皇后洪陵山陵都監儀軌』(奎 13891) 上編, 詔勅(奏本狀啓附) 「丙申十二月十五日」; 『承政院日記』 高宗 33年 12月 15日(乙亥)[陽曆 1月 17日]; 『高宗實錄』 卷35, 高宗 34年

도 없었고 예산도 절감할 수 있는 일거양득의 효과가 있었다.

다만, 그에 앞서 산릉의 봉표한 곳 주변에 있는 선방(禪房)과 민가의 철훼 및 사총(私塚)의 굴이(掘移)가 선행되어야 본격적인 공사의 시작이 가능했다. 1월 18일, 산릉에서 공사를 시작할 날이 멀지 않아 선방과 민가는 빨리 훼철하며, 개인 무덤들은 날씨가 조금 따뜻해지기를 기다려 편의대로 파서 옮기기로 결정했다.[159] 산릉 자리를 새로 정하면서 다시 산릉을 조성하는 일이 쉽지 않음을 볼 수 있다.

1월 18일은 또 일본 황태후의 부음을 들은 지 7일이 된 날이었다. 고종은 각 나라에서 보복(報服)한 규례에 비추어 1월 19일부터 27일까지 9일간 궁내에서 상복을 입었다.[160] 이는 포달(布達) 제22호 〈궁내부에서 외국 보복(報服)에 관한 안건〉의 반포에 따른 조처였다.[161] 이때 궁내라고 했으나 고종이 러시아 공사관에 거처하고 있으므로 러시아 공사관에서 상복을 입었다고 보는 것이 타당하다.

1월 18일과 25일에는 총호사 조병세에 의해 제기된 산릉 화소(火巢)의 경계를 정해야 한다는 안건에 대해 논의했다.[162] 1월 30일, 조칙을 내려서 경무사 김재풍을 인산할 때의 배왕대장으로 재임명하고, 그 자리에 있었

1月 17日(陽曆).

159 『明成皇后洪陵山陵都監儀軌』(奎 13891) 上編, 詔勅(奏本狀啓附) 「丙申十二月十六日」; 『承政院日記』 高宗 33年 12月 16日(丙子)[陽曆 1月 18日]; 『高宗實錄』 卷35, 高宗 34年 1月 18日(陽曆).

160 『承政院日記』 高宗 33年 12月 16日(丙子)[陽曆 1月 18日]; 『高宗實錄』 卷35, 高宗 34年 1月 18日(陽曆).

161 『高宗實錄』 卷35, 高宗 34年 1月 18日(陽曆).

162 『明成皇后洪陵山陵都監儀軌』(奎 13891) 上編, 詔勅(奏本狀啓附) 「丙申十二月十六日」; 『承政院日記』 高宗 33年 12月 16日(丙子)[陽曆 1月 18日]; 『明成皇后洪陵山陵都監儀軌』(奎 13891) 上編, 詔勅(奏本狀啓附) 「丙申十二月二十三日」; 『承政院日記』 高宗 33年 12月 23日(癸未)[陽曆 1月 25日]; 『高宗實錄』 卷35, 高宗 34年 1月 25日(陽曆).

던 중추원 의관 이종건을 해임했다.[163]

명성왕후가 시해되고 위급한 상황에 고종이 러시아 공사관으로 거처를 옮겼다. 김홍집 내각이 몰락함과 동시에 정치세력을 교체하고, 아울러 국장을 담당하는 사람들도 교체했다. 하지만 세 도감의 공역을 중지하는 등 국장을 중지시켰고, 이후 경복궁에 있던 빈전을 경운궁에 마련하면서 명성황후의 시신을 옮겼다. 숭릉 우강으로 정했던 산릉 자리를 청량리로 최종 확정짓고, 세 도감의 공역 재개를 명하면서 국장이 다시 진행되었다.

163 『明成皇后洪陵山陵都監儀軌』(奎 13891) 上編, 詔勅(奏本狀啓附) 「丙申十二月二十八日」; 『承政院日記』 高宗 33年 12月 28日(戊子)[陽曆 1月 30日]; 『高宗實錄』 卷35, 高宗 34年 1月 30日(陽曆).

| 제 5 장 |

경운궁 환어(還御)와 대한제국 선포

제1절 경운궁 환어와 국장 지연

제2절 대한제국 선포와 황후 책봉

제 1 절
경운궁 환어와 국장 지연

1. 아관에서 경운궁으로의 환어

고종이 아관파천 후 국장과 관련하여 크게 고민하는 문제가 몇 가지 있었다. 우선 빈전이 경복궁에 있어서 빈전에서 행해야 할 의례를 거행하지 못한다는 것이었다. 이는 경복궁에 있던 빈전을 아국 공사관과 가까운 경운궁으로 옮기면서 해결했다. 조전(朝奠), 조상식, 주다례, 석상식 등 일상적인 의례 및 초하루에 올리는 삭전(朔奠)이나 보름에 올리는 망전(望奠), 납향대제(臘享大祭)와 같은 제전(祭奠)을 빈전에 나아가 행하면서 해소되었다.

다음은 산릉 조성이 이루어지지 않아 발인이 미루어진 점이었다. 오랫동안 장례를 치르지 못하고 있었으나 숭릉 우강에서 청량리로 산릉 자리를 다시 확정하면서 산릉 공역이 완공되면 이 고민은 해결될 일이었다.

마지막으로 고종의 이어였다. 남의 나라 공사관에 거처한 지 1년이 다 되어가는 시점에 이르렀다. 고종은 지난해 명성왕후의 탄일이었던 10월 31일에 비로소 경운궁으로의 이어를 표명했다. 그러나 경운궁의 내부 공사가 완료되지 않았음을 이유로 계속 러시아 공사관에 머무르고 있었다. 그 이후 고종의 환궁에 관한 거론이 전혀 없었던 것은 아니었다.

1897년 1월 12일에 규장각 직학사 김종규(金宗圭, 1862~1922)가 상소하여 명성왕후의 복수와 함께 이차(移次)한 지 1년이 되었으므로 고종의 환어를 청했다.[1] 1월 20일에는 9품 강원형(姜遠馨, 1862~1914)이 환궁하여 백성들의 바람에 위답해주기를 청하는 소를 올렸다.[2]

이후 1월 하순은 일본 황태후를 위해 상복을 입으면서 지나갔다. 이미 환어를 표방해서인지 그와 관련한 재촉이 이전과 같지는 않았다. 하지만 2월에 들어서면서 고종의 환궁을 바라는 요구가 본격화되었다.

당장 2월 1일, 유학 조성훈(趙性薰)이 상소하여 경운궁으로의 환어를 청했다. 고종의 환궁이 조종의 영령과 백성들의 마음을 위안하는 것이며 왕태자가 조석으로 빈전에 성의를 펼쳐 대행왕후의 혼령을 기쁘게 하는 것이라고 피력했다.[3] 다만, 그는 고종이 환어할 때 노국(露國) 공사에게 호위군사를 요청하는 방안을 제안했다.

그 당시 이창렬(李彰烈), 김낙영(金洛榮)의 흉모(凶謀) 사건이 있었다. 각 대신을 살해하고 대군주 폐하를 모시고 환어, 러시아 군대[아병(俄兵)]나 타인이 막을 경우를 대비한 외국인 자객 50명 고용, 경운궁으로 이어했다가 어가를 협박하여 경복궁으로의 환어 등을 계획한 사건이었다.[4] 조성훈이 러시아 군사의 호위를 고려한 것도 당시의 이러한 정황을 염두에 둔 것으로 보인다. 러시아 공사관에 오래도록 머물 수밖에 없고 궁궐로의 환어가 쉽지 않음을 보여준다.

그럼에도 고종은 이날 비로소 경운궁에서 밤을 지냈다. 진전과 빈전을

---

1 『承政院日記』 高宗 33年 12月 10日(庚午)[陽曆 1月 12日]; 『高宗實錄』 卷35, 高宗 34年 1月 12日(陽曆).

2 『承政院日記』 高宗 33年 12月 18日(戊寅)[陽曆 1月 20日]; 『高宗實錄』 卷35, 高宗 34年 1月 20日(陽曆).

3 『承政院日記』 高宗 33年 12月 30日(庚寅)[陽曆 2月 1日]; 『高宗實錄』 卷35, 高宗 34年 2月 1日(陽曆).

4 『高宗實錄』 卷35, 高宗 34年 2月 1日(陽曆).

이봉한 후 처음으로 그곳에 머무른 것이었다. 뿐만 아니라 다음 날이 양력으로는 2월 2일이지만 음력으로는 1897년 1월 1일이었다. 정월 초하루에 명성왕후의 빈전에 나아가 의례를 행하는 것은 의미가 없지 않기 때문이다.

진시에 고종과 왕태자가 빈전에 나아가 조전(朝奠), 조상식, 주다례를 친행했다.[5] 이는 『승정원일기』의 기록이고, 『고종실록』에는 고종이 삭전, 주다례, 석상식을 거행하고 왕태자도 따라 나아가 행례한 것으로 되어 있다.[6]

경운궁에서 하룻밤 유숙, 빈전에서 행례 등으로 고종은 자신과 동궁의 성의를 조금이나마 펴게 되었다고 여겼다. 다만, 이러한 고종의 행보가 공식적으로 경운궁으로의 환어를 의미한 것은 결코 아니었다. 지난해에 전각이 조성되면 마땅히 경운궁으로 이어하겠다고 선언했는데, 그사이에 겨울 추위를 만나서 공역을 끝마치지 못한 상태였기 때문이다. 고종은 봄철이 다가오고 있으니 특별히 감독하고 신칙하여 조속히 준공하라고 명했다.[7] 이처럼 경운궁 내부 공사가 완료되지 못한 사실도 환궁이 지연되는 또 하나의 원인이었다.

환궁 지연에 대해 이러저러한 이유가 있었으나 고종은 마침내 조칙을 내려서 그 이유를 밝히기에 이르렀다. 전후로 조정의 신하들이 소를 올려 청한 것이 한두 번이 아니었고, 근간에는 많은 선비들이 대궐에 와서 호소하는 일도 있었으며, 이로 인하여 심지어 부언(浮言)까지 나돌아 의심하지 말아야 할 것까지 의심하는 지경에 이르렀기 때문이다.

고종은 2월 9일, 러시아 공사관으로 옮겨온 후 한 해가 지나도록 환어하지 못한 것은 자신도 원하는 바가 아니며 '부득이'한 상황이라는 것을

5 『承政院日記』 高宗 34年 1月 1日(辛卯)[陽曆 2月 2日].

6 『高宗實錄』 卷35, 高宗 34年 2月 2日(陽曆).

7 『高宗實錄』 卷35, 高宗 34年 2月 2日(陽曆); 『承政院日記』 高宗 34年 1月 1日(辛卯)[陽曆 2月 2日].

강조했다. 지난번에 겨울 추위를 만나 공역이 중지되었고 전우(殿宇)의 체제도 다 갖추어지지 못하여 지금까지 겨를이 없었다는 이유였다. 그리고 현재 봄날이 점점 길어지고 있어서 궁역(宮役)도 가까운 시일 안에 끝날 것이고 궁궐로 돌아가는 것도 조만간에 이루어질 것이므로 통구(通衢)에 방(榜)을 붙여서 신민들에게 자신의 사정을 알 수 있도록 조치했다.[8]

고종이 이처럼 특별히 조서까지 내려서 환궁의 지연 이유를 밝혔으나 이틀 뒤인 2월 11일, 종1품 조병식(趙秉式, 1823~1907) 등이 다시 상소하여 고종의 환어를 주청했다. 근래 진신(縉紳)과 장보(章甫)들의 간청, 팔도 선비들의 호소, 구가(九街) 장사치들의 호소 등 신분을 막론하고 환어를 바라고 있으며, 지난 음력 그믐(양력 2월 1일)에 경운궁 새 궐에서 유숙한 뒤 곧바로 러시아 공사관으로 임어하여 신민들의 실망을 전했다. 이어서 지금 비록 봄 추위로 아직은 쌀쌀하여 공역의 준공은 어렵지만 먼저 환어한 뒤에 공역을 감독하면 빨리 끝낼 수 있을 것이라는 내용이었다. 이에 고종은 여전히 공역이 완공된 뒤에 환어하겠다는 비답을 내렸다.[9]

조병식 등의 상소를 통해 고종의 환궁을 바라는 대상이 점차 확대되고 있음을 알 수 있다. 또 무엇보다 고종이 환어를 하지 못하는 이유로 거론한 공역 문제에 대해 환어한 뒤 감독하고 신칙한다면 신속하게 준공될 것이라는 대안도 제시했다. 더 이상 환궁을 미룰 명분조차 없어지고 있었다.

이틀 뒤 2월 13일, 유학(幼學) 심희경(沈羲慶) 등이 소를 올려서 환어를 늦출 수 없는 4가지 이유를 들며 빠른 시일 안으로 경운궁으로 이어하기를 촉구했다. 경운궁에서 유숙한 뒤 곧바로 노관(露館)으로 반어(返御)하여

8 『高宗實錄』 卷35, 高宗 34年 2月 9日(陽曆); 『承政院日記』 高宗 34年 1月 8日(戊戌)[陽曆 2月 9日].

9 『高宗實錄』 卷35, 高宗 34年 2月 11日(陽曆); 『承政院日記』 高宗 34年 1月 10日(庚子)[陽曆 2月 11日].

여정이 실망했으며, 중흥의 군주인 선조(宣祖)가 15년 임어했던 경운궁과 고종이 현재 머물고 있는 외관(外館)과의 거리가 한걸음이지만 그 의의는 현저하게 다름을 강조했다.[10] 마지막으로 정전(正殿)의 공역은 이미 끝나 임시로 어거할 만하므로 협소한 수관(殊館, 공사관)에 거처하기 보다는 나을 것이며, 그 밖에 완료하지 못한 공사는 환어한 뒤 점차 공사를 감독하더라도 늦지 않을 것이라고 역설했다.[11]

이 시점에 경운궁의 전각이 어느 정도 완료되었는지에 대해서는 구체적으로 알기 어렵다. 다만, 1904년(고종 41, 광무 8) 경운궁에 화재가 일어난 날에 고종이 '병신년(1896, 고종 33)에 이어할 때에는 즉조당(卽祚堂)만 있었다.'는 말에서[12] 다른 전각은 적어도 경운궁으로 환어한 이후에 영건했음을 짐작할 수 있다. 후술하겠지만 고종이 경운궁으로 환어한 시점은 정유년(1897년, 고종 34) 2월 20일(음력 1월 19일)이므로 병신년이라고 한 것은 오류이다. 그리고 고종이 경운궁으로 환어한 뒤 즉조당이 정전으로 사용되었음도 유추할 수 있다.[13]

상소가 계속해서 올라왔으나 고종은 좀처럼 윤허하지 않았다. 그러다가 마침내 2월 18일, 재명일(再明日), 곧 20일에 경운궁으로 환어하겠다는 조칙을 내렸다. 그에 따라 천지(天地)와 종묘, 사직에 고하고 조서를 반포하며 진하(陳賀)하는 등의 절차는 날을 받아서 거행하도록 정했다.[14] 환어

10 『高宗實錄』 卷35, 高宗 34年 2月 13日(陽曆); 『承政院日記』 高宗 34年 1月 12日(壬寅)[陽曆 2月 13日]. 선조가 경운궁에 15년 임어했다는 내용은 『高宗實錄』 卷35, 高宗 34年 2月 21日(陽曆); 『承政院日記』 高宗 34年 1月 20日(庚戌)[陽曆 2月 21日] 참조.

11 『承政院日記』 高宗 34年 1月 12日(壬寅)[陽曆 2月 13日].

12 『慶運宮重建都監儀軌』(奎 14328) 第1卷, 詔勅(附奏本別單) 「甲辰二月二十九日」; 『高宗實錄』 卷44, 高宗 41年 4月 14日(陽曆); 『承政院日記』 高宗 41年 2月 29日(戊寅)[陽曆 4月 14日].

13 고종이 경운궁으로 환어하기 전 이 시기 경운궁 내부의 건축 상황은 2005년에 文化財廳에 제출한 덕수궁 관련 보고서인 『덕수궁 -복원정비 기본계획-』, 84~88쪽 참조.

14 『高宗實錄』 卷35, 高宗 34年 2月 18日(陽曆); 『承政院日記』 高宗 34年 1月 17日(丁未)[陽

를 이틀 앞두고 선언하여 시일이 촉박했으나 그와 관련한 의례 절차는 밟아야 했다.

이튿날[19일], 환어와 관련하여 행해야 할 여러 가지 일들을 조칙을 내려서 결정했다. 진전에서는 내일 전배례(展拜禮)를 거행하면서 환어 고유를 겸하고, 빈전에서는 환어 고유 별전을 올리되 주다례를 겸행하며, 왕태자도 내일 빈전에서 별전을 올리되 석상식을 겸행하도록 했다.[15]

그 밖에 환어할 때 동가(動駕)의 문로(門路)는 아관의 앞 문으로, 왕태자가 지영하는 절차는 마련하지 않기로, 고천지묘사(告天地廟社)와 반조(頒詔)·진하하는 길일은 2월 26일로, 반조·진하는 권정례(權停例)로, 반조·진하할 때 왕태자가 표리를 올리고 행례하는 절차는 마련하지 않기로, 환구와 종묘, 영녕전, 사직, 경모궁에서 지내는 고유제는 2월 26일 새벽에 설행하고 오시에 반조·진하하기로, 권정례로 반조·진하는 처소는 경운궁 별당(別堂)으로 각각 정했다.[16]

2월 20일(음력 1월 19일), 고종이 마침내 경운궁으로 환어했고, 왕태자가 배환(陪還)했다.[17] 손시(巽時)에 포과익선관(布裹翼善冠)과 포원령포(布圓領袍) 차림을 한 고종이 보련(步輦)을 타고 왕태자와 함께 아관 앞 문을 나와서 인화문(仁化門), 수안문(壽安門), 의록문(宜祿門)을 경유하여 대내로 돌아왔다[환내(還內)].[18] 고종은 교서에서 아관으로 거처를 옮긴 것은 부득이한 것이었는데, 모든 대신들이 누누이 환어를 역설했기에 지금 환어하게 되

曆 2月 18日].

15 『高宗實錄』卷35, 高宗 34年 2月 19日(陽曆); 『承政院日記』高宗 34年 1月 18日(戊申)[陽曆 2月 19日].

16 『承政院日記』高宗 34年 1月 18日(戊申)[陽曆 2月 19日].

17 『高宗實錄』卷35, 高宗 34年 2月 20日(陽曆).

18 『承政院日記』高宗 34年 1月 19日(己酉)[陽曆 2月 20日].

〈도판 21〉 러시아 공사관 ⓒ 『그리피스 컬렉션』(좌①) | 주한러시아공사관 ⓒ 『100년 전의 기억, 대한제국』(우②)
① 사진에서 맨 위에 보이는 건물이 러시아 공사관이다. 이 사진은 럿거스대학교 도서관에 소장된 『그리피스 컬렉션』에 실려 있다.[19] 공사관으로 들어오는 주변의 가로수 좌우에는 건물이 있지 않다.
② 맨 위에 보이는 건물이 러시아 공사관이다. 왼쪽 사진과 가장 두드러지는 차이는 공사관으로 들어오는 입구 주변이다. 왼쪽 사진에는 입구 주변에 가로수가 무성하나 이 사진에는 가로수 대신 가옥이 들어차 있다. 또 입구의 문은 가운데가 홍예문인 독립문과 매우 흡사하다.[20]

〈도판 22〉 경운궁 인화문(仁化門) ⓒ 『그리피스 컬렉션』
『그리피스 컬렉션』에 수록된 경운궁 인화문의 모습이다.[21]

었다는 입장을 밝혔다.[22]

환궁한 뒤 신시(申時)에 익선관(翼善冠)과 곤룡포(袞龍袍) 차림을 한 고종이 진전에 나아가 전알(展謁)하면서 고유를 겸행했다.[23] 이어서 빈전에 나

19 양상현·유영미 엮음, 2019 『그리피스 컬렉션의 한국사진』 눈빛, 80쪽.
20 국립고궁박물관, 2010 『100년 전의 기억, 대한제국』 국립고궁박물관, 29쪽.
21 양상현·유영미 엮음, 2019 앞의 책, 179쪽.
22 『承政院日記』 高宗 34年 1月 19日(己酉)[陽曆 2月 20日].
23 『承政院日記』 高宗 34年 1月 19日(己酉)[陽曆 2月 20日]. 고종이 진전에서 전알하고 고유를 겸행하는 절차가 수록되어 있다.

아가 고유 별전을 올린 뒤 석전(夕奠)과 석곡(夕哭)을 행했다. 왕태자도 빈전으로 따라 나아가 행례하고 이어서 별전을 올리되 석상식을 겸했다.[24]

고종과 왕태자가 1896년 2월 11일(음력 1895년 12월 28일)에 경복궁에서 러시아 공사관으로 거처를 옮긴 이후 1년여가 지난 1897년 2월 20일(음력 1월 19일)에 경운궁으로 환어했다. 경복궁이 아닌 경운궁으로의 이어였다. 고종은 2월 26일 조서를 반포하는 글에서 지금부터 이곳 경운궁에서 만세토록 태평성대를 열 것이라고 포고했다.[25]

고종의 경운궁으로의 환어가 마침내 이루어졌다. 고종이 아관파천 후 고민했던 빈전 이봉과 산릉 재확정, 그리고 마지막으로 경운궁 환어까지 세 가지 문제가 모두 해결되었다.

2. 시호 개정과 산릉 개봉표(改封標)

고종의 경운궁 환어로 인해 그간 더디게 추진된 국장도 탄력을 받을 수 있게 되었다. 그런데 새로운 일을 시작하기 보다는 우선 기존의 것을 재정비하는 작업부터 시행했다.

먼저 고종은 3월 2일에 대행왕후의 시호를 다시 의논하기 위해 신하들을 소견하는 자리를 마련했다. 열성조의 시자(諡字)와 서로 같은 것이 10여 번이며, 특히 저번에 정한 대행왕후의 '문성' 2글자는 정종(正宗)[26]의 시자

24 『高宗實錄』 卷35, 高宗 34年 2月 20日(陽曆).

25 『高宗實錄』 卷35, 高宗 34年 2月 26日(陽曆); 『承政院日記』 高宗 34年 1月 25日(乙卯)[陽曆 2月 26日].

26 正宗을 正祖로 존호를 올린 때는 1899년(고종 36) 11월 5일(양력 12월 7일)이다[이현진, 2012(a) 「대한제국의 선포와 종묘 제도의 변화 - 七廟의 구성과 황제 추존, 신주 改題를 중심으로-」 『韓國思想史學』 40, 519~520쪽].

와 서로 같을 뿐 아니라 대수(代數)까지 가까워 타당하지 않다며 이의를 제기했다.[27] 문성으로 정한 지 겨우 2달 정도 지났을 뿐인데 다시 시호를 개정하려 한 것이다.

정조의 시호는 '문성무열성인장효(文成武烈聖仁莊孝)'였다. 대행왕후의 시호인 '문성'의 뜻과 정조의 시호 8글자 중 '문성' 두 글자의 뜻이 같았던 것이다. 곧, '문(文)'은 '경천위지(經天緯地)', '성(成)'은 '예악명구(禮樂明具)'의 뜻을 지녔다.[28] 이에 고종은 시호 망단자에서 부망(副望)이었던 '명성(明成)'이 어떠한가에 대해 신하들에게 의견을 물었고 신하들도 개정(改定)에 동의하여 마침내 명성으로 개정했다.[29]

지난 (1897년) 1월 6일 부망으로 올린 '명성'에서 달라진 것은 '명'자의 시주(諡註)였다. 그때 '명'자는 '임조사방(臨照四方)', '성'자는 '예악명구'의 뜻이었다.[30] 이번에는 '명'자의 시주가 '조림사방(照臨四方)'으로 바뀌었고, '성'은 '예악명구' 그대로였다.[31] 시법(諡法)에 '명'자는 '조림사방'과 '임조사방'의 뜻이 있는데 국조(國朝)의 시호에 모두 '조림'으로 썼기 때문에 이번에도 이를 준용하여 '조림'으로 개안(改安)하자는 의정 김병시의 말이 채택

27 『高宗實錄』 卷35, 高宗 34年 3月 2日(陽曆); 『承政院日記』 高宗 34年 1月 29日(己未)[陽曆 3月 2日].

28 * 대행왕후 문성 諡註: 經天緯地曰文 禮樂明具曰成. 본서 제4장 각주 141 참조.
* 정조 文成武烈聖仁莊孝 諡註: 經天緯地曰文 禮樂明具曰成 保大定功曰武 秉德遵業曰烈 窮理盡性曰聖 施仁服義曰仁 履正志和曰莊 繼志成事曰孝. 이현진, 2015 앞의 책, 138·338쪽 참조.

29 『高宗實錄』 卷35, 高宗 34年 3月 2日(陽曆); 『承政院日記』 高宗 34年 1月 29日(己未)[陽曆 3月 2日]. 『고종실록』에는 시호를 '改定'한다고 표현했고, 『승정원일기』에는 '改安'한다고 되어 있다.

30 본서 제4장 각주 141 참조.

31 『高宗實錄』 卷35, 高宗 34年 3月 2日(陽曆); 『承政院日記』 高宗 34年 1月 29日(己未)[陽曆 3月 2日]; 『明成皇后國葬都監儀軌』(奎 13883) 卷1, 都廳儀軌 詔勅(奏本幷) 「丁酉正月二十九日」. 다만, 『명성황후빈전혼전도감의궤』에는 '명'자가 예전 그대로 '臨照四方'의 뜻으로 기재되어 있다[『明成皇后殯殿魂殿都監儀軌』(奎 13890) 卷1, 詔勅(稟奏幷入) 「丁酉正月二十九日」 "同日 … 大行王后 諡號副望 明成【(註) 臨照四方曰明 禮樂明具曰成】"].

된 것이었다.[32]

'명성'이라는 시호는 순경, 문성을 거쳐서 세 번만에 최종적으로 결정되었다. 열성의 시호와 글자가 겹친다는 이유로 시호를 다시 정하는 경우는 간혹 있지만 명성왕후는 거기서 한 번 더 그와 같은 과정을 겪은 셈이다. 사실 시호만 바꾸더라도 시책(諡冊), 시보(諡寶), 행장, 명정 등 고쳐서 마련해야 할 글과 의물이 적지 않다. 예상대로 새로 정한 시호 '명성'을 반영하기 위해 이틀 뒤인 3월 4일에 시보, 개명정(改銘旌), 우주 등에 다음과 같이 쓰기로 결정했다.[33]

* 시보(諡寶): 명성왕후지보(明成王后之寶).

* 개명정(改銘旌): 효자원성정화합천명성왕후재궁(孝慈元聖正化合天明成王后梓宮).

* 우주(虞主): 효자원성정화합천명성왕후(孝慈元聖正化合天明成王后).

시호의 개정이 마무리되고 이어서 재논의가 필요한 일이 또 생겼다. 바로 산릉 자리였다. 청량리로 정하면서 산릉 논의는 마무리된 듯했으나 새로운 일이 발생한 것이었다. 3월 16일(음력 2월 14일), 총호사 조병세가 산릉의 공역에 문제가 생겼음을 보고했다. 산릉의 공역이 이전에 비해 호대(浩大)하여 기일 안으로 준공하기가 어려울 것 같으며, 더구나 공사에 드는 비용으로 처음에 앙청한 10만 원도 넉넉하지 않다는 것이었다.[34] 다시 정한 능 자리, 방대한 공역, 부족한 비용 등으로 공역이 지연될 상황에 직

32 『承政院日記』 高宗 34年 1月 29日(己未)[陽曆 3月 2日].

33 『明成皇后殯殿魂殿都監儀軌』(奎 13890) 卷1, 掌禮院來照 「丁酉二月初二日」. 음력 2월 2일은 양력 3월 4일이다.

34 『高宗實錄』 卷35, 高宗 34年 3月 16日(陽曆); 『承政院日記』 高宗 34年 2月 14日(癸酉)[陽曆 3月 16日].

면했고, 음력 4월 4일(양력 5월 5일) 축시에 발인하기로 한 예정 또한 미루어질 것은 명약관화했다.

설상가상으로 새로 정한 산릉 자리까지 문제가 생겼다. 3월 29일, 산릉제조의 장계에 '능 공역을 하던 중 개기(開基)할 때 유해(遺骸)가 노출되었다.'는 보고가 있었다. 고종은 곧바로 대신들에게 산릉에 가서 봉표한 곳과 유해가 노출된 곳과의 '원근(遠近)의 형편'에 대해 간심하고 오라고 명했다.[35]

다음 날인 3월 30일 유시(酉時)에 청목재에서 간심하고 온 신하들을 소견하여 문제가 생긴 산릉 자리에 대해 논의했다. 조병세가 고종이 궁금해하는 점에 대해, 유해가 나온 곳은 병방(丙方)인데 난간석(欄干石) 안으로 들어가 있었으며 봉표한 곳과의 거리는 13자 남짓 된다고 답했다.

그러자 신하들은 다시 길지를 정해야 한다고 주장한 반면, 고종은 흔히 있을 수 있는 일이라며 오히려 대범하게 여기면서 추이(推移)할 방도를 찾으라는 입장을 고수했다. 유해는 형체조차 알 수 없는 수백 년이 지난 옛 무덤에서 나왔으며, 이곳은 수삼백 년 동안 사찰이 있던 곳이었다.

신하들과 고종의 입장이 좀처럼 좁혀지지 않았다. 고종은 인산이 이미 해를 넘겼으므로[경년(經年)] 다른 곳으로 길지를 찾기보다 기존의 봉표한 곳에서 약간 위에다 다시 정하는 쪽으로 생각을 굳혔다. 신하들에게 다시 봉표하도록 명하되 이미 파낸 곳의 전후좌우를 다시 두루 파내고 상세히 살핀 후 그 형지(形止)를 등문(登聞)하도록 산릉도감에 분부했다.[36]

이후부터는 산릉 자리와 함께 국장과 관련한 새로운 일들도 진척시켜 나갔다. 다음 날 3월 31일, 총호사 조병세가 고종이 (1897년) 1월 9일에 경

---

35 『高宗實錄』 卷35, 高宗 34年 3月 29日(陽曆); 『承政院日記』 高宗 34年 2月 27日(丙戌)[陽曆 3月 29日].

36 3월 30일 산릉 자리를 둘러싸고 신하들과 고종이 논의한 세 단락은 『承政院日記』 高宗 34年 2月 28日(丁亥)[陽曆 3月 30日]; 『高宗實錄』 卷35, 高宗 34年 3月 30日(陽曆) 참조.

소전에 혼전을 마련하라고 한 조칙을 거론하며 혼전 조성을 위한 구체적인 계책에 대해 아뢰었다. 당가(唐家)를 비롯한 실내에 설치할 의물(儀物) 및 실외에 설치해야 하는 각종 건물에 대한 고종의 허락을 구했다. 그중 당가는 경복궁에 혼전 처소로 정했던 문경전에 설치했던 것을 수리해서 가져다 쓰도록 하고, 그 밖의 이안청(移安廳), 어재실(御齋室), 왕태자궁 재실(王太子宮齋室) 및 그 밖의 혼전과 관련한 각종 부속 건물들은 써서 내리겠다는 제칙을 내렸다.[37]

혼전은 실내에는 어탑(御榻), 당가, 신탑(神榻), 신좌교의(神座交椅), 오봉산병(五峯山屛), 모란병(牧丹屛) 등을, 실외에는 재실을 비롯하여 내곡림청(內哭臨廳), 안향청(安香廳), 제기고(祭器庫), 전관직소(殿官直所), 헌관(獻官) 이하의 각종 처소 등을 갖추었다. 혼전이라고 하면 이들 모두가 혼전을 이루는 일군(一群)이 되었다.[38] 사실 혼전 내외를 모두 갖추기에는 시간이 넉넉하지는 않다. 하지만 아직 빈전의 기능을 하고 있는 경소전에 다시 혼전을 마련하는 것이므로 시일이 그렇게 오래 걸리지 않을 것이라는 예상이다.

다음 날인 4월 1일, 능침의 석의에 대한 조칙 및 산릉에 나아가 다시 봉표하고 오라는 조칙을 내렸다.[39] 조칙에서 전자는 석의의 배설에 관한 안건이다. 이번에는 1731년(영조 7) 장릉(長陵) 천봉과 1789년(정조 13) 현륭원(顯隆園) 천원(遷園)의 규례에 따르도록 산릉도감에 분부했다. 장릉은 인조와 인열왕후 한씨(仁烈王后韓氏)의 능이고, 현륭원은 장헌세자(莊獻世子)와

37 『高宗實錄』 卷35, 高宗 34年 3月 31日(陽曆); 『承政院日記』 高宗 34年 2月 29日(戊子)[陽曆 3月 31日]. 문경전에 있던 당가를 수리하는 곳은 侍從院으로 정했다〈『承政院日記』 高宗 34年 3月 6日(乙未)[陽曆 4月 7日]〉.

38 이현진, 2007 앞의 논문, 일지사, 152쪽을 명성왕후의 혼전에 맞춰 수정·보완했다.

39 『高宗實錄』 卷35, 高宗 34年 4月 1日(陽曆); 『承政院日記』 高宗 34年 2月 30日(己丑)[陽曆 4月 1日].

혜경궁 홍씨의 무덤이다.

석의는 새로 조성하지 않고 숭릉 우강에 설치했던 것을 장릉 천봉과 현륭원 천원 때 한 것처럼 옮겨 배설한다는 뜻이다. 명성왕후의 홍릉은 장릉이나 현륭원처럼 어떤 한 곳에 있다가 나중에 다른 곳으로 옮긴 능이 아니다. 그럼에도 천봉, 천원한 무덤에 비유한 것은 처음에 숭릉 우강에 산릉을 조성하다가 청량리로 산릉 자리를 바꾼 것을 그와 같이 빗댄 것이다.

후자는 산릉 개봉표(改封標)에 관한 안건이다. 일관 김동표(金東杓)가 산릉을 다시 봉표하는 길일은 음력 3월 2일 미시라고 하자, 지난 1월 10일에 올린 '산릉각항길일'에서 참초파토(斬草破土)하기로 한 날짜와 시각이 일치했다. 같은 날에 봉표하면서 참초파토를 함께 거행하기는 형편상 어려우므로 참초파토할 날을 물려서 음력 3월 4일 미시에 하기로 수정했다. 그 밖에도 침전(寢殿)과 재실 건물의 공역과 관련한 길한 날짜와 시각을 정했다. 이날 산릉과 관련하여 정한 길한 일시를 정리하면 다음과 같다.[40]

* 개봉표(改封標): 3월 2일 미시. (이하 모두 음력)
* 참초파토: 3월 4일 미시.
* 침전(寢殿)
  - 정초(定礎): 3월 2일 미시.
  - 입주(立柱): 3월 11일 묘시.
  - 상량(上樑): 3월 14일 신시.
* 재실(齋室)
  - 정초: 3월 2일 묘시.

40 『承政院日記』 高宗 34年 2月 30日(己丑)[陽曆 4月 1日]. 『고종실록』에는 기존의 '산릉각항길일'에서 수정한 부분이 별도로 수록되어 있지 않다.

- 입주: 3월 11일 묘시.
- 상량: 3월 16일 신시.

침전은 며칠 전 3월 27일에 『오례의』에 의거하여 정자각이 아닌 '침전'으로 칭하기로 결정했다.[41] 그런 이유로 이후부터는 '정자각' 대신 '침전'이라고 일컬었다. 정자각과 침전에 대해서는 본서 제7장 제2절 2항에서 좀 더 본격적으로 다루고자 한다.

개봉표의 길한 날과 시각이 '음력 3월 2일 미시'라는 결정에 따라 그날에 해당하는 4월 3일, 신하들이 산릉에 가서 다시 봉표하고 들어왔다. 새로 봉표한 곳은 기존의 것에서 위로는 3자 5치, 곁으로는 1자 5치의 거리에 위치하며, 두루 파내고 상세히 살핀 결과 흙빛이 좋아서 과연 협길(叶吉)하다는 보고였다.[42] 이곳은 양주 천장산(天藏山) 아래 간좌(艮坐)의 언덕이었다.[43]

이때 또 다시 예산 부족 문제가 불거졌다. 이번 산릉 조성에 획하한 10만 원 중 2만 원은 두 도감에 획급하지 않을 수 없고 지용(支用)할 수 있는 8만 원 중 이미 7만 원 남짓을 쓴 상태인데 공역한 곳은 아직 절반도 되지 않아 추가 비용이 필요하다는 것이었다.[44] 봉표까지 새로 하면서 산릉 조성을 완료하여 장례를 치르기까지 그 여정이 아직도 먼 상황이었다.

4월 8일, 장례를 치를 때의 절차와 관련하여 몇 가지를 정했다. 제도(諸

41 『高宗實錄』 卷35, 高宗 34年 3月 27日(陽曆); 『承政院日記』 高宗 34年 2月 25日(甲申)[陽曆 3月 27日]; 『明成皇后洪陵山陵都監儀軌』(奎 13891) 上編, 時日 「丁酉二月二十五日」; 『明成皇后洪陵山陵都監儀軌』(奎 13891) 上編, 詔勅(奏本狀啓附) 「丁酉二月二十五日」.

42 『高宗實錄』 卷35, 高宗 34年 4月 3日(陽曆); 『承政院日記』 高宗 34年 3月 2日(辛卯)[陽曆 4月 3日].

43 『高宗實錄』 卷36, 高宗 34年 11月 22日(陽曆); 『大韓明成皇后洪陵誌』(藏 K2-4422). 『대한명성황후홍릉지』에는 天藏山의 '藏'자가 '葳'으로 되어 있다.

44 『承政院日記』 高宗 34年 3月 2日(辛卯)[陽曆 4月 3日].

道)의 감사들은 경기감사 외에는 품계가 높은 수령이 대행하고, 발인할 때 고종은 인화문 밖에서 곡결(哭訣)하며, 발인·반우할 때 왕태자는 인화문 밖에서 봉사(奉辭)하고 성문 밖에서 지영하며, 마지막으로 관제 개정에 따라 『국조상례보편』에 규정된 영의정, 좌의정, 우의정이 맡았던 일을 의정(議政)이 담당한다는 것 등이었다.[45]

* 증시빈전(贈謚殯殿), 책시빈전(冊謚殯殿)할 때: 영의정 → 의정.
* 하현궁할 때 진옥백(進玉帛)·전애책(奠哀冊)·현궁감봉(玄宮監封): 영의정 → 의정.
* 발인 및 하현궁할 때 솔여재궁관(帥舁梓宮官): 좌의정 → 의정.
* 계찬궁할 때 식재궁관(拭梓宮官), 하현궁 후 복토관(覆土官): 우의정 → 의정.

마지막 결정 사항에서 『국조상례보편』에 규정된 영의정, 좌의정, 우의정이 맡았던 위 일들의 담당자에 관한 논의는 관제 개편으로 인해 앞에서도 한 두 차례 있었다. 1896년 2월 4일에는 총리대신과 궁내 대신이 각각 나누어 맡았으며, 이해 9월 4일 빈전을 이봉할 때에는 좌의정과 우의정의 일을 총호사가 겸했다. 그런데 이번에 또 동일한 사안으로 논의했다는 것은 관제 개정이 이루어진 뒤 또 다시 관제가 개정되어 『국조상례보편』의 규정을 기준으로 개정한 관제에 맞춰 재편한 것이다.

조선의 관제에서 최고 기관인 의정부 소속 세 정승이 담당하는 일은 그 자체로 중요하다. 특히 한 나라의 국모의 장례를 치르는 국장에서 이들이 담당한 일은 특별한 사유가 있지 않는 한 다른 관직에 있는 사람들이 대체할 수 있는 것도 아니다. 따라서 관제가 개정되면 그때마다 위 일의 담당

45 『高宗實錄』 卷35, 高宗 34年 4月 8日(陽曆); 『承政院日記』 高宗 34年 3月 7日(丙申)[陽曆 4月 8日].

자에 대해 고종에게 일일이 문의하여 처리해 왔다. 앞으로도 개정된 관제가 굳혀지기 전까지, 혹은 중요 직책에서 관제가 또 개정되면 이러한 상황이 반복될 것임은 미루어 짐작할 수 있다.

4월 10일, 발인 및 반우할 때 행로에서의 치거[植炬]와 관련한 규정을 새로 정했다. 기존에는 부내(部內)에서는 공조에서 대령하고, 부외(部外)에서는 기영(畿營)에서 거행했지만 해당 공계(貢契)가 이미 폐지되어 담당 부서가 사라졌다. 이에 고종은 부내에서는 농상공부에서 대령하고, 부외에서는 내부(內部)에서 각 지방관을 신칙하여 거행하라고 명했다. 치거 자체가 아닌 담당 부서를 새로 정한 것임을 알 수 있다. 아울러 지석(誌石)은 『상례보편』에서 규정한 '자지(磁誌)'가 아니라 경인년(1890, 고종 27)에 승하한 익종비 신정왕후(神貞王后, 1808~1890)의 국장에서 오석(烏石)을 사용한 예를 따르기로 결정했다.[46]

그 밖에 이날, 반우 이후에 경효전에서 지내는 각종 제사에 백관들의 배제(陪祭)는 『상례보편』을 근거로 마련했다. 다만, 내상재선일 경우에 동궁이 제사를 지내거나 섭행할 때 상제(祥祭) 이후에는 백관들의 배제가 없다는 『상례보편』의 규정을 깨고 동궁이 제사를 지낼 때 규례대로 입참하도록 변경했다.[47] 또 내일 산릉에서 옹가(甕家)를 만드는데 규례대로 총호사 조병세가 가기로 했다.[48]

이틀 뒤 4월 12일에는 독일인 화이덕(花爾德, 워르터)에게 광산 채굴권을 허락했다. 이날부터 2년 이내에 적당한 광구(鑛區) 한 곳을 선정한 뒤 그

---

46 『高宗實錄』 卷35, 高宗 34年 4月 10日(陽曆); 『承政院日記』 高宗 34年 3月 9日(戊戌)[陽曆 4月 10日].

47 위와 같음.

48 『承政院日記』 高宗 34年 3月 9日(戊戌)[陽曆 4月 10日].

채굴을 허락하기로 약속했다.[49] 프랑스에 경의 철도 부설권을 허락하더니 이제는 독일에 광산 채굴권을 내주었다. 외세에 의한 조선 침탈이 점차 확대되고 있었다.

그런 가운데 위에서 보듯 국장과 관련한 일들은 차근차근 진행되어 가고 있었다. 그중 가장 시급하게 해결해야 할 일은 바로 산릉의 공역이었다. 그런데 봉표를 다시 하게 되면서 '참초파토'할 날을 물려서 행하기로 한 것처럼 전반적인 공역이 지연될 가능성이 컸고, 그럴 경우 '참초파토' 이외에도 '산릉각항길일'에서 정했던 다른 일들 역시 차질을 빚을 수 있었다.

예상한대로 4월 14일에 고종은 '인산각항길일(因山各項吉日)'에 대해 다시 회의하여 택일하도록 조령을 내렸다. 그 밖에도 외재궁을 배진하는 습의는 음력 3월 15일에 하며, 내일은 산릉에서 개금정(開金井)한다는 논의가 있었고, 또 음력 (3월) 16일과 17일에는 친히 진향하겠다는 조칙을 내렸다.[50] 양력 4월 14일 이날은 음력 3월 13일이었으므로 가까운 시일 내에 행할 몇 가지 의례에 대해 결정한 것이었다.

고종의 조령에 따라 4월 16일에 신하들이 빈청에 모여 '산릉각항길일'에 대해 여러 일관들을 불러서 다시 택일하게 했고 그 결과를 별단에 써서 올렸다.[51] 수정한 '산릉각항길일'의 내용을 제시하면 다음과 같다.

---

49 『高宗實錄』 卷35, 高宗 34年 4月 12日(陽曆). 『승정원일기』에는 광산 채굴권에 관한 기사가 나오지 않는다. 개항 이후 독일의 광산채굴권의 획득 과정에 대해서는 李培鎔, 1981 「舊韓末 獨逸의 鑛山利權과 堂峴金鑛」 『梨花史學硏究』 11·12(합집); 李培鎔, 1986 「開港 以後 獨逸의 資本浸透와 世昌洋行」 『한국문화연구원논총』 48, 3장 3절 참조.

50 『承政院日記』 高宗 34年 3月 13日(壬寅)[陽曆 4月 14日]; 『高宗實錄』 卷35, 高宗 34年 4月 14日(陽曆). 이틀 뒤에 조칙을 내려서 진향할 때 빈전의 內外親은 內哭班에 입참하라고 명했다〈『承政院日記』 高宗 34年 3月 15日(甲辰)[陽曆 4月 16日]〉. 이때 빈전은 명성왕후를 가리킨다.

51 『高宗實錄』 卷35, 高宗 34年 4月 16日(陽曆); 『承政院日記』 高宗 34年 3月 15日(甲辰)[陽曆 4月 16日].

* 시역: 정유년(1897) 정월 25일 묘시. (이하 모두 음력)

* 참초파토: 3월 4일 미시.

* 사후토: 같은 날(3월 4일) 새벽에 먼저 행함.

* 작옹가: 3월 11일 묘시.

* 개금정: 4월 20일 미시. 혈심은 4자 5치.

* 외재궁 배진: 4월 29일 손시.

* 하외재궁: 5월 3일 인시(寅時).

* 계찬궁: 5월 5일 진시. 먼저 북방을 엶.

* 발인: 5월 6일 축시.

* 성빈: 대여가 능소에 도착한 후 때에 따라.

* 능소 계찬궁: 5월 6일 유시(酉時). 먼저 북방을 엶.

* 진발: 계찬궁 후 때에 따라.

* 하현궁: 5월 7일 인시.

신하들이 올린 별단에 따르면, 발인은 음력 5월 6일(양력 6월 5일) 축시에 행한다고 되어 있다. 이제 1달 20일 정도 있으면 장례를 치를 수 있다.

고종이 러시아 공사관에서 1년여 정도 머문 후 경복궁이 아닌 경운궁으로 환어했다. 이후 명성왕후의 시호를 다시 정하고, 산릉에 문제가 생겨 다시 봉표하고, 산릉각항길일도 다시 정하는 등 국장이 조금씩 지연되지만 그럼에도 하나씩 하나씩 진행시켜 나갔다.

제 2 절

대한제국 선포와 황후 책봉

1. 국장 지연과 연호 광무(光武)의 선포

국장 준비가 진행되어 가고 있는 와중에 국장 지연을 우려할 만한 또 다른 크나큰 일이 생기기 시작했다. 바로 고종의 황제로의 즉위 주청이었다.

관찬 자료에는 5월 1일자 전 승지 이최영(李㝡榮) 등이 올린 소에서부터 확인된다. 오늘날 자주독립국이 되어 '조(詔)'와 '칙(勅)'으로서 이미 황제의 제도를 시행하고 있는데 아직도 군주의 지위에 있으니, 본국의 신민들이 모두 원하는 것은 칭제(稱帝)이므로 속히 건단(乾斷)을 내려 황제대보(皇帝大寶)의 자리에 임어하기를 청하는 내용이다.[52]

황제의 즉위를 주청하는 가운데 다른 한편에서는 국장을 추진하고 있었다. 5월 6일, 관제 개정으로 인해 총호사의 주청으로 도로와 교량의 적간 담당자를 의논했다. 등록에는 국장도감 당상·도청·낭청, 돈체사, 병조·공조 당상, 선공감 제주 각 1원이 나아간다고 되어 있다. 이 역시 관제가 개정되었으므로 조정이 필요하여 총호사 조병세가 고종에게 상주한 것이었다. 이에 고종은 도감 당상·낭청, 돈체사, 시종원·내부 당상 각 1원, 영

52 『承政院日記』 高宗 34年 3月 30日(己未)[陽曆 5月 1日]; 『高宗實錄』 卷35, 高宗 34年 5月 1日(陽曆).

선사 장이 나아가서 거행하도록 명했다.[53]

5월 9일, 유학(幼學) 권달섭(權達燮) 등이 상소하여 황제의 자리에 나아가기를 주청했다.[54] 이최영 등을 이어서 황제 즉위 주청이 간간이 제기되고 있다.

다음 날 5월 10일, 총호사 조병세가 또 다시 예산 부족에 대해 아뢰었다. 세 도감의 공역이 장차 끝나가려는데 산릉도감에서 '전에 비해 물력이 배로 들어가서 기한 안으로 공사를 완공할 수 없을 듯하다.'는 보고를 받았다고 한다. 그는 부족한 예산은 2만 원 한도 내에서 탁지부로 하여금 예산 외의 지출로 획송(劃送)하여 해결하자고 건의했고, 고종도 윤허했다.[55] 산릉 공역의 완료 여부가 발인 일정과 직접적으로 관련되는 만큼, 산릉도감의 이러한 보고는 또 다시 산릉과 관련된 다른 일정까지 연기될 심상치 않은 조짐이었다.

5월 11일, 장생전에서 담당하고 있는 외재궁을 봉심하고 오라고 명했다.[56] 5월 16일, 의관 임상준(任商準, 1818~?)이 상소하여 즉시 황제의 자리에 나아가기를 주청했다.[57] 5월 19일, 총호사 조병세의 주청으로 북한 행궁에 봉안되어 있던 대행왕후의 병인년(1866, 고종 3) 이후에 조성한 교명·책보를 빈전에 진열하기로 결정했다.[58]

한편, 산릉 공역의 완공이 기한 내에 어려울 것 같다는 보고는 예상대

53 『承政院日記』 高宗 34年 4月 5日(甲子)[陽曆 5月 6日]; 『高宗實錄』 卷35, 高宗 34年 5月 6日(陽曆).

54 『承政院日記』 高宗 34年 4月 8日(丁卯)[陽曆 5月 9日]; 『高宗實錄』 卷35, 高宗 34年 5月 9日(陽曆).

55 『承政院日記』 高宗 34年 4月 9日(戊辰)[陽曆 5月 10日]; 『高宗實錄』 卷35, 高宗 34年 5月 10日(陽曆).

56 『承政院日記』 高宗 34年 4月 10日(己巳)[陽曆 5月 11日]; 『高宗實錄』 卷35, 高宗 34年 5月 11日(陽曆).

57 『高宗實錄』 卷35, 高宗 34年 5月 16日(陽曆).

58 『承政院日記』 高宗 34年 4月 18日(丁丑)[陽曆 5月 19日].

로 산릉과 관련된 다른 일정의 조정으로 이어졌다. 5월 20일, 고종은 '인산각항길일'에 대해 다시 회의하여 택일하라는 조칙을 내렸다.[59] 그러는 중 5월 25일 혹은 26일, 경상남도 유학(幼學) 강무형(姜懋馨) 등이 소를 올려 속히 대보(大寶)의 자리에 나아가기를 청했다.[60] 황제 즉위 주청이 꾸준히 제기되고 있었다.

5월 31일, 고종의 조칙에 따라 '산릉각항길일'을 정하기 위하여 신하들이 일제히 빈청에 모여 '여러 일관들'을 불러서 다시 더 정밀하게 택일하게 했고 그 결과를 별단에 써서 올렸다.[61] 이는 『고종실록』의 기록이고, 『승정원일기』와 의궤에는 논의 과정을 좀 더 구체적으로 싣고 있다. 신하들이 빈청에 모여 '여러 지사(地師)들'을 거느리고 함께 의논하여 추택하고, 다시 신하들이 일제히 빈청에 모여 '여러 일관들'을 불러서 다시 더 정밀하게 택일하게 했고 그 결과를 별단에 써서 올린 것으로 되어 있다.[62]

날을 정하는 것은 주로 일관들의 직무이므로 '지사'보다는 '일관'의 참석이 더 적절하다는 판단이다. 하지만 산릉과 관련한 각종 일에는 날짜 이외에 지사가 담당하는 부분도 있다. 따라서 좀 더 신중을 기하기 위해 지사와 일관을 차례로 회의에 참석시킨 듯하다. 그럴 경우 『승정원일기』와 의궤의 기사 수록 방식이 좀 더 합리적이라는 판단이다.

---

59 『高宗實錄』 卷35, 高宗 34年 5月 20日(陽曆); 『承政院日記』 高宗 34年 4月 19日(戊寅)[陽曆 5月 20日].

60 『承政院日記』 高宗 34年 4月 24日(癸未)[陽曆 5月 25日]; 『高宗實錄』 卷35, 高宗 34年 5月 26日(陽曆). 두 관찬 자료에서 날짜가 하루 차이가 난다. 상소의 全文을 수록한 『승정원일기』에는 '慶尙南道幼學姜懋馨等疏'라 하여 여러 사람들이 소에 관여한 것으로 되어 있는 반면, 상소를 간략하게 정리해서 실은 『고종실록』에는 '幼學姜懋馨疏略'이라 하여 강무형이 단독으로 소를 올린 것으로 되어 있다. 본문에는 『승정원일기』의 기록을 따라 서술했다.

61 『高宗實錄』 卷35, 高宗 34年 5月 31日(陽曆).

62 『承政院日記』 高宗 34年 5月 1日(己丑)[陽曆 5月 31日]; 『明成皇后洪陵山陵都監儀軌』(奎13891) 上編, 詔勅(奏本狀啓附) 「丁酉五月初一日」.

별단의 내용은 『고종실록』보다 『승정원일기』의 기록이 더 상세하다.[63] 『승정원일기』에 따라 '인산각항길일'의 내용을 제시하면 다음과 같다.

* 시역: 정유년(1897) 정월 25일 묘시. (이하 모두 음력)
* 참초파토: 3월 4일 미시.
* 사후토: 같은 날(3월 4일) 새벽에 먼저 행함.
* 작옹가: 3월 11일 묘시.
* 개금정: 7월 28일 미시. 혈심은 4자 5치.
* 외재궁 배진: 7월 30일 진시.
* 하외재궁: 7월 30일 미시.
* 계찬궁: 8월 1일 신시. 먼저 동방을 엶.
* 발인: 8월 6일 축시.
* 성빈: 대여가 능소에 도착한 후 때에 따라.
* 능소 계찬궁: 8월 6일 미시. 먼저 동방을 엶.
* 진발: 계찬궁 후 때에 따라.
* 하현궁: 8월 7일 진시.

신하들이 올린 별단에 따르면, 발인은 음력 8월 6일(양력 9월 2일) 축시에 행한다. 예상대로 장례를 치르는 날이 또 다시 미루어져 이날을 기준으로 삼는다면 앞으로 3개월 정도를 더 기다려야 한다.

뿐만 아니라 산릉과 관련하여 예산이 추가되었다. 6월 2일, 산릉의 해자(垓字) 안에 있는 전답과 가사(家舍) 비용으로 1만 612원을 예비금 중에

63 『承政院日記』 高宗 34年 5月 1日(己丑)[陽曆 5月 31日]; 『高宗實錄』 卷35, 高宗 34年 5月 31日(陽曆). 『명성황후홍릉산릉도감의궤』에는 별단이 실려 있지 않다.

서 지출하기로 고종의 허락을 받았다.[64] 또 이날 시책보(諡冊寶)의 내입(內入)·내출(內出), 책시빈전(冊諡殯殿), 개명정, 발인 습의 등의 길한 일시를 추택했다.[65]

* 책시빈전 습의: 음력 7월 5일. (이하 모두 음력)
* 시책보 도감에서 내입: 7월 13일.
* 시책보 내출: 7월 16일 묘시.
* 책시빈전: 7월 16일 손시.
* 개명정: 7월 16일 미시.
* 발인 습의 2도: 7월 17일.
* 발인 습의 3도: 7월 29일.

3월 2일 명성으로 시호를 개정한 뒤 3달 만에 새로 조성한 시책보를 빈전에 봉안할, 그리고 명정을 고쳐 쓰기 위한 길한 일시를 잡았다. 또 '인산각항길일'을 다시 정했기에 발인을 예행 연습할 길한 날과 시각도 재조정했다. 특히 산릉 공역의 일정은 인산/산릉과 관련한 다른 항목의 일정까지 변경하게 할 정도로 중요하다는 사실은 여러 차례 보아왔다. 이번에도 발인 습의에 한정하지만 다른 의례의 일정에 영향을 미침을 볼 수 있다.

이후 『고종실록』이나 『승정원일기』 등 관찬 자료에서 6월 한 달 동안 명성왕후 국장과 관련하여 논의한 사항은 거의 수록되어 있지 않다. 7월 한 달 역시 7월 5일에 국장도감 제조 민병석을 해임하고 그 자리에 정2품 조병호(趙秉鎬, 1847~1910)를 임명한 것[66] 외에는 두 관찬 자료에서 국장과

64 『高宗實錄』 卷35, 高宗 34年 6月 2日(陽曆).
65 『承政院日記』 高宗 34年 5月 3日(辛卯)[陽曆 6月 2日].
66 『承政院日記』 高宗 34年 6月 6日(甲子)[陽曆 7月 5日]; 『高宗實錄』 卷35, 高宗 34年 7月

관련하여 거론할 만한 기사는 실려 있지 않다.

8월 1일, 책시할 때 관련된 각 항목, 곧 시책보 내입·내출, 책시빈전, 개명정 등의 길한 날[책시각항길일(冊諡各項吉日)]을 다시 추택했다.[67] 이들 의례의 시행 날짜를 두 달 만에 다시 정했다. 시책보의 조성이 늦어지는 것인지 아니면 다른 이유가 있는지, 그에 관해서는 관찬 자료에 밝혀져 있지 않다.

* 책시빈전 습의: 음력 7월 16일. (이하 모두 음력)

* 시책보 도감에서 내입: 7월 18일 미시.

* 시책보 내출: 7월 19일 묘시.

* 책시빈전: 7월 19일 손시.

* 개명정: 7월 19일 신시.

다음 날인 8월 2일에는 지석을 만드는 재료도 바꾸었다. 신정왕후의 국장 때 오석을 사용한 전례를 따르기로 했는데 이때에 이르러 『상례보편』의 규정대로 사기[자(磁)]로 바꾸었다. 고종은 지석은 사기를 구워서 들여 쓰도록 국장도감에 분부했다.[68] 지석을 만드는 재료를 바꾼 이유에 대해서도 관찬 자료에서 찾아지지 않는다.

한편, 앞서 여러 차례 황제 즉위 주청에 대해 고종은 '만만불가(萬萬不可)'라고 대답하며 받아들이지 않았다. 그러다가 8월 12일에 내린 조칙에서부터 고종의 태도가 달라지기 시작했다. '을미년 11월 15일에 내린 건원

5日(陽曆).

67 『承政院日記』 高宗 34年 7月 4日(辛卯)[陽曆 8月 1日].

68 『高宗實錄』 卷35, 高宗 34年 8月 2日(陽曆); 『承政院日記』 高宗 34年 7月 5日(壬辰)[陽曆 8月 2日].

(建元)[건양]과 단발에 관한 조칙을 모두 격소하라.'는 명을 전격적으로 감행했다.[69] 연호 건양의 선포와 단발령 역시 본인의 의지가 아니었음을 천명한 조령이었다. 특히 연호 건양에 관한 조칙의 격소는 이를 대신할 다른 연호를 염두에 두었다는 신호였다.

이윽고 다음 날인 8월 13일, 고종은 '건원에 대해 널리 상고하여 의정하라.'고 명했다. 이어서 이와 관련한 여러 사안을 결정했다.

건원연호(建元年號)의 의정에 참가해야 하는 직원과 시행해야 하는 전례(典禮)는 장례원이 맡도록 하며, 건원의호(建元議號)하는 길일은 음력 7월 17일이며, 건원의호한 뒤 천지와 종묘, 사직에 고하고 조서 반포와 진하하는 길일은 음력 7월 19일이며, 아직 인산 전이므로 고포(告布)할 때 고종은 권정례로 진행하되 조서만을 반포하며, 환구·종묘·영녕전·사직·경모궁에서 지내는 고유제는 음력 7월 19일 새벽에 설행하며, 빈전에서의 고유는 같은 날 조전(朝奠)을 겸행하며, 이날 오시에 조서를 반포하며, 반교(頒敎)·진하의 고포는 권정례로 하되 진하는 하지 않으며, 조서 반포를 포함한 법전(法殿)에서 행례해야 하는 의절인 경우 그 처소는 우선 즉조당으로 정하여 행하라는 등등이다.[70]

그 밖에 이날 책시(冊謚)와 관련한 각종 절차의 길한 날을 다시 잡도록 명했다.[71] 8월 1일 이후 열흘 남짓 지나서 별다른 이유를 제시하지 않은 채 또 다시 날짜를 잡도록 명한 것이다. 이는 고종이 연호를 건양에서 다른 것으로 정하는 것과 깊은 관련이 있을 듯하다. 고종의 황제 즉위 주청

69 『高宗實錄』 卷35, 高宗 34年 8月 12日(陽曆); 『承政院日記』 高宗 34年 7月 15日(壬寅)[陽曆 8月 12日].

70 『承政院日記』 高宗 34年 7月 16日(癸卯)[陽曆 8月 13日]; 『高宗實錄』 卷35, 高宗 34年 8月 13日(陽曆).

71 『承政院日記』 高宗 34年 7月 16日(癸卯)[陽曆 8月 13日].

이 제기되고 있는 상황에서 연호의 새로운 제정은 정치 체제의 변화라기보다는 국체의 새로운 표방을 의미하는 것에 가깝다. 만약 그렇다면 책보의 조성과 이어지는 책시와 관련한 각종 절차도 조정이 필요하다. 고종은 이러한 여러 사정을 고려한 것으로 짐작된다.

황제 즉위 주청을 한 신하들의 상소에서 언급한 것처럼 '대군주 폐하'라는 칭호라든가 조·칙 등 황제가 쓰는 제도들을 그동안 계속 사용해 왔다. 그런 까닭에 저들이 '황제대보지위(皇帝大寶之位)', '황제지위(皇帝之位)', '대보지위(大寶之位)'에 임어하기를 바라는 요청을 할 때 고종이 이를 받아들이더라도 하등 거리낄 것이 없었다. 사실상 청일전쟁 이후부터 국내외적으로 조선은 자주독립국이 되었기 때문이다. 그럼에도 신하들의 황제 즉위 주청이 있을 때마다 불가하다고 거절했던 고종이 막상 '건원'하기로 마음먹자 이처럼 일사천리로 여러 가지 일을 추진한 것이었다.

고종의 칙지에 따라 다음 날 8월 14일(음력 7월 17일), 마침내 건원연호를 '광무(光武)'로 정했다. 신하들이 광무와 경덕(慶德) 두 가지로 망단자를 올리자 고종이 '광무'를 선택했다.[72] 다음 날인 15일, 고종은 나라에서 건원하는 것은 기년(紀年)하는 것이며 또한 천하에 신뢰를 세우는 것이라고 하며, 이 해를 '광무 원년'으로 하고 8월 16일에 조서를 반포하는 큰 전례[거전(鉅典)]를 거행하겠다는 조칙을 내렸다.[73]

마침내 8월 16일(음력 7월 19일), 환구와 사직, 종묘, 영녕전, 경모궁에서 건원 고유제를 지냈다.[74] 즉조당에서 진하한 뒤 이어서 반사(頒赦)했다.

72 『高宗實錄』 卷35, 高宗 34年 8月 14日(陽曆); 『承政院日記』 高宗 34年 7月 17日(甲辰)[陽曆 8月 14日].

73 『高宗實錄』 卷35, 高宗 34年 8月 15日(陽曆); 『承政院日記』 高宗 34年 7月 18日(乙巳)[陽曆 8月 15日].

74 『高宗實錄』 卷36, 高宗 34年 8月 16日(陽曆).

조문(詔文)을 반포하고, 또 사전(赦典)을 내린 것이었다.[75]

1897년 8월 16일부터 광무 1년이 시작되었다. 건양으로 연호를 정했을 때에는 날짜를 헤아릴 때 1895년 11월 17일을 곧바로 건양 원년 1월 1일(양력)이라고 했다. 하지만 이번에는 그렇게 하지 않아 음력과 양력에 변화가 없었다. 다만, 의궤에 날짜를 기록할 때 음력 7월 19일을 기점으로 '丁酉○月○日' 혹은 '光武元年丁酉○月○日'이라고 써서, 정유년이지만 '광무'를 넣어 광무 전과 그 이후로 구별하여 기록한 문헌이 있다. 대표적으로 『명성황후국장도감의궤』「조회(照會)」 항목이라든가[76] 『명성황후빈전혼전도감의궤』의 「좌목」에서 확인된다.[77] 이러한 날짜 기재 방식은 광무 선포 전후를 구별하기 쉽도록 한 것이 장점이다.

주목되는 것은 동일한 의궤의 다른 항목이라든가 비슷한 시기에 편찬된 다른 의궤에는 날짜를 기록하는 방식이 다르다는 사실이다. 전자는 『명성황후국장도감의궤』의 「좌목」이 해당한다. 여기에는 '開國五百六年丁酉○月○日' 혹은 '光武元年丁酉○月○日'이라 하여 음력 7월 19일을 기점으로 그 이전에는 개국 연호를, 그 뒤에는 광무 연호를 써서 구분했다.[78] 후자는 『명성황후홍릉산릉도감의궤』의 「좌목」으로, 여기에는 '丁酉○月○日'이라고만 기재하여 개국이든 광무든 연호를 넣지 않아 연호로의 구분은 하지 않았다.[79]

명성왕후/황후 국장과 관련하여 비슷한 시기에 편찬한 의궤, 혹은 하

75 『高宗實錄』 卷36, 高宗 34年 8月 16日(陽曆); 『承政院日記』 高宗 34年 7月 19日(丙午)[陽曆 8月 16日]; 『日省錄』 高宗 34年 7月 19日(丙午)[陽曆 8月 16日(月曜)].

76 『明成皇后國葬都監儀軌』(奎 13883) 卷1, 都廳儀軌 照會 「丁酉四月十一日」·「光武元年丁酉八月十二日」·「丁酉八月二十二日」.

77 『明成皇后殯殿魂殿都監儀軌』(奎 13890) 卷1, 座目.

78 『明成皇后國葬都監儀軌』(奎 13883) 卷1, 都廳儀軌 「座目」.

79 『明成皇后洪陵山陵都監儀軌』(奎 13891) 上編, 座目.

나의 의궤 안에서도 날짜를 기재하는 방식이 일치하지 않는다. 당시 날짜를 기록하는 사람들조차 연호에 대한 인식이 다른 것인가, 혹은 '연호'가 선포되었으나 널리 통용되지 않아서 그런 것인가, 각 연호가 기록에 반영될 수도 있고 안 될 수도 있는 정도의 비중인가 등등 여러 의문이 든다. 의문의 관건은 각 연호의 효력이 어느 정도인가에 달려 있을 것이다.

고종은 건양을 대신하여 광무라는 연호를 정하자 곧이어 책시와 관련한 각 항목의 길한 날에 대해 새로운 조칙을 내렸다. 조칙이 내려지기를 기다렸다가 추택하여 들이라는 명이었다.[80] 불과 3일 전에 내린 명을 거두는 이러한 조치는 앞서 추정한 것처럼 새로운 연호의 제정과 직접적인 관련이 있음을 입증해준다. 심지어 '건원'에 그치지 않고 '칭제'까지 염두에 둔 것을 시사한다고 볼 수 있다. 칭제하면 책보를 다시 조성해야 하기에 관련 여러 의절도 조정이 필요해서이다.

일주일 뒤인 8월 23일, '인산각항길일'에 대해 다시 회의하여 날을 잡도록 명했다.[81] 이 역시 '칭제건원'을 염두에 둔 조치로 이해된다. 고종의 명에 따라 3일 뒤인 8월 26일, '인산각항길일'을 논의하기 위하여 신하들이 빈청에 모여 여러 지사를 거느리고 함께 의논하여 추택했다.[82] 그리고 신하들이 일제히 빈청에 모여 여러 일관들을 불러서 다시 더 정밀하게 택일하게 한 결과를 별단에 써서 올렸다.[83]

---

80 『承政院日記』高宗 34年 7月 19日(丙午)[陽曆 8月 16日].

81 『明成皇后洪陵山陵都監儀軌』(奎 13891) 上編, 詔勅(奏本狀啓附) 「丁酉七月二十六日」; 『高宗實錄』 卷36, 高宗 34年 8月 23日(陽曆); 『承政院日記』 高宗 34年 7月 26日(癸丑)[陽曆 8月 23日].

82 『承政院日記』 高宗 34年 7月 29日(丙辰)[陽曆 8月 26日]; 『明成皇后洪陵山陵都監儀軌』(奎 13891) 上編, 詔勅(奏本狀啓附) 「丁酉七月二十九日」; 『高宗實錄』 卷36, 高宗 34年 8月 26日(陽曆).

83 『承政院日記』 高宗 34年 7月 29日(丙辰)[陽曆 8月 26日]; 『明成皇后洪陵山陵都監儀軌』(奎 13891) 上編, 詔勅(奏本狀啓附) 「丁酉七月二十九日」.

별단의 내용은 『고종실록』보다 『승정원일기』의 기록이 더 자세하다.[84] 『승정원일기』에 따라 '인산각항길일'의 내용을 제시하면 다음과 같다.

* 시역: 정유년(1897) 정월 25일 묘시. (이하 모두 음력)
* 참초파토: 3월 4일 미시.
* 사후토: 같은 날(3월 4일) 새벽에 먼저 행함.
* 작옹가: 3월 11일 묘시.
* 개금정: 9월 2일 손시. 혈심은 4자 5치.
* 외재궁 배진: 9월 5일 손시.
* 하외재궁: 9월 5일 미시.
* 계찬궁: 9월 6일 손시. 먼저 동방을 엶.
* 발인: 9월 8일 축시.
* 성빈: 대여가 능소에 도착한 후 때에 따라.
* 능소 계찬궁: 9월 8일 신시. 먼저 동방을 엶.
* 진발: 계찬궁 후 때에 따라.
* 하현궁: 9월 9일 자시.

별단에 따르면, 발인은 '음력 9월 8일(양력 10월 3일) 축시'에 행하는 것으로 정해졌다. 장례를 치르는 날이 또 다시 연기되었다. 지연에 또 지연을 거듭하고 있었다.

8월 31일, 세 도감의 공역이 장차 끝나가려는데 이번에는 빈전도감에서 예산 부족을 보고했다. 전에 비해 물력이 몇 곱절이나 더 들어가서 획

84 『承政院日記』 高宗 34年 7月 29日(丙辰)[陽暦 8月 26日]; 『高宗實錄』 卷36, 高宗 34年 8月 26日(陽曆). 『명성황후홍릉산릉도감의궤』에는 별단이 실려 있지 않다.

급해 준 수량을 다 썼기에 혼전을 수리하는 공역에 미비한 점이 많다는 것이었다. 그에 따라 부족한 예산은 1만 원 한도 내에서 탁지부로 하여금 예산 외의 지출로 획송하여 해결하기로 논의했다.[85]

그동안 국장과 관련한 예산 부족은 주로 산릉 공역에서 드러났다. 그런데 그것만이 아니라 빈전도감에서 맡은 공사에서도 예전에 비하여 물력이 많이 투입되면서 기존에 책정한 예산을 초과했음을 볼 수 있다. 특이한 점은 '혼전'의 수리 공역임에도 '혼전도감'이 아닌 '빈전도감'에서 보고하고 있다는 사실이다. 이는 대행왕후의 혼전 처소의 공사를 빈전도감에서 담당하고 있다는 뜻이다. 국가전례서에 규정된 빈전도감의 업무 중에 '혼전'이 들어가 있어서 그러한 듯하다.[86]

앞서 언급한 것처럼 명성왕후/황후 흉례 관련 의궤 중에는 빈전과 혼전의 조성을 담당하기 위해 빈전도감과 혼전도감에서 담당한 업무를 기록한 『명성황후빈전혼전도감의궤』가 있다. 이 의궤에는 각 도감의 규정을 기록한 사목(事目)이라는 항목에서 '혼전도감사목'은 없이 '빈전도감사목'만을 싣고 있다.[87] 그리고 국가전례서에서 규정한 빈전도감의 업무 중 혼전을 담당하고 있다는 사실을 통해 빈전도감이 혼전도감의 일까지 주도적으로 처리하고 있음을 알려준다.

다만, 빈전도감과 혼전도감에서 각각 의궤를 편찬하지 않고 『빈전혼전도감의궤』라고 한 것은 정조의 국장 때 "빈전도감과 혼전도감에서 맡은 일이 전후가 서로 무관하지 않고 애초 피차의 구별이 없기 때문에 『빈전도감의궤』와 『혼전도감의궤』를 각각 편찬하지 않고 합해서 기록한다."는

85 『高宗實錄』 卷36, 高宗 34年 8月 31日(陽曆); 『承政院日記』 高宗 34年 8月 4日(辛酉)[陽曆 8月 31日].

86 『國朝喪禮補編』(奎 3940) 卷1, 「戒令」"殯殿都監掌襲斂成殯成服魂殿排備等事".

87 『明成皇后殯殿魂殿都監儀軌』(奎 13890) 卷1, 事目 "乙未十月十五日 殯殿都監事目".

범례 규정이 참조된다.[88]

아관파천, 경운궁 환어, 산릉 자리 변경, 예산 부족, 발인 지연 등 명성왕후의 국장 진행이 난관에 봉착하여 어려움에 직면한 적이 한두 번이 아니었다. 세 도감의 공역이 거의 끝나간다고 하지만 빈전에 재궁이 봉안되어 있는 가운데 또 다시 대행왕후의 기신을 맞기에 이르렀다. 음력 8월 20일, 양력으로는 9월 16일이 대행왕후가 세상을 떠난 지 2년이 되는 재기신(再忌辰) 날이었다.

9월 6일, 다가올 재기신에 행해야 할 각종 일을 결정했다. 이날 고종은 직접 별전을 올리되 그 절차는 '제례'에 의거하여 마련하라고 지시했다. 그리고 별전과 아침 상식의 제문은 고종이 직접 지어서 내리고, 주다례 제문은 동궁이 지어서 내리며, 음력 8월 18일·19일·20일에 각 제전(祭奠)을 거행할 때에는 백관이 입참하며, 20일 재기신 당일에 별전을 올릴 때 실직이 없더라도 문·음·무관으로 3품 이상을 지낸 사람은 곡반에 입참하는 것 등이었다.[89]

실상 초기신을 맞이하여 행례했을 때와 별반 달라지지 않았다. 여기에 더해 재기신 이틀 전인 9월 14일에는 별전을 올릴 때 빈전의 내외친(內外親)들은 내곡반에 입참하라는 명을 내렸다.[90] 이때 빈전은 명성왕후를 가리키는 대명사로 쓰였다.

9월 16일(음력 8월 20일), 명성왕후가 시해를 당한 지 2주년이 되는 날이다. 자시에 고종과 왕태자가 빈전에 나아가 명성왕후의 재기신 별전을 친

88 정조 국장 때의 '빈전혼전도감' 전반에 대해서는 이현진, 2015 앞의 책, 79~82쪽 참조.

89 『承政院日記』 高宗 34年 8月 10日(丁卯)[陽曆 9月 6日]; 『高宗實錄』 卷36, 高宗 34年 9月 6日(陽曆).

90 『高宗實錄』 卷36, 高宗 34年 9月 14日(陽曆).

행했다.[91] 최복 차림을 한 고종이 초헌관, 왕태자가 아헌관, 의정부 의정 심순택(沈舜澤, 1824~?)이 종헌관이 되어 행례했다.[92] 이어서 조곡(朝哭), 조상식, 주다례를 모두 친행했다.[93] 명성왕후는 결국 장례를 치르지 못한 채 빈전에서 두 해를 보냈다.

1년 전 초기신을 맞이하여 빈전에서 행한 의례는 제례 절차에 따른 별전이었다. 이러한 절충적인 방식은 재기신이 도래한 이번에도 뾰족한 방법 없이 동일하게 시행할 수밖에 없었다. 여전히 장례를 치르지 못하여 전(奠)을 올릴 뿐 제사를 지낼 수 없었기 때문이다. 초기신을 맞이했을 때 논의하고 행례한 경험이 있어서 재기신 때에는 별다른 논의 없이 거의 그대로 예를 행했다.

산릉 자리를 개봉표한 뒤 산릉 공역에서 예산 부족을 보고하고 이로 인한 '산릉/인산각항길일'을 다시 논의하여 정했다. 한편, 황제 즉위 주청이 간간이 있었으나 고종이 허락하지 않는 가운데 연호 건양을 대신하여 광무라는 연호를 정하여 선포했다. 새로운 연호를 정하자 또 다시 '인산각항길일'을 추택했으나 빈전도감에서 또 예산 부족을 보고하는 등 이러저러한 일들로 국장이 지연되고 있었다. 그러는 사이 명성왕후의 재기신을 맞이했다.

---

91 『承政院日記』 高宗 34年 8月 20日(丁丑)[陽曆 9月 16日]; 『高宗實錄』 卷36, 高宗 34年 9月 16日(陽曆).

92 『承政院日記』 高宗 34年 8月 20日(丁丑)[陽曆 9月 16日]. 재기신 별전을 친행할 때의 절차가 간략하게 수록되어 있다.

93 『高宗實錄』 卷36, 高宗 34年 9月 16日(陽曆).

2. 황제 즉위와 황후 책봉

광무라는 연호의 제정과 선포는 그간 황제 즉위 주청이 진행되고 있는 가운데 추진되었다. 사실 연호의 사용은 황제만이 가능한데 고종은 황제 즉위에 앞서 연호의 정비부터 서둘렀다. 단, 새로운 연호의 제정에 앞서 선행되어야 하는 것이 바로 '건양'의 선포가 고종의 의지가 아니었다는 천명이었다. 연호 건양의 격소, 새로운 연호인 광무의 제정과 선포, 이제 이와 궤를 같이하는 황제 즉위가 이어질 차례였다.

9월 20일 혹은 21일, 막 장례원 경에 다시 임명된 김규홍이[94] 천지 합제(合祭)에 관한 제반 사항을 건의했다. 천지에 합제하는 것이 사전(祀典)에서 가장 중요함에도 환구에서 거행하는 의례와 그와 관련한 제도[의제(儀制)]에 대해서는 아직 살피지 못한 점이 많다고 하며 개축(改築)에 대한 재가 및 신위판(神位版)·신패(神牌)의 조성, 희생, 제기(祭器) 등 제반 '의문(儀文)'에 대해 소견을 진달했다.

그러자 고종은 그에게 영선사 장(營繕司長)과 함께 지세를 보아 땅을 택정하고 좋은 날을 가려서[복일(卜日)] 축단(築壇)하며, 제반 '의문'에 관한 사항은 그의 견해를 대부분 수용했다.[95] 김규홍이 상주한 조성해야 할 신위판과 종향 신패는 다음과 같다.

94 『高宗實錄』 卷36, 高宗 34年 9月 19日(陽曆); 『承政院日記』 高宗 34年 8月 23日(庚辰)[陽曆 9月 19日]

95 『高宗實錄』 卷36, 高宗 34年 9月 21日(陽曆); 『承政院日記』 高宗 34年 8月 24日(辛巳)[陽曆 9月 20日]. 두 문헌이 날짜에서 차이를 보인다. 같은 내용을 수록한 『일성록』에는 『고종실록』과 날짜가 동일하게 기록되어 있다〈『日省錄』 高宗 34年 8月 25日(壬午)[陽曆 9月 21日(火曜)]〉.

* 신위판: 호천상제(昊天上帝), 황지기(皇地祇).[96]

* 종향 신패: 일월성신(日月星辰), 풍운뢰우(風雲雷雨), 악진해독(嶽鎭海瀆).

사실 청일전쟁에서 일본이 승리하면서 조선은 청의 속국에서 벗어난 소위 자주독립국이 되었다. 그에 따라 왕실 구성원의 존칭도 새로 정하여 고종은 '대군주 폐하'라 일컬었다. 하지만 이는 분명히 제후국 군주와 천자국 황제의 중간 지점에서 부를 수 있는 칭호였다. 근래에 신하들이 황제 즉위 주청에서 칭호 문제를 거론한 것 또한 이러한 이유였다. 특히 강무형 등이 올린 소에는 '대군주'는 왕의 적자(適子)이자 왕보다 한 등급 낮은 대군(大君)에 주(主)자를 첨가한 것이라고 풀이하기도 했다.[97] 일련의 일은 이러한 애매한 상황을 벗어나 어엿한 천자국, 황제국으로 정체성을 확립하기를 바라는 뜻도 담겨 있었다.

이를 위해 고종은 신하들의 요청에 부응하여 우선 건양에서 광무로 연호부터 바꾸었다. 그리고 천자만이 지낼 수 있는 하늘과 땅 제사를 위한 단(壇)의 개축과 거기서 지내는 제사에 필요한 제반 의문의 정비부터 서두르기 시작했다. 500여 년을 유지해 온 조선에서 새로운 국체를 지향하려는 움직임이 본격화되었다.

한편, 9월 23일 산릉 공역에서 표석(表石)의 조성을 위해 돌을 떠내는 작업을 할 때 문제가 생겼다. 다시 품질이 좋은 돌을 골라 떠낸 뒤 밤낮으로 배로 운송해야 할 사태가 벌어진 것이었다. 고종은 이를 통하여 각 도감에서 거행하고 있는 일의 정황을 미루어 알 수 있으며 정성과 직분을 다

96 황지기의 '기'자가 『고종실록』과 『승정원일기』에는 '祇'가 아닌 '祗'로 기록되어 있다[위 각주 95 참조]. 본문에는 두 관찬 자료를 따라 서술했다.

97 『承政院日記』 高宗 34年 4月 24日(癸未)[陽曆 5月 25日]; 『高宗實錄』 卷35, 高宗 34年 5月 26日(陽曆). 본서 제5장 각주 60 참조.

하지 않는다고 질책했다.[98] 9월 24일, 고종은 조령을 내려서 '인봉각항일자(因封各項日子)'는 칙지가 내릴 때까지 기다렸다가 다시 날을 택하여 들이라고 명했다.[99]

표석 제작을 위해 부석(浮石)하는 과정에서 생긴 문제가 산릉 공역의 지연을 예고할 수 있다. 하지만 이 일이 계기가 되어서인지 아니면 다른 의도가 있어서인지 고종은 그다음 날 곧바로 인산과 관련한 각 항목의 길한 날을 정하는 것까지 당분간 중단시켰다.

산릉 공사가 마무리되지 않은 가운데 신하들의 황제 즉위 요청, 연호 변경, 원구단의 개축, 인봉각항일자의 추택 대기 등등은 분명 국장 지연의 주요 변수임에 틀림없다. 그렇다면 이 시점에서 국장 지연이라는 수를 두면서까지 고종이 의도한 것은 무엇인가. 그간의 정황을 통해 가장 무게가 실릴 법한 추측은 국체의 변화, 황제의 즉위라는 큰 그림이다.

9월 25일, 장례원 경 김규홍이 앞서 환구 의제(儀制)에 대해 아뢰면서 '제반 의문'에 대해서는 역대의 예를 널리 상고하여 일정한 제도를 만들어야 하는데 그러기 위해서는 신하들에게 의견을 물어서 처리하자고 제안했고 고종이 이를 받아들였다. 이날은 바로 김규홍이 여러 신하들의 견해를 고종에게 보고하고 그 결과를 논의하는 날이었다. 그 자리에서 의정 심순택의 '신위판과 종향 신패를 조성하는 등의 절차와 진설 도식(圖式)은 모두 장례원으로 하여금 고례(古禮)를 참고하여 거행하자'는 의견이 채택되었다.[100] 심순택이 언급한 조성해야 할 신위판과 종향 신패는 다음과 같다

98 『高宗實錄』 卷36, 高宗 34年 9月 23日(陽曆); 『承政院日記』 高宗 34年 8月 27日(甲申)[陽曆 9月 23日].

99 『高宗實錄』 卷36, 高宗 34年 9月 24日(陽曆); 『承政院日記』 高宗 34年 8月 28日(乙酉)[陽曆 9月 24日]; 『明成皇后洪陵山陵都監儀軌』(奎 13891) 上編, 詔勅(奏本狀啓附) 「丁酉八月二十八日」.

100 『高宗實錄』 卷36, 高宗 34年 9月 25日(陽曆); 『承政院日記』 高宗 34年 8月 29日(丙戌)[陽

* 신위판: 호천상제, 황지기.

* 종향 신패: 대명(大明), 야명(夜明), 오성(五星), 이십팔수(二十八宿), 주천성신(周天星辰), 풍운뢰우, 오악(五嶽), 오진(五鎭), 사해(四海), 사독(四瀆).

아울러 이날에는 농상공부 협판 권재형(權在衡, 1854~1934, 후일 권중현權重顯으로 개명)이 상소하여 갑오경장 이후부터 독립했다는 명색은 있으나 독립한 실상이 없다며 속히 황제라는 보호(寶號)를 올리기를 청했다.[101]

'인봉각항일자'의 추택을 미룬 다음 날부터 바로 환구와 관련한 제반 의문 논의 및 황제 칭호 주청 등이 이어졌다. 이는 국장 지연을 야기시킨 위추측에 힘을 실어 주는 모습이기도 하다. 그리고 9월 25일을 시작으로 황제로 칭할 것을 주청하는 의론이 본격화된 것도 사실이다.

당장 다음 날인 9월 26일, 외부 협판 유기환(兪箕煥, 생몰년 미상)이 상소하여 유신(維新)의 명에 응하여 독립권을 제정하고 연호를 이미 세우는 등 여러 업적이 모두 빛나므로 속히 위호(位號)를 바로잡기를 청했다.[102] 또 충청도 유학(幼學) 심노문(沈魯文) 등은 제호(帝號)의 요청 및 황제의 자리, 제위(帝位)에 오르기를 청하는 소를 올렸다.[103]

이틀 뒤 9월 28일, 전 시독 김두병(金斗秉)도 상소하여 '대군주'라는 칭호는 다른 나라에서는 사용하지 않고 우리 성상(聖上)만 사용한다며 제호의 요청 및 즉시 황제의 자리에 임어하기를 청했다.[104] 9월 29일에는 급기

曆 9月 25日].

101 『承政院日記』 高宗 34年 8月 29日(丙戌)[陽曆 9月 25日]; 『高宗大禮儀軌』(奎 13486) 詔勅(上疏庭請奏本幷) 「丁酉八月二十九日」; 『高宗實錄』 卷36, 高宗 34年 9月 25日(陽曆).

102 『承政院日記』 高宗 34年 9月 1日(丁亥)[陽曆 9月 26日]; 『高宗大禮儀軌』(奎 13486) 詔勅(上疏庭請奏本幷) 「丁酉九月初一日」; 『高宗實錄』 卷36, 高宗 34年 9月 26日(陽曆).

103 『承政院日記』 高宗 34年 9月 1日(丁亥)[陽曆 9月 26日]; 『高宗大禮儀軌』(奎 13486) 詔勅(上疏庭請奏本幷) 「丁酉九月初一日」; 『高宗實錄』 卷36, 高宗 34年 9月 26日(陽曆).

104 『承政院日記』 高宗 34年 9月 3日(己丑)[陽曆 9月 28日]; 『高宗大禮儀軌』(奎 13486) 詔勅

야 치사(致仕)한 봉조하 김재현(金在顯, 1808~1899) 등 진신(搢紳) 716명이 연명으로 상소했다. 동서양의 사례를 들면서 고종이 지존(至尊)의 자리에 처하여 지존의 칭호에 응하기를 바란다는 내용이었다.[105] 이어서 9월 30일에는 시원임 의정 이하와 관학 유생 등이 동참했다.[106]

10월 들어서서는 첫날부터 조정의 신하들이 앞장서서 고종의 허락을 구했다. 의정부 의정 심순택과 특진관 조병세 등이 백관들을 거느리고 정청(庭請)하여 3차에 걸쳐 아뢰었으나 고종이 윤허하지 않았다.[107] 그다음 날[2일]에도 심순택과 조병세 등이 백관들을 거느리고 정청하여 5번이나 아뢰었으나 고종은 수락하지 않았다.[108]

한편, 제호 요청 및 황제 즉위 주청과 함께 환구단도 거론되었다. 9월 29일에 장례원 경 김규홍이 환구단을 설치할 장소를 택정하기 위해 영선사 장과 더불어 상지관을 거느리고 다음 날인 30일에 가서 간심하기로 고종의 허락을 얻었다.[109] 장소를 물색한 결과 보고 및 향후 각종 일에 대한 논의는 10월 1일에 진행했고,[110] 논의 내용은 다음과 같다.

* 환구 설단(設壇) 처소: 남서(南署) 회현방(會賢坊) 소공동계(小公洞契) 해좌사향(亥

(上疏庭請奏本幷)「丁酉九月初三日」;『高宗實錄』卷36, 高宗 34年 9月 28日(陽曆).

105 『承政院日記』高宗 34年 9月 4日(庚寅)[陽曆 9月 29日];『高宗大禮儀軌』(奎 13486) 詔勅(上疏庭請奏本幷)「丁酉九月初四日」;『高宗實錄』卷36, 高宗 34年 9月 29日(陽曆).

106 『承政院日記』高宗 34年 9月 5日(辛卯)[陽曆 9月 30日];『高宗大禮儀軌』(奎 13486) 詔勅(上疏庭請奏本幷)「丁酉九月初五日」;『高宗實錄』卷36, 高宗 34年 9月 30日(陽曆).

107 『承政院日記』高宗 34年 9月 6日(壬辰)[陽曆 10月 1日];『高宗大禮儀軌』(奎 13486) 詔勅(上疏庭請奏本幷)「丁酉九月初六日」;『高宗實錄』卷36, 高宗 34年 10月 1日(陽曆).

108 『承政院日記』高宗 34年 9月 7日(癸巳)[陽曆 10月 2日];『高宗大禮儀軌』(奎 13486) 詔勅(上疏庭請奏本幷)「丁酉九月初七日」;『高宗實錄』卷36, 高宗 34年 10月 2日(陽曆).

109 『高宗實錄』卷36, 高宗 34年 9月 29日(陽曆);『承政院日記』高宗 34年 9月 4日(庚寅)[陽曆 9月 29日].

110 『高宗大禮儀軌』(奎 13486) 掌禮院奏本(單子幷)「丁酉九月初六日」;『承政院日記』高宗 34年 9月 6日(壬辰)[陽曆 10月 1日];『高宗實錄』卷36, 高宗 34年 10月 1日(陽曆).

坐巳向) 자리.

* 축단 절차 담당부서: 영선사(營繕司).

* 환구 축단 시역 길일: 음력 9월 7일 진시.

* 환구 위판(圜丘位版)·종향 위패(從享位牌) 조성 길일: 음력 9월 7일 미시.

* 환구 위판·종향 위패 조성 절차 담당부서: 봉상사(奉常司).

* 환구 위판·종향 위패 조성 처소: 경복궁 근정전.

* 환구 위판·종향 위패 조성 재료: 율목(栗木).[111]

* 환구 위판·종향 위패 서사(書寫) 길일: 음력 9월 14일 축시/오시.[112]

* 환구 위판·종향 위패 서사관(書寫官): 궁내부에서 홍문관 관원 중 차출.

환구 위판(圜丘位版)과 종향 위패(從享位牌)

환구단은 천자국 황제가 하늘에 제사를 지내는 단이다. 1897년 대한제국을 선포하면서 제후국 조선이 천자국 대한제국으로 국체가 격상되면서 비로소 환구단을 조성하여 이곳에서 제사를 지냈다. 1913년 일제에 의해 황궁우(皇穹宇)만 남긴 채 환구단이 헐리고 그 자리에 철도호텔이 들어섰다가 1969년 조선호텔이 새로 건립되었다.[113] 조선호텔과 황궁우의 모습은 〈도판 23〉이 참조된다.

황궁우는 환구단의 부속 건물로, 환구 위판과 종향 위패를 봉안하는 곳이다. 1897년 황궁우에 봉안하는 환구 위판과 종향 위패는 어떠한 것이 있는지부터 살펴볼 필요가 있다. 아울러 이를 통해 환구 위판과 종향 위패에 글을 쓴 방식도 알 수 있을 것이다. 현재 이를 알려주는 문헌은 『고종대례의궤(高宗大禮儀軌)』가 가장 유효하다. 『고종대례의궤』에 기록된 환구 위판과 종향 위패는 다음과 같다.[114]

111 『高宗大禮儀軌』(奎 13486) 掌禮院奏本(單子幷)「丁酉九月初六日」.

112 축시라고 한 문헌은 『고종대례의궤』이고, 오시라고 한 자료는 『승정원일기』이다. 『고종실록』에는 환구 위판·종향 위패를 書寫하는 길일을 추택하는 기록이 실려 있지 않다. 바로 위 각주 110 참조.

113 환구단의 건립부터 훼철까지 전반적인 과정에 대해서는 박희용, 2010 「대한제국의 상징적 공간표상, 원구단」『서울학연구』 40, 3장 참조.

114 『高宗大禮儀軌』(奎 13486) 掌禮院奏本(單子幷)「丁酉九月初六日」.

〈도판 23〉 조선호텔과 황궁우(皇穹宇) ⓒ 『사진으로 보는 근대한국』(좌①) | 황궁우 ⓒ 김광수(우②)

① 조선호텔 옆에 황궁우가 남아 있는 모습이다. 사진 설명에 따르면, 조선호텔은 1914년 9월 20일에 준공했다고 한다.[115]

② 2008년 11월 1일에 찍은 황궁우의 모습이다.

* 환구 제위판식(圜丘題位版式)

- 황천상제(皇天上帝)
- 황지기(皇地祇)[116]

* 제종향위패식(題從享位牌式)

- 대명지신(大明之神)
- 야명지신(夜明之神)
- 북두칠성지신(北斗七星之神)
- 목화토금수지신(木火土金水之神)
- 이십팔수지신(二十八宿之神)
- 주천성신지신(周天星辰之神)
- 운사지신(雲師之神)
- 우사지신(雨師之神)
- 풍백지신(風伯之神)
- 뇌사지신(雷師之神)
- 오악지신(五嶽之神)
- 오진지신(五鎭之神)
- 사해지신(四海之神)
- 사독지신(四瀆之神)

115 이규헌 해설, 2019 『사진으로 보는 近代韓國』(上) 서문당(제2판 10쇄 발행), 17쪽.

116 황지기의 '기'자가 '祇'로 쓰여 있다.

여기서 '호천상제'가 아닌 '황천상제'라고 쓴 위판이 주목된다. 『고종실록』에는 '황천상제'가 확인되지 않아서 언제부터 호천상제가 아닌 황천상제를 썼는지 알기가 어렵다. 『승정원일기』와 『일성록』에는 1897년(광무 1) 10월 2일(음력 9월 7일)까지는 '호천상제'라고 썼고 10월 12일(음력 9월 17일)부터는 '황천상제'라고 기록되어 있다. 『고종대례의궤』에도 음력 9월 7일자에는 호천상제, 음력 9월 17일자에는 황천상제라고 기재되어 있다.[117] 하지만 『고종대례의궤』의 음력 9월 6일자 '위판에 쓰는 방식[제위판식(題位版式)]'을 보면 위에서처럼 '황천상제'라고 썼다. 적어도 10월 1일(음력 9월 6일)부터 황천상제라고 일컬었음을 알 수 있다.

그렇다면 환구 위판과 종향 위패의 규모를 살필 필요가 있다. 이는 『고종대례의궤』 및 『태조신의왕후신덕왕후장조헌경왕후정조효의왕후순조순원왕후익종신정왕후추존시의궤(太祖神懿王后神德王后莊祖獻敬王后正祖孝懿王后純祖純元王后翼宗神貞王后追尊時儀軌)』가 참조된다.

먼저 이를 만드는 재료이다. 역대에서 시행한 사례를 살펴보면 송백목(松栢木)을 쓰기도 하고 밤나무[율목(栗木)]를 쓰기도 했는데 이번에는 밤나무로 결정했다.[118] 위판의 규모는 길이는 2자 5치, 너비는 5치, 두께는 1치이다. 위판을 받치는 사각 형태의 받침대인 부(趺)의 높이는 5치이다. 정위(正位)는 황색 바탕에 금자(金字)로 새기고, 종향은 적색 바탕에 금자로 새겼다.[119]

이때 참고한 역대의 전례는 무엇이었을까. 대한제국을 선포하자마자 제후국에서 오랫동안 시행해 온 의례를 대신하여 천자국에서 행한 의례를 시행하기가 쉽지 않다. 천자국의 위상에 부합하는 국가전례를 위해 편찬한 『대한예전』은 명성황후의 국장이 끝난 뒤에 편찬되었다. 역대의 전례를 참고할 수밖에 없었을 터, 그렇다면 환구 위판

---

117 『高宗大禮儀軌』(奎 13486) 詔勅(上疏庭請奏本幷) 「丁酉九月初七日」·「丁酉九月十七日」.

118 『高宗大禮儀軌』(奎 13486) 掌禮院奏本(單子幷) 「丁酉九月初六日」 "同日 掌禮院卿臣金奎弘謹奏 圜丘位版與從享位牌 今當造成 而謹稽歷代已例 則或用松栢木 或用栗木矣 今番則何以爲之乎 敢奏 奉旨 以栗木造成".

119 『高宗大禮儀軌』(奎 13486) 掌禮院奏本(單子幷) 「丁酉九月初七日」 "掌禮院單子 今此圜丘位版與從享位牌制度 參考磨鍊爲白去乎 依此擧行事 知委何如 啓 位版 長兩尺五寸 廣五寸 厚一寸 趺高五寸 正位黃質金字鏤鐫 從享赤質金字鏤鐫"; 『太祖神懿王后神德王后莊祖獻敬王后正祖孝懿王后純祖純元王后翼宗神貞王后追尊時儀軌』(奎 13236) 圖說 「太祖高皇帝神位版」 "用栗木 長兩尺五寸 廣五寸 厚一寸 趺高五寸【(註) 用周尺】 黃質金字鏤鐫". 『태조신의왕후신덕왕후장조헌경왕후정조효의왕후순조순원왕후익종신정왕후추존시의궤』의 '跌高五寸'에서 '跌'은 '趺'의 오자로 판단된다.

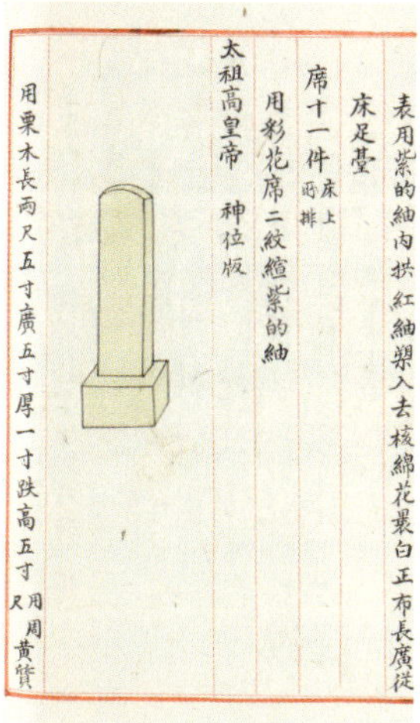

表用紫的紬內拱紅紬槊入去核綿花裹白正布長廣從
床足臺
席十一件 床上所排
用彩花席二紋縇紫的紬
太祖高皇帝 神位版
用栗木長兩尺五寸廣五寸厚一寸趺高五寸 用周尺 用黃質

〈도판 24〉「태조고황제(太祖高皇帝) 신위판(神位版)」, 『태조신의왕후신덕왕후장조헌경왕후정조효의왕후순조순원왕후익종신정왕후추존시의궤』, 규장각한국학연구원(좌①) | 태조고황제 위판 ⓒ 김광수(우②)

① 1899년(광무 3)에 조성한 태조고황제의 신위판이다.

② 2012년 9월 22일에 찍은 황궁우에 봉안되어 있는 태조고황제의 위판이다.

〈도판 25〉 황천상제(皇天上帝)·황지기(皇地祇) 위판(상), 대명(大明)·북두칠성(北斗七星)·주천성신(周天星辰)·오악(五嶽)·사해(四海) 위패(하) ⓒ 김광수
2012년 9월 22일에 찍은 황궁우에 봉안되어 있는 환구 위판인 황천상제·황지기 및 종향 위패 중 대명·북두칠성·주천성신·오악·사해지신 등의 모습이다.

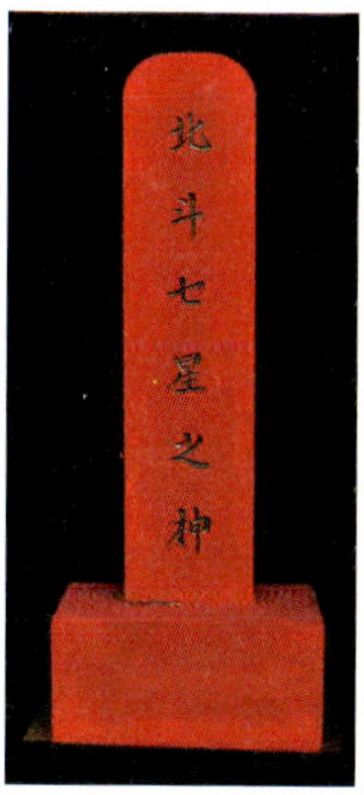

과 종향 위패는 당장 명의 전례를 참고했을 가능성이 다분하다. 명 태조 홍무제의 칙명에 의해 편찬된 『대명집례』를 참고하는 것은 필수이다.[120]

『대명집례』를 보면, 송백목을 재료로 한 나라는 당이고, 재료 및 규모는 두 의궤의 기록이 명과 대부분 일치한다. 신위판의 길이는 2자 5치, 너비는 5치, 두께는 결(缺)이라 하여 알기가 어렵고, 부의 높이는 5치, 밤나무로 만든다고 되어 있다. 단, 정위에 '호천상제'라고 쓴다고 한 것은 명백한 차이이다. 『대명집례』에 기록된 정위(正位), 배제(配帝), 종사(從祀) 신위판을 제시하면 다음과 같다.[121]

* 정위(正位): 호천상제(昊天上帝). 황색 바탕에 금자(金字).

* 배제(配帝): 인조순황제위판(仁祖淳皇帝位板). 황색 바탕에 금자.

* 종사(從祀)

- 풍백지신(風伯之神). 적색 바탕에 금자.
- 운사지신(雲師之神). 적색 바탕에 금자.
- 뇌사지신(雷師之神). 적색 바탕에 금자.
- 우사지신(雨師之神). 적색 바탕에 금자.

『고종실록』에는 10월 2일, 『승정원일기』와 고종이 대한제국의 황제로 즉위한 과정을 보책조성소(寶冊造成所)에서 정리한 『고종대례의궤(高宗大禮儀軌)』에는 10월 3일자 기사이다. 전 승지 김선주(金善柱) 등, 경상도 유학(幼學) 곽선곤(郭善坤) 등, 입전 시민(立廛市民)과 전 지사 정재승(丁載昇) 등도 상소하여 속히 제호를 칭하고, 보위(寶位)에 나아가기를 청했으나 고종은 계속 거절했다.[122]

---

120 『대명집례』에 대해서는 김문식, 2004 「숙종이 중간한 『대명집례』」 『문헌과해석』 28; 김문식, 2009 앞의 논문, 2장 2절 참조.

121 『大明集禮』(藏 K2-2145) 卷1, 吉禮1 祀天 「神位板」 "國朝 神位板 長二尺五寸 濶五寸 厚缺寸 趺高五寸 以栗木爲之 正位題曰 昊天上帝 配帝題曰 仁祖淳皇帝位板 並黃質金字 從祀題曰 風伯之神 雲師之神 雷師之神 雨師之神 並赤質金字".

122 『承政院日記』 高宗 34年 9月 8日(甲午)[陽曆 10月 3日]; 『高宗大禮儀軌』(奎 13486) 詔勅(上疏庭請奏本幷) 「丁酉九月初八日」; 『高宗實錄』 卷36, 高宗 34年 10月 2日(陽曆).

10월 3일, 심순택과 조병세 등이 백관들을 거느리고 정청하여 2차에 걸쳐 아뢰었다. 더 이상 거절하지 못하고 마침내 고종은 '마지못해 면종(勉從)한다.'고 비답했다. 고종은 진신, 대신, 육군(六軍), 만민들이 청했기에 부득이하게 따르게 되었다고 심경을 내비쳤다. 해시(亥時)에 함녕전(咸寧殿)에 나아가 시원임 의정 이하를 소견한 자리에서 각종 절차, 황제 즉위와 황후·황태자 책봉례를 행할 길일 등에 대해 논의했다. 고종이 이달 안으로 날을 정하도록 명하자, 음력 9월 17일(양력 10월 12일)로 정했다.

고종의 허락이 떨어지자마자 그날 바로 행례할 의절, 길한 날을 잡는 등 황제 즉위 과정은 급물살을 탔다. 사실 고종은 나라에서 처음으로 시행하는 전례(典禮)이므로 의절을 행할 때 반드시 고례(古禮)를 모두 따를 필요 없이 우리나라의 예에서 참작하여 변통해서 간편한 것을 취하도록 유시했다. 하지만 의정 심순택이 제가(帝家)의 전장(典章)이 있고 방책(方冊)에 기록되어 있을 뿐 아니라 각종 의물은 도식(圖式)까지 있으므로 장례원에서 상세히 고찰하여 마련한 뒤 거행하자고 건의하자 고종이 윤허했다. 장례원 경 김영수는 역대의 전례(典禮)에 근거하여 마련하되 참작하여 변통해야 하는 절차는 품지하여 거행하겠다고 답했다.[123]

다음 날인 10월 4일 황제 즉위 의절의 대체를 논의했다.[124] 정리하면 다음과 같다.

- 환구에서 고제(告祭).

123 10월 3일 논의하고 결정한 두 단락은 『承政院日記』 高宗 34年 9月 8日(甲午)[陽曆 10月 3日]; 『高宗實錄』 卷36, 高宗 34年 10月 3日(陽曆); 『高宗大禮儀軌』(奎 13486) 詔勅(上疏庭請奏本幷) 「丁酉九月初八日」 참조.

124 『承政院日記』 高宗 34年 9月 9日(乙未)[陽曆 10月 4日]; 『高宗實錄』 卷36, 高宗 34年 10月 4日(陽曆).

- 교단(郊壇) 앞에 의자[의(椅)][125]를 설치하고 대위(大位)에 나아가 오름.
- 태묘와 사직에 나아가 고사(告祀)한 뒤 정전(正殿)으로 환어.
- 백관들이 표문(表文)을 올려 축하.
- 관원을 보내 황후와 황태자 책봉.
- 이튿날 천하에 조서를 내려 알림.

그 밖에 이날 환구·종묘·영녕전·사직·경모궁에서 고유하는 제사는 음력 9월 14일에, 빈전에서 행하는 고유는 같은 날에 조전(朝奠)을 겸해서 설행하기로 정했다.

이튿날 5일에도 황제 즉위와 관련하여 몇 가지 절차를 정했다. 장례원 경 김영수가 절차에 대해 고종에게 아뢰면 고종이 답하는 방식이었다. 천지(天地)에 고할 때 왕태자의 배참(陪參)은 규례대로 마련하고, 황제 즉위 후 종사(宗社)에 고할 때 왕태자의 배참은 마련하지 말며, 천지에 고할 때 서계(誓戒)는 하루 전이 아닌 3일 전에 하도록 의례를 마련하며, 황태자의 책봉 뒤 행하는 황태자비의 책봉례 길일은 이달 20일 사이로 택하여 들이라고 명했다.[126]

다음 날인 10월 6일에도 장례원 경 김영수가 각종 의례와 관련하여 고종에게 몇 가지 안건에 대해 아뢰었다. 왕태후 폐하의 위호 가상(位號加上), 위호 가상에 따라 조성한 보(寶)를 올리는 길일, 황제 즉위 후 대·중·소사

125 『承政院日記』에는 교단 앞에 의자[椅]를 설치한 것으로 기록되어 있는 반면, 『고종실록』에는 자리[位]를 설치한 것으로 표기되어 있다. 『고종대례의궤』에 '교단 앞 동쪽에서 남향으로 金椅를 설치한다.'고 되어 있으므로[『高宗大禮儀軌』(奎 13486) 儀註 「登極儀」 "圜丘告祭禮成 主殿司設金椅于郊壇前之東南向"], 본문에는 『승정원일기』와 『고종대례의궤』를 따라 '의자'라고 표기했다.

126 『承政院日記』 高宗 34年 9月 10日(丙申)[陽曆 10月 5日]; 『高宗實錄』 卷36, 高宗 34年 10月 5日(陽曆).

의 축식(祝式) 이정(釐正), 황제의 자리에 오를 때 천하의 명산(名山)·대천(大川)·성황(城隍)·교단사토(郊壇司土)의 위패는 천지 제사를 지내는 남교(南郊)의 유(壝) 안에 설치하여 제사, 위패의 조성은 봉상사에서 담당, 왕태후 폐하의 위호 가상 후 조성한 보를 올리는 길일과 황태자비를 책봉하는 길일은 음력 9월 19일 택정 등이었다. 고종은 이에 대해 모두 윤허했다.[127] 왕태후의 위호 가상에 따라 조성한 보의 모습은 〈도판 26〉이 참조된다.

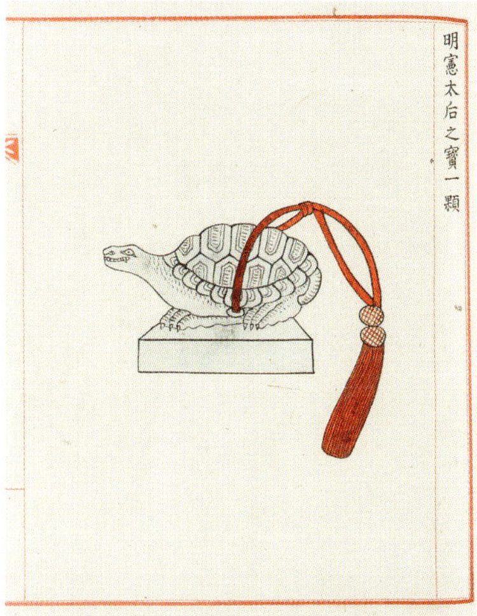

〈도판 26〉「명헌태후지보(明憲太后之寶)」『고종대례의궤』, 규장각한국학연구원
명헌'왕태후'에게 '황태후'라는 위호(位號)를 가상(加上)하면서 조성한 보이다.

황제 즉위와 관련한 여러 일들을 하나하나 처리해 나갔다. 물론 처음 거행하는 의례이므로 '역대전례'를 참고하면서 진행시켜 나갔다.

10월 7일, 경운궁 즉조당의 편액을 태극전(太極殿)으로 새겨 걸도록 역소(役所)에 분부했다.[128] 즉조당에서 태극전으로 편액을 교체한다는 것은 당(堂)과 전(殿)의 건물 위상이 바뀌는 것을 의미했다. 궁궐에서 '전'은 건물 가운데 가장 격이 높은 건물의 끝글자에 붙여졌고, '전'에 비해 한 단계 격이 낮은 건물에 '당'을 붙이기 때문이다.[129]

---

127 『承政院日記』 高宗 34年 9月 11日(丁酉)[陽曆 10月 6日]; 『高宗實錄』 卷36, 高宗 34年 10月 6日(陽曆).

128 『高宗實錄』 卷36, 高宗 34年 10月 7日(陽曆); 『承政院日記』 高宗 34年 9月 12日(戊戌)[陽曆 10月 7日].

129 건물의 위계에 대해서는 홍순민, 1999 『우리 궁궐 이야기』 청년사, 120~123쪽 참조.

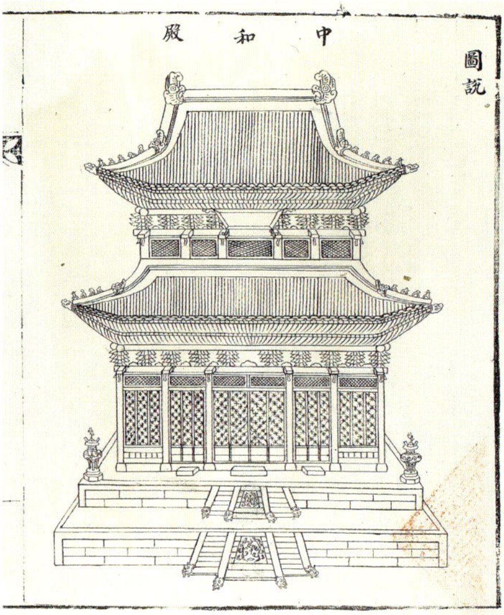

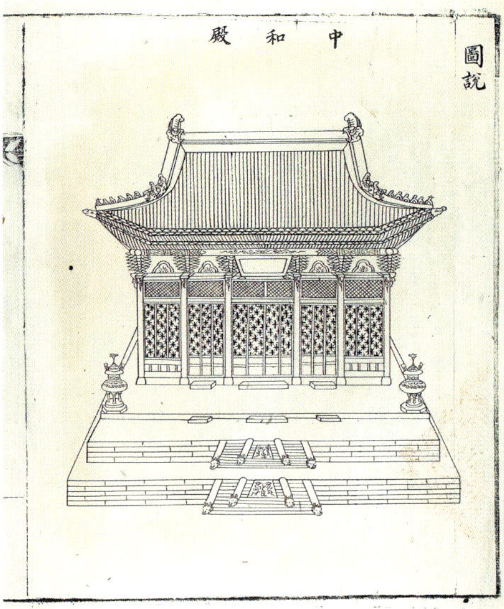

〈도판 27〉「중화전(中和殿)」, 『중화전영건도감의궤』, 규장각한국학연구원(좌①) | 「중화전」, 『경운궁중건도감의궤』, 규장각한국학연구원(우②)

① 중화전은 경운궁의 법전(法殿)으로 곧 정전이다. 이 그림은 1901년(광무 5)부터 이듬해인 1902년(광무 6) 사이에 영건한 중화전의 모습이다.[130]

② 1904년(광무 8, 고종 41) 4월 경운궁의 함녕전(咸寧殿), 중화전(中和殿), 즉조당(卽祚堂), 석어당(昔御堂), 경효전(景孝殿) 및 각 전각이 화재로 소실되었다.[131] 그중 중화전은 1905년(광무 9)에 중건했고, 위 그림은 이때 중건한 중화전의 모습이다.[132]

참고로 오해의 소지를 없애기 위해 즉조당, 태극전, 중화전(中和殿)의 건물명을 정리할 필요가 있다. 즉조당과 태극전, 중화전은 모두 경운궁에 있는 동일한 전각임에도 이렇듯 전호(殿號)를 다르게 일컬은 적이 있어서이다.

* 1897년(고종 34, 광무 1) 10월 7일: 즉조당 → 태극전. 편액 교체.

---

130 『中和殿營建都監儀軌』(奎 14345) 圖說「中和殿」.

131 『高宗實錄』 卷44, 高宗 41年 4月 14日(陽曆); 『承政院日記』 高宗 41年 2月 29日(戊寅)[陽曆 4月 14日]; 『慶運宮重建都監儀軌』(奎 14328) 第1卷, 詔勅(附奏本別單) 「甲辰二月二十九日」; 『高宗實錄』 卷44, 高宗 41年 4月 15日(陽曆); 『承政院日記』 高宗 41年 2月 30日(己卯)[陽曆 4月 15日]; 『慶運宮重建都監儀軌』(奎 14328) 第1卷, 詔勅(附奏本別單) 「甲辰二月三十日」.

132 『慶運宮重建都監儀軌』(奎 14328) 第1卷, 圖說「中和殿」. 중화전의 중건 과정은 『慶運宮重建都監儀軌』(奎 14328) 第1卷, 時日 참조. 여기에 기록된 날짜는 모두 음력이다.

* 1898년(고종 35, 광무 2) 2월 13일: 태극전 → 중화전. 개호(改號).[133]

* 1902년(고종 39, 광무 6) 5월 12일: 전(前) 중화전 → 즉조당. 법전 중화전.[134]

그 밖에 이번 천지에 고하기 위한 서계를 친림(親臨)하여 받을 때 왕태자가 배참하는 절차는 마련하지 말며, 음력 9월 17일 천지에 고할 때 희생과 제기(祭器), 정확(鼎鑊)을 살피고 세척한 것을 보는 등의 절차는 친림으로 마련하며, 음력 9월 17일 천지에 고하기 위해 친림하여 희생·제기·정확을 살피고 세척한 것을 볼 때 왕태자가 배참하는 절차는 규례대로 마련하기로 정했다.[135] 또 천하의 명산대천과 성황, 교단사토의 신위패(神位牌)에 글을 쓰는 방식도 마련했는데, 다음과 같다.[136]

* 천하명산지신(天下名山之神)
* 천하대천지신(天下大川之神)
* 성황지신(城隍之神)
* 교단사토지신(郊壇司土之神)

10월 8일, 사직단의 신위판(神位版)을 고쳐 쓰는 것에 대해 논의했다. 조선은 제후국이므로 위판에 국사(國社)·국직(國稷)으로 썼으나 이제는 천자국으로 거듭나므로 태사(太社)·태직(太稷)으로 개제(改題)해야 한다. 다음 날 10월 9일(음력 9월 14일) 신시에 '태사지신(太社之神)', '태직지신(太稷之

133 『高宗實錄』卷37, 高宗 35年 2月 13日(陽曆); 『承政院日記』高宗 35年 1月 23日(丁未)[陽曆 2月 13日].

134 『高宗實錄』卷42, 高宗 39年 5月 12日(陽曆); 『承政院日記』高宗 39年 4月 5日(乙未)[陽曆 5月 12日].

135 『承政院日記』高宗 34年 9月 12日(戊戌)[陽曆 10月 7日].

136 『高宗大禮儀軌』(奎 13486) 掌禮院奏本(單子幷)「丁酉九月十二日」.

神)'으로 사직단 신위판을 고쳐 쓰며, 개제 절차는 봉상사에서 담당했다. 이보다 앞서 '먼저 사유를 고하는 제사[선고사유제(先告事由祭)]'를 지냈으며, 개제한 뒤에는 '봉안제(奉安祭)'를 때에 따라 설행했다.[137]

그 밖에도 이날[10월 9일] 여러 절차에 대해 행하기도 하고 결정짓기도 했다. 먼저 술시(戌時)에 원유관(遠遊冠)·강사포(絳紗袍) 차림을 한 고종이 태극전에 나아가 천지에 고하는 제사를 지내기 위한 서계를 받았다.[138]

다음은 지금 대사(大祀)를 지낼 때 백관과 집사들은 각각 마땅히 삼가야 하며, 빈전(대행왕후)에게 금책(金冊)과 금보(金寶)를 주는 (음력) 9월 17일에 별전을 올릴 때 백관은 입참하며, 책보와 진호(進號)하는 (음력) 9월 17일에 동궁이 별전을 올릴 때 백관은 입참하며, 환구단에서 밝게 고하고 이어서 전례(典禮)를 행하되 먼저 진전에 나아가 전배(展拜)하고 고유하며 동궁이 배참하는 절차는 규례대로 마련하고 2품 이상은 입참하라는 등의 조칙을 내렸다.

뿐만 아니라 황후를 책봉한 뒤 빈전에 있는 명정을 고치는 길일은 음력 9월 18일 신시로 정하며, 고유전(告由奠)은 같은 날 조전(朝奠)과 겸하여 행하고, 명정을 고친 후 올리는 별전은 때에 따라 설행하며, 명헌태후(明憲太后)에게 보를 올릴 때와 황후를 책봉할 때 및 황태자비를 책봉할 때의 정사(正使)와 부사(副使)는 궁내부에서 차출하기로 정했다.[139]

황제 즉위를 위한 각종 절차만이 아니라 경운궁 즉조당의 편액을 태극

---

137 『高宗大禮儀軌』(奎 13486) 掌禮院奏本(單子幷) 「丁酉九月十三日」; 『承政院日記』 高宗 34年 9月 13日(己亥)[陽曆 10月 8日]; 『高宗實錄』 卷36, 高宗 34年 10月 8日(陽曆).

138 『承政院日記』 高宗 34年 9月 14日(庚子)[陽曆 10月 9日]; 『高宗實錄』 卷36, 高宗 34年 10月 9日(陽曆). 『승정원일기』에 고종이 친림하여 서계를 받는 절차가 간략하게 수록되어 있으나 전반적인 의절은 『高宗大禮儀軌』(奎 13486) 儀註 「親臨誓戒儀」(祀圜丘時) 참조.

139 10월 9일에 내린 조칙과 결정한 사안들을 서술한 두 단락은 『承政院日記』 高宗 34年 9月 14日(庚子)[陽曆 10月 9日]; 『高宗實錄』 卷36, 高宗 34年 10月 9日(陽曆) 참조.

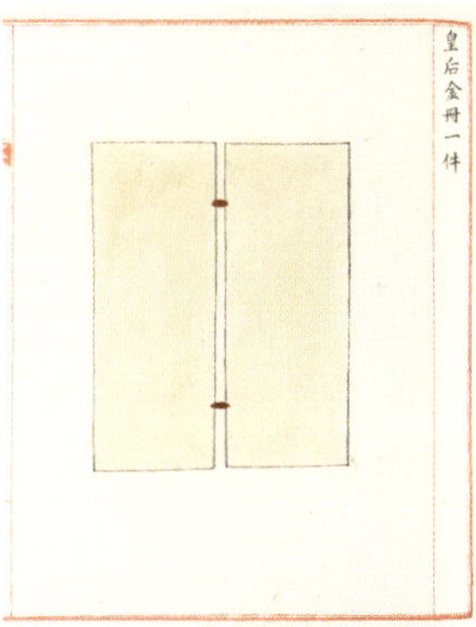

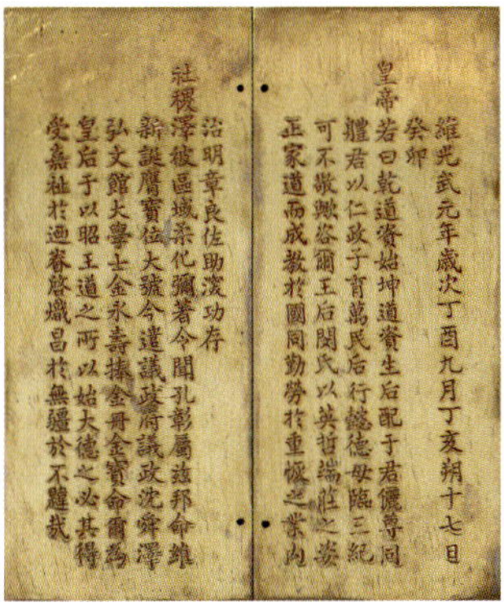

〈도판 28〉「옥책(玉冊)」, 『신정왕후가상존호도감의궤』, 규장각한국학연구원(상①) | 「황후금책(皇后金冊)」, 『고종대례의궤』, 규장각한국학연구원(하·좌②) | 명성황후 금책 ⓒ 국립고궁박물관(하·중·우③)

옥책과 금책을 비교하기 위해 그림과 사진을 제시했다.

① 1888년(고종 25) 익종비 신정왕후가 망구(望九, 81세)가 되어 이를 경하하기 위해 '태운(泰運)'이라는 존호를 올릴 때 제작한 옥책이다.[140] 이때 사용한 옥은 남양옥(南陽玉)이다. 옥책은 옥 조각에 존호를 정해 올린 내용을 새긴 뒤 책 모양으로 엮은 의물이다. 존호는 국왕이나 왕후의 덕을 기리기 위해 올리는 칭호로 국왕에게는 8글자, 왕후에게는 2글자를 올렸다.

② 명성황후의 금책이다. 금책은 대한제국을 선포하면서 재료가 '옥'이 아닌 '금'으로 대체한 것으로, 명성황후의 금책은 2편(片)을 만들고 주재료는 황금(黃金)이며 겉은 금을 입혔다.[141]

③ 현재 실물로 남아 있는 명성황후의 금책이다. 규격은 가로 20.6cm, 두께 0.5cm, 편폭(片幅) 10.3cm이다.

---

140 신정왕후에게 '泰運'이라는 존호를 가상하는 과정은 『神貞王后加上尊號都監儀軌』(奎 13460) 참조.

141 『高宗大禮儀軌』(奎 13486) 圖說 「皇后金冊一件」 "用黃金 重七斤十二兩 鍍金 作二片".

조선 왕비의 보(寶)와 대한제국 황후의 보(寶)

조선은 신분적 위계가 뚜렷한 유교 국가였고 유교문화권에서는 모든 질서를 '예(禮)'에 따라 차등적으로 구분지었다. 이는 보(寶)·인(印)처럼 왕실의 상징적인 의물에서도 마찬가지로 적용되었다. 보와 인은 왕실에서 주로 시호나 존호를 새긴 인장(印章)으로, '보'는 국왕과 왕후, '인'은 세자와 세자빈에게 올려졌다. 따라서 보·인은 국왕·왕후와 세자·세자빈의 위계에 따라 제도를 엄격히 구분하여 적용한 대표적인 사례 중 하나이다.

그 후 대한제국을 선포하면서 국왕과 왕후가 황제와 황후로, 세자와 세자빈이 황태자와 황태자비로 신분이 바뀌었다. 보와 인에 변화가 생기는 것은 물론이다. 그중 본서와 관련하여 왕비와 황후의 보를 비교해보고자 한다.

먼저 조선시대 왕비의 보이다. 조선시대 왕실의 보와 인에 대한 그림과 그 그림에 대한 설명을 기록한 문헌은 『보인소의궤(寶印所儀軌)』가 대표적이다. 이 책은 1876년(고종 13) 왕실의 보와 인을 개주(改鑄), 개조(改造) 혹은 수보(修補)한 과정을 기록한 의궤이다. 왕실에서 사용하는 보·인의 규정이라든가, 그 규모, 제작을 위한 전반적인 내용을 다룬 것이 아니라 당시 경복궁에 화재가 발생하여 대보(大寶) 및 동궁의 옥인(玉印)을 제외한 여러 보와 부신(符信)이 소실된 것을[142] 개주, 개조, 수보를 위해 편찬했다. 그 때문에 왕비의 보가 수록되지 못한 한계가 있다.

조선시대 왕비의 보는 대부분 『가례도감의궤』와 『존호도감의궤』, 『국장도감의궤』에서 볼 수 있다. 『가례도감의궤』에는 왕비로 책봉하면서 제작한 금보(金寶)를, 『존호도감의궤』에는 존호를 새긴 옥보(玉寶)를, 『국장도감의궤』에는 시호를 새긴 시보(諡寶)를 수록하고 있다. 이러한 의궤에서 왕비의 보에 대한 대체적인 정보를 얻을 수 있다. 〈도판 29〉를 통해 몇 사례를 살펴보면 다음과 같다.

먼저 ①금보이다. 1759년(영조 35) 영조와 계비 정순왕후의 가례(嘉禮) 과정을 기록한 『영조정순왕후가례도감의궤(英祖貞純王后嘉禮都監儀軌)』에 정순왕후를 왕후로 책봉하면서 제작한 금보이다. 숙동(熟銅)으로 만들고 전체는 황금(黃金)을 입혔다고 되어 있다.[143] 숙동 12근(斤) 이외에 함석(含錫) 2근 4냥(兩), 도황금(鍍黃金) 4전(錢) 3푼[분(分)],

142 『高宗實錄』卷13, 高宗 13年 11月 辛酉(4); 『承政院日記』高宗 13年 11月 4日(辛酉).

143 『英祖貞純王后嘉禮都監儀軌』(奎 13102) 三房儀軌 「稟目秩」 "金寶一顆所入【(註) 以熟銅鑄成 … 全體並鍍黃金】".

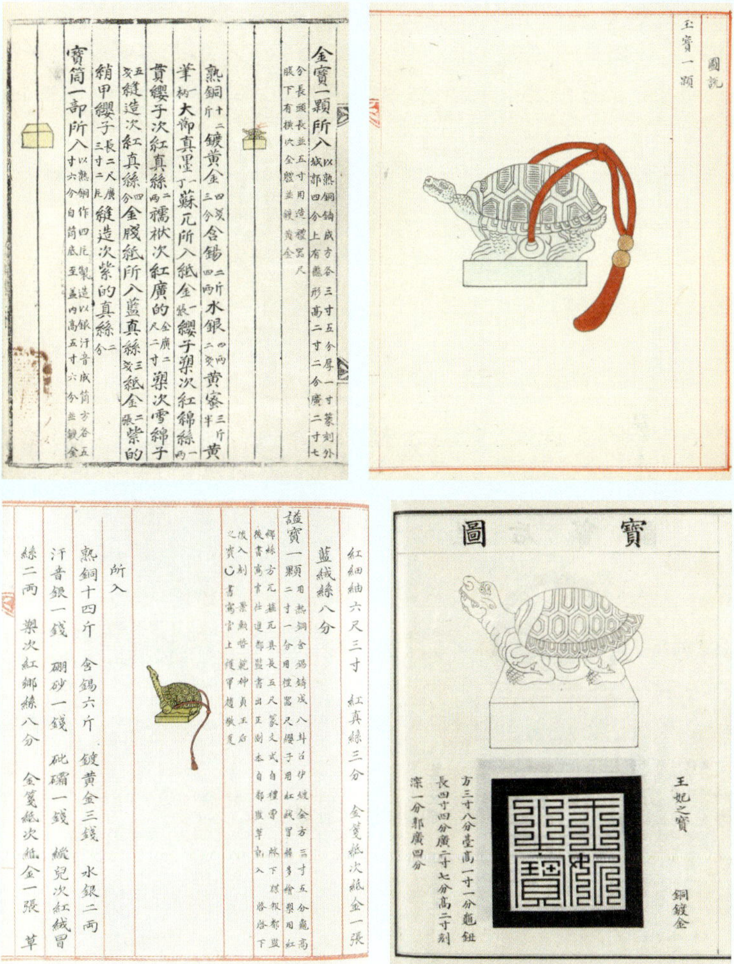

〈도판 29〉「금보(金寶)」, 『영조정순왕후가례도감의궤』, 규장각한국학연구원(상·좌①) | 「옥보(玉寶)」, 『신정왕후가상존호도감의궤』, 규장각한국학연구원(상·우②) | 「시보(諡寶)」, 『신정왕후국장도감의궤』, 규장각한국학연구원(하·좌③) | 「왕비지보(王妃之寶)」, 『보인부신총수』, 규장각한국학연구원(하·우④)

수은(水銀) 4냥 2전이 들어갔다. 숙동이 주재료이지만 함석의 비중도 적지 않음을 볼 수 있다. 손잡이[뉴(鈕)]는 '구형(龜形)'이라고 표기했듯 그림도 그와 같이 그려져 있다. 다음은 ②옥보이다. 1888년(고종 25) 신정왕후가 망구(望九, 81세)가 되어 이를 경하하기 위해 '태운(泰運)'이라는 존호를 올리면서 제작한 옥보이다. 재료는 남양옥(南陽玉)이다.[144] 손잡이는 '거북'이다. 여기에 '효유헌성선경정인자혜홍덕순화문광원성숙렬명수협천융목수녕희강현정휘안흠륜홍경태운대왕대비지보(孝裕獻聖宣敬正仁慈惠弘德純化文光元成肅烈明粹協天隆穆壽寧禧康顯定徽安欽倫洪慶泰運大王大妃之寶)'라고 새겼다.[145] 왕후에게는 2글자의 존호를 올리므로, 태운을 포함하여 당시까지 신정왕후에게 올린 존호가 20번임을 알려준다.

다음은 ③시보이다. 1890년(고종 27)에 승하한 익종비 신정왕후를 위해 제작한 시보이다. 숙동과 함석으로 만들고 전체는 황금을 입혔다.[146] 숙동이 14근, 함석이 6근 들어갔다. 손잡이는 거북이다. 여기에 '경훈철범신정왕후지보(景勳哲範神貞王后之寶)'라고 새겼는데,[147] '경훈철범' 4글자는 휘호이고, '신정' 2글자가 시호이다.

마지막으로 ④왕비지보이다. 1902년 이후 조선 왕실과 대한제국 황실의 보인과 부신(符信)을 정리하여 편찬한 『보인부신총수(寶印符信總數)』에 실린 왕비의 보이다. 이 책은 위에는 보·인의 모습, 그 아래에는 보·인에 새긴 내용을 찍은 것과 보·인의 제작을 위해 설명하는 체제로 기술되어 있다. 여기에 따르면, 왕비의 보는 '동도금(銅鍍金)'이라 하여 동으로 만들고 겉은 금으로 입힌 것으로 되어 있다.[148] 손잡이는 그림에서 보듯 거북이다. 이는 앞서 왕후의 보에서 주재료는 동이고, 그 표면은 금으로 입힌 것과 다르지 않음을 보여준다.

정리하면, 조선시대 왕후의 보는 옥보를 제외하면 금보와 시보는 동을 주 원료로 만들고 겉에 금을 입히며, 손잡이는 거북이었음을 알 수 있다. 그러다가 1897년 대한제국을 선포하면서 황후로 책봉되자 인장에도 변화가 생겼다.

〈도판 30〉은 대한제국 선포 이후 고종이 황제로 즉위하고 명성왕후는 황후로 추봉된 직후 제작한 황후의 보이다. 보책조성소(寶冊造成所)에서 정리한 『고종대례의궤』에는

144 『神貞王后加上尊號都監儀軌』(奎 13460) 二房儀軌 圖說 「玉寶一顆」 "用南陽玉".

145 『神貞王后加上尊號都監儀軌』(奎 13460) 二房儀軌 「大王大妃殿玉寶式」 "孝裕獻聖宣敬正仁慈惠弘德純化文光元成肅烈明粹協天隆穆壽寧禧康顯定徽安欽倫洪慶泰運大王大妃之寶".

146 『神貞王后國葬都監儀軌』(奎 13736) 卷3, 三房儀軌 造作 「諡寶一顆」(用熟銅含錫鑄成 八卦召伊 鍍金) "所入 熟銅十四斤 含錫六斤 鍍黃金三戔 水銀二兩 … ".

147 『神貞王后國葬都監儀軌』(奎 13736) 卷1, 都廳儀軌 禮關 「庚寅四月二十九日」 "同日 … 後 諡寶式 景勳哲範神貞王后之寶".

148 『寶印符信總數』(奎 10291) 寶圖 "王妃之寶 銅鍍金".

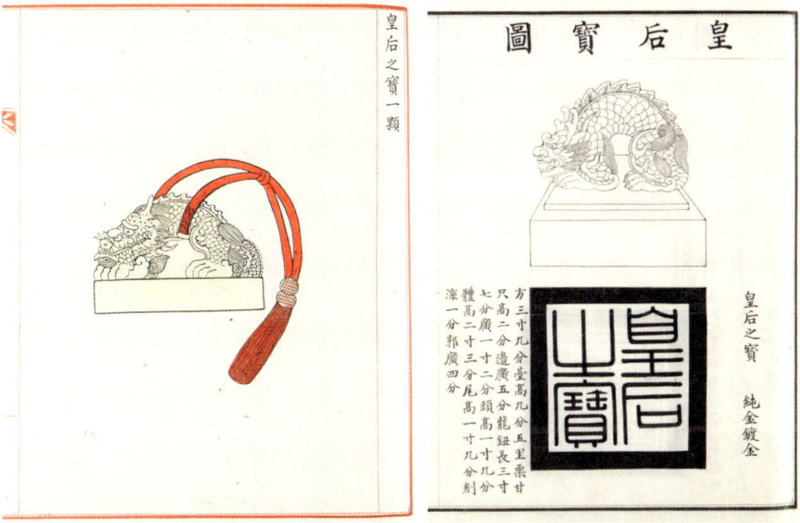

〈도판 30〉「황후지보(皇后之寶)」, 『고종대례의궤』, 규장각한국학연구원(좌) | 「황후지보」, 『보인부신총수』, 규장각한국학연구원(우)

〈도판 31〉 명성황후 금보(金寶) ⓒ 국립고궁박물관
명성황후로 책봉되면서 제작한 금보로, 인면에는 '황후지보'라고 새겨져 있다. 현재 국립고궁박물관에 소장되어 있다.

'황후지보' 1과(顆)를 싣고 있다. 황금으로 만들고 전체 또한 황금을 입힌 것으로 기록되어 있다.[149] 손잡이는 그림에서 보듯 '용(龍)'이다. 『고종대례의궤』에 수록된 보는 『대명집례(大明集禮)』의 도식에 의거했다.[150] 이보다 뒤에 편찬된 『보인부신총수』에도 '순금도금(純金鍍金)'이라 하여 순금으로 만들고 금을 입힌다고 되어 있다.[151] 그리고 손잡이는 '용'이다. 실물은 〈도판 31〉에서 볼 수 있다.

대한제국을 선포하면서 왕후에서 황후로 신분이 바뀌자 보의 형태 및 이를 제작하는 데 들어가는 재료가 달라짐을 볼 수 있다. 여기서 주의할 점이 있다. 바로 신분이 달라지므로 보에 있어서도 차별성이 드러난다는 지점이다. 신분제 사회에서 각각의 지위에 따라 그를 표현하는 상징물에 차이가 드러나는, 차이를 드러내려는 것은 일종의 '속성'이라고 볼 수 있다. 하지만 '보'에서 그렇지 않은 사례들도 발견된다. 바로 조선 국왕의 '보'이다. 조선 국왕의 '보'는 〈도판 32〉와 〈도판 33〉에서 볼 수 있다.

먼저 〈도판 32〉이다. 『보인소의궤』에는 '조선왕보(朝鮮王寶)'라 하여, 은(銀)으로 만들고 전체는 황금을 입힌 것으로 기록되어 있다.[152] 손잡이는 거북이다. 『보인부신총수』에도 '조선왕보'는 천은(天銀)으로 만들고 금을 입힌 것으로 기재되어 있다.[153] 이 역시 손잡이는 거북이다. (숙)동이 아닌 (천)은으로 만든다는 '재료'면에서 왕후와의 차이가 분명하게 드러난다.

다음은 〈도판 33〉이다. 이 보는 『보인소의궤』와 『보인부신총수』에 수록된 '조선왕보'와는 다른 점이 발견되어 주의가 필요하다. 바로 익종의 금보이다. 1834년(헌종 즉위) 헌종이 즉위한 뒤 생부인 효명세자(孝明世子, 1809~1830)를 익종으로 추숭하면서 제작한 이 금보는 왕후의 보와 같은 재료를 사용하여 조성했다. 추숭한 국왕이기 때문에 그러한 것인지는 좀 더 확인이 필요하지만 숙동으로 만들고 전체는 황금으로 입혔던 것이다.[154] 손잡이는 거북이다.

사실 이때 조성한 익종의 금보는 엄밀하게 말하면 시보이다. 금보에 쓰는 방식에서

149 『高宗大禮儀軌』(奎 13486) 圖說 「皇后之寶一顆」 "以黃金鑄成 … 全體鍍黃金".

150 김문식, 2006(a) 「高宗의 皇帝 登極儀에 나타난 상징적 함의」 「朝鮮時代史學報」 37, 91쪽.

151 『寶印符信總數』(奎 10291) 皇后寶圖 "皇后之寶 純金鍍金".

152 『寶印所儀軌』(奎 14212) 圖說 「朝鮮王寶」 "以銀改鑄 … 全體並鍍黃金".

153 『寶印符信總數』(奎 10291) 寶圖 "朝鮮王寶 天銀鍍金".

154 『翼宗追崇都監儀軌』(奎 13396) 二房儀軌 「圖式」 "金寶一顆 以熟銅鑄成 … 全體並鍍黃金".

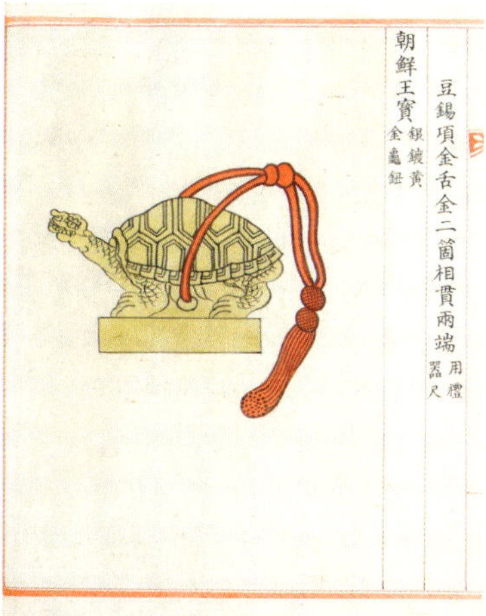

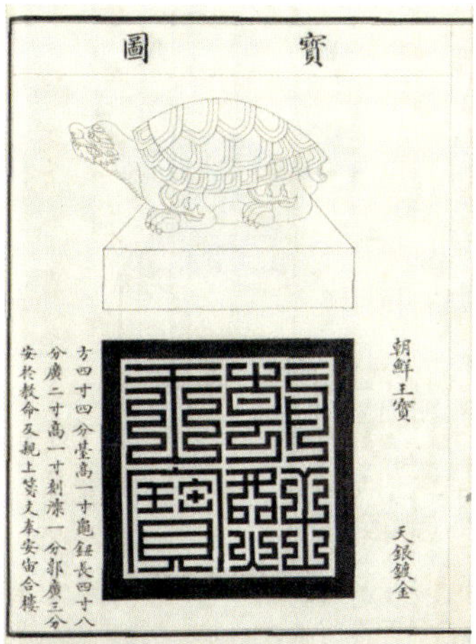

〈도판 32〉「조선왕보(朝鮮王寶)」, 『보인소의궤』, 규장각한국학연구원(좌) | 「조선왕보」, 『보인부신총수』, 규장각한국학연구원(우)

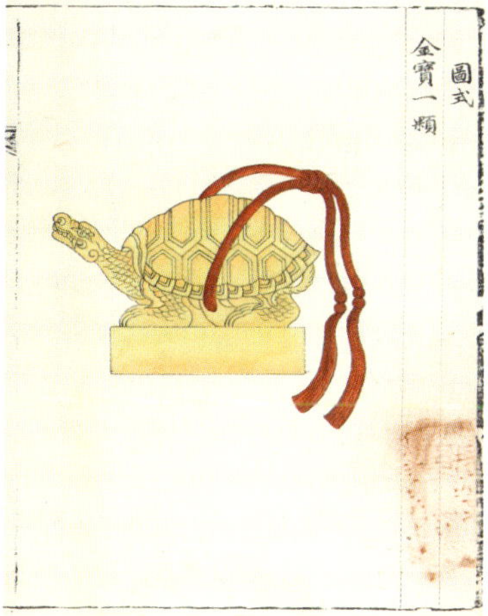

〈도판 33〉「금보」, 『익종추숭도감의궤』, 규장각한국학연구원

'돈문현무인의효명대왕지보(敦文顯武仁懿孝明大王之寶)'라고 되어 있기 때문이다.[155] '돈문현무인의효명' 8글자는 헌종이 익종으로 추숭하면서 올린 시호였다.[156]

익종의 보가 예외인 것인지에 대해서는 조선의 다른 국왕들의 보에 대한 검토가 잇따를 때 명확해질 것이다. 그런데 또 눈여겨볼 '보'가 있다. 바로 고종이 황제로 즉위하면서 제작한 '황제지보(皇帝之寶)' 3종이 그것이다. '조선 국왕의 보'와 차이가 있을 것으로 예상되

155 『翼宗追崇都監儀軌』(奎 13396) 二房儀軌 金寶式(寶篆以三行排字 而左右中各四字) "敦文顯武仁懿孝明大王之寶".

156 『承政院日記』 憲宗 卽位年 11月 19日(庚辰); 『憲宗實錄』 卷1, 憲宗 卽位年 11月 庚辰(19).

는 가운데 재료라든가 형태면에서 어떤 차이가 있는지 확인이 필요하다. 〈도판 34〉와 〈도판 35〉를 통해 살펴보고자 한다.

먼저 〈도판 34〉의 『고종대례의궤』에 실려 있는 황제지보이다. 왼쪽에 있는 보는 천은으로 만들고 전체는 황금을 입혔으며, 손잡이는 용이다.[157] 가운데에 있는 보는 남양옥으로 만들며 손잡이는 거북이다.[158] 오른쪽에 있는 보는 남양옥으로 만들며 손잡이는 용이다.[159] 좀 더 확인이 필요하지만 3종의 보의 구체적인 용도에 대해서는 『고종대례의궤』에서 찾아지지 않는다.

다음은 〈도판 35〉의 『보인부신총수』에 실려 있는 황제지보이다. 왼쪽에 있는 보는 천은으로 만들고 겉에는 금을 입혔으며, 손잡이는 용이다.[160] 가운데에 있는 보는 옥으로 만들며 손잡이는 거북이다.[161] 오른쪽에 있는 보는 옥으로 만들며 손잡이는 용이다.[162] 『고종대례의궤』의 황제지보와 거의 차이가 나지 않으며, 이 3종의 보의 구체적인 용도에 대해서는 『보인부신총수』에서 발견되지 않는다.

다만, 천은과 금을 재료로 한 금보와 옥으로 만든 옥보와의 대체적인 구별은 가능하지 않을까 생각된다. 고종이 대례를 거행할 때 제작한 4개의 반차도가 『고종대례의궤』에 실려 있고, 그중 2개의 반차도에서 황제의 옥보가 등장한다. '황제 옥보와 황태자 책보가 궐에 나아가는 반차도', '황제 옥보가 대내에서 나와 환구단에 나아가는 반차도' 등이 그것이다.[163] 각각의 반차도에서 황제 옥보가 손잡이가 용인지 거북인지 분명하지 않고, 또 손잡이가 용인 옥보와 거북인 옥보 둘 다를 의미하는 것인지 역시 정확하지 않다. 그럼에도 금보와 옥보 중에서 옥보가 금보에 비해 좀 더 의례적 성격을 띠지 않았을까 유추된다.

조선 국왕의 보와 대한제국 황제의 보에서 그것을 조성하는 데 들어간 재료를 가지고 둘의 차이를 논하기는 어렵다. 뚜렷하게 드러나는 차이는 거북과 용이라는 손잡이의 형태이다. 이것으로 국왕과 황제의 인장이 신분에 걸맞게 조성되었다고 할 수 있다.

---

157 『高宗大禮儀軌』(奎 13486) 圖說 「皇帝之寶一顆」 "以天銀鑄成 … 上有龍鈕 … 全體鍍黃金".

158 『高宗大禮儀軌』(奎 13486) 圖說 「皇帝之寶一顆」 "用南陽玉 … 上有龜鈕".

159 『高宗大禮儀軌』(奎 13486) 圖說 「皇帝之寶一顆」 "用南陽玉 … 上有龍鈕".

160 『寶印符信總數』(奎 10291) 皇帝寶圖 "皇帝之寶 天銀鍍金 … 龍鈕".

161 『寶印符信總數』(奎 10291) 皇帝寶圖 "皇帝之寶 玉 … 龜鈕".

162 『寶印符信總數』(奎 10291) 皇帝寶圖 "皇帝之寶 玉 … 龍鈕".

163 『高宗大禮儀軌』(奎 13486) [班次圖] 「大禮時皇帝玉寶皇太子冊寶詣闕班次圖」·「大禮時皇帝玉寶內出詣圜丘壇班次圖」.

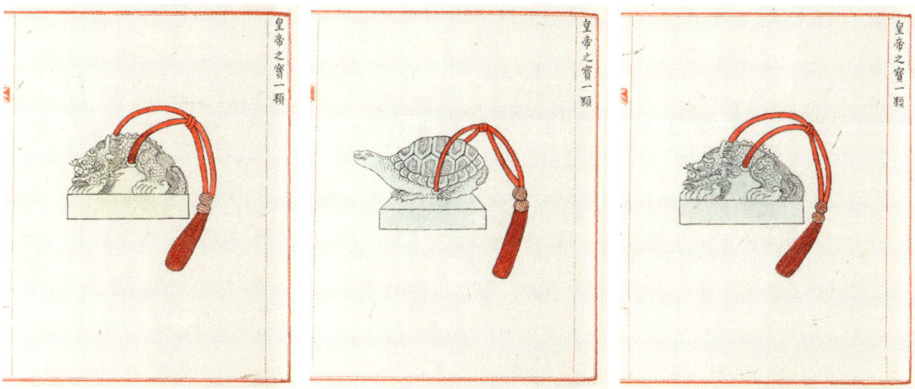

〈도판 34〉「황제지보(皇帝之寶)」(좌)·「황제지보」(중)·「황제지보」(우), 『고종대례의궤』, 규장각한국학연구원

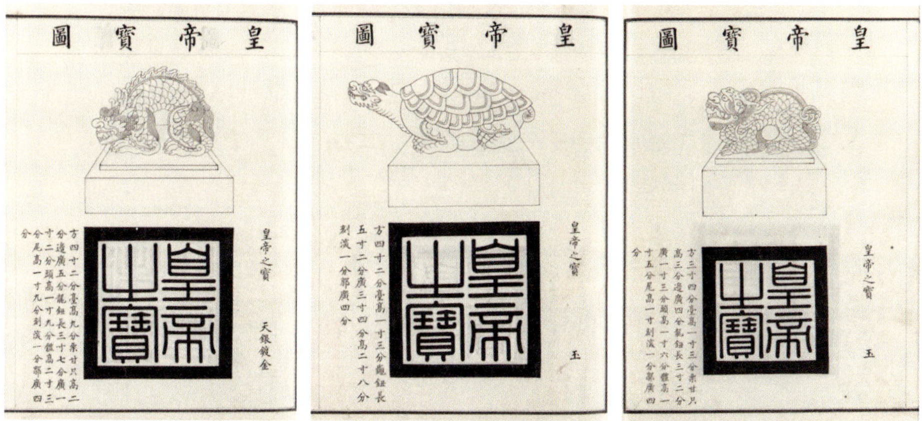

〈도판 35〉「황제지보」(좌)·「황제지보」(중)·「황제지보」(우), 『보인부신총수』, 규장각한국학연구원

문제는 거북 손잡이인 옥보이다. 조선 국왕의 보에서 대개 옥보는 상존호(上尊號), 가상존호(加上尊號)를 올렸을 때 조성되고 추상존호(追上尊號)를 올렸을 때에는 금보를 제작했다.[164]

일반적으로 상존호와 가상존호는 존호를 받는 주체인 국왕이나 왕후가 살아 있을 때 신하들이 정해 올린 존호이고, 추상존호는 국왕이나 왕후가 승하한 뒤 올린 존호이다. 이러한 구분은 조선시대 의궤의 서명에서 잘 드러나는데, 서명만을 보고도 존호를 받는 주체의 생존 여부 및 그때 조성한 보가 옥보인지 금보인지도 짐작이 가능하다. 단, 옥보는 손잡이 아래 대(臺)에 새겨진 내용이 옥보 구분의 주요 근거가 된다.

164 국립고궁박물관, 2012 『왕의 상징 어보御寶』 국립고궁박물관, 61쪽.

이상을 통해, 조선 왕비의 보와 대한제국 황후의 보는 들어가는 재료 및 형태가 분명하게 달랐다. 전통시대 신분제 사회에서 왕후에서 황후로 신분이 달라졌기 때문에 충분히 납득할 만하다. 다만, 〈도판 26〉에서 보듯이 명헌태후의 '보'는 도설에 옥보만 실려 있어서 손잡이 아래 대에 새겨진 내용을 보지 않으면 조선 왕후의 옥보와 구별하기가 어려울 듯하다. 또 조선 국왕의 보와 대한제국 황제의 보에서, 보의 재료만으로는 둘의 구분이 힘들겠지만 보의 형태는 분명히 '신분'의 차이를 잘 보여준다. 다만, 이 역시 거북 손잡이인 황제 옥보의 용도가 분명하지 않고, 손잡이 아래 대에 새겨진 내용을 보지 않는다면 조선 국왕의 옥보와 구별하기가 어렵다는 점이 난제이다.

조선 국왕과 왕후의 보, 대한제국 황제와 황후의 보는 '조선 왕실'과 '대한제국 황실', '국왕과 왕후', '황제와 황후'를 드러내는 중요한 상징물이다. 『고종대례의궤』에 수록된 보가 『대명집례』의 도식에 근거한 만큼 두 문헌 및 현존하는 실물을 통한 비교가 뒤따를 때 해결의 실마리를 찾을 수 있지 않을까 생각된다. 이에 대해서는 향후 좀 더 면밀한 연구가 요구된다.

전으로 바꾸고, 사직단의 위판을 개제하며, 빈전에 옥책(玉冊)이 아닌 금책을 내리는 등 제후국이 아닌 '천자국'의 위상에 걸맞도록 제반 일들을 정비해 나갔다.

황제로 즉위하기 이틀 전인 10월 10일, 빈전에 나아가 주다례를 행했다. 이어서 신시에 태극전에 나아가 환구 친제(親祭)에 쓸 축판(祝版) 위에 있는 축문에 친히 어휘(御諱)를 써 넣었다.[165] 또 대신들이 연명으로 차자를 올려 종묘·사직의 고유제를 대신을 보내 섭행할 것을 청하자 고종이 부득이하지만 면종하겠다는 조령을 내렸다. 아울러 명헌태후에게 보를 올릴 때 및 황후·황태자비를 책봉할 때 궁내부에서 차출하기로 한 정·부사는 의정부 의정 심순택을 정사로, 장례원 경 김영수를 부사로 삼았으

165 『承政院日記』 高宗 34年 9月 15日(辛丑)[陽曆 10月 10日]; 『高宗實錄』 卷36, 高宗 34年 10月 10日(陽曆). 『승정원일기』에 고종이 축문에 어휘를 親塡하는 절차가 간략하게 수록되어 있다.

며, 내일 출궁할 문로는 치중문(致中門)으로 정했다.[166]

이튿날 11일, 신시에 익선관과 '황포(黃袍)' 차림을 한 고종과 왕태자가 진전에 나아가 전배를 친행한 뒤 이어서 빈전에 나아가 전배했다. 자시에 면복(冕服) 차림을 한 고종과 왕태자가 친제를 지내기 위해 치중문과 돈례문(敦禮門)을 경유하여 환구단으로 거둥했다. 그사이 비서원 경 김영목(金永穆, 1835~1910)이 사직과 종묘에 나아가 봉심하고 왔다. 고종은 면복 차림으로 제기와 희생, 정확을 살피는 절차를 마쳤다.[167] 이후 그곳에서 밤을 지냈다.

고종이 환구단에서 밤을 지새면서 천하지호(天下之號)에 대해 신하들과 논의했다. 고종은 '정사를 모두 새롭게 시작하는 지금에 모든 예(禮)가 새로워졌으니 환구단에 처음으로 제사를 지내는 지금부터 마땅히 천하지호를 정하여 써야 하는데 대신들의 의견은 어떠한지'라고 먼저 말을 꺼냈다. 그러자 신하들도 천명(天命)이 새로워지고[유신(維新)] 온갖 제도가 새로워진 지금 국호를 새로이 정해야 한다며 한목소리를 냈다.

이에 고종은 '대한(大韓)'으로 할 것을 제안했고, 신하들도 고종의 생각에 동참하여 마침내 국호를 '대한'으로 정했다. 그러자 고종은 곧바로 환구단에서 고유할 제문과 반조문(頒詔文)에 모두 '대한'으로 쓰도록 명했다.[168] 또 내일 태극전에 나아가 백관들의 하표(賀表)를 받으려 출궁할 때

166 『承政院日記』 高宗 34年 9月 15日(辛丑)[陽曆 10月 10日]; 『高宗實錄』 卷36, 高宗 34年 10月 10日(陽曆); 『高宗大禮儀軌』(奎 13486) 詔勅(上疏庭請奏本幷) 「丁酉九月十五日」.

167 『承政院日記』 高宗 34年 9月 16日(壬寅)[陽曆 10月 11日]; 『高宗實錄』 卷36, 高宗 34年 10月 11日(陽曆); 『高宗大禮儀軌』(奎 13486) 詔勅(上疏庭請奏本幷) 「丁酉九月十六日」. 『승정원일기』에 진전에서 전배하는 절차가 수록되어 있고, 『승정원일기』와 『고종대례의궤』에 환구단으로 나아가 희생과 제기, 정확을 살피는 절차가 수록되어 있다. 그중 희생, 제기, 정확을 살피는 구체적인 절차는 『高宗大禮儀軌』(奎 13486) 儀註 「親祀圜丘時省牲器省鼎鑊視滌漑儀」 참조.

168 『高宗實錄』 卷36, 高宗 34年 10月 11日(陽曆); 『承政院日記』 高宗 34年 9月 16日(壬寅)[陽曆 10月 11日].

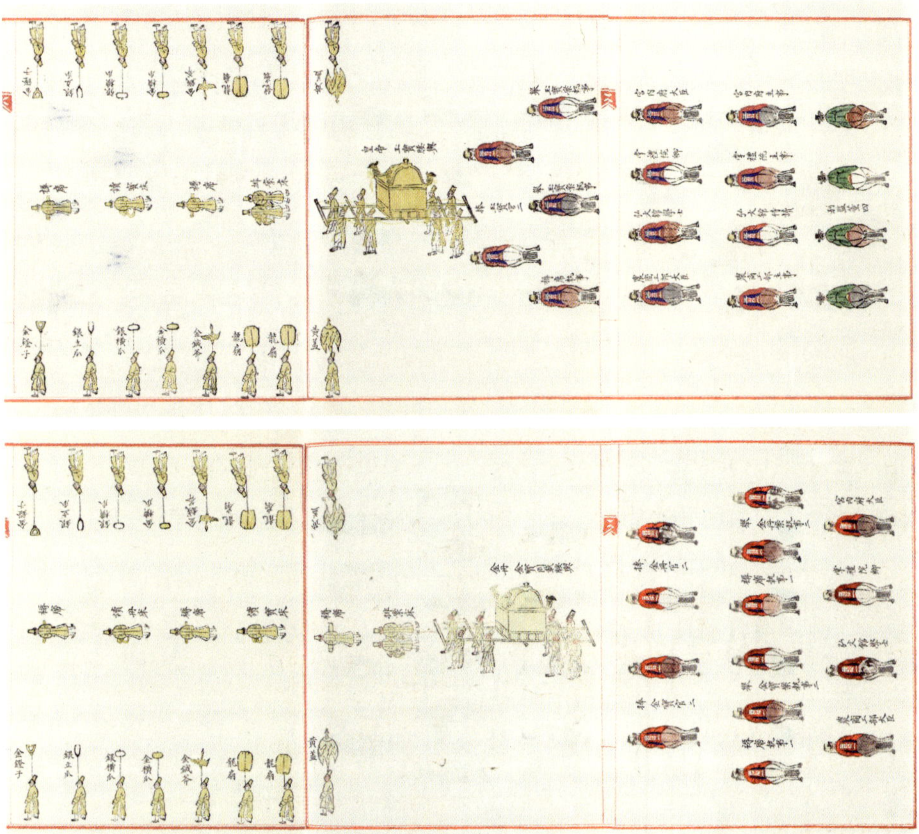

〈도판 36〉「반차도(班次圖)」, 『고종대례의궤』, 규장각한국학연구원

고종이 황제로 즉위하는 과정을 다룬 『고종대례의궤』에는 4개의 반차도가 실려 있다. 대례를 거행할 때 황제 옥보(玉寶)와 황태자 책보가 궐에 나아가는 반차도, 황제 옥보가 대내에서 나와 환구단에 나아가는 반차도, 황후 책보가 빈전에 나아가는 반차도, 명헌태후 옥보와 황태자비 책보가 궐에 나아가는 반차도 등이다.[169] 그중 위의 그림은 고종의 황제 옥보가 대내에서 환구단으로 나아가는 반차도의 일부이고, 아래 그림은 명성황후의 금책·금보가 빈전에 나아가는 반차도의 일부이다.

169 『高宗大禮儀軌』(奎 13486) [班次圖] 「大禮時皇帝玉寶皇太子冊寶詣闕班次圖」·「大禮時皇帝玉寶內出詣圜丘壇班次圖」·「大禮時皇后冊寶詣殯殿班次圖」·「大禮時明憲太后玉寶皇太子妃冊寶詣闕班次圖」.

경유하는 문로는 치중문으로 정했다.[170]

10월 12일(음력 9월 17일), 자시에 면복 차림을 한 고종과 왕태자가 환구(圜丘)에서 천지에 고하는 제사를 지낸 뒤 고종은 12장(章) 곤면(袞冕) 차림으로 황제로 등극했다. 왕후 민씨를 '황후'로 책봉하고 왕태자를 '황태자'로 책봉했다.[171]

이후 『승정원일기』에는 신시에 최복 차림을 한 고종과 '왕태자'가 빈전에 나아가 황후 책봉에 따라 조성한 책보를 올린 뒤 별전을 친행한 것으로 기록되어 있다.[172] 그에 비해 『고종실록』에는 고종과 '황태자'가 빈전에 나아가 황후 책봉에 관한 고유 별전을 친행한 것으로 기재되어 있다.[173] 고종이 황제로 등극하고 왕태자가 황태자로 책봉된 이후에 빈전에 나아갔으므로 '황태자'라고 신분을 표기한 『고종실록』의 기록이 정확하다.

이제 조선이 아니라 '대한'이라는 국호를 가진 제국(帝國)으로 격상되었다. 그에 따라 대행'왕후'가 아닌 대행'황후'라고 일컫는 것은 물론, 황실 구성원들의 존칭도 바뀌었다. 황실 사람들의 존칭은 제2장 제2절 2항에서 언급한 왕실 사람들의 존칭 변화를 이어서 제시하면 다음과 같다.

주상 전하(主上殿下) → 대군주 폐하(大君主陛下) → 대황제 폐하(大皇帝陛下)

---

170 『承政院日記』 高宗 34年 9月 16日(壬寅)[陽曆 10月 11日].

171 『高宗實錄』 卷36, 高宗 34年 10月 12日(陽曆); 『承政院日記』 高宗 34年 9月 17日(癸卯)[陽曆 10月 12日]; 『高宗大禮儀軌』(奎 13486) 詔勅(上疏庭請奏本幷) 「丁酉九月十七日」. 『승정원일기』와 『고종대례의궤』에 환구단에서 고종이 친제를 지낸 후 황제에 등극하는 절차가 수록되어 있다. 환구단에서 지내는 친제, 황제 등극, 황후 책봉, 황태자 책봉 등의 구체적인 절차는 『高宗大禮儀軌』(奎 13486) 儀註 「親祀圜丘儀」·「登極儀」·「冊皇后儀」·「冊皇太子儀」 참조.

172 『承政院日記』 高宗 34年 9月 17日(癸卯)[陽曆 10月 12日]. 여기에 책보를 올리고 별전을 친행한 절차가 수록되어 있다. 다만, 그 의주에 '상과 왕태자'가 빈전에 나아가 별전을 친행한 것으로 기록되어 있다.

173 『高宗實錄』 卷36, 高宗 34年 10月 12日(陽曆).

왕대비 전하(王大妃殿下) → 왕태후 폐하(王太后陛下) → 황태후 폐하(皇太后陛下)

왕비 전하(王妃殿下) → 왕후 폐하(王后陛下) → 황후 폐하(皇后陛下)

왕세자 저하(王世子邸下) → 왕태자 전하(王太子殿下) → 황태자 전하(皇太子殿下)

왕세자빈 저하(王世子嬪邸下) → 왕태자비 전하(王太子妃殿下) → 황태자비 전하(皇太子妃殿下)

왕실에서 황실로 바뀌면서 구성원들의 존칭 변화는 당일인 10월 12일에 신하들이 올린 문안에서부터 확인된다. 대가가 환구에 나아가 경숙(經宿)한 뒤 칙임관이 대군주 폐하와 왕태자 전하에게 문안하고, 황제로 즉위한 뒤에는 백관들이 대황제 폐하, 태후 폐하, 태자 전하, 태자비 전하에게 문안했다는 기록이 그것이다.[174]

다음 날 13일, 빈전에 나아가 조전과 별전을 올렸다. 이어서 치중문을 경유하여[175] 태극전에 나아가 면복 차림으로 백관들의 하표(賀表)를 받고, 손시에 태극전으로 나아가 통천관(通天冠)[176]·강사포 차림으로 조서를 반포하며, 천하에 대사령을 내렸다.[177] 그 밖에 명성왕후에서 황후로 책봉되었으므로 그에 따라 빈전에 있는 명정을 고치고, 개명정한 뒤에는 별전을

174 『承政院日記』 高宗 34年 9月 17日(癸卯)[陽曆 10月 12日].

175 『承政院日記』 高宗 34年 9月 17日(癸卯)[陽曆 10月 12日].

176 『승정원일기』에는 通天'冠', 『고종대례의궤』 儀註 「頒詔儀」에는 通天'官'으로 기록되어 있다[『高宗大禮儀軌』(奎 13486) 儀註 「頒詔儀」(進致詞賀表儀附)]. 그런데 『고종대례의궤』의 다른 곳에는 通天'冠'으로 쓰여 있고[『高宗大禮儀軌』(奎 13486) 掌禮院奏本(單子并) 「丁酉九月十七日」], 또 강사포를 입을 때 쓰는 冠이므로 '通天官'은 명백한 오기이다.

177 『高宗實錄』 卷36, 高宗 34年 10月 13日(陽曆); 『承政院日記』 高宗 34年 9月 18日(甲辰)[陽曆 10月 13日]; 『高宗大禮儀軌』(奎 13486) 詔勅(上疏庭請奏本并) 「丁酉九月十八日」. 『승정원일기』에 태극전에서 조서를 반포하는 절차가 실려 있다. 고종이 태극전에서 백관들의 하표를 받는 절차 및 조서를 반포하는 구체적인 절차는 『高宗大禮儀軌』(奎 13486) 儀註 「皇帝御太極殿受百官賀表儀」·「頒詔儀」(進致詞賀表儀附) 참조.

올렸다.[178]

10월 14일, 태극전에 나아가 명헌태후에게 책보를 올리고, 왕태자비 민씨를 '황태자비'로 책봉했다.[179] 이어서 빈전에 나아가 석상식과 석전을 행했다.[180]

이때 『고종실록』에는 명헌태후에게 '책보'를 올린 것으로 기재되어 있다. 그러나 『고종대례의궤』 「의주」조에는 '보'만 올린 것으로 되어 있고, 『고종대례의궤』 「도설」조에도 '책'과 관련한 도설은 없고 '보'의 도설만 실려 있다. 『고종대례의궤』 「도설」조에 수록된 금책은 황후, 황태자, 황태자비 3종 뿐이다.[181] 앞서 왕태후에게 위호 가상을 논의할 때부터 '보'만 거론했고, 또 이날 『승정원일기』에도 고종이 친히 '옥보'를 올렸다고 되어 있다.[182] 여러 기록을 통해 명헌태후에게는 '보'만 올리고 '책'은 올리지 않았다고 볼 수 있다.

그 밖에 이날에는 또 대행황후(大行皇后)의 탄신일인 '음력 9월 25일(양력 10월 20일)'에 행하는 의례에 대해 고종이 조칙을 내렸다. 고종은 그날 빈전에서 별전을 친행하되 '전작례'를 따라 행례하고, 동궁도 그날 별전을 행하되 '작헌례'를 따라 행례하도록 마련하라는 내용이었다.[183] 장례를 치르지 않아 1년 전 탄신일에 행례한 것과 같이 이번에도 빈전에서 동일한 의례를 행하려 함을 볼 수 있다.

---

178 『承政院日記』 高宗 34年 9月 18日(甲辰)[陽曆 10月 13日].

179 『高宗實錄』 卷36, 高宗 34年 10月 14日(陽曆). 명헌태후에게 보를 올리고 황태자비를 책봉하는 의절은 『高宗大禮儀軌』(奎 13486) 儀註 「明憲太后上寶儀」·「冊皇太子妃儀」 참조.

180 『高宗實錄』 卷36, 高宗 34年 10月 14日(陽曆).

181 『高宗大禮儀軌』(奎 13486) 圖說 「皇后金冊一件」·「皇太子金冊一件」·「皇太子妃金冊一件」.

182 『承政院日記』 高宗 34年 9月 19日(乙巳)[陽曆 10月 14日].

183 『高宗實錄』 卷36, 高宗 34年 10月 14日(陽曆); 『承政院日記』 高宗 34年 9月 19日(乙巳)[陽曆 10月 14日].

황제 즉위 요청, 산릉 공역 지연, 건양에서 광무로 연호 변경, 인산 지연, 인봉각항일자의 추택 잠시 정지, 본격적인 황제 즉위 요청, 환구단 설치, 황제 즉위 관련 제반 일들 정비, 대한으로 국호 결정, 황제 즉위, 황후 책봉 등 일련의 일들이 차근차근 혹은 숨가쁘게 처리되었다. 이제 고종에게 남은 가장 크고 시급한 과제는 명성황후의 장례였다.

| 第 6 장 |

명성황후 국장과 의례 변화

제1절 발인(發引)부터 부향(祔享)까지

제2절 연제(練祭)부터 부묘(祔廟)까지

제 1 절

발인(發引)부터 부향(祔享)까지

1. 국장 재개와 황후 국장 절차 논의

고종은 황제로 등극한 뒤 곧바로 잠시 멈췄던 명성황후의 국장을 다시 진행하기 시작했다. 명성'왕후'에서 명성'황후'로 책봉되었기에 우선 '대행왕후'라는 칭호도 '대행황후'로 고쳐서 일컬었다. 아울러 모든 부면에서 제후국의 왕후가 아닌 천자국의 황후로 대우하며, 장례 역시 그에 준해서 치러야 했다.

10월 15일, 고종은 '책시각항길일(冊謚各項吉日)' 및 '인봉각항길일'을 다시 회의해서 추택하도록 조령을 내렸다.[1] 먼저 전자는 왕후에서 황후로 격상되었으므로 황후에 걸맞는 시책보를 다시 조성해야 하므로 이와 관련한 각 항목의 길일을 잡기 위함이었다. 이보다 앞서 8월 16일 연호 광무를 정하자 곧바로 책시와 관련한 각 항목의 길한 날은 조칙이 내려지기를 기다렸다가 추택하여 들이라는 명을 내렸었다. 이러한 조치는 예상대로 건원만이 아니라 칭제까지 염두에 둔 고종의 계획이었음이 이날의 조령으로 증명되었다.

1 『承政院日記』 高宗 34年 9月 20日(丙午)[陽曆 10月 15日]; 『高宗實錄』 卷36, 高宗 34年 10月 15日(陽曆).

그동안 '책시각항길일'이 두어 번 바뀐 것은 시호를 순경 → 문성 → 명성으로 고쳐 정하면서 이루어졌다. 하지만 그것은 어디까지나 왕후의 신분에서 시호의 수정으로 인한 조처였다. 이번에는 황후로 신분이 격상되면서 시책보를 다시 제작하게 되었고 그로 인해 취해진 조치이다. 책시와 관련한 각 항목의 새로 정한 길한 날은 다음과 같다.[2]

* 시책보 도감에서 내입: 음력 10월 8일 신시. (이하 모두 음력)
* 시책보 내출: 10월 11일 묘시.
* 책시빈전: 10월 11일 오시.
* 개명정: 10월 11일 미시.
* 발인 습의 2도: 10월 16일.
* 발인 습의 3도: 10월 25일.

후자는 황후의 본격적인 국장 재개를 위한 것으로, 앞서 9월 24일에 '인봉각항일자'는 칙지가 내릴 때까지 기다렸다가 다시 날을 택하여 들이라고 명한 이후 지금에 이르러 이러한 조칙을 내렸다.

사실 그 당시 고종이 국장을 지연하면서까지 그린 큰 그림이 바로 황제 즉위였다. 이제 이를 이루었기에 인산과 관련한 각 항목의 길한 날을 정하라는 조칙을 내려 국장의 재개를 공표한 것이었다. 경운궁으로 환어, 황제 즉위, 황후·황태자·황태자비 책봉 등 큰일을 마무리한 당시, 고종에게 남은 가장 급하게 처리해야 하는 일이 바로 황후의 국장이었기 때문이다.

고종의 명에 따라 '인산각항길일'을 논의하기 위하여 신하들이 빈청에

2 『明成皇后殯殿魂殿都監儀軌』(奎 13890) 卷1, 詔勅(稟奏幷入) 「丁酉九月二十日」; 『承政院日記』 高宗 34年 9月 20日(丙午)[陽曆 10月 15日].

모여 여러 지사들을 거느리고 함께 의논하여 추택했다.[3] 이어서 다시 신하들이 일제히 빈청에 모여 이번에는 여러 일관들을 불러서 다시 더 정밀하게 택일하게 했고 그 결과를 별단에 써서 올렸다.[4] 별단의 내용은 『고종실록』보다 『명성황후홍릉산릉도감의궤』와 『승정원일기』의 기록이 더 자세하다.[5] 그중 가장 자세하게 수록한 『명성황후홍릉산릉도감의궤』에 따라 '인산각항길일'의 내용을 제시하면 다음과 같다.

* 시역: 정유년(1897) 정월 25일 묘시. (이하 모두 음력)

* 참초파토: 3월 4일 미시.

* 사후토: 같은 날(3월 4일) 새벽에 먼저 행함.

* 작옹가: 3월 11일 묘시.

* 개금정: 10월 20일 묘시. 혈심은 4자 5치.

* 외재궁 배진: 10월 23일 인시.

* 하외재궁: 10월 23일 미시.

* 계찬궁: 10월 25일 미시. 먼저 서방을 엶.

* 발인: 10월 27일 인시.

* 성빈: 대여가 능소에 도착한 후 때에 따라.

* 능소 계찬궁: 10월 27일 신시. 먼저 서방을 엶.

* 진발: 계찬궁 후 때에 따라.

---

3 『明成皇后洪陵山陵都監儀軌』(奎 13891) 上編, 詔勅(奏本狀啓附) 「丁酉九月二十日」; 『承政院日記』 高宗 34年 9月 20日(丙午)[陽曆 10月 15日].

4 『高宗實錄』 卷36, 高宗 34年 10月 15日(陽曆); 『明成皇后洪陵山陵都監儀軌』(奎 13891) 上編, 詔勅(奏本狀啓附) 「丁酉九月二十日」; 『承政院日記』 高宗 34年 9月 20日(丙午)[陽曆 10月 15日].

5 『明成皇后洪陵山陵都監儀軌』(奎 13891) 上編, 詔勅(奏本狀啓附) 「丁酉九月二十日」; 『承政院日記』 高宗 34年 9月 20日(丙午)[陽曆 10月 15日]; 『高宗實錄』 卷36, 高宗 34年 10月 15日(陽曆).

* 하현궁: 10월 28일 진시 초일각(初一刻).

별단에 따르면, 발인은 '음력 10월 27일(양력 11월 21일) 인시(寅時)'에 행하는 것으로 정해졌다. 장례를 치르는 날이 이제 한 달 조금 넘게 남았다.

인산과 관련한 각종 절차의 길한 날을 정하여 본격적인 인산을 준비하기 시작했다. 그런데 10월 19일, 총호사 조병세가 예산 부족과 관련하여 당시 국장의 진행 상황이 순조롭지 않다고 보고했다.

> 총호사 조병세가 삼가 아뢰기를, "세 도감에 물력을 누차에 걸쳐 더 획급한 것이 많았으나 공사가 연기된 지 이미 오래되어 경비만 축나고 있으며, 여름 장마가 대단히 심하여 의물(儀物)이 변해 버렸습니다. 또 절차가 전에 비해 매우 달라져서 허다하게 소용되는 것이 전에 획급해 준 수량 가운데 남은 수량을 가지고는 절대로 보충할 수 없습니다. 국가의 재정을 생각하면 매우 안타깝고 답답하지만 막중한 공사 비용을 속히 조처하여 획급하지 않을 수 없습니다. 은화 3만 원 한도 내에서 탁지부로 하여금 예산 외로 지출하도록 하는 것이 어떻겠습니까? 삼가 상주합니다."라 하니, 아뢴 대로 하라는 칙지를 받들었다.[6]

조병세의 보고는 세 가지로 정리된다. 첫째, 예산의 부족이다. 그동안 국장과 관련한 예산 부족은 앞에서도 여러 차례 제기된 바였다. 이즈음에는 공사가 오래도록 연기되면서 경비는 경비대로 지출되면서 부족한 상황이 초래되었다. 둘째, 여름 장마로 인한 의물의 변화이다. 이 또한 다시 만들거나 수리할 것을 예상한다면 예산 문제와 직결된다. 셋째, 의절의 변화이다. 왕후의 국장이 아닌 황후의 국장으로 격상되면서 그에 걸맞게 의절을

6 『承政院日記』 高宗 34年 9月 24日(庚戌)[陽曆 10月 19日].

진행하려면 그것에 소용되는 의물이나 기타 각종 물품 등 여러 면에서 변화를 주어야 한다. 그럴 경우 이 역시 예산 부족 문제를 피해갈 수 없다.

공사의 연기와 의물·의절의 변화, 이로 인하여 초래된 예산 부족 등 다시금 국장의 재개가 녹록지 않음을 예고한다. 그런 와중에 명성황후의 탄일이 코앞에 닥쳤다. 이튿날인 10월 20일(음력 9월 25일)이 바로 그날이었다. 시해를 당한 그 해(1895)에는 음력 8월 22일에 폐서인이 되었다가 음력 10월 10일에 왕후의 위호를 회복했기 때문에 탄일은 논할 상황이 아니었다. 그 때문에 이번 탄일은 시해를 당한 뒤 맞이한 두 번째 탄일이자 황후로 책봉된 뒤 맞는 첫 번째 탄일이었다.

그로 인해 이날에는 탄일에 행할 의례에 대해 고종이 조칙을 내렸다. 고종이 별전을 친행할 때에는 조전(朝奠)을 겸행하고 동궁이 별전을 친행할 때에는 주다례를 겸행하라는 조칙 및 별전을 거행할 때 빈전의 내외친들은 내곡반에 입참하며 비록 외임(外任)에 있더라도 상경했으면 일체 입참하라는 조칙이었다.[7]

10월 20일(음력 9월 25일), 명성황후의 탄일이었다. 신시에 고종과 황태자가 빈전에 나아가 별전을 친행했다. 최복 차림을 한 고종이 초헌관, 황태자가 아헌관이 되어 행례했다. 이어서 황태자가 별전을 친행했다.[8] 앞서 10월 14일에 고종이 내린 조칙처럼 고종은 별전을 친행할 때 '전작례'를 따라 행례했다.

『승정원일기』에 고종과 황태자가 빈전에서 별전을 친행하는 절차가 간

7 『承政院日記』 高宗 34年 9月 24日(庚戌)[陽曆 10月 19日]; 『高宗實錄』 卷36, 高宗 34年 10月 19日(陽曆).

8 『承政院日記』 高宗 34年 9月 25日(辛亥)[陽曆 10月 20日]; 『高宗實錄』 卷36, 高宗 34年 10月 20日(陽曆). 『승정원일기』에 고종과 황태자가 빈전에서 별전을 친행하는 절차가 간략하게 수록되어 있다. 다만, 종헌관을 담당한 이가 누구인지 제시되어 있지 않다.

략하게 수록되어 있다. 그 의주가 한 해 전에 있었던 명성'왕후'의 탄일에 행한 전작례 절차와 거의 달라지지 않았다.[9] 또 『승정원일기』에 동궁이 친행한 별전 절차는 실려 있지 않지만 그 또한 10월 14일에 고종이 내린 조칙처럼 '작헌례'를 따라 행례했을 것으로 예측된다.

다만, 전작례와 조전, 작헌례와 주다례에서 겸행한 두 의례인 조전과 주다례의 시행 여부가 의문이다. 이날 관찬 자료에는 겸행한 두 의례와 관련한 기록은 나오지 않는다. 특히 『승정원일기』에는 '신시'에 고종이 별전을 친행한 것으로 기록되어 있어, 동궁의 주다례 겸행은 어느 정도 가능성이 있으나 고종이 조전을 겸행하기에는 시간적으로 맞지 않다고 판단되기 때문이다.

그 밖에 이날에는 여러 일들이 있었다. 먼저 해시(亥時)에 있었던 두 가지 일이다. 하나는 경적(經籍)에 근거한 국가 제례의 정비이다. 종묘의 전례(典禮)는 이제부터 천자의 예를 적용하며, 그 밖에 남전(南殿, 영희전), 경기전(慶基殿), 준원전(濬源殿), 선원전(璿源殿), 화령전(華寧殿) 등의 기용(器用)과 의장(儀仗) 및 조경묘(肇慶廟)의 의물도 모두 천자의 전례를 사용하도록 결정했다.

제후국에서 천자국으로 국체가 바뀌었으므로 오례 중 수위(首位)에 해당하는 길례부터 천자국의 예제에 맞춰 정비하되 그 정점에 있는 정묘(正廟)인 종묘, 원묘(原廟)인 진전, 궁묘(宮廟)에 해당하는 조경묘까지 함께 정비하기로 한 것이었다.

다른 하나는 황자의 탄생이다. 궁인 엄씨가 이날 해시에 황자를 낳아,

---

9 * 명성'왕후'의 탄일: 1896년 10월 31일(음력 9월 25일). 『承政院日記』 高宗 33年 9月 25日(丁巳)[陽曆 10月 31日].
* 명성'황후'의 탄일: 1897년 10월 20일(음력 9월 25일). 『承政院日記』 高宗 34年 9月 25日(辛亥)[陽曆 10月 20日].

고종은 호산(護産)과 관련한 일은 규례대로 거행하라고 명했다.[10] 명성황후의 탄일에 황자가 태어난 것이었다.

마지막으로 '인봉각항길일' 중에서 몇 항목의 길한 날짜와 시간을 조정했다.[11] 앞서 정한 날짜에서 며칠 앞당기는 조치였다.

* 개금정: 음력 10월 13일 진시. (이하 모두 음력)
* 외재궁 배진: 10월 20일 묘시.
* 하외재궁: 10월 20일 신시.
* 발인 3도 습의: 10월 23일.

한편, 명성황후로 책봉된 후 책시와 관련한 각 항목의 길한 날을 정했다[10월 15일]. 그런 만큼 시보, 개명정, 그리고 우주 등은 새로 제작하고 거기에 쓰는 방식도 정해야만 한다. 개명정에 쓰는 내용은 10월 10일에 이미 정했고,[12] 시보와 우주에 쓸 내용은 10월 25일에 정했다.[13]

* 개명정: 효자원성정화합천명성황후재궁(孝慈元聖正化合天明成皇后梓宮).
* 시보: 명성황후지보(明成皇后之寶).
* 우주: 효자원성정화합천명성황후(孝慈元聖正化合天明成皇后).

---

10 『承政院日記』 高宗 34年 9月 25日(辛亥)[陽曆 10月 20日]; 『高宗實錄』 卷36, 高宗 34年 10月 20日(陽曆).

11 『承政院日記』 高宗 34年 9月 25日(辛亥)[陽曆 10月 20日].

12 『明成皇后殯殿魂殿都監儀軌』(奎 13890) 卷1, 掌禮院來照 「丁酉九月十五日」. 음력 9월 15일이 양력 10월 10일이나.

13 『明成皇后國葬都監儀軌』(奎 13883) 卷1, 都廳儀軌 掌禮院來通 「丁酉九月三十日」. 전체 목록에는 항목명이 掌禮院'來通'이 아닌 掌禮院'通牒'으로 되어 있다. 음력 9월 30일이 양력 10월 25일이다.

황후로 책봉된 뒤 차근차근 국장이 진행되고 있었다. 그러던 중 명성황후의 탄일을 기점으로 20일 정도 지나면 고종이 대행황후의 죽음을 공식적으로 반포한 지 2년이 되는 추복지재기(追服之再朞)가 다가온다. '음력 10월 15일'이 그날로, 1897년 이해에는 양력으로 11월 9일이다.

'추복지재기'에 대비하여 10월 27일 고종이 그때에 행할 의례에 대한 조칙을 내렸다. 고종은 별전을 친행하되 그 절차는 '제례'를 따라 마련하도록 하며, 동궁도 몸소 별전을 행하되 주다례를 겸행하도록 명했다.[14] 아직 장례를 치르지 못하여 한 해 전인 1896년 11월 19일(음력 10월 15일)에 행례했을 때와 마찬가지로 '제례'를 따라 진행하도록 결정한 것을 알 수 있다.

그 밖에 산릉에서 제수(祭需)로 쓸 육종(肉種) 값 6천 냥을 대내에서 내리겠으니 궁내부에서 통지하여 거행하도록 조령을 내렸다.[15] 사실 이 당시 6천 냥은 결코 적은 금액이 아니다. 장례치른 후 산릉에서 지내는 제사 중 어느 한 제사에 쓰는 비용이라기 보다는 적어도 국장이 끝날 때까지 산릉에서 지내는 모든 제사에서 육종 값으로 책정한 총비용으로 추정된다. 다만, 사용 내역이라든가 용도의 범위가 적어도 관찬 자료에서는 찾아지지 않는다. 조선의 국왕이나 왕후의 국장에서 산릉 제사의 제수를 위한 비용 중 육종 값을 책정한 기록을 발견할 때 비로소 비교가 가능할 수 있겠다.

이틀 뒤 10월 29일, 인산 및 책시와 관련하여 몇 가지를 의논했다. 먼저 인산은 '군제(軍制)'의 변경으로 인해 각 영(營)에서 담당하던 등롱(燈籠)은 시종원 호위군이 담당하며, 으레 한성판윤으로 차하하던 돈체사 직책은 '관제'의 변통으로 인해 내부대신을 규례에 따라 차출하기로 정했다. 그간 '관제의 개정·변통'으로 인한 혼란이 논의의 위주였는데 이번에는

14 『高宗實錄』卷36, 高宗 34年 10月 27日(陽曆); 『承政院日記』高宗 34年 10月 2日(戊午)[陽曆 10月 27日].

15 위와 같음.

'군제의 변경'까지 가세하여 일일이 고종의 재가가 필요함을 볼 수 있다.

다음은 책시와 관련한 안건이다. 대행황후에게 책시할 때 천지와 종묘, 사직에서의 고유는 대신을 파견하여 제사지내면서 고하고 빈전에서의 고유전은 책시하는 그날 임시로 설행하며, 개명정에 대한 고유는 주다례와 겸행하며, 개명정 후 행하는 별전은 일이 끝난 뒤 때에 따라 설행하며, 황후의 상례에서 매번 7일과 100일째 되는 날에 책시한 후 황제와 황태자 이하 문무백관이 치제(致祭)하는 예가 있었는데 이번에는 책시한 다음 날에 고종과 동궁이 친히 진향하고 궁내부와 의정부도 진향하며, 책시례가 이루어진 다음 날에 조서를 반포한다는 등이다.[16] 이때 천지와 종묘, 영녕전, 사직, 경모궁에서 지내는 고유제는 음력 10월 11일 새벽에 설행하기로 결정했다.[17]

사실 이날 논의는 궁내부 대신 민영규(閔泳奎, 1846~1922)와 장례원 경 김영목이 논의해야 할 사안을 아뢰면 고종이 결정하는 방식으로 진행되었다. 그중 김영목이 안건을 아뢸 때 여러 번 '역대 전례(歷代典禮)'를 참고했다는 부분이 눈에 띈다. 조선에서 사례를 찾을 수 없는, 황후의 신분에 맞춰서 상장례를 치러야 할 때 구체적인 참고 문헌을 제시하지 않고 이렇게 표현했다.

중국은 당 이후 명에서 『대명집례』가 편찬될 때까지 황실의 국장 과정이 전하지 않고, 우리나라는 고려에서 왕실의 국휼에 관한 의식을 제정하지 않았다고 앞서 언급했다. 그럴 경우 명성황후의 국장을 진행하기 위해 참고한 '역대 전례'라는 표현은 적어도 『대명집례』를 포함한 그 이후의 문헌으로 예상된다. 이는 국휼 과정 전반을 보여준다고 가정했을 경우이다.

---

16 10월 29일에 의논한 인산 및 책시 관련 두 단락은 『承政院日記』 高宗 34年 10月 4日(庚申)[陽曆 10月 29日]; 『高宗實錄』 卷36, 高宗 34年 10月 29日(陽曆) 참조.

17 『承政院日記』 高宗 34年 10月 4日(庚申)[陽曆 10月 29日].

여기에 『예기(禮記)』·『의례(儀禮)』·『주례(周禮)』 등 기본적으로 참고하는 경서, 중국·한국의 국가전례서 및 대부사(大夫士)들이 편찬한 각종 예서, 유서류(類書類) 등 여러 문헌을 참고했을 가능성도 배제할 수 없다. '역대 전례'라는 표현 자체가 결국은 딱히 정해진 문헌이 아닌 중국이나 한국의 많은 자료를 검토했다는 의미일 것이기 때문이다. 이는 곧 명성'황후'의 상장례를 치를 때 구체적인 서명이나 편명을 제시하지 않는 한 참고 문헌의 파악을 어렵게 한다.

다음 날인 30일에도 장례원 경 김영목과 고종이 상장과 관련하여 몇 가지를 논의하여 정했다. 책시할 때 사자를 파견하는 대신 고종이 태극전으로 친림하며, 책시한 이튿날 조서를 반포할 때 친림 대신 권정례로 하며, 빈전에서 책시할 때 정사는 규례대로 '의정'으로 차출하고 부사는 궁내부에서 차출을 담당하며, 책시 및 인산할 때 책보와 각종 의물은 국장도감에서 맡아 거행한다는 등이었다.[18]

이날 논의에서도 '역대 전례'를 참고했다. 그런데 주의할 점은 참고 문헌으로서의 '역대 전례'가 아닌 경우도 있다는 사실이다. 마지막에 '책보와 각종 의물은 한결같이 역대의 전례에 의거하여 국장도감으로 하여금 거행하게 하는 것이 어떻겠습니까?'라고 한 부분으로, 이때의 '역대 전례'는 문헌이 아닌 그동안 시행해 온 전례를 가리키는 것으로 보아야 할 것이다.

10월 31일, 인산할 때 배왕대장은 경무사 이봉의(李鳳儀, 1839~1919)를, 돈체사는 내부대신 남정철(南廷哲, 1840~1916)을 임명했다.[19] 아울러 인산할 때 들고 가는 만장(輓章)에 대해서도 논의했다. 대행황후의 만장을 이

18 『承政院日記』 高宗 34年 10月 5日(辛酉)[陽曆 10月 30日]; 『高宗實錄』 卷36, 高宗 34年 10月 30日(陽曆).

19 『高宗實錄』 卷36, 高宗 34年 10月 31日(陽曆); 『承政院日記』 高宗 34年 10月 6日(壬戌)[陽曆 10月 31日].

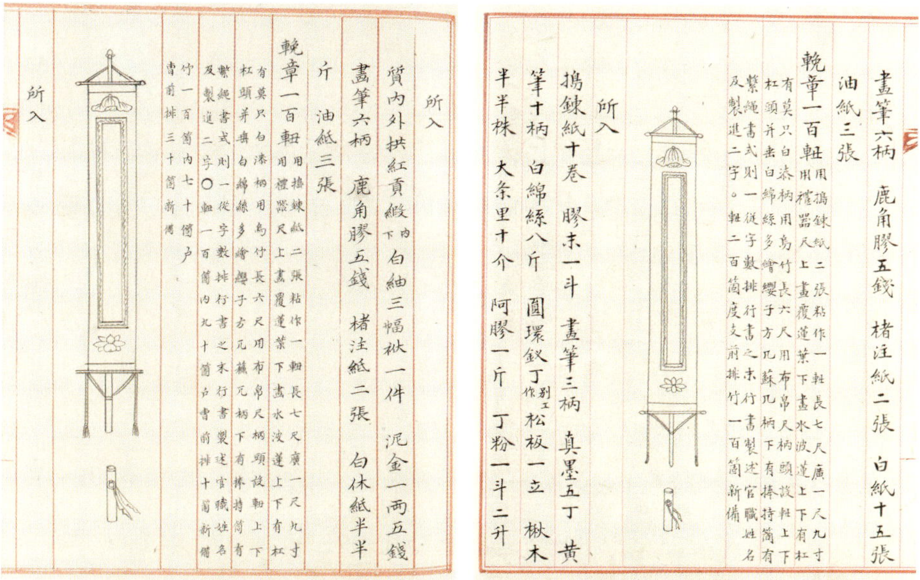

所入

質內外拱紅貢緞(內下) 白紬三幅袱一件 泥金一兩五錢

畫筆六柄 鹿角膠五錢 楮注紙二張 白休紙半斤 油紙三張

輓章一百軸(用擣鍊紙二張粘作一軸長七尺廣一尺九寸用禮器尺上畫覆蓮葉下畫水波蓮上下有杠) 有莫只白漆柄用烏竹長六尺用布帛尺柄頭設軸上下杠頭并垂白綿絲多繪纓子方兀蘇兀柄下有捧持筒有繫繩書式則一從字數排行書之末行書製述官職姓名及製進二字〇軸一百箇內九十箇戶曹前排十箇新備 竹一百箇內七十箇戶曹前排三十箇新備

所入

畫筆六柄 鹿角膠五錢 楮注紙二張 白紙十五張 油紙三張

輓章一百軸(用擣鍊紙二張粘作一軸長七尺廣一尺九寸用禮器尺上畫覆蓮葉下畫水波蓮上下有杠) 有莫只白漆柄用烏竹長六尺用布帛尺柄頭設軸上下杠頭并垂白綿絲多繪纓子方兀蘇兀柄下有捧持筒有繫繩書式則一從字數排行書之末行書製述官職姓名及製進二字〇軸二百箇度支前排竹一百箇新備

所入

擣鍊紙十卷 膠末一斗 畫筆三柄 真墨五丁 黃筆十柄 白綿絲八斤 圓環釵丁(別工作) 松板一立 楸木半半株 大條里十介 阿膠一斤 丁粉一斗二升

〈도판 37〉「만장(輓章)」, 『신정왕후국장도감의궤』, 규장각한국학연구원(좌) | 「만장」, 『명성황후국장도감의궤』, 규장각한국학연구원(우)

만장은 죽은 자를 애도하며 지은 만가(輓歌)를 적어 족자(簇子) 모양으로 만든 장례용 의물이다. 만장(挽章)이라고도 한다. 국왕이나 왕후, 세자, 세자빈 등 왕실 구성원이 세상을 떠나면 관리들이 만가를 지어 올려 만장을 만든 뒤 발인 행렬을 따라 장지(葬地)까지 들고 갔다. 조선의 국가 전례서에 국왕이나 왕후의 국장에는 96축(軸), 세자의 소상에는 80축, 세자빈의 소내상에는 50축을 만든다고 규정되어 있다.[20] 신정왕후의 국장 때 100축의 만장을 만들었으며, 명성황후의 국장 때에도 100축의 만장을 제작했다. 100축 중 96축은 실제로 사용한[실차(實差)] 것이고, 4축은 예비용[예차(預差)]이었다.

미 주하(奏下)했으나 사체가 이전과 달라졌기 때문에 이정해야 하므로 제술관에게 다시 지어 올려야 한다는 내용이다.[21]

대행왕후가 아니라 대행황후로 신분이 달라졌으므로 만가(輓歌)의 내용도 수정해야 한다. 신정왕후의 국장 때 만든 만장과 비교해보면 축(軸)의

---

20 『國朝喪禮補編』(奎 3940) 卷2, 「發引儀」 諸具 "挽章九十六軸【(註) 用厚紙 小喪八十軸 小內喪五十軸】".

21 『承政院日記』 高宗 34年 10月 6日(壬戌)[陽曆 10月 31日].
대행왕후 및 대행황후의 만가(輓歌)를 짓는 제술관의 명단은 『承政院日記』 高宗 32年 11月 23日(己未)[陽曆 1月 7日]; 『承政院日記』 高宗 33年 1月 12日(丁未)[陽曆 2月 24日]; 『承政院日記』 高宗 34年 1月 16日(丙午)[陽曆 2月 17日]; 『明成皇后國葬都監儀軌』(奎 13883) 卷1, 都廳儀軌 詔勅(奏本幷) 「丁酉正月十六日」; 『承政院日記』 高宗 34年 10月 15日(辛未)[陽曆 11月 9日] 참조.

개수라든가 규모면에서는 차이를 보이지 않는다(〈도판 37〉).[22] 왕후와 황후라는 신분적 변화가 만장의 형태적인 면에서는 영향을 미치지 않았음을 알 수 있다. 의물의 변화에 대해서는 본서 제7장 제2절 2항에서 전반적으로 검토하고자 한다.

11월 1일, 총호사 조병세의 건의에 따라 대행황후 행장 제술관에 궁내부 대신 민영규로 차하했다.[23] 당시 그 자리가 궐원이었기 때문이다. 또 의정부에서 탁지부의 청의로 인해 예산 관련 안건들을 의논을 거쳐 상주하여 고종의 재가를 받았다.[24] 그중 '국장비 증액 4만 원'이 눈에 띈다. 어디에, 얼마나 비용이 더 들어갔는가에 대해서는 기록이 나와 있지 않지만 발인이 지연되면서 국장에 들어가는 추가 비용이 발생한 듯하다.

11월 2일, 책시 및 인산할 때 각종 의물은 역대의 전례를 따라 국장도감에서 준비하여 거행하기로 결정했다. 역대 전례에서 옥책은 예전대로, 금보는 옥보로 국장도감에서 맡아 거행했기에 각종 의물도 그에 따른 것이었다.[25] 사실 이 결정은 앞서 10월 30일에 논의하여 결정한 안이지만 이날의 논의는 그것을 확정지었다고 볼 수 있다.

이튿날 3일, 빈전에서 책시할 때 정사(正使)는 의정부 의정 심순택으로, 부사(副使)는 궁내부 특진관 민영준으로 차출했다.[26] 이 또한 10월 30일의 논의에 따른 임명이다.

---

22 『明成皇后國葬都監儀軌』(奎 13883) 卷3, 三房儀軌 造作 「輓章九十六軸」·「輓章一百軸」; 『神貞王后國葬都監儀軌』(奎 13736) 卷3, 三房儀軌 造作 「輓章九十六軸」·「輓章一百軸」.

23 『承政院日記』 高宗 34年 10月 7日(癸亥)[陽曆 11月 1日]; 『高宗實錄』 卷36, 高宗 34年 11月 1日(陽曆).

24 『高宗實錄』 卷36, 高宗 34年 11月 1日(陽曆).

25 『承政院日記』 高宗 34年 10月 8日(甲子)[陽曆 11月 2日]; 『高宗實錄』 卷36, 高宗 34年 11月 2日(陽曆).

26 『承政院日記』 高宗 34年 10月 9日(乙丑)[陽曆 11月 3日]; 『高宗實錄』 卷36, 高宗 34年 11月 3日(陽曆).

11월 5일(음력 10월 11일), 고종이 치중문을 경유하여[27] 태극전으로 나아가 빈전에 올릴 대행황후의 시책보를 사자(使者)에게 친히 전했다. 『고종실록』에 따르면, '(고종이) 태극전에 나아가 빈전에 대행황후의 책시(冊謚)를 친히 전했다.'라고 기록되어 있다.[28] 이는 『고종실록』의 원문을 직역한 표현이다.

여기에서 두 가지 이해하기 어려운 점이 발견된다. 하나는 고종이 태극전에서 친히 전하는 대상을 '빈전에 대행왕후의 책시를'이라고 표현한 점이다. '빈전에 올릴 대행황후의 책시를'이라고 해야 적절할 듯하다. 이때 빈전에 가서 책시를 올리는 주체는 고종이 아닌 사자(使者)이다. 고종이라면 빈전에 올리는 것이 아닌 '봉안한다'라고 해야 할 것이다. 고종이 명성황후보다 지엄한 존재이기 때문이다.

다른 하나는 책시 그 자체에 대한 이해이다. 이해의 편의를 위해 필자도 '책시를 올리다', '책시를 봉안하다'라고 표현했다. 그리고 『고종실록』에도 '책시를 친히 전한다.'라고 하여, 책시를 의물로 보고 있다. 그런데 책시는 그 자체로 의물이 아니므로 결코 전할 수 있는 대상이 아니다.

현재 『고종실록』이나 『승정원일기』를 번역한 영인본이나 이러한 번역을 제공하는 웹사이트에는 '책시'를 '시호를 책봉하다.'라고 풀이하고 있다. 이는 그동안 '책시빈전'이라고 한 의절을 글자 그대로 해석한 결과이다. 시호는 죽은 뒤 이름을 대신하여 부르는 명칭이므로 이를 책봉한다는 표현은 잘못된 번역이자 오해의 소지를 안고 있다.

위 『고종실록』의 기록에서 책시는 바로 '책시를 드러내는 의물'로 보아 이를 전한다고 해석해야 한다. 조선시대 왕실의 상장에서 상장을 치르는

27 『承政院日記』 高宗 34年 10月 10日(丙寅)[陽曆 11月 4日].

28 『高宗實錄』 卷36, 高宗 34年 11月 5日(陽曆).

가운데 상장의 대상인 사자(死者)를 책봉하는 사례가 없었기 때문에 '책시빈전'이라는 의절은 찾아 볼 수 없다. '책시빈전'이 시호 '명성'을 정한 뒤부터 문헌에 나타나지만 결과적으로 '책시빈전'이 명성왕후/황후의 경우처럼 왕후의 신분으로 국장을 진행하다가 중도에 황후로 책봉하면서 생긴 의절이라 할 수 있다. 따라서 '책시빈전' 4글자는 '책시를 드러내는 의물을 빈전에 올린다.'는 내용을 압축적으로 표현한 문구이다.

그렇다면 '책시를 드러내는 의물'이 구체적으로 무엇을 뜻하는지 살펴볼 필요가 있다. 고종이 태극전에 나아가 사자에게 책시를 전하는 과정을 보여주는 의식 절차가 『승정원일기』에 수록되어 있다. 여기에 따르면, 익선관·무양흑단령포(無揚黑團領袍)·청정(靑鞓)·소옥대(素玉帶) 차림으로 고종이 명성황후의 '시책보'를 정사인 의정 심순택에게 전해주면 그가 빈전에 나아간다는 내용이다.[29]

『승정원일기』에 수록된 의주에는 '정사 이하의 사람들이 빈전에 나아간다.'는 내용까지 실려 있지만 결국 정사가 빈전에 시책보를 올린다는 것을 알 수 있다. 『고종실록』과 『승정원일기』의 기록을 정리하면 고종이 태극전에 나아가 정사에게 대행황후의 시책보를 전하는 절차를 거행했다는 내용이다.

사실 그다음 날인 11월 6일에 반포한 조서를 보더라도 '책시를 전한다.'의 실체가 드러난다. 고종이 황제로 등극하여 곤위(壼位)도 그 배필로서 신분이 높아졌고, 황후의 성대한 공렬이 드러났으므로 대명(大名)을 숭양하는 것이 마땅하여 이 해[본년(本年)] 음력 10월 11일에 '책시'하여 '명성황후'로 삼았다고 되어 있다.[30] 명성은 시호이고, 황후는 왕후에서 황후로

29 『承政院日記』 高宗 34年 10月 11日(丁卯)[陽曆 11月 5日].

30 『高宗實錄』 卷36, 高宗 34年 11月 6日(陽曆); 『承政院日記』 高宗 34年 10月 12日(戊辰)[陽曆 11月 6日].

변화한 신분을 가리킨다.

결국 '책시'는 황후 책봉과 시호를 결합한 것으로 그 결과가 '명성황후' 4글자이다. 그렇다면 책시를 고종이 전했다는 것은 명성황후의 시호를 새긴 시책과 시보를 전한 것이며, 앞서 10월 15일에 논의한 '책시각항길일'에서도 시책보와 관련한 일정들을 정한 것에서 입증된다.

'책시빈전'이 '시책보를 빈전에 올린다'는 뜻일진대, 그렇다면 이는 조선의 국장에서도 시행하는 절차이다. 곧, 빈전에 시책과 시보를 올리는 '상시책보(上諡冊寶)'라는 절차가 그것이다. 왕후에서 황후로 책봉된 사실이 시책과 시보에 반영된 것을 제외하고는 시책과 시보를 빈전에 올린다는 점에 있어서는 다를 바가 없기 때문이다.

'책시빈전'이라는 4글자를 조선의 국장에서는 볼 수 없었기에 그것의 실체에 대해 구체적으로 살펴보았다. 여기서 지나칠 수 없는 것은 책시빈전을 거행한 시간이다. 10월 15일에 책시빈전은 '음력 10월 11일 오시'에 거행한다고 정했다. 그런데 막상 당일 시행할 때의 시간은 문헌마다 약간씩 차이를 보인다.

『승정원일기』에는 '손시(巽時, 오전 8시 30분~9시 30분)'에 상[고종]이 태극전에 나아가 대행황후의 책시를 사자에게 전하는 것으로 되어 있다. 『승정원일기』의 경우 사자가 빈전에 나아가 행례한 시간까지 포함하면 시간이 더 걸릴 수 있다. 그렇다손 치더라도 『명성황후국장도감의궤』에는 책시빈전을 '을시(乙時, 오전 6시 30분~7시 30분)'에, 『명성황후빈전혼전도감의궤』에는 '오시(午時, 낮 11시~1시)'에 행례한 것으로 기록되어 있다.[31]

31 * 책시빈전: 11월 5일(음력 10월 11일).
- 巽時: 『承政院日記』 高宗 34年 10月 11日(丁卯)[陽曆 11月 5日].
- 乙時: 『明成皇后國葬都監儀軌』(奎 13883) 卷1, 都廳儀軌 時日 「丁酉十月十一日」.
- 午時: 『明成皇后殯殿魂殿都監儀軌』(奎 13890) 卷1, 擧行日時 「光武元年丁酉十月

전통시대에는 중요한 행사를 치를 때 이를 거행하는 연월일을 중요하게 여겼다. 특히 국가적으로 중요한 의미를 띤 경우에는 매번 관상감에서 연월일을 정해 올렸다. 정작 그 행사를 행하는 시각도 중요하여 별도로 정하는 것은 물론이었다. 그럼에도 이번처럼 문헌마다 동일한 의례를 거행한 시각이 제각각으로 기록된 경우도 종종 있었다.

이는 조선시대 왕실 상장례를 치를 때에도 예외가 아니었다. 날짜가 일치하지 않거나 시각이 일치하지 않아 자료마다 일일이 대조해야만 하는 경우가 적지 않다.[32] 이번 손시, 을시, 오시라는 시간도 그 간격이 주목할 정도로 차이가 난다. 그 이유가 명확하지 않은 가운데 현재로서는 각 행사를 거행한 시각을 기록한 문헌을 제시하는 수준에 머물 뿐이다. 과학사 전공자, 특히 관상감을 연구하는 연구자와의 협업이 필요한 부분이다.

'책시빈전'이 끝난 뒤 미시에 명정을 고치는 절차를 거행했다.[33] 이는 『명성황후빈전혼전도감의궤』의 기록이다. 개명정에는 앞서 '효자원성정화합천명성황후재궁(孝慈元聖正化合天明成皇后梓宮)'을 쓰기로 정했다. 개명정을 마친 뒤 올린 별전은 황태자가 주관했다.[34]

11월 6일, '책시빈전'과 관련한 조서를 반포했다. 그 이외에 신하들이 고

十一日」.

32 이현진, 2017 앞의 책, 〈표 7〉 영조 국장의 시기별 의절 거행 내용(136~139쪽)과 〈표 11〉 문효세자 예장의 시기별 의절 거행 내용(234~237쪽), 〈표 14〉 의소세손 예장의 시기별 의절 거행 내용(316~319쪽) 참조.

33 『明成皇后殯殿魂殿都監儀軌』(奎 13890) 卷1, 擧行日時 「光武元年丁酉十月十一日」 "同日未時 改銘旌".

34 명정을 고쳐 쓴 뒤 올린 별전 절차는 『明成皇后殯殿魂殿都監儀軌』(奎 13890) 卷1, 儀註 「改銘旌後別奠儀」; 『明成皇后國葬都監儀軌』(奎 13883) 卷1, 都廳儀軌 儀註 「改銘旌後別奠儀」 참조. 『명성황후빈전혼전도감의궤』와 달리 『명성황후국장도감의궤』 「개명정후별전의」에는 "其日 奉侍設王太子位於殯殿戶外之東西向"이라 하여 황태자가 아닌 '왕태자'라고 되어 있다. 대한제국이 선포되고 왕태자가 황태자로 책봉된 이후에 이 절차를 거행했으므로 '황태자'의 오기로 보는 것이 타당하다.

종에게 내일 산릉에서 개금정을 하므로 봉심하기 위해 규례대로 나아가겠다고 아뢰었다.[35] 그에 따라 11월 7일 새벽에 산릉으로 나가서 제때에 금정을 연 다음에 곧바로 돌아온 신하들을 신시(申時)에 청목재에서 소견했다.

산릉에 다녀온 이들은 금정을 연 뒤에 흙빛을 간심한 결과 자황색으로 밝고 윤택하여 지관과 함께 '상길(上吉)'이라고 보고했다. 고종은 시속에서 말하는 '간좌(艮坐)는 석환(石患)이 있을 수 있다.'는 현상이 드러나지 않고 흙빛이 좋았다는 말에 매우 다행으로 여겼다. 인봉 전에는 땅속의 길흉을 예측하기 어려워 염려하고 있었는데 이들의 보고로 인해 고종은 비로소 안심했다.

그 이외에 고종은 이틀 뒤인 11월 9일(음력 10월 15일)이 '추복지재기'이므로 이와 관련하여 조령을 내렸다. 별전을 올릴 때 실직이 없더라도 문·음·무관으로 3품 이상을 지낸 사람도 곡반에 입참하라는 내용이었다.[36]

11월 8일, 몇 가지 일을 논의하여 정했다. 먼저 이날 친압하는 처소는 청목재로 정했다. 다음 날에 거행하는 별전(別奠)에 사용할 축문에 친압한 것으로 추측된다. 다음은 인산 때 영가(靈駕)를 배종하는 백관들이 궐문 밖에서 말을 타는 일은 경인년의 사례를 따르도록 지시했다. 경인년은 1890년(고종 27)으로 신정왕후의 국장이 있었던 해이다. 명성왕후/황후의 국장을 치르는 가운데 경인년의 전례가 종종 참고되었는 바, 가장 가까운 시기에 있었던 왕후의 국장이 신정왕후의 국장이었기 때문인 듯하다.

그다음은 음력 10월 20일에 익재궁을 산릉으로 받들고 나아갈 때 근년의 규례에 따라 여사대장(轝士大將)이 배왕하도록 결정했다. 마지막으로

35 『承政院日記』 高宗 34年 10月 12日(戊辰)[陽曆 11月 6日].

36 11월 7일 개금정 후 조정의 논의 및 별전 관련 고종의 조령을 다룬 두 단락은 『承政院日記』 高宗 34年 10月 13日(己巳)[陽曆 11月 7日]; 『高宗實錄』 卷36, 高宗 34年 11月 7日(陽曆) 참조.

발인 뒤에도 빈전도감에서 맡아 거행할 일이 많으므로 반우일(返虞日)까지 낭청이 돌아가며 규례대로 입직하기로 했다.[37]

그중 빈전도감에 대해 간단하게 언급하면, 일반적으로 빈전도감은 발인을 한 뒤 그 역할을 상실한다. 명성왕후/황후처럼 '빈전혼전도감'이라고 한 경우는 산릉에서 궁궐로 신주를 반우하여 혼전에 그 신주를 봉안하는 날에 혁파되었다.[38] 하지만 명성왕후/황후의 국장에 설치된 빈전혼전도감은 경운궁 경소전으로 반우하여 초우제(初虞祭)를 지낸 뒤 신백을 산릉에 매안하고서야 혁파되었다.[39]

발인한 뒤에도 빈전도감에서 맡아 거행할 일이 많다는 것은 신백의 매안까지 담당한 것도 포함될 것이다. 그것에 더해 빈전이 마련되었던 경소전이 그대로 혼전으로 사용되므로 앞서 언급한 것처럼 발인하자마자 곧바로 빈전도감에서 혼전의 수리까지 맡고 있기 때문으로 여겨진다.

11월 9일(음력 10월 15일), 고종이 대행황후를 추복(追服)한 지 2년이 되는 날이다. 신시에 고종과 황태자가 빈전에 나아가 별전을 친행했다. 최복 차림을 한 고종이 초헌관, 황태자가 아헌관이 되어 행례했다.[40] 종헌관을 담당한 이는 누구인지 제시되어 있지 않다. 앞서 10월 27일에 고종이 지시한 것처럼 별전을 친행할 때 '제례'를 따라 행례했다. 『승정원일기』에 고종과 황태자가 빈전에서 별전을 친행하는 절차가 간략하게 수록되어 있

37 11월 8일에 몇 가지 논의하여 정한 일을 서술한 두 단락은 『承政院日記』 高宗 34年 10月 14日(庚午)[陽曆 11月 8日] 참조.

38 빈전혼전도감의 설치, 기능, 담당자 등 그 운영 전반에 대해서는 이현진, 2015 앞의 책, 79~82쪽 참조.

39 『明成皇后殯殿魂殿都監儀軌』(奎 13890) 卷1, 擧行日時 「光武元年丁酉十月二十八日」 "同日酉時 返虞于慶運宮景昭殿 行初虞祭後 神帛 掌禮院堂上奉詣埋安于山陵 本都監仍爲罷出".

40 『承政院日記』 高宗 34年 10月 15日(辛未)[陽曆 11月 9日]; 『高宗實錄』 卷36, 高宗 34年 11月 9日(陽曆).

는데, 그 의주가 한 해 전에 있었던 명성'왕후'의 '추복지기'에 행한 제례 절차와 크게 달라지지 않았다.[41]

참고로 고종이 명성왕후/황후를 추복한 날에 '별전'을 올리는 의례는 다음해부터는 다른 의례로 행례했다. 1898년(고종 35) 음력 10월 15일에는 경효전에서 별다례를 행했다.[42] 태자궁에서도 경효전에서 별다례를 친행하려 했으나 태의원에서 황태자의 건강을 염려하여 섭행하기를 권하자 고종이 완평군(完平君, 이승응李昇應, ?~1909)이 대행하도록 명했다.[43] 장례를 치른 이후 처음 맞이한 추복날에 별전을 올리지 않고 혼전인 경효전에서 별다례를 행한 것이었다.

이듬해인 1899년(고종 36, 광무 3)에는 고종과 황태자가 명성황후의 능인 홍릉(洪陵)에 나아가 고종은 전배(展拜)와 친제(親祭)를, 황태자는 작헌례(酌獻禮)를 친행했다.[44] 그 이듬해인 1900년(고종 37, 광무 4)에는 고종이 경효전에서 별다례를 친행하고자 했으나 태의원에서 만류하여 섭행을 권하자 의정이 대신 거행했다.[45]

이를 통해 명성왕후를 추복한 날에 행하는 의례는 인산을 행하기 이전과 그 이후에 달라짐을 볼 수 있다. 장례를 치르기 전에는 인산이 지연되면서 재궁이 계속 빈전에 봉안되어 있었기에 변례(變禮)로써 빈전에서 제

---

41 * 명성'왕후'의 추복지기: 1896년 11월 19일(음력 10월 15일). 『承政院日記』 高宗 33年 10月 15日(丙子)[陽曆 11月 19日].
 * 명성'황후'의 추복지재기: 1897년 11월 9일(음력 10월 15일). 『承政院日記』 高宗 34年 10月 15日(辛未)[陽曆 11月 9日]. 1년 전보다 절차가 좀 더 간략하게 기록되어 있으나 전반적으로는 대동소이한 편이다.

42 『高宗實錄』 卷38, 高宗 35年 11月 28日(陽曆).

43 『承政院日記』 高宗 35年 10月 15日(乙未)[陽曆 11月 28日].

44 『高宗實錄』 卷39, 高宗 36年 11月 14日(陽曆); 『承政院日記』 高宗 36年 10月 15日(己丑)[陽曆 11月 17日]; 『高宗實錄』 卷39, 高宗 36年 11月 17日(陽曆).

45 『承政院日記』 高宗 37年 10月 15日(癸丑)[陽曆 12月 6日]; 『高宗實錄』 卷40, 高宗 37年 12月 6日(陽曆).

례 절차를 따른 별전을 올리다가 장례를 치른 이후부터는 혼전인 경효전에서 별다례를 행하거나 홍릉에 가서 제사를 지냈던 것이다. 의례와 이를 설행하는 장소는 바뀌었지만 추복한 날을 잊지 않는다는 점에서는 변하지 않았다.

고종은 또 이날 대행황후와 관련하여 중요한 조령을 내렸다. 역대의 전례(典禮)를 널리 상고하여 황후의 복제를 바로잡아서 들이라는 명이었다.[46] 문제는 『고종실록』이나 『승정원일기』에 황후의 복제를 바로잡으라고 한 이유가 기록되어 있지 않다는 사실이다. 고종의 명에 따라 이틀 뒤인 11월 11일, 장례원 경 김영목은 상소하여 자신은 예설에 어두우며 이런 경우 예전에는 대신과 유현들에게 물어서 처리했다고 응했다. 이에 고종은 서울에 있는 시원임 의정에게만 문의하라고 비답했다.[47]

다시 이틀 뒤 11월 13일, 장례원 경 김영목이 황후 복제에 대해 신하들에게 문의한 결과를 보고했다. 『고종실록』이나 『승정원일기』에는 의정부 의정 심순택과 궁내부 특진관 조병세의 견해만 실려 있다. 조병세는 별다른 의견을 제시하지 못했고, 구체적인 안을 제시한 심순택의 견해가 채택되었다. 심순택은 『대명회전(大明會典)』을 근거로 명의 고황후(高皇后)(홍무洪武 15, 1382), 문황후(文皇后)(영락永樂 5, 1407), 효결황후(孝潔皇后)(가정嘉靖 7, 1528), 효열황후(孝烈皇后)(가정 26, 1547) 상례 때의 복제 사례를 들었다.

심순택이 예로 든 것 중에서 고종은 '홍무 고황후'의 상례에 따라 신민들의 복제를 이정(釐正)하여 상제(祥祭)를 지낸 뒤 제복(除服)하라는 제칙을 내렸다. 심순택이 고황후의 상례 때 상복을 입는 사람들을 제시한 사례는 문

46 『高宗實錄』 卷36, 高宗 34年 11月 9日(陽曆); 『承政院日記』 高宗 34年 10月 15日(辛未)[陽曆 11月 9日].

47 『承政院日記』 高宗 34年 10月 17日(癸酉)[陽曆 11月 11日]; 『高宗實錄』 卷36, 高宗 34年 11月 11日(陽曆).

무관청에서 관원으로 제수된 사람들은 모두 참최복으로 27일을 입었다가 상복을 벗고, 남녀 군민(軍民)들은 소복(素服) 3일을 입고, 황비(皇妃)와 황태자비, 공주, 종실 이하는 '자최삼년(齊衰三年)'을 입는다는 내용이었다.[48] 고종이 내린 제칙에는 '신민'들의 복제 이정이 대상이었으므로 그렇다면 적어도 자최삼년을 입는 황비 이하의 사람들은 포함되지 않을 듯하다.

사실 『명성황후빈전혼전도감의궤』에 「의주(儀註)」라는 항목이 있다. 의주는 행사의 구체적인 절차를 시간 순서에 따라 설명한 것으로, 이 의궤의 「의주」 항목에는 상장을 치를 때마다 거행한 각종 의절을 모아 놓았다. 그런데 일반적인 『빈전혼전도감의궤』나 『빈전도감의궤』의 「의주」 항목과 특별히 다른 점이 발견되는데 그것은 '복제'조이다. 『명성황후빈전혼전도감의궤』 「의주」에는 다른 의궤와 달리 '복제'조가 2개 실려 있다. 두 복제조에서 각자 입는 복이 어떻게 변화하는지 제시하면 다음과 같다.

○ 『명성황후빈전혼전도감의궤』 「의주」 '복제'조 · '복제'조[49]

* 폐하: 자최장기(齊衰杖朞) → 황제: 자최장기.
* 왕태후 폐하: 소공(小功) → 명헌태후: 소공.
* 왕태자: 자최장기 → 황태자: 참최삼년(斬衰三年).
* 왕태자비: 자최기년(齊衰朞年) → 황태자비: 참최삼년.
* 대원군: 대공(大功) → 대원군: 대공.
* 부대부인: 대공 → 부대부인: 대공.
* 경빈: 왕태후복과 같음 → 명헌태후복과 같음. 다만 공제(公除)가 없음.

48 11월 13일 황후 복제 논의와 그 결과에 대한 두 단락은 『高宗實錄』 卷36, 高宗 34年 11月 13日(陽曆); 『承政院日記』 高宗 34年 10月 19日(乙亥)[陽曆 11月 13日]; 『明成皇后殯殿魂殿都監儀軌』(奎 13890) 卷1, 詔勅(稟奏幷入) 「丁酉十月十九日」.

49 『明成皇后殯殿魂殿都監儀軌』(奎 13890) 卷1, 儀註 「服制」·「服制」.

* 내명부(內命婦) 이하: 왕태자비복과 같음 → 내명부 이하: 황태자비복과 같음.
* 상궁(尙宮) 이하: 자최기년 → 상궁 이하: 참최삼년.
* 수규(守閨) 이하: 자최기년 → 수규 이하: 상궁 이하복과 같음.
* 친자(親子): 왕태자복과 같음 → 친자: 황태자복과 같음.
* 친자 처(妻): 왕태자비복과 같음 → 친자 처: 황태자비복과 같음.
* 종친 및 문무백관: 자최기년 → 종친 문무백관: 참최삼년.
* 각 도(道) 대소(大小) 사신(使臣)·외관(外官) 및 전함관(前啣官): 백관복과 같음 → 기록 무(無).
* 종친 및 문무백관 처: 백포(白布) 대수(大袖)·장군(長裙), 개두(蓋頭), 두수(頭繻) 및 대(帶) → 종친 및 문무백관 처: 자최기년.
* 동성(同姓)·이성(異姓) 중 시마(緦麻) 이상의 복을 입는 친(親): 자최기년. 백관복과 같음 → 동성·이성 중 시마 이상의 복을 입는 친: 백관복과 같음.
* 동성·이성 중 시마 이상의 복을 입는 여(女): 자최기년 → 동성·이성 중 시마 이상의 복을 입는 여: 친자 처복과 같음.
* 수릉향관(守陵享官)·시릉봉시(侍陵奉侍): 자최장기. 친자복과 같음 → 수릉관(守陵官)·시릉봉시: 친자복과 같음.
* 봉시(奉侍)·사알(司謁)·사약(司鑰): 자최기년. 백관복과 같음 → 봉시·사알·사약·반감(飯監): 백관복과 같음.
* 별감(別監) 각 차비인(差備人): 포복기년(布服朞年). 상제를 지낸 뒤 천담복(淺淡服)으로 삼년을 마침[50] → 별감 각 차비인: 삼년복.[51]
* 사서인(士庶人): 백의기년(白衣朞年). 백립(白笠)·백의(白衣) → 사서인: 백의·백

---

50 왕태후 폐하의 별감 이하는 상제를 지낸 뒤 吉服을 입고, 대군주 폐하의 별감 이하는 담제를 지낸 후 길복을 입었다.

51 삼년복이라고 한 것은 13개월 소상제, 25개월 대상제, 27개월 담제에 입는 차림을 나열했기에 그렇게 표현했다.

립·백대(白帶). 상제 지낸 뒤 벗음.

첫 번째 복제조는 1895년 음력 10월 22일 성복할 때 입은 상복과 같다. 두 번째 복제조는 대한제국 선포로 인해 신분적인 면에서 그 전과 명확하게 구별되므로 이번에 이정한 것을 반영한 것으로 여겨진다. 두 번째 복제조는 『상례보편』 및 역대 전례(典禮)를 참고하여 마련했다.[52] 이후에는 복제와 관련하여 더 이상의 논의가 없기 때문에 두 복제조를 통해 명성왕후/황후 상장에서 복제가 어떻게 변화했는가에 대해 잘 보여준다.

고종은 자최장기로 상복의 변화가 없지만 주목되는 것은 왕태자/황태자의 상복 변화이다. 왕태자 시절에는 자최장기였는데 황태자가 되면서 참최삼년(斬衰三年)으로 바뀌었다는 사실이다. 황태자나 황태자비가 참최삼년으로 바뀌면서 그 이하 신민들의 복제 중 참최삼년으로 바뀐 이들이 있다.

여기서 중요한 것은 고종이 내린 제칙에 언급된 '신민'의 범위이다. 고종은 분명히 '신민'들의 복제 이정을 지시했기 때문이다. 따라서 두 번째 복제조를 마련하는 목적이 무엇인가를 고민해 본다면 황태자의 상복을 자최장기에서 참최삼년으로 바꾸기 위한 것이라기 보다는 '신민들의 참최삼년'을 위한 복제 이정에 초점이 두어져 있다고 보는 것이 무난하다. 무엇보다 '신민'이라는 범주에 황태자나 황태자비가 들어간다고 보기는 어렵기 때문이다.

무엇보다 심순택이 고황후 이외에 예를 든 황후들의 사례를 보면, 황실 구성원들을 제외한 신민들이 성복한 날부터 27일 만에 복을 벗었다는 내

52 『明成皇后殯殿魂殿都監儀軌』(奎 13890) 卷1, 儀註 「服制」 "(註) 今此服制 參考喪禮補編及歷代典禮磨鍊".

용이 주를 이룬다.[53]

* 문황후(文皇后): 세자와 군주(郡主)는 모두 자최부장기(齊衰不杖期)를 입되 성복한 날부터 27일 만에 제복.
* 효결황후(孝潔皇后): 문무백관들이 성복한 지 27일 만에 제복.
* 효열황후(孝烈皇后): 백관들은 모두 참최복을 갖추되 27일 만에 제복. 군민(軍民)들은 소복을 입되 상을 들은 날로부터 27일 만에 제복. 친왕(親王), 군왕(郡王), 세자, 왕비 이하는 참최를 입되 27일 만에 제복. 남녀 군민(軍民)들은 소복 13일을 입음.

이는 황태자와 황태자비의 상복을 위한 예시가 아니다. 이는 두 번째 복제조를 마련한 이유가 무엇인지를 좀 더 뒷받침하는 증거이다.

사실 명성황후가 승하한 1895년 음력 8월 20일(양력 10월 8일)부터 이번에 황후 복제를 논의하는 1897년 음력 10월 19일(양력 11월 13일)까지 달수를 헤아려보면 27개월이 된다. 기년복은 논할 필요도 없고, 설령 삼년복을 입었더라도 상복을 벗어야 하는 시점이다. 그럼에도 불구하고 갑자기 복제를 이정한 것도, 황태자와 황태자비의 복제가 '자최삼년복'도 아닌 '참최삼년복'으로 바뀐 것도 그 이유가 문헌에서 발견되지 않는다. 더구나 명 고황후의 상례에서 황비와 황태자비, 공주 등은 '자최삼년복'을 입었다.

결국 두 번째 복제조에서 신민들의 복제를 '참최삼년'으로 이정하기 위한 방편에서, 신민들이 '참최삼년복'을 입는다면 황태자나 황태자비의 복 역시 명 고황후의 황비와 황태자비처럼 삼년복을 입어야 한다는 결론이

53 『高宗實錄』卷36, 高宗 34年 11月 13日(陽曆); 『承政院日記』高宗 34年 10月 19日(乙亥) [陽曆 11月 13日].

도출된다. 다만, 명 고황후의 사례와 다른 점은 삼년복이라고 하더라도 '참최'냐 '자최'냐 하는 지점이다. 명 고황후의 상례에서 황비와 황태자비는 '참최삼년'이 아닌 '자최삼년'을 입었다. 지금은 명성황후의 국장이므로 엄밀하게 지적한다면 두 번째 복제조에서 황태자와 황태자비도 참최삼년이 아닌 자최삼년이 더 적확하다.

고종의 황후 복제 이정 명령, 심순택이 아뢴 명 황후들의 사례, 의궤의 두 번째 복제조 등은 왕후 국장 → 황후 책봉 → 황후 국장에 따른 조처임에 틀림없다. 문제는 황태자와 황태자비의 복을 '참최삼년'으로 정한 것이 아버지인 고종이 살아 있는 가운데 그 아들이 어머니를 위해 입는 『의례』의 '부재위모(父在爲母)' 조항에 명백하게 어긋난다. 황태자가 '참최삼년복'을 입는 그 자체가 명성황후의 상이 기년상이 아닌 삼년상이 되기 때문이다. 물론 이는 황태자가 상주가 될 경우이다.

결국 명 황후들의 사례 및 '홍무 고황후의 상례에 따라 신민들의 복제를 이정하여 상제를 지낸 뒤 제복하라.'고 한 고종의 제칙을 통해 황후 복제 이정과 두 번째 복제조를 마련한 목적이 황태자의 '참최삼년복'보다는 신민들의 복제 이정으로 귀결된다. 향후 진행되는 명성황후의 국장 과정을 본다면 황후 복제를 이정한 실체가 분명해질 것으로 예상된다.

11월 14일(음력 10월 20일), 산릉으로 외재궁을 배진했다. 앞서 외재궁을 배진하는 날짜를 수정하여 '음력 10월 20일 묘시'라고 택일한 것을 따랐다. 이때 궁내부 대신 민영규와 특진관 이헌직이 함께 나아갔으며,[54] 배진할 때 955명의 여사군(轝士軍)과 잡색군(雜色軍)이 참여했다.[55] 그렇다면 이날 신시에 현궁에 외재궁을 내릴 것이라는 앞서의 결정 또한 실현했을

54 『承政院日記』 高宗 34年 10月 19日(乙亥)[陽曆 11月 13日].
55 『承政院日記』 高宗 34年 10月 22日(戊寅)[陽曆 11月 16日].

것으로 예상된다.

사실 외재궁을 배진할 때 외재궁의 안은 비어 있다. 그럼에도 외재궁 자체의 규모가 작지 않아 이를 메는 담배군(擔陪軍)이 처음부터 산릉까지 가기는 힘들기에 도중에 교체가 필요하다. 처음에는 2운(運)으로 마련하여 초운(初運)은 장생전에서 보제원(普濟院) 노제소(路祭所)까지, 이운(二運)은 보제원에서 능소까지로 정했다[양력 4월 5일].[56] 그러다가 삼운(三運)으로 바꾸어 초운은 장생전에서 안감천(安甘川)까지, 이운은 안감천에서 청량리까지, 삼운은 청량리에서 능소까지로 수정했다[양력 4월 19일].[57] 955명이라는 많은 인원의 여사군과 잡색군이 참여한 것도 교체할 때 투입하기 위해서였다.

11월 14일 혹은 15일, 고종은 조칙을 내려서 명성황후의 발인(음력 10월 27일) 및 하현궁(음력 10월 28일)할 때 조위(弔慰)하는 각국의 공사(公使)와 영사(領事)들을 반접(伴接)할 신하들을 차출했다. 궁내부 대신 민영규, 외부 대신 조병식, 궁내부 협판 윤정구, 외부 협판 유기환, 학부 협판 고영희(高永喜, 1849~1916), [궁내부 고문관 르 장드르(이선득)] 등이다.[58]

여기까지는 『고종실록』과 『승정원일기』의 내용이 유사하다. 다만, 2가지 점에서 차이가 드러난다. 하나는 『고종실록』에는 11월 14일자, 『승정원일기』에는 11월 15일자로 기록되어 날짜가 다르다는 점이다. 다른 하나는 반접관(伴接官) 중 궁내부 고문관 르 장드르(이선득)가 들어가느냐의 여부인데 『고종실록』에는 들어가 있고 『승정원일기』에는 누락되어 있다는

56 『明成皇后國葬都監儀軌』(奎 13883) 卷1, 都廳儀軌 來照(附照覆) 「丁酉三月初四日」. 이날은 양력으로 4월 5일이다.

57 『明成皇后國葬都監儀軌』(奎 13883) 卷1, 都廳儀軌 來照(附照覆) 「丁酉三月十八日」. 이날은 양력으로 4월 19일이다.

58 『高宗實錄』 卷36, 高宗 34年 11月 14日(陽曆); 『承政院日記』 高宗 34年 10月 21日(丁丑) [陽曆 11月 15日].

점이다.

이후에는 『고종실록』에 수록되어 있지 않고 『승정원일기』에 실려 있는 내용이다. 반접관 관련 내용이 『승정원일기』에 추가되어 있다. 교섭국장 김각현(金珏鉉, 1864~?), 외사과장 이현직(李玄稙), 외부 참서관 이준영(李準榮, 생몰년 미상), 군부 참령 이학균(李學均, 생몰년 미상), 외부 번역관 팽한주(彭翰周, 생몰년 미상)·박용규(朴鎔奎), 참리관 양종언(梁宗彦), 의정부 참서관 조병규(趙秉圭), 내장사 장 현흥택(玄興澤, 생몰년 미상) 등이다.[59] 이들은 위에서 언급한 반접관보다 하위 관직으로 실무를 담당한 것으로 보인다.

인산 때 각국의 공사와 영사가 진참(進參)하는 예식은 다음과 같다.[60]

* 음력 10월 27일 상오(上午) 6시. 발인할 때 인화문 밖에서 흠여(欽轝)를 지송. (이하 모두 음력)
* 같은 날 하오(下午) 2시. 난가(鑾駕)를 따라 청량리 산릉 아래에 이르러 그대로 접견소(接見所)에 머무름.
* 28일 상오 2시. 재궁이 산릉에 올라간 뒤 제전(祭奠)을 올릴 때 참석.
* 같은 날 상오 10시. 폐하를 알현[폐현(陛見)].
* 같은 날 하오 1시. 홍살문 밖에서 신련(神輦) 지송. 이어서 난가를 따라 서울로 돌아옴[환경(還京)].

사실 발인하거나 하현궁을 행할 때 외국인의 참여가 있었던 적은 찾아보기 힘들다. 조선시대 국장에서 외국 사신들이 의례를 행한 것은 주로 혼전에 나아가 행하는 것이 대부분이었다. 중국에서 조문 사신을 파견하

59 『承政院日記』 高宗 34年 10月 21日(丁丑)[陽曆 11月 15日].
60 『明成皇后洪陵山陵都監儀軌』(奎 13891) 上編, 因山時各國公使領事進參禮式.

여 그들이 혼전에서 사제례(賜祭禮)와 사시례(賜諡禮) 등을 행한 것 및 그 밖의 다른 나라에서 파견한 조문 사신들이 '진향'을 하거나 '배례(拜禮)'를 한 것이 그것이다.[61]

단, 이는 어디까지나 국왕 국장에서 외국 사신들이 혼전에서 행한 의례를 살핀 것이다. 왕후 국장에서 외국 사신들이 혼전에서 행례한 연구는 아주 최근에 나왔다. 추후에 보완이 필요하지만 정리하면, 명이 아닌 후금과 청에서 조문 사신을 파견하여 왕후의 혼전이 아닌 별전(別殿)에서 조제(弔祭)를 지냈다.[62] 따라서 이번 명성황후의 국장에서 '발인 및 하현궁' 할 때 각국의 공사와 영사가 참여한 것은 조선의 국왕·왕후 국장과도 다름을 보여준다.

11월 16일, 총호사 조병세가 음력 10월 28일 진시에 하현궁한 뒤 능소에서 출발하여 반우하겠다고 상주하자 고종이 허락했다.[63] 또 이날에는 국장과 관련한 예산 추가가 결정되었다. 의정부에서 탁지부의 청의(請議)로 인해 보고한 여러 항목 중에 두 가지가 해당되었다. 인산할 때를 대비한 도로와 교량의 수축(修築) 비용 및 각 항목으로 쓰일 비용 12,612원, 보소(寶所)에 들어가는 황금과 천은(天銀)의 대가(代價) 19,680원이 그것으로, 이는 예비금 중에서 지출하기로 했다.[64] 물론 고종은 재가했다. 이렇듯 예산이 추가될 때마다 고종은 허락했고 또 허락할 수밖에 없는 상황이기도 했다.

조선, 대한제국기에 거행된 국가 행사는 일반적으로 큰 규모로 진행되

61 이현진, 2007 앞의 논문, 일지사, 159~161쪽 및 166~167쪽; 이현진, 2012(b) 앞의 논문; 이현진, 2018(a) 앞의 논문 참조.

62 이현진, 2021 「조선후기 왕후 국상과 後金·淸의 弔問」 『東洋古典硏究』 84.

63 『承政院日記』 高宗 34年 10月 22日(戊寅)[陽曆 11月 16日].

64 『高宗實錄』 卷36, 高宗 34年 11月 16日(陽曆).

었다. 그중 기간이 가장 길고 또 규모가 가장 방대한 행사가 바로 국장이었다. 이번 국장은 명성왕후가 승하한 뒤 반복되는 장례의 지연과 재개, 그사이 발생한 커다란 정치적 사건들, 황후 책봉 후 국장 위계의 격상 등 여러 이유로 일반 왕후, 혹은 황후라고 하더라도 그들의 국장과는 달랐다. 이는 지속적인 추가 경비가 발생하는 주요 원인이었다.

발인 4일 전인 11월 17일, 발인 전후에 거행하는 각 제전(祭奠)의 일정을 정했다. 사실 11월 13일에 이미 정했으나[65] 4일 지난 이날에 이를 다시 수정했다. 수정한 각 제전 및 그것을 시행하는 구체적인 날짜와 시각은 다음과 같다.[66]

* 천지·종묘·영녕전·사직·경모궁 발인고유제(發引告由祭): 발인 3일 전 음력 10월 24일. (이하 모두 음력)
* 빈전고유전(殯殿告由奠): 같은 날(10월 24일) 조전(朝奠) 겸행.
* 환구기청제(圜丘祈晴祭): 발인고유제 겸행.
* 계빈전(啓殯奠): 10월 25일 조전(朝奠) 겸행.
* 계찬궁(啓欑宮): 같은 날 미시.
* 계빈(啓殯) 후 별전: 같은 날 때에 따라.
* 50신위제(五十神位祭): 10월 26일 때에 따라.
* 교량제(橋梁祭): 같은 날 때에 따라.
* 명산대천제(名山大川祭): 같은 날 때에 따라.
* 사전(辭奠): 같은 날 저녁.

65 『明成皇后殯殿魂殿都監儀軌』(奎 13890) 卷1, 掌禮院來照「丁酉十月十九日」. 이날은 양력으로 11월 13일이다.

66 『明成皇后洪陵山陵都監儀軌』(奎 13891) 上編, 掌禮院通牒「丁酉十月二十三日」. 전체 목록에는 '掌禮院通牒'이 아닌 '禮照'라고 되어 있다. 이날은 양력으로 11월 17일이다.

* 조전(祖奠): 같은 날 해시. 27일로 수정.[67]

* 조전(朝奠)·조상식(朝上食) 겸행.

* 견전(遣奠): 같은 날 축시.

* 발인(發引): 같은 날 인시.

* 빈전해사제(殯殿解謝祭): 같은 날 때에 따라.

* 노제(路祭): 같은 날 때에 따라.

* 산릉 침전(寢殿) 성빈전(成殯奠)[68]: 같은 날.

* 주다례(晝茶禮): 같은 날 때에 따라.

* 석상식(夕上食): 같은 날 때에 따라.

* 석전(夕奠): 같은 날 때에 따라. 28일로 수정.

* 사후토(祠后土): 같은 날 때에 따라.

* 천장산제(天藏山祭): 같은 날 때에 따라.

* 천전(遷奠): 같은 날. 진발(進發)은 때맞추어[임시(臨時)].

* 증옥백전(贈玉帛奠): 같은 날 때에 따라.

* 현궁(玄宮)을 덮은 뒤 별전(別奠): 같은 날 때에 따라.

* 입주전(立主奠): 같은 날 때에 따라.

* 주다례(晝茶禮): 같은 날 때에 따라.

* 사후토(祠后土): 같은 날 때에 따라.

* 천장산제(天藏山祭): 같은 날 때에 따라.

* 반우(返虞): 같은 날 때에 따라.

---

67 祖奠을 올린 날짜와 시각 아래에 '27일'이라고 附註되어 있어서 이 날짜로 수정한 것으로 이해했다. 『明成皇后洪陵山陵都監儀軌』(奎 13891) 上編, 掌禮院通牒 「丁酉十月二十三日」 "一 祖奠 同日亥時【(註) 二十七日】". 실제 발인한 날짜가 음력 10월 27일이므로 '27일'이라는 주석은 '수정'을 뜻하는 것이 분명하다. 이하 이러한 방식으로 표기한 경우가 있을 때에는 동일하게 적용했다.

68 원문에는 '成殯殿奠'으로 되어 있으나 '成殯奠'의 오류라고 판단했다.

* 안릉전(安陵奠): 봉릉(奉陵)하는 일을 마친 뒤 때에 따라

* 초우제(初虞祭): 같은 날 때에 따라. 석상식 겸행.

* 석전(夕奠): 같은 날 때에 따라.

* 재우제(再虞祭): 10월 29일 유일(柔日)에 거행.

* 삼우제(三虞祭): 11월 1일 강일(剛日)에 거행.

* 사우제(四虞祭): 11월 3일 강일에 거행.

* 오우제(五虞祭): 11월 5일 강일에 거행.

* 육우제(六虞祭): 11월 7일 강일에 거행.

* 칠우제(七虞祭): 11월 9일 강일에 거행.

* 팔우제(八虞祭): 11월 11일 강일에 거행.

* 구우제(九虞祭): 11월 13일 강일에 거행.

* 졸곡제(卒哭祭): 11월 15일 강일에 거행.

* 반우 뒤 혼전 석상식(夕上食)부터 졸곡 전까지 조석전(朝夕奠)·상식(上食)·주다례(晝茶禮), 졸곡 후 조석상식(朝夕上食)·주다례

* 혼전·산릉의 사시(四時)·납향(臘享)·삭망(朔望)·속절(俗節)·별제(別祭)

이상 각 제전은 혼전·산릉 수라칸(水剌間) 및 봉상사(奉常司)에서 거행하기로 혼전도감에 미리 분부하여 거행.

황후 국장으로 격상된 후 각 제전에서 눈에 띄게 달라진 점을 몇 가지 꼽으면 다음과 같다. 발인고유제를 지내는 곳 중 '천지'가 들어간다는 점, 사직이 아닌 환구에서 기청제를 지낸다는 점, 사전(辭奠)이 들어간 점, 천전 이전·이후에 사후토와 천장산제가 각각 들어간 점, 천전 이후 증옥백전과 현궁을 덮은 뒤의 별전이 들어간 점, 칠우제에서 구우제로 우제를 지내는 횟수가 늘어난 점, 강일·유일에 따라 지내는 우제가 달라진 점 등이다.

그중 입주전 이후에 행한 '사후토'는 '사후토제(謝后土祭)'가 아닌가 한다. 영조와 정조 국장에서도, 문효세자와 의소세손의 예장에서도 발인 전후에 행하는 각 제전의 일정에서 입주전 다음에 '사후토제'가 들어가 있어서이다.[69] 또 강일·유일에 따라 지내는 우제가 달라진 점이 특히 주목되는데 이에 대해서는 강일·유일의 규정부터 그에 따라 지내는 우제 규정까지 전반적인 재검토가 필요하다. 따라서 다음의 2항[제6장 제1절 2항]에서 실제 우제를 지낼 때 한 번 정리하고, 본서 제7장 제1절 2항에서 좀 더 깊이 다루어보고자 한다.

11월 17일 혹은 18일, 고종은 발인할 때 산릉까지 따라 가겠다는 뜻을 표명했다. 황후의 인봉례(因封禮)가 일의 체모로 볼 때 자별하므로 황당(皇堂)에 임해서 곡결(哭訣)하겠으니 장례원에서 응당 행해야 할 의절을 역대 전례를 참고하여 마련해서 들이도록 조령을 내렸다. 또 동궁의 효성을 고려하여 이번 의례가 '우리나라에서 드물게 행하는 예'라는 이유로 그를 막지 말며 동궁은 하현궁할 때에 맞춰서 산릉에 나아갔다가 신련을 따라 환궁하도록 조칙을 내렸다.[70]

사실 이보다 앞서 이해 4월 8일에 고종은 발인할 때 인화문 밖에서 곡결하며, 왕태자는 발인할 때에는 인화문 밖에서 봉사(奉辭)하고 반우할 때에는 성문 밖에서 지영(祗迎)하기로 제칙을 내렸었다.[71] 그런데 이때에 이르러서 고종은 발인할 때 산릉까지 가서 황당에서 곡하고 영결하며 동궁

---

69 * 영조 국장: 이현진, 2017 앞의 책, 〈표 6〉(134쪽).
* 정조 국장: 이현진, 2015 앞의 책, [표 9](251쪽).
* 문효세자 예장: 이현진, 2017 앞의 책, 〈표 10〉(233쪽).
* 의소세손 예장: 이현진, 2017 앞의 책, 〈표 13〉(314쪽).

70 『高宗實錄』 卷36, 高宗 34年 11月 17日(陽曆); 『承政院日記』 高宗 34年 10月 23日(己卯)[陽曆 11月 17日]; 『承政院日記』 高宗 34年 10月 24日(庚辰)[陽曆 11月 18日].

71 『高宗實錄』 卷35, 高宗 34年 4月 8日(陽曆); 『承政院日記』 高宗 34年 3月 7日(丙申)[陽曆 4月 8日].

도 함께 산릉까지 가도록 생각을 바꾼 것이었다. 이에 신하들은 황당에 친림하겠다고 한 명을 속히 거두어 주기를 청했으나 고종은 허락하지 않았다.[72]

발인을 3일 앞둔 11월 18일, 천지와 종묘, 영녕전, 사직, 경모궁에서 대행황후의 발인고유제를 지냈다.[73] 또 의정부 참정 내부대신 남정철과 한성판윤 이채연(李采淵, 생몰년 미상), 경기 관찰사 오익영(吳益泳, 1849~?), 양주군수 임원호(任原鎬) 등이 다음 날인 19일에 도로와 교량을 적간하기 위해 나가기로 결정했다.[74] 그 밖에 장례원 경 김영목이 어가가 궐 밖에서 밤을 지낼 때에는 으레 고묘(告廟)하는 예가 있으므로 음력 10월 27일 행행(幸行)할 때 종묘·경모궁에서의 고유제는 음력 10월 26일 새벽에 설행하고 빈전에서의 고유전은 같은 날 조전(朝奠)과 겸행할 것을 상주하자 고종이 윤허했다.[75]

이렇듯 발인하기 직전에 거행해야 하는 일들이 차근차근 진행되고 있었다. 그런 와중에 신하들은 여전히 고종과 황태자가 산릉까지 가는 것에 대해 반대했다. 태의원에서는 하현궁할 때 황상(皇上)이 광(壙)에 친림하고 황태자도 따라 나아갈 것이라는 명을 속히 거두어주도록 청했으나 고종은 황당에 나아가 곡결하겠다는 뜻을 꺾지 않았다. 이에 의정부 의정 심순택과 궁내부 특진관 조병세가 연명으로 차자를 올려 황상의 동가(動駕)가 황당에 친림하고 황태자도 따라 나아갈 것이라는 성명을 속히 거두어 달라고 간곡하게 호소했으나 고종은 끝내 받아들이지 않았다.[76]

---

72 『承政院日記』 高宗 34年 10月 23日(己卯)[陽曆 11月 17日]; 『高宗實錄』 卷36, 高宗 34年 11月 17日(陽曆).

73 『高宗實錄』 卷36, 高宗 34年 11月 18日(陽曆).

74 『承政院日記』 高宗 34年 10月 24日(庚辰)[陽曆 11月 18日].

75 『承政院日記』 高宗 34年 10月 24日(庚辰)[陽曆 11月 18日].

76 『承政院日記』 高宗 34年 10月 24日(庚辰)[陽曆 11月 18日]; 『高宗實錄』 卷36, 高宗 34年

발인 이틀 전인 11월 19일, 빈전에 나아가 조전(朝奠)을 행하되 계빈전(啓殯奠)과 겸행하고, 미시에 찬궁(欑宮)을 열었다[계찬궁].[77] 계찬궁은 앞서 10월 15일에 정한 '인산각항길일' 및 11월 17일에 정한 '발인 전후 거행하는 각 제전의 일정'에 맞춰 음력 10월 25일인 이날 미시에 진행했다. 황태자는 첫 추위를 만난 여사군의 노고를 생각하여 그들에게 돈 6만 냥을 특별히 하사하여 휼민하는 뜻을 보이라고 하령했다.[78]

아울러 태의원에서 재차 황당에 친림하여 곡결하겠다는 고종의 성명을 거두어줄 것을 청하지만 고종은 다시는 번거롭게 하지 말라고 답했다. 이에 의정부 의정 심순택과 궁내부 특진관 조병세가 재차 연명으로 차자를 올리자 고종은 다시 이를 제기하여 자신이 번거롭게 답변할 일이 없도록 하라고 비답했다.[79] 태의원과 대신들은 추운 날씨에 고종과 황태자가 산릉까지 갈 경우 건강을 해칠까 염려하여 그만두기를 청한 것이었으나 고종은 단호하게 거절하여 발인 행렬과 함께 산릉까지 가려는 계획을 철회할 생각이 전혀 없었다.

발인을 하루 앞둔 11월 20일, 먼저 신시에 청목재에 어거하여 빈전에서 행할 각 제전(祭奠)의 축문에 친히 서압했다.[80] 이어서 빈전에 나아가 사전(辭奠)을 행한 뒤 조전(祖奠)을 차례로 행했다. 황태자도 따라 나아가서 행례했다.[81]

11月 18日(陽曆).

77 『高宗實錄』 卷36, 高宗 34年 11月 19日(陽曆); 『承政院日記』 高宗 34年 10月 25日(辛巳)[陽曆 11月 19日].

78 『高宗實錄』 卷36, 高宗 34年 11月 19日(陽曆).

79 『承政院日記』 高宗 34年 10月 25日(辛巳)[陽曆 11月 19日]; 『高宗實錄』 卷36, 高宗 34年 11月 19日(陽曆).

80 『承政院日記』 高宗 34年 10月 26日(壬午)[陽曆 11月 20日]; 『高宗實錄』 卷36, 高宗 34年 11月 20日(陽曆). 『승정원일기』에 축문에 친압하는 절차가 간략하게 수록되어 있다.

81 『高宗實錄』 卷36, 高宗 34年 11月 20日(陽曆).

'사전' 절차의 시행에 대해 『고종실록』에는 이처럼 분명하게 기록되어 있다. 『승정원일기』에는 11월 20일자는 아니지만 11월 29일자에 조전·사전·견전을 올릴 때 참여한 사람들에게 시상하라는 조령에서 '사전'의 시행이 확인된다.[82] 11월 29일자 『승정원일기』의 기록을 보면서 생기는 의문은 첫째, 사전을 거행한 날짜와 시각을 알 수 없다는 점, 둘째, 시상할 때 언급한 조전·사전·견전이 실제 의례를 행할 때에도 조전·사전·견전의 순서대로 행례한 것인지가 분명하지 않다는 점이다.

다음은 조전을 거행한 시기이다. 『고종실록』에는 이처럼 11월 20일이라고 되어 있으나 『승정원일기』에는 11월 21일에 행한 것으로 기재되어 있다.[83] 만약 11월 29일자 『승정원일기』의 기록대로 조전·사전·견전의 순서대로 행례했다면 사전은 11월 21일에 조전 다음에 거행한 셈이다. 의궤에는 앞서 '발인 전후에 행하는 각 제전'의 일정을 정할 때 '사전'은 음력 10월 26일(양력 11월 20일) 저녁에, 조전은 이날 해시에서 다음 날인 27일(양력 11월 21일)로 날짜를 옮긴 것으로 기록되어 있다.[84]

이처럼 발인하기 하루 전날인 11월 20일에 올린 전(奠)에 관한 기록과 발인 당일인 11월 21일에 올린 전에 관한 기록이 섞여 있어서 혼란스럽다. 11월 21일 발인 당일에 거행한 제전을 문헌에서 파악한 이후 11월 20일과 21일 이틀 동안 거행한 의절을 다시 문헌에 따라 정리한다면 각 제전의 행례 순서가 대략이나마 파악될 것으로 생각된다.

그에 앞서 단연 돋보이는 절차로 '사전'이 주목된다. 사실 조선에서는 '조전'을 행하기에 앞서 '사전'을 행하는 절차가 국가전례서에 규정되어 있

82 『承政院日記』 高宗 34年 11月 6日(辛卯)[陽曆 11月 29日].

83 『承政院日記』 高宗 34年 10月 27日(癸未)[陽曆 11月 21日].

84 『明成皇后洪陵山陵都監儀軌』(奎 13891) 上編, 掌禮院通牒 「丁酉十月二十三日」; 본서 제6장 각주 66 참조.

지 않기 때문이다. 실제로 국왕이나 왕후의 국장에서 행한 사례도 찾아지지 않는다. 황후의 국장이므로 '사전'이라는 절차가 추가되었을 수 있고 그러한 가정도 배제할 수 없다. 특히 '사전'의 뜻이 '황조(皇朝)에서 발인하기 하루 전날에 사전을 설행했는데 영령과 하직하는 예[사영례(辭靈禮)]를 말한다.'라고 한 『승정원일기』의 기록을 통해 중국 황실에서 시행하는 의례임이 분명해진다.[85]

『고종실록』에는 이 날짜의 이 기사에서만 '사전' 절차가 확인된다. 그런데 『승정원일기』에는 이번 국장만이 아니라 순종비 순명황후(純明皇后, 1872~1904)의 국장에서도 볼 수 있다.[86] 좀 더 확인이 필요하지만 적어도 '사전' 절차가 제후국에서는 설행하지 않는 의례라는 것을 보여준다.

그러한 까닭으로 사전을 행할 때 그 절차가 조선의 국가전례서에는 실려 있지 않아 알기 어렵다. 이번 국장에서 시행한 사전 절차는 『명성황후빈전혼전도감의궤』의 「의주」 항목과 『명성황후국장도감의궤』의 「의주」 항목이 참조된다. 『명성황후빈전혼전도감의궤』에는 「사전의(辭奠儀)」를 수록하면서 항목명 아래에 '「조전의(祖奠儀)」는 「사전의」와 같다.'라고 부주되어 있다.[87] 『명성황후국장도감의궤』에는 「사전의」를 실으면서 항목명 아래에 '「초전의(初奠儀)」도 같다.'라고 부주되어 있다.[88]

두 의궤의 「의주」 항목에 「조전의」가 따로 항목으로 잡혀 있지 않다.

---

85 『承政院日記』 憲宗 12年 閏5月 16日(庚子).

86 * 관찬 자료에 기록된 '辭奠' 사례

- 『고종실록』 1건: 『高宗實錄』 卷36, 高宗 34年 11月 20日(陽曆). 『조선왕조실록』 웹사이트(http://sillok.history.go.kr) 참조.
- 『승정원일기』 2건: 『承政院日記』 高宗 34年 11月 6日(辛卯)[陽曆 11月 29日]; 『承政院日記』 高宗 42年 1月 27日(庚子)[陽曆 3月 2日]. 『승정원일기』 웹사이트(http://sjw.history.go.kr) 참조.

87 『明成皇后殯殿魂殿都監儀軌』(奎 13890) 卷1, 儀註 「辭奠儀」 "(註) 祖奠儀與辭奠儀同".

88 『明成皇后國葬都監儀軌』(奎 13883) 卷1, 都廳儀軌 儀註 「辭奠儀」 "(註) 初奠儀同".

하지만 앞서 보았듯이 '조전' 절차를 거행하지 않은 것은 아니고 '사전'과 '조전' 둘 다 행했다. '사전'과 '조전'의 시행에 대해서는 다음 날인 11월 21일에 한 번 더 언급할 예정이다. 또 『명성황후빈전혼전도감의궤』에 「조전의」가 「사전의」와 같다고 했으므로 굳이 「조전의」를 거듭 실을 필요가 없었던 것이다. 그럼에도 「사전의」가 이번 국장에 처음 등장했고 「조전의」와 같다고 하므로 의궤에 수록된 「사전의」를 『국조상례보편』(1758)의 「조전의」와 비교해 볼 필요가 있다.

두 문헌을 비교한 결과, 가장 큰 차이는 의례를 행하는 주체이다. 『국조상례보편』(1758)의 「조전의」에는 '전하' 곧 국왕이 행례하고,[89] 두 의궤에 수록된 「사전의」는 황태자가 의례를 주관한다는 사실이다. 그렇다면 이번 국장에서 '사전'을 거행한 이는 황태자임이 분명한데 문제는 '조전'을 행한 주체이다. 황태자인지, 고종인지가 불분명하다는 사실이 관건이다.

고종이 행례의 주체라는 가장 명확한 문헌은 『고종실록』이다. 『고종실록』에는 '빈전에서 사전을 행하고 이어서 조전을 행했으며 황태자가 따라 나아가 행례했다.'라고 되어 있다. 이는 사전과 조전의 행례 주체가 고종임을 보여준다. 하지만 위의 두 의궤에는 그렇지 않다는 사실이다.

의궤의 기록대로라면 「조전의」 또한 황태자가 행한 것으로 예측된다. 만약 고종이 「조전의」를 주관했다면 황태자가 아닌 고종이라는 것을 드러내기 위해 어떤 조치를 취했을 것이다. 그럴 경우 황태자가 주관하는 「사전의」는 싣지 않을뿐더러 고종이 주관하는 「조전의」를 수록하면서 항목명인 '조전의' 3글자 아래에 '「사전의」는 「조전의」와 같되 「사전의」는 황태자가 주관한다.'는 정도의 부연설명이 부주되어 있었을 것이기 때문이다.

여기에 더해 「조전의」의 행례 주체가 '황태자'라는 사실은 두 의궤의

89 『國朝喪禮補編』(奎 3940) 卷2, 「祖奠」.

「의주」 항목에서 「대행황후책시의(大行皇后冊諡儀)」 이후에 거행된 각종 전(奠)을 행례한 주체와 관련깊다. 「대행황후책시의」 이후부터 발인 이전에 행한 「개명정후별전의(改銘旌後別奠儀)」, 「계빈의(啓殯儀)」, 「사전의(辭奠儀)」, 「견전의(遣奠儀)」 등에서 모두 황태자가 의례를 주관하는 것으로 기재되어 있어서이다.[90] 그렇다면 「조전의」 또한 황태자가 의례를 주관했을 가능성이 매우 크다. 이처럼 의궤의 기록만을 본다면 「조전의」의 행례 주체가 황태자라고 보는 것이 합리적이다.

한편, 「사전의」와 「조전의」를 중심으로 살피면서 또 하나 주목되는 의절이 「초전의」이다. 「초전의」는 명성황후 국장에서도 『명성황후국장도감의궤』에 기록된 '「초전의」는 「사전의」와 같다.'라는 기록 이외에 발견되지 않는다. 명성황후 국장 이후에 행하는 황실 국장에서 관련 기록이 있는지는 확인이 필요할 뿐 적어도 그 이전에는 보지 못한 의절이다.

정리하면, 첫째, 「사전의」는 조선의 국가전례서에는 등장하지 않으며 중국 황실에서 볼 수 있는 의절이다. 둘째, '사전'과 '조전'을 행한 주체에서 『고종실록』의 기록대로라면 고종이 두 의례를 모두 주관했고, 의궤의 기록을 따른다면 사전과 조전 모두 황태자가 행례한 것으로 볼 수 있다. 셋째, '사전'과 '조전' 및 '초전'까지 그 의식 절차가 모두 같다는 사실이다. 넷째, 조선의 국가전례서와는 달리 「조전의」가 「의주」 항목에 별도로 실려 있지 않다. 「조전의」가 이번 국장에서는 「사전의」와 같다는 이유로 「사전의」만 수록했기 때문이다. 마지막 다섯째는 「초전의」로, 사실 '초전'이라는 용어는 조선의 국가전례서라든가 실제 국장을 행한 사례에서 찾아

90 * 『明成皇后殯殿魂殿都監儀軌』(奎 13890) 卷1, 儀註 「改銘旌後別奠儀」·「啓殯儀」·「辭奠儀」(祖奠儀與辭奠儀同)·「遣奠儀」.
* 『明成皇后國葬都監儀軌』(奎 13883) 卷1, 都廳儀軌 儀註 「改銘旌後別奠儀」·「啓殯儀」·「辭奠儀」(初奠儀同)·「遣奠儀」.

지지 않는다.

황후의 복제에서 신민들의 복제 이정이 목적이었지만 황태자의 참최삼년복, 처음으로 등장한 사전과 초전 절차, 발인 직전에 거행하는 각 제전(祭奠)을 주관하는 주체, 그리고 이를 기록하는 관찬 자료와 의궤의 차이 등 이러한 몇 가지는 명성황후 국장을 이해하고자 할 때 큰 혼란을 초래하는 요인들이다. 새로운 의례의 등장을 제외한다면 모두 전례를 주관하는 '주체'가 문제인데, 실제로 황태자가 참최삼년복을 입었다면 이러한 전례들은 그가 주관하는 것이 순조롭다. 이는 추후의 국장 과정을 지켜볼 때 윤곽이 드러날 것이다.

한편, 발인을 하루 앞둔 이날에 사전 혹은 사전·조전을 올리는 절차만 거행한 것은 아니었다. 발인할 때 대여가 지나가는 각 문(門)과 도로, 교량, 명산대천에서 제사를 지냈다. 시각은 따로 정하지 않고 때에 따라 설행했다. 산릉까지 가는 동안 무사히 도달할 수 있도록 다음과 같은 곳에서 제사를 지냈다.[91]

> 돈례문 50신위(神位), 금천교(禁川橋), 인화문 밖 50신위, 신교(新橋), 혜정교(惠政橋), 이석교(二石橋), 초석교(初石橋), 흥인문(興仁門) 50신위, 동관왕묘(東關王廟), 보제원 앞 길 노제소, 한천교(寒川橋), 청량리에서 삼각산(三角山)이 바라보이는 곳[망견처(望見處)].

고종은 그 밖에도 이날 하현궁할 무렵 행하는 각 제전에 황후의 내외친

91 『明成皇后國葬都監儀軌』(奎 13883) 卷1, 都廳儀軌 掌禮院來通「丁酉十月二十一日」. 음력 10월 21일 이날은 設祭處를 정한 날로 양력으로는 11월 15일이다. 실제 제사의 설행은 본문에서 서술한 것처럼 발인 하루 전인 11월 20일이다.

들은 내곡반에 입참하라는 조령을 내렸다.[92] 또 내일 행행할 때 출궁할 문로는 현광문(顯光門)으로 정했다.[93] 이날에도 태의원에서 고종의 산릉 행차를 말리고(3차), 의정부 의정 심순택과 궁내부 특진관 조병세도 연명으로 차자를 올렸으나 고종을 말리기에는 역부족이었다. 고종은 노정이 10리에 불과하고 소요 시각도 채 하루가 걸리지 않으므로 직접 가서 영결하여 슬픈 마음을 펴고자 하는 자신의 마음을 오히려 신하들이 헤아려주기를 바랬다.[94]

고종이 마침내 황제로 즉위하고 명성왕후도 황후로 책봉되자 왕후 국장이 아닌 황후 국장을 추진하기 위해 각종 의식 절차에 대해 논의하기도 하고 실행하기도 했다. '책시각항길일' 및 '인봉각항길일'의 추택, 책시빈전, 개명정과 개명정 후 별전, 개금정, 변례로서의 추복지재기, 신민들의 복제 이정, 외재궁 배진과 하외재궁, 발인 및 하현궁 때 각국 공사와 영사의 진참 논의, 발인 전후 거행하는 각 제전의 일정 마련, 고종과 황태자의 산릉 황당에서의 곡결 논의, 발인고유제, 계빈전, 계찬궁, 사전, 조전, 발인 행렬이 지나가는 곳의 제사 설행 등이 그것이다. 차근차근 진행하여 이제 오래도록 기다려온 발인을 앞두고 있다.

2. 발인부터 부향까지 국장 전개

11월 21일(음력 10월 27일), 드디어 오랫동안 기다려온 발인을 하는 날이

92 『承政院日記』 高宗 34年 10月 26日(壬午)[陽曆 11月 20日].
93 『承政院日記』 高宗 34年 10月 26日(壬午)[陽曆 11月 20日].
94 『承政院日記』 高宗 34年 10月 26日(壬午)[陽曆 11月 20日]; 『高宗實錄』 卷36, 高宗 34年 11月 20日(陽曆).

다. 달수로 27개월, 횟수로 3년이라는 긴 시간 동안 우여곡절을 겪은 끝에 마침내 이날에 다다랐다. 국모가 시해를 당하고 이를 처리해야 하는 국왕과 그 아들이 다른 나라 공사관으로 가서 머무는 등 어렵고 힘든 시기를 지나서 비로소 장례를 치르게 되었다.

고종은 빈전에 나아가 해사제(解謝祭)를 지내고, 이어서 견전(遣奠)을 행했다. 황태자도 따라 나아가 행례했다.[95] 이는 『고종실록』의 기록이고, 『승정원일기』에는 이날에 조전과 견전을 올린 것으로 되어 있어 차이를 보인다.[96] 의궤에 수록된 '발인 전후에 행하는 각 제전'의 일정에는 11월 21일에 조전에 이어서 견전, 발인, 빈전해사제를 차례로 거행한 것으로 되어 있다.

여기서 잠깐 11월 20일과 21일에 행례한 의절이 『고종실록』과 『승정원일기』, 의궤의 기록이 조금씩 다르므로 한 번 더 짚고 넘어갈 필요가 있다. 발인 전후 이틀 동안 빈전에서 행한 의례를 문헌에 따라 정리하면 다음과 같다.

* 『고종실록』: 11월 20일에 사전과 조전, 11월 21일에 빈전해사제와 견전, 발인을 차례로 거행.
* 『승정원일기』: 11월 21일에 조전과 견전을 올린 뒤 발인.
* 의궤: 11월 20일 저녁에 사전을, 11월 21일에 조전, 견전, 발인, 빈전해사제를 차례루 행례.

『승정원일기』의 경우에는 '사전'을 언제 올렸느냐가 관건이다. 11월

95 『高宗實錄』 卷36, 高宗 34年 11月 21日(陽曆). 견전을 올리는 절차는 『明成皇后殯殿魂殿都監儀軌』(奎 13890) 卷1, 儀註 「遣奠儀」 참조.

96 『承政院日記』 高宗 34年 10月 27日(癸未)[陽曆 11月 21日].

29일자 『승정원일기』의 기록대로 조전·사전의 순서대로 행례했다면 『고종실록』과 의궤의 사전→조전의 순서와는 정반대이다. 『고종실록』이나 의궤의 기록에서 사전을 올린 다음에 조전을 올렸다고 한 기록, 빈전에서 영령과 하직한 뒤 빈전을 떠나기 직전에 길 신에게 의례를 행하는 것이 제대로 된 순서라는 판단이다.

세 문헌을 통해 '사전', '조전', '견전'을 시행한 날짜나 시각에는 차이가 있을 수 있다. 그럼에도 발인하기 전 사전→조전→견전의 순서대로 전(奠)을 올렸을 가능성에 좀 더 무게가 실린다.

또 하나 짚고 넘어가야 할 것은 빈전해사제를 지내는 시점이다. 발인하면 빈전이 빈전으로서의 역할이 끝나므로 여기에 나아가 해체하면서 사례하는 제사가 바로 빈전해사제이다. 빈전해사제는 국가전례서에는 실려 있지 않은 의례이지만 실제 국장이나 세자·세손의 예장에서는 지내는 제사이다. 명성황후의 국장에서는 빈전에서 해사제를 지낸 기록이 나오지 않는 『승정원일기』를 제외하면 『고종실록』과 의궤의 기록이 차이를 보인다.

조선시대의 예를 들면, 영조의 국장에서는 발인 다음에 빈전해사제를, 문효세자의 예장에서도 발인 다음에 빈궁해사제(殯宮解謝祭)를, 의소세손의 예장에서도 발인 다음에 빈궁해사제를 지내는 것으로 일정이 잡혀 있다.[97] 명성황후의 국장에서 『고종실록』의 기록처럼 견전과 발인에 앞서 빈전해사제를 지낼 수도 있다. 하지만 조선시대의 세 사례 및 명성황후 국장에서 의궤의 기록처럼 발인한 다음에 빈전해사제를 지내는 것이 일반적이다. 발인하기 전까지는 시신을 담은 재궁이 빈전에 봉안되어 있기 때문이다.

97 이현진, 2017 앞의 책, 영조 국장은 〈표 6〉(134쪽), 문효세자 예장은 같은 책, 〈표 10〉(233쪽), 의소세손 예장은 같은 책 〈표 13〉(314쪽) 참조.

한편, 견전을 올린 뒤 마침내 대행황후의 영가(靈駕)가 출발하여 산릉으로 나아갔다[발인].[98] 발인 후 고종은 인화문 밖에 나아가 곡결하고, 황태자도 따라 나아가 봉사(奉辭)했다.[99] 빈전에서 '사전'을 올렸음에도 인화문 밖에서 곡결과 봉사를 각각 행하여 영령과의 이별을 거듭하고 있음을 볼 수 있다.

손시에 노제를 무사히 설행하고 이어서 길을 떠났다[이발(離發)]. 미시에 산릉의 침전에서 성빈전을 무사히 올리고, 신시에 침전에서 석상식과 석전을 차례로 무사히 설행했다.[100] 고종과 황태자도 발인 행렬을 따라 산릉까지 나아가 그곳에서 하룻밤을 묵었다[경숙(經宿)].[101] 발인할 때 대여 별배종(別陪從)은 궁내부 대신 민영규가, 대여 별시위(別侍衛)는 군부대신 이종건이 맡았다.[102]

참고로 발인한 후 산릉에 도착하기 전에 행하는 의례 중 조선의 국가전례서에 규정되어 있으나 실제로 행하지 않은 의례로 「조조의(朝祖儀)」가

98 발인하는 의주는 『明成皇后殯殿魂殿都監儀軌』(奎 13890) 卷1, 儀註 「發靷儀」; 『明成皇后國葬都監儀軌』(奎 13883) 卷1, 都廳儀軌 儀註 「發引儀」(下山陵奠附) 참조. 이동하는 모습을 보여주는 반차도는 『明成皇后國葬都監儀軌』(奎 13883) 卷2, 一房儀軌 [班次圖] 「明成皇后發引班次圖」; 『殯殿移奉慶運宮時班次圖明成皇后發靷班次圖』(藏 K3-550) 참조.

99 의주에도 고종은 인화문 밖에서 곡결하고 황태자도 여기서 봉사한 것으로 되어 있다. 인화문 밖에서 행한 고종의 곡결 절차와 황태자의 봉사 절차는 『明成皇后殯殿魂殿都監儀軌』(奎 13890) 卷1, 儀註 「發靷時皇帝哭訣儀」·「發靷時皇太子奉辭儀」; 『明成皇后國葬都監儀軌』(奎 13883) 卷1, 都廳儀軌 儀註 「發引時皇帝哭訣儀」·「發引時皇太子奉辭儀」 참조.

100 『明成皇后殯殿魂殿都監儀軌』(奎 13890) 卷1, 附狀啓 「光武元年十一月二十一日」. 여기서 날짜의 오류가 발견된다. 사실 『명성황후빈전혼전도감의궤』만이 아니라 다른 흉례 관련 의궤에도 당시의 날짜는 모두 음력으로 기재되어 있다. 발인하고 산릉에 도착한 이날은 1897년 11월 21일, 음력으로는 10월 27일이다. 그런데 『명성황후빈전혼전도감의궤』의 기록처럼 광무 원년 11월 21일이라고 할 때 양력은 12월 14일에 해당한다. 아마도 양력 11월 21일을 그대로 의궤에 기록한 듯하다.

101 발인에서부터 산릉에서 경숙하기까지의 내용은 『高宗實錄』 卷36, 高宗 34年 11月 21日(陽曆); 『承政院日記』 高宗 34年 10月 27日(癸未)[陽曆 11月 21日] 참조.

102 『承政院日記』 高宗 34年 10月 25日(辛巳)[陽曆 11月 19日]; 『高宗實錄』 卷36, 高宗 34年 11月 19日(陽曆).

있다. '조조' 의례는 영조가 처음 제정했지만 정조 초 영조의 국장에서부터 시행하지 않았고, 이후에도 시행하지 않은 의례이다.[103] 그럼에도 최초로 치러지는 황후 국장이므로 이 의례의 시행 여부는 확인이 필요하다.

명성황후 국장의 경우 관찬 자료에는 관련 기록이 실려 있지 않다. 다만, 의궤의 발인 의주에 '종묘 앞 길에서 신백련(神帛輦)과 대여가 각각 잠깐 멈추어서 북쪽을 향하도록 했다가 출발'하는 것으로 기록되어 있다.[104] 이는 『국조상례보편』 「발인의」에 기록된 그대로로,[105] 조조례를 시행하지 않았음을 뜻한다.

빈전에서 홍릉까지 발인할 때 경유하는 내외 문로, 난간평상을 배설하는 처소, 견여·대여를 대령하는 처소, 대여가 이동하는 경로[여로(轝路)]는 다음과 같다.[106]

> 빈전[경소전]에서 융안문(隆安門)·숙목문(肅穆門)을 경유하여 나와서 월대에 이르러 난간평상을 배설한다. 월대에서 견여로 (재궁을) 배봉(陪奉)한다. 인화문(仁化門)에서 나와서 월대에 이르러 대여로 이봉(移奉)한다. 종묘 앞 길 배설소(排設所)에 이르러 조금 머무르다가 출발한다. 흥인문(興仁門) 안 배설소에 이르러 조금 머무른

103 이현진, 2017 앞의 책, 87쪽.

104 『明成皇后殯殿魂殿都監儀軌』(奎 13890) 卷1, 儀註 「發靷儀」; 『明成皇后國葬都監儀軌』(奎 13883) 卷1, 都廳儀軌 儀註 「發引儀」(下山陵奠附).

105 『國朝喪禮補編』(奎 3940) 卷2, 「發引儀」(下山陵奠附).

106 『明成皇后國葬都監儀軌』(奎 13883) 卷1, 都廳儀軌 詔勅(奏本幷) 「丁酉三月二十七日」 "摠護使臣趙秉世謹奏 發引時內外門路及欄干平床排設處所肩轝大轝待令處所 與轝路已爲稟定 而自殯殿由隆安門肅穆門 出至月臺 排設欄干平床 自月臺 陪奉於肩轝 仁化門 出至月臺 移奉於大轝 至宗廟前路排設所 少駐 進發 至興仁門內排設所 少駐 換用短杠 出城門排設所 少駐 還用本杠 至路祭所 少駐 自路祭所離發 至陵所紅箭門外 仍以大轝寢殿月臺 自月臺至欑宮 排設欄干平床 依此磨鍊 而所經左右 雖有人家路狹處依已例 從便換杠之意 預爲分付於各都監及陪往大將處 何如 謹上奏 奉旨 依奏"; 『明成皇后殯殿魂殿都監儀軌』(奎 13890) 卷1, 詔勅(稟奏幷入) 「丁酉三月二十七日」; 『明成皇后殯殿魂殿都監儀軌』(奎 13890) 卷1, 來照 「丁酉三月二十八日」.

다. 단강(短杠)으로 교체한다. 성문(城門) 배설소에서 나와서 조금 머무른다. 다시 본강(本杠)을 사용한다. 노제소에 이르러 조금 머무른다. 노제소에서 출발하여 능소의 홍살문 밖에 도달한다. 이어서 대여가 침전(寢殿) 월대에 도착한다. 월대에서 (침전 안에 놓여 있는) 찬궁까지 난간평상을 배설한다.

빈전에서 홍릉까지 가는 노선 중 인화문에서 보제원 노제소까지의 경로에 대해, 발인 및 반우를 '습의'할 때의 도로를 참고하여 좀 더 구체적으로 제시하면 다음과 같다.[107]

인화문, 대정동(大貞洞), 소정동(小貞洞), 포덕문(布德門) 앞 길, 명례궁(明禮宮) 앞 길, 사동(篩洞), 구 서부동(舊西部洞), 신교(新橋), 경복궁 동구 앞 길, 혜정석교(惠政石橋), 운종가(雲從街), 종루(鍾樓) 앞 길, 통운석교(通雲石橋), 창덕궁 동구 앞 길, 종묘 동구 앞 길, 판전병문(板廛屛門) 앞 길, 연지동석교(蓮池洞石橋), 어의동(於義洞) 동구 앞 길, 동교(東橋), 흥인문, 양산수석교(陽山守石橋), 동관왕묘 뒷 길, 안감천, 보제원 노제소.

명성황후의 발인 행렬은 빈전인 경소전에서 출발하여 산릉이 조성되어 있는 청량리까지 간다. 그 거리가 짧지 않고 발인반차도에서 보는 것처럼 가마의 크기는 매우 크다(〈도판 38〉). 가마의 무게가 상당하여 산릉까지 가는 동안 처음에 대여를 멘 담배군이 계속해서 멜 수 없기에 중간에 여러 번

---

107 『明成皇后國葬都監儀軌』(奎 13883) 卷1, 都廳儀軌 來照(附照覆) 「丁酉十月二十日」 "一 發引返虞習儀敎是時 道路 隆安門 肅穆門 仁化門 大貞洞 小貞洞 布德門前路 明禮宮前路 篩洞 舊西部洞 新橋 景福宮洞口前路 惠政石橋 雲從街 鍾樓前路 通雲石橋 昌德宮洞口前路 宗廟洞口前路 板廛屛門前路 蓮池洞石橋 於義洞洞口前路 東橋 興仁門 陽山守石橋 東關王廟後路 安甘川 普濟院路祭所事 奏下".

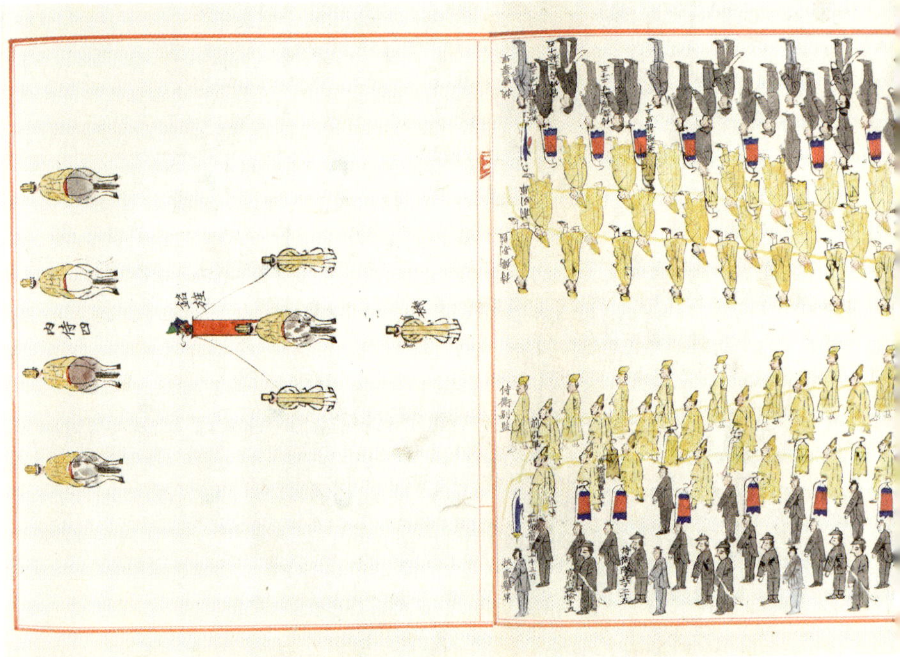

〈도판 38〉「발인반차도(發引班次圖)」, 『명성황후국장도감의궤』, 규장각한국학연구원
명성황후의 발인 행렬을 보여주는 발인반차도는 총 76면에 걸친 채색 그림으로 위 그림은 그중 일부이다. 발인반차도는 궁궐의 빈전에서 재궁을 받들어 내어 산릉에서 장례를 치르기 위해 가는 행렬을 보여주는 그림이다. 죽은 자가 명성황후임을 나타내는 명정이 가운데에서 나아가고 있고, 그 뒤로 대여가 가운데에 서고, 용삽(龍翣)·보삽(黼翣)·불삽(黻翣)·운삽(雲翣) 각 2개가 대여 좌우로 나뉘어 섰다. 삽은 재궁을 가리는 데 사용하는 부채 모양의 의물이다.

교체해야 한다. 대여를 메는 담배군이 교체하는 곳, 체운처(替運處)는 다음과 같다.[108]

* 초운(初運): 인화문 밖 ~ 종루 앞 길.

* 이운(二運): 종루 앞 길 ~ 흥인문 안.

* 삼운(三運): 흥인문 안 ~ 보제원 노제소.

* 사운(四運): 보제원 ~ 청량리.

* 오운(五運): 청량리 ~ 능소.

108 『明成皇后國葬都監儀軌』(奎 13883) 卷1, 都廳儀軌 來照(附照覆) 「丁酉三月初四日」.

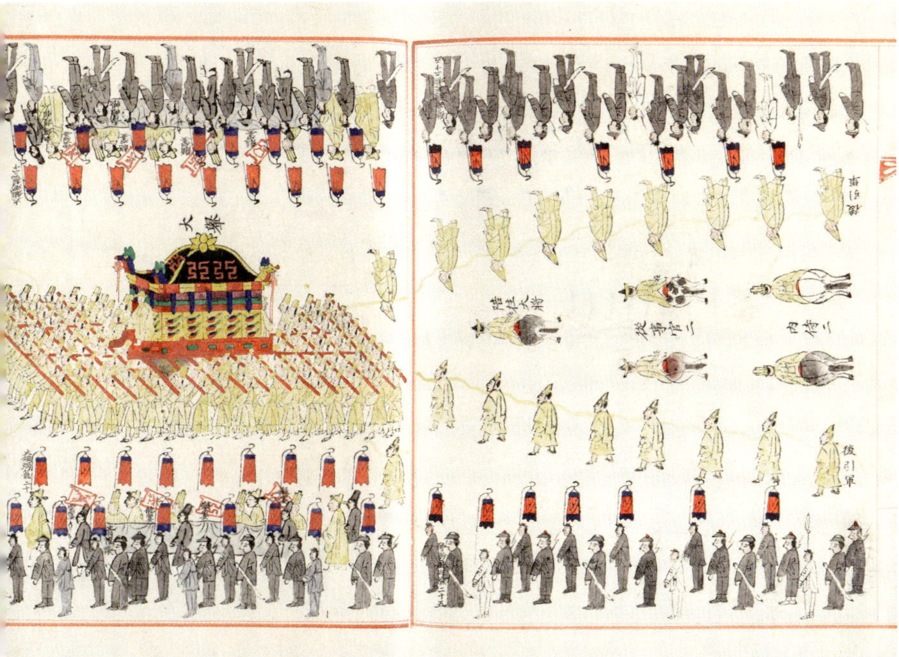

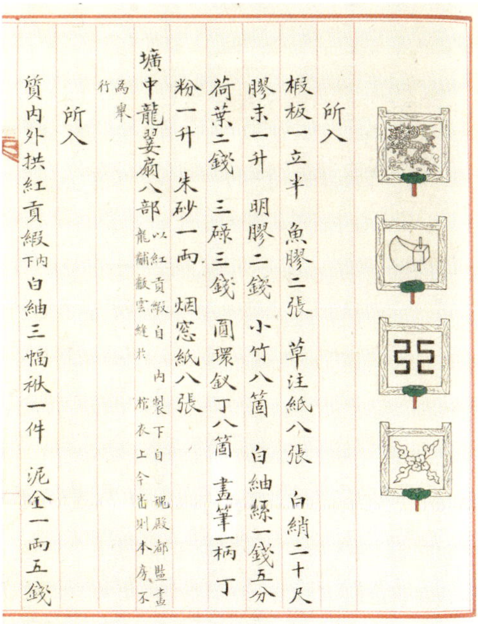

所入

椵板一立半 魚膠二張 草注紙八張 白綃二十尺

膠末一升 明膠二錢 小竹八箇 白紬縧一錢五分

荷葉二錢 三碌三錢 圓環釵丁八箇 畫筆一柄 丁

粉一升 朱砂一兩 烟窓紙八張

壙中龍翣扇八部 以紅貢緞自內製下自殯殿都監畫龍黼黻雲䨴於棺衣上今番則本房不爲擧行

所入

質內外拱紅貢緞 內下 白紬三幅袱一件 泥金一兩五錢

〈도판 39〉「삽선(翣扇)」, 『명성황후국장도감의궤』, 규장각한국학연구원

삽선은 재궁을 가리는 데 사용하는 부채 모양의 의물이다. 맨 위 용삽(龍翣)은 붉은 용을, 다음 보삽(黼翣)은 도끼 모양을, 그다음 불삽(黻翣)은 두 개의 '궁(弓)'자가 서로 등을 맞대고 있는 모양을, 맨 아래 운삽(雲翣)은 구름 모양을 그렸다. 자루는 오죽(烏竹)으로 만들었다. 용삽은 제후국의 국왕이나 왕후의 국장에서는 볼 수 없다. 삽선은 발인 행렬에서는 재궁을 실은 대여를 가리고, 산릉에 도착해서는 재궁을 가리며, 재궁을 퇴광으로 내려 외재궁에 안치한 다음에는 재궁 양쪽 곁에 세워두었다. 명성황후의 상에서는 행로에서 사용하는 용삽선 8부는 새로 조성했고, 광중(壙中)에 사용하는 용삽선 8부는 대내에서 제작하여 내렸다.[109]

109 『明成皇后國葬都監儀軌』(奎 13883) 卷3, 三房儀軌 造作 「行路龍翣扇八部」·「壙中龍翣扇八部」.

명성황후의 발인 행렬은 산릉에 도착할 때까지 담배군이 5번 교체되었다. 조선의 국가전례서에 재궁을 실은 대여를 메기 위해 필요한 여사군(轝士軍)의 수는 1운(運)마다 200명이 동원된다고 규정되어 있다.[110] 따라서 명성황후의 발인 행렬에서 대여에 동원된 사람만 1000여 명에 이르므로 그 밖에 발인 행렬에 참여한 사람들까지 합하면 그 규모는 엄청날 것임에 틀림없다. 그런 까닭에 혹시라도 '발인반차도'만을 가지고 발인 행렬의 규모를 파악하고자 한다면 한계가 있다는 것을 간과해서는 안 될 것이다.[111]

11월 22일(음력 10월 28일 갑신), 진시에 천전(遷奠)과 하현궁(下玄宮)을 행하고, 이어서 입주전(立主奠)을 설행한 뒤 반우했다.[112] 천전을 행할 때 고종은 연도(羡道)의 동남쪽에서 서향으로 설치한 곡결위(哭訣位)에서 곡결했다.[113]

결국 고종은 앞서 황당에서 곡결하겠다고 한 자신의 주장을 준행했다. 인화문 밖에서 한 것까지 포함하면 고종의 곡결과 황태자의 봉사는 두 번을 행한 셈이다. 빈전에서 올린 사전, 인화문 밖과 황당에서의 곡결과 봉사 등 세 번에 걸쳐 이별 절차를 거행한 경우는 조선의 국장에서는 단 한 번도 시행한 적이 없는, 생각조차 하지 못하는 거조였다.

---

110 『國朝喪禮補編』(奎 3940) 卷2, 「發引班次」.

111 '반차도를 통해 본 장례 행렬'에 대해서는 이현진, 2015 앞의 책, 156~159쪽 참조.

112 『高宗實錄』 卷36, 高宗 34年 11月 22日(陽曆).

113 『明成皇后殯殿魂殿都監儀軌』(奎 13890) 卷1, 儀註 「遷奠儀」 "主殿司又設皇帝哭訣位【(註) 設褥席】於羡道東南西向 皇太子奉辭位【(註) 設褥席】於皇帝位之後稍南西向"; 『明成皇后國葬都監儀軌』(奎 13883) 卷1, 都廳儀軌 儀註 「遷奠儀」. 여기서 황태자의 봉사위를 잘못 기록한 것이 아닌가 한다. '皇帝位' 뒤의 조금 남쪽에서 서향으로 설치한 것으로 되어 있는데, 황제위는 寢殿 문 안 한가운데에서 북향으로 설치되어 있다("主殿司設皇帝位於寢殿門內當中北向"). 인화문 밖에서 황제가 곡결하고 황태자가 봉사하여 두 자리가 떨어져 있지 않았던 것처럼 봉사위를 설명하면서 언급한 '皇帝位'는 '皇帝哭訣位'를 가리킨다고 보는 것이 합리적이다.

조선의 국장에서는 국왕이 발인 행렬을 따라가지 못할 경우 성문 밖에서 「발인봉사의(發引奉辭儀)」를 거행하여 사자(死者)와 하직했다.[114] 「발인봉사의」를 마련한 이유가 바로 그것이다. 국왕이 산릉까지 가지 못할 경우 그 전에 하직 인사를 하기 위해 「발인봉사의」를 제정했다. 그런 까닭에 빈전에서 올린 '사전'은 물론 궐문 밖에서 '곡결'과 '봉사'를 행한 뒤 다시 산릉에 가서 '곡결'과 '봉사' 절차를 거행할 이유가 없었다.

사실 고종이 발인할 시점에 다다라 산릉에서 곡결과 봉사를 거행하겠다는 뜻을 표명한 것은 분명하다. 그렇다손 치더라도 그것을 결정할 때 인화문 밖에서 행하는 곡결과 봉사는 얼마든지 취소할 수 있었다. 그럼에도 이를 취소하지 않은 채 홍릉에서의 곡결과 봉사를 강행한 것은 슬픔을 극진하게 표현하기 위함, 명성황후와의 헤어짐을 아쉬워하는 이유 외에는 설명하기 어렵다.

문헌에는 신하들이 고종과 황태자의 건강을 걱정하여 황당에 친림하여 '곡결'과 '봉사'의 거행을 반대한 것으로 기록되어 있다. 고종과 신하들이 황당에 친림할 것인지의 여부를 두고 논쟁할 때 조선의 국장에서 행한 「발인봉사의」는 거론조차 하지 않았다. 결과적으로 조선의 국장에서 제정한 「발인봉사의」는 명성황후의 국장에서는 무색해졌다.

여기서 잠깐 '곡결'과 '봉사'라는 표현에 대해 언급해야 할 것 같다. 조선의 국장에서는 「발인봉사의」라는 절차에서 보듯 '봉사' 이외에 '곡결'이라는 표현이 적어도 이주에서는 찾아지지 않는다. 명성'왕후'의 국장에서부터 보이며, 황후 국장에서도 그대로 사용했다. 곧, 대군주 폐하로서의 고종이든 황제로서의 고종이든 고종은 '곡결', 왕태자든 황태자든 고종의

114 『國朝續五禮儀』 卷5, 凶禮 「發引時奉辭儀」; 『國朝喪禮補編』(奎 3940) 卷2, 「發引奉辭儀」.

아들에게는 '봉사'라는 단어를 썼다.

조선시대에 '봉사'만 사용하다가 청일전쟁 이후 조선의 국내외적 위상이 달라지면서 대군주 폐하/황제, 왕태자/황태자라는 신분에 따른 용어의 구별이라는 차원에서 곡결과 봉사를 사용한 것으로 이해된다. 명성'왕후'의 국장도 그 이전의 왕후 국장과 다를 수 있다는 사례로 유용하다. 이러한 사례는 제7장 제2절 2항에서 다시 다루겠지만 능에서 제사를 지내기 위한 공간인 정자각이 '침전(寢殿)'으로 바뀐 것에서도 볼 수 있다.

문제는 중국 황제도 고별(告別)을 행하는 예로 '봉사'를 행했다는 사실이다.[115] 굳이 대군주 폐하/황제에게는 곡결, 그 아들인 왕태자/황태자에게는 봉사라 하여 각자 다른 용어를 사용한 이유가 무엇인지 문헌에서는 그 이유가 발견되지 않는다. 중국의 사례를 통해 '봉사' 이외에 '곡결'을 둔 것에 대해 신분으로 연결짓기에는 좀 더 고민이 필요한 것 같다. 그럼에도 현재로서는 신분에 초점을 둔 설명이 좀 더 타당하지 않을까 추정할 뿐이다.

한편, 반우하기에 앞서 입주전을 행할 때 우주에 글을 쓰는 절차를 행했다. 황당에서 우주에 '효자원성정화합천명성황후(孝慈元聖正化合天明成皇后)'라고 썼다.[116] 입주전 의주에는 제주(題主)한 뒤 섭좌장례가 영좌 앞

115 『續資治通鑑』 卷136, 宋紀 高宗受命中興全功至德聖神武文昭仁憲孝皇帝 "紹興三十二年【(註) 金大定二年】閏二月 丙子 帝親行卒哭之祭于几筵殿 戊寅 帝送欽宗虞主于和寧門外 奉辭 遂祔神主于太廟第十一室". 『속자치통감』의 원문은 〈https://sou-yun.com〉이라는 웹사이트를 참고했다.

116 『明成皇后國葬都監儀軌』(奎 13883) 卷1, 都廳儀軌 掌禮院來通「丁酉九月三十日」"大行皇后謚寶虞主式 磨鍊奏下是如乎 左開仰佈 照亮後 依此擧行爲要 再 謚寶式 明成皇后之寶 虞主式 孝慈元聖正化合天明成皇后". 입주전 의주에는 '某號皇后'라고 기록되어 있다[『明成皇后殯殿魂殿都監儀軌』(奎 13890) 卷1, 儀註「立主奠儀」; 『明成皇后國葬都監儀軌』(奎 13883) 卷1, 都廳儀軌 儀註「立主奠儀」; 『明成皇后洪陵山陵都監儀軌』(奎 13891) 上編, 儀註「立主奠儀」(附上樑文) "題主官盥手 陞詣卓前西向立 題前面云 某號皇后 墨書訖 以光漆重模之【(註) 待墨書乾 乃重模之】俯伏興退".

황당(皇堂)의 기능과 그 위치

황당은 일반적으로 황제나 황후의 무덤을 가리키는데, 조선에서는 국왕의 무덤을 지칭하기도 한다. 그런데 명성황후의 국장에서는 무덤 그 자체가 아닌 뜻으로 황당이라는 용어를 사용했다. 퇴광에 설치한 황당에서 뽕나무로 만든 우주에 황후의 존호와 시호를 적는 절차를 거행했다. 곧, 제주(題主)하는 곳이었다. 조선시대 국왕이나 왕후의 국장에서는 길유궁(吉帷宮)에서 이러한 절차를 행했다. 길유궁은 의궤에 간혹 유궁(帷宮) 혹은 유문(帷門)이라고도 했다.

여기서 잠깐 길유궁에 대해 언급한 뒤 황당으로 들어가고자 한다. 먼저 길유궁과 유궁이다. 유궁은 글자 그대로 휘장을 두른 집이라는 뜻이다. '길'자의 유무가 있을 뿐 길유궁과 유궁을 동의어라고 보더라도 무방하다.[117] 크게 문제될 만한 것은 없다. 하지만 유문은 짚고 넘어갈 필요가 있다.

길유궁을 유문이라고 한 사례는 매우 드물다. 예를 들면, 『효명세자연경묘묘소도감의궤(孝明世子延慶墓墓所都監儀軌)』에 길유궁 그림을 실은 다음에 이를 조성하는 방법을 설명하면서 길유궁 혹은 유궁이 아닌 '유문'이라고 표기한 것이 그것이다.[118] 다만, 유문이라고 하면서 그 내용은 전형적으로 길유궁을 조성하는 방법을 설명하고 있다.

따라서 『효명세자연경묘묘소도감의궤』에서 길유궁을 유문이라고 표기했으나 이는 (길)유궁으로 보는 것이 맞다. 설령 이 의궤에서처럼 길유궁과 동일한 용어로 유문을 썼더라도 실제 산릉을 조성할 때 길유궁과 유문은 별개로 제작하므로 주의가 요구된다.

길유궁과 유문의 구별은 다음과 같은 사례에서 분명해진다. 산릉에서 행하는 「천전의(遷奠儀)」에 길유궁은 정자각의 서쪽에 설치하고 그 아래 남쪽에 유문을 설치한다고 한 국가전례의 규정,[119] 『신정왕후빈전혼전도감의궤(神貞王后殯殿魂殿都監儀軌)』에 '길유궁 유문'이라고 한 기록,[120] 길유궁과 유문이 따로 그려져 있는 〈도판 41〉 「유문도(帷門圖)」 등에서 길유궁과 유문이 별개임을 명확하게 볼 수 있다.

---

117 본서 제6장 각주 121 '정조 길유궁' 참조.

118 『孝明世子延慶墓墓所都監儀軌』(奎 13728) 下編, 造成所儀軌 圖說 「吉帷宮圖」 "帷門設於丁字閣之西【(註) 布帳內】南向 …".

119 『國朝喪禮補編』(奎 3940) 卷2, 「遷奠儀」 "前一日 典設司設吉帷宮於(丁字閣)之西【(註)(布帳內)】南向 施屛帳 南置帷門". 조선시대 국장에서 「천전의」를 기록한 대부분의 의궤에는 이처럼 기록되어 있다.

120 『神貞王后殯殿魂殿都監儀軌』(奎 13747) 卷1, 儀註 「立主奠儀」 "典儀設守陵官侍陵內侍位於吉帷宮帷門外近北北向西上 …".

다시 황당과 길유궁의 관계로 돌아와서 정리하면, 명성황후의 국장에 등장하는 황당은 무덤이라는 일반적인 뜻과 달리 조선의 길유궁 혹은 유궁과 동일한 기능을 한 곳이다. 황당의 모습은 『명성황후홍릉산릉도감의궤』에 실려 있고 조선의 국왕이나 왕후의 산릉 조성 과정을 정리한 『산릉도감의궤』에 그려져 있는 길유궁과 거의 유사하다. 사실 조선시대 국왕이나 왕후의 국장을 '진행'하는 과정에서 황당이라는 단어는 거의 찾아지지 않는다. 그 때문에 길유궁과 비교하면서 황당에 대해 좀 더 살펴보고자 한다.

황당은 『조선왕조실록』이나 『승정원일기』와 같은 관찬 자료에서는 그것의 대체를 파악하기 어려울 정도로 기록이 자세하지 않다. 도설을 비롯한 의주(儀註)를 실은 의궤에 의존할 수밖에 없는 상황에서 형태와 기능, 이를 설치한 위치라는 세 측면에서 검토하고자 한다. 조선의 길유궁과의 비교를 위해 국가전례서인 1758년본 『국조상례보편』을 참고하는 것은 물론이다.

먼저 형태이다. 『명성황후홍릉산릉도감의궤』에 그려져 있는 '황당'과 『효현왕후경릉산릉도감의궤(孝顯王后景陵山陵都監儀軌)』에 수록된 길유궁 및 『정조건릉산릉도감의궤(正祖健陵山陵都監儀軌)』에 실린 '길유궁'은 그 모습이 매우 유사하다(〈도판 40〉). 단, 효현왕후와 정조의 국장 때 설치한 길유궁은 보계(補階)/보계판(步階板)을 동서로 22자[척(尺)], 남북으로 27자를 깔았고, 황당은 보계를 동서로 '각(各)' 12자, 남북으로 '각' 14자를 깔았다.[121]

대부분 조선시대 『산릉도감의궤』에는 (길)유궁의 보계/보계판은 동서로 몇 자, 남북으로 몇 자라고 기록하여 면적이 파악된다. 이와는 달리 황당은 동서로 '각' 12자, 남북

121 * 효현왕후 길유궁: 『孝顯王后景陵山陵都監儀軌』(奎 13809) 下編, 造成所儀軌 圖說 「吉帷宮圖」 "帷宮設於丁字閣之西【(註) 布帳南】南向 束竹爲柱 施以仰遮 三面設牧丹屛 當南作帷門【(註) 仰遮帷帳並靑邊】 下設補階 着釘連鋪 東西二十二尺 南北二十七尺 南端正中及西邊 置二層梯【(註) 朱漆】補板 上設別紋地衣【(註) 靑縇】彩花面席【(註) 紫紬縇】".
* 정조 길유궁: 『正祖健陵山陵都監儀軌』(奎 13640) 下編, 造成所儀軌 圖說 「吉帷宮圖」 "帷宮設於丁字閣之西【(註) 布帳內】南向 束竹爲柱 施以仰遮 三面設屛【(註) 牧丹畵】 帳前置帷門【(註) 仰遮帷帳幷靑邊】 下用步階板 着釘連鋪 東西二十二尺 南北二十七尺 南端當中及西 置二層木梯【(註) 朱漆】鋪板 上設別紋地衣【(註) 靑縇】".
* 명성황후 황당: 『明成皇后洪陵山陵都監儀軌』(奎 13891) 下編, 造成所儀軌 圖說 「皇堂」 "皇堂設於甕家內之南西向 束竹爲柱 施以仰遮 三面設牧丹屛 當南作帳門【(註) 仰遮帷帳 並靑縇】 下設補階 着釘連鋪 東西各十兩尺 南北各十四尺 前面正中設層梯【(註) 朱漆】補板 上設別紋地衣【(註) 靑木縇】 設床卓諸具 床下排別紋席【(註) 靑木縇】 上排黃花席【(註) 黃紬縇】".

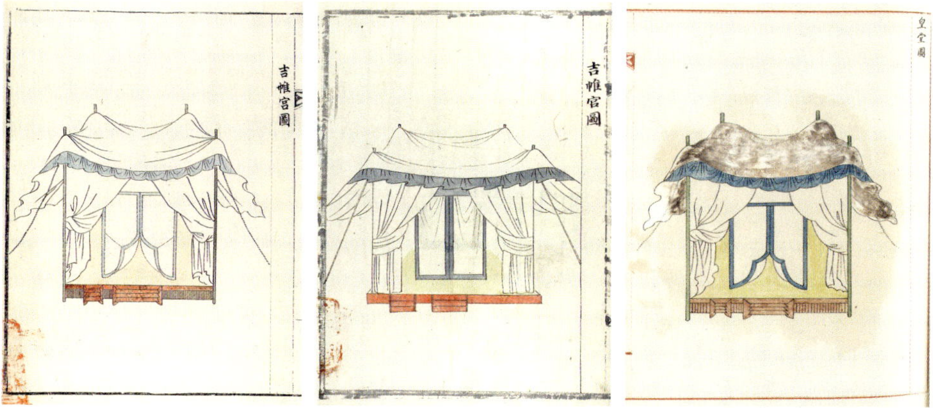

〈도판 40〉「길유궁(吉帷宮)」, 『효현왕후경릉산릉도감의궤』, 규장각한국학연구원 (좌①) | 「길유궁」, 『정조건릉산릉도감의궤』, 규장각한국학연구원 (중②) | 「황당(皇堂)」, 『명성황후홍릉산릉도감의궤』, 규장각한국학연구원 (우③)

① 1843년(헌종 9) 헌종비 효현왕후의 능인 경릉(景陵)의 조성 과정을 기록한 『효현왕후경릉산릉도감의궤』에 수록된 길유궁의 모습이다. 명성황후의 황당과 비교하기 위해서는 조선의 왕후 중 명성황후 국장과 가장 가까운 시기에 국장을 치른 신정왕후의 수릉(綏陵)에 설치했던 길유궁을 참고하는 것이 무난하다. 신정왕후는 1890년(고종 27)에 승하했다. 그럼에도 효현왕후의 경릉에 설치했던 길유궁을 제시한 것은 『신정왕후수릉산릉도감의궤(神貞王后綏陵山陵都監儀軌)』에 길유궁을 그린 그림은 실려 있으나 그 그림에 대한 설명이 길유궁이 아니라는 점 때문이다.[122] 그다음 비교 대상이 1878년(고종 15)에 승하한 철종비 철인왕후(哲仁王后)인데, 『철인왕후예릉산릉도감의궤(哲仁王后睿陵山陵都監儀軌)』에 실린 길유궁은 그 모습이나 조성 방법에 있어서는 문제가 없으나 설치한 위치가 철종의 정자각과 철인왕후의 가정자각(假丁字閣) 사이에 있어서 비교 대상에서 제외했다.[123] 그에 비해 『효현왕후경릉산릉도감의궤』에는 길유궁의 모습, 설치한 위치, 조성 방법 등 길유궁 그 자체로 다른 것과의 비교가 용이하다는 점에서 이 자료를 택했다.

② 1800년(순소 즉위년) 정조의 능인 건릉(健陵)의 조성 과정을 기록한 『정조건릉산릉도감의궤』에 수록된 길유궁의 모습이다. 조선의 국왕 국장에서 볼 수 있는 길유궁을 제시함으로써 조선의 왕후 국장에 설치한 길유궁과 대한제국 황후 국장에 설치한 황당과의 비교라는 점에서 제시했다. 『정조건릉산릉도감의궤』에도 길유궁의 모습을 비롯하여 이를 설치한 위치, 조성 방법 등 전반적인 정보를 제공하고 있다.

③ 『명성황후홍릉산릉도감의궤』에 실려 있는 황당의 모습이다. 황당의 모습과 이를 설치한 위치, 조성 방법 등이 수록되어 효현왕후와 정조 국장 때 조성한 길유궁과 비교하기에 유용하다.

---

122 『神貞王后綏陵山陵都監儀軌』(奎 13749) 下編, 造成所儀軌 圖說 「吉帷宮中排設廳合圖」.

123 『哲仁王后睿陵山陵都監儀軌』(奎 13873) 下編, 造成所儀軌 圖說 「吉帷宮中排設廳合圖」·「帷門圖」.

으로 '각' 14자라 하여 효현왕후와 정조의 국장 때 설치한 (길)유궁의 절반 정도라고 생각할 수 있다. 그런데 황당의 규모를 제시할 때 주의할 점이 있는데 바로 '각'이라는 한 글자이다. 이는 어떤 한 지점(중앙)을 중심으로 동쪽으로 12자, 서쪽으로 12자, 남쪽으로 14자, 북쪽으로 14자라는 것을 뜻한다. 그렇게 한다면 황당의 규모가 길유궁과 크게 차이가 나지 않는다는 사실을 알 수 있다. 명성황후의 산릉에 설치한 황당과 비교할 만한 황당 관련 기록이 나올 때 좀 더 분명해지리라 생각한다.

다음은 기능적인 측면이다. 길유궁은 광중(壙中)에 재궁을 내리는 절차를 마친 뒤 신주에 글을 쓰는 장소, 곧 제주소(題主所)였다.[124] 국가전례서만이 아니라 신정왕후의 국장에서도[125] 정조의 국장에서도,[126] 효명세자의 예장에서도 확인된 바이다.[127] 그에 비해 황당은 도설에서 그것을 설치하는 장소 및 제작하는 방법만 제시되어 있을 뿐 기능 자체에 대한 언급은 없다. 하지만 산릉에서 명성황후의 신주를 쓰는 절차를 기록한 「입주전의(立主奠儀)」에 신주에 글을 쓰기 위해 설치한 탁자가 황당 안에 있으며,[128] 그곳에서 제주(題主) 절차가 진행된 것으로 되어 있다.

황당이 제주하는 곳이라는 것은 『명성황후국장도감의궤』에 '황당에서 제주(題主)했다.',[129] 『명성황후빈전혼전도감의궤』에 '길유궁에서 우주(虞主)에 글을 썼다.'는[130] 내용에서 좀 더 분명해진다. 특히 『명성황후빈전혼전도감의궤』에는 황당이 아닌 '길유궁'이라고 표기하여 황당과 길유궁이 용어는 다르지만 신주에 글을 쓰는 공간이라는 점에서 동일하게 보고 있다.

---

124 『國朝喪禮補編』(奎 3940) 卷2, 「遷奠儀」"諸具 吉帷宮【(註) 設於丁字閣西 卽題主所】".

125 『神貞王后殯殿魂殿都監儀軌』(奎 13747) 卷1, 儀註 「遷奠儀」·「立主奠儀」.

126 『正祖殯殿魂殿都監儀軌』(奎 13637) 上卷, 儀註 「遷奠」·「立主奠」; 이현진, 2015 앞의 책, 215쪽.

127 『孝明世子殯宮魂宮都監儀軌』(奎 13721) 卷1, 儀註 「遷奠」·「立主奠」; 『孝明世子延慶墓墓所都監儀軌』(奎 13728) 下編, 造成所儀軌 圖說 「吉帷宮圖」.

128 『明成皇后殯殿魂殿都監儀軌』(奎 13890) 卷1, 儀註 「立主奠儀」; 『明成皇后國葬都監儀軌』(奎 13883) 卷1, 都廳儀軌 儀註 「立主奠儀」; 『明成皇后洪陵山陵都監儀軌』(奎 13891) 上編, 儀註 「立主奠儀」(附上樑文) "奉常司官設卓三於皇堂內之南西向【(註) 題主卓在北 次筆硯卓 次槃匜卓】具筆硯墨槃匜【(註) 具香湯】巾【(註) 用白細紵布】".

129 『明成皇后國葬都監儀軌』(奎 13883) 卷1, 都廳儀軌 時日 「丁酉十月二十八日」"同日 題主于皇堂".

130 『明成皇后殯殿魂殿都監儀軌』(奎 13890) 卷1, 擧行日時 「光武元年丁酉十月二十八日」"同日巽時 題虞主于吉帷宮".

131 『明成皇后洪陵山陵都監儀軌』(奎 13891) 下編, 別工作儀軌 燒火秩.

『명성황후홍릉산릉도감의궤』에도 황당을 대신하여 '길유궁'이라고 한 기록이 보이고,[131] 그 밖에도 명성황후 흉례 관련 의궤에는 '길유궁'이라고 표기한 곳이 간간이 발견된다.[132] 본서에서 참조한 명성황후 흉례 관련 의궤는 모두 황후로 책봉된 뒤 편찬되었다. 그럼에도 당시 의궤의 편찬에 참여한 사람들조차 황당과 길유궁을 다르다고 생각하지 않았다는 것을 볼 수 있다.

마지막으로 위치이다. 길유궁은 국가전례서에는 정자각의 서쪽에 설치한다고 되어 있다.[133] 『정조건릉산릉도감의궤』와 『효명세자연경묘묘소도감의궤』에는 '정자각의 서쪽에 설치하되 남쪽을 향한다.'라고 하여 방향이 추가되었다.[134] 길유궁은 방향을 차치하고서라도 정자각의 서쪽에 설치한다는 점은 분명하다.

그에 비해 황당은 『명성황후홍릉산릉도감의궤』에 따르면, 옹가(甕家) 안 남쪽에 서향으로 설치되었다.[135] 옹가는 능상각(陵上閣)이라고도 하는데 산릉의 봉분을 조성할 때까지 비와 눈 등을 피하기 위해 구덩이[현궁] 위에 세운 뜸집이다.[136] 그런데 『명성황후빈전혼전도감의궤』에 실린 의주 중 「천전의(遷奠儀)」를 보면, 황당이 곧 퇴광이라고 기록되어 있다.[137] 1758년본 『국조상례보편』에 실린 「천전의」에서 '퇴광'이라고 표기한 곳이[138] 『명성황후빈전혼전도감의궤』 「천전의」에는 '황당'이라고 기재되어 있다. 퇴광은 재궁을 현궁 안 외재궁에 봉안할 때 통로 역할을 하는 곳으로 이후에는 여기에 명기(明器), 복완(服玩) 등을 묻었다.

『명성황후홍릉산릉도감의궤』와 『명성황후빈전혼전도감의궤』 두 의궤의 기록을 본다

---

132 『明成皇后國葬都監儀軌』(奎 13883) 卷1, 都廳儀軌 照會 「丙申七月二十四日」·「丁酉三月初八日」·「丁酉十月初七日」; 『明成皇后國葬都監儀軌』(奎 13883) 卷1, 都廳儀軌 來照(附照覆) 「乙未十二月十五日」; 『明成皇后國葬都監儀軌』(奎 13883) 卷1, 都廳儀軌 掌禮院來通 「丁酉十月十七日」; 『明成皇后殯殿魂殿都監儀軌』(奎 13890) 卷1, 擧行日時 「光武元年丁酉十月二十八日」.

133 『國朝喪禮補編』(奎 3940) 卷2, 「遷奠儀」 "諸具 吉帷宮【(註) 設於丁字閣西 卽題主所】".

134 『正祖健陵山陵都監儀軌』(奎 13640) 下編, 造成所儀軌 圖說 「吉帷宮圖」 "帷宮設於丁字閣之西【(註) 布帳內】南向"; 『孝明世子延慶墓墓所都監儀軌』(奎 13728) 下編, 造成所儀軌 圖說 「吉帷宮圖」 "帷門設於丁字閣之西【(註) 布帳內】南向".

135 『明成皇后洪陵山陵都監儀軌』(奎 13891) 下編, 造成所儀軌 圖說 「皇堂圖」 "皇堂設於甕家內之南西向".

136 옹가에 대해서는 이현진, 2015 앞의 책, 226~232쪽 참조.

137 『明成皇后殯殿魂殿都監儀軌』(奎 13890) 卷1, 儀註 「遷奠儀」 "前一日 主殿司設幕次於皇堂【(註) 退壙】外之西南向 施屛帳 南置帷門".

138 『國朝喪禮補編』(奎 3940) 卷2, 「遷奠儀」.

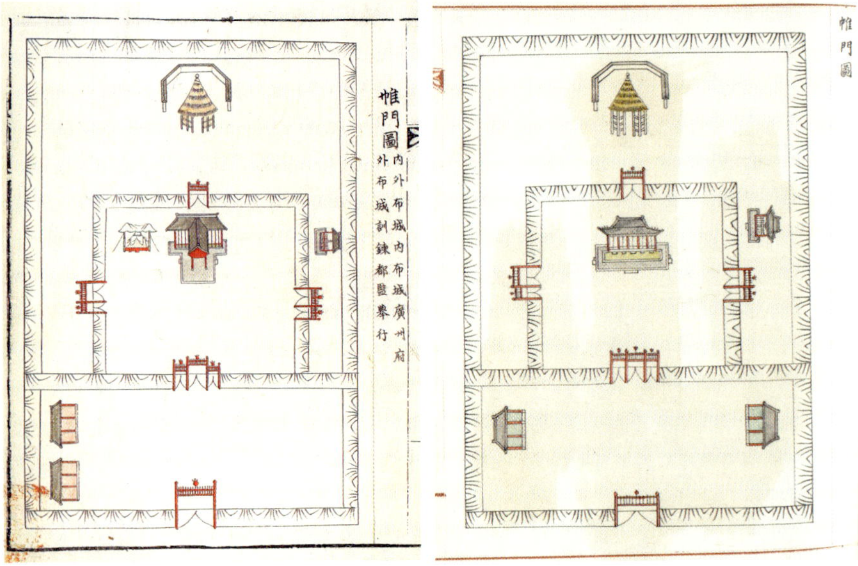

〈도판 41〉「유문도(帷門圖)」, 『효현왕후경릉산릉도감의궤』, 규장각한국학연구원(좌①) | 「유문도」, 『명성황후홍릉산릉도감의궤』, 규장각한국학연구원(우②)

① 1843년(헌종 9)에 승하한 헌종비 효현왕후의 경릉을 조성할 때의 전체 모습을 보여주는 유문도이다. 명성왕후/황후를 제외한 19세기에 승하한 조선의 왕후들 중 내상재선에 해당하는 왕후는 헌종비 효현왕후가 유일하여[139] 『효현왕후경릉산릉도감의궤』에 실려 있는 유문도를 제시했다. 전체적으로 직사각형의 휘장이 둘러져 있고 맨 위 북쪽 가운데에 능상각(옹가)이 그려져 있다. 능상각의 남쪽에 다시 사각형으로 휘장이 둘러져 있고 동서남북으로 홍살문이 세워져 있다. 그 안에서 북쪽 가운데에 정자각이 자리하고 있으며 정자각의 서쪽에 길유궁이 설치되어 있다.

② 『명성황후홍릉산릉도감의궤』에 수록되어 있는 홍릉(洪陵)을 조성할 때의 전체 모습을 보여주는 유문도이다. 경릉의 유문도처럼 전체적으로 직사각형의 휘장이 둘러져 있고 맨 위 북쪽 가운데에 능상각이 그려져 있다. 능상각의 남쪽에 다시 사각형으로 휘장이 둘러져 있고 동서남북으로 홍살문이 세워져 있는 것까지는 경릉의 유문도와 동일하다. 그 안에서 북쪽 가운데에 침전(寢殿)이 위치해 있다. 정자각이 아닌 침전이라는 점, 또 침전 이외에 아무것도 설치되어 있지 않다는 점에서 조선시대 국왕이나 왕후의 유문도와는 다르다는 것을 알 수 있다.

참고로 두 유문도에서 제사를 지낼 때 재실(齋室)에서 장만한 음식을 제기(祭器)에 담아 준비하는 수라간(水刺間)과 능을 수호하는 군사들이 수직하는 수복방(守僕房)의 위치가 다르다. 홍릉처럼 동서로 대칭적으로 위치하기도 하고 경릉처럼 서쪽에 두 건물이 위아래로 나란히 위치하기도 한다. 이는 의도적이라기 보다는 지형에 따라서 조성하기 때문에 나타난 현상이다.

139 〈표 3〉 19세기에 승하한 조선의 왕후들

왕후	승하한 해	기일	비고
영조계비 정순왕후	1805년(순조 5)	1월 12일	
정조비 효의왕후(효의선황후)	1821년(순조 21)	3월 9일	
순조비 순원왕후(순원숙황후)	1857년(철종 8)	8월 4일	
익종비 신정왕후(신정익황후)	1890년(고종 27)	4월 17일	
헌종비 효현왕후(효현성황후)	1843년(헌종 9)	8월 25일	
철종비 철인왕후(철인장황후)	1878년(고종 15)	5월 11일(음력)	6월 12일(양력)
고종비 명성황후(명성태황후)	1895년(고종 32)	8월 20일(음력)	10월 8일(양력)

면, 황당은 옹가 안 남쪽인 퇴광 혹은 옹가 안 남쪽인 퇴광에 서향으로 설치한 장막으로 정리된다. 여기서 드는 의문은 황당이 그 자체로 퇴광이 될 수 있느냐의 여부이다. 『명성황후홍릉산릉도감의궤』에 실린 황당 그림과 그에 대한 설명을 보면 퇴광과는 거리가 멀다. 형태면에서 기능면에서 전혀 같지 않다. 그렇다면 황당은 퇴광에 설치되었으며 그 방향은 서향이라고 볼 수 있다.

결국 황당과 길유궁은 형태면에서 거의 차이를 노정하지 않으며, 신주를 쓰는 곳이라는 점에서 그 기능도 동일하다. 둘의 가장 큰 차이는 그것을 설치한 위치로, 길유궁은 정자각의 서쪽인 반면 황당은 옹가 안 남쪽 퇴광 자리이다. 위치적인 차이는 곧바로 유문도(帷門圖)에서 드러난다(〈도판 41〉). 유문도는 산릉을 조성하는 전체의 모습을 그린 조감도로, 길유궁은 정자각의 서쪽에 그려져 있으나 퇴광에 설치된 황당은 보이지 않았던 것이다.

으로 나아가 '효자원성정화합천명성황후의 신령은 신주에 깃드십시오.'라고 주청한 내용이 실려 있다.[140] 신령에게 신주에 깃들기를 청하는 것으로, 조선의 국가전례서에 실린 「입주전(의)」에는 이러한 절차가 없다. 조선의 모든 국왕과 왕후의 국장을 일일이 확인한 것은 아니지만 적어도 국가전례서 및 영조와 정조의 국장에서는 발견되지 않는 절차이다.

한편, 발인할 때 고종이 경운궁에서 산릉에 나아갔다가 다시 궁으로 돌아오는 여정은 다음과 같다.[141]

1897년 음력 10월 27일 인시, 삼엄(三嚴)을 알리는 북소리가 그치자 좌장례(左掌禮)가 무릎을 꿇고 외판(外辦)을 주청했다. 고종이 포과익선관(布裹翼善冠)·포포(布袍)·포과서대(布裹犀帶)·백피화(白皮靴) 차림으로 여(輿)를 타고 나오고, 황태자는

140 『明成皇后殯殿魂殿都監儀軌』(奎 13890) 卷1, 儀註 「立主奠儀」; 『明成皇后洪陵山陵都監儀軌』(奎 13891) 上編, 儀註 「立主奠儀」(附上樑文) "攝左掌禮進當靈座前 俯伏跪奏請 孝慈元聖正化合天明成皇后神靈上神主 奏訖 主事引摠護使以下出 改服衰服 還本位".

141 『承政院日記』 高宗 34年 10月 27日(癸未)[陽曆 11月 21日].

최복 차림으로 여를 타고 나왔다. 대가(大駕)가 돈례문(敦禮門) 밖에 이르러 여에서 내려 교(轎)로 바꾸어 타고, 인화문 밖을 경유하여 산릉의 작문(作門) 밖에 이르러 교에서 내려 여를 타고 대차(大次)로 들어갔다. 산릉에서 경숙했다. 다음 날 고종이 최복 차림에 지팡이[장(杖)]를 짚고 (대차에서 나와) 곡결위(哭訣位)로 나아가 곡결했다. 절차를 마친 뒤 대가가 출발하고, 우주를 실은 우주련(虞主輦)도 이어서 출발하여 환궁했다.

11월 22일에 반우하여 신주를 경소전에 마련한 경효전(景孝殿)으로 봉안한 뒤 자시에 초우제(初虞祭)를 친행했다. 고종이 초헌관, 황태자가 아헌관, 의정 심순택이 종헌관이 되어 행례했다.[142] 이보다 앞서 초우제에 사용할 축문에 친압했고, 그 처소는 청목재였다.[143] 오시에 최복 차림을 한 고종과 황태자가 경효전에 나아가 각 제전(祭奠)을 친행했다.[144] 그보다 앞서 제전을 거행할 때 고종은 혼전의 내외친들 중 궐 안에 있는 이는 내곡반에 입참하며 비록 외임에 있더라도 상경했으면 일체 입참하라는 조령을 내렸었다.[145] 이때 혼전은 명성황후를 가리키는 대명사이다.

유시에 청목재에 나아가 경효전의 재우제(再虞祭)에 사용할 축문에 친압한 뒤 경효전으로 나아가 신백을 지송(祗送)했다.[146] 장례원 겸장례 정인석(鄭寅奭)과 봉시 반학영이 신백함(神帛函)을 배봉하여 능소에 도착, 당랑

142 『承政院日記』 高宗 34年 10月 28日(甲申)[陽曆 11月 22日]; 『高宗實錄』 卷36, 高宗 34年 11月 22日(陽曆). 『승정원일기』에 초우제를 친행하는 절차가 재록되어 있다.

143 『承政院日記』 高宗 34年 10月 28日(甲申)[陽曆 11月 22日]. 여기에는 '금일' 친압할 처소를 청목재로 정하는 내용만 실려 있을 뿐이다. 이날 지내는 제사가 '초우제'이므로 축문 친압은 초우제에 쓸 축문에 대한 친압이며 청목재는 이를 행할 장소로 보았다.

144 『承政院日記』 高宗 34年 10月 28日(甲申)[陽曆 11月 22日]. 여기에 고종이 각 제전을 친행하는 절차가 수록되어 있다.

145 『承政院日記』 高宗 34年 10月 28日(甲申)[陽曆 11月 22日].

146 『高宗實錄』 卷36, 高宗 34年 11月 22日(陽曆); 『承政院日記』 高宗 34年 10月 28日(甲申)[陽曆 11月 22日]. 『승정원일기』에 고종이 축문에 친압하는 절차가 수록되어 있다.

과 상지관의 입회하에 곡장(曲墻) 안 경방(庚方)에 매안했다.[147] 그 밖에 고종은 원임제학 민영준에게 산릉으로 달려가서 봉심하고, 그대로 머물러 있다가 안릉전(安陵奠)을 행한 뒤 복명하라고 명했다.[148]

참고로 '경효전의 재우제에 사용할 축문에 친압한 뒤 경효전으로 나아가'에서 주의할 점이 있다. 두 번의 경효전에서 전자는 명성황후를, 후자는 명성황후의 혼전을 가리킨다. 이후에도 우제를 지내는 가운데 특히 축문에 친압한다는 내용을 수록한 『고종실록』이나 『승정원일기』에 '경효전○우제'라는 표현, 곧 '경효전사우제', '경효전오우제' 등등 구우제를 지낼 때까지 이러한 표현이 나올 때 이때의 경효전도 모두 명성황후를 가리킨다.

마지막으로 이날에 있었던 일 중 일본 특파공사가 명성황후의 인봉으로 인해 신임장(信任狀)을 봉정한 사실이 주목된다. 명성황후의 인봉 후 신하들이 봉위(奉慰)하고자 경효전 재실(齋室)에서 고종과 회견한 것은 당연한 수순이다.[149] 그리고 일본에서도 명성황후의 인봉에 특파공사를 파견하는 일이 이상한 것은 아니다. 앞서 보았듯이 조선시대에도 이웃 나라의 황제/국왕 혹은 황후/왕후가 세상을 떠났을 때 조문하는 일은 관행적으로 있어 왔기 때문이다.

다만, 신임장의 내용에서 유독 칭호가 눈에 띈다. 일본 천황이 자신은 '대일본국 대황제(大日本國大皇帝)', 고종에 대해서는 좋은 벗인 '대한국 대황제 폐하(大韓國大皇帝陛下)', 명성황후는 '대황후 폐하(大皇后陛下)'라 하여

147 『明成皇后洪陵山陵都監儀軌』(奎 13891) 上編, 時日「丁酉十月二十八日」.

148 『高宗實錄』 卷36, 高宗 34年 11月 22日(陽曆); 『承政院日記』 高宗 34年 10月 28日(甲申) [陽曆 11月 22日].

149 『高宗實錄』 卷36, 高宗 34年 11月 22日(陽曆); 『承政院日記』 高宗 34年 10月 28日(甲申) [陽曆 11月 22日].

동등한 칭호를 사용했다는 사실이다.[150] 일본은 청일전쟁 후 조선의 자주독립을 인정하고, 대한제국 선포 후 이렇듯 고종을 황제, 명성황후를 황후로 인정하는 것에 주저함이 없음을 볼 수 있다.

발인에서부터 반우까지 11월 21일과 22일 이틀 동안에 진행된 일들을 살펴보았다. 의궤를 중심으로 시간 순으로 좀 더 구체적으로 정리하면 〈표 4〉와 같다. 단, 『명성황후국장도감의궤』와 『명성황후빈전혼전도감의궤』, 『명성황후홍릉산릉도감의궤』의 기록이 달라 세 문헌을 모두 제시하고자 한다.

11월 23일(음력 10월 29일 을유) 자시, 최복 차림을 한 고종과 황태자가 경효전에서 재우제를 직접 지냈다. 고종이 초헌관, 황태자가 아헌관, 의정이 종헌관이 되어 행례했다.[151] 종헌관인 의정의 이름은 명시되어 있지 않다. 오시에 최복 차림을 한 고종과 황태자가 경효전에 나아가 각 제전을 친행했다.[152] 이날 황태자는 부첨사 이용선(李容善, 1863~?)에게 산릉으로 달려가서 봉심하고, 그대로 머물러 있다가 안릉전을 행한 뒤 복명하라고 명했다.

11월 24일(음력 11월 1일 병술) 자시, 최복 차림을 한 고종과 황태자가 경효전에서 삼우제(三虞祭)를 친행했다. 고종이 초헌관, 황태자가 아헌관, 대신이 종헌관이 되어 행례했다.[153] 종헌관인 대신의 이름은 제시되어 있지 않다. 오시에 최복 차림을 한 고종과 황태자가 경효전에 나아가 각 제

150 『高宗實錄』 卷36, 高宗 34年 11月 22日(陽曆). 일본 특파공사의 이름은 가토 마스오[加藤增雄]이다. '加藤增雄'을 '가토 마스오'라고 읽은 것은 『고종실록』의 번역본을 따랐다.

151 『承政院日記』 高宗 34年 10月 29日(乙酉)[陽曆 11月 23日]; 『高宗實錄』 卷36, 高宗 34年 11月 23日(陽曆). 『승정원일기』에 재우제를 친행하는 절차가 재록되어 있다.

152 위와 같음. 단, 『승정원일기』에 고종이 각 제전을 친행하는 절차가 실려 있다.

153 『承政院日記』 高宗 34年 11月 1日(丙戌)[陽曆 11月 24日]; 『高宗實錄』 卷36, 高宗 34年 11月 24日(陽曆). 『승정원일기』에 삼우제를 친행하는 절차가 실려 있다.

〈표 4〉 발인부터 반우까지 의궤에 기록된 일정[154]

거행 날짜	거행 내용	참고문헌
1897년 11월 21일 (음력 10월 27일)	인시(寅時). 발인	『국장』·『빈전혼전』
	혼전【경소전】 이하 여러 곳[제처(諸處)] 수리	『빈전혼전』
	손시(巽時). 노제소【보제원】 도착	『빈전혼전』
	사시(巳時). 보제원 노제소 도착	『국장』
	오시(午時). 산릉 침전 도착. 침전에서 성빈	『국장』
	오시. 대여가 산릉 침전 도착, 성빈	『산릉』
	미시(未時). 상산릉(上山陵) 습의	『국장』
	미시. 산릉 침전 도착, 성빈	『빈전혼전』
	신시(申時). 계찬궁	『국장』
	신시. 상산릉 습의	『산릉』
	유시(酉時). 석상식, 석전 겸행	『산릉』
	해시(亥時). 계찬궁	『산릉』
	인시.[155] 계찬궁. 상산릉	『빈전혼전』
	지문선사작첩(誌文繕寫作貼) 내입	『국장』
	표석전면인본장족(表石前面印本粧簇) 내입	『국장』
1897년 11월 22일 (음력 10월 28일)	인시. 재궁을 받들고 산릉에 올라 결과(結裹)한 것을 풀고 봉심	『국장』
	인시. 천전, 조전(朝奠), 조상식 겸행. 영여(靈轝)를 받들고 상산릉.	『산릉』
	진시(辰時). 하현궁	『국장』·『빈전혼전』
	진시. 하현궁. 현궁봉폐(玄宮封閉). 제주(題主) 후 입주전(立主奠) 설행, 이어서 반우	『산릉』
	손시. 길유궁에서 우주에 글을 씀	『빈전혼전』
	황당에서 제주(題主)	『국장』
	오시. 반우 위해 이발(離發)	『국장』
	미시. 길유궁에서 반우 위해 이발	『빈전혼전』
	미시. 반우하여 신주를 경운궁 경효전에 봉안	『국장』
	유시. 경운궁 경소전으로 반우. 초우제(初虞祭) 거행. 산릉에 신백(神帛) 매안. 혼전도감 파출(罷出)	『빈전혼전』
	해시. 곡장(曲墻) 안 경방(庚方)에 신백(神帛) 매안	『산릉』

154 『明成皇后國葬都監儀軌』(奎 13883)(『국장』이라 표기) 卷1, 都廳儀軌 時日 「丁酉十月二十七日」·「二十八日」; 『明成皇后殯殿魂殿都監儀軌』(奎 13890)(『빈전혼전』이라 표기) 卷1, 擧行日時 「光武元年丁酉十月二十七日」·「二十八日」; 『明成皇后洪陵山陵都監儀軌』(奎 13891)(『산릉』이라 표기) 上編, 時日 「丁酉十月二十七日」·「二十八日」.

155 이때의 '寅時'는 11월 21일이 아닌 11월 22일 인시가 되어야 할 듯하다.

전을 친행했다.[156]

그 밖에 내일 친압할 처소는 청목재로 정했다.[157] 삼우제 이후에 지내는 제사는 '사우제(四虞祭)'이므로 친압은 사우제에 쓸 축문에 대한 친압이며 청목재는 이를 거행할 장소로 보인다. 다음 날 25일 신시에 고종이 청목재에서 사우제에 쓸 축문에 친압한 것을 통해,[158] 하루 전날 친압할 처소로 청목재를 정한 것이 사우제에 쓸 축문에 친압하기 위한 장소 선정임이 분명해진다.

11월 26일(음력 11월 3일 무자) 자시에 최복 차림을 한 고종과 황태자가 경효전에서 사우제를 친히 지냈다. 고종이 초헌관, 황태자가 아헌관, 대신이 종헌관이 되어 행례했다.[159] 종헌관인 대신의 이름은 밝혀져 있지 않다. 다음 날 27일 신시에 고종이 청목재에서 오우제(五虞祭)에 쓸 축문에 친압했다.[160]

11월 28일(음력 11월 5일 경인) 자시에 최복 차림을 한 고종과 황태자가 경효전에서 오우제를 친행했다. 고종이 초헌관, 황태자가 아헌관, 대신이 종헌관이 되어 행례했다.[161] 종헌관인 대신의 이름은 명시되어 있지 않다.

이날에는 오우제를 지낸 것 이외에도 중요한 절차를 논의했다. 조선시대 국왕이나 왕후의 국장에서는 볼 수 없는 졸곡 다음 날에 행하는 부

---

156 위 각주 153과 같음. 단, 『승정원일기』에 고종이 각 제전을 친행하는 절차가 수록되어 있다.

157 『承政院日記』 高宗 34年 11月 1日(丙戌)[陽曆 11月 24日].

158 『承政院日記』 高宗 34年 11月 2日(丁亥)[陽曆 11月 25日]; 『高宗實錄』 卷36, 高宗 34年 11月 25日(陽曆). 『승정원일기』에 고종이 축문에 친압하는 절차가 재록되어 있다.

159 『承政院日記』 高宗 34年 11月 3日(戊子)[陽曆 11月 26日]; 『高宗實錄』 卷36, 高宗 34年 11月 26日(陽曆). 『승정원일기』에 사우제를 친행하는 절차가 실려 있다.

160 『承政院日記』 高宗 34年 11月 4日(己丑)[陽曆 11月 27日]; 『高宗實錄』 卷36, 高宗 34年 11月 27日(陽曆). 『승정원일기』에 고종이 축문에 친압하는 절차가 재록되어 있다.

161 『承政院日記』 高宗 34年 11月 5日(庚寅)[陽曆 11月 28日]; 『高宗實錄』 卷36, 高宗 34年 11月 28日(陽曆). 『승정원일기』에 오우제를 친행하는 절차가 수록되어 있다.

향(祔享) 의절이다. '부제(祔祭)'라고도 일컫는 이 절차는 사대부가에서 행용하는 의례 지침서인 『주자가례(朱子家禮)』에서 볼 수 있다.[162] 조부에게는 천묘(遷廟)해야 한다는 사실을 고하고 새로 죽은 이에게는 입묘(入廟)해야 한다고 고하는 제사이다.[163]

관찬 자료에는 부향과 동일한 표현으로 '부묘지례(祔廟之禮)'라고 했다. 그런데 '부묘지례'는 일반적으로 국왕이나 왕후 국장의 마지막 절차인 신주를 종묘에 봉안할 때 행하는 의례를 가리키므로[164] 졸곡 다음 날에 행하는 이 의례와 헷갈릴 수 있는 소지가 다분하다. 따라서 졸곡 다음 날에 행하는 이 절차를 '부향' 혹은 '부제'로 지칭하여 국장에서 마지막으로 행하는 '부묘'와 구별하여 서술하고자 한다.

장례원 경 김영목이 역대 전례를 살펴본 결과, 황후의 상에는 졸곡 뒤 부향 절차가 있는데 이번에도 이대로 마련하여 거행하는 것이 어떻겠냐고 고종에게 아뢰자 고종이 윤허했다. 그에 따라 관련 의례에 대해 몇 가지를 논의했다.

먼저 부향 의절은 졸곡 다음 날 신주를 받들어 태묘에 나아가 부알례(祔謁禮)를 행한 뒤 시향(時享)을 지낼 때의 의식대로 제사를 지내고 예가 끝나면 신주를 받들어 도로 궤연(几筵)에 모시는 역대 전례를 따라 거행하기로 결정했다. 또 부알례를 행할 때 친림하여 행례하고 친히 제사를 지내는 절차는 규례대로 마련하며, 이때 황태자가 따라 나아가 예를 행하고 아헌(亞獻)하는 절차도 규례대로 마련하며, 이보다 앞서 태묘와 혼전에 고유제를 미리 설행해야 하며, 졸곡제(卒哭祭)를 지내는 음력 11월 15일이

162 『家禮』(奎中 311) 卷6, 喪禮3 「祔」(宋 朱熹 註. 이하 같음).

163 『葛庵集』 卷13, 書 「答金幼淸問目」(己卯) "祔祭者 告其祖以當遷廟 而告新死以當入廟也". 부제에 대한 정의는 갈암 李玄逸이 정확하게 표현했기에 이를 참고했다.

164 국장의 마지막 절차로서의 부묘례 전반에 대해서는 이현진, 2015 앞의 책, 제2부 제5장 참조.

망제(望祭)와 상치되어 그럴 경우 별제를 행한다는 예문에 따라 별제인 졸곡제만 지낸다는 등등을 논의하여 정했다.[165]

* 종묘 고유제: 음력 11월 15일 망제와 겸행.
* 경효전 고유제: 같은 날(음력 11월 15일) 졸곡제와 겸행.
* 고동가제(告動駕祭): 음력 11월 16일 (신주를) 받들고 태묘에 나아가 때맞추어[임시(臨時)] 설행.
* 부향 친행할 때 영녕전에는 대신을 보내어 섭행으로 설행.

이 중에서 고동가제(告動駕祭)를 지내는 시점과 장소에 대해 재고가 필요하다. 고동가제는 혼전에서 신주를 받들어 내어 신련에 싣고 출발하겠다는 뜻을 고하는 제사이다. 그런 까닭에 태묘로 나아가기 전 혼전인 경효전에서 지내야 한다. 그런데 위 내용만을 본다면 마치 신주가 혼전에서 출발하여 태묘에 나아가 거기서 지내는 것처럼 해석할 여지가 다분하다. 정작 이 제사를 지내는 음력 11월 16일(양력 12월 9일)을 본다면 명확해질 것으로 판단된다.

11월 29일, 오시 혹은 신시에 산릉에서 안릉전을 올렸다.[166] 신시에 고종이 청목재에서 육우제(六虞祭)에 쓸 축문에 친압했다.[167] 유시에 능역을 끝낸 뒤 복명한 신하들을 청목재에서 소견했다. 원임제학 민영준이 고종

165 장례원 경 김영목과 고종의 부향 절차와 관련하여 논의한 두 단락은 『承政院日記』 高宗 34年 11月 5日(庚寅)[陽曆 11月 28日]; 『高宗實錄』 卷36, 高宗 34年 11月 28日(陽曆) 참조.

166 『高宗實錄』 卷36, 高宗 34年 11月 29日(陽曆); 『明成皇后洪陵山陵都監儀軌』(奎 13891) 上編, 時日 「丁酉十一月初六日」. 안릉전을 올린 시각이 『고종실록』에는 '오시'에, 『명성황후홍릉산릉도감의궤』에는 '신시'라고 되어 있다.

167 『承政院日記』 高宗 34年 11月 6日(辛卯)[陽曆 11月 29日]; 『高宗實錄』 卷36, 高宗 34年 11月 29日(陽曆). 『승정원일기』에 축문에 친압하는 절차가 간략하게 수록되어 있다.

에게 능상(陵上)은 안녕하고 침전·비각(碑閣)은 무탈하며 이후 그대로 머물면서 안릉전을 감독했다는 자신의 임무를 구체적으로 보고했다. 산릉도감 제조(당상) 김종한은 산릉의 공역에 대해 보고했다.

김종한의 보고에 대해 『고종실록』에는 '능역고준(陵役告竣)'이라고 되어 있는 반면, 『승정원일기』에는 산릉 공역이 '거개고준(擧皆告竣)'이라고 하여 약간 차이를 보였다.[168] 사실 안릉전을 올렸다는 것만으로도 공역의 대체가 끝났다고 볼 수 있다. 또 이 날짜에 세 도감의 총호사 이하 공역에 참여한 모든 사람들에게 시상하는 별단이 올려졌다.[169] 이러한 정황으로 인해 『고종실록』에는 '고준'이라고 본 듯하다.

다만, 세세한 부분까지 마무리한 뒤 공역에 종사한 사람들을 방송(放送)한다는 기록이 나오기 전까지는 『승정원일기』의 '거개고준'으로 보는 것이 타당할 듯하다. 무엇보다 12월 8일자 『승정원일기』에 '아직 갖추지 못한 비석은 올해 안으로 세우도록 하라.', '아직 다 완료하지 못한 산릉의 공역은 당상들로 하여금 돌아가며 간검(看檢)하게 하되 한절기가 되어 일을 마치기 어려울 것이므로 내년 봄을 기다려 하는 것이 좋겠다.' 등의 논의를 보면 아직 공역이 완전히 끝난 것은 아니라는 사실을 보여준다.[170]

11월 30일(음력 11월 7일 임진) 자시에 최복 차림을 한 고종과 황태자가 경효전에서 육우제를 친히 지냈다. 고종이 초헌관, 황태자가 아헌관, 대신이 종헌관이 되어 행례했다.[171] 종헌관을 담당한 대신의 이름은 제시되

---

168 위와 같음.

169 『承政院日記』 高宗 34年 11月 6日(辛卯)[陽曆 11月 29日]; 『明成皇后洪陵山陵都監儀軌』(奎 13891) 上編, 賞典; 『高宗實錄』 卷36, 高宗 34年 11月 29日(陽曆).

170 『承政院日記』 高宗 34年 11月 15日(庚子)[陽曆 12月 8日]

171 『承政院日記』 高宗 34年 11月 7日(壬辰)[陽曆 11月 30日]; 『高宗實錄』 卷36, 高宗 34年 11月 30日(陽曆). 『승정원일기』에 육우제를 친행하는 절차가 재록되어 있다.

어 있지 않다. 그리고 내일 친압할 처소는 청목재로 정했다.[172] 이번에도 무엇에 친압할 것인지 밝히지 않은 채 친압할 장소를 선정했다. 다음 날 12월 1일 신시에 고종이 청목재에서 칠우제(七虞祭)에 쓸 축문에 친압한 것을 통해,[173] 친압 처소로 청목재를 정한 것이 칠우제에 쓸 축문에 친압하기 위한 장소 선정임을 짐작하게 한다.

12월 1일에는 축문에 친압하는 절차 이외에 두 가지 안건을 결정했다. 먼저 역대 전례에 태묘에 친향할 때 서계(誓戒)는 3일 전에 마련했고 만약 그 서계가 담제(禫祭) 이전에 한 경우에는 아헌관 이하가 진참한 사례가 있었는데 이번에는 종헌관 이하가 행례한다는 것이었다.[174] 다른 하나는 태묘에 친향할 때 성생(省牲)과 성기(省器)하는 절차는 친림한 경우도 섭행한 경우도 있었는데 이번에는 섭행으로 마련한다는 내용이다.[175]

12월 2일(음력 11월 9일 갑오) 자시에 최복 차림을 한 고종과 황태자가 경효전에서 칠우제를 친행했다. 고종이 초헌관, 황태자가 아헌관, 대신이 종헌관이 되어 행례했다.[176] 종헌관인 대신의 이름은 명시되어 있지 않다.

그 밖에 이날 '계천기원절(繼天紀元節)'을 정했다. '광무 원년 9월 17일'은 황상이 황제로 즉위한 실로 나라의 경사스러운 날이므로 매년 이날을 '계천기원절'로 일컬으며, 작년 8월 21일 각 전(殿)·궁(宮)의 탄일 주본에 이러한 내용을 첨입하기를 요청하는 궁내부 대신 민영규의 건의에 고종이

---

172 『承政院日記』 高宗 34年 11月 7日(壬辰)[陽曆 11月 30日].

173 『承政院日記』 高宗 34年 11月 8日(癸巳)[陽曆 12月 1日]; 『高宗實錄』 卷36, 高宗 34年 12月 1日(陽曆). 『승정원일기』에 고종이 축문에 친압하는 절차가 실려 있다.

174 『高宗實錄』 卷36, 高宗 34年 12月 1日(陽曆); 『承政院日記』 高宗 34年 11月 8日(癸巳)[陽曆 12月 1日].

175 『承政院日記』 高宗 34年 11月 8日(癸巳)[陽曆 12月 1日].

176 『承政院日記』 高宗 34年 11月 9日(甲午)[陽曆 12月 2日]; 『高宗實錄』 卷36, 高宗 34年 12月 2日(陽曆). 『승정원일기』에 칠우제를 친행하는 절차가 재록되어 있다.

승인했다.[177]

'계천기원절'과 관련하여 관찬 자료에는 더 이상의 설명이 수록되어 있지 않다. 광무 원년 9월 17일을 '계천기원절'로 정한 것은 이해가 가지 않는 것은 아니지만 우제를 지내던 중 갑자기 결정한 것에 대해서는 어떠한 맥락에서 나온 것인지 추론조차 어렵다.

황제로 즉위한 뒤 시일이 다소 지났으나 늦게나마 계천기원절을 제정한 것은 관련 정보가 부족하여 정확하지 않지만 황제 즉위 이후에 계속해서 이를 염두에 둔 것으로 추정된다. 한창 우제를 지내는 중임에도 이를 정했다는 사실에서 짐작된다. 다만, 고려할 것은 '계천기원절'의 제정을 '작년 8월 21일 각 전·궁의 탄일 주본'에 첨입한다는 점이다. 왜 그 주본에 첨입하는 것일까.

한 해 전 8월 21일에 각 전·궁의 탄신 월일을 양력에서 다시 음력을 따르기로 결정했었다.[178] 이 주본에 계천기원절의 제정과 관련한 내용을 첨입한다는 것인데, 사람의 탄신처럼 고종이 황제로 즉위한 날을 '계천기원절'이라 하여 국가의 탄생으로 보아 각 전·궁의 탄일 주본에 첨입하기로 한 것 같다. 현재로서의 추론은 여기까지이다.

국가의 탄생을 사람의 탄신과 같은 맥락으로 보았다는 것은 개천기원절의 날짜 또한 양력이 아닌 '음력 9월 17일'이라고 볼 수 있다. 음력 이날에 황제로 즉위했고, 또 1908년에 '계천기원절'을 '양력 10월 12일'로 고친 것에서 입증된다.[179] 음력 9월 17일이면 해마다 여기에 해당하는 양력 날

---

177 『高宗實錄』 卷36, 高宗 34年 12月 2日(陽曆); 『承政院日記』 高宗 34年 11月 9日(甲午)[陽曆 12月 2日].

178 『高宗實錄』 卷34, 高宗 33年 8月 21日(陽曆); 『承政院日記』 高宗 33年 7月 13日(丙午)[陽曆 8月 21日]. 본서 제4장 각주 52 참조.

179 『純宗實錄』 卷2, 純宗 1年 7月 22日(陽曆); 『承政院日記』 純宗 2年 6月 24日(戊寅). 동일한 기사에 대해 『순종실록』은 '순종 1년'으로, 『승정원일기』에는 '순종 2년'으로 기록하면서

짜가 달라지지만 양력을 따른다면 그럴 일이 없다. 그리고 이때 정한 '양력 10월 12일'은 또 다른 특징이 있었다. 바로 음력으로 '광무 원년 9월 17일'이 양력으로는 '광무 원년 10월 12일'이었기 때문이다. 따라서 이때부터는 해마다 양력 10월 12일이 개천기원절이 되었다.

12월 3일, 당일 친압할 처소는 청목재로 정했고, 그에 따라 신시에 고종이 청목재에서 팔우제(八虞祭)에 사용할 축문에 친압했다.[180] 그 밖에 이날 종묘에서 행하는 두 가지 의례 절차를 정했다.

하나는 역대 전례에는 부알례를 거행할 때 신주를 받들고 종묘 앞 욕위(褥位)에 이르러 북쪽을 향하면 황제가 신주 뒤에서 사배례(四拜禮)를 행했는데 이번에는 이러한 규례를 따르기 어려운 점이 있어서 신주를 받드는 것은 궁위령(宮闈令)이 담당하고 배례(拜禮)는 동궁이 대행하는 것으로 정했다. 다른 하나는 태묘에서 친향할 때 먼저 종묘에서의 망묘례(望廟禮)와 영녕전에서의 망전례(望殿禮)를 거행하는데 지금의 전례(典禮)는 예전과 다르므로 친향할 때마다 먼저 전알(展謁)을 행하기로 했다.[181]

12월 4일(음력 11월 11일 병신) 자시에 최복 차림을 한 고종과 황태자가 경효전에 나아가 팔우제를 친히 지냈다. 고종이 초헌관, 황태자가 아헌

둘 다 1908년이라고 되어 있다. 이는 현재 국사편찬위원회에서 제공하는 『조선왕조실록』과 『승정원일기』의 웹사이트를 참고한 것으로, 『조선왕조실록』 웹사이트는 http://sillok.history.go.kr, 『승정원일기』 웹사이트는 http://sjw.history.go.kr이다. 규장각한국학연구원에서 제공하는 奎章閣日記의 원문이미지에는 '융희 2년 7월 22일'로 되어 있다(http://kyudb.snu.ac.kr/pf01/rendererImg.do?item_cd=SJW&book_cd=GK12794_00&vol_no=0008&page_no=032a). 세 웹사이트에서 검색한 날짜는 2020년 8월 29일이다. 본서 제3장 각주 11 참조.

180 『承政院日記』 高宗 34年 11月 10日(乙未)[陽曆 12月 3日]; 『高宗實錄』 卷36, 高宗 34年 12月 3日(陽曆). 『승정원일기』에 고종이 축문에 친압하는 절차가 수록되어 있다.

181 『高宗實錄』 卷36, 高宗 34年 12月 3日(陽曆); 『承政院日記』 高宗 34年 11月 10日(乙未)[陽曆 12月 3日].

관, 대신이 종헌관이 되어 행례했다.[182] 종헌관인 대신의 이름은 제시되어 있지 않다. 이어서 진시에 최복 차림을 한 고종과 황태자가 경효전에서 조전(朝奠)을 친행하고, 오시에 역시 최복 차림을 한 고종과 황태자가 경효전에서 주다례를 직접 거행했다.[183]

'자시'에 팔우제를, '진시'에 조전을, '오시'에 주다례를 친행했다며 각각 시각을 제시한 문헌은 『승정원일기』이다. 그런데 『승정원일기』에 고종이 이날 '신시'에 조전·주다례에 쓸 축문에 친압하는 절차를 거행했다고 기록되어 있어 의문이다. 축문에 친압하는 절차는 그 의례를 거행하기 전에 이루어지기 때문에 적어도 조전을 올리는 진시 이전에 시행했어야 한다. 따라서 조전·주다례에 사용할 축문에 친압한 시각[신시]과 조전·주다례를 행한 시각[진시·오시] 중 어느 하나는 잘못 기록했음이 분명하다.

시각을 기록할 때 문제가 있다는 것은 구우제(九虞祭)를 지낼 때 동일한 방식으로 의례가 진행된 12월 6일을 보면 명확해진다. 참고로 『승정원일기』에는 '금일 친압할 처소를 청목재로 정했다.'라고 한 내용이 나온다. 이는 이날 조전·주다례에 쓸 축문에 친압하기 위한 장소의 선정이라고 볼 수 있다. 이 역시 12월 6일자를 본다면 이해할 수 있다. 팔우제와 구우제의 진행 방식이 다르지 않기 때문이다.[184]

12월 5일, 이날 친압할 처소를 청목재로 정했고, 그에 따라 신시에 고종이 청목재에서 구우제에 쓸 축문에 친압했다.[185] 그 밖에 『고종실록』에

182 『承政院日記』 高宗 34年 11月 11日(丙申)[陽曆 12月 4日]; 『高宗實錄』 卷36, 高宗 34年 12月 4日(陽曆). 『승정원일기』에 팔우제를 친행하는 절차가 실려 있다.

183 『承政院日記』 高宗 34年 11月 11日(丙申)[陽曆 12月 4日]. 조전과 주다례를 친행하는 절차가 각각 수록되어 있다.

184 팔우제·조전·주다례를 거행한 시각, 조전·주다례에 사용할 축문에 친압한 시각, 축문의 친압 처소 등을 논한 두 단락은 『承政院日記』 高宗 34年 11月 11日(丙申)[陽曆 12月 4日] 참조.

185 『承政院日記』 高宗 34年 11月 12日(丁酉)[陽曆 12月 5日]; 『高宗實錄』 卷36, 高宗 34年 12月 5日(陽曆). 『승정원일기』에 고종이 축문에 친압하는 절차가 재록되어 있다.

'우주(虞主) 매안, 연주(練主) 봉안'할 때 참여한 각 차비 이하에게 차등을 두어 시상했다는 기사가 나온다.[186] 상장례에서 우주와 연주를 모두 사용할 수 있는 신분은 국왕이나 왕후 뿐이다. 이 당시 명성황후 국장 이외에 진행하고 있는 국장이 없다. 또 명성황후 국장이라고 하더라도 '우주 매안과 연주 봉안'은 연제를 지낼 때 행하는 절차들이기 때문에 『고종실록』의 이 기록은 의문이다.

『승정원일기』나 『일성록』에는 이러한 내용의 기사는 기록되어 있지 않다. 『고종실록』을 편차할 때 생긴 오류로 보는 것이 타당할 듯하다. 후술하겠지만 1898년 1월 4일 연제를 지낸 날 『승정원일기』에 연주도감(練主都監)에 참여한 사람, 연주 조성에 참여한 사람, 연제 때 참여한 사람들에게 시상한 내역을 두루 수록하고 있다는 점에서 분명해진다.[187]

12월 6일(음력 11월 13일 무술) 자시에 최복 차림을 한 고종과 황태자가 경효전에 나아가 구우제를 친행했다. 고종이 초헌관, 황태자가 아헌관, 대신이 종헌관이 되어 행례했다.[188] 종헌관인 대신의 이름은 제시되어 있지 않다.

사실 구우제를 지낸 이날은 '태묘 서계'를 하는 날과 상치되었다. 결국 태묘 서계를 앞당겨 거행함으로써 두 의례를 모두 시행했다.[189] 전에는 대사(大祀)의 서계가 국기(國忌)와 상치되면 서계의 정시(正時)를 앞당겨 거행했는데, 이번에는 국기는 아니지만 구우제와 상치되어 이와 같이 조치했다. 국기는 국왕이나 왕후가 돌아가신 기일이다.

186 『高宗實錄』 卷36, 高宗 34年 12月 5日(陽曆).
187 『承政院日記』 高宗 34年 12月 12日(丁卯)[陽曆 1月 4日].
188 『承政院日記』 高宗 34年 11月 13日(戊戌)[陽曆 12月 6日]; 『高宗實錄』 卷36, 高宗 34年 12月 6日(陽曆). 『승정원일기』에 구우제를 친행하는 절차가 재록되어 있다.
189 『承政院日記』 高宗 34年 11月 11日(丙申)[陽曆 12月 4日].

묘시에 고종이 청목재에서 조전·주다례에 쓸 축문에 친압하는 절차를 거행했다. 이보다 앞서 친압할 처소를 청목재로 정했는데 이 의례를 위한 것임을 알 수 있다. 이어서 진시에 최복 차림을 한 고종과 황태자가 경효전에 나아가 조전을 직접 올리고, 오시에 역시 최복 차림을 한 고종과 황태자가 경효전에 나아가 주다례를 친히 거행했다.[190]

초우제부터 구우제까지 우제를 모두 마쳤다. 조선의 국왕과 왕후의 국장에서 칠우제를 지낸다는 사실과 확연하게 다름을 볼 수 있다. 이는 단순히 우제를 지내는 횟수가 늘어난 것만이 아니라 우제를 지내는 날도 조선의 국왕·왕후 국장과 다르다.

앞서 11월 17일에 '발인 전후 거행하는 각 제전의 일정'에서 재우제부터 구우제까지 중 재우제만 유일(柔日)에 제사를 거행하고 나머지는 모두 강일(剛日)에 지낸다고 했다. 조선의 국장에서는 재우재부터 육우제까지 유일에 지내고, 칠우제만 강일에 지낸다고 규정되어 있으며 실제로도 이를 준수했다.[191] 초우제는 장례를 치른 그날에 지내므로 강일·유일에 구애받지 않는다.

명성황후의 국장에서 우제를 조선의 국장에서처럼 지냈다면 재우제부터 팔우제까지 유일에 지내고, 구우제만 강일에 지내야 한다. 하지만 '발인 전후 거행하는 각 제전의 일정' 및 실제 우제를 지낸 날을 비교해 보면, '발인 전후 거행하는 각 제전의 일정'을 그대로 준행한 것을 볼 수 있다. 이를 정리하면 〈표 5〉와 같다.

---

190 『承政院日記』 高宗 34年 11月 13日(戊戌)[陽曆 12月 6日]. 여기에 고종이 조전·주다례에 쓸 축문에 친압하는 절차, 조전을 친행하는 절차, 주다례를 친행하는 절차 등이 수록되어 있다.

191 조선의 국장에서 우제의 규정 및 이의 준행 사례에 대해서는 이현진, 2015 앞의 책, 242~248쪽; 이현진, 2017 앞의 책, 306~307쪽 참조.

〈표 5〉 재우제부터 구우제까지 강일과 유일

발인 전후 거행하는 각 제전의 일정(음력)		실제 우제를 지낸 날
재우제(再虞祭)	10월 29일 유일(柔日)	11월 23일(음력 10월 29일 을유) (유일)
삼우제(三虞祭)	11월 1일 강일(剛日)	11월 24일(음력 11월 1일 병술) (강일)
사우제(四虞祭)	11월 3일 강일	11월 26일(음력 11월 3일 무자) (강일)
오우제(五虞祭)	11월 5일 강일	11월 28일(음력 11월 5일 경인) (강일)
육우제(六虞祭)	11월 7일 강일	11월 30일(음력 11월 7일 임진) (강일)
칠우제(七虞祭)	11월 9일 강일	12월 2일(음력 11월 9일 갑오) (강일)
팔우제(八虞祭)	11월 11일 강일	12월 4일(음력 11월 11일 병신) (강일)
구우제(九虞祭)	11월 13일 강일	12월 6일(음력 11월 13일 무술) (강일)

명성황후의 국장에서 관찬 자료나 의궤에는 우제와 관련한 규정을 별도로 싣고 있지 않다. 어떠한 문헌을 참고한 것인지에 대해서도 명시되어 있지 않다. 조선의 국가전례서에서 규정하고 이를 실제로 실행한 사례에서 본 우제와 이처럼 크게 차이가 남에도 불구하고 그와 관련한 아무런 언급이 없다.

그간 명성'왕후' 국장에서 명성'황후' 국장으로 전환하면서 참고한 문헌을 뚜렷하게 표기하지 않고 '역대 전례'라는 4글자로 뭉뚱그렸다. 그런데 우제의 경우는 그조차도 언급이 없다. 따라서 재검토가 요망되는 의절이라고 판단하여 본서 제7장 제1절 2항에서 다시 한 번 더 검토해보고자 한다.

12월 7일 오시에 최복 차림을 한 고종과 황태자가 경효전에 나아가 각 제전을 직접 거행했다. 황태자도 따라 나아가 예를 행했다.[192]

12월 8일(음력 11월 15일 경자) 자시에 최복 차림을 한 고종과 황태자가

192 『高宗實錄』 卷36, 高宗 34年 12月 7日(陽曆); 『承政院日記』 高宗 34年 11月 14日(己亥) [陽曆 12月 7日]. 『승정원일기』에 고종이 각 제전을 친행하는 절차가 실려 있다.

경효전에 나아가 졸곡제를 직접 지냈다. 고종이 초헌관, 황태자가 아헌관, 대신이 종헌관이 되어 행례했다.[193] 종헌관인 대신의 이름은 명시되어 있지 않다.

사실 조선시대 국장에서 졸곡제를 지내는 날은 칠우제를 지낸 뒤 강일에 해당하는 날에 지낸다고 국가전례서에 규정되어 있다.[194] 그런데 명성황후의 국장에서는 우제와의 연관성이라든가 강일과 유일의 규정에 따른 졸곡제의 시행에 대해서는 별다른 언급이 없다. 11월 17일에 '발인 전후에 거행하는 각 제전의 일정'을 정할 때 졸곡제는 11월 15일 강일에 거행한다는 정도의 정보가 있을 뿐이다.

추가로 11월 28일에 졸곡 뒤 지내는 '부향' 절차를 논하면서 졸곡제를 지내는 날이 음력 11월 15일이라고 언급했다. 사실 이는 『승정원일기』의 기록으로, 『승정원일기』의 기록을 좀 더 정확하게 제시하면 '경효전 졸곡제는 음력 11월 15일로 추택한 것에 대하여 주하했다.'라고 되어 있다.[195] 이 날짜로 정한 것은 '추택'한 결과라는 뜻인데 그렇다면 조선의 국장에서 졸곡제를 지내는 날을 정하는 것과 다르다. 졸곡제 또한 본서 제7장 제1절 2항에서 강일, 유일, 우제 규정과 함께 짚어보고자 한다.

진시에 최복 차림을 한 고종과 황태자가 경효전에 나아가 아침 상식을 친행하고, 신시에 역시 최복 차림을 한 고종과 황태자가 경효전에서 저녁 상식을 직접 거행했다.[196] 이는 『승정원일기』의 기록이고, 『고종실록』에

193 『承政院日記』 高宗 34年 11月 15日(庚子)[陽曆 12月 8日]; 『高宗實錄』 卷36, 高宗 34年 12月 8日(陽曆). 『승정원일기』에 고종이 졸곡제를 친행하는 절차가 수록되어 있다.

194 『世宗實錄五禮』 卷135, 凶禮儀式 「卒哭祭儀」; 『國朝五禮儀』 卷7, 凶禮 「卒哭祭儀」; 『國朝喪禮補編』(奎 3940) 卷2, 「卒哭祭」 "(註) 七虞後遇剛日而行".

195 『承政院日記』 高宗 34年 11月 5日(庚寅)[陽曆 11月 28日].

196 『承政院日記』 高宗 34年 11月 15日(庚子)[陽曆 12月 8日]. 조상식과 석상식을 각각 친행하는 절차가 수록되어 있다.

는 졸곡제를 지낸 뒤 이어서 조상식, 주다례, 석상식을 올린 것으로 되어 있다.[197] 유시에 고종은 청목재에서 졸곡제를 지낸 뒤 봉위하러 온 신하들을 소견했다.[198] 마지막으로 내일 부향을 위해 대가(大駕)가 태묘로 나아갈 때 출궁할 문로는 숙목문으로 정했다.[199]

다음 날 12월 9일(음력 11월 16일) 자시에 '최복' 차림을 한 고종과 황태자가 경효전에 나아가 고동가제를 친히 지냈다. 고종이 초헌관, 황태자가 아헌관, 대신이 종헌관이 되어 행례했다.[200] 종헌관을 맡은 대신의 이름은 나와 있지 않다. 11월 28일에 부향을 위한 고동가제를 지내는 시점과 장소에 대해 재고가 필요하다고 했다. 예상대로 이날 고동가제는 태묘에 나아가기 전 혼전인 경효전에서 지냈다.

손시에 '면복(冕服)' 차림을 한 고종과 황태자가 인화문을 경유하여 종묘에 나아가 부알례를 친행한 후 이어서 영녕전에 나아가 의식대로 예를 행했다. 부알례를 행하고 친제(親祭)를 겸행했다. 의례를 모두 마친 뒤 종묘에서 출발하여 인화문으로 들어와 신주는 궁위령이 혼전에 있는 영좌에 처음처럼 안치하고, 고종은 대내로 돌아왔다.[201]

여기까지는 『승정원일기』의 기록이다. 그에 비해 『고종실록』에는 태묘에 나아가 명성황후의 부알례를 행했으며 '친제'를 겸행했다고 간략하게 기록되어 있다.[202] 『승정원일기』는 시간 순서에 따른 의식 절차와 동선을 위주로 기록하고, 『고종실록』은 의례의 결과를 중심으로 기록하고 있다.

197 『高宗實錄』 卷36, 高宗 34年 12月 8日(陽曆).

198 『高宗實錄』 卷36, 高宗 34年 12月 8日(陽曆); 『承政院日記』 高宗 34年 11月 15日(庚子)[陽曆 12月 8日].

199 『承政院日記』 高宗 34年 11月 15日(庚子)[陽曆 12月 8日].

200 『承政院日記』 高宗 34年 11月 16日(辛丑)[陽曆 12月 9日]; 『高宗實錄』 卷36, 高宗 34年 12月 9日(陽曆). 『승정원일기』에 고종이 고동가제를 친행하는 절차가 실려 있다.

201 『承政院日記』 高宗 34年 11月 16日(辛丑)[陽曆 12月 9日].

202 『高宗實錄』 卷36, 高宗 34年 12月 9日(陽曆).

『승정원일기』가 생생한 현장감을 보여주는 것과 달리 『고종실록』은 이를 압축적으로 표현하여 두 문헌의 성격이 잘 대비된다.

오시에 최복 차림을 한 고종과 황태자가 경효전에 나아가 주다례를 직접 거행하고, 신시에 역시 최복 차림을 한 고종과 황태자가 경효전에서 석상식을 친히 올렸다.[203]

팔우제와 구우제, 졸곡 다음 날에 거행한 부향은 조선시대 국왕과 왕후의 국장에서는 볼 수 없는 의례이다. 우제의 경우 고려시대에는 대내적으로 황제국을 자처했고 『고려사』에 '팔우제' 기록이 나오는 것으로 보아,[204] 초우제부터 구우제까지 지냈다고 볼 수 있다.[205] 따라서 1392년 조선이 건국된 이후 500여 년이 지나서 다시 구우제까지 지낸 것이었다.

황후로 책봉되자 황후의 국장에 걸맞는 절차를 논의했고, 오랫동안 기다려온 명성황후의 발인을 마침내 거행했다. 그리고 산릉에 가서 장례를 치르고 신주를 모시고 혼전인 경효전에 봉안한 뒤 제후국에서는 거행할 수 없던 팔우제와 구우제를 지내고, 졸곡제를 지낸 다음 날에 부향까지 지냈다. 이로써 명성왕후 국장부터 명성황후 국장에 이르기까지 가장 힘든 고비는 넘겼다고 볼 수 있다.

이제 남은 의절은 연제(練祭), 상제(祥祭), 담제(禫祭), 그리고 부묘(祔廟)이다. 네 절차를 모두 검토함으로써 길고 길었던 명성왕후/황후의 국장을 마무리짓고자 한다.

---

203 『承政院日記』 高宗 34年 11月 16日(辛丑)[陽曆 12月 9日]; 『高宗實錄』 卷36, 高宗 34年 12月 9日(陽曆). 『승정원일기』에 주다례와 석상식을 친행하는 절차가 각각 수록되어 있다.

204 『高麗史』 卷20, 世家20 明宗2 「十五年八月壬申」 "壬申 親行八虞祭"; 『高麗史』 卷64, 志18 禮6 凶禮 「國恤」 "明宗十五年八月壬申 行八虞祭".

205 필자가 예전에 혼전에서 거행하는 정례적 의례 중 우제를 다루면서 고려와 조선 두 나라 모두 우제는 칠우제까지 지낸다고 한 적이 있었다(이현진, 2007 앞의 논문, 일지사, 158쪽). 그런데 바로 위 각주 204에서 보듯 『고려사』에 '팔우제' 기록이 나오는 것을 통해 고려는 조선과 달리 구우제까지 지낸 것으로 보아 기존의 견해를 수정한다.

제 2 절
연제(練祭)부터 부묘(祔廟)까지

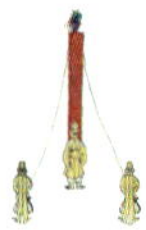

1. 연제와 상제(祥祭)

연제는 국왕이나 왕후가 승하한 지 1년이 되는 첫 번째 기일에 지내는 제사로 '소상제(小祥祭)'라고도 한다. 초상(初喪)에서부터 연제까지 윤달을 계산하지 않고 13개월이 되는 첫 기일에 연제를 지냈다. 이는 삼년상에 해당하는 연제에 대한 일반적인 규정이고, '내상재선'에 해당하는 왕후는 승하한 지 11개월 만에 연제를 지내야 한다.[206] 이러한 규정은 어디까지나 조선의 '왕후 국장'에 적용된다. 이제 황후의 국장으로 바뀌었으므로 조선의 왕후 국장 규정을 그대로 따랐느냐의 여부를 볼 수 있을 것이다.

12월 14일, 장례원 경 김영목은 연제를 지낼 시기에 대해 역대의 전례(典禮)를 검토했다. 그 결과 〈장불이시조(葬不以時條)〉의 기록을 전거로 삼아 고종에게 의견을 구했다.[207] 연제를 지내는 시기에 대해서도 다른 의례들처럼 '역대 전례'를 참고했지만 이번에는 〈장불이시조〉를 알려줌으로써 이전과 달리 참고 문헌을 알 수 있게 되었다.

---

206 『國朝喪禮補編』(奎 3940) 卷3, 「練祭」 "(註) 朞而練 自初喪至此 不計閏 凡十三月 用初忌日(內喪在先 則不計閏 十一月而練卜日 小內喪在先同)".

207 『承政院日記』 高宗 34年 11月 21日(丙午)[陽曆 12月 14日]; 『高宗實錄』 卷36, 高宗 34年 12月 14日(陽曆).

〈장불이시조〉는 서건학(徐乾學, 1631~1694)이 저술한 『독례통고(讀禮通考)』의 편명이다.[208] 『독례통고』가 조선후기에 우리나라에 수용되어 있었고, 무엇보다 이 책이 상장에 대한 고금의 여러 학설을 정연하게 정리한 책이기에 이를 전거로 삼은 것으로 추정된다.[209]

〈장불이시조〉에는 '부제(祔祭)를 지낸 다음 달에 연제를 지낸다.'는 내용이 재록되어 있다.[210] 이를 근거로 김영목은 경효전과 산릉에서 지내는 연제도 이대로 마련하되 날짜는 택일하도록 상주했다. 그에 따라 관상소(觀象所)에서 추택하여 올린 첩정(牒呈)에 길일은 '음력 정유년(1897) 12월 12일(양력 1898년 1월 4일)'이었고, 고종도 윤허하여 이날에 시행하기로 결정되었다.[211]

『국조상례보편』에 내상재선일 경우 연제는 윤달을 계산하지 않고 11개월이 되면 날을 점쳐서 지낸다고 규정되어 있다.[212] 명성황후의 국장은 내상재선에 해당하지만 11개월과는 거리가 먼 시점에 연제를 지내며, 그럼에도 날짜를 택일한 점에서는 같았다.

12월 27일, 장례원 경 김영목이 역대 전례를 참고하여 황후의 소상일(小祥日)에 황제와 황태자가 치제하고 백관이 진향하는 예(禮)가 있다고 아뢰었다. 이에 고종은 자신과 동궁이 직접 진향하는 것은 규례대로 마련하고, 백관 중에서는 궁내부와 의정부에서 진향하라고 제칙을 내렸다.[213]

---

208 〈장불이시조〉가 『독례통고』의 편명이라는 정보는 이욱, 2018 앞의 논문, 60쪽 참조.

209 朴鍾天, 2010 「朝鮮 後期 『讀禮通考』의 수용과 영향」 『韓國實學硏究』 20, 제4장 참조.

210 『讀禮通考』 卷105, 變禮5 「葬不以時」 "通典晉杜元凱云 … 旣祔 明　月 練而祭 又明　月 大祥而祭". 『독례통고』는 四庫全書에 실린 것으로 원문은 〈https://sou-yun.com〉이라는 웹사이트를 참고했다. 이하 동일하다.

211 『承政院日記』 高宗 34年 11月 21日(丙午)[陽曆 12月 14日]; 『高宗實錄』 卷36, 高宗 34年 12月 14日(陽曆).

212 『國朝喪禮補編』(奎 3940) 卷3, 「練祭」 "(註) (內喪在先 則不計閏 十一月而練卜日 小內喪在先同)".

213 『高宗實錄』 卷36, 高宗 34年 12月 27日(陽曆); 『承政院日記』 高宗 34年 12月 4日(己未)

다음 날인 28일, 명성황후의 비석에 관해 논의했다. 고종은 강에서 다듬어 연마하고 있는 비석은 아직 멀었다고 보고하므로 국장도감에 있는 것을 쓰고자 한다고 하교했다. 약방 도제조 조병세도 강에 있는 돌의 품질[석품(石品)]이 어떠한지 모르겠지만 (국장)도감에 있는 것이 흠이 없으므로 이것으로 세우되 택일하여 거행하는 것이 좋겠다며 고종의 하교에 동조했다.[214] 아직도 산릉에 명성황후의 비석을 세우지 못하고 있음을 알 수 있다.

이날은 또 황후의 연제 때 신주에 글을 쓸 제주관(題主官)을 임명했다. 제주관은 정2품 김석진(金奭鎭, 1843~1910), 예차는 특진관 조병필(趙秉弼, 1835~1908)을 각각 임명했다.[215]

1898년(고종 35) 1월 1일(음력 12월 9일), 양력으로 세수(歲首)이다. 연제와 관련하여 고종이 조령을 내려 몇 가지를 결정했다. 먼저 연제를 지낼 때 현재 실직이 없더라도 문·음·무관으로 실직을 지낸 사람은 곡반에 입참하며, 9품 이정렬(李貞烈)과 시종관 민정식(閔珽植)은 내곡반(內哭班)에 입참하며, 경효전의 내외친들은 내외직(內外職)을 막론하고 내반(內班)에 진참하도록 분부하라는 등이었다. 여기에 더해 황태자는 연주를 지영(祗迎)하고 우주를 지송(祗送)할 때 인화문 안에서 하겠다는 영(令)을 내렸다.[216]

여기서 주목할 점은 연주 지영과 우주 지송이다. 이번 황태자의 연주 지영은 음력 12월 11일, 우주 지송은 그다음 날인 음력 12월 12일이다.[217] 이처럼 혼전에서 연제를 지낼 때 우주를 봉출(奉出)한 뒤 그 자리에 연주를 봉안하여 제사지내며, 그 뒤 우주는 지송한 뒤 매안한다. 그런데 앞서

[陽曆 12月 27日].

214 『承政院日記』 高宗 34年 12月 5日(庚申)[陽曆 12月 28日].

215 『承政院日記』 高宗 34年 12月 5日(庚申)[陽曆 12月 28日]; 『高宗實錄』 卷36, 高宗 34年 12月 28日(陽曆).

216 고종의 조령과 황태자의 令은 『承政院日記』 高宗 34年 12月 9日(甲子)[陽曆 1月 1日] 참조.

217 『承政院日記』 高宗 34年 12月 10日(乙丑)[陽曆 1月 2日].

12월 5일자 『고종실록』에 '우주 매안과 연주 봉안할 때 참여한 사람들에게 시상했다.'는 기록이 있었다. 연제를 지내지 않은 상태에서 12월 5일자 『고종실록』의 기사는 앞서 언급한 것처럼 『고종실록』을 편차할 때 생긴 오류로 보는 것이 적절하다.

연제를 지내기 이틀 전인 1월 2일, 진시에 최복 차림을 한 고종과 황태자가 경효전에 나아가 조상식을 친행했다. 이어서 오시에 최복 차림을 한 고종과 황태자가 경효전에서 주다례를, 신시에 최복 차림을 한 고종과 황태자가 경효전에서 석상식을 직접 거행했다.[218]

이튿날인 3일, 진시에 최복 차림을 한 고종과 황태자가 경효전에 나아가 조상식을 친행했다. 이어서 오시에 최복 차림을 한 고종과 황태자가 경효전에서 주다례를, 신시에 최복 차림을 한 고종과 황태자가 경효전에서 석상식을 친히 올렸다.[219] 그리고 이날 친압할 처소는 청목재로 정했고, 그에 따라 유시에 고종이 청목재에 어거하여 연제에 쓸 축문에 친압했다.[220]

1월 4일(음력 12월 12일) 자시에 연제를 친히 지냈다. 최복 차림으로 지팡이를 짚은 고종과 황태자가 경효전의 정문으로 들어가 판위(版位)에서 부복한 채 곡했다. 고종이 곡을 그치자 연주를 욕주(浴主)하고 이어서 제주관(題主官) 김석진이 의식대로 연주에 글을 썼다. 제주 절차가 끝나자 고종은 연복(練服)으로 바꾸어 입은[개구(改具)] 뒤 연제를 지냈다. 고종이 초헌관, 황태자가 아헌관, 의정 심순택이 종헌관이 되어 행례했다.[221]

218 『承政院日記』 高宗 34年 12月 10日(乙丑)[陽曆 1月 2日]; 『高宗實錄』 卷37, 高宗 35年 1月 2日(陽曆). 『승정원일기』에 조상식과 주다례, 석상식을 친행하는 절차가 각각 수록되어 있다.

219 『承政院日記』 高宗 34年 12月 11日(丙寅)[陽曆 1月 3日]; 『高宗實錄』 卷37, 高宗 35年 1月 3日(陽曆). 『승정원일기』에 조상식과 주다례, 석상식을 친행하는 절차가 각각 수록되어 있다.

220 위와 같음. 『승정원일기』에 고종이 축문에 친압하는 절차가 수록되어 있다.

221 『承政院日記』 高宗 34年 12月 12日(丁卯)[陽曆 1月 4日]; 『高宗實錄』 卷37, 高宗 35年

이때 연제를 지내기 전 연주 앞면에 글을 쓸 때 어떠한 내용의 글을 썼는지에 대해서는 문헌에 나오지 않는다. 산릉에서 우주에 글을 쓴 뒤 연제를 지내기 전까지 명성황후에게 존호를 올린 적이 없다. 그 때문에 우주에 쓴 '효자원성정화합천명성황후(孝慈元聖正化合天明成皇后)' 그대로 연주에도 썼을 것으로 예측된다.

연주와 관련한 일은 연주도감(練主都監)에서 담당한 듯하다. 그런데 관찬 자료에는 그들의 구체적인 업무에 대해서는 나오지 않고 연주도감에 참여한 사람들에게 차등을 두어 시상한 내역이 나올 뿐이다.[222]

연제를 친행한 뒤 직접 진향했다.[223] 앞서 결정한 것처럼 황후의 소상일에 고종이 친히 진향한 것은 『승정원일기』에서 확인되나 동궁이나 궁내부, 의정부에서 진향한 것은 관찬 자료에 나오지 않는다. 하지만 고종의 제칙이 있었고 고종도 직접 진향했으므로 이들도 시행했을 것으로 생각된다.

이처럼 연제를 지내고 이어서 진향한 것은 조선의 국장에서는 단 한 차례도 볼 수 없었다. 장례원 경 김영목이 고종에게 아뢴 것처럼 황후의 연제에서나 가능하다. 연제라고 하더라도 이러한 지점에서 왕후 국장과의 차이를 엿볼 수 있다.

진시에 연복 차림을 한 고종과 황태자가 경효전에 나아가 조상식을 친행했다. 이어서 오시에 연복 차림을 한 고종과 황태자가 경효전에서 주다례를, 신시에 연복 차림을 한 고종과 황태자가 경효전에서 석상식을 친히 거행했다.[224] 연제를 지냈으므로 그 이후에 경효전에서 행하는 여타의 절

1月 4日(陽曆). 『승정원일기』에 고종이 연제를 친행하는 절차가 재록되어 있다.

222 위와 같음.

223 『承政院日記』 高宗 34年 12月 12日(丁卯)[陽曆 1月 4日].

224 『承政院日記』 高宗 34年 12月 12日(丁卯)[陽曆 1月 4日]; 『高宗實錄』 卷37, 高宗 35年 1月 4日(陽曆). 『승정원일기』에 조상식과 주다례, 석상식을 친행하는 절차가 각각 수록되어 있다.

차들에서 고종은 이처럼 '연복' 차림으로 임할 것이며 상제를 지내기 전까지 지속될 것이다.

조선의 내상재선 국장에서 연제는 왕세자가 제사를 지내거나 국왕이 친행하는 두 가지 방법이 있었다. 먼저 왕세자가 제사를 지내는 경우이다. 최복 차림으로 들어가 곡하고, 나와서 연복 차림으로 제사를 지냈다. 만약 국왕이 친행하면 우제를 친행할 때의 의식과 같이 진설하고 행례하되 국왕이 연복 차림으로 초헌례를 행하고 왕세자가 연복 차림으로 아헌례를 행했다.[225] 그렇다면 명성황후 국장에서는 연복 차림을 한 고종이 친행하는 방식으로 진행되었다고 볼 수 있다.

한편, 이러한 절차들을 거행하는 사이에 고종은 산릉에 표석(表石)을 세운 뒤 대신은 그대로 능상에 나아가 봉심하고, 침전도 일체 봉심하고 오라는 조령을 내렸다. 그 뒤 해시에 청목재에서 산릉에서 봉심하고 돌아온 각신들의 보고를 받았다. 원임대제 민경식(閔景植, 1871~?)이 산릉에서 봉심한 결과 및 산릉에서 지낸 연제, 비석 세우는 일 등 보고할 내용을 고종과의 대화로 제시하면 다음과 같다.[226]

> 민경식: 신이 명을 받들고 산릉에 나아가서 봉심하니 안녕했고, 비각을 봉심하니 표석은 아직 입배(入排)하지 않았고, 침전을 봉심하니 안녕했고, 제물(祭物)·제기(祭器)·제정(祭井)을 간심하니 정결했으며, 모든 집사들을 적간하니 탈이 없었습니다. 그대로 머물면서 제사를 감독했는데 제사를 받드는 일이 안녕했습니다.
>
> 고종: 능상이 태평하던가?

225 『國朝喪禮補編』(奎 3940) 卷3, 「練祭」"(註) ○內喪在先 王世子行祭 則齊戒如儀 以衰服入哭 出服練服行祭 … (殿下親行 則陳設行禮 並如虞祭親行儀 … 尙衣院官進練服 禮曹判書進當齊殿前 俯伏跪啓請易服 殿下易服 弼善詣齊室前 俯伏跪贊請易服 王世子易服 殿下行初獻禮 王世子行亞獻禮 餘並如虞祭親行儀 受教 …)".

226 『承政院日記』 高宗 34年 12月 12日(丁卯)[陽曆 1月 4日].

민경식: 안녕했습니다.

고종: 언제 제사를 지냈는가?

민경식: 자초(子初)에 제사를 시작하여 자정(子正)에 예가 끝났습니다.

고종: 산릉 공역이 겨울철에 행해지고 있는데 꼼꼼하게 하지 않은 부분은 없던가?

민경식: 모두 다 잘 되었습니다.

고종: 비석은 오늘 배자(排字)하고 내일 입배한다고 하던가?

민경식: 그렇습니다.

고종: 언제 한다고 하던가?

민경식: 손시(巽時)를 길시로 택했다고 합니다.

봉심한 산릉·비각·침전, 간심한 제물·제기·제정, 적간한 모든 집사들까지 아무 이상이 없었고, 제사 또한 무사히 잘 치렀으며, 그간 세우지 못한 비석도 다음 날 비각에 입배될 예정임을 알 수 있다.

다음 날 5일, 연제 후 봉위(奉慰)하러 온 신하들을 인견했다. 그 자리에서 의정부 원임 대신(특진관) 조병세가 고종의 명을 받들고 산릉에 나아가 표석 세운 것을 간심한 뒤 농대석(籠臺石)의 비석 세울 곳이 조금 갈라졌다는 것, 능상의 병풍석(屛風石)과 경(庚)·신(辛)·임(壬) 세 방향의 네 개 돌이 품질이 굳지 못하여 자못 비늘처럼 일어난 흔적이 있다고 보고했다.[227] 조병세는 이러한 하자가 내년 봄을 기다려 보면 자세하게 알 수 있을 것이라고 했지만 표석을 세운 것으로 명성황후의 산릉과 관련한 일은 일단 마무리되었다고 볼 수 있다.

227 『高宗實錄』 卷37, 高宗 35年 1月 5日(陽曆); 『承政院日記』 高宗 34年 12月 13日(戊辰)[陽曆 1月 5日]. 『명성황후홍릉석의중수도감의궤』에는 이 논의를 한 날짜가 '음력 12월 15일'이라고 되어 있다[『明成皇后洪陵石儀重修都監儀軌』(奎 13897)·(서울대학교 규장각 영인본, 2000, 〈奎 13899〉본 영인. 이하 같음) 詔勅(附筵說奏本狀啓) 「丁酉十二月十五日」].

1월 7일, 진시에 연복 차림을 한 고종과 황태자가 경효전에 나아가 조상식을 친행하고, 오시에 역시 연복 차림을 한 고종과 황태자가 경효전에서 주다례를 직접 거행했다.[228] 사실 『국조상례보편』에는 혼전에서 행하는 조석곡(朝夕哭)과 조석상식(朝夕上食)은 입직한 종친이나 의빈(儀賓) 중에서 헌관을 정하여 그들이 거행한다고 되어 있으며, 내상재선일 경우 이를 주관하는 헌관에 대한 규정이 별도로 있지 않은 것으로 보아 차이가 없다고 볼 수 있다.[229] 그런데 연제를 지낸 당일부터 이날까지 조상식과 주다례, (석상식) 등을 고종이 직접 주관하고 있다.

조석상식, 주다례 등 일상적으로 행하는 이러한 의식들은 별도로 정한 헌관이 아니라면 일반적으로 상주(喪主)가 담당한다. 이제껏 이를 고종이 주관했으므로 상주는 황태자가 아니라 고종이라 할 수 있다. 그런데 앞에서 조선의 내상재선 국장에서 연제를 지낼 때 왕세자 혹은 국왕이 주관하는 두 가지 방법을 제시했다. 왕세자가 제사를 지내면 왕세자가 상주가 되고 국왕이 친행하면 국왕이 상주가 되는 셈이다. 이는 상주에 대해 구체적으로 명시하지 않았다는 의미로도 해석된다. 내상재선 국장에서 상주가 누구인가 하는 점은 이러한 면에서 신중한 검토가 요구된다.

사실 국장에서, 그것도 내상재선(內喪在先)의 국장에서 상주의 주체에 대해서는 조선 초부터 살필 필요가 있다. 당장 이를 검토하기는 어렵고 또 명성황후의 경우는 연제까지 지냈으므로 그 이후를 파악하는 것이 합리적인 것이다. 따라서 여기서는 조선의 국장에서 산릉에서 장례를 치른 이후부터 종묘에 신주를 부묘하기 전까지 혼전과 산릉에서 행하는 의절을 중심으로 살펴보고자 한다. 내상재선 국장의 담당자 및 적어도 조선과 대

228 『承政院日記』 高宗 34年 12月 15日(庚午)[陽曆 1月 7日]; 『高宗實錄』 卷37, 高宗 35年 1月 7日(陽曆). 『승정원일기』에 조상식과 주다례를 친행하는 절차가 각각 수록되어 있다.

229 『國朝喪禮補編』(奎 3940) 卷2, 「魂殿朝夕(哭及)上食」.

한제국 국장이라는 측면에서도 차이가 드러날 수 있지 않을까 하여 정리해보려 한다.

먼저 산릉에서 행하는 절차이다. 『국조상례보편』에 산릉에서는 안릉전을 올린 뒤 '조석곡과 조석상식', '춘·하·추·동 사시(四時)와 납일(臘日) 및 속절(俗節)·삭망(朔望)에 제사', '산릉에서 국왕이 친히 제사' 등의 절차가 규정되어 있다. 이는 대개 국왕의 국장에서 거행하는 절차이고 '내상재선'에 해당하는 왕후의 국장에서는 이를 실행할 때 조건이 필요했다. 각 절차마다 정리하면 다음과 같다.

* 조석곡과 조석상식: 조석곡은 매일 조석으로 행하되 대제(大祭) 및 삭망전(朔望奠)과 겹치면 먼저 조곡을 거행하며, 연제를 지낸 뒤 그친다. 상식은 상제를 지내고 나면 그만한다. 내상재선의 국장에서는 상제를 지낸 뒤에도 상식 및 곡을 그만두지 않고 재기(再朞)까지 지속한다.[230] 수릉관이 행례한다.
* 춘·하·추·동 사시와 납일 및 속절(俗節)·삭망(朔望): 담제 전까지 행한다. 헌관 이하가 최복을 갖추어 입는데 연제를 지낸 뒤에는 연복(練服)을, 상제를 지낸 뒤에는 담복(禫服)을 갖추어 입는다. 내상에서는 연제를 지낸 뒤 천담복(淺淡服)을 입는다. 내상재선에서는 헌관과 모든 집사들은 상제를 지낸 뒤 천담복을 입으며, 재기까지는 곡을 거두지 않는다.[231] 2품 이상인 헌관이 행례한다.
* 국왕 친향 산릉: 국왕이 최복을 갖추어 입는데 연제를 지낸 뒤에는 연복을, 상제를 지낸 뒤에는 담복을 갖추어 입는다. 내상재선 국장에서 왕세자가 제사를

---

230 『國朝喪禮補編』(奎 3940) 卷2, 「山陵朝夕(哭及)上食」"每日(昧爽行朝哭 初昏行夕哭【(註) 値大祭及朔望奠 則先行朝哭 練後乃止】朝夕上食) … (註) (上食至祥乃止 內喪在先及小內喪在先 祥後亦不撤上食及哭 以至再朞)".

231 『國朝喪禮補編』(奎 3940) 卷3, 「四時臘及俗節【(註) 正朝冬至寒食端午秋夕】朔望享山陵儀」(禫祭前) "時至 獻官以下 具衰服【(註) 練後具練服 祥後具禫服 內喪練後(內喪在先祥後)服淺淡服】… (註) ○內喪在先 則獻官諸執事 祥後服淺淡服(不撤哭至再朞)".

지낼 때 재계는 의식과 같이한다. 집례(執禮)가 왕세자의 자리[위(位)]를 능실(陵室)의 동남쪽에 서쪽을 향해 설치한다. 왕세자는 11개월 만에 연제를 지낸 뒤 연복을 입고, 13개월 만에 상제를 지낸 뒤 담복을 입으며, 15개월 만에 담제를 지낸 뒤부터 재기까지 담흑포(淡黑袍)·익선관·오서대(烏犀帶)를 착용한다.[232]

(… 이후 내용 생략)

다음은 혼전에서 행하는 의절이다. 『국조상례보편』에 혼전에서는 우제와 졸곡제를 지낸 뒤 '조석곡과 조석상식', '춘·하·추·동 사시 및 납일에 국왕이 친향', '춘·하·추·동 사시 및 납일에 섭행', '속절 및 초하루·보름에 국왕이 친향', '속절 및 초하루·보름에 섭행' 등의 절차를 거행한다고 규정되어 있다. 이 역시 국왕의 국장에서 거행하는 절차이고 '내상재선'에 해당하는 왕후의 국장에서는 이를 실행할 때 조건이 필요했다. 각 절차마다 정리하면 다음과 같다.

* 조석곡과 조석상식: 조석곡은 매일 조석으로 행하되 대제 및 삭망전과 겹치면 먼저 조곡을 거행하며, 연제를 지낸 뒤 그친다. 상식은 상제를 지내고 나면 그만한다. 내상재선인 경우는 상제를 지낸 뒤에도 상식을 그만두지 않고 재기까지 올리되 곡은 하지 않는다.[233] 입직한 종친이나 의빈 중에서 헌관을 정하여 행례한다.

232 『國朝喪禮補編』(奎 3940) 卷3, 「親享山陵儀」 "左通禮進當大次前 俯伏跪啓請出次 殿下具衰服【(註) 練後具練服 祥後具禫服】 陞輿以出 … (註) 內喪在先 而王世子行祭 則齊戒如儀 執禮設王世子位於陵室東南西向 王世子十一月練後服練服 十三月祥後服禫服 十五月禫後至再朞服(淡黑袍翼善冠烏犀帶) … ".

233 『國朝喪禮補編』(奎 3940) 卷2, 「魂殿朝夕(哭及)上食」 "每日(昧爽行朝哭 初昏行夕哭【(註) 值大祭及朔望奠 則先行朝哭 練後乃止】 朝夕上食) … (註) (上食至祥乃止 內喪在先及小內喪在先 則祥後不撤上食 以至再朞 但不哭)".

* 춘·하·추·동 사시 및 납일 국왕 친향: 졸곡 이후부터 담제 전까지 거행한다. 전하는 최복을 갖추어 입고(연제를 지낸 뒤에는 연복을 갖추어 입고, 상제를 지낸 뒤에는 담복을 갖추어 입는다.) 지팡이[장(杖)]를 짚고 나온다. 내상재선인 국장에서는 국왕이 친행할 때와 왕세자가 행제(行祭)하는 2가지 진행 방법이 있다. 전하가 친행할 때의 의절은 우제와 같이하되 11개월 만에 연제를 지낸 뒤 연복을 입고, 13개월 만에 상제를 지낸 뒤 담복을 입으며, 15개월 만에 담제를 지낸 뒤 길복을 입는다. (중략) 왕세자가 직접 제사를 지낼 때에는 집례가 왕세자의 자리를 혼전의 동계(東階) 동남쪽에 서쪽을 향해 설치한다. 궁위령이 우주(연제를 지낸 뒤에는 신주라 한다.)를 받들어 낸다. 왕세자는 11개월 만에 연제를 지낸 뒤 연복을 입고, 13개월 만에 상제를 지낸 뒤 담복을 입으며, 15개월 만에 담제를 지낸 뒤부터 재기까지 담흑포·익선관·오서대를 착복한다.[234] (… 이후 내용 생략)

* 춘·하·추·동 사시 및 납일 섭행: 내상재선의 국장에서는 헌관과 모든 집사들은 담제를 지낸 뒤 상복(常服)을 입고, 27개월이 지난 뒤에는 음복(飮福)이 있다.[235] 정1품 초헌관, 정1품 아헌관, 종1품 종헌관이 행례한다.

* 속절 및 초하루·보름 국왕 친향: 전하는 최복을 갖추어 입고(연제를 지낸 뒤에는 연복을 갖추어 입고, 상제를 지낸 뒤에는 담복을 갖추어 입는다.) 손을 씻은 뒤 지팡이를 짚고 나온다. 내상재선인 국장에서는 국왕이 친행할 때와 왕세자가 제사를 지내는 2가지 진행 방법이 있다. 전하가 친행할 때의 의절은 '사시 및 납일에 친향하는 절차'와 같다. 백관의 배제(陪祭)와 삼헌(三獻)은 모두 의식과 같이하며,

---

234 『國朝喪禮補編』(奎 3940) 卷2, 「四時及臘親享魂殿儀」(卒哭後禫祭前) "殿下具衰服【(註) 練後具練服 祥後具禫服】杖出 … (註) ○內喪在先(殿下親行儀 倣虞祭 而十一月練後服練服 十三月祥後服禫服 十五月禫後服吉服 …) 王世子行祭 則執禮設王世子位於殿東階東南西向 宮闈令捧出虞主【(註) 練後則云神主】王世子十一月練後服練服 十三月祥後服禫服 十五月禫後至再朞服(淡黑袍翼善冠烏犀帶) … ".

235 『國朝喪禮補編』(奎 3940) 卷2, 「攝事儀」"○內喪在先 則獻官諸執事 禫後服(常)服(二十七月後) 有飮福".

상제를 지낸 뒤에도 같다. 왕세자가 직접 제사를 지낼 때에는 집례가 왕세자의 자리를 혼전의 동계 동남쪽에 서쪽을 향해 설치한다. 궁위령이 우주(연제를 지낸 뒤에는 신주라 한다.)를 받들어 낸다. 왕세자는 11개월 만에 연제를 지낸 뒤 연복을 입고, 13개월 만에 상제를 지낸 뒤 담복을 입으며, 15개월 만에 담제를 지낸 뒤부터 재기까지 담흑포·익선관·오서대를 착복한다.[236] (… 이후 내용 생략)

* 속절 및 초하루·보름 섭행: 내상재선의 국장에서는 헌관과 모든 집사들은 담제를 지낸 뒤 상복(常服)을 입고, 상제를 지낸 뒤 섭사(攝事)에는 일헌(一獻)만 하며, 27개월이 지난 뒤에는 음복이 있다.[237] 정1품 초헌관, 정1품 아헌관, 종1품 종헌관이 행례한다.

이를 통해 산릉이나 혼전에서 하는 이러한 의례에서 분명 내상재선의 국장이 국왕 국장과는 다르다는 것을 알 수 있다. 조석곡과 조석상식을 행하는 기간, 각 절차마다 행하는 의절과 그때마다 갖추어 입는 차림 등에서는 분명하게 드러난다.

문제는 내상재선의 국장에서 의례를 주관하는 주체, 곧 상주가 누구냐이다. 심지어 혼전에서 행하는 절차 중에는 국왕이 친행할 때와 왕세자가 제사를 지내는 두 가지 방법을 제시했다. 내상재선 국장에서 의례의 주관자에 대해 이처럼 규정한 것으로 보아, 심도깊게 다룰 연구 주제임에 틀림없다. 내상재선의 국장에서 상주에 대한 논의는 중국 및 한국의 각종

236 『國朝喪禮補編』(奎 3940) 卷3, 「俗節【(註) 正朝冬至寒食端午中秋】及朔望親享魂殿儀」 "殿下具衰服【(註) 練後具練服 祥後具禫服】盥手杖出 … (註) ○內喪在先(殿下親行儀 倣四時及臘親享 百官陪祭三獻 並如儀 祥後同) 王世子行祭 則齊戒如儀 執禮設王世子位於殿東階東南西向 宮闈令捧出虞主【(註) 練後則云神主】王世子十一月練後服練服 十三月祥後服禫服 十五月禫後至再朞服(淡黑袍翼善冠烏犀帶) … ".

237 『國朝喪禮補編』(奎 3940) 卷3, 「攝事儀」 "○內喪在先 則獻官諸執事 禫後服(常)服 (而祥後攝事 則只一獻 二十七月後) 有飮福".

예서 및 실제 조선의 여러 내상재선 국장 사례를 검토해야 구체적으로 드러날 것으로 판단된다. 이는 명성황후 국장 역시 마찬가지라고 생각되므로 향후 연구 과제로 삼고자 한다.

다른 한편으로 산릉에서 장례를 치른 이후부터 국장을 마치기 전까지 산릉과 혼전에서 거행한 위 여러 절차들이 명성황후의 국장에서는 어떠한 차이점과 공통점이 있을까 궁금하다. 그중 조선의 내상재선 국장에서는 11개월 만에 연제를 지낸 뒤 연복을 입고, 13개월 만에 상제를 지낸 뒤 담복을 입으며, 15개월 만에 담제를 지낸 뒤 국왕은 길복을, 왕세자는 다른 차림을 한 점이 주목된다.

명성황후의 국장은 황후로서 치르는 최초의 국장이다. 그런 까닭에 중국이나 한국에서 참고할 만한 적절한 문헌이나 사례를 찾아보기 힘들며, 더구나 우여곡절을 겪은 뒤 장례를 치르면서 변례가 많이 발생했다. 현재 연제까지 지내고 아직 상제와 담제가 남아 있는 상황에서 『국조상례보편』의 '11개월 만에 연제, 13개월 만에 상제, 15개월 만에 담제'를 지내는 규정처럼 이번에도 격월로 각 제사를 지내는지, 그리고 그때마다 어떠한 차림을 하는가에 대해서는 향후 추이를 본다면 드러날 것으로 예상된다.

한편, 연제도 지냈고 산릉에 표석 세우는 일도 마무리되어 이제는 다음 절차인 상제에 관해 논의할 단계이다. 당장 다음 날인 1월 8일, 장례원 경 김영목은 상제를 지낼 시기에 대해 이번에도 역대 전례를 검토했다. 그 결과 상제 또한 연제처럼 『독례통고』의 〈장불이시조〉를 참고했다. 〈장불이시조〉에는 '연제를 지낸 다음 달에 상제를 지낸다.'는 내용이 재록되어 있다.[238]

238 『讀禮通考』 卷105, 變禮5 「葬不以時」 "通典晉杜元凱云 … 旣祔 明一月 練而祭 又明一月 大祥而祭". 본서 제6장 각주 210 참조.

김영목은 〈장불이시조〉의 규정을 근거로 경효전과 산릉에서 지내는 상제도 이대로 마련하되 날짜는 택일하도록 상주했다. 그에 따라 관상소에서 추택하여 올린 첩정에 길일은 '음력 무술년(1898) 정월 21일(양력 2월 11일)'이었고, 고종도 윤허하여 이날에 시행하기로 결정했다.[239]

상제는 국왕이나 왕후가 승하한 지 2년이 되는 두 번째 기일에 지내는 제사로 '대상제(大祥祭)'라고도 한다. 초상에서부터 상제까지 윤달을 계산하지 않고 25개월이 되는 두 번째 기일에 상제를 지냈다. 이는 삼년상에 해당하는 상제에 대한 일반적인 규정이고, '내상재선'에 해당하는 왕후는 승하한 지 13개월 만에 상제를 지내야 한다.[240] 이러한 규정은 조선의 왕후 국장에 대한 규정이다. 이제 황후의 국장으로 바뀌었으므로 조선의 왕후 국장 규정을 그대로 따랐느냐의 여부를 확인할 필요가 있다.

『국조상례보편』의 내상재선 규정을 좀 더 엄밀하게 보면, '상제는 윤달을 계산하지 않고 13개월이 되면 초기일(初忌日)에 지낸다.'고 규정되어 있다.[241] 명성황후의 국장은 내상재선에 해당하지만 13개월과는 거리가 먼 시점에 상제를 지내며, 상제를 지내는 날 또한 명성황후가 돌아가신 초기일인 음력 8월 20일이 아닌 '택일'하여 정했다.

결과적으로 명성황후의 상제는 연제를 지낸 바로 다음 달에 지내게 되었다. 이는 황후 국장으로 승격되면서 참고한 문헌이 연제와 상제를 격월로 지내는 『국조상례보편』이 아닌 『독례통고』가 되면서 조선의 내선국장과 달라지게 되었다. 격월은 아니지만 적어도 연제와 상제를 한 달 정도

239 『承政院日記』 高宗 34年 12月 16日(辛未)[陽曆 1月 8日]; 『高宗實錄』 卷37, 高宗 35年 1月 8日(陽曆).

240 『國朝喪禮補編』(奎 3940) 卷3, 「祥祭」 "(註) 再朞而祥 自初喪至此 不計閏 凡二十五月 用第二忌日(內喪在先 則不計閏 十三月而祥 用初忌日 小內喪在先同)".

241 『國朝喪禮補編』(奎 3940) 卷3, 「祥祭」 "(註) (內喪在先 則不計閏 十三月而祥 用初忌日 小內喪在先同)".

의 간격으로 지낸다는 점에서 명성황후의 상은 기년상이라고 볼 수 있다.

이날 해시에 흥선대원군의 부인이자 고종의 어머니인 여흥부대부인 민씨(驪興府大夫人閔氏)[242]가 홍서했다.[243] 며느리인 명성황후의 국장이 진행되는 가운데 시어머니인 여흥부대부인이 홍서하여 부득이하게 상장이 겹치게 되었다. 하지만 명성황후의 국장은 막바지를 향해가는 단계이고, 또 명성황후의 상은 국장인 데 반해 부대부인의 상은 예장이므로[244] 국장이 영향을 받을 만한 의례는 발생하지 않을 것이다.

한동안 여흥부대부인의 상례로 논의가 지속되었다. 그러다가 1월 18일, 장례원 경 김영목이 역대 전례를 상고한 결과 세모제(歲暮祭)를 설행한 사례가 있으므로 금년부터 경효전과 산릉에서 이를 설행하자고 아뢰었다.[245] 고종이 윤허하여, 비로소 세모제를 지내게 되었다. 이를 시작으로 이후부터 세모제를 지낸 기록이 『고종실록』과 『승정원일기』에서 확인된다.

비록 국장과는 무관하지만 처음으로 설행하는 제사인 만큼 『고종실록』과 『승정원일기』를 통해 세모제에 대해 잠시 짚어보고자 한다. '세밑'이라고도 하는 세모는 한 해가 저무는 섣달 그믐날로, 이날에 지내는 제사가

242 여흥부대부인은 본관은 여흥이고, 판돈녕부사 증 영의정 閔致久의 딸이다. 둘째 아들이 철종의 대통을 이어 즉위하자 '부대부인'이 되었다. 고종대에 흥선대원군이 국왕으로 추존되지 못해 왕후가 되지 못했다가 순종이 즉위하고서 '大院妃'에 추봉되었다. 1818년에 태어났고, 양력으로는 1898년, 음력으로는 1897년에 홍서했다. 문화재청, 2009 『조선시대 궁궐 용어해설』 문화재청, 917쪽 참조.

243 『高宗實錄』 卷37, 高宗 35年 1月 8日(陽曆); 『承政院日記』 高宗 34年 12月 16日(辛未)[陽曆 1月 8日].

244 부대부인의 상사는 禮葬廳에서 담당했다〈『高宗實錄』 卷37, 高宗 35年 1月 8日(陽曆); 『承政院日記』 高宗 34年 12月 17日(壬申)[陽曆 1月 9日]〉. 동일한 기사이지만 『고종실록』과 『승정원일기』에 이를 기록한 날짜가 하루 차이가 난다. 2월 22일[음력 2월 2일]에 흥선대원군도 홍서하여 대원군과 부대부인의 상장을 함께 치렀고 이를 기록한 문헌으로 『禮葬廳謄錄』(奎 13013)이 참조된다.

245 『高宗實錄』 卷37, 高宗 35年 1月 18日(陽曆); 『承政院日記』 高宗 34年 12月 26日(辛巳)[陽曆 1月 18日].

바로 세모제이다. 당일인 1월 18일이 음력으로는 1897년 12월 26일이었기 때문에 아직 3일의 여유가 있었기에 시일이 촉박하지만 세모제 논의가 가능했다.

사실 조선에서는 세모제를 지낸 적이 없다. 1899년(고종 36) 의정부 의정 윤용선이 '천자는 천자의 예를 쓰기 때문에 세모제는 지내지 않을 수 없다.'라는 말에서 그 이유가 명확해진다.[246] 세모제는 곧, 제후국에서는 '지내지 않는 제사'가 아니라 '지낼 수 없는 제사'였다. 그런 까닭에 제후국 조선에서는 지낼 수 없었고, 천자국을 선포한 이해부터 지낼 수 있게 되었다. 세모제는 '국장' 절차와는 무관한 '천자례'에 해당하기 때문에 시행하며, 향후에도 음력 섣달 그믐날이면 항시적으로 지내는 제사라고 볼 수 있다.

세모제는 그 밖에 『고종실록』과 『승정원일기』를 보면 주로 종묘, 경효전, 왕릉에서 지낸 기록이 확인된다.[247] 세모제를 지내는 곳이 황실의 선조, 황실 구성원과 관련되므로 이들을 대상으로 지내는 제사라는 사실도 유추할 수 있다. 다만, 그중에서 종묘는 섣달 그믐날에 세모제를 지내면 그에 앞서 지내는 납향대제를 포함하여 한 달에 2번 제사를 지내게 되어 논란이 일어날 만하다. 종묘에서 지내는 제사는 '대제(大祭)'라고 불리는 만큼 한 달에 2번 지낸다는 그 자체로 쉬운 일이 아니기 때문이다. 여기에

246 『高宗實錄』 卷39, 高宗 36年 12月 31日(陽曆); 『承政院日記』 高宗 36年 11月 29日(壬寅[癸酉])[陽曆 12月 31日]. 음력으로 11월 29일이 '癸酉'일인데 '壬寅'일이라고 되어 있어서 '癸酉'일로 바로잡고 수정한 내용을 [ ]으로 표시했다.

247 『承政院日記』 高宗 35年 12月 28日(丁未)[陽曆 2月 8日]; 『高宗實錄』 卷40, 高宗 37年 1月 3日(陽曆); 『承政院日記』 高宗 36年 12月 3日(丙子)[陽曆 1月 3日]; 『高宗實錄』 卷40, 高宗 37年 1月 29日(陽曆); 『承政院日記』 高宗 36年 12月 29日(壬寅)[陽曆 1月 29日]; 『承政院日記』 高宗 37年 12月 29日(丙寅)[陽曆 2月 17日]; 『承政院日記』 高宗 38年 12月 28日(庚申)[陽曆 2月 6日]; 『高宗實錄』 卷42, 高宗 39年 2月 6日(陽曆); 『承政院日記』 高宗 43年 12月 29日(辛卯)[陽曆 2月 11日]. 이 중 『承政院日記』 高宗 36年 12月 29日(壬寅)[陽曆 1月 29日]자 기사에는 '세모제' 세 글자만 나오지 않을 뿐, 세모제라는 사실을 알려주는 1월 29일자 『고종실록』의 기록으로 인해 포함시켰다.

대해서는 세모제를 지낼 때까지 추이를 좀 더 지켜보고자 한다.

1월 19일, 산릉의 석의에 문제가 발생하여 고종이 대노했다. 산릉제조와 해당 별간역(別看役)을 징계하도록 명하며, 개수가 불가피하므로 봄이 오면 도감을 설치하고 택일하여 거행하도록 조령을 내렸다.[248] 지난번 농대석 및 능상의 병풍석과 경·신·임 세 방향의 네 개 돌에 생긴 하자가 이때에 이르러 비로소 분명해졌거나 혹은 예상했던 것보다 상태가 좋지 않아서가 아닌가 추측된다. 이날은 또 고종이 여흥부대부인의 상에 입었던 상복을 벗는 공제하는 날이었다.[249]

1월 20일(음력 12월 28일) 자시에 고종과 황태자가 경효전에 나아가 납향대제를 친히 지냈다. 연복 차림을 한 고종이 초헌관, 황태자가 아헌관, 대신이 종헌관이 되어 행례했다. 종헌관인 대신의 이름은 의주에 명기되어 있지 않다. 이어서 진시에 연복 차림을 한 고종과 황태자가 경효전에서 조상식을 친행하고, 오시에 역시 연복 차림을 한 고종과 황태자가 경효전에서 주다례를 직접 거행했다.[250] 그리고 내일 친압할 처소는 재전(齋殿)으로 정했으며, 또 이날은 여흥부대부인의 상에서 고종이 공제한 이튿날이므로 칙임관이 문안했다.[251]

1월 21일(음력 12월 29일) 자시에 고종이 경효전 재실(齋室)에 나아가 '경효전 세모제'에 쓸 축문에 친압했다. 원문에 '경효전 세모제'라고 되어 있는데 이는 '경효전에서 지낼 세모제'를 뜻한다. 이어서 자시에 고종과 황

---

248 『高宗實錄』 卷37, 高宗 35年 1月 19日(陽曆); 『承政院日記』 高宗 34年 12月 27日(壬午)[陽曆 1月 19日].

249 『承政院日記』 高宗 34年 12月 28日(癸未)[陽曆 1月 20日]. 1월 20일이 공제한 다음 날이다.

250 『承政院日記』 高宗 34年 12月 28日(癸未)[陽曆 1月 20日]; 『高宗實錄』 卷37, 高宗 35年 1月 20日(陽曆). 『승정원일기』에 고종이 납향대제를 친행하는 절차, 조상식을 친행하는 절차, 주다례를 친행하는 절차 등이 각각 재록되어 있다.

251 『承政院日記』 高宗 34年 12月 28日(癸未)[陽曆 1月 20日].

태자가 경효전에 나아가 세모제를 친히 행했다. 연복 차림을 한 고종이 초헌관, 황태자가 아헌관, 대신이 종헌관이 되어 행례했다. 종헌관인 대신의 이름은 의주에 명기되어 있지 않다.

진시에 연복 차림을 한 고종과 황태자가 재전에서 나와 경효전에서 조상식을 친행했다. 『승정원일기』의 원문에는 '조상식(朝上食)'을 쓴 다음 몇 글자를 지운 흔적이 있고 곧바로 '석상식친행입시시(夕上食親行入侍時)'라고 기록되어 있다. 마치 조상식과 석상식을 함께 올린 것처럼 생각할 수 있으나 진시(辰時, 오전 7시~9시)는 석상식을 올릴 시간이 아닐 뿐더러, 또 이날 신시에 석상식을 행한 기록이 나오므로 이때 '석상식' 세 글자는 잘못 기입한 것이다. 오시에 연복 차림을 한 고종과 황태자가 경효전에서 주다례를, 신시에 역시 연복 차림을 한 고종과 황태자가 경효전에서 석상식을 친히 거행했다.[252]

음력 1897년(고종 34, 광무 1) 12월 마지막 하루를 앞두고 납향대제를 지내고, 마지막 날에 세모제를 지냈다. 이해부터 세모제를 지내면서 연말에 제사를 연달아 지내는 현상이 나타났다. 이를 두고 당장은 별다른 논란이 일지 않고 지나갔다. 하지만 1899년(고종 36, 광무 3) 12월 31일(음력 11월 29일) 고종이 먼저 두 제사를 지내는 것에 대해 자신의 생각을 드러냈다. 종묘에는 5번의 대향(大享)이 있는데 역대 전례를 널리 상고한 결과 세모제는 있으나 납향은 없다는 것이었다. 그렇다고 오랫동안 지내온 납향을 하루아침에 폐지하는 것에 대해서는 생각해 볼 여지가 있다며 신하들의 의견을 구했다.

252 1월 21일에 거행한 고종이 세모제에 쓸 축문에 친압하는 절차, 세모제를 친히 지내는 절차, 조상식과 주다례, 석상식을 각각 친행하는 절차 등 여러 절차를 서술한 두 단락은 『承政院日記』 高宗 34年 12月 29日(甲申)[陽曆 1月 21日]; 『高宗實錄』 卷37, 高宗 35年 1月 21日(陽曆) 참조. 『승정원일기』에는 이러한 절차들의 儀註가 실려 있다.

그러자 윤용선이 천자는 천자의 예를 쓰기 때문에 세모제는 지내지 않을 수 없지만 납향까지 함께 지낸다면 대향을 6번 지내므로 예가 번거롭게 될 우려가 있다고 아뢰었다. 그 밖에 다른 신하들의 의견은 관찬 자료에 나오지 않는다. 이에 고종은 납향은 납일에 종묘에 천신(薦新)한다는 뜻이므로, 이제부터 세모대제를 설행하고 납일에는 천신하는 예만을 거행하라는 조칙을 내렸다.[253] 세모'제'가 세모'대제'가 되고 납향대제는 납일에 천신하는 예로 바뀌었다. 결과적으로 종묘에서 지내는 5번의 대향은 변화가 생기지 않은 셈이다.

1월 22일(1898년 음력 1월 1일) 자시에 고종과 황태자가 경효전에 나아가 음력으로 새해 첫날에 지내는 정조제(正朝祭)를 직접 지냈다. 연복 차림을 한 고종이 초헌관, 황태자가 아헌관, 대신이 종헌관이 되어 행례했다. 종헌관인 대신의 이름은 의주에 기재되어 있지 않다. 진시에 연복 차림을 한 고종과 황태자가 경효전에서 조상식을 친행하고, 오시에 역시 연복 차림을 한 고종과 황태자가 경효전에서 주다례를 친행했다.[254]

『고종실록』에는 이날 석상식을 친행한 것으로 되어 있으나 『승정원일기』에는 석상식 관련 기사가 실려 있지 않다. 『승정원일기』에는 일반적으로 이러한 절차를 거행하는 의주를 싣고 있는데 석상식과 관련해서는 의주가 수록되어 있지 않다. 하루 전날만 하더라도 『승정원일기』에 '내일 조상식과 주다례, 석상식을 대내에서 친행하겠다.'는 조령을 내렸으며,[255]

253 종묘에서 지내는 세모제와 납향을 논한 두 단락은 『承政院日記』 高宗 36年 11月 29日(壬寅[癸酉])[陽曆 12月 31日]; 『高宗實錄』 卷39, 高宗 36年 12月 31日(陽曆) 참조. '임인[계유]'에 대한 설명은 본서 제6장 각주 246 참조.

254 『承政院日記』 高宗 35年 1月 1日(乙酉)[陽曆 1月 22日]; 『高宗實錄』 卷37, 高宗 35年 1月 22日(陽曆). 『승정원일기』에 고종이 정조제를 직접 지내는 절차, 조상식을 친행하는 절차, 주다례를 친행하는 절차 등이 수록되어 있다.

255 『承政院日記』 高宗 34年 12月 29日(甲申)[陽曆 1月 21日].

『고종실록』에도 행례한 것으로 되어 있는 것을 보면 『승정원일기』에 누락된 것이 아닌가 조심스레 추정된다.

1월 29일, 하루 전날 친압할 처소를 재전으로 정했고,[256] 그에 따라 이날 신시에 고종이 (경효전) 재전에 나아가 '경효전 춘향대제'에 쓸 축문에 친압했다.[257] 원문에 '경효전 춘향대제'라고 한 것은 '경효전에서 지낼 춘향대제'를 뜻한다.

이튿날인 30일(음력 1월 9일) 자시에 고종과 황태자가 경효전에 나아가 춘향대제를 친히 거행했다. 연복 차림을 한 고종이 초헌관, 황태자가 아헌관, 대신이 종헌관이 되어 행례했다. 종헌관인 대신의 이름은 의주에 적기되어 있지 않다. 진시에 연복 차림을 한 고종과 황태자가 경효전에서 조상식을 직접 올리고, 오시에 역시 연복 차림을 한 고종과 황태자가 경효전에서 주다례를 친행했다.[258]

1월 31일, 조·석상식과 주다례의 시행 기간 및 산릉 석의(石儀)의 중수에 대해 논의했다. 먼저 장례원 경 김영목은 경효전과 산릉에서 행하는 조·석상식과 주다례에 대해, 명성황후의 상제를 지낸 뒤 이러한 절차들은 그만두는 것이 마땅하지만 역대 전례에 3주년까지는 그대로 행한 예(禮)가 있으므로 이번에도 이대로 8월 기신일(忌辰日)까지 설행하는 것이 어떠한지 고종에게 물었다. 고종은 별다른 이견 없이 김영목의 제안에 찬성했다.[259]

256 『承政院日記』 高宗 35年 1月 7日(辛卯)[陽曆 1月 28日].

257 『承政院日記』 高宗 35年 1月 8日(壬辰)[陽曆 1月 29日]; 『高宗實錄』 卷37, 高宗 35年 1月 29日(陽曆). 『승정원일기』에 고종이 춘향대제에 쓸 축문에 친압하는 절차가 수록되어 있다.

258 『承政院日記』 高宗 35年 1月 9日(癸巳)[陽曆 1月 30日]; 『高宗實錄』 卷37, 高宗 35年 1月 30日(陽曆). 『승정원일기』에 고종이 춘향대제를 직접 지내는 절차, 조상식과 주다례를 친히 올리는 절차 등이 수록되어 있다.

259 『高宗實錄』 卷37, 高宗 35年 1月 31日(陽曆); 『承政院日記』 高宗 35年 1月 10日(甲午)[陽曆 1月 31日].

앞서 조선의 내상재선 국장에서 '조·석상식'은 산릉이든 혼전이든 재기(再朞)까지 올린다고 했다. 그에 비해 명성황후의 국장에서는 1년이 더 연장되었다. 그 이유는 분명하지 않지만 역대 전례를 참고한 것으로 보아 황후의 국장이기 때문으로 간주된다. 명성황후가 승하한 지 3번째 기신인 삼주기신(三周忌辰)은 이해 10월 5일(음력 8월 20일)로, 이날 삼주제(三周祭)를 지냈다.[260] 그리고 실제로 삼주기신을 전후로 조석상식에 변화가 있었다.

『고종실록』을 중심으로 이날(1월 31일)부터 10월 5일 삼주기신까지 경효전에서 행하는 조·석상식과 주다례를 검토해 보면, 석상식은 누락되는 경우가 제법 있으나 조상식과 주다례는 꾸준히 시행되었다. 그러다가 10월 5일 이후부터는 조상식과 별다례를 겸행하다가 점차 별다례만을 행하는 것으로 나타났다.

다음은 석의 중수에 관한 안건이다. 석의에 문제가 생겼다는 보고를 접한 1월 19일에 산릉 석의의 중수를 위해 봄이 오면 도감을 설치하고 택일하여 거행하도록 조령을 내렸었다. 그에 따라 이날 중수도감의 당랑을 궁내부에서 담당하여 차출하고, 중수하는 길일은 음력 1월 23일 손시로 추택했다.[261] 도감의 명칭은 관찬 자료에는 '(산릉)석물중수도감(石物重修都監)'이라고 되어 있으나[262] 의궤에는 '(홍릉)석의중수도감(石儀重修都監)'이라고 되어 있다.[263]

사실 1월 19일 당시에는 고종이 대노한 이유가 관찬 자료에 구체적으로 명시되어 있지 않았다. 그런 까닭에 농대석, 병풍석, 경·신·임 세 방

260 『承政院日記』 高宗 35年 8月 20日(辛丑)[陽曆 10月 5日]; 『高宗實錄』 卷38, 高宗 35年 10月 5日(陽曆).

261 『承政院日記』 高宗 35年 1月 10日(甲午)[陽曆 1月 31日].

262 『高宗實錄』 卷37, 高宗 35年 2月 1日(陽曆); 『承政院日記』 高宗 35年 1月 11日(乙未)[陽曆 2月 1日].

263 의궤의 표제와 내제에 모두 '洪陵石儀重修都監儀軌'라고 되어 있다.

향의 네 개 돌 등에 생긴 하자가 분명해졌거나 아니면 상황이 생각보다 심각한 것이 아닌가 추정했다. 그런데 이번에 행하기로 한 석의의 중수 과정을 기록한 의궤를 보면 중수할 석의의 수가 그보다 훨씬 많았고, 그에 따라 중간에 5달 정도 공역을 중지한 것을 제외하더라도 전체 공역 기간이 2년여 정도 걸릴 만큼 큰 공역이었다.[264]

비각을 포함하여 이때 중수를 한 석의는 도설을 중심으로 정리하면 다음과 같다. 와골면석(瓦骨面石), 와골우석(瓦骨隅石), 상정지대면석(上正址臺面石), 상정지대우석(上正址臺隅石), 하정지대면석(下正址臺面石), 하정지대우석(下正址臺隅石), 가석(駕石), 가석고마기(駕石古莫只),[265] 문석인(文石人), 무석인(武石人), 병풍청판석(屛風廳板石), 병풍우석(屛風隅石), 난간죽석(欄干竹石), 동자석주(童子石柱), 장명등석(長明燈石), 난간석주(欄干石柱), 호석(虎石), 양석(羊石), 마석(馬石), 농대석(籠臺石) 등이다.[266]

이 정도의 규모를 중수해야 한다는 보고를 받았다면 고종이 그 자리에서 대노할 정도로 난색을 표할 만하다. 실제로 2월 10일자 『고종실록』과 『승정원일기』를 보면, 고종은 '석의에 탈이 많아서 중수하지 않을 수 없다.', '이제 장차 수개하려면 공역이 매우 장대할 것이다.', 개수해야 할 석

---

264 석의를 중수하는 일정은 다음과 같다.
* 광무 2년 무술(1898, 고종 35) 1월 11일 도감 당랑 차출. 8월 28일 停役하라는 조칙. 9월 5일 강화 부석소 停役撤還.
* 광무 3년 기해(1899, 고종 36) 1월 18일 다시 始役.
* 광무 4년 경자(1900, 고종 37) 3월 5일 병풍석 修補, 사초 補缺. 5일 25일 조칙으로 인해 別單書入.
석의를 중수하는 전반적인 과정은 『明成皇后洪陵石儀重修都監儀軌』(奎 13897) 「時日」 참조. 이 의궤는 2000년에 서울대학교 규장각(현 규장각한국학연구원)에서 〈奎 13899〉본을 영인한 영인본이 있다.

265 古莫只를 '고마기'라고 표기한 것은 김연주, 2009 「의궤 번역에 있어서 차자 표기 해독」 『民族文化』 33, 72쪽 참조.

266 『明成皇后洪陵石儀重修都監儀軌』(奎 13897) [圖說] 「石儀圖說」·「碑閣圖」.

의가 몇 건인지를 묻는 도제조 김병시의 질문에 '모두 쓸 수 없게 되었다.' 등에서 짐작된다.[267] 이후 중수와 관련한 논의가 공사가 완료될 때까지 지속되었다.

2월 6일, 고종은 상제를 지낼 때 현재 실직이 없더라도 문·음·무관으로 실직을 지냈던 사람들은 곡반에 입참하라고 명했다.[268] 또 장례원 경 김영목이 산릉의 복호(復戶) 105결 혹은 150결을 탁지부에서 마련하여 획송하도록 아뢰자 고종이 윤허했다.[269] 『고종실록』에는 '산릉복일백오결(山陵復一百五結)'이라고 기록되어 있는 반면, 『승정원일기』에는 '산릉복호일백오십결(山陵復戶一百五十結)'이라고 하여 큰 차이를 보였다.

상제를 지내기 이틀 전 2월 9일, 고종은 경효전과 내외친이 되는 사람들은 내외직을 물론하고 내반에 진참하라고 명했다.[270] 이는 『고종실록』과 『승정원일기』에서 '상제시(祥祭時)'라는 세 글자는 없지만 연제를 지낼 때의 상황을 비춰 본다면 '상제를 지낼 때' 경효전(명성황후)의 내외친들이 내반에 진참하라는 뜻으로 이해된다.

사실 2월에 들어선 이후에도 고종은 경효전에서 조상식과 주다례, 석상식 등을 친행했고 이때 황태자도 따라 나아가 행례했다. 『승정원일기』에는 이러한 의례를 거행할 때마다 의주가 수록되어 있다. 그런데 고종은 모두 연복 차림으로 예를 거행한 것으로 되어 있으나 황태자의 차림에 대해서는 딱히 명시되어 있지 않다. 황태자 역시 연복 차림으로 행례했을

267 『承政院日記』 高宗 35年 1月 20日(甲辰)[陽曆 2月 10日]; 『高宗實錄』 卷37, 高宗 35年 2月 10日(陽曆).

268 『高宗實錄』 卷37, 高宗 35年 2月 6日(陽曆); 『承政院日記』 高宗 35年 1月 16日(庚子)[陽曆 2月 6日].

269 『高宗實錄』 卷37, 高宗 35年 2月 6日(陽曆); 『承政院日記』 高宗 35年 1月 16日(庚子)[陽曆 2月 6日].

270 『高宗實錄』 卷37, 高宗 35年 2月 9日(陽曆); 『承政院日記』 高宗 35年 1月 19日(癸卯)[陽曆 2月 9日].

것으로 생각되며, 앞서 조선의 내상재선 국장에서 산릉과 혼전에서 '연제 이후 상제 이전'까지 국왕과 왕세자가 연복 차림을 한 것처럼 고종과 황태자 역시 마찬가지라고 생각되기 때문이다.

2월 11일(음력 1월 21일) 자시에 상제를 친히 지냈다. 연복 차림을 한 고종이 경효전으로 들어가 판위에서 부복곡(俯伏哭)을 하고, 곡을 그친 뒤 익선관(翼善冠)·참포(黲袍)·오서대(烏犀帶)·백피화(白皮靴)로 바꾸어 입고 상제를 지냈다. 고종이 초헌관, 황태자가 아헌관, 의정이 종헌관이 되어 행례했다.[271] 『승정원일기』에 고종이 상제를 친행하는 의주가 실려 있는데 종헌관을 담당한 의정의 이름은 제시되어 있지 않다.

진시에 익선관·참포·오서대·백피화 차림을 한 고종과 황태자가 경효전에 나아가 조상식을 친행했다. 이어서 오시에 익선관·참포·오서대·백피화 차림을 한 고종과 황태자가 경효전에서 주다례를, 신시에 역시 익선관·참포·오서대·백피화 차림을 한 고종과 황태자가 경효전에서 석상식을 친히 거행했다.[272]

조선의 내상재선 국장에서 상제는 왕세자가 제사를 지내거나 국왕이 친행하는 두 가지 방법이 있었다. 먼저 왕세자가 제사를 지내는 경우이다. 연복 차림으로 들어가 곡하고, 나와서 담복 차림으로 제사를 지냈다. 만약 국왕이 친행하면 국왕이 담복 차림으로 초헌례를 행하고 왕세자가 담복 차림으로 아헌례를 행했다.[273] 담복 차림은 참포·익선관·오서대·백

271 『承政院日記』 高宗 35年 1月 21日(乙巳)[陽曆 2月 11日]; 『高宗實錄』 卷37, 高宗 35年 2月 11日(陽曆).

272 『承政院日記』 高宗 35年 1月 21日(乙巳)[陽曆 2月 11日]; 『高宗實錄』 卷37, 高宗 35年 2月 11日(陽曆). 『승정원일기』에 조상식과 주다례, 석상식을 친행하는 절차가 각각 재록되어 있다.

273 『國朝喪禮補編』(奎 3940) 卷3, 「祥祭」 "(註) 內喪在先 王世子行祭 則齊戒如儀 以練服入哭 出服禫服行祭 … (殿下親行 則尙衣院官進禫服 禮曺判書進當齊殿前 俯伏跪啓請易服 殿下易服 弼善詣齊室前 俯伏跪贊請易服 王世子易服 殿下行初獻禮 王世子行亞獻禮

피화를 착용하는 것이었다.[274] 그렇다면 명성황후 국장에서는 담복 차림을 한 고종이 상제를 친행하는 방식으로 진행되었다고 볼 수 있다.

상제를 지낸 다음 날인 2월 12일, 고종이 청목재에서 태의원에게 진찰을 받은 뒤 입시한 신하들 앞에서 동궁이 이제 백립(白笠)을 착용할 것이라고 선언했다. 임진년(1892, 고종 29)에 효모전(孝慕殿)의 대상을 치른 뒤 시사(視事)할 때 자신이 백립과 두건(頭巾)을 착용한 것을 거론하며 동궁도 이제 이 예(例)를 따라서 백립을 착용할 것이라고 했다.[275]

효모전은 신정왕후의 혼전 전호로,[276] 여기서는 신정왕후를 가리킨다. 1892년 4월 17일(음력)에 신정왕후의 상제를 지냈고,[277] 그 이튿날인 4월 18일(음력)에 고종이 건청궁에서 신하들에게 상제를 지낸 뒤의 복색(服色)에 대해 다음과 같이 하교했다.

> "시사할 때에는 흑립(黑笠)을 쓰고 연거(燕居)할 때에는 백립을 쓰는데, 인원왕후의 대상을 지낸 뒤 영묘(英廟)께서 백립을 착용하고서 조정의 신하들을 만났다. 그러므로 나도 백립을 착용하며, 혼전에 임할 때에는 마땅히 천담복색(淺淡服色)으로 하겠다."[278]

고종이 신정왕후의 대상 뒤에 백립을 착용했고, 이를 근거로 이번 명성

餘並如虞祭親行儀[受教] …)".

274 『國朝喪禮補編』(奎 3940) 卷3, 「祥祭」 "尙衣院官進禫服【(註) 黲袍翼善冠烏犀帶白皮靴】禮曺判書進當齊殿前 俯伏跪啓請易服 殿下易服".

275 『高宗實錄』 卷37, 高宗 35年 2月 12日(陽曆); 『承政院日記』 高宗 35年 1月 22日(丙午)[陽曆 2月 12日].

276 『承政院日記』 高宗 27年 5月 25日(〈癸巳〉); 『高宗實錄』 卷27, 高宗 27年 5月 癸巳(25). 『승정원일기』의 원문에 '癸巳' 2글자가 쓰여 있지 않기에 필자가 '癸巳'라고 쓰고 〈 〉으로 표시했다.

277 『承政院日記』 高宗 29年 4月 17日(乙巳); 『高宗實錄』 卷29, 高宗 29年 4月 乙巳(17).

278 『高宗實錄』 卷29, 高宗 29年 4月 丙午(18); 『承政院日記』 高宗 29年 4月 18日(丙午).

황후의 국장에서는 상제를 지낸 다음 날에 황태자에게 백립을 쓰도록 한 것이었다.

연제와 상제는 서건학의 『독례통고』 〈장불이시조〉를 근거로 제사지내는 날을 정했다. 조선의 국가전례서의 규정을 지키기에는 시점이 너무 지나버렸으나 연제를 지낸 다음 달에 상제를 지낸 사실은 연제와 상제를 격월로 지내는 조선의 내상재선 국장과 큰 차이를 보인 지점이었다. 다만, 연제를 지내면서 최복에서 연복으로 바꾸어 입고, 상제를 지내면서 연복에서 담복 차림인 익선관·참포·오서대·백피화로 바꾸어 입은 점에서는 조선의 국가전례서 규정과 달라지지 않았다.

한편, 이 시점에서 굳이 담제까지 가지 않더라도 반드시 짚고 넘어가야 하는 한 가지가 있다. 바로 신민들의 복제 이정으로 결론지은 황후 복제 이정에 대한 건이다. 격월은 아니지만 연제와 상제를 1년 간격이 아닌 한 달여 간격으로 지냈다는 것은 명성황후의 상이 기년상임을 뜻한다. 그리고 기년상에 맞춰 연제를 지낼 때 최복에서 연복으로, 상제를 지낼 때 연복에서 담복으로 바꾸어 입었다. 이러한 과정은 '참최삼년'과는 거리가 멀다.

결국 고종의 황후 복제 이정 명령이 있었고, 그것이 마치 명성황후의 삼년상을 위한 복제 이정으로 여겨서 두 번째 복제조를 마련한 것으로 생각할 수 있다. 특히 황태자의 상복을 '참최삼년'으로 정한 것에서 그러한 오해를 하기 쉽다. 하지만 한 달여 간격으로 연제와 상제를 지내면서 지금 거행하고 있는 국장이 기년상임이 분명해졌고, 두 번째 복제조의 마련이 황태자의 참최삼년복에 초점을 둔 것이 아님도 이로써 입증된다. 신민들의 복제 이정을 위한 것으로 귀결된다.

2. 담제(禫祭)와 부묘

황후의 복제 이정과 두 번째 복제조의 마련으로 약간의 혼란은 있었으나 연제와 상제를 지내면서 애초 명성왕후의 국장이 내상재선에 해당하는 기년상이라는 사실이 명성황후의 국장으로 바뀌었어도 변함이 없다는 사실을 확인했다. 그리고 기년상이기 때문에 명성왕후/황후의 국장은 담제에서 끝나야 한다. 그럼에도 본서에서는 고종이 승하한 뒤 장례를 치르고 종묘에 부묘할 때 명성황후와 함께 부묘하는 시점까지 다루면서 명성왕후/황후의 기나긴 국장 과정을 종결짓고자 한다.

담제는 상복을 벗을 때 지내는 제사이다. 담제를 지내면서 상복을 벗기 때문에 이때부터 상을 모두 마치게 된다. 담제의 담은 담담하게 평안히 한다는 뜻이다.[279]

조선의 국가전례서에는 상제를 지내고 2개월 뒤에 담제를 지내며, 초상에서부터 담제까지 윤달을 계산하지 않고 27개월이 되는 달 가장 가까운 길일을 택해 지냈는데, 대상제와 담제 사이에 윤달이 있다면 이를 계산했다. 이는 삼년상에 해당하는 담제에 대한 일반적인 규정이고, '내상재선'에 해당하는 왕후는 승하한 지 15개월 만에 담제를 지내야 한다.[280] 이러한 규정은 조선의 왕후 국장에 대한 규정이다. 이제 황후의 국장으로 바뀌었으므로 조선의 왕후 국장 규정을 그대로 따랐느냐의 여부를 확인할 필요가 있다.

2월 16일, 경효전과 산릉에서 담제를 지낼 시기를 결정했다. 『고종실

---

279 담제의 정의는 이현진, 2015 앞의 책, 260쪽 참조.

280 『國朝喪禮補編』(奎 3940) 卷3, 「禫祭」 "(註) 祥後間一月而禫 自初喪至此 不計閏 凡二十七月(但祥禫間則計閏[受教] 內喪在先及小內喪在先 則不計閏十五月 祥禫間計閏 同上) 先近日擇吉".

록』에는 관련 기사가 수록되어 있지 않고, 『승정원일기』에 장례원 경 김영목이 고종에게 관상소에서 경효전과 산릉에서 담제 지내는 길일을 '음력 3월 22일(양력 4월 12일)'로 추택한 것을 보고하면서 이대로 시행하는 것이 어떻겠냐고 아뢰자 고종이 허락한 것으로 되어 있다.[281]

연제와 상제를 지내는 날짜를 정할 때에는 『독례통고』의 〈장불이시조〉를 참고하되 날짜는 관상소에서 길일을 추택하는 과정을 밟았다. 그런데 이번에는 그러한 과정이 생략된 채 관상소에서 길한 날을 추택하여 보고한 것에 따라 담제 지내는 날짜를 정했다. 어떠한 문헌을 참고한 것인지에 대해서도, 또 어떠한 규정을 적용한 것인지에 대해서도 관찬 자료에는 전혀 언급되어 있지 않다. 의도한 것인지는 분명하지 않지만 담제는 결과적으로 상제와 격월로 지내게 되었다.

『국조상례보편』에 내상재선 국장 때 지내는 담제 규정을 좀 더 엄밀하게 보면, '담제는 윤달을 계산하지 않고 15개월이 되는 달 가장 가까운 길일을 택하여 지낸다. 단, 상제와 담제 사이에 윤달이 있다면 이를 계산한다.'고 규정되어 있다.[282] 명성황후의 국장은 내상재선에 해당하지만 15개월과는 거리가 먼 시점에 담제를 지내며, 그럼에도 날짜를 택일한 점에서는 같았다.

한편, 상제를 지낸 이후부터 담제를 지내기 전까지 명성황후 국장은 대부분 고종이 경효전에 나아가 조상식과 주다례, 석상식, 삭제, 망제, 한식제(寒食祭) 등을 친행하고 그때마다 황태자도 따라 나아가 행례하는 방식으로 진행되었다. 행례할 때 『승정원일기』에 수록된 의주를 통해, 고종은 모두 익선관·참포·오서대·백피화(담복) 차림으로 예를 거행했으나 황태

281 『承政院日記』 高宗 35年 1月 26日(庚戌)[陽曆 2月 16日].
282 『國朝喪禮補編』(奎 3940) 卷3, 「禫祭」. 바로 위 각주 280 참조.

자의 차림에 대해서는 적기되어 있지 않다.

황태자가 명성황후의 국장에서 홀로 의례를 주관한 것은 발인 직전에 올린 몇 차례의 제전 절차 뿐이었다.[283] 이는 의궤에 의주가 수록되어 있어서 그가 행한 의례 절차, 복식 차림 등에 대해 명확하게 알 수 있다. 다만, 의궤의 의주 기록이 실제 행례할 때 그대로 실행했느냐의 여부는 다른 자료와의 비교가 필요하다.

그때 다른 자료라는 것은 대부분 관찬 자료를 가리킨다. 관찬 자료 중에서는 의주를 싣고 있는 『승정원일기』가 해당되는데 문제는 고종이 초헌관, 황태자가 아헌관으로 행례할 때 황태자의 동선은 대체로 파악할 수 있으나 복식에 대한 정보는 재록되어 있지 않다는 사실이다.

심지어 2월 28일(음력 2월 8일)에는 황태자의 탄일로, 이날 황태자는 경효전에 나아가 주다례 겸 별다례를 거행했다.[284] 이는 『고종실록』의 기록으로, 『승정원일기』에는 황태자의 탄일이라는 사실을 알려주는 것 이외에 그가 경효전에서 행한 의례에 대해서는 관련 정보가 없다.[285]

고종이 주관하는 의례였다면 그동안 행례해 온 의례들처럼 『승정원일기』에 친행 의주를 수록했을 것이다. 하지만 이번에 황태자가 경효전에서 행한 주다례 겸 별다례는 진행 과정을 보여주는 의주가 수록되어 있지 않다. 『승정원일기』에 경효전에서 행한 의례에 대한 관련 정보가 없다는 것은 이를 의미한다. 황태자의 탄일이므로 고종이 아닌 황태자가 경효전에 나아가 의례를 주관한 것으로 생각할 수 있다. 하지만 당시 고종은 여흥부대부인의 상(喪)에 더해 흥선대원군의 상중이었다. 공제한 날인 3월 5일

283 본서 제6장 각주 90 참조.

284 『高宗實錄』 卷37, 高宗 35年 2月 28日(陽曆).

285 『承政院日記』 高宗 35年 2月 8日(壬戌)[陽曆 2月 28日].

까지[286] 최복을 입었기에 황태자가 대행한 것으로 보인다.

의궤를 제외한 각 절차의 시행 과정을 보여주는 의주는 『승정원일기』에 주로 실려 있다. 하지만 이번처럼 의주가 기록되어 있지 않다면 황태자가 경효전에서 어떤 차림으로 행례한 것인지를 알기 어렵다. 상제를 지낸 이후이자 담제를 지내기 이전이므로 그 역시 담복 차림으로 행례했을 것으로 예상된다.

앞서 연제와 상제를 지나면서 고종이 최복→연복→담복 차림으로 바뀐 것에서 보았다. 또 조선의 내상재선 국장에서 산릉과 혼전에서 '상제 이후 담제 이전'까지 국왕과 왕세자가 담복 차림을 한 것처럼 황태자 역시 마찬가지라고 생각되기 때문이다. 『승정원일기』에 의주를 수록하는 경우는 고종이 예를 주관할 때 뿐이라는 사실을 거듭 확인하는 계기가 되었다.

그사이에 2월 22일 흥선대원군이 홍서했다.[287] 이후 그의 예장과 관련한 일이 한동안 논의되었다. 물론 이로 인하여 명성황후의 국장에 변화가 생긴 것은 결코 아니었다.

이후 4월 1일, 담제 뒤부터 삼주제까지 경효전과 산릉에서 각종 의식을 거행할 때 착용할 상하 복색에 대해 고종이 조령을 내렸다. 고종이 조·석 상식과 주다례 및 삭망, 속절, 오대향을 친행할 때와 동궁이 섭행할 때 상하 복색은 천담복(淺淡服)·오각대(烏角帶)·백피화(白皮靴)로 마련하라는 내용이었다.[288]

구체적으로 이 기간은 담제를 지내는 4월 12일(음력 3월 22일) 이후부터

286 『承政院日記』 高宗 35年 2月 14日(戊辰)[陽曆 3月 6日]. 3월 6일이 공제한 다음 날이다.

287 『承政院日記』 高宗 35年 2月 2日(丙辰)[陽曆 2月 22日]; 『高宗實錄』 卷37, 高宗 35年 2月 22日(陽曆).

288 『高宗實錄』 卷37, 高宗 35年 4月 1日(陽曆); 『承政院日記』 高宗 35年 3月 11日(甲午)[陽曆 4月 1日].

삼주기신일인 10월 5일(음력 8월 20일)까지이다. 실제 이 기간에 행한 여러 절차에서 고종이 친행할 때에는 익선관·현포(玄袍)·오서대·백피화 차림으로 행례한 것으로 드러났다.[289] 고종이 친행할 때의 복색은 4월 1일 결정한 것과 달라진 것이 확인되는 데 비해, 황태자가 섭행하는 기록은 『승정원일기』에서 찾아지지 않는다.

그렇다면 천담복·오각대·백피화 차림은 현재로서 두 가지로 추정이 가능할 듯하다. 하나는 동궁이 섭행할 때 갖추어 착용한 경우, 나머지 다른 하나는 이 차림을 아예 시행하지 않은 경우이다.

명성황후 국장 기간에 동궁이 섭행하는 경우가 거의 보이지 않고, 또 설령 그가 섭행했더라도 누차 언급했듯이 문헌에서 그의 차림에 대한 기록이 발견되지 않아 확인이 어렵다. 그리고 고종은 담제부터 삼주제를 지내기 전까지 익선관·'현포'·오서대·백피화 차림으로 의례를 행하다가 삼주제를 지낼 때 익선관·'천담복'·오서대·백피화 차림으로 바꾸었다.[290] 따라서 적어도 고종은 삼주제를 지내기 전까지 '천담복·오각대·백피화' 차림은 하지 않은 것으로 정리된다. 현재로서 '천담복·오각대·백피화' 차림에 대한 정리는 여기까지이다.

---

289 복색 차림을 알려면 각 의례의 의주를 수록한 『승정원일기』를 확인해야 한다. 몇몇 사례를 날짜 순으로 제시하면 다음과 같다.
* 4월 21일 삭제, 조상식, 주다례: 翼善冠·玄袍·烏犀帶·白皮靴. 『承政院日記』 高宗 35年 閏3月 1日(甲寅)[陽曆 4月 21日].
* 5월 5일 망제, 조상식, 주다례: 翼善冠·玄袍·烏犀帶·白皮靴. 『承政院日記』 高宗 35年 閏3月 15日(戊辰)[陽曆 5月 5日].
* 5월 22일 하향대제, 조상식, 주다례: 翼善冠·玄袍·烏犀帶·白皮靴. 『承政院日記』 高宗 35年 4月 3日(乙酉)[陽曆 5月 22日].
* 6월 23일 단오제, 조상식, 주다례: 翼善冠·玄袍·烏犀帶·白皮靴. 『承政院日記』 高宗 35年 5月 5日(丁巳)[陽曆 6月 23日].
* 8월 22일 추향대제, 조상식, 주다례: 翼善冠·玄袍·烏犀帶·白皮靴. 『承政院日記』 高宗 35年 7月 6日(丁巳)[陽曆 8月 22日].

290 『承政院日記』 高宗 35年 8月 20日(辛丑)[陽曆 10月 5日].

담제를 지내기 4일 전인 4월 8일, 고종은 담제를 지내는 날에 행할 의례와 그때 참석할 사람들에 대해 몇 가지 조령을 내렸다. 첫째, 고종은 이달 음력 (3월) 22일에 전작례(奠酌禮)를 행하되 제문은 직접 지어서 내리며 백관의 입참을 명했다. 둘째, 동궁은 이달 음력 (3월) 22일에 작헌례(酌獻禮)를 행하되 제문은 동궁이 지어서 내리며 백관의 입참을 명했다. 셋째, 경효전과 내외친이 되는 사람들은 내외직을 막론하고 내반에 진참하도록 분부했다. 넷째, 현재 실직이 없더라도 문·음·무관으로 실직을 지냈던 사람들은 곡반에 입참하라고 명했다.[291]

담제를 지내기 하루 전인 4월 11일, 의정부 찬정 겸임 장례원 경 윤용선이 역대 전례를 참고한 결과 담제일(禫祭日)에 관리를 보내 능에 나아가 치제(致祭)하게 한 예(例)가 있다며 이번에는 어떻게 할 것인가에 대해 고종에게 아뢰었다. 고종은 산릉에서 행하는 전작례는 대신을 보내 섭행하고 동궁이 행하는 작헌례도 대신을 파견하여 섭행하도록 제칙을 내렸다.[292] 단, 모든 집사들은 일체 친제(親祭)의 규례대로 전차(塡差)하도록 명했다.

이날 담제를 지내기 전에 올리는 마지막 조상식과 주다례, 석상식을 고종이 황태자와 함께 직접 거행했다. 진시에 익선관·참포·오서대·백피화 차림을 한 고종과 황태자가 경효전에 나아가 조상식을 친행하고, 오시에 익선관·참포·오서대·백피화 차림을 한 고종과 황태자가 경효전에서 주다례를, 신시에 역시 익선관·참포·오서대·백피화 차림을 한 고종과 황태자가 경효전에서 석상식을 친히 행했다.[293]

---

291 『高宗實錄』 卷37, 高宗 35年 4月 8日(陽曆); 『承政院日記』 高宗 35年 3月 18日(辛丑)[陽曆 4月 8日].

292 『高宗實錄』 卷37, 高宗 35年 4月 11日(陽曆); 『承政院日記』 高宗 35年 3月 21日(甲辰)[陽曆 4月 11日].

293 『承政院日記』 高宗 35年 3月 21日(甲辰)[陽曆 4月 11日]; 『高宗實錄』 卷37, 高宗 35年 4月 11日(陽曆). 『승정원일기』에 조상식과 주다례, 석상식을 친행하는 절차가 각각 수록되

이튿날인 4월 12일(음력 3월 22일) 자시에 담제를 친히 지냈다. 익선관·'참포'·오서대·백피화 차림을 한 고종이 경효전으로 들어가 판위에서 곡을 한 뒤, 담제를 지낼 때가 되자 익선관·'현포(玄袍)'·오서대·백피화로 바꾸어 입고 담제를 지냈다. 고종이 초헌관, 황태자가 아헌관, 대신이 종헌관이 되어 행례했다.[294] 『승정원일기』에 고종이 담제를 친행하는 의주가 실려 있는데 종헌관을 담당한 대신의 이름은 명시되어 있지 않다.

진시에 익선관·현포·오서대·백피화 차림을 한 고종과 황태자가 경효전에 나아가 조상식을 친행했다. 이어서 오시에 익선관·현포·오서대·백피화 차림을 한 고종과 황태자가 경효전에서 주다례를, 신시에 역시 익선관·현포·오서대·백피화 차림을 한 고종과 황태자가 경효전에서 석상식을 친히 행했다.[295]

유시에 익선관·현포·오서대·백피화 차림을 한 고종이 황태자와 함께 경효전에 나아가 전작례를 친행했다. 고종이 초헌관, 황태자가 아헌관, 대신이 종헌관이 되어 행례했다.[296] 『승정원일기』에 고종이 전작례를 친행하는 과정을 보여주는 의주가 수록되어 있으나 종헌관을 담당한 대신의 이름은 기록되어 있지 않다.

이처럼 『승정원일기』에는 이날 고종이 친행한 담제와 조상식, 주다례, 석상식, 전작례 등의 의주는 싣고 있다. 이때 황태자가 따라 나아가 함께 의례를 행한 것도 명확하게 알 수 있다. 그런데 이러한 의례를 마치고 이

어 있다.

294 『承政院日記』 高宗 35年 3月 22日(乙巳)[陽曆 4月 12日]; 『高宗實錄』 卷37, 高宗 35年 4月 12日(陽曆).

295 『承政院日記』 高宗 35年 3月 22日(乙巳)[陽曆 4月 12日]; 『高宗實錄』 卷37, 高宗 35年 4月 12日(陽曆). 『승정원일기』에 조상식과 주다례, 석상식을 친행하는 절차가 각각 재록되어 있다.

296 위와 같음.

어서 행한 황태자의 작헌례에 대해, 『고종실록』에는 '이어서 (황태자가) 작헌례를 행했다.'라는 정도로 기록되어 있고, 『승정원일기』에는 '경효전황태자친행작헌례별단(景孝殿皇太子親行酌獻禮別單)'이라고 하여 작헌례에 참여한 사람들에게 시상하기 위해 작성한 별단에서 그가 실제로 작헌례를 친행한 사실을 알려준다. 황태자가 경효전에서 작헌례의 친행 과정을 보여주는 의주는 이번에도 수록되어 있지 않다.

명성왕후가 승하한 사실을 공표하고 본격적으로 왕후 국장을 거행한 때부터 중간에 황후 책봉으로 인해 황후 국장으로 바뀌어 담제를 지낼 때까지 명성왕후/황후 국장은 내상재선에 해당한 절차대로 준행되었다. 의궤의 의주에서 황태자가 의례를 주관한다고 한 곳도 있으나 관찬 자료를 따른다면 전반적으로 고종이 의례를 주관했다.

그 과정에서 내상재선의 국장에서는 의례 주관자 및 상주에 대한 재검토가 필요했다. 이에 대해서는 『예기』·『의례』·『주례』 등의 경서, 중국·한국의 국가전례서와 대부사들이 편찬한 각종 예서, 유서류, 조선의 내상재선 국장의 사례 등을 통해 다시 정리할 때 좀 더 분명해질 것으로 판단된다.

아주 길고 험난한 여정을 지나 담제를 지냄으로써 '내상재선'의 국장에서 행하는 절차는 일단 마무리되었다. 곧바로 종묘에 신주가 봉안되지는 않지만 기본적인 상장 절차는 끝난 셈이다.

조선 왕실의 무덤 형태와 개념, 그 용례[297]

명성황후의 국장에서 산릉에서 장례를 치른 뒤 담제를 지낼 때까지도 문헌에는 명성황후의 능을 홍릉이라고 지칭하기 보다 '산릉'이라 표기했다. 사실 두 용어는 구별해서 사용할 필요가 있기에 조선 왕실의 무덤 형태에 대해 간단하게 살펴본 뒤 왕릉과 산릉의 개념, 그리고 그 용례에 대해 살펴보고자 한다.

신분제 사회였던 조선에서는 왕실의 무덤을 조성할 때에도 신분제를 적용했다. 조선 왕실에서 조성한 무덤은 세 가지 형태로 분류할 수 있는데, 능(陵), 원(園), 묘(墓)가 그것이다.

먼저 왕릉이다. 국왕과 왕후는 승하하면 곧바로 '산릉(山陵)'을 조성하고 그들의 시신을 안장했다. 원래 왕릉은 천자국의 황제나 황후에게 사용할 수 있는 무덤이었다. 예법에 따른다면 조선은 제후국으로서 제후왕은 그의 무덤을 왕릉이라 칭할 수 없었다. 하지만 조선에서는 건국 후 최초로 승하한 태조의 계비 신덕왕후의 무덤을 '정릉(貞陵)'이라 하여 능호(陵號)를 사용했다. 이후 조선시대 모든 국왕과 왕후의 무덤을 '능'이라 일컬었다.

이처럼 제후국 조선에서 능호를 사용하는 것에 대해 중국의 입장에서 본다면 참람하다고 지적할 수 있다. 하지만 중원의 주인이 명이든 청이든 조선 정부에 시정을 요구하지 않았다. 무엇보다 청일전쟁 이후, 그리고 1897년 대한제국을 선포하고 천자국으로 격상되면서 황제나 황후에게 쓸 수 있는 '능호'를 쓰는 것은 이제 의례적으로도 문제될 소지가 사라졌다. 명성황후의 무덤인 '홍릉' 역시 마찬가지였다.

그다음 무덤의 형태는 원(園)이다. '원'은 원래 천자나 제후왕에게 쓸 수 있는 무덤으로 조선전기에는 없는 양식의 무덤이었으나 조선후기 인조대에 처음 등장했다. 인조는 적장자가 아닌 광해군을 몰아내고 반정(反正)으로 왕위에 올랐다. 인조 역시 적자(嫡子)가 아니었기에 자신을 낳아준 사친(私親)의 무덤은 '능'이 아닌 '묘(墓)'였다. 그런데 인조는 사친의 무덤을 '묘'에서 '원'으로 승격시켰고, 이로 인해 조선에서 '원'이라는 무덤이 등장하게 되었다.

인조는 생부인 정원대원군(定遠大院君)의 무덤을 '흥경원(興慶園)', 생모인 연주부부인(連珠府夫人)의 무덤을 '육경원(毓慶園)'이라 일컫도록 명했다. 그 뒤 1627년(인조 5) 정원대원군의 '흥경원'을 '육경원'으로 옮기면서 원호(園號)를 '흥경원'이라 칭했다가

297 이현진, 2017 앞의 논문, 1장 및 67쪽 각주 3을 재정리했다.

1632년(인조 10) 정원대원군을 원종(元宗)으로 추숭하면서 마침내 '장릉(章陵)'으로 봉릉(封陵)했다.

이후 '원'은 영조대에 본격적으로 등장하기 시작했다. 영조는 생모 숙빈 최씨(淑嬪崔氏)의 '묘'를 '원'으로 승격시키고 원호를 '소령원(昭寧園)'이라 정했다. 이후 소령원을 전범으로 한 '원'들이 속속 등장했고, 소위 칠궁(七宮)에 봉안된 이들의 무덤이 '원'의 형태로 조성되었다. 조선후기 왕실의 후궁 가운데 아들이 국왕 혹은 추존 국왕이 된 이들의 신위를 봉안하고 제사지내는 사당이 바로 칠궁이었다. 칠궁은 육상궁(毓祥宮, 숙빈 최씨), 저경궁(儲慶宮, 인빈 김씨), 대빈궁(大嬪宮, 희빈 장씨), 연호궁(延祜宮, 정빈 이씨), 선희궁(宣禧宮, 영빈 이씨), 경우궁(景祐宮, 수빈 박씨), 덕안궁(德安宮, 순빈 엄씨) 등이다.

그다음 무덤의 형태는 묘이다. 세자와 세자빈, 폐비, 후궁, 대원군, 사대부 등 능과 원이 아닌 대부분의 무덤이 '묘'에 해당한다. 단, 세자 중 홍서한 당시에는 '묘'를 조성했다가 이후 원호를 적용한 사례가 있는데 바로 정조의 생부인 장헌세자(莊獻世子)의 무덤이다. 수은묘(垂恩墓)였다가 아들인 정조가 영조의 뒤를 이어 즉위하면서 '영우원(永祐園)'으로 승격시킨 것이다. 왕세자에게 원제(園制)를 적용한 것은 장헌세자가 유일하다.

한편, 이제부터는 왕릉과 산릉의 개념, 그리고 그 용례에 대해 검토해보고자 한다. 국왕과 왕후의 무덤은 '왕릉' 혹은 '산릉'이라 하여, 흔히 이 둘을 구별하지 않고 혼용하는 경우가 많다. 특히 왕릉은 마치 '왕의 능'이라 하여 국왕의 무덤만을 가리키는 누를 범할 소지가 있다. 그런데 문헌에 따라 이 둘을 구분지을 필요가 있다.

의궤에 따르면, 능이 처음 조성되어 국왕이나 왕후의 국장이 진행되는 동안에는 '산릉'이라 일컫고,[298] 이후부터는 능호를 사용하거나 '능'이라 일컬어 국장 전후를 기점으로 용어를 구분짓는다. 능호는 일반적으로 국왕이나 왕후가 승하한 뒤 얼마 지나지 않은 시점에 지어 올린다. 그런데 국가전례서에서 의주에는 일반 국왕이나 왕후의 능과 산릉을 구별하고 있는데 비해,[299] 도설에는 '능'과 '산릉'을 구별하지 않은 채 표기되어 있다.[300]

298 『山陵都監儀軌』 및 이현진, 2015 앞의 책, [표 9](250~252쪽) 참조.

299 이현진, 2017 앞의 논문, 2장 2절 및 3장 1절 참조.

300 『國朝五禮序例』 卷1, 吉禮 壇廟圖說 「山陵」; 『國朝續五禮儀序例』 卷1, 吉禮 廟祠圖說 「山陵」.

『조선왕조실록』에는 조선초기에는 국장이 아닐 때에도 산릉이라고 일컬은 용례가 보인다. '능'과 '산릉'의 구분을 크게 염두에 두지 않고 함께 사용한 것에 기인한 듯하다. 가령, 1396년(태조 5)에 승하한 태조의 계비 신덕왕후의 무덤인 정릉(貞陵)을 태종대에 산릉이라고 기록한 사례가 그것이다.[301] 그에 비해 조선후기에는 대체로 국장이나 천릉(遷陵)할 때 새로 조성한 능을 '산릉'이라 하여 이미 조성되어 있는 다른 능과 구분하는 경향이었다.

참고로 현재 전문 연구자 및 일반 사람들은 국왕과 왕후의 능을 구별하지 않은 채 그들의 능을 가리키는 일반적인 용어로 '왕릉'을 사용하고 있다. '왕릉'이라는 단어에서 오해의 소지가 있는 사례로 수로왕릉(首露王陵), 고려왕릉관(高麗王陵官) 등을 들 수 있다. 전자는 수로왕의 능으로 풀이해야 하고,[302] 후자는 고려왕의 능을 담당하는 관원으로 해석해야 한다.[303]

따라서 능소(陵所), 능을 가리키면서 '왕릉' 두 글자만을 사용한 사례는 문헌에서 거의 발견되지 않는다. 그렇다면 본서에서도 국왕과 왕후의 능을 왕릉이 아닌 '능'이나 '능소' 등으로 표현하는 것이 맞다. 다만, 현재 널리 통용되고 있는 용어가 '왕릉'이기 때문에 이를 고려하여 왕릉이라 표기하기도 했다.

마지막으로 능을 지칭할 때 짚고 넘어가야 하는 용어로 대왕릉(大王陵)과 왕후릉(王后陵)이 있다. 앞서 조선시대에는 국왕의 능은 능호를 사용하거나 '대왕릉'이라고 일컬었으며, 왕후의 능은 능호 혹은 '왕후릉'이라 지칭한다고 했다. 여기서 능호와 능의 주인에 따라 좀 더 구체적으로 살펴볼 필요가 있다.

먼저 배우자의 능과 함께 있지 않고 홀로 있는 단릉(單陵)이다. 단릉은 그 자체로 능호가 있으므로 능호가 그 무덤의 주인을 가리키는 대명사가 되는 것은 의문의 여지가 없다. 다음은 국왕과 왕후의 무덤이 함께 있으면서 능호가 같은 쌍릉(雙陵)이나 동원이강릉(同原異岡陵), 동원상하릉(同原上下陵) 등이다. 이런 경우 국왕의 무덤과 왕후의 무덤을 구별해야 할 때가 있는데, 그때 대왕릉과 왕후릉이라는 단어를 사용했다. 예를 들어, 1533년(중종 28) 중종이 덕종과 소혜왕후의 경릉(敬陵)에 오르려 할 때 '먼저 대왕릉에 올라 배례(拜禮)를 행한 뒤 영역(塋域)을 돌면서 살피고 다음으로 왕후릉에

301 『太宗實錄』 卷11, 太宗 6年 5月 辛卯(2).
302 『正祖實錄』 卷9, 正祖 4年 5月 丙戌(8).
303 『正祖實錄』 卷16, 正祖 7年 9月 壬子(24).
304 『中宗實錄』 卷76, 中宗 28年 10月 癸酉(4).

올랐다.'는 내용에서 볼 수 있다.[304]

다만, 국왕과 왕후의 능호가 같을 때 관찬 자료를 보면 돌아가신 국왕을 대신하여 '○릉'이라고 지칭하는 용례가 많다. 돌아가신 왕후를 가리키는 대명사로 능호를 사용하는 경우도 있지만 조정에서 논의가 있을 때 왕후보다는 국왕을 가리키는 경우가 대부분이다. 가령, 현종과 명성왕후(明聖王后)의 능호인 숭릉(崇陵)에서 현종을 대신하여 숭릉이라 지칭하는 사례가 많다는 뜻이다.

명성황후의 홍릉을 포함한 조선 전시기에 조성한 왕릉의 명칭[능호]과 위치는 다음의 〈표 6〉과 같다.

〈표 6〉 왕릉의 명칭과 그 위치[305]

국왕 / 왕후	왕릉(능호)	위 치
목조	덕릉(德陵)	태종 10년 함흥(咸興)으로 이장. 함흥 서북 가평사(加平社)
목조비 효공왕후	안릉(安陵)	태종 10년 함흥으로 이장. 함흥 서북 가평사
익조	지릉(智陵)	안변(安邊)
익조비 정숙왕후	숙릉(淑陵)	문천(文川)
도조	의릉(義陵)	함흥 송두리(松頭里)
도조비 경순왕후	순릉(純陵)	함흥 동쪽 동명사(東溟社)
환조	정릉(定陵)	함흥 동쪽 귀주동(歸州洞)
환조비 의혜왕후	화릉(和陵)	함흥 동쪽 귀주동
태조	건원릉(健元陵)	양주(楊州) 30리(里)
태조비 신의왕후	제릉(齊陵)	풍덕(豊德) 3일정(日程)
태조계비 신덕왕후	정릉(貞陵)	양주 11리
정종	후릉(厚陵)	풍덕 3일정
정종비 정안왕후	후릉(厚陵)	후릉 동(同)
태종	헌릉(獻陵)	광주(廣州) 60리
태종비 원경왕후	헌릉(獻陵)	헌릉 동(同)
세종	영릉(英陵)	여주(驪州) 2일정
세종비 소헌왕후	영릉(英陵)	영릉 동(同)
문종	현릉(顯陵)	양주 30리

305 이현진, 2017 앞의 논문, 〈표 1〉(44~47쪽)의 수정·보완 및 국립문화재연구소, 2009~2015 『조선왕릉: 綜合學術調査報告書』(Ⅰ~Ⅸ) 국립문화재연구소 참조.

국왕 / 왕후	왕릉(능호)	위 치
문종비 현덕왕후	현릉(顯陵)	현릉 좌강(左崗)
단종	장릉(莊陵)	영월(寧越) 5일정
단종비 정순왕후	사릉(思陵)	양주 40리
세조	광릉(光陵)	양주 70리
세조비 정희왕후	광릉(光陵)	광릉 동강(東崗)
덕종	경릉(敬陵)	고양(高陽) 20리. 추존왕(追尊王)
덕종비 소혜왕후	경릉(敬陵)	경릉(敬陵) 우강(右崗)
예종	창릉(昌陵)	고양 20리
예종비 장순왕후	공릉(恭陵)	파주(坡州) 60리
예종계비 안순왕후	창릉(昌陵)	창릉 좌강(左崗)
성종	선릉(宣陵)	광주(廣州) 20리
성종비 공혜왕후	순릉(順陵)	파주 60리
성종계비 정현왕후	선릉(宣陵)	선릉 좌강(左崗)
중종	정릉(靖陵)	광주(廣州) 20리
중종비 단경왕후	온릉(溫陵)	양주 70리
중종계비 장경왕후	희릉(禧陵)	고양 20리
중종계비 문정왕후	태릉(泰陵)	양주 20리
인종	효릉(孝陵)	고양 20리
인종비 인성왕후	효릉(孝陵)	효릉 동(同)
명종	강릉(康陵)	양주 20리
명종비 인순왕후	강릉(康陵)	강릉 동(同)
선조	목릉(穆陵)	양주 30리
선조비 의인왕후	목릉(穆陵)	목릉 좌강(左崗)
선조계비 인목왕후	목릉(穆陵)	목릉 좌강(左崗)
원종	장릉(章陵)	김포(金浦) 60리. 추존왕(追尊王)
원종비 인헌왕후	장릉(章陵)	장릉(章陵) 동(同)
인조	장릉(長陵)	교하(交河) 2일정
인조비 인열왕후	장릉(長陵)	장릉(長陵) 동(同)
인조계비 장열왕후	휘릉(徽陵)	양주 30리
효종	영릉(寧陵)	여주(驪州) 2일정
효종비 인선왕후	영릉(寧陵)	영릉(寧陵) 동(同)

국왕 / 왕후	왕릉(능호)	위 치
현종	숭릉(崇陵)	양주 30리
현종비 명성왕후	숭릉(崇陵)	숭릉 동(同)
숙종	명릉(明陵)	고양 20리
숙종비 인경왕후	익릉(翼陵)	고양 20리
숙종계비 인현왕후	명릉(明陵)	명릉 동(同)
숙종계비 인원왕후	명릉(明陵)	명릉 우강(右崗)
경종	의릉(懿陵)	양주 15리
경종비 단의왕후	혜릉(惠陵)	양주 30리
경종계비 선의왕후	의릉(懿陵)	의릉 동(同)
영조	원릉(元陵)	양주 30리
영조비 정성왕후	홍릉(弘陵)	고양 20리
영조계비 정순왕후	원릉(元陵)	원릉 동(同)
진종	영릉(永陵)	파주 1일정. 추존왕(追尊王)
진종비 효순왕후	영릉(永陵)	영릉(永陵) 동(同)
정조	건릉(健陵)	수원(水原) 2일정
정조비 효의왕후	건릉(健陵)	건릉 동(同)
순조	인릉(仁陵)	광주(廣州) 40리
순조비 순원왕후	인릉(仁陵)	인릉 합봉(合封)
익종	수릉(綏陵)	양주 30리. 추존왕(追尊王)
익종비 신정왕후	수릉(綏陵)	수릉 동(同)
헌종	경릉(景陵)	양주 30리
헌종비 효현왕후	경릉(景陵)	경릉(景陵) 동원(同原)
헌종계비 효정왕후	경릉(景陵)	경릉(景陵) 동원
철종	예릉(睿陵)	고양 30리
철종비 철인왕후	예릉(睿陵)	예릉 동(同)
고종비 명성황후	홍릉(洪陵)	청량리. 동문(東門)과는 10리쯤, 동릉(東陵)과는 20리[306]

306 『承政院日記』 高宗 33年 12月 7日(丁卯)[陽曆 1月 9日].

마지막으로 부묘 절차가 남았다. 부묘는 국왕과 왕후의 신위가 종묘에 봉안되는 것을 뜻한다. 그런데 명성왕후/황후의 국상은 '내상재선'에 해당하여 담제를 지낸 뒤에도 혼전에 신주가 그대로 봉안되어 있었다. 남편인 고종이 승하하고 부태묘(祔太廟)할 시점인 1921년 3월 30일까지 경효전에 신주가 남아 있었던 것이다.

참고로 부묘하기 이전에 경효전을 다른 전각으로 옮기는 일이 있었다. 부묘할 때까지 이러한 일이 얼마나 더 있었는가에 대해서는 검토가 필요하지만 확인된 것만 두 번 있었다. 첫 번째는 1898년 경효전의 신탑을 수개하면서였다. 이해 7월 6일, 경효전의 신탑에 대한 제도를 고례(古禮)를 참고하여 좋은 날을 받아 개수하도록 명했다.[307]

11월 21일, 신탑의 개수를 마쳐서 이를 경효전 안으로 들여서 배설하기 위하여 경효전의 신주를 이안하고 환안(還安)하는 길한 날짜와 시각, 그리고 이안 처소를 정했다. 음력 10월 17일 미시에 중화전으로 신주를 이안하고, 음력 10월 29일 미시에 중화전에서 환안하기로 정했다.[308]

11월 30일(음력 10월 17일), 중화전으로 신주를 이안하고 전배례를 행했다.[309] 12월 12일(음력 10월 29일), 중화전에서 신주를 환안한 후 신시에 면복 차림을 한 고종이 전작례를 거행했다.[310] 경효전 이봉의 계기는 신탑의 개수였으나 전폐(殿陛)의 수리도 함께 진행되었다.[311]

---

307 『高宗實錄』 卷37, 高宗 35年 7月 6日(陽曆); 『承政院日記』 高宗 35年 5月 18日(庚午)[陽曆 7月 6日].

308 『承政院日記』 高宗 35年 10月 8日(戊子)[陽曆 11月 21日].

309 『高宗實錄』 卷38, 高宗 35年 11月 30日(陽曆); 『承政院日記』 高宗 35年 10月 17日(丁酉)[陽曆 11月 30日].

310 『承政院日記』 高宗 35年 10月 29日(己酉)[陽曆 12月 12日]; 『高宗實錄』 卷38, 高宗 35年 12月 12日(陽曆).

311 『承政院日記』 高宗 35年 10月 28日(戊申)[陽曆 12月 11日]; 『承政院日記』 高宗 35年 10月 29日(己酉)[陽曆 12月 12日].

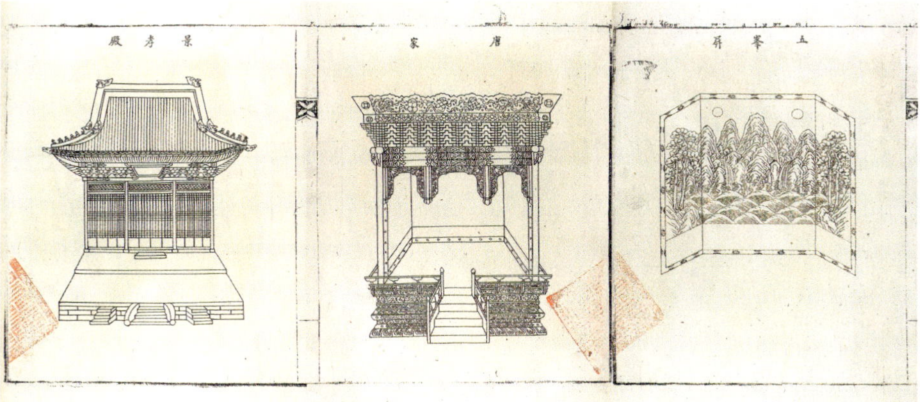

〈도판 42〉「경효전(景孝殿)」·「당가(唐家)」·「오봉병(五峯屛)」, 『경운궁중건도감의궤』, 규장각한국학연구원
1904년 화재로 소실되어 1905년에 중건한 명성황후의 혼전인 경효전 및 그 안에 설치한 당가와 오봉병의 모습이다.[312] 조선시대와 대한제국기에 '혼전명'을 쓴 전각, 그리고 그 혼전의 실내 전체의 모습을 보여주는 도설이나 사진을 찾아보기가 쉽지 않다. 그런 점에서 『경운궁중건도감의궤』에 수록된 경효전과 당가, 오봉병을 담은 그림은 그 자체만으로도 중요하다.

두 번째는 1904년 4월 14일(음력 2월 29일) 경운궁에 큰 화재가 났을 때 경효전이 소실된 적이 있었다.[313] 그곳에 봉안되어 있던 신주는 준명전(濬明殿) 서행각(西行閣)으로 임시로 옮겼다가[314] 중건 공사를 끝낼 동안에는 수풍당(綏豊堂)에 임시로 봉안했다.[315]

경효전의 공역 과정은 대략 다음과 같다. 화재로 소실된 후 곧바로 음

312 『慶運宮重建都監儀軌』(奎 14328) 第1卷, 圖說「景孝殿」·「唐家」·「五峯屛」.

313 본서 제5장 각주 131 참조.

314 『慶運宮重建都監儀軌』(奎 14328) 第1卷, 詔勅(附奏本別單)「甲辰二月二十九日」; 『承政院日記』 高宗 41年 2月 29日(戊寅)[陽曆 4月 14日]; 『高宗實錄』 卷44, 高宗 41年 4月 14日(陽曆). 이때 옮긴 신주에 대해 『고종실록』에는 '神主'로, 『승정원일기』와 『경운궁중건도감의궤』에는 '虞主'라고 지칭하고 있다. 일반적으로 연제를 지낼 때 우주에서 練主로 교체한다. 명성황후의 국장 때에도 연제를 지낼 때 우주에서 연주로 교체한 뒤 제사를 지냈다. 연주가 최종 종묘에 봉안되는 신주이다. 그런데 앞서 춘·하·추·동 사시 및 납일에 국왕이 혼전에서 친향하는 절차를 보면 '연제를 지낸 뒤에는 신주라고 한다.'라는 규정이 있었다[본서 제6장 각주 234·236 참조]. 결국 『고종실록』의 '신주'라고 한 기록은 맞고 『승정원일기』와 『경운궁중건도감의궤』처럼 우주라고 한 것은 오기라고 볼 수 있다.

315 『高宗實錄』 卷44, 高宗 41年 8月 20日(陽曆); 『承政院日記』 高宗 41年 7月 10日(丙戌)[陽曆 8月 20日]; 『承政院日記』 高宗 41年 7月 11日(丁亥)[陽曆 8月 21日]; 『高宗實錄』 卷44, 高宗 41年 8月 29日(陽曆); 『承政院日記』 高宗 41年 7月 19日(乙未)[陽曆 8月 29日].

력 3월에 중건에 들어가 2달 뒤인 5월에 완공했다[5월 25일(양력 7월 8일)]. 그러다가 칙교를 내려 다시 개건(改建)하기로 결정하여 경효전을 철훼했고[12월 3일(양력 1905년 1월 8일)] 이듬해인 1905년(광무 9) 3월에 완공했다[3월 18일(양력 4월 22일)].[316]

다시 고종과 명성황후의 종묘 부묘로 돌아가면, 부묘를 하루 앞둔 1921년 3월 30일 오전 9시, 순종이 고종의 혼전인 효덕전(孝德殿)에 나아가 고동가제를 친행했다.[317] 오전 9시 30분에 경효전에서 지내는 고동가제는 섭행했다. 오후 2시에 고종의 신주를 실은 신련(神輦)이 태묘로 나아갔고,[318] 순종은 돈화문(敦化門) 안에서 지송했다. 오후 6시 30분에 명성태황후의 신주 또한 모시고 태묘로 나아갔다.[319] 좀 더 구체적으로 묘사한다면, 종묘 정전의 남신문(南神門) 밖 악차(幄次)에 임시로 두 신주를 봉안해 두었다. 오후 8시 30분에 책보를 먼저 장(欌) 안에 봉안했다.[320]

참고로 효덕전과 경효전에서 종묘로 각각 나아가는 부묘반차도가 『고종태황제명성태황후부묘주감의궤(高宗太皇帝明成太皇后祔廟主監儀軌)』에

316 경효전의 중건 과정은 『慶運宮重建都監儀軌』(奎 14328) 第1卷, 時日 참조. 여기에 기록된 날짜는 모두 음력이다.

317 효덕전에서 거행한 고동가제의 의주는 『高宗太皇帝明成太皇后祔廟主監儀軌』(藏 K2-2218) 卷上, 儀註 「孝德殿告動駕祭親行儀」 참조.

318 고종의 신주가 효덕전에서 종묘로 나아가는 의주는 『高宗太皇帝明成太皇后祔廟主監儀軌』(藏 K2-2218) 卷上, 儀註 「高宗太皇帝神主詣宗廟儀」(明成太皇后神主奉詣宗廟時祗迎儀及展謁奉審儀附) 참조. 이 의주에는 명성태황후 신주가 종묘로 나아갈 때 지영하는 의주 및 展謁, 奉審하는 의주가 부기되어 있다. 효덕전에서 종묘로 나아가는 노선은 김대호, 2011 「일제하 종묘를 둘러싼 세력 갈등과 공간 변형 -1920년대 식민 권력과 귀족 세력의 관계를 중심으로-」 『서울학연구』 43, 6쪽 〈그림 1〉 참조. 〈그림 1〉에는 경효전에서 종묘로 나아가는 노선도 함께 표시되어 있다.

319 명성황후의 신주가 경효전에서 종묘로 나아가는 의주는 『高宗太皇帝明成太皇后祔廟主監儀軌』(藏 K2-2218) 卷上, 儀註 「明成太皇后神主詣宗廟儀」 참조.

320 효덕전에서의 고동가제 친행부터 책보의 봉안까지 다룬 이 단락은 『高宗太皇帝明成太皇后祔廟主監儀軌』(藏 K2-2218) 卷上, 時日; 『純宗實錄』(附錄) 卷12, 純宗 14年 3月 30日(陽曆) 참조.

전한다. 대부분의 반차도가 그림으로 그려진 반면, 이 두 부묘반차도는 각자 위치에 담당관들의 직명(職名) 및 의물 명칭을 문자로 나타냈다.[321] 이를 '문반차도(文班次圖)'라 하는데 드물게 확인된다.[322]

다음 날인 3월 31일 종묘에 나아가 희생과 제기를 먼저 살폈다.[323] 이윽고 오전 영시(零時) 30분에 고종과 명성황후를 태묘 제18실에 부묘하고,[324] 오전 1시 30분에 부묘대제(祔廟大祭)를 친행했다. 그리고 이날 오전 6시에 장조의황제(莊祖懿皇帝)의 신주를 영녕전 제15실로 조천(祧遷)한 뒤 안신제(安神祭)를 지냈다.[325]

고종과 명성황후의 부묘 및 장조의 영녕전 조천 이후, 종묘와 영녕전의 신위 봉안 상황은 아래 〈표 7〉·〈표 8〉과 같다.

〈표 7〉 종묘에 봉안된 신위 (19실 비어 있음)

1실	2실	3실	4실	5실	6실	7실	8실	9실	10실	11실	12실
태조	태종	세종	세조	성종	중종	선조	인조	효종	현종	숙종	영조
태조	불천지주(不遷之主)										

13실	14실	15실	16실	17실	18실	19실
정조	순조	문조	헌종	철종	고종	
1세	1세	1세	1세	1세	1세	

321 『高宗太皇帝明成太皇后祔廟主監儀軌』(藏 K2-2218) 卷上, [班次] 「孝德殿祔廟時班次」·「景孝殿祔廟時班次」.

322 조선시대 '文班次圖' 및 부묘반차도 등 '반차도를 통해 본 장례 행렬' 전반에 대해서는 이현진, 2015 앞의 책, 156~159쪽 참조.

323 순종이 친히 종묘와 영녕전의 제기를 살피는 의주는 『高宗太皇帝明成太皇后祔廟主監儀軌』(藏 K2-2218) 卷上, 儀註 「親臨省器儀」 참조.

324 고종과 명성황후의 신주를 종묘 정전에 부묘하는 의주는 『高宗太皇帝明成太皇后祔廟主監儀軌』(藏 K2-2218) 卷上, 儀註 「高宗太皇帝明成太皇后祔廟儀」 참조.

325 『高宗太皇帝明成太皇后祔廟主監儀軌』(藏 K2-2218) 卷上, 時日; 『純宗實錄』(附錄) 卷12, 純宗 14年 3月 31日(陽曆). 장조의황제의 신위를 영녕전으로 조천하는 의주는 『高宗太皇帝明成太皇后祔廟主監儀軌』(藏 K2-2218) 卷上, 儀註 「莊祖懿皇帝祧遷儀」(正祖宣皇帝室以下各室移安遞陞儀附) 참조.

〈표 8〉 영녕전에 봉안된 신위 (동협실 16실 비어 있음. 점선은 형제관계)

서협실						정 전			
5실	6실	7실	8실	9실	10실	1실	2실	3실	4실
정종	문종	단종	덕종	예종	인종	목조	익조	도조	환조

동협실					
11실	12실	13실	14실	15실	16실
명종	원종	경종	진종	장조	

〈도판 43〉 명성태황후 신주 ⓒ 전혜원
종묘 정전에 봉안되어 있는 명성황후의 신주이다. 신주를 봉안하는 순서는 서쪽 끝에 국왕/황제의 신주를 두고 그 왼쪽(동쪽)으로 왕후/황후의 신위를 차례로 두는 방식이다.

이때 태묘에 봉안된 명성황후의 신주 앞면에는 '효자원성정화합천홍공성덕제휘열목명성태황후(孝慈元聖正化合天洪功誠德齊徽烈穆明成太皇后)'라고 썼다. 현재 종묘에 봉안되어 있는 명성황후의 신주에도 동일하게 쓰여 있다. 연제를 지낼 때 연주에 '효자원성정화합천명성황후(孝慈元聖正化合天明成皇后)'라고 썼을 것으로 추정했는데, 그 이후에 존호와 휘호를 추상하고 후호(后號)를 올렸음을 알 수 있다.

『고종실록』 1921년(순종 14) 3월 9일자에 명성황후의 휘호 추상과 후호를 정한 내역을 기록한 옥책문이 수록되어 있다. 옥책문에 휘호 추상과 후호를 정하기 전 명성황후를 '효자원성정화합천홍공성덕명성황후(孝慈元聖正化合天洪功誠德明成皇后)'라고 지칭하고 있는데,[326] 연주와 비교해보면 홍공(洪功)과 성덕(誠德)이라는 존호가 추가되었음을 알 수 있다.

326 『純宗實錄』(附錄) 卷12, 純宗 14年 3月 9日(陽曆).

'홍공'은 1899년 12월 30일에 정해졌고,[327] 책보는 이듬해인 1900년 2월 18일(음력 1월 19일)에 황태자가 경효전에 친히 올렸다.[328] '성덕'은 1901년(고종 38, 광무 5) 12월 26일에 정해졌고,[329] 책보는 이듬해인 1902년 3월 4일(음력 1월 25일)에 황태자가 경효전에 친히 올렸다.[330]

이 옥책문 뒷부분에 추상한 휘호는 '제휘열목(齊徽烈穆)', 후호는 '태황후(太皇后)'로 정한 것으로 되어 있다. 이에 따라 조성한 보(寶)에는 그동안 올린 존호 및 휘호·후호가 모두 반영되어 '효자원성정화합천홍공성덕제휘열목명성태황후보(孝慈元聖正化合天洪功誠德齊徽烈穆明成太皇后寶)'라고 새겼다.[331] 따라서 연주가 혼전에 봉안되어 있는 동안 추상한 존호인 '홍공'·'성덕', 휘호인 '제휘열목', 후호인 '태황후'가 추가되면서 명성황후의 신주를 개제(改題)할 때 신주에는 '보'처럼 이 모두를 반영하여 '효자원성정화합천홍공성덕제휘열목명성태황후'가 된 것이다.

내상재선의 국장에서 한참 뒤에 배우자와 함께 종묘에 부묘될 때 봉안하는 왕후의 신주에는 연주 이후에 추상한 존호라든가 부묘 전에 올린 휘호를 모두 신주에 반영해 쓴다. 영조비 정성왕후의 신주를 예로 들면, 영조와 함께 부묘하기 전 추상한 휘호 '단목장화(端穆章和)'를 신주에 반영해

327 『高宗實錄』 卷39, 高宗 36年 12月 30日(陽曆); 『承政院日記』 高宗 36年 11月 28日(辛丑[壬申])[陽曆 12月 30日].

328 『承政院日記』 高宗 37年 1月 20日(癸亥)[陽曆 2月 19日]; 『高宗實錄』 卷40, 高宗 37年 2月 19日(陽曆). 명성황후에게 '洪功'이라는 존호를 추상하는 과정은 『仁祖仁烈王后莊烈王后孝宗仁宣王后高宗明憲太后明成皇后上號都監儀軌』(奎 13246) 참조.

329 『承政院日記』 高宗 38年 11月 16日(戊寅)[陽曆 12月 26日]; 『高宗實錄』 卷41, 高宗 38年 12月 26日(陽曆).

330 『承政院日記』 高宗 39年 1月 26日(丙戌[丁亥])[陽曆 3月 5日]; 『高宗實錄』 卷42, 高宗 39年 3月 5日(陽曆). 명성황후에게 '誠德'이라는 존호를 추상하는 과정은 『文祖神貞皇后高宗明憲太后明成皇后上號都監儀軌』(奎 13430) 참조.

331 『高宗太皇帝明成太皇后祔廟主監儀軌』(藏 K2-2218) 卷下, 徽號冊寶 「寶式」(書寫官閔泳徽) "孝慈元聖正化合天洪功誠德齊徽烈穆明成太皇后寶".

썼다.[332]

특히 대한제국을 선포한 뒤 1899년 황후로 추존된 여러 황후들의 경우도 신주를 개제하면서 마찬가지로 그동안 추상한 존호와 휘호를 모두 반영해 썼다.[333] 명성황후의 신주도 부묘에 앞서 추후로 올린 존호와 휘호, 후호까지 모두 신주에 반영하기 위해 개제주(改題主)한 것이었다.

길고 길었던 명성왕후/황후 국장이 이로써 끝났다. 시해, 공식적인 죽음 발표, 아관파천, 황제 즉위와 황후 책봉 등 정치적으로 큰 사건이 발생한 가운데 국장이 지연에 지연을 거듭, 복잡한 양상을 띠면서 전개되었다. 변례의 끊임없는 발생, 그리고 변례가 또 다른 변례를 낳는 등 상당히 파격적인 국장이었다. 아울러 제후국 왕후로서의 국장과 천자국 황후로서의 국장을 모두 시행했으며, 특히 황후로서의 국장은 처음 치른 만큼 그 자체만으로도 의미가 크다고 볼 수 있다.

끝으로 1895년 명성왕후의 시해부터 1921년 고종·명성황후의 종묘 부묘까지 주요 사건과 의례의 시행을 날짜별로 정리하면서 마치고자 한다.

* 시해: 1895년(고종 32) 8월 20일(양력 10월 8일)

* 시해 공포: 1895년(고종 32) 10월 15일(양력 12월 1일)

* 폐서인: 1895년(고종 32) 8월 22일(양력 10월 10일)

* 왕후 위호 회복: 1895년(고종 32) 10월 10일(양력 11월 26일)

* 건양 시작: 1895년(고종 32) 11월 17일 = 건양(1896, 고종 33) 1월 1일(양력)

* 아관파천: 1896년(고종 33) 2월 11일(음력 1895년 12월 28일)

332 이현진, 2017 앞의 책, 115쪽.

333 장조의 황후인 獻敬懿皇后, 정조의 황후인 孝懿宣皇后, 순조의 황후인 純元肅皇后, 문조의 황후인 神貞翼皇后 등의 改題主가 참고된다[『太祖神懿王后神德王后莊祖獻敬王后正祖孝懿王后純祖純元王后翼宗神貞王后追尊時儀軌』(奎 13236) 掌禮院奏本(附單子) 「己亥十一月十三日」].

* 빈전 이봉: 1896년(고종 33) 9월 4일(음력 7월 27일)
* 초기신: 1896년(고종 33) 9월 26일(음력 8월 20일)
* 명성왕후 탄일: 1896년(고종 33) 10월 31일(음력 9월 25일)
* 추복지기: 1896년(고종 33) 11월 19일(음력 10월 15일)
* 경운궁 환어: 1897년(고종 34) 2월 20일(음력 1월 19일)
* 광무 시작: 1897년(고종 34) 8월 16일(음력 7월 19일)
* 재기신: 1897년(고종 34) 9월 16일(음력 8월 20일)
* 황제 즉위: 1897년(고종 34) 10월 12일(음력 9월 17일)
* 명성황후 탄일: 1897년(고종 34) 10월 20일(음력 9월 25일)
* 추복지재기: 1897년(고종 34) 11월 9일(음력 10월 15일)
* 발인: 1897년(고종 34) 11월 21일(음력 10월 27일)
* 초우제: 1897년(고종 34) 11월 22일(음력 10월 28일)
* 재우제: 1897년(고종 34) 11월 23일(음력 10월 29일)
* 삼우제: 1897년(고종 34) 11월 24일(음력 11월 1일)
* 사우제: 1897년(고종 34) 11월 26일(음력 11월 3일)
* 오우제: 1897년(고종 34) 11월 28일(음력 11월 5일)
* 안릉전: 1897년(고종 34) 11월 29일(음력 11월 6일)
* 육우제: 1897년(고종 34) 11월 30일(음력 11월 7일)
* 칠우제: 1897년(고종 34) 12월 2일(음력 11월 9일)
* 팔우제: 1897년(고종 34) 12월 4일(음력 11월 11일)
* 구우제: 1897년(고종 34) 12월 6일(음력 11월 13일)
* 졸곡제: 1897년(고종 34) 12월 8일(음력 11월 15일)
* 부향: 1897년(고종 34) 12월 9일(음력 11월 16일)
* 연제: 1898년(고종 35) 1월 4일(음력 1897년 12월 12일)

* 상제: 1898년(고종 35) 2월 11일(음력 1월 21일)

* 담제: 1898년(고종 35) 4월 12일(음력 3월 22일)

* 삼주기신: 1898년(고종 35) 10월 5일(음력 8월 20일)

* 부묘: 1921년(순종 14) 3월 31일

| 제 7 장 |

명성황후 국장의 특징

제1절 의식 절차

제2절 용어와 도설

제 1 절
의식 절차

1. 왕후 국장 의절과 주요 의절 거행 시점

명성왕후/황후의 국장이 '왕후' 국장이었다면 조선시대 여타 왕후들의 국장과 큰 차이를 보이지 않았을 것이다. 실제로 황후 국장으로 전환하기 전에는 『국조상례보편』을 따라 진행되었다. 『명성황후국장도감의궤』와 『명성황후빈전혼전도감의궤』에서 '보편' 혹은 '상례보편'을 참고한 기록이 곳곳에서 보이며, 특히 대행왕후 국휼 때 제반 의절은 『상례보편』을 따라 거행하되 전례(典禮) 중 이전과 다른 것이 있으면 역대에 이미 시행했던 예(例)를 참작하여 마련하라고 세 도감에 지시한 것에서 명확해진다.[1]

실제로 고종의 지시대로 국장이 진행되기는 했다. 다만, 그의 죽음이 '시해'라는 방식으로 이루어져 앞서 제3~5장에서 보았듯이 처음부터 여느 왕후의 국장에서는 보기 힘든 상당히 파격적인 상장 절차를 보였다. 더구나 왕후 국장으로 치루던 중 황후 국장으로 전환하면서 제6장에서는 조선시대 국장에서는 볼 수 없는 의절을 시행하기도 했다. 황후 국장으로

1 『明成皇后國葬都監儀軌』(奎 13883) 卷1, 都廳儀軌 掌禮院來通「丁酉四月初七日」"奏本一度 左開仰晡爲乎尼 照亮後 准此施行爲要 再 今此大行王后國恤時 諸般儀節 謹依喪禮補編擧行 而典禮與前有異 參酌歷代已例磨鍊 以此意知委於三都監 何如 謹上奏 奉旨依奏".

의 전환은 의절의 변화에 그치지 않고 의물이나 용어 등 다른 부면에서도 새로운 변화를 수반했을 것으로 예상된다.

사실 명성왕후/황후 국장의 특징이라고 할 때 그 자체로 발산하는 면도 없지 않다. 시해라는 죽음, 굵직굵직한 정치적 사건과 맞물리면서 진행된 국장, 왕후 국장에서 황후 국장으로의 전환 등 이러한 사실만으로도 유례를 찾기 힘든 국장임에 틀림없기 때문이다.

여기에 조선시대 왕후 국장 중 '내상재선'에 해당하는 국장과 비교한다면 좀 더 도드라질 것이다. 하지만 이는 제2장 제1절에서 국가전례서의 국장 규정 및 국왕·왕후 국장 절차의 차이를 통해 큰 문제 없이 해소될 수 있을 듯하다. 또 의물이나 용어처럼 반드시 비교가 필요한 경우에는 19세기 왕후 중 내상재선에 해당하는 국장을 치른 헌종비 효현왕후나 명성황후 국장과 가장 가까운 시기에 국장을 치른 익종비 신정왕후의 국장을 참고하면 될 것이다.

그럼에도 이상에서 언급한 것들을 간과하지 않고 구체화한다면 그 자체로 명성왕후/황후 국장의 특징이 될 것이다. 어느 부분에서 어떻게 달라지는지를 제시할 때 본서를 쓰게 된 목적인 조선에서 대한제국으로 국가 정체성의 변화에 따른 의례의 변화도 잘 드러날 수 있을 것으로 판단되어서이다.

무엇보다 조선에서부터 대한제국기까지 그 사회는 모든 질서를 '예(禮)'에 따라 차등적으로 구분짓는 유교 사회였다. 신분적 위계가 뚜렷하여 지위나 신분에 따라 의례 절차, 의물, 건물 등 곳곳에서 그 위계를 드러내는 장치가 내재해 있었다. 여기에 주안점을 두고 명성왕후/황후 국장의 특징을 밝히고자 한다.

다만, 의절을 거행할 때 동원되는 사람 수, 소용되는 물품의 수와 형태·규모, 참여자의 신분 등 여러 측면에서 왕후 국장과 황후 국장은 그 차이를 노정할 것임은 의심의 여지가 없다. 하지만 현실적으로 하나하나 대조해가며 제시하는 것 역시 쉽지 않다. 그러한 현실적 어려움을 고려하여, 제7장에서는 의식 절차, 용어, 도설 등 세 부분으로 설정하되 그중 용어와 도설은 겹치는 부분이 많아 묶어서 살펴보려 한다.

먼저 의식 절차이다. 명성왕후/황후 국장은 기년상임에도 횟수로 4년에 걸쳐서 진행되었고, 또 중간에 왕후 국장에서 황후 국장으로 바뀌었기에 제1절 의식 절차에서는 왕후 국장 의절과 황후 국장 의절로 나누어서 전개하고자 한다. 이때 '변화'를 주목하고자 한다면 어떤 것을 기준으로 삼을 것인가가 중요하다.

전자의 경우는 명성왕후 국장에서도 준행했던 1758년본 『국조상례보편』의 규정을 준거로 삼으면 된다. 문제는 후자이다. 체계적인 국가전례서를 마련하지 않은 채 '역대 전례'를 참고하여 황후 국장을 치렀고, 그 이후에도 천자국에서 행하는 흉례 절차 전 과정을 보여주는 국가전례서를 편찬하지 않았기 때문이다. 그런 이유로 제6장에서 황후 국장을 정리할 때에는 국장의 추이를 살펴볼 수밖에 없었고 그것이 유일한 방법이기도 했다.

이런 상황에서 왕후 국장은 물론 황후 국장의 의식 절차에 대해, 일단은 1758년본 『국조상례보편』의 국장 규정을 기준으로 삼는 것이 가장 합리적이라는 판단이다. 조선 왕실의 상장 의례를 최종적으로 정비한 국가전례서로서의 위상을 감안할 때, 그리고 분명하게 규정을 적기하고 있다는 점에서 이 책을 기준으로 삼는다면 왕후·황후 국장의 공통점과 차이점을 가장 효율적으로 드러낼 수 있을 것이기 때문이다.

본서의 주요 목적이 조선에서 대한제국으로 국체가 바뀌는 과정에서 국가 의례의 '변화'를 파악하는 것이었다. 이를 시대적인 상황과 함께 그 과정을 파악하기 위해 6장까지 많은 분량을 할애했다. 실제로 행한 의례는 그 속에 모두 들어가 있다고 해도 과언이 아닐 정도이다. 따라서 제7장 제1절 의식 절차에서는 그것과 겹치지 않으면서 좀 더 깊이 다룰 필요가 있는 부분에 초점을 두고 서술하고자 한다. 그 대상은 바로 의궤의 의주(儀註)이다.

의주는 각 의례를 시행하기 이전에 마련하여 실제로 행례할 때 도움을 주는 의례 시행의 지침이라 할 수 있다. 그런데 일반적으로 흉례 관련 의궤에 실린 의주는 〈도판 6〉을 설명할 때 언급했듯이 그 의궤가 편찬된 시점과 관련하여 한정된 것만 수록하고 있다. 이는 곧 의궤를 편찬한 이후에 시행한 의례의 의주는 수록되어 있지 않다는 뜻이다. 삼년상을 치른 국왕·왕후의 국장에서는 우제 혹은 졸곡제부터 부묘 전까지, 명성왕후/황후처럼 내상재선의 국장에서는 우제부터 담제까지 거행한 의례의 의주는 의궤에 수록되어 있지 않다.[2] 따라서 제7장 제1절에서는 의궤의 의주를 대상으로 하되 여기에 수록되어 있지 않은 의주는 다른 자료를 통해 보완하는 방식으로 진행하고자 한다.

국장에서 전 과정의 의례를 보여주는 의주는 국가전례서를 참조하면 된다. 여기에 더해 좀 더 현장감을 담고 있는 의주로 명성왕후/황후 국장을 정리할 때 참고한 『승정원일기』에 수록된 의주가 있다. 조·석상식과 주다례, 삭망, 축문 친압, 그 밖의 주요 의절까지 거행할 때마다 그 절차가 『승정원일기』에 대부분 수록되어 있었다.[3] 『승정원일기』에 수록된 의

2 내상재선의 국장은 다음과 같은 의궤를 검토했다. 『仁敬王后國葬都監儀軌』(奎 13553), 『仁敬王后殯殿魂殿都監儀軌』(奎 13554), 『仁顯王后國葬都監儀軌』(奎 13555), 『仁顯王后殯殿都監儀軌』(奎 13556의 1), 『貞聖王后國葬都監儀軌』(奎 13589), 『貞聖王后殯殿都監儀軌』(奎 13590의 1), 『孝顯王后國葬都監儀軌』(奎 13802), 『孝顯王后殯殿魂殿都監儀軌』(奎 13805) 등이다.

3 명성왕후/황후의 국장을 정리할 때 『승정원일기』에 관련 의주가 수록되어 있는 경우 '『승정원

주는 대군주 폐하로서의 고종과 왕태자, 황제로서의 고종과 황태자의 실제 동선까지 보여준다는 점에서 의궤의 의주보다 좀 더 생생하다는 장점이 있다. 다만, 의궤의 의주와 동일한 의주일 때에는 『승정원일기』 속 의주가 의궤의 의주보다 간략하다는 단점이 없지 않다.

결론적으로 명성왕후/황후 국장에서 어느 한 의례의 전반적인 파악과 실제 행례라는 점에서는 『승정원일기』의 의주가, 의식 절차 그 자체는 의궤의 의주가 더 상세하다. 그렇다고 여기서 의식 절차 그 자체를 다루려는 것은 결코 아니다. 『승정원일기』 속 의주와 의궤의 의주에 상세하게 기록되어 있어서 그것을 참고하면 되기 때문이다. 제7장 제1절 '의식 절차'에서는 의궤 의주의 '항목명'을 대상으로 삼고자 한다.

항목명에 대한 정리만으로도 오랜 기간에 걸쳐 진행된 명성왕후/황후의 국장 과정 전반의 대체를 보여줄 수 있다. 이때 의궤 의주의 항목명만이 아니라 1758년본 『국조상례보편』의 항목명도 함께 제시할 것이다. 명성왕후 국장과 명성황후 국장이 조선의 대표적인 국가전례서와 어떠한 점에서 같고 다른지를 한눈에 파악할 수 있도록 하기 위해서이다.

다음은 명성왕후/황후 국장을 정리하면서 심도 있는 논의를 요한 의절이 있었는데 제7장 제1절 의식 절차에서 이를 다시 짚어보고자 한다. 명성왕후의 죽음을 알린 뒤 처음 행한 「복」부터 마지막 절차인 「담제」에 이르기까지 기본적인 논의는 제3~6장에서 다루었다. 하지만 1758년본 『국조상례보편』이 규정과 확연한 차이가 있는 의절도 있었기에 좀 더 고구해 보자는 의미이다.

먼저 1758년본 『국조상례보편』에 수록된 국장 절차의 항목과 각 의궤에 수록된 의주 항목을 정리하면 〈표 9〉와 같다.

일기』에 어떤 절차를 위한 의주가 수록되어 있다.'고 일일이 각주로 처리해 두었다.

〈표 9〉 『국조상례보편』(1758)과 명성황후 흉례 관련 의궤의 의주 항목 비교[4]

<table>
<tr><th>예서</th><th colspan="2">항목</th></tr>
<tr><td>국조
상례
보편</td><td colspan="2">고명(顧命), 초종(初終), 복(復), 전(奠), 역복불식(易服不食), 계령(戒令), 목욕(沐浴), 습(襲), 전(奠), 위위곡(爲位哭), 거림(擧臨), 함(含), 설빙(設氷), 영좌(靈座), 명정(銘旌), 고사묘(告社廟), 소렴(小斂), 전(奠), 치벽(治椑), 대렴(大斂), 전(奠), 성빈(成殯), 전(奠), 여차(廬次), 성복(成服), 복제(服制), 사위(嗣位), 반교서(頒敎書), 고부청시청승습(告訃請諡請承襲), 조석곡전급상식(朝夕哭奠及上食), 삭망전(朔望奠), 의정부솔백관진향의(議政府率百官進香儀), 치장(治葬), 재궁가칠의(梓宮加漆儀), 재궁서상자의(梓宮書上字儀), 재궁결과의(梓宮結裹儀), 청시종묘의(請諡宗廟儀), 상시책보의(上諡冊寶儀), 계빈(啓殯), 조조의(朝祖儀), 조전(祖奠), 견전(遣奠), 발인반차(發引班次), 발인의(發引儀), 발인봉사의(發引奉辭儀), 노제(路祭), 천전의(遷奠儀), 하현궁시망곡의(下玄宮時望哭儀), 입주전(立主奠), [산릉우제시망곡의(山陵虞祭時望哭儀)], 반우반차(返虞班次), 반우의(返虞儀), 반우지영의(返虞祗迎儀), 안릉전(安陵奠), 산릉조석(곡급)상식(山陵朝夕(哭及)上食), 우제(虞祭), 졸곡제(卒哭祭), 혼전조석(곡급)상식(魂殿朝夕(哭及)上食), 사시급납친향혼전의(四時及臘親享魂殿儀), 섭사의(攝事儀), 속절급삭망친향혼전의(俗節及朔望親享魂殿儀), 섭사의(攝事儀), 사시납급속절삭망향산릉의(四時臘及俗節朔望享山陵儀), 친향산릉의(親享山陵儀), 영사시제급조부의(迎賜諡祭及弔賻儀), 사부의(賜賻儀), 사시의(賜諡儀), 분황의(焚黃儀), 사제의(賜祭儀), 연제(練祭), 상제(祥祭), 담제(禫祭), 부묘의(祔廟儀), 소상입묘의(小喪入廟儀)</td></tr>
<tr><td rowspan="2">의궤</td><td>왕후
국장</td><td>복, 복후전(復後奠), 역복불식, 위위곡, 목욕, 습, 습전(襲奠), 거림, 함, 설빙, 영좌, 명정, 소렴, 소렴전(小斂奠), 치벽, 대렴, 대렴전(大斂奠), 성빈, 성빈전(成殯奠), 왕태자여차(王太子廬次), 조석곡전급상식, 성복, 왕태후폐하성복의(王太后陛下成服儀), 삭전(朔奠)【망전(望奠)·동지전(冬至奠)·별전(別奠) 동(同)】, 재궁가칠의, 재궁상자왕태자친서의(梓宮上字王太子親書儀), 재궁결과의, 재궁결과후별전의(梓宮結裹後別奠儀), 대행왕후평시교명책보내입의(大行王后平時敎命冊寶內入儀), 왕태후폐하제복의(王太后陛下除服儀), 복제(1차 1895), 복제(2차, 1897), (빈전 이봉 위한) 계빈의, 빈전이봉경운궁별전의(殯殿移奉慶運宮別殿儀), 빈전이봉경운궁별전시폐하영곡의(殯殿移奉慶運宮別殿時陛下迎哭儀), 빈전이봉경운궁별전시왕태자지영의(殯殿移奉慶運宮別殿時王太子祗迎儀), (빈전 이봉 후) 친진향의(親進香儀)【친진향시(親進香時) 왕태자행례의(王太子行禮儀) 동(同)】, 왕태자친진향의(王太子親進香儀), 궁내부진향의(宮內府進香儀)【의정부진향의동(議政府進香儀同) 이유문무백관(而惟文武百官) ○종정원(宗正院)·귀족원(貴族院)·제도관찰사(諸道觀察使) 진향의동(進香儀同)】, 빈전별전친행의(殯殿別奠親行儀), 빈전별전친행시왕태자행아헌례의(殯殿別奠親行時王太子行亞獻禮儀)</td></tr>
<tr><td>황후
국장</td><td>책황후의(冊皇后儀), 황후책보봉예빈전행례의(皇后冊寶奉詣殯殿行禮儀), 황태자조사빈전의(皇太子朝謝殯殿儀), 황태자진치사우빈전의(皇太子進致詞于殯殿儀), 황태자비조알빈전의(皇太子妃朝謁殯殿儀), 시책보애책내입의(諡冊寶哀冊內入儀), 시책보애책내출의(諡冊寶哀冊內出儀), 대행황후책시의(大行皇后冊諡儀), 시책보봉예빈전행례의(諡冊寶奉詣殯殿行禮儀), 개명정후별전의(改銘旌後別奠儀), 친진향의(親進香儀)【친진향시(親進香時) 황태자행례의(皇太子行禮儀) 상동(上同)】, 황태자친진향의(皇太子親進香儀), (발인 위한) 계빈의, 사전의(辭奠儀)【조전의여사전의(祖奠儀與辭奠儀) 동(同)】,[5] 견전의, 발인의, 발인시황제곡결의(發靷時皇帝哭訣儀), 발인시황태자봉사의(發靷時皇太子奉辭儀), 발인시명헌태후거애의(發靷時明憲太后擧哀儀)【하현궁시망곡의(下玄宮時望哭儀) 동(同)】, 발인시황태자비거애의(發靷時皇太子妃擧哀儀)【하현궁시망곡의(下玄宮時望哭儀) 동(同)】, 노제의, 천전의(황제 곡결, 황태자 봉사), 입주전의, 반우의, 안릉전의.
〈우제, 졸곡제, 부향, 혼전·산릉에서의 일상적 의례, 연제, 상제, 담제〉. 부묘(1921년 3월 31일 고종과 함께)</td></tr>
</table>

---

4 『國朝喪禮補編』(奎 3940) 卷1~3; 『明成皇后殯殿魂殿都監儀軌』(奎 13890) 卷1, 儀註. 의궤 중 의식 절차를 가장 구체적으로 기록한 『명성황후빈전혼전도감의궤』를 중심으로 하되 겹치지 않는 선에서 『명성황후국장도감의궤』에 수록된 의주를 참고했다. 예를 들면, 다음의 각주 5와 같다. 『명성황후홍릉산릉도감의궤』에 수록된 의주는 「寢殿上樑儀」, 「遷奠儀」, 「發引儀」, 「立主奠儀」, 「返虞儀」, 「安陵奠儀」 정도이고 「寢殿上樑儀」를 제외하면 앞의 두 의궤의 의주와 겹친다. 또 의궤 의주 항목에서 왕후 국장과 황후 국장으로 구분하면 파악하기에 더 용이할 것이라는 판단하에 그 구분이 시작되는 「冊皇后儀」를 기점으로 칸을 나누었다.

〈표 9〉를 보면, 명성황후 흉례 관련 의궤의 의주 항목이 『국조상례보편』에 규정된 국장 절차의 항목에 비해 순서가 바뀌거나 새로운 항목들이 발견된다. 그리고 의궤의 의주 항목에서는 「책황후의(冊皇后儀)」를 전후로 왕후 국장과 황후 국장으로 나뉘며, 그중 「복제」 항목은 2개인데 첫 번째는 왕후 국장에 해당하고 두 번째는 황후 국장 쪽으로 들어가야 맞지만 나중에 의궤를 편찬하면서 둘 다 왕후 국장의 「복제」 항목에 편재한 것으로 이해된다. 본 제7장 제1절 1항에서는 「복」부터 「책황후의」 전까지 왕후 국장에 해당하는 항목들을 검토 범위로 삼고자 한다. 황후 국장에 해당하는 항목들은 자연스레 다음의 2항에서 검토하게 될 것이다.

국장의 전 과정이라는 측면에서 본다면 『국조상례보편』의 항목은 국왕 국장 위주이기에 왕후 국장과는 다른 점이 눈에 띈다. 제2장 제1절 2항에서 언급했듯이 국왕 국장과는 「고명」, 「사위」, 「반교서」, 「고부청시청승습」, 「청시종묘의」, 「영사시제급조부의」, 「사부의」, 「사시의」, 「분황의」, 「사제의」, 「부묘의」[6] 등등에서 차이가 있다. 왕위 계승과 관련되는 「고명」, 「사위」, 「반교서」는 물론, 이하 중국과 관련되는 절차들은 더욱 그러하다.

설령, 국왕 국장이라고 하더라도 중국과 관련되는 「고부청시청승습」, 「영사시제급조부의」, 「사부의」, 「사시의」, 「분황의」, 「사제의」 등은 청일 전쟁 이후, 더욱이 대한제국을 선포한 이후에는 불필요한 절차들이다. 대한제국의 황제가 되었기에 제후국 국왕이 천자국 황제에게 부고를 알리고 시호를 청할 필요조차 없어졌기 때문이다.

---

5 『명성황후국장도감의궤』에는 辭奠儀 항목명 아래에 '初奠儀도 같다.'고 부주되어 있다[『明成皇后國葬都監儀軌』(奎 13883) 卷1, 都廳儀軌 儀註 「辭奠儀」"(註) 初奠儀同"].

6 「부묘의」는 제2장 제1절 2항 '국왕·왕후 국장 절차의 차이'에서 '내상재선' 국장의 경우 담제를 지낸 후 곧바로 부묘하느냐의 여부, 배우자와 함께 혹은 단독으로 부묘하느냐의 여부가 '국왕 국장' 및 '내상재후' 국장과 차이를 보인다고 했을 뿐 「부묘의」 자체는 국왕 국장과 왕후 국장이 차이가 없다고 했다.

「고명」은 왕위 계승과 관련되므로 왕후 국장에서는 시행하지 않는 절차이므로[7] 의궤 의주에 수록되지 않는 것은 마땅하다. 「초종」은 『국조상례보편』에 따르면 왕후 국장에서도 시행한다고 되어 있으나[8] 의궤의 의주에는 경향이 조금 다르다.

특히 19세기에 승하한 왕후 중 영조 계비 정순왕후, 정조비 효의왕후, 순조비 순원왕후, 익종비 신정왕후, 헌종비 효현왕후는 「복」부터, 철종비 철인왕후는 「초종」부터 의궤 의주에 기록되어 있다.[9] 철인왕후를 제외한 다른 왕후들의 의주에 「초종」이 아닌 「복」부터 재록한 이유는 정확하지 않다. 명성왕후는 제대로 된 죽음이 아닌 시해를 당했으므로 「초종」 절차는 있을 수 없기에 「복」부터 기록할 수 있다.

그 밖에 눈에 띄는 항목은 '빈전 이봉'과 관련한 절차 및 '빈전에서 별전을 친행'한 절차이다. 전자는 고종이 아관으로 거처를 옮긴 후 경복궁 태원전에 있던 명성왕후의 재궁을 경운궁 경소전으로 옮긴 것과 관련한 절차들이다. 후자는 빈전에서 맞이한 초기신과 추복지기의 시행을 위해 마련한 절차로 여겨진다. 그럴 경우 다음해에 진행된 재기신과 추복지재기도 절차가 달라지지 않은 점에서 이 의주를 활용했을 것이다. 이러한 항목들은 명성왕후 국장의 특수한 상황에서 비롯된 것이므로 국가전례서나

7 『國朝喪禮補編』(奎 3940) 卷1, 「顧命」 "(註) 內喪(小喪)則無顧命".

8 『國朝喪禮補編』(奎 3940) 卷1, 「初終」. 국왕 국장을 위주로 작성되어 있으므로 내상인 경우에는 大喪과 차이가 나는 곳이 나오면 그때마다 주석을 달아 놓았다.

9 * 영조 계비 정순왕후: 『貞純王后殯殿魂殿都監儀軌』(奎 13594) 卷1, 儀註 「復」.
* 정조비 효의왕후: 『孝懿王后殯殿魂殿都監儀軌』(奎 13650) 卷1, 儀註 「復」.
* 순조비 순원왕후: 『純元王后殯殿魂殿都監儀軌』(奎 13688) 卷1, 儀註 「復」.
* 익종비 신정왕후: 『神貞王后殯殿魂殿都監儀軌』(奎 13747) 卷1, 儀註 「復」.
* 헌종비 효현왕후: 『孝顯王后殯殿魂殿都監儀軌』(奎 13805) 卷1, 儀註 「復」.
* 철종비 철인왕후: 『哲仁王后殯殿魂殿都監儀軌』(奎 13866) 卷1, 儀註 「初終」.
헌종 계비 효정왕후는 음력으로는 1903년, 양력으로는 1904년에 승하하여 검토 대상에서 제외했다.

다른 국장에서는 찾아보기 어렵다.

다음은 각 의절을 거행한 '시점'을 짚어보고자 한다. 사실 명성왕후는 시해를 당하고 두 달 정도 지나서야 승하 사실을 공식적으로 공표했고, '시해'라는 사건 이외에 아관파천이라는 큰 변수도 있었다. 그 때문에 각 의절을 거행한 '시점'을 다시 검토할 필요가 있을까 라는 생각을 할 수 있다.

그럼에도 각 의절을 거행한 '시점'에 대한 검토가 필요한 이유는 두 가지이다. 하나는 조선의 내상재선 국장의 진행 상황과 어떻게 다르게 흘러갔는지를 다시 한 번 정리해보려는 의도이다. 다른 하나는 다음의 2항에서 다루려는 내용으로, 황후로 책봉된 이후에 행한 절차에서 전체적인 흐름상 좀 더 깊이 있게 다루지 못한 의절들 중 이와 유관한 것이 있어서이다. 실상은 심도 있게 다루어보려는 의도가 크다.

각 의절을 거행한 '시점'에 대한 검토라고 했으나 모든 의절이 그 대상이 되는 것은 아니다. 주요 의절 가운데 「고사묘」, 「소렴」, 「대렴」, 「성빈」, 「성복」, 「발인」, 「우제」, 「졸곡제」 등에 주목했고, 국가전례서에 행례 시점이나 시행 횟수 등을 규정해 놓은 것이 선정의 주요 이유이다. 다만, 「발인」, 「우제」, 「졸곡제」는 명성왕후가 아닌 황후 국장에 해당하여 이는 다음의 2항에서 다룰 예정이다.

그에 앞서 「복」, 「목욕」, 「습」 세 절차이다. 세 절차는 국장, 예장, 심지어 사대부 상장례에서도 '돌아가신 날'에 거행하여 신분의 구별없이 공통적으로 시행되었다.[10] 그런데 명성왕후의 국장에서는 「복」은 1895년 10월 15일에, 「목욕」·「습」은 10월 17일에 거행했다. 명성왕후가 돌아가신 지 두 달 정도 지나 공식적으로 죽음을 알린 10월 15일(음력)을 기준으로 삼는다면 「복」 절차만 제때에 거행했다고 볼 수 있다. 이하 의절 거행 시점

10 이현진, 2017 앞의 책, 305쪽.

은 모두 10월 15일(음력)을 기준으로 헤아렸다.

다음은 「고사묘」를 행한 시점이다. 조선의 국장에서는 승하한 지 3일째 되는 날에 행한다.[11] 10월 17일에 승하 사실을 사직·종묘·영녕전·경모궁에 설행했으므로 10월 15일을 기준으로 한다면 이 또한 제대로 시행한 셈이다.

그다음 「소렴」을 행한 시점으로, 조선의 국장에서는 승하한 지 3일째 되는 날에 행한다.[12] 다음은 「대렴」과 대렴한 그날 행하는 「성빈」하는 시점으로, 이는 승하한 지 5일째 되는 날에 「대렴」과 「성빈」을 차례로 거행한다.[13] 명성왕후는 10월 19일에 소렴과 대렴, 성빈을 하루 만에 마쳤다. 이 날은 10월 15일에서 5일째 되는 날이므로 소렴을 제외한 대렴과 성빈은 시기를 맞춘 셈이다.

다음은 유복자(有服者)들이 각각 상복을 입는 「성복」하는 시점이다. 국장은 승하한 지 6일째 되는 날에 상복을 입었다.[14] 명성왕후의 상에 상복을 입는 이들은 8일째 되는 10월 22일에 성복하여, 이 또한 시행 시점을 준수하지 못했다.

국왕 국장과 관련된 절차를 제외한 나머지 절차 가운데 '빈전 이봉'과 '빈전에서 별전을 친행'한 몇몇 절차 이외에는 여느 왕후들의 국장과 크게 달라진 점을 찾기 어렵다. 물론 각 의례를 거행한 시점에서 차이가 드러난 의례도 있지만 각 절차를 거행했다는 점에서 달라지지 않았다는 뜻이다. 어디까지나 의주의 항목명만을 본다면, 또 그 사이에 정치적 사건이나 다른 외적 요인들을 제외할 때 이러한 결과가 도출된다. '빈전 이봉'과

11 『國朝喪禮補編』(奎 3940) 卷1, 「告社廟」"第三日(小喪則第二日) 遣大臣(小喪則重臣一品) 告于社稷永寧殿宗廟(若有魂殿 則亦告魂宮同 小內喪則社稷否)[謄錄] 如常告儀 無奠".

12 『國朝喪禮補編』(奎 3940) 卷1, 「小斂」"(註) 第三日○(小喪則第二日)".

13 『國朝喪禮補編』(奎 3940) 卷1, 「大斂」"(註) 第五日○(小喪則第三日)"; 『國朝喪禮補編』(奎 3940) 卷1, 「成殯」"(註) 大斂同日".

14 『國朝喪禮補編』(奎 3940) 卷1, 「成服」"(註) 第六日○(小喪則第四日)".

‘빈전에서 별전을 친행’한 것과 관련된 절차들이야말로 정치적인 문제로 빚어진 의절에 해당한다.

각 의절을 거행한 ‘시점’에서는 일반 왕후 국장의 규정이나 진행이 어떠하며, 명성왕후의 국장은 이와 비교하여 어떻게 진행되었는지 한눈에 파악할 수 있었다. 시해를 당하고 두 달 즈음에 죽음을 공표하여 각 절차를 거행하는 시점이 국가전례서에서 규정한 것과 상이한 점이 나타나는 것은 당연하다. 특히 「복」이나 「고사묘」, 「성복」 등을 제외하고는 모두 시신이 있어야 시행할 수 있는 의례임에도 유해만 있는 상태에서 위의 여러 의절들을 진행했다. 어려운 상황에서도 왕후 국장으로서의 기본적인 절차를 시행했다는 사실에 의의를 두어야 할 듯하다.

2. 황후 국장 의절과 주요 의절 거행 시점

명성왕후는 산릉에서 장례를 치르기 전에 황후로 책봉되었다. 그에 따라 발인하기 직전부터 황후 국장에 대해 논의하면서 일을 진행해 나갔다. 본 2항에서는 왕후 국장에서의 주요 의절 거행 시점에 이어서 황후 국장에서의 주요 의절을 거행한 시점 및 앞서 언급한 좀 더 심화시켜 보고자 한 의절 등을 중심으로 논지를 전개하고자 한다.

먼지 「발인」하는 시점이다. 『예기』에 천자는 돌아가신 뒤 7개월 만에, 제후는 5개월 만에 무덤에 가서 장례를 치른다고 규정되어 있다.[15] 조선은 제후국이므로 국장은 ‘오월이장(五月而葬)’이 되어야 하고, 『국조상례보편』

15 『禮記集說大全』 卷5, 王制5; 『禮記集說大全』 卷10, 禮器10; 『禮記集說大全』 卷20, 雜記下21.

에도 국장은 승하한 지 5개월 만에 산릉에서 장례를 치른다고 규정되어 있다.[16] 명성왕후는 세상을 떠난 뒤 오랫동안 장례를 치르지 못하고 있다가 황후로 책봉된 뒤 비로소 장례를 치렀다.

명성왕후는 왕후의 신분에서 승하했으나 5개월 만에 장례를 치르지 못하여 『예기』와 『국조상례보편』의 규정을 준수하지 못했다. 이후 황후로 신분이 격상되었으나 그렇다고 다시 7개월을 기다려서 치른 것도 아니었다. 황후 책봉 이후 곧바로 장례 일정을 잡아 치렀기에 이 역시 『예기』의 규정과 다르게 진행되었다. 앞서 보았듯이 불가피한 사정으로 발인이 여러 차례 연기되었고, 그로 인해 다른 의절에 비해 규정대로 준행하기가 더더욱 쉽지 않았다.

다음은 「우제」로, 이를 지내는 횟수와 그 시점이다. 우제의 '우(虞)'는 편안히 한다는 뜻으로, 장례를 치른 뒤 우제를 지내어 그 혼(魂)을 편안하게 한다는 의미이다.[17] 『예기』에 '초우제는 무덤에서 장례지낸 날에 지내는데 하루를 넘기지 않고 그날 중에 지낸다.'고 규정되어 있다.[18] 또 사(士)는 삼우(三虞), 대부는 오우(五虞), 제후는 칠우(七虞)까지 지낸다고 『예기』에 규정되어 있다.[19]

한편, 『국조상례보편』에 기재된 우제에 대한 규정은 다음과 같다. 먼저 국왕은 칠우를, 소상(小喪)은 오우를 행한다고 되어 있다.[20] 그리고 '초우(初虞)는 장례지낸 날에 거행하는데 하루를 넘기지 않고 그날 중에 지낸다. 혹 길이 멀더라도 그날을 넘기지 않는 것이 좋다. 만약 하룻밤 이상을

16 『國朝喪禮補編』(奎 3940) 卷1, 「治葬」"五月(小喪則三月)而葬".

17 『禮記集說大全』 卷4, 檀弓下4; 『春官通考』 卷80, 凶禮 虞祭(附祝式祝板).

18 『禮記集說大全』 卷4, 檀弓下4.

19 『禮記集說大全』 卷20, 雜記下21 "士三月而葬 是月也卒哭 大夫三月而葬 五月而卒哭 諸侯五月而葬 七月而卒哭 士三虞 大夫五 諸侯七".

20 『國朝喪禮補編』(奎 3940) 卷2, 「卒哭祭」"(註) 七虞(小喪則五虞)後遇剛日而行".

밖에서 자야 할 형편이라면 행궁(行宮)에서 지낸다. 국왕은 제이우(第二虞)부터 제육우(第六虞)까지, 소상은 제이우부터 제사우(第四虞)까지 유일(柔日)에 행한다. 국왕은 제칠우(第七虞), 소상은 제오우(第五虞)를 강일(剛日)에 거행한다.'라고 되어 있다.[21]

먼저 조선의 국왕은 제후에 해당하므로 '칠우'를 해야 하고, 왕후 또한 마찬가지이다. 이런 논리라면 천자국의 황제나 황후는 구우(九虞)를 해야 한다. 당(唐)의 유학자 공영달(孔穎達, 574~648)은 제후가 '칠우'라면 천자는 '구우'라고 풀이했고,[22] 실제로 중국에서는 구우제를 지냈다. 명성황후는 황후로 책봉된 뒤에 우제를 지냈으므로 칠우가 아닌 구우제를 지냈고, 따라서 이 규정은 무리없이 잘 준수했다. 또 초우제도 장례지낸 날에 거행하여 하루를 넘기지 않아 문제될 것이 없다.

문제는 초우부터 구우까지 유일과 강일의 준수 여부이다. 십간의 을(乙)·정(丁)·기(己)·신(辛)·계(癸)에 해당하는 날이 유일이고, 갑(甲)·병(丙)·무(戊)·경(庚)·임(壬)에 해당하는 날이 강일이다.

고대에는 십간(十干)으로 날짜를 기록했다. 갑·병·무·경·임 5일은 기위(奇位)에 거하여 양강(陽剛)에 속했으므로 '강일'이라고 일컬었다. 강일은 '단일(單日)'이라고도 한다. 유일은 천간(天干, 십간)에서 을·정·기·신·계를 만난 날로, 우수(偶數)에 속하여 '우일(偶日)'이라고도 한다.

『예기』「곡례(曲禮)」편에 "외사(外事)는 강일에 하고, 내사(內事)는 유일에 한다."라고 규정지었다. 공영달은 "외사는 교외(郊外)의 일이다. 강(剛)

---

21 『國朝喪禮補編』(奎 3940) 卷2, 「虞祭」"(註) 初虞 葬之日 日中而行 或路遠 則但不出是日可也 若經宿以上 則於行宮行之 自第二虞至第六虞(小喪則第四虞)用柔日 第七虞(小喪則第五虞)用剛日".

22 『禮記注疏』卷43, 雜記下21 "葬日虞 弗忍一日離也 是日也 以虞易奠 卒哭曰成事 (疏) 雜記云 諸侯七虞 然則天子九虞也".

은 기일(奇日)이다. 10일은 5기(奇)와 5우(偶)가 있는데 갑·병·무·경·임 5기(奇)는 강(剛)이 된다. 외사는 강의(剛義)하기 때문에 강일에 한다. 내사는 교내(郊內)의 일이다. 을·정·기·신·계 5우(偶)는 유(柔)가 된다."라고 강일과 유일에 대해 설명했다.[23]

원의 진호(陳澔, 1260~1341)는 여기에 대해 다음과 같이 해석했다. 그는 "갑·병·무·경·임이 강이 되고, 을·정·기·신·계는 유가 된다. 선유(先儒)들은 외사를 치병(治兵)이라 했으나 순수(巡狩)·조빙(朝聘)·회맹(會盟)의 부류도 모두 외사이다. 내사는 종묘 제사나 관례(冠禮)·혼례(昏禮)와 같은 것이 모두 이것이다."라고 했다.[24]

이상에 따르면 우제는 '내사'에 해당하므로 유일에 지내야 한다. 그런데 『국조상례보편』에는 국장의 경우 재우부터 육우까지는 유일에 지내고 마지막 칠우만 강일에 지내며, 예장[소상]은 재우부터 사우까지는 유일에 지내고 마지막 오우만 강일에 지낸다고 되어 있다. 국장이든 예장이든 마지막 우제는 모두 강일에 지내는 것으로 되어 있는데, 그 이유에 대해서는 제시되어 있지 않다.

먼저 국장은 재우부터 육우까지는 유일에, 소상은 재우부터 사우까지는 유일에 지낸다는 『국조상례보편』의 규정이다. 이러한 규정을 명성황후의 국장에 적용한다면, 재우부터 팔우까지는 유일에, 구우는 강일에 지내야 한다. 그런데 〈표 5〉에서 정리한 것처럼 유일에 지낸 재우제를 제외한 삼우제부터 구우제까지 모두 강일에 지냈다. 이는 재우제와 마지막에 지

23 『禮記注疏』 卷3, 曲禮上1 "外事以剛日 內事以柔日 (疏) 外事 郊外之事也 剛 奇日也 十日有五奇五偶 甲丙戊庚壬五奇爲剛也 外事剛義 故用剛日也 … 內事 郊內之事也 乙丁己辛癸五偶爲柔也".

24 『禮記集說大全』 卷1, 曲禮上1 "外事以剛日 內事以柔日 (註) 甲丙戊庚壬爲剛 乙丁己辛癸爲柔 先儒以外事爲治兵 然巡狩朝聘會盟之類 皆外事也 內事 如宗廟之祭冠昏之禮 皆是".

낸 구우제만 『국조상례보편』의 규정에 부합한다.

명성황후의 국장에서 시행한 우제는 조선의 국가전례서의 규정과는 확연하게 차이를 보인다. 갑자기 왜 이처럼 크게 달라졌는가에 대해서는 문헌 자료에서 발견되지 않는다. 조선의 국가전례서가 아닌 다른 문헌을 참고한 것임에 틀림없음에도 그에 대해서는 어떠한 언급조차 없다.

우제와 강일·유일의 관계에 대해서는 북송의 학자 사마광(司馬光, 1019~1086)이 편찬한 『서의(書儀)』에서 해답의 실마리를 제공할 수 있을 것 같다. 우제 규정에서 다음과 같은 내용이 부주되어 있다.

> 『의례』「사우례(士虞禮)」에 첫 번째 우제는 유일을 쓴다. 장례에는 정해(丁亥)를 썼는데 이는 유일이다. 『개원례(開元禮)』에 격일에 재우를 지냈는데 그렇다면 옛사람들은 장례에 모두 유일을 쓴 것인가. 지금은 강일과 유일에 구애받지 않고 장례지낸 날에 (초)우제를 지낸 후 강일인 날에 재우를 지내어 반드시 격일대로도 하지 않는다.[25]

사마광이 살았던 북송대에는 장례를 치른 날에 초우제를 지낸 뒤 강일에 재우제를 지내는 것 이외에 우제를 지낼 때 강일·유일에 구애받지 않고, 또 격일마다 우제를 지내지도 않았음을 알 수 있다. 이를 명성황후의 국장에 비춰본다면, 재우제를 유일에 지낸 것이 『서의』의 내용과 다를 뿐 삼우제부터 구우제까지 모두 격일로 '강일'에 지낸 사실은 문제되지 않는다. 오히려 격일로 지낸 것은 조선에서 시행해 온 우제 규정을 어느 정도 준행하려 한 것이 아닌가 한다.

25 『司馬氏書儀』 卷8, 喪儀4「虞祭」"(註) 士虞禮 始虞用柔日 葬用丁亥 是柔日 開元禮 間日再虞 然則古人葬皆用柔日乎 今不拘剛柔 葬日卽虞 後遇剛日卽再虞 不須間日也".

다음은 마지막 우제를 '강일'에 지내는 『국조상례보편』의 규정이다. 이에 대해서는 『의례주소(儀禮注疏)』의 「사우례(士虞禮)」편에서 유용한 정보를 제공한다. 「사우례」편의 내용과 그에 대한 후한의 경학가 정현(鄭玄, 127~200)의 해석은 다음과 같다.

> * 첫 번째 우제는 유일(柔日)을 쓴다: 정현은 "장사 지내는 날 일중(日中)에 우제를 지내는 것은 (혼령을) 편안하게 하고자 해서이다. 유일은 음(陰)으로, 음은 그 고요함을 취한 것이다."라 했다.
> * 삼우와 졸곡 및 우제와 졸곡 사이에 제사가 있을 때에는 강일을 쓴다: 정현은 "조묘(祖廟)에 부향을 지낼 때를 당해서는 신(神)이 이곳에서 편안해진다. 그 뒤의 우제는 고쳐서 강일(剛日)을 쓴다. 강일은 양(陽)으로, 양은 그 움직임을 취한 것이다."라 했다.[26]

『의례주소』의 「사우례」편은 제후나 천자를 대상으로 우제를 규정한 것은 아니다. 하지만 이를 확대하여 제후와 천자에게 적용한다면 칠우와 구우는 강일에 지내는 것이 맞다. 소상에서 오우를 강일에 지내는 것도 물론 해당된다. 조선의 국가전례서에 칠우제를 강일에 지낸다는 규정, 명성황후의 구우제를 강일에 지낸 것은 제대로 된 규정이자 행례였다.

참고로 『의례주소』의 「사우례」편에 대한 조선의 사례를 본다면 좀 더 분명해진다. 김원행(金元行, 1702~1772)의 문집에 실린 내용으로 윤취동(尹聚東)의 질문에 답변하는 형식이다.

---

26 『儀禮注疏』 卷43, 士虞禮14 "始虞用柔日【(注) 葬之日 日中虞 欲安之 柔日陰 陰取其靜】 … 再虞 皆如初 … 三虞卒哭他 用剛日【(注) 當祔於祖廟 爲神安於此 後虞改用剛日 剛日陽也 陽取其動也 士則庚日三虞 壬日卒哭 … 他 謂不及時而葬者 喪服小記曰 報葬者報虞者 三月而後卒哭 然則虞卒哭之間有祭事者 亦用剛日 其祭無名 謂之他者 假設言之】".

〈문〉 재우는 유일을 쓰고 삼우와 졸곡은 강일을 쓰는 뜻에 대해 들을 수 있겠습니까?

〈답〉 우제에 강일과 유일을 쓰는 것은 다시 예(禮)의 본뜻을 상고해보건대, 강(剛)은 양(陽)에 속하면서 동(動)하고 유(柔)는 음(陰)에 속하면서 정(靜)합니다. 옛날에 장례는 유일에 했으니, 장례는 그 고요한 뜻을 취했습니다. 그러므로 초우와 재우는 모두 유일을 썼습니다. 삼우의 경우는 장차 옮겨서 조묘(祖廟)에 합부(合祔)하려 할 때이니, 그 움직이는 뜻을 취했습니다. 그러므로 강일을 썼습니다. 졸곡 또한 그러합니다. 『의례주소(儀禮註疏)』에 그 설이 대개 이와 같습니다.[27]

김원행은 『의례주소』「사우례」편의 내용을 근거로 답변했다. 곧, 삼우제를 지내는 사(士)는 장례, 초우, 재우 모두 유일에 거행했고, 삼우는 강일에 거행했다는 내용이다.

한편, 명성황후의 국장을 논의할 때 참고한 문헌을 명시한 것은 유일하게 『독례통고』의 편명이었다. 그렇다면 『독례통고』에서 우제와 관련한 내용이 어떠한지도 검토해 볼 만하다. 검토한 결과, 각종 의례서인 『의례주소』「사우례」, 『예기』, 『개원례』, 『사마씨서의(司馬氏書儀)』, 『주자가례』, 『명회전(明會典)』(품관례品官禮) 등의 문헌에서 관련 내용을 서술한 뒤 서건학의 견해를 기록하는 방식이었다.[28] 따라서 우제는 초우, 재우, 삼우를 설명하는 선에서 그쳐, 중국에서 당 이후 황실의 국장 과정을 기록하지 않은 그대로였다.

『독례통고』에서는 제후의 칠우와 천자의 구우에 대한 규정이라든가,

---

27 『渼湖集』 卷7, 書 「答尹汝五(琛東)」 “再虞用柔日 三虞卒哭用剛日之義 可得聞歟 虞用剛柔日 更考禮意 剛者屬陽而動 柔者屬陰而靜 古者葬用柔日 葬取其靜義 故初再虞 皆用柔日 至三虞 將遷以祔廟 則取其動義 故用剛日 卒哭亦然 儀禮註疏 其說盖如此”.

28 『讀禮通考』 卷48, 喪儀節11 「虞」·「再虞」·「三虞」.

명성황후의 국장처럼 재우부터 구우까지 어떤 규정을 가지고 유일·강일을 적용한 것인가에 대한 정보는 얻을 수 없다. 현재로서는 『예기』(예기집설대전禮記集說大全·예기주소禮記注疏), 『의례주소』「사우례」, 『사마씨서의』, 김원행의 문집 내용 등을 토대로 명성황후의 국장에서 지낸 우제를 이해하는 정도이다.

다음은 「졸곡제」를 지내는 시점이다. 『국조상례보편』에 '칠우를 행한 뒤 강일을 만나 졸곡제를 지낸다.'고 규정되어 있다.[29] 이는 분명 『의례주소』의 「사우례」편이 근거가 되며, 김원행이 마지막 우제와 졸곡에 강일을 쓴다는 답변에서 명확하다. 이대로라면 명성황후 국장에서 구우제를 지낸 뒤 강일을 만나 졸곡제를 지내야 한다.

명성황후의 졸곡제를 지내는 날은 음력 11월 15일(경자, 강일)이었다. 이 날짜는 『승정원일기』의 기록에 따르면 '추택'하여 정한 결과였다. 마지막 우제인 구우제와의 연관성 혹은 강일과 유일의 규정을 고려한 것인지에 대해서는 언급이 없었다. 하지만 결과적으로 그날이 강일이었으며 『의례주소』의 「사우례」편이나 조선의 국가전례서의 규정에도 벗어나지 않았다.

이상은 조선시대 국왕이나 왕후의 국장을 규정한 『국조상례보편』을 기준으로 명성왕후/황후 국장에서 거행한 주요 의절을 중심으로 의식 절차에 대해 살펴보았다. 마지막으로 의궤 의주 항목에 없는 의절로 반드시 짚고 넘어가야 할 의례가 있는데 바로 부향, 부제이다.

제후국 조선에서 천자국 대한제국으로 가는 과정에 국가의례의 '변화'를 파악하고자 할 때 이를 가장 잘 보여주는 사례가 바로 명성왕후의 국장과 명성황후의 국장이다. 그에 따라 제3장에서 제6장까지 추이를 확인한 결과, 황후 국장으로 바뀌면서 눈여겨볼 만한 의절들이 있었다. 그중에서

29 『國朝喪禮補編』(奎 3940) 卷2, 「卒哭祭」"(註) 七虞(小喪則五虞)後遇剛日而行".

도 가장 두드러진 의절은 아무래도 구우제와 부향(부제, 부알례)일 것이다.

구우제는 위에서 본 것처럼 천자의 국장에서만 시행되는 의례임이 밝혀졌다. 그런데 부향, 부제, 부알례도 과연 그러한가에 대해서는 검토의 여지가 있다. 이 절차를 시행할 때 장례원 경 김영목이 역대 전례를 살핀 후 황후의 상에는 졸곡 뒤 부향 절차가 있다고 아뢰었다. 그런데 사실 부향의 시행이 오히려 황후 국장의 위상에 걸맞는 의절인가 하는 근본적인 점에서 의문이 든다.

제2장 제1절 2항에서 중국은 당~명에 이르기까지 황실의 국장 과정이 문헌에 전하지 않으며 한국에서는 고려시대가 그러하다고 언급했다. 그런 이유로 조선 건국 후 『주자가례』를 근간으로 흉례를 정비했다고 했다. 그렇다고 무턱대고 『주자가례』를 따른 것은 아니고 조정하는 과정을 거쳤다. 『주자가례』가 왕례(王禮)가 아닌 '사례(士禮)' 중심의 예서였기 때문이다.

『주자가례』가 '사례' 중심의 예서이기에 '제후'의 위상에 부합하지 않는 의절들에 주목하여 제후왕의 국장에 걸맞도록 몇몇 의절을 수정했다. 가령, 3개월이 아닌 5개월 만에 장례를 치른 점, 삼우제가 아닌 칠우제를 지낸 점, 졸곡 다음 날에 부묘를 고하는 절차[부향, 부제, 부알례]를 없애고 대상(大祥) 다음에 부묘례를 거행하도록 한 점 등등이 그것이다.[30] 이러한 사항들이 국가전례서에 반영되었고, 조선시대의 국왕이나 왕후의 국상이 발생했을 때 그에 따라 준행했다.

대한제국이 선포로 황후 국장으로 전환했을 때 조선 초기처럼 의절을 조정했다면 어떠했을까. 그렇다면 5개월에서 7개월 만에 장례를 치르고, 칠우제에서 구우제로 지내는 방식으로 조정했을 터, 그런데 실제에서는 그렇게 하지 않은 의례가 있었다. '사례 → 왕례 → 천자례'라는 순차적인

30 조선 초 흉례 절차의 정비 과정에 대해서는 이현진, 2017 앞의 책, 제1장 제1절 참조.

방법에서 유독 '왕례'에서 다시 '사례'로 회귀한 것으로 볼 수 있는 절차를 시행했는데 그것이 바로 부향이었다.

부향의 시행과 함께 연제와 상제를 지낼 때 『독례통고』의 〈장불이시조〉를 참고한 것도 같은 맥락에서 짚고 넘어갈 필요가 있다. 『독례통고』라는 책에서 상장 부분은 무엇보다 '사례', '왕례', '천자례'라는 신분별 위계에 따른 차이를 보여주지 않기 때문이다.

발인 이후부터 시작된 황후의 국장에서 천자례에 해당하는 절차를 간단하게 짚어보면 다음과 같다. 천자의 예라고 하기는 그런 조선의 '상시책보'와 같은 '책시빈전', 신민들의 '복제 이정', 사전의, 초전의, 곡결과 봉사, 인산 때 각국 공사·영사의 진참, 팔우제·구우제의 설행, 혼전·산릉에서의 조석상식·주다례 3년 설행, 연제 이후의 진향 등등이다. 제후의 국장에서, 그리고 조선의 왕후 국장에서 시행될 수 없거나 볼 수 없는 절차들이다. 또 세모제처럼 '국장' 절차와는 무관하지만 '천자례'에 해당하기 때문에 처음으로 시행함으로써 종묘 대제의 변화까지 초래한 절차까지 포함하면 그 범위가 넓어진다.

그런 점에서 유독 두 가지가 특별하게 명성황후 국장의 정체성에 대해 다시금 생각하는 계기가 된다. 제7장 제1절에서 의궤의 의주 항목을 대상으로 논지를 전개하기로 했지만 그에 포함되지 않는 부향과 『독례통고』의 성격에 대한 파악이 그것이다. 이 두 가지를 추가로 검토해보고자 한다.

먼저 첫 번째 의심의 대상인 졸곡 다음 날에 행한 부향(부제, 부알례)이다. 이 의례는 '대부사'가 행하는 의례라는 점에서 황후 국장에 들어갈 수 있느냐가 관건이다. 조선시대 국장에서조차 제후국 의례에 부합하지 않는다고 하여 시행하지 않았던 의례였다. 그런데 정작 명성'황후'의 국장에서 이를 거행한 것은 자칫 '사례'로 역행하는 것으로 보일 수 있다. 오우제를 지낸 날[11월 28일, 음력 11월 5일]에 갑작스레 '졸곡 다음 날에 행하는 부향'에 대해 논의했고, 이때에도 장례원 경 김영목이 '역대 전례'를 '근계(謹稽)'한 결과를 토대로 논의했을 뿐 구체적으로 참고한 문헌에 대해서는 언급이 없다.

사실 부알례는 조선의 국장에서 시행하지 않는다고 했지만 여기에는 부연설명이 반드시 뒤따라야 한다. 곧, 졸곡 다음 날에 행하는, 독립된 하나의 의절로 존재하지 않을 뿐 그 절차는 「부묘의」를 행할 때 행하고, 국가전례서에도 들어가 있다. 국가전례서에 수록된 부묘 의절을 정리하면 〈표 10〉과 같다.[31]

〈표 10〉 국가전례서에 수록된 부묘 절차 항목 비교[32]

세종실록오례	국조오례의	국조상례보편(1758)	춘관통고 (1758년 국조상례보편)
시일(時日)	시일	시일	시일
			재관(齋官)
		재계(齋戒)	재계
고종묘(告宗廟, 1일전)	고종묘(1일전)	고종묘(3일전)	고종묘(3일전)
고혼전(告魂殿, 1일전)	고혼전(1일전)	고혼전(3일전)	고혼전(3일전)
	거가출궁(車駕出宮)		
고동가(告動駕, 1일전)	고동가(1일전)	고동가(1일전)	고동가(1일전)
			진설(陳設)
			행례(行禮)
			망료(望燎)
신주예종묘(神主詣宗廟)	신주예종묘	신주예종묘	신주예종묘
		진설(陳設)	진설
		성생기(省牲器)	성생기

31 이현진, 2011 앞의 논문, 〈표 3〉 참조.

32 [ ]는 어떤 항목 안에 들어가 있어서 독립된 항목으로 잡혀 있지 않지만 [ ] 안의 의절도 거행했다는 표시이다.

세종실록오례	국조오례의	국조상례보편(1758)	춘관통고 (1758년 국조상례보편)
		부알(祔謁)	부알
신관(晨課)[부알(祔謁), 강신(降神), 궤식(匱食), 아헌(亞獻)·종헌(終獻), 제칠사(祭七祀), 향공신(享功臣), 음복(飮福), 망예(望瘞)]	신관[부알, 강신, 궤식(饋食), 아헌·종헌, 제칠사, 향공신, 음복, 망예]	신관	신관
		궤식(饋食)[초헌(初獻)·아헌·종헌]	궤식
			초헌
			아헌
			종헌
			음복
			망예
		체천(遞遷)[거가환궁(車駕還宮)]	체천
거가환궁(車駕還宮)[나례(儺禮), 가요(歌謠), 결채붕(結綵棚), 수하(受賀)·반유서(頒宥書), 사연(賜宴)]	거가환궁[나례, 가요, 결채, 결채붕]		거가환궁
	환궁후수하반교(還宮後受賀頒敎)		
	음복연(飮福宴)		

〈표 10〉을 보면, 『세종실록오례』와 『국조오례의』에는 신관례(晨祼禮)를 거행할 때 '부알' 절차를 거행했고, 1758년본 『국조상례보편』과 이 책의 내용을 수록한 『춘관통고』에는 신관례를 하기에 앞서 부알례를 행한다고 되어 있다. 조선시대 국장에서 부알례는 이렇듯 새 신주를 종묘 정전의 신실(神室)에 봉안하기 전에 거행했다. 부묘하기에 앞서 종묘 정전에 봉안되어 있는 태조 이하 각 국왕과 왕후에게 '알현'하는 의례였기 때문이다.[33]

그렇다면 부향(부제, 부알례)은 조선시대 국장에서는 졸곡 다음 날에 거

33 조선시대 부묘례를 거행할 때 시행한 부알례에 대해서는 이현진, 2011 앞의 논문, 3장 1절; 이현진, 2015 앞의 책, 309~310쪽 참조.

행하지 않고, 또 독립된 하나의 항목으로 잡혀 있지 않았을 뿐 의절 자체가 사라졌다고 보기는 어렵다. 신실(新室)에 봉안되기에 앞서 선조(先祖)들에게 알현하는 것은 예의상 반드시 행해야 하는 절차이기 때문에 국휼 때마다 국장의 마지막 절차인 「부묘의」에 포함된 채 시행되었다. 고종과 명성황후를 부태묘했을 때에도 이와 같이 신관례 전에 부알 절차를 밟았다.[34] 하지만 명성황후 국장에서의 부향(부제, 부알례)은 시기적으로 졸곡 다음 날에도 행한 것이었다.

여기서 짚고 넘어가야 할 것은 명성황후의 국장에서 부태묘를 할 때 신관례 전에 행한 부알례가 아닌 졸곡 다음 날에 행한 부알례의 절차이다. 졸곡 다음 날에 행한 부알례는 조선의 국장이든 명성황후의 국장이든 부묘례를 거행할 때 행한 부알례와 절차면에서 다르다는 사실에 주목해야 한다. 먼저 후자부터 살펴보면, 태묘 정전 앞에 마련한 부알위(祔謁位)에서 부알례를 행한 뒤 신주를 신실(新室)에 봉안하면 그만이었다.[35] 이러한 절차가 곧 부묘례이다.

이와는 달리 명성황후 국장에서 졸곡 다음 날에 행한 부알례는 사당으로 신주를 모시고 가서 조상에게 인사를 시킨 뒤 조상의 신주 곁에 모시고 제사를 지내는 부제까지 이어졌다. 태묘 정전에서 부알례를 행한 뒤 제14실에 봉안되어 있는 순조비 순원왕후(純元王后, 1789~1857)의 신위 왼쪽 편에 서쪽을 향하도록 명성황후의 신주를 모시고 부향(祔享)을 거행했다.[36] 물론 부향을 지낸 뒤에 신주는 다시 혼전인 경효전에 봉안되었다.

그렇다면 왜 명성황후의 신주를 순원왕후의 신주 곁에 모신 뒤 부향을

34 『高宗太皇帝明成太皇后祔廟主監儀軌』(藏 K2 2218) 卷上, 儀註 「高宗太皇帝明成太皇后祔廟儀」.

35 『國朝喪禮補編』(奎 3940) 卷3, 「祔廟儀」.

36 이욱, 2018 앞의 논문, 59쪽.

지낸 것일까. 『예기』에 부향은 소목(昭穆)을 따라 한다고 되어 있기 때문이다.[37] 곧, 아버지의 국상이라면 아버지의 신주를 증조 할아버지에게 부향해야 한다는 의미이다.[38] 그리고 『예기』의 이 규정은 왕후에게도 마찬가지로 적용되어, 명성황후는 그에게 할머니가 되는 왕후에게 부(祔)해야 하는데 그 대상이 바로 순원왕후였다. 이때 자신이 중전인지, 후궁인지에 따라 부해야 할 대상도 달라지지만 명성황후는 중전이었으므로 순원왕후에게 부하면 되었다.

고종은 익종비 신정왕후에 의해 철종의 대통(大統)을 이어 즉위했다. 왕위 계승의 원칙에 따라 철종과는 부자의 의리가 성립되었으나 또 다시 익종의 후사로 들어가게 되면서 정체성에 혼란이 생겼다. 대통을 이은 의리상의 부모와 낳아준 본생 부모, 후사로 들어간 부모가 모두 달라진 것이었다. 대통을 이은 의리상의 부모는 철종 부처, 낳아준 본생 부모는 흥선대원군과 여흥부대부인, 후사로 들어간 부모는 익종과 신정왕후였다.[39]

후사로 들어간 부모를 기준으로 삼는다면 고종과 명성황후의 조부모는 순조와 순원왕후가 해당된다. 혈연적으로 순조(조)－익종(부)－고종(자)가 되는 셈이다. 따라서 고종이 승하한 뒤 그의 국상에서 졸곡 다음 날에 부

---

37 『禮記集說大全』 卷15, 喪服小記15 "士大夫不得祔於諸侯 祔於諸祖父之爲士大夫者 其妻祔於諸祖姑 妾祔於妾祖姑 亡則中一以上而祔 祔必以其昭穆 (註) 公子公孫之爲士爲大夫者 不得祔於先君之廟也 諸祖父 其祖爲國君者之兄弟也 諸祖姑 諸祖父之妻也 若祖爲國君而無兄弟可祔 亦祔宗族之疏者 上言士易牲而祔於大夫 而大夫不得易牲而祔諸侯者 諸侯之貴絶宗 故大夫士不得親之也 妾祔於妾祖姑 言妾死則祔於祖之妾也 亡無也 中間也 若祖無妾 則又間曾祖一位而祔高祖之妾 故云亡則中一以上而祔也 所以間曾祖者 以昭穆之次不同 列祔必以昭穆也".

38 『司馬氏書儀』 卷8, 喪儀4 「祔」 "卒哭之來日 祔于曾祖考【(註) 此則祔于曾祖 喪服小記曰 士大夫不得祔於諸侯 祔於諸祖父之爲士大夫者 其妻祔於諸祖姑 妾祔於妾祖姑 亡則中一以上而祔之 必以其昭穆 注 中謂間也 曾祖考曾祖姑 皆以主人言之】".

39 이현진, 2009 「19세기 조선 왕실의 왕위 계승과 종묘 세실론」 『韓國思想史學』 32, 389쪽. 고종의 즉위 과정 및 그의 정체성 전반에 대해서는 이현진, 2009 위 논문, 4장 참조.

향을 행한다면 그 대상은 순조가 된다. 명성황후는 위에서 보았듯이 순원왕후에게 부향한다.

이를 통해 '졸곡 다음 날에 행한 부알례'와 '부묘례를 거행할 때 행한 부알례'는 절차상 차이를 보인다. 그리고 막상 고종과 명성황후가 1921년 3월 31일 부묘를 행할 때 신관례 전에 부알 절차를 밟았다고 했다. 이는 고종과 명성황후의 부묘례를 거행할 때 〈표 10〉에서 제시한 의식 절차를 준행했음을 짐작하게 한다.

실제로 고종과 명성황후의 부묘례는 그와 같이 실행했다. 곧, 1758년본 『국조상례보편』의 절차와 비교했을 때 의물 및 의례 담당자들의 관직명이 달라진 것 외에 의식 절차면에서는 거의 차이를 보이지 않았다. 태묘에 마련한 부알위에서 두 신주가 부알례를 행한 뒤 신실(新室)에 신주를 봉안했기 때문이다.[40]

결과적으로 명성황후는 부알례를 두 번 행했다. 그렇다면 명성황후의 국장을 담당한 이들은 향후 고종이 승하하고 국장을 치른 뒤 명성황후와 함께 부묘할 때 부알례를 할 것이라는 생각을 하지 못해서 졸곡 다음 날에 부향을 했을까. 아니면 장례원 경 김영목이 역대의 전례를 상고해 보니 황후의 상에는 졸곡 뒤 부향 절차가 있으니까 명성황후의 국장에서도 시행하자고 한 것일까. 『고종실록』이나 『승정원일기』에는 후자대로 기록되어 있다.

어떤 이유로 '졸곡 다음 날에 부알례'를 행하게 되었는지를 차치하더라도 엄밀하게 살펴보면 두 부알례의 성격이 다르다는 점에 유의해야 할 듯하다. 순원왕후가 대상인지, 종묘 정전에 봉안되어 있는 태조 이하 각 국왕과 왕후가 대상인지가 다르기 때문이다. 따라서 '졸곡 다음 날에 행한 부알

40 『高宗太皇帝明成太皇后祔廟主監儀軌』(藏 K2-2218) 卷上, 儀註「高宗太皇帝明成太皇后祔廟儀」.

례'와 국장의 마지막 절차로서 '부묘례를 거행할 때 행한 부알례'는 근본적으로 성격이 다른 의례라고 봐야 한다는 뜻이다.

전자는 소목에 따라 자신의 부향 사실을 조모에게 알리는 성격이고, 또 부향, 부제에서 보듯 제사를 지냈다. 명성황후의 국장에서도 졸곡 다음 날에 부향을 행할 때의 절차는 시향(時享)을 지낼 때의 의식대로 행례했다. 하지만 후자는 종묘에 봉안되기 전 선조(先祖)들에게 알현하는 절차일 뿐이다. 부묘제(祔廟祭)는 신주를 봉안하고 부묘례를 마치고 난 뒤 지냈다.

'졸곡 다음 날에 행하는 부알례'와 '부묘례를 거행할 때 행하는 부알례'는 이처럼 근본적인 성격이 다르다는 사실이 확인된다. 그렇기에 졸곡 다음 날에 부알례를 행하더라도 부묘례를 거행할 때 부알례를 행할 수 있다. 그 다름으로 인해 명성황후의 국장에서도 두 절차를 모두 시행했다고 볼 수 있다.

그렇다면 '졸곡 다음 날에 행하는 부알례'는 조선의 국장에서는 시행하지 않고 명성황후의 국장에서 비로소 시행했을까. '졸곡 다음 날에 행하는 부알례'는 분명 제후에게 시행하지 않는 의례인데 황후의 국장에서 시행한 이유가 무엇일까. 장례원 경 김영목이 참고한 '역대 전례'는 어떤 성격의 문헌인가 하는 과제가 남는다.

졸곡 다음 날에 행하는 부알례는 천자나 제후도 아닌 '대부사'가 행하는 의례이다. 당장 조선에서 17세기 이후 널리 보편화된 『주자가례』를 보더라도 졸곡 다음 날에 행한 '부' 절차에서 입증된다.[41] 뿐만 아니라 명성황후의 국장에서 유일하게 참고 문헌이 밝혀진 〈장불이시조〉는 서건학의 『독례통고』에 나오는 편명으로,[42] 이 책에 수록된 상장 관련 내용은 천자

41 『家禮』(奎中 311) 卷6, 喪禮3 「祔」 "卒哭明日而祔".

42 현재 필자가 확인한 바, 『독례통고』 그 자체를 주요 소재로 삼아 연구한 논문이나 저서는 없는 듯하다. 다만, 이 책을 참고한 연구는 다음과 같다(연도순).

나 제후, 대부사라는 신분에 따른 의례를 설명하고 있지 않다.

『주자가례』와 『독례통고』 두 책에서 상장 절차를 중심으로 정리하면 더 분명해지지 않을까 한다. 『독례통고』「상의절(喪儀節)」과 조선 초 흉례를 정비할 때 참고한 『주자가례』「상례(喪禮)」의 항목을 비교하면 다음과 같다.

〈표 11〉『독례통고』「상의절」과 『주자가례』「상례」의 항목 비교[43]

예 서	항 목
독례통고	질병(疾病), 정종(正終), 초종(初終), [시사(始死), 복(復), 천시(遷尸), 설치(楔齒)·철족(綴足), 시사전(始死奠), 유당(帷堂), 명부배빈(命赴拜賓), 곡위(哭位), 군사조(君使弔), 치수(致襚), 위명(爲銘), 굴감(掘坎), 진복기(陳服器), 목욕급설빙(沐浴及設氷), 반함(飯含), 습(襲,) 설모(設冒), 매순조(埋鬈爪), 설중(設重), 설료(設燎)], 소렴(小斂), [소렴전(小斂奠)], 대렴(大斂), [대렴전(大斂奠)], 성복(成服), 조석곡(朝夕哭), 조석전(朝夕奠), 삭월전(朔月奠), 서택(筮宅), 헌곽재급명기(獻椁材及明器), 복일(卜日), 계빈(啓殯), 조조(朝祖), 재구(載柩), 진기(陳器), 조전(祖奠), 봉증(賵贈), 대견전(大遣奠), 발인(發引), 하광(下壙), 반곡(反哭), 우제(虞祭), 재우(再虞), 삼우(三虞), 졸곡(卒哭), 부(祔), 소상(小祥), 대상(大祥), 담(禫)
주자가례	초종(初終), [복(復), 입상주(立喪主), 주부(主婦), 호상(護喪), 사서(司書)·사화(司貨), 내역복불식(乃易服不食), 치관(治棺), 부고우친척요우(訃告于親戚僚友)], 목욕(沐浴)·습(襲)·전(奠)·위위(爲位)·반함(飯含), 영좌(靈座)·혼백(魂帛)·명정(銘旌), [부작불사(不作佛事)], 소렴(小斂) [단(袒), 괄발(括髮), 문(免), 좌(髽), 전(奠), 대곡(代哭)], 대렴(大斂), [전(奠)], 성복(成服), 조석곡전(朝夕哭奠)·상식(上食), 조(弔)·전(奠)·부(賻), 문상(聞喪)·분상(奔喪), 치장(治葬), [각지석(刻誌石), 조명기(造明器), 하장(下帳), 포(苞), 소(筲), 앵(罌), 대여(大轝), 삽(翣), 작주(作主)], 천구(遷柩)·조조(朝祖)[·대곡(代哭)]·전(奠)·부(賻)·진기(陳器)·조전(祖奠), 견전(遣奠), 발인(發引), 급묘(及墓)·하관(下棺)·사후토(祠后土)·제목주(題木主)·성분(成墳), 반곡(反哭), 우제(虞祭), 졸곡(卒哭), 부(祔), 소상(小祥), 대상(大祥), 담(禫)

朴鍾天, 2010 「朝鮮 後期 『讀禮通考』의 수용과 영향」 『韓國實學研究』 20.
박종천, 2011 「茶山 丁若鏞의 『讀禮通考』 研究 初探」 『韓國實學研究』 21.
장동우, 2015 「茶山 『喪儀節要』의 淵源과 再成文化의 原則」 『韓國實學研究』 30, 2절.
전성건, 2016 「19세기 삼례서연구의 다양성과 고증학의 영향 - 정약용, 심대윤, 이진상을 중심으로-」 『韓國漢文學研究』 62, 102쪽.

43 『讀禮通考』 卷38~51, 喪儀節1~14; 『家禮』(奎中 311) 卷4~6, 喪禮1~3. 참고로 [ ]는 어떤 항목 안에 들어가 있어서 독립된 항목으로 잡혀 있지 않지만 [ ] 안의 의절도 거행했다는 표시이다.

〈표 11〉을 보면, 『독례통고』 「상의절」과 『주자가례』 「상례」의 항목이 매우 유사하다. 『독례통고』가 천자나 제후를 위한 예서가 아님이 확실해진다. 조선에서 대한제국으로 국체가 바뀌면서 처음으로 '황후' 국장을 치르게 되자 참고한 문헌을 구체적으로 제시하지 않은 채 '역대 전례'라고 표현했다. 그런데 그중 출처가 분명한 책이 『독례통고』였다. 『독례통고』가 여타의 예서와 달리 상장례가 많이 수록되어 있기에 참고한 것으로 이해된다.

명성황후 국장에서 모두 『독례통고』를 참고했다고 보기는 어렵다. 특히 천자나 제후에 관한 의례를 담고 있는 예서가 아니라는 점에서 더욱 그러하다. 명성황후 국장의 '정체성'이라는 면에서 혼란이 배가된다.

부향만이 아니라 연제와 상제를 지낼 날짜를 『독례통고』의 〈장불이시조〉를 근거로 한 것도 마찬가지이다. 『독례통고』의 「상의절」에는 연제와 상제를 지내는 시기에 대해, 둘 다 『의례』의 「사우례」편을 인용하며 소상은 '기이소상(期而小祥)', 대상은 '우기이대상(又期而大祥)'이라고 하면서 『의례주소』 「사우례」편의 정현 주(注)와 가공언(賈公彦, 생몰년 미상) 소(疏)의 내용을 부주했다.[44] 여기에 따르면 소상은 부(祔) 이후 13개월에 이르러, 대상은 25개월에 지낸다는 내용이다. 이는 '부재위모', '내상재선'에 해당하는 상기(喪期)가 아니다.

『독례통고』의 「상의절」에는 '부재위모'의 상은 규정되어 있지 않다. '부재위모'의 경우라면 '자최장기'의 상복을 입는다는 〈자최장기조(齊衰杖期條)〉가 참조된다. 그런데 여기에서 서건학이 자신의 견해를 밝히는 가운데 '『예기』 「잡기(雜記)」편의 기년상은 11개월에 연제, 13개월에 상제, 15개월

44 『讀禮通考』 卷50, 喪儀節13 「小祥」·「大祥」. 『의례주소』 「사우례」편의 鄭玄 注와 賈公彦 疏는 『儀禮注疏』 卷43, 士虞禮14 참조.

에 담제를 지낸다.'는 규정을 인용한 것이 확인된다.[45]

조선의 내상재선 국장도 승하한 지 11개월 만에 연제, 13개월 만에 상제, 15개월 만에 담제를 지내 한 달씩 간격을 두며 행례했다. 그런데 명성황후의 국장에서는 『예기』 「잡기」편의 규정이 아닌 〈장불이시조〉를 근거로 연제는 1898년 1월 4일(음력 1897년 12월 12일), 상제는 1898년 2월 11일(음력 1월 21일)에 지내어 차이를 노정했다.

〈장불이시조〉는 제때에 장례를 치르지 못한 경우 변례의 대처를 위한 내용을 담고 있다. 명성왕후/황후의 국장도 오랫동안 장례를 치르지 못하여 '장불이시(葬不以時)'에 해당했다. 그런 이유로 연제와 상제를 지낼 날짜를 『예기』 「잡기」편의 규정도, 조선의 내상재선 국장 규정도 아닌 〈장불이시조〉를 참고한 것 같다.

이를 통해, 명성'황후'의 국장임에도 시행한 의식 절차 중 정작 황후 국장의 위상에 부합하지 않는 절차 및 참고 문헌이 있었던 것이다. 명성왕후/황후의 국장이 진행되는 동안 변례가 많았으며, 무엇보다 처음으로 시행하는 황후 국장이자 오랫동안 준비를 해 온 상황도 아니며 중국이나 한국에서 참고할 만한 적당한 문헌조차 없는 가운데 치렀기에 겨를이 없었던 것으로 보인다. 황후 국장이라는 정체성에 의문을 주는 절차의 시행, 그리고 이와 관련한 참고 문헌이 있었던 것도 이러한 배경으로 설명이 가능하지 않을까 한다.

마지막으로 의궤의 편찬 시점을 고려하면 의궤에 수록된 의주가 한정될 수밖에 없다. 반우, 안릉전에 그치는 것도 그 때문이다. 그 이후에 진

45 『讀禮通考』 卷8, 喪期8 「齊衰杖期」. 『예기』 「잡기」편의 내용은 『禮記注疏』 卷42, 雜記下21 "期之喪 十一月而練 十三月而祥 十五月而禫 (注) 此謂父在爲母也"; 『禮記集說大全』 卷20, 雜記下21 "期之喪 十一月而練 十三月而祥 十五月而禫 練則吊 (註) 鄭氏曰 凡齊衰十一月 皆可以出吊 又曰 此爲父在爲母" 참조.

행되는 우제, 졸곡제, 부향, 혼전·산릉에서의 일상적 의례, 연제, 상제, 담제 등은 『승정원일기』에 기록되어 있어 참조된다.

다만, 명성황후의 국장이 끝난 뒤 국장 절차를 국가의례 중 흉례에 편입하도록 정리하지 않은 것이 의문이다. 의궤의 의주, 『승정원일기』에 수록된 의주 등을 참고해도 되지만 처음 맞이한 황후 국장인 만큼 향후 발생할 국장을 대비하여 국가전례로 정리해 두면 편리할 것이기 때문이다. 그럼에도 그렇게 하지 않았거나 못한 것은 의례를 정비할 만한 여건이 갖추어지지 않았거나 중국(당~명)이나 고려시대에 황실의 국장 과정이 전하지 않는 것을 전례(前例)로 삼은 것이 아닌가 한다.

명성왕후/황후의 국장이 끝난 뒤에 『대한예전』이 편찬되었다. 이 책에 '흉례'가 있으나 국장 전반을 보여주는 구체적인 절차들은 수록되어 있지 않다. 『대한예전』에서 흉례는 시간상의 제약으로 의주들을 정리하지 못한 것으로 본 연구도 있다.[46] 그러나 『대한예전』은 『대명집례』의 영향을 받은 전례서로 알려져 있다. 『대명집례』에 흉례를 수록하고 있으나 황실이 아닌 품관(品官)과 서인(庶人)의 상장 과정을 수록할 뿐이기 때문이다.[47] 황실의 국장 과정을 보여주지 않는다는 점에서 두 문헌이 동일하다는 의미이다. 그럴 경우 위에서 여건을 문제삼기 보다는 황실의 국장 과정이 전하지 않는 것과 궤를 같이한다고 보는 것이 합리적이다.

그렇지 않고 여건을 문제삼을 수도 있다. 명성황후의 국장 과정을 국가전례로 편입한다고 할 때 그 전에 고민해야 할 점이 있기 때문이다. 앞서

46 임민혁, 2007 앞의 논문 178쪽. 이 논문의 176쪽을 보면, 『대한예전』이 권1을 제외한 권2부터 권10까지 『국조오례서례』와 『국조오례의』를 기본형으로 하여 편찬되었다고 했다. 흉례는 『국조오례서례』와 『국조오례의』에서도 분량이 방대하여 시간상의 제약으로 미처 손을 대지 못한 것으로 보았다.

47 『大明集禮』(藏 K2-2145) 卷37(上), 凶禮2 「品官喪儀」; 『大明集禮』(藏 K2-2145) 卷37(下), 凶禮3 「庶人喪儀」.

보았듯이 중국에서 황실의 국장 과정이 전하지 않아 '역대 전례'를 참고했으며 이는 적어도 발인부터 각종 절차에 적용했다. 발인하기 이전, 황후 책봉 이전에 시행한 명성왕후의 국장을 어떻게 처리할 것인가의 문제가 남아 있다. 이를 황후 국장으로 정리하지 않는다면 왕후와 황후 국장이 섞여 있는 상태가 된다. 황후 책봉 이전에 시행한 왕후 국장을 황후 국장으로 정리할 때 황후 국장 절차의 전 과정을 흉례로 편입할 수 있다. 그러한 까닭에 당시 상황에서는 그러한 작업 자체 혹은 여건의 조성이 쉽지 않았을 것으로 판단된다.

시해, 폐서인, 빈으로 승격, 왕후 위호 회복 등 일반적인 왕후의 죽음과 달랐기에 국장의 모든 절차들을 때맞춰 거행할 수 없었다. 더구나 아관파천과 같은 커다란 정치적 사건의 발생은 명성왕후의 국장에 변례를 추가하는 계기가 되었고, 대한제국 선포로 인한 국체의 변경은 황후 국장을 시행하는 계기가 되었다. 명성왕후/황후 국장은 발인을 전후로 왕후 국장과 황후 국장이 공존하는 독특한 국장임에 틀림없다.

제 2 절
용어와 도설

1. 용어의 변화와 용례

중국의 번방으로서 제후국을 자처했던 조선은 건국 초 국가 예제를 정비하면서 천자국 중국보다 한 등급 낮추는 방향으로 모든 예제를 규정지었다. 국가만이 아니라 조선 내부에서도 이러한 구분은 법전과 국가전례서에 성문화되었고, 이는 특히 상장례에서 뚜렷하게 드러났다.

조선에서 국왕과 왕후의 장례는 '나라의 장례'라는 뜻으로 '국장(國葬)', 세자나 세자빈은 한 등급 낮추어 '예장(禮葬)', 국왕의 상은 '대상(大喪)', 왕후의 상은 '내상(內喪)', 세자의 상은 '소상(小喪)', 세자빈의 상은 '소내상(小內喪)'이라 하여 구별지었다.

여기서 또 국장과 예장은 시신을 봉안한 빈전/빈궁(殯宮), 신주를 봉안한 혼전/혼궁(魂宮), 시신을 넣는 재궁/재실(梓室)/벽실(椑室), 재궁/재실/벽실을 보호하는 바깥의 더 큰 외재궁(外梓宮)/외재실(外梓室)/외벽실(外椑室), 재궁/재실을 모셔두는 찬궁/찬실(欑室), 산릉에서 재궁/재실을 안장하는 큰 구덩이인 현궁(玄宮)/현실(玄室) 등 여러 부면에서 용어가 명확하게 대별되었다.

이 여러 용어들을 중심으로 왕후 국장과 황후 국장을 대별시킨다면 그 변화를 파악할 수 있을 것이다. 먼저 명성'왕후'의 국장에서는 조선의 국장에서 사용해 왔던 이 용어들을 그대로 사용했다. 하지만 황후 국장에서는 어떠한가. 빈전, 혼전, 재궁, 외재궁, 찬궁, 산릉, 현궁 등 신분에 따라 달리 지칭할 만한 이러한 용어들에서 변화가 없었다. 조선의 국왕이나 왕후의 국장에서 사용하는 용어가 '황후' 국장으로 바뀌었음에도 달라지지 않았다.

청일전쟁 이후 조선의 국제적 위상이 달라지기는 했지만 명성황후로 책봉되기 전까지는 흉례와 관련한 의례나 용어에 변화를 줄 정도는 아니었다. 예외가 있다면 정자각을 침전으로 바꾼 것이 해당한다. 이는 황후 책봉 이전에 결정된 것으로 다음의 2항[도설]에서 다시 다룰 예정이다.

이러한 면면에서 다시금 명성황후 국장의 정체성에 대해 고민하게 된다. 조선이 건국된 이후 국왕·왕후의 국장이 발생할 때마다 사용해 온 용어를 충분한 사전 준비 없이 황후 국장으로 전환하자 이를 그대로 사용하면서 생긴 현상일 수 있다. 또 이 역시 중국이나 한국에서 황후 국장에 사용하는 용어를 참고할 만한 적당한 문헌이 없다는 것에도 원인을 찾을 수 있다.

그렇다고 왕후 국장에서 황후 국장으로 바뀌면서 용어가 전혀 달라지지 않은 것도 아니다. 대표적으로 대행'왕후'는 대행'황후'로, 명성'왕후'는 명성'황후'로 바뀐 칭호에서 찾아진다. 당연하겠지만 바뀐 칭호는 황후로 책봉되자 곧바로 사용했다. 또 옥책을 대신하여 조성한 '금책'(〈도판 28〉), 산릉에서 신주에 글을 쓰는 곳인 길유궁을 대신하여 '황당'(〈도판 40〉)이라고 한 것 등을 꼽을 수 있다. 부묘례를 행할 때 신주를 덮는 의물이 조선의 국왕은 백저건(白紵巾), 왕후는 청저건(靑紵巾)이었는데[48] 고종태황제와

---

48 『國朝喪禮補編』(奎 3940) 卷3, 「祔廟儀」 "大祝捧神主 安於座 覆以白紵巾【(註) 王后並祔則覆以靑紵巾".

명성태황후는 '황저건(黃紵巾)'을 사용한 것도[49] 포함된다.

무엇보다 '죽었다'는 표현이 주목된다. 이 단어야말로 신분적 지위에 따라 다르게 표현하는 가장 대표적인 사례이다. 『예기』「곡례」편에 '천자는 붕(崩), 제후는 훙(薨), 대부는 졸(卒), 사(士)는 불록(不祿), 서민은 사(死)'라고 한 기록이 그것이다.[50] 조선의 국왕은 제후에 해당하므로 그의 죽음에 대해 '훙'으로 표현해야 하고, 자료에도 대개 '훙'으로 기록되어 있다. 그 밖에 '승하(昇遐)'라는 표현을 많이 사용했고, 간혹 '훙서(薨逝)'를 쓰기도 했다. 훙서는 그 밖에 세자나 세자빈의 죽음에 사용되기도 했다.

명성왕후는 1895년 8월 20일(음력) 세상을 떠난 당일에는 붕서로,[51] 그 이후에는 붕서와 승하 둘 다 기재되어 있다.[52] 이는 『고종실록』의 기록이고, 『승정원일기』에는 죽은 그날에는 죽음에 대해 특별하게 표현하지 않았고, 이해 10월 15일(음력) 공식적으로 그의 죽음을 공표한 날 비로소 붕서와 승하 둘 다 사용했다.[53] 또 『승정원일기』 1897년 10월 12일(음력)자에는 붕서라고 표기되어 있다.[54]

그 밖에 『명성황후국휼등록(明成皇后國恤謄錄)』에는 을미년(1895) 8월 20일자에는 '승하', 이해 10월 15일자에는 붕서와 승하 둘 다 기록되어 있다.[55] 『경효전일기』에도 을미년 8월 20일자에는 '승하', 이해 10월 15일자

49 『高宗太皇帝明成太皇后祔廟主監儀軌』(藏 K2-2218) 卷上, 儀註 「高宗太皇帝明成太皇后祔廟儀」 "宮闈令先捧明成太皇后神主 安於座 覆以黃紵巾 大祝次捧高宗太皇帝神主 安於座 覆以黃紵巾".

50 『禮記集說大全』 卷2, 曲禮下2 "天子死曰崩 諸侯曰薨 大夫曰卒 士曰不祿 庶人曰死".

51 『高宗實錄』 卷33, 高宗 32年 8月 戊子(20).

52 고종 32년 10월 15일(음력)자 『고종실록』에 '붕서'와 '승하' 둘 다 기록되어 있다[『高宗實錄』 卷33, 高宗 32年 10月 壬午(15)]. 고종 33년 2월 11일(양력)자 『고종실록』에는 '붕서'라고 되어 있다[『高宗實錄』 卷34, 高宗 33年 2月 11日(陽曆)].

53 『承政院日記』 高宗 32年 10月 15日(壬午).

54 『承政院日記』 高宗 34年 10月 12日(戊辰)[陽曆 11月 6日].

55 『明成皇后國恤謄錄』(藏 K2-2933) "開國五百四年乙未八月二十日 國恤謄錄【(註) 大清光

에는 붕서와 승하 둘 다 기재되어 있다.[56] 단, 『명성황후국장도감의궤』와 『명성황후홍릉산릉도감의궤』에는 '붕(崩)'으로 표기되어 있다.[57]

참고로 1897년(고종 34) 1월 18일(음력 1896년 12월 16일) 일본 황태후의 죽음을 '붕서'라고 한 기록이 있다.[58] 그렇다면 '붕서'라는 단어는 왕후에게는 적절하지 않고 황후의 죽음에 사용한다는 것을 분명하게 알려준다. 명성왕후에서 명성황후로 책봉된 뒤 '책시빈전'을 거행한 다음 날에 고종이 반포한 조서에 '짐이 즉위한 지 32년째 되던 을미년 8월 20일에 붕서했다.'라고 한 내용에서 '붕서'의 용례가 좀 더 명확해진다.[59]

붕서, 승하, 붕 등 명성왕후/황후의 죽음을 이와 같이 표현했다. 승하는 조선시대 국왕이나 왕후에게 일반적으로 사용된 단어이지만 붕서와 함께 기록한 것은 국장 기간이 왕후 국장과 황후 국장이 공존했기 때문으로 여겨진다. 그럼에도 이 시기에 '붕'이라는 한 글자가 들어갔다는 것은 그 자체만으로도 명성왕후보다는 명성황후에 가깝게 그의 죽음을 표현한 것으로 볼 수 있다.

아울러 주목할 점은 위 여러 문헌들의 편찬 시점이다. 명성왕후가 세상

緖二十一年 國恤頒布 則十月十五日】中宮殿昇遐于景福宮內乾淸宮坤寧閤"; 『明成皇后國恤謄錄』(藏 K2-2933) 乙未十月十五日 "詔曰 向者變亂之際 王后不知所在 日月漸久 當日崩逝 證據的確 開國五百四年八月二十日卯時 王后坤寧閤昇遐頒布".

56 『景孝殿日記』(藏 K2-2418) "乙未八月二十日戊子 晴吹西風 卯時 王后昇遐于景福宮坤寧閤玉壺樓"; 『景孝殿日記』(藏 K2-2418) 十月十五日壬午.

57 『明成皇后國葬都監儀軌』(奎 13883) 卷1, 都廳儀軌 卷首 "開國五百四年【(註) 乙未】八月二十日卯時 大行王后崩于景福宮之坤寧閤", 『明成皇后洪陵山陵都監儀軌』(奎 13891) 上編, [卷首] "開國五百四年乙未八月二十日卯時 孝慈元聖正化合天明成皇后崩于景福宮之坤寧閤"; 『明成皇后洪陵山陵都監儀軌』(奎 13891) 上編, 時日 "乙未八月二十日卯時 王后崩于景福宮之坤寧閤".

58 『高宗實錄』 卷35, 高宗 34年 1月 18日(陽曆); 『承政院日記』 高宗 33年 12月 16日(丙子) [陽曆 1月 18日].

59 『高宗實錄』 卷36, 高宗 34年 11月 6日(陽曆); 『承政院日記』 高宗 34年 10月 12日(戊辰) [陽曆 11月 6日].

을 떠난 뒤 시간이 어느 정도 흐른 뒤에 편찬되었거나 황후로 책봉된 이후에 편찬되었다는 사실을 감안한다면 붕서와 승하, 붕 등을 혼용해서 기록할 가능성이 크다.

특히 의궤는 『명성황후국장도감의궤』, 『명성황후빈전혼전도감의궤』, 『명성황후홍릉산릉도감의궤』라는 서명에 '명성황후'라고 한 기록에서 황후로 책봉된 이후에 편찬되었다는 사실에 의심의 여지가 없다. 사실 『명성황후홍릉산릉도감의궤』에는 표지에는 '명성황후' 4글자가 있으나 내제에는 없다. 하지만 '권수(卷首)'에 해당하는 내용에서 명성'황후'가 붕했다는 것에서 동일한 맥락이다.

뿐만 아니라 세 의궤가 적어도 1897년 음력 10월 28일(양력 11월 22일) 이후에 편찬에 들어간 시점을 보더라도 황후로 책봉된 이후에 편찬되었다.[60] 대개 흉례 관련 의궤는 산릉에서 장례를 치른 뒤 세 도감이 혁파되면 비로소 편찬에 들어가는데,[61] 명성황후의 흉례 관련 의궤의 편찬 과정 역시 다르지 않았다.

단, 의궤에서 '붕'과 관련하여 황후라고 표기한 곳도 있고, '왕후'라고 표기한 곳도 있다는 점은 주의가 필요하다. 『명성황후국장도감의궤』에는 권수에 '대행황후'가 아닌 '대행왕후'가 '붕'한 것으로 기록되어 있다.[62] 『명성황후홍릉산릉도감의궤』에는 권수에는 '명성황후'가 붕한 것으로,[63] 『도

60 『明成皇后國葬都監儀軌』(奎 13883) 卷1, 都廳儀軌 儀軌(附) 「丁酉十月二十八日」; 『明成皇后殯殿魂殿都監儀軌』(奎 13890) 卷1, 儀軌事例 「光武元年丁酉十一月初五日」; 『明成皇后洪陵山陵都監儀軌』(奎 13891) 上編, 附儀軌 「丁酉十一月初七日」. 참고로 의궤에는 날짜가 모두 음력으로 기재되어 있다.

61 『국장도감의궤』, 『빈전혼전도감의궤』, 『산릉도감의궤』 등의 편찬에 대해서는 이현진, 2015 앞의 책, 제1부 제5장 참조. 여기서는 '정조'의 국장 관련 의궤를 예로 들었으나 다른 흉례 관련 의궤가 편찬에 들어가는 시기도 거의 다르지 않다.

62 『明成皇后國葬都監儀軌』(奎 13883) 卷1, 都廳儀軌 卷首 "大行王后崩于景福宮之坤寧閤".

63 『明成皇后洪陵山陵都監儀軌』(奎 13891) 上編, [卷首] "孝慈元聖正化合天明成皇后崩于景福宮之坤寧閤".

청의궤(都廳儀軌)』「시일(時日)」조에는 '황후'가 아닌 '왕후'가 '붕'한 것으로 기재되어 있다.[64] 세상을 떠날 당시 왕후의 신분이었고 또 오랫동안 '왕후 국장'을 치렀기에 명성황후로 책봉된 이후에 의궤를 편찬하면서 '황후'와 '붕', '왕후'와 '붕'을 혼용하는 오류가 생긴 듯하다.

그 밖에도 고종이 황제로 즉위하기 전 청일전쟁 이후부터 왕실 구성원들의 존칭에서 전하는 폐하로, 저하는 전하로, 왕대비는 왕태후로, 왕세자는 왕태자로, 왕세자빈은 왕태자비 등으로 바뀌었다. 고종이 황제로 즉위하면서부터는 대황제, 황태후, 황후, 황태자, 황태자비 등으로 바뀌었다. 또 신하가 국왕에게 '아뢰다'의 계(啓)가 주(奏)로, 왕명의 교(敎)가 황명의 조(詔), 제(制) 등으로 바뀐 것에서도 용어의 변화가 명확하게 드러남을 볼 수 있다.

이러한 용어의 변화 이외에도 두드러지게 달라진 것은 용어보다는 도설 편이 기대된다. 사실 다음의 2항에서 설명할 도설은 용어와 겹치는 부분이 없지 않다. 그럴 경우는 용어보다 도설 편에서 다루고자 하는데 도설이 있으면 시각적으로도 그 변화를 생생하게 접할 수 있어서이다.

2. 왕후·황후 국장 도설의 비교

명성왕후/황후는 승하에서부터 담제까지 횟수로 4년여에 걸쳐서 국장을 치렀다. 그 기간에 진행한 국장에 대한 기록은 연대기 자료 이외에도 의궤, 등록, 혼전일기 등등에 전한다. 이 중 그림과 그 그림에 대해 설명한 도설은 의궤에 실려 있다. 그런 이유로 본 2항에서 다루려는 왕후 국장과

64 『明成皇后洪陵山陵都監儀軌』(奎 13891) 上編, 時日 "王后崩于景福宮之坤寧閣".

황후 국장의 도설 비교는 의궤라는 문헌에 전적으로 의존할 수밖에 없다.

단, 의궤라는 문헌을 근거로 할 때 그보다 앞서 문헌 자체의 이해가 선행되어야 할 듯하다. 『명성황후국장도감의궤』, 『명성황후빈전혼전도감의궤』, 『명성황후홍릉산릉도감의궤』 등 세 의궤의 서명에는 모두 '명성황후'라고 되어 있어, 마치 황후로 책봉된 이후 진행한 국장, 빈전혼전, 산릉과 관련한 내용을 담았을 것이라 생각할 수 있다. 그러나 실제는 그렇지 않다.

흉례 관련 의궤에 실린 도설은 그런 점에서 한계를 노정하고 있다. 〈도판 6〉을 설명할 때 언급했듯이 그 의궤가 편찬된 시점과 관련하여 한정된 도설만 수록하고 있을 것이기 때문이다. 의궤가 편찬에 들어가는 시점이 산릉에서 장례를 치른 뒤 세 도감이 혁파되면서부터이며 완료 시점은 그보다 뒤이다. 따라서 세 의궤의 내용은 명성왕후가 승하한 시점부터 산릉에서 장례를 치른 즈음까지의 내용을 담고 있기에 왕후 국장을 기록한 내용이 대부분이다.

일반적으로 국장을 진행하면서 제작하는 도설은 승하에서부터 발인할 때까지 시행한 의례와 관련한 것이 많은 부분을 차지한다. 그런 점에서 의궤에 수록된 도설은 장점일 수 있고, 명성왕후/황후 흉례 관련 의궤도 예외가 아니다. 문제는 정작 발인 직전부터 황후 국장이 시작되어 이때부터 진행한 내역은 그 분량이 적을 수 있으며, 도설은 더더구나 그러할 가능성이 크다. 이는 '왕후·황후 국장 도설의 비교'라는 점에서는 약점이 될 수 있다.

하나 더 언급하면, 도설은 의물의 존재 여부와도 관련이 깊다. 기존에 있는 의물을 사용하여 당장 발생한 국장에 굳이 새로 제작할 필요가 없을 때에는 그리지 않는 경우도 간혹 있다. 이는 의궤를 작성할 때마다 도설의 수록 여부가 조금씩 다른 이유이기도 하다.

만약 명성'왕후'의 국장 시절을 검토할 때 부족한 도설이 있을 경우에는 국가전례서 중 1758년본 『국조상례보편』에 수록된 도설을 적극적으로 활용하고자 한다. 그렇지 않더라도 1758년본 『국조상례보편』에 실린 도설은 황후 국장에 대한 체계적인 전례서가 부재한 가운데 왕후·황후 국장의 도설을 비교할 때 준거가 될 수 있기에 반드시 참고하고자 한다.

본격적으로 들어가기에 앞서 검토 대상인 세 의궤 중 어느 의궤부터 살필 것이며, 그리고 세 의궤에 비교할 만한 의궤는 어떠한 것을 선정해야 하는지부터 정해야 한다. 우선 세 의궤는 『명성황후국장도감의궤』, 『명성황후빈전혼전도감의궤』, 『명성황후홍릉산릉도감의궤』의 순서로 살펴보고자 한다. 국장을 총괄한다는 의미에서 『국장도감의궤』를 첫 번째로 꼽았다.

다음은 세 의궤의 비교를 위한 의궤의 선정이다. 본 2항에서는 도설의 비교가 목적이므로 비교 대상이 필요하다. 가능한 한 명성왕후/황후 국장과 가장 가까운 시기에 국장을 치른 신정왕후의 흉례 관련 의궤를 주요 대상으로 삼고자 한다. 그런데 만약 도설의 상태가 좋지 않다든가 부재한 도설이 있을 경우에는 19세기에 승하한 조선의 왕후들 중 내상재선에 해당하는 효현왕후의 흉례 관련 의궤를 함께 활용하고자 한다

1) 『국장도감의궤』의 도설

조선시대 국가 행사는 일반적으로 큰 규모로 진행되어 이를 정리한 의궤도 하나의 의궤로 이루어져 있지 않다. 거의 모든 의궤는 여러 곳에서 각자 맡은 일을 의궤로 작성하고 그러한 의궤를 합쳐서 한 질을 이루었다. 도청에서 편찬하는 『도청의궤(都廳儀軌)』, 일방(一房)·이방(二房)·삼방

(三房)의 『각방의궤(各房儀軌)』, 지석소(誌石所)·우주소(虞主所)·별공작(別工作)의 『각소의궤(各所儀軌)』 등등 이러한 의궤들을 묶어서 소위 말하는 '무슨무슨 도감의궤'가 제작되었다.[65]

『명성황후국장도감의궤』도 이러한 체제에서 벗어나지 않는다. 도설이 수록되어 있지 않은 『도청의궤』를 제외한 『일방의궤(一房儀軌)』부터 검토하고자 하며, 이러한 서술 방식은 『명성황후빈전혼전도감의궤』와 『명성황후홍릉산릉도감의궤』도 동일하게 적용될 것이다. 그리고 앞으로 제시할 그림의 순서는 왼쪽에 신정왕후·효현왕후 국장 때 그린 그림을, 오른쪽에 명성왕후/황후 국장 때 그린 그림을 배치하고자 한다

(1) 『일방의궤』의 도설

여러 도설이 있지만 대여(大轝), 어간평상(御間平床), 살평상[전평상(箭平床)], 난간평상가조만정골(欄干平床加造滿頂骨), 소금저(素錦褚)와 가소금저(假素錦褚), 유륜평상(有輪平床), 견여(肩轝), 외재궁여(外梓宮轝), 영좌교의(靈座交椅), 방협상(傍挾床), 향좌아(香佐兒), 장족아(長足兒) 등 주요 의물을 중심으로 다루고자 한다. 단, 발인반차도(發引班次圖)에 보이는 의물이나 기물 중 명성황후의 「발인발차도」가 조선 왕후의 「발인반차도」와 다른 것이 많이 포착되어 이 또한 포함시키고자 한다.

○ 대여(大轝)

대여는 발인할 때 승하한 국왕이나 왕후의 시신을 넣은 재궁을 운반하는 큰 가마이다.

『신정왕후국장도감의궤(神貞王后國葬都監儀軌)』와 『명성황후국장도감의

65 이현진, 2014 「의궤 번역의 難題 -'凶禮' 관련 의궤를 중심으로」 『고전번역연구』 5, 246쪽.

〈도판 44〉「대여(大轝)」, 『신정왕후국장도감의궤』, 규장각한국학연구원(상) | 「대여」, 『명성황후국장도감의궤』, 규장각한국학연구원(중) | 「대여」, 『효현왕후국장도감의궤』, 규장각한국학연구원(하)

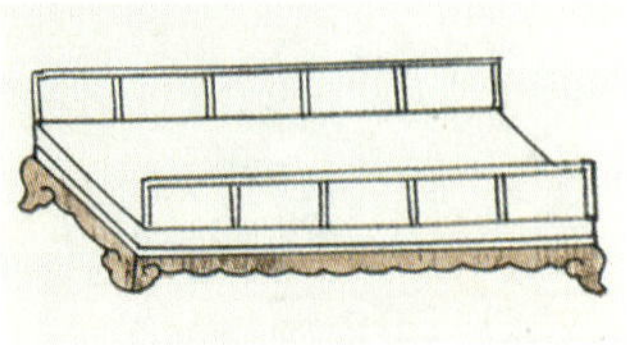

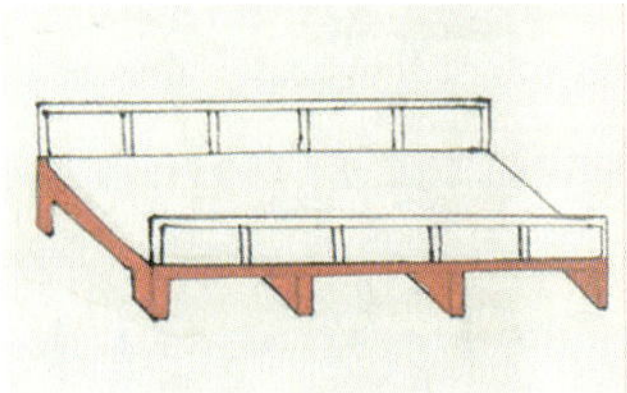

〈도판 45〉「어간평상(御間平床)」, 『신정왕후국장도감의궤』, 규장각한국학연구원(상) | 「어간평상」, 『명성황후국장도감의궤』, 규장각한국학연구원(하)

궤』 속 대여는 그림 및 제작 방법에 대한 설명까지 차이가 거의 없다.[66] 단, 덮개 장식에서 봉황머리인지 용머리인지 두 그림이 약간 다르게 그려져 있다. 그런데 『효현왕후국장도감의궤(孝顯王后國葬都監儀軌)』에 그려진 대여의 덮개 장식은 『명성황후국장도감의궤』 속 그것에 더욱 가깝다.[67] 세 의궤에 그려진 대여는 〈도판 44〉가 참조된다. 대여의 그림으로 신분에 따른 위계를 살피기에는 쉽지 않을 듯하다.

○ 어간평상(御間平床)

어간평상은 대여의 장강(長杠) 사이에 설치하는 평상으로, 발인할 때 대여와 견여에 재궁을 올리거나 내릴 때 사용한다.

어간평상의 용도에 대한 설명은 〈도판 19〉에서 다루었다. 그러므로 여기서는 『신정왕후국장도감의궤』에 그려져 있는 어간평상과의 그림 비교에 중점을 두고자 한다. 그 결과 그림 및 제작 방법에 대한 설명까지 두 의궤에 재록된 도설은 동일하다.[68] 그런데 당장 육안으로 볼 때 두 그림의 다리 부분에서 형태와 색이 다른 것처럼 보인다(〈도판 45〉). 두 그림 모두 어람용 의궤에 실린 그림인데 어람용 의궤에서는 이처럼 다르게 보인다. 하지만 분상용 의궤에는 '두 의궤에 재록된 도설은 동일하다.'고 언급한

66 『神貞王后國葬都監儀軌』(奎 13736) 卷2, 一房儀軌 圖記「大轝」; 『明成皇后國葬都監儀軌』(奎 13883) 卷2, 一房儀軌 圖說「大轝」.

67 『孝顯王后國葬都監儀軌』(奎 13802) 卷2, 一房儀軌 造作秩「大轝」.

68 『神貞王后國葬都監儀軌』(奎 13736) 卷2, 一房儀軌 圖記「御間平床」; 『明成皇后國葬都監儀軌』(奎 13883) 卷2, 一房儀軌 圖說「御間平床」.

것처럼 형태와 색에 있어서 차이가 드러나지 않는다.

○ 살평상[전평상(箭平床)]

살평상은 상판(床板) 위에 여러 개의 살대를 설치한 평상으로, 발인할 때 노제소(路祭所)나 주정소(晝停所)에 머물 경우 신백(神帛)을 이 위에 임시로 안치했다. 사대부가에서는 설빙(設氷)할 때 시신을 옮기는[천시(遷尸)] 용도로도 사용했다.[69]

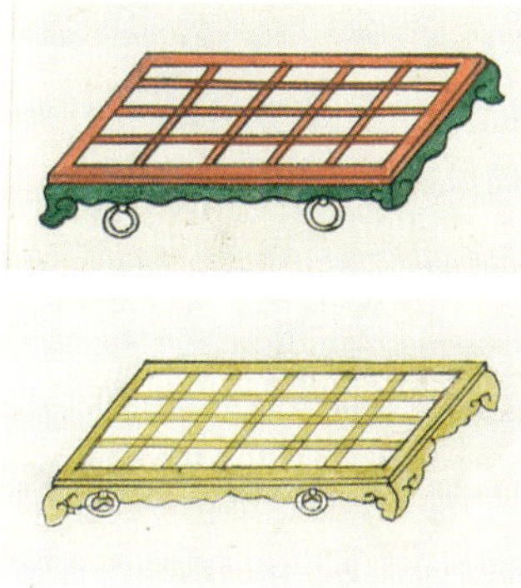

〈도판 46〉「살평상(箭平床)」, 『신정왕후국장도감의궤』, 규장각한국학연구원(상) | 「살평상」, 『명성황후국장도감의궤』, 규장각한국학연구원(하)

『신정왕후국장도감의궤』와 『명성황후국장도감의궤』 속 살평상은 색이 다름에도 그림과 그림을 설명하는 내용은 동일하다(〈도판 46〉). 두 의궤 중 어느 하나의 의궤를 작성할 때 잘못한 것이 분명하다.

『신정왕후국장도감의궤』에는 상판(牀板) 위 살대는 중국에서 수입한 붉은색 안료인 당주칠(唐朱漆)을, 족대(足臺)에는 녹색 안료인 하엽칠(荷葉漆)을 한 것으로 기록되어 있다.[70] 그런데 『명성황후국장도감의궤』 속 살평상은 황칠(黃漆)을 한 것이 분명함에도 그림 설명에는 당주칠과 하엽칠을 한 것으로 기록되어 있다.[71] 황칠을 한 것은 황후의 국장에 사용하는 의물임을 드러내기 위한 장치로 이해된다.

대부분 의물을 가리키는 용어가 바뀌면 형태나 규모, 칠(漆)도 함께 바

69 『沙溪全書』 卷31, 喪禮備要 「襲」 "[設氷之具]【(註) [牀] 用俗箭平牀 所以遷尸者】".

70 『神貞王后國葬都監儀軌』(奎 13736) 卷2, 一房儀軌 圖記 「箭平床」 "(註) 用松木 唐朱漆 足臺 荷葉漆 用處則與欄干平床同".

71 『明成皇后國葬都監儀軌』(奎 13883) 卷2, 一房儀軌 圖說 「箭平床」 "(註) 用松木 唐朱漆 足臺 荷葉漆 用處則與欄干平床同".

뀌기 마련이다. 그런데 살평상처럼 의물의 용어와 형태는 기존의 것을 그대로 따르면서 칠만 바뀌기도 했다. 같은 사례로 앞서 언급했던 신주를 덮는 건(巾)이 그러하다. 도설은 전하지 않으나 조선의 종묘에서 의례를 행할 때 국왕의 신주는 백저건으로, 왕후의 신주는 청저건으로 덮었다. 이와는 달리 고종태황제와 명성태황후의 부묘례를 행할 때 두 신주에는 모두 황저건을 사용했다. 적어도 의물에서 '색'은 신분을 드러내는 하나의 수단이며, 특히 '황색'은 황제나 황후의 신분을 가리킨다.[72]

『명성황후국장도감의궤』에 살평상을 그린 뒤 칠을 할 때에는 황후의 신분에 맞게 황색을 칠한 듯하다. 하지만 막상 그림 설명을 하기 위해 글로 작성할 때에는 기존 조선의 국왕이나 왕후의 『국장도감의궤』에 기록된 내용을 그대로 옮김으로써 색의 변화를 간과한 오류를 범한 것으로 추정된다.

○ 난간평상가조만정골(欄干平床加造滿頂骨)

난간평상가조만정골은 난간평상 위에 만정골을 설치한 구조이다. 난간평상의 전반적인 설명은 제4장 제2절 1항에서 '난간평상(欄干平床)의 용도'라고 하여 별도로 설명했다. 여기서는 그중 영좌교의(靈座交椅)를 안치하는 평상으로, 사방에 2층의 난간을 두르고 난간 네 귀퉁이마다 기둥을 세운 형태를 가리킨다.

만정골은 난간평상 위에 안치한 영좌교의를 보호하기 위한 반달 모양의 덮개이다. 『국조상례보편』에는 만정은 악(幄)의 속명(俗名)으로, 만정골

72 고종태황제와 명성태황후의 부묘례를 행한 시기가 1921년 3월 31일이므로 대한제국기가 아닌 일제강점기이다. 황제나 황후로 지칭할 수 없는 시기이지만 조선의 제후왕과 그 배우자인 왕후와는 달리 당시에 편찬한 의궤에도 '태황제'와 '태황후'라 일컬었으므로 황제와 황후로 대우한 것으로 이해했다.

은 그 만정의 틀을 가리키며, 그 덮개는 만정건(滿頂巾)이라고 설명되어 있다.[73] 발인하는 중에 노제소와 주정소, 숙소(宿所)에 잠시 머물 때 난간평상의 영좌교의를 보호하기 위해 난간평상 위에 만정골을 설치했다.

〈도판 47〉「난간평상가조만정골(欄干平床加造滿頂骨)」, 『신정왕후국장도감의궤』, 규장각한국학연구원(좌) | 「난간평상가조만정골」, 『명성황후국장도감의궤』, 규장각한국학연구원(우)

〈도판 47〉의 도설에서도 살평상과 같은 문제가 제기된다. 『신정왕후국장도감의궤』에 그려진 '난간평상가조만정골'은 송목(松木)으로 만들고, '당주칠(唐朱漆)'을 한 것으로 기록되어 있다.[74] 그림과 그 그림에 대한 설명이 일치한다. 이와는 달리 『명성황후국장도감의궤』에 그려진 '난간평상가조만정골'에는 황칠을 한 것이 분명함에도 『신정왕후국장도감의궤』 속 그림처럼 송목으로 만들고 당주칠을 한 것으로 기록하여[75] 그림과 그림에 대한 설명이 다르다.

두 의궤의 그림 설명에서 다른 것은 염(簾)을 장흥고(長興庫)에서 대령하느냐, 배설소(排設所)에서 대령하느냐일 뿐이다. 『명성황후국장도감의궤』

73 『國朝喪禮補編』(奎 3940) 圖說 ○靈座 「幄」(所以設於高欄牀上者) "幄【(註) 俗名滿頂 其機滿頂骨 其覆滿頂巾】制如日傘 殺其半如半月形".

74 『神貞王后國葬都監儀軌』(奎 13736) 卷2, 一房儀軌 圖記 「欄干平床加造滿頂骨」 "(註) 用松木 唐朱漆 注之付貼金 路祭所晝停所入用 宿所則尙方擧行 而幅巾及揮帳褥 則尙方造作待令 簾則長興庫待令".

75 『明成皇后國葬都監儀軌』(奎 13883) 卷2, 一房儀軌 圖說 「欄干平床加造滿頂骨」 "(註) 用松木 唐朱漆 注之付貼金 路祭所晝停所入用 宿所則尙方擧行 而幅巾及揮帳褥 則尙方造作待令 簾則排設所待令".

에 난간평상가조만정골을 그리고 칠을 할 때에는 황후의 신분에 걸맞게 황색을 칠했으나 막상 그림 설명을 할 때에는 살평상처럼 기존 조선의 국왕이나 왕후의 『국장도감의궤』에 기록된 내용을 그대로 옮겨 기록한 듯하다.

살평상에 이어 난간평상가조만정골에서도 동일한 실수를 한 이유가 무엇인가. 아마도 갑작스럽게 명성왕후를 명성황후로 추존하여 기물은 그 위상에 걸맞게 갖추었으되 의궤를 작성할 때에는 기존 왕후의 국장에 기록된 내용을 참조하면서 이를 수정하지 않은 채 그대로 기록한 것에 기인한 것 같다. 황후로 추존한 뒤 충분한 시간적 여유가 없이 의례가 진행되어 시간적인 촉박에 따른 결과일 수도 있다.

○ 소금저(素錦褚)와 가소금저(假素錦褚)

소금저는 재궁을 덮는 집 형태의 흰 비단 덮개이고, 가소금저는 예행연습을 할 때 소금저의 대용으로 만든 의물이다. 소금저와 가소금저에 대한 설명은 〈도판 13〉에서 다루었다. 그러므로 여기서는 『신정왕후국장도감의궤』에 그려져 있는 소금저·가소금저와의 그림 비교에 중점을 두고자 한다.

『명성황후국장도감의궤』에 그려진 소금저와 가소금저에 용머리가 그려져 있는 것 이외에 그림 및 제작 방법에 대한 설명은 『신정왕후국장도감의궤』에 재록된 도설과 동일하다(〈도판 48〉).[76] 용머리를 더 그린 것에 대해서는 그림 설명에 들어가 있지 않지만 황후 국장임을 드러내는 장치가 아닌가 생각된다.

76 『神貞王后國葬都監儀軌』(奎 13736) 卷2, 一房儀軌 圖記 「素錦褚」·「假素錦褚」; 『明成皇后國葬都監儀軌』(奎 13883) 卷2, 一房儀軌 圖說 「素錦褚」·「假素錦褚」.

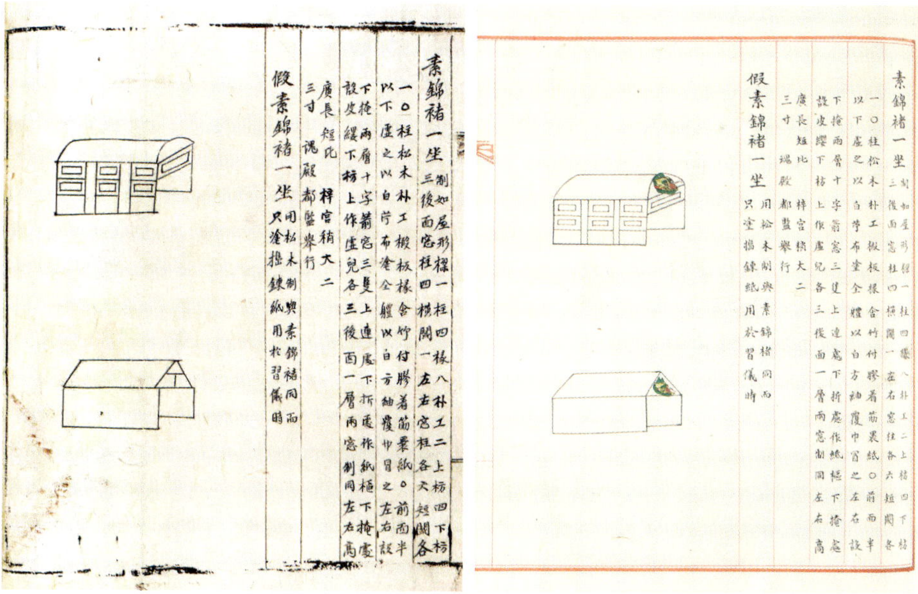

〈도판 48〉「소금저(素錦褚)」·「가소금저(假素錦褚)」, 『신정왕후국장도감의궤』, 규장각한국학연구원(좌) | 「소금저」·「가소금저」, 『명성황후국장도감의궤』, 규장각한국학연구원(우)

○ 견여(肩轝)

견여는 발인할 때 재궁 혹은 재실을 받들어 대여에 올리고 내릴 때 사용하는 가마로, '순(楯)'이라고도 한다.

『신정왕후국장도감의궤』와 『명성황후국장도감의궤』 속 견여는 그림 및 제작 방법에 대한 설명이 대동소이하다.[77] 그런데 견여의 덮개 장식에서 봉황머리인지 용머리인지 두 의궤의 그림이 약간 다르게 그려져 있다(〈도판 49〉). 대여에서처럼 이번에도 그림 속 덮개 장식만으로 어떤 차별적인 지점을 찾을 수 있을까.

77 『神貞王后國葬都監儀軌』(奎 13736) 卷2, 一房儀軌 圖記「肩轝」; 『明成皇后國葬都監儀軌』(奎 13883) 卷2, 一房儀軌 圖說「肩轝」.

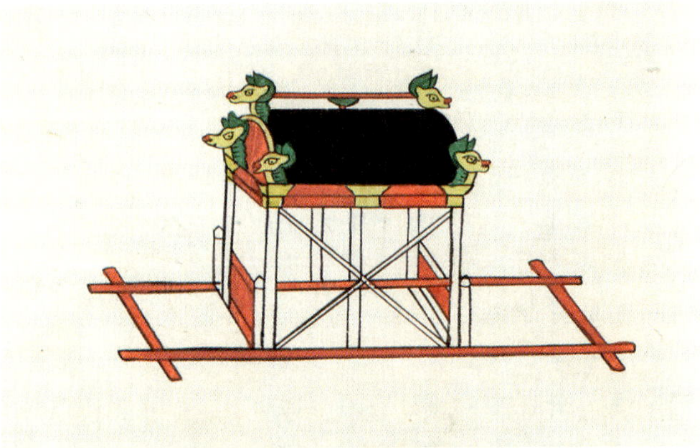

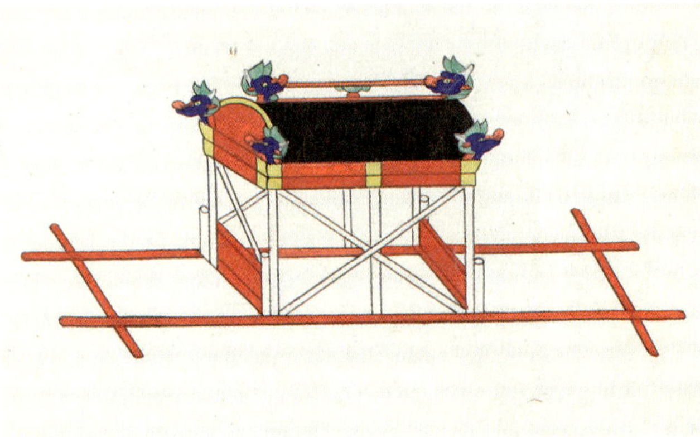

〈도판 49〉「견여(肩轝)」, 『신정왕후국장도감의궤』, 규장각한국학연구원(상) | 「견여」, 『명성황후국장도감의궤』, 규장각한국학연구원(하)

뿐만 아니라 덮개 장식에 대해서는 두 의궤의 그림 설명에서도 언급할 만한 점이 발견되지 않는다. 앞서 보았듯이 그림이 달라도 그것을 설명할 때 동일한 내용을 기록한 경우도 있었기에 이것만으로는 설득력이 부족하다. 그런데 경복궁 태원전(빈전)에서 경운궁 경소전(빈전)으로 재궁을 옮길 때 그린 반차도 속 견여와 명성황후의 「발인반차도」 속 견여 그림이 눈여겨볼 만하다(〈도판 50〉).[78]

---

78 『明成皇后國葬都監儀軌』(奎 13883) 卷2, 一房儀軌 [班次圖] 「殯殿移奉慶運宮時班次圖」; 『明成皇后國葬都監儀軌』(奎 13883) 卷2, 一房儀軌 [班次圖] 「明成皇后發引班次圖」.

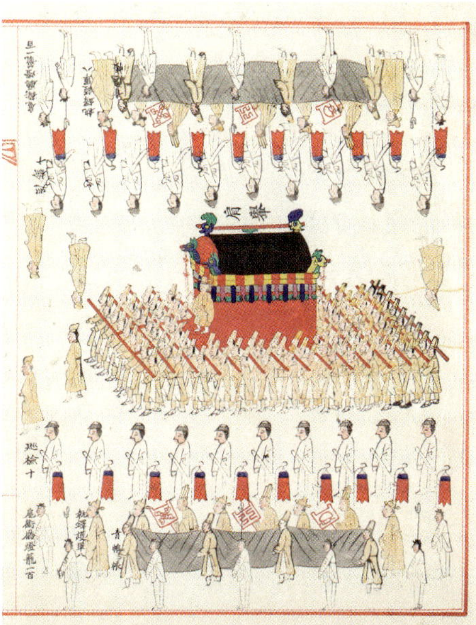

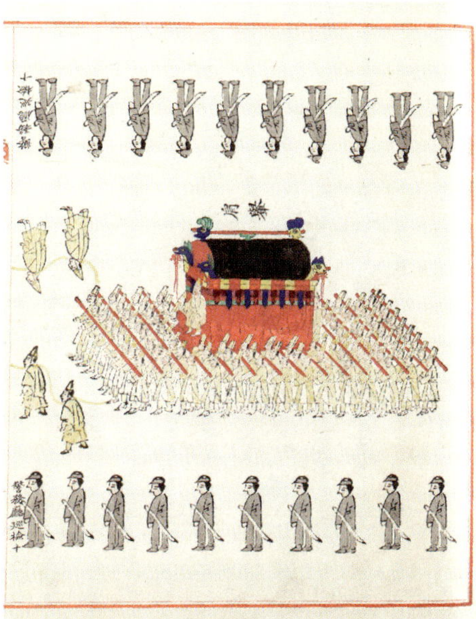

〈도판 50〉「빈전이봉경운궁시반차도(殯殿移奉慶運宮時班次圖) 속 견여」, 『명성황후국장도감의궤』, 규장각한국학연구원(좌) | 「발인반차도(發引班次圖) 속 견여」, 『명성황후국장도감의궤』, 규장각한국학연구원(우)

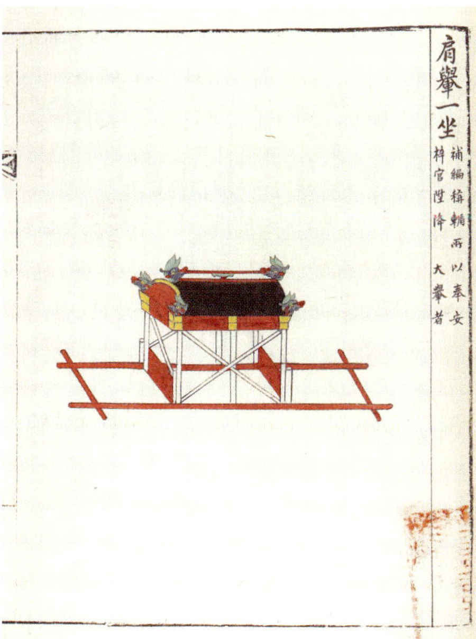

〈도판 51〉「견여」(좌)·「발인반차도 속 견여」(우), 『효현왕후국장도감의궤』, 규장각한국학연구원

제작 시기로 본다면 『신정왕후국장도감의궤』 속 견여가 가장 앞서고, 다음이 「빈전이봉경운궁시반차도」 속 견여, 그리고 나머지 『명성황후국장도감의궤』 속 견여와 「발인반차도」 속 견여가 가장 나중이면서 시기가 같다. 봉황머리만 그려져 있거나 용머리만 그려져 있기도 하고 혹은 두 개가 섞여 있는 것처럼 보이기도 하는 등 육안으로 볼 때 네 그림이 약간씩 차이가 있는 것 같다.

이러한 차이가 신분에 따른 위계를 적용한 것으로 볼 수 있을까. 그렇게 볼 수도 있겠으나 문제는 위에서 언급한 네 그림보다 더 앞선 시기에 제작된 『효현왕후국장도감의궤』 속 견여의 모습이다(〈도판 51〉). 이 견여는 『명성황후국장도감의궤』 속 견여와 다르지 않을 정도로 비슷하다.[79] 그림 자체에 대해서는 미술사 전공자의 고견이 필요할 수 있지만 적어도 견여의 덮개 장식이 신분에 따른 위계를 드러낸 장치로 보기는 어렵지 않을까 한다.

○ 외재궁여(外梓宮轝)

외재궁여는 국장에서 발인하기 전에 재궁 혹은 내재궁을 보호하는 더 큰 재궁인 외재궁을 싣고 가는 가마이다.

『신정왕후국장도감의궤』와 『명성황후국장도감의궤』 속 외재궁여는 그림 및 제작 방법에 대한 설명이 대동소이하다.[80] 그런데 외재궁여의 덮개 장식도 견여처럼 『신정왕후국장도감의궤』의 그림과 『명성황후국장도감의궤』의 그림이 약간 다르게 그려져 있다. 그에 비해 두 그림보다 시기가

79 『孝顯王后國葬都監儀軌』(奎 13802) 卷2, 一房儀軌 造作秩 「肩轝」; 『孝顯王后國葬都監儀軌』(奎 13802) 卷2, 一房儀軌 [班次圖] 「發引班次圖」.

80 『神貞王后國葬都監儀軌』(奎 13736) 卷2, 一房儀軌 圖記 「外梓宮轝」; 『明成皇后國葬都監儀軌』(奎 13883) 卷2, 一房儀軌 圖說 「外梓宮轝」.

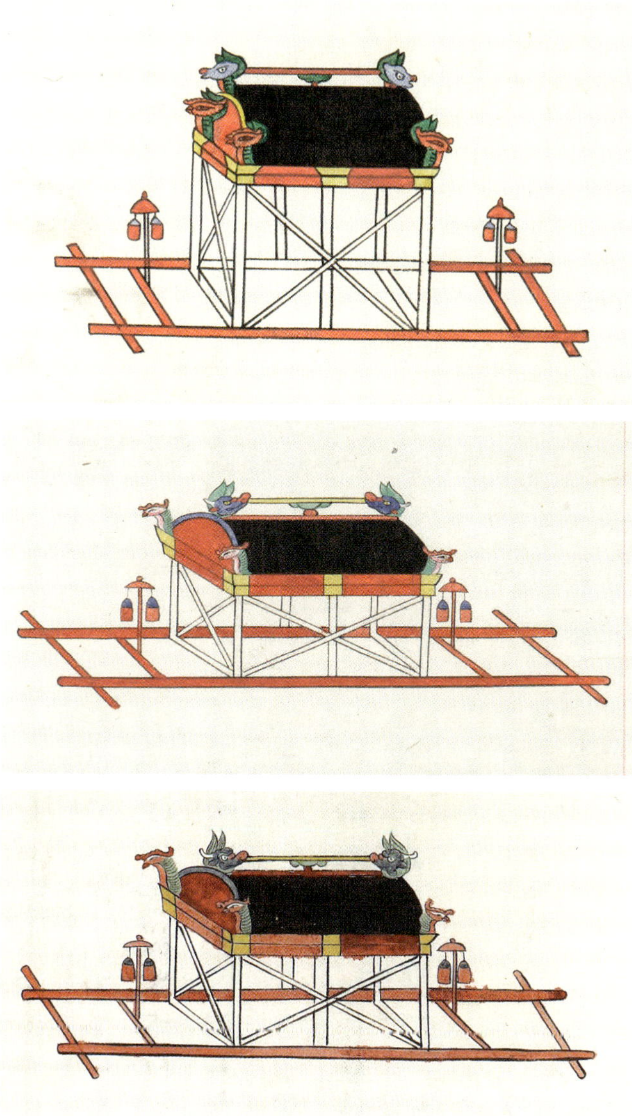

〈도판 52〉「외재궁여(外梓宮轝)」, 『신정왕후국장도감의궤』, 규장각한국학연구원(상) | 「외재궁여」, 『명성황후국장도감의궤』, 규장각한국학연구원(중) | 「외재궁여」, 『효현왕후국장도감의궤』, 규장각한국학연구원(하)

앞서는 『효현왕후국장도감의궤』 속 외재궁여의 모습은 『명성황후국장도감의궤』 속 외재궁여와 다르지 않을 정도로 유사하다.[81] 세 의궤에 그려진 외재궁여는 〈도판 52〉가 참조된다. 여기서도 그림으로 신분에 따른 위계를 살피기에는 쉽지 않을 듯하다.

○ 영좌교의(靈座交椅)

영좌교의는 영좌 안에 설치하여 죽은 자의 혼령이 깃든 신백을 담은 신백함을 올려두는 작은 의자이다. 죽은 자의 혼령을 모시는 자리인 영좌 안에 영좌평상(靈座平牀)을 설치하고, 그 위에 영좌교의를 안치한 뒤 그 위에 신백함을 모셨다. 발인하는 중에 노제소와 주정소에 잠시 머물 때 난간평상 위에 안치했다.

『국조상례보편』에 규정되어 있는 영좌교의는 성빈하기 전에는 당주칠(唐朱漆)을, 성빈한 후에는 왜주칠(倭朱漆)을 하여 성빈 전후로 칠을 달리했다.[82] 당주와 왜주라고 하지만 붉은 계통의 칠을 한 점에서는 공통적이다. 신정왕후의 국장에 사용된 영좌교의는 신주를 넣은 신주상(神主箱)과 혼백을 넣은 혼백상(魂帛箱)을 안치할 정도의 규모에 '왜주칠'을 하여 『국조상례보편』의 규정에 어긋

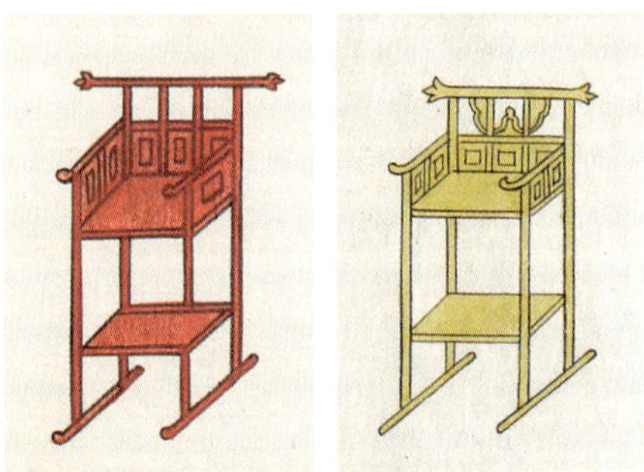

〈도판 53〉 「영좌교의(靈座交椅)」, 『신정왕후국장도감의궤』, 규장각한국학연구원(좌) | 「영좌교의」, 『명성황후국장도감의궤』, 규장각한국학연구원(우)

81 『孝顯王后國葬都監儀軌』(奎 13802) 卷2, 一房儀軌 造作秩 「外梓宮轝」.

82 『國朝喪禮補編』(奎 3940) 圖說 ○靈座 「靈座交椅」(所以安神帛函者) "交椅 … 唐朱漆【(註)成殯後倭朱漆】."

나지 않는다.[83]

명성황후의 국장에 사용된 영좌교의는 신주를 넣은 신주상, 혼백을 넣은 혼백상을 안치할 정도의 규모에 '석자황칠(石紫黃漆)'을 했다.[84] 두 영좌교의의 '규모'에 대한 설명은 동일하다. 하지만 『국조상례보편』에 규정한 영좌교의와 신정왕후 국장에 사용된 영좌교의와는 칠(漆)에서 뚜렷하게 대별된다(〈도판 53〉). 황칠은 시각적으로 황후의 국장임을 드러내는 가장 효과적인 수단이다.

○ 방협상(傍挾床)

방협상은 영좌교의와 함께 두어서 신주 상자와 혼백 상자의 덮개를 올려놓는 작은 상이다. 영좌교의 곁 작은 상이라는 뜻으로 '영좌교의방협상(靈座交椅傍挾床)'이라고도 한다.

〈도판 54〉「방협상(傍挾床)」, 『신정왕후국장도감의궤』, 규장각한국학연구원(좌) | 「방협상」, 『명성황후국장도감의궤』, 규장각한국학연구원(우)

『신정왕후국장도감의궤』와 『명성황후국장도감의궤』 속 방협상은 그림의 형태와 그림에 대한 설명에서 칠(漆)을 제외하고는 일치한다. 『신정왕후국장도감의궤』에 그려진 방협상은 '왜주칠'을,[85] 『명성황후국장도

83 『神貞王后國葬都監儀軌』(奎 13736) 卷2, 一房儀軌 圖記 「靈座交椅」 "(註) 用楸木椵木 長廣幷容神主床魂帛箱 倭朱漆 用於路祭所晝停所 前排設漆入用". 여기서 神主'床'이라고 기록했으나 신주는 箱에 넣으므로 '床'은 '箱'의 오기로 보아야 할 듯하다.

84 『明成皇后國葬都監儀軌』(奎 13883) 卷2, 一房儀軌 圖說 「靈座交椅」 "(註) 用楸木椵木 長廣幷容神主箱魂帛箱 石紫黃漆 用於路祭所晝停所 前排改漆入用".

85 『神貞王后國葬都監儀軌』(奎 13736) 卷2, 一房儀軌 圖記 「傍挾床」 "(註) 用椵木 倭朱漆 施於靈座之傍 安箱盖者 新備".

감의궤』에 그려진 방협상은 '석자황칠'을 했다(〈도판 54〉).[86] 왜주칠과 황칠을 통해 두 의물의 신분적 위계를 드러냈다.

○ 향좌아(香佐兒)

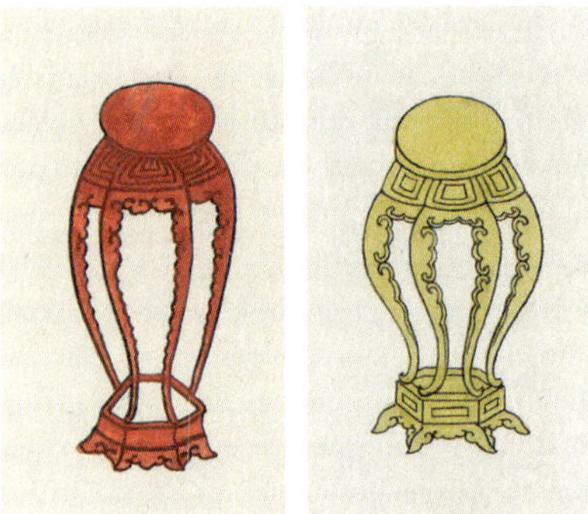

〈도판 55〉「향좌아(香佐兒)」, 『신정왕후국장도감의궤』, 규장각한국학연구원(좌) | 「향좌아」, 『명성황후국장도감의궤』, 규장각한국학연구원(우)

향좌아는 향로(香爐)나 향합(香盒)을 올려놓는 용도의 탁자이다.

『신정왕후국장도감의궤』와 『명성황후국장도감의궤』 속 향좌아는 그림의 형태와 그림에 대한 설명에서 칠(漆)을 제외하고는 일치한다. 『신정왕후국장도감의궤』에 그려진 향좌아는 '왜주칠'을,[87] 『명성황후국장도감의궤』에 그려진 향좌아는 '석자황칠'을 했다(〈도판 55〉).[88] 여기서도 왜주칠과 황칠을 통해 두 의물의 신분적 위계를 드러냈다.

○ 장족아(長足兒)

장족아는 향로나 향합을 올려놓는 데 사용하는 탁자이다. 칠(漆)과 사용처는 향좌아와 동일하나 형태에서 차이가 있다. 향로나 향합을 올려놓는 곳이 향좌아는 둥글고 장족아는 사각형이며, 그 아래 대(臺)에서 향좌

86 『明成皇后國葬都監儀軌』(奎 13883) 卷2, 一房儀軌 圖說「傍挾床」"(註) 用椵木 石紫黃漆 施於靈座之傍 安箱盖者 新備".

87 『神貞王后國葬都監儀軌』(奎 13736) 卷2, 一房儀軌 圖記「香佐兒」"(註) 用椵木 倭朱漆 一用於神輦前 一用於大轝前 前排改漆入用".

88 『明成皇后國葬都監儀軌』(奎 13883) 卷2, 一房儀軌 圖說「香佐兒」"(註) 用椵木 石紫黃漆 一用於神輦前 一用於大轝前 前排改漆入用".

아는 육각형이고 장족아는 사각형이다.

『신정왕후국장도감의궤』에 그려진 장족아는 '왜주칠'을,[89] 『명성황후국장도감의궤』에 그려진 장족아는 '석자황칠'을 했다(〈도판 56〉).[90] 이 역시 왜주칠과 황칠을 통해 두 의물의 신분적 위계를 드러냈다.

〈도판 56〉「장족아(長足兒)」, 『신정왕후국장도감의궤』, 규장각한국학연구원(좌) | 「장족아」, 『명성황후국장도감의궤』, 규장각한국학연구원(우)

영좌교의와 방협상, 향좌아와 장족아는 신정왕후 국장에 사용한 것과 명성황후 국장에 사용한 것을 보면 칠에서의 대비가 뚜렷하다. 곧 왜주칠과 석자황칠이 그것이다. 붉은색은 제후국의 의물이나 물건에, 황색은 천자국의 그것에 사용하기 때문이다. 의물을 싸는 보자기를 예로 들면, 중종대에 황해도 관찰사 김정국(金正國, 1485~1541)이 황보(黃袱)로 봉과(封裹)하여 진상하는 것이 참람한 예에 가깝다고 한 장계(狀啓)로 인해 중종이 8도에 황보 대신에 홍보(紅袱)를 사용하도록 전교한 기록에서도 입증된다.[91] 그렇다면 그림 설명에서 (석자)황칠이라고 하지 않아 오기(誤記)라고 본 살평상과 난간평상가조만정골 역시 여기에 포함시키더라도 무방할 듯하다.

89 『神貞王后國葬都監儀軌』(奎 13736) 卷2, 一房儀軌 圖記 「長足兒」 "(註) 制與香佐兒畧同 足則稍長 用處同 前排改漆入用".

90 『明成皇后國葬都監儀軌』(奎 13883) 卷2, 一房儀軌 圖說 「長足兒」 "(註) 制與香佐兒畧同 足則稍長 用處同 前排改漆入用".

91 이현진, 2018(b) 앞의 논문, 86쪽.

(2) 『이방의궤』의 도설

『이방의궤』에는 주로 혼전입배(魂殿入排), 길의장(吉儀仗), 흉의장(凶儀仗), 명기(明器), 악기(樂器) 등의 도설이 그려져 있다.

○ 혼전입배(魂殿入排)

혼전입배는 혼전에 들여서 배치하는 의물을 가리킨다. 『신정왕후국장도감의궤』에는 청개(靑盖)·홍개(紅盖)·봉선(鳳扇)·작선(雀扇) 등과 이들을 꽂는 개선기(盖扇機)가 이에 해당한다. 개선기를 제외한 나머지 의물들은 그림이 그려져 있지 않다.[92] 이러한 상황은 『효현왕후국장도감의궤』도 마찬가지이다.[93] 따라서 청개와 홍개, 봉선, 작선은 다른 문헌에 있는 그림을 활용하고자 한다.

『국조상례보편』에는 색이 입혀져 있지 않은 봉선과 작선, 홍개가 그려져 있고, 청개와 개선기는 그림이 그려져 있지 않다. 봉선은 다섯 가지 색채로 양면에 각각 두 마리의 봉황을 그려 넣은 의례용 부채이고, 작선은 다섯 가지 색채로 양면에 각각 두 마리의 공작(孔雀)을 그려 넣은 의례용 부채이다. 홍개는 붉은 비단[홍초(紅綃)]으로 덮고 자황(雌黃)으로 용을 그린 의장용 일산이고, 청개는 홍개의 홍초(紅綃) 대신 청초(靑綃)를 쓰는 차이가 있다.[94]

봉선과 홍개는 『국조상례보편』의 그림을 제시하고자 한다.[95] 작선과 청개는 소상(小喪)에서 혼궁에 배치하기도 하므로 이 둘은 채색 도설이 있는 『문효세자빈궁혼궁도감의궤(文孝世子殯宮魂宮都監儀軌)』의 것을 활용

92 『神貞王后國葬都監儀軌』(奎 13736) 卷2, 二房儀軌 造作 「魂殿入排」.
93 『孝顯王后國葬都監儀軌』(奎 13802) 卷2, 二房儀軌 造作秩 「魂殿入排」.
94 『國朝喪禮補編』(奎 3940) 圖說 ○返虞 「鳳扇」·「雀扇」·「紅盖」(靑盖同).
95 『國朝喪禮補編』(奎 3940) 圖說 ○返虞 「鳳扇」·「紅盖」.

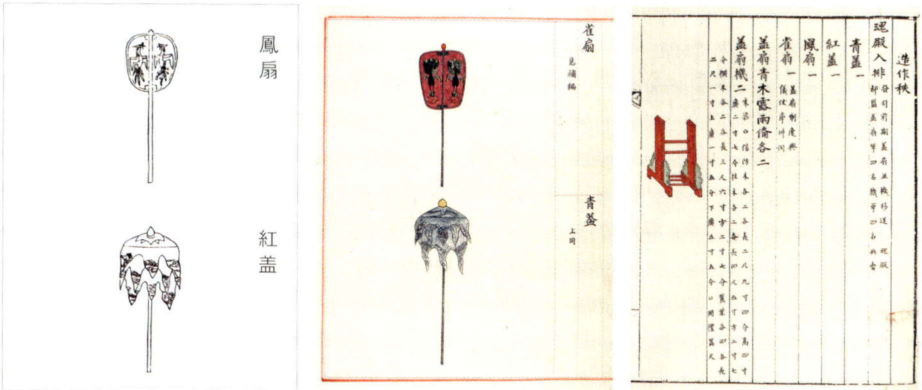

〈도판 57〉「봉선(鳳扇)」·「홍개(紅盖)」, 『국조상례보편』, 규장각한국학연구원(좌) | 「작선(雀扇)」·「청개(靑盖)」, 『문효세자빈궁혼궁도감의궤』, 프랑스 국립도서관(중) | 「개선기(盖扇機)」, 『효현왕후국장도감의궤』, 규장각한국학연구원(우)

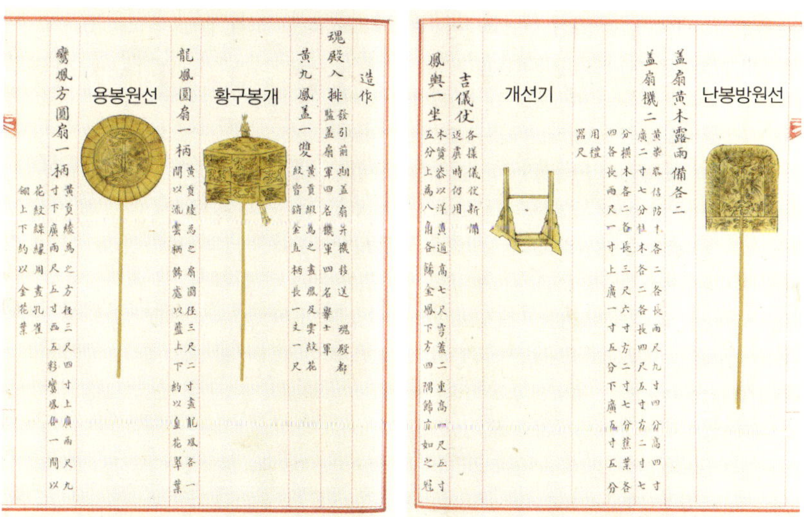

〈도판 58〉「용봉원선(龍鳳圓扇)」·「황구봉개(黃九鳳盖)」·「개선기(盖扇機)」·「난봉방원선(鸞鳳方圓扇)」, 『명성황후국장도감의궤』, 규장각한국학연구원

하고자 한다.[96] 개선기는 신정왕후 국장에 사용한 것보다 효현왕후 국장에 사용한 그림이 더 선명하여 이를 쓰고자 한다.[97] 개선기는 주칠(朱漆)을 했다. 이상 봉선과 홍개, 작선과 청개, 그리고 개선기는 〈도판 57〉이 참조된다.

그에 비해 『명성황후국장도감의궤』에는 황구봉개(黃九鳳蓋), 용봉원선(龍鳳圓扇), 난봉방원선(鸞鳳方圓扇) 등과 이들을 꽂는 개선기가 각각 그려져 있다(〈도판 58〉).

황구봉개는 황공단(皇貢緞)으로 만들고 봉황 및 구름 모양의 무늬[운문(雲紋)]와 꽃 모양의 무늬[화문(花紋)]를 그린 의장용 일산이다. 용봉원선은 황공릉(黃貢綾)으로 만든 둥근 모양의 의례용 부채로, 용과 봉황을 그리고 그 사이에 흘러가는 구름[유운(流雲)] 모양을 그렸다. 난봉방원선은 황공릉으로 만들고 다섯 가지 색채로 난새와 봉황을 그려 넣은 의례용 부채로 위는 둥글고 아래는 각진 형태이다. 난새와 봉황 사이에는 꽃 모양의 무늬를 그렸으며 바깥 테두리에는 공작 깃털 모양을 그렸다. 개선기는 황염칠(黃染漆)을 했다.[98]

왕후 국장에서 혼전에 배치하는 의물과 황후 국장에서 배설하는 의물은 이처럼 확연하게 다르다. 왕후 국장에서는 의물에 사용하는 비단의 색이 다양한 데 비해, 명성황후 국장에 사용한 의물은 모두 황색이다. 개선기는 주칠과 황염칠의 차이만 있을 뿐 그 밖의 그림 설명은 동일하여 규모면에서는 차이가 없음을 알려준다.

96 『文孝世子殯宮魂宮都監儀軌』(CORÉEN 2693) 二房 圖式 「雀扇」·「靑蓋」.

97 『孝顯王后國葬都監儀軌』(奎 13802) 卷2, 二房儀軌 造作秩 魂殿入排 「蓋扇機」.

98 『明成皇后國葬都監儀軌』(奎 13883) 卷2, 二房儀軌 造作 魂殿入排 「黃九鳳蓋」·「龍鳳圓扇」·「鸞鳳方圓扇」·「蓋扇機」.

○ 길의장(吉儀仗)과 흉의장(凶儀仗)

의장은 의위(儀衛)에 사용하는 혹은 신분이 높은 이가 그 위엄을 보이기 위해 격식을 갖추어 세우는 무기(武器), 기치(旗幟), 산(傘), 선(扇) 등을 가리킨다. 길의장은 흉례 때 사용하는 흉의장(凶儀仗)과 구분하여 길의장이라고 했다. 길의장은 『신정왕후국장도감의궤』뿐 아니라 『효현왕후국장도감의궤』에도 그림이 실려 있지 않다. 두 의궤에 기록된 길의장은 그 종류가 동일하며 다음과 같다.

> 주장(朱杖), 백택기(白澤旗), 은등자(銀鐙子), 금등자(金鐙子), 은장도(銀粧刀), 금장도(金粧刀), 은립과(銀立瓜), 금립과(金立瓜), 은횡과(銀橫瓜), 금횡과(金橫瓜), 은월부(銀鉞斧), 금월부(金鉞斧), 은관자(銀罐子), 은우자(銀盂子), 모절(旄節), 은교의(銀交椅), 각답(脚踏), 홍양산(紅陽繖), 청선(靑扇), 홍개(紅蓋), 청개(靑蓋), 봉선(鳳扇), 작선(雀扇), 행로 개선기(行路蓋扇機), 삼색초롱(三色燭籠), 삼색초의(三色綃衣), 우산(雨傘), 청행장(靑行幛).[99]

길의장은 1829년(순조 29) 순조의 40세와 즉위 30년을 기념하여 2월과 6월에 각각 올린 두 차례의 진찬(進饌)에 관해 기록한 『진찬의궤(進饌儀軌)』「의장도(儀仗圖)」에 그려져 있는 그림이 참조된다.[100] 『진찬의궤』「의장도」에는 두 의궤에 기록된 길의장을 모두 수록하고 있는 것은 아니다. 그러나 두 의궤에 수록된 길의장보다 종류가 많을 뿐 아니라 각각의 그림이 실려 있으며, 무엇보다 『명성황후국장도감의궤』「길의장」과의 비교를

99 『神貞王后國葬都監儀軌』(奎 13736) 卷2, 二房儀軌 造作「吉儀仗」; 『孝顯王后國葬都監儀軌』(奎 13802) 卷2, 二房儀軌 造作秩「吉儀仗」.

100 『進饌儀軌』(奎 14370) 卷首, 圖式「儀仗圖」. 의장과 관련한 이 자료에 대한 정보는 김지영, 2017 『길 위의 조정 -조선시대 국왕 행차와 정치적 문화-』 민속원, 207~208쪽 참조.

위해 필요하다는 판단이다. 따라서 『진찬의궤』 「의장도」에 수록된 길의장의 수가 상당하지만 모두 제시하고자 한다. 『진찬의궤』 속 그림은 색이 입혀져 있지 않다.

『진찬의궤』 「의장도」와 『명성황후국장도감의궤』 「길의장」을 보면(〈도판 59〉·〈도판 60〉), 당장 육안으로 보더라도 많은 의장들에서 차이가 난다는 사실을 알 수 있다. 길의장 중에 특히 눈에 띄는 의물이 있는데 바로 봉여(鳳輿)이다. 대여나 견여 등이 속해 있는 『일방의궤』가 아닌 길의장에 들어가 있다는 점에서 더욱 그러하다.

봉여는 고대 제왕(帝王)이 타는 거승(車乘), 천자의 연(輦)으로, '봉련(鳳輦)'이라고도 한다. 명성황후의 국장에서 발인할 때 사용한 봉여는 나무 재질[목질(木質)]에 양황(洋黃)을 칠했다.[101] 「명성황후발인반차도」에는 신련의 뒤에서 그것을 뒤따랐다. 봉여야말로 여러 의물 중에서 황후 국장임을 가장 잘 드러내는 의물이라고 할 수 있다.

다음은 흉의장이다. 흉의장은 신정왕후 국장과 효현왕후 국장에 방상시(方相氏), 죽산마(竹散馬), 죽안마(竹鞍馬), 우보(羽葆)를 꽂은 우보기(羽葆機), 청행장(靑行幛), 화철등롱(火鐵燈籠), 화철초롱(火鐵燭籠), 행유장(行帷帳), 청자수안마(靑紫繡鞍馬), 안롱(鞍籠) 등이 있다. 이 중 방상시, 죽산마, 죽안마, 우보를 꽂는 우보기 등은 그림이 전하고, 이를 제외한 청행장부터 안롱까지는 그림이 전하지 않는다. 따라서 그림이 있는 의물을 제시하되 『신정왕후국장도감의궤』보다 그림 상태가 더 나은 『효현왕후국장도감의궤』의 「흉의장」을 참고하고자 한다(〈도판 61〉).

방상시는 발인 행렬과 현궁에 재궁을 내릴 때 동원되는 악귀를 쫓는 나자(儺者)의 하나이다. 죽산마와 죽안마는 규모는 같고 발인 행렬에서 말의

101 『明成皇后國葬都監儀軌』(奎 13883) 卷2, 二房儀軌 造作 吉儀仗 「鳳輿」.

〈도판 59〉「의장도(儀仗圖)」, 『진찬의궤』, 규장각한국학연구원

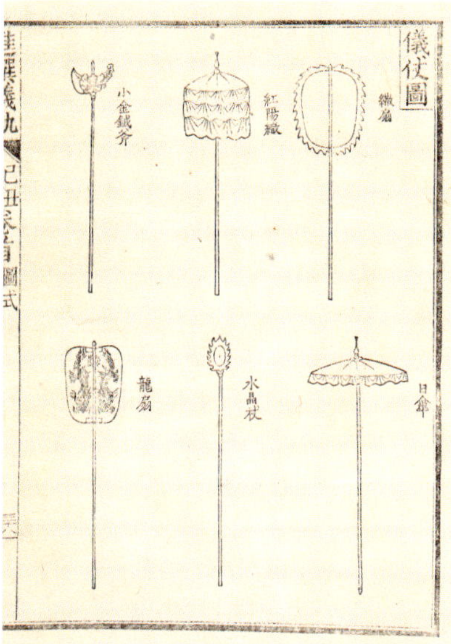

(1)

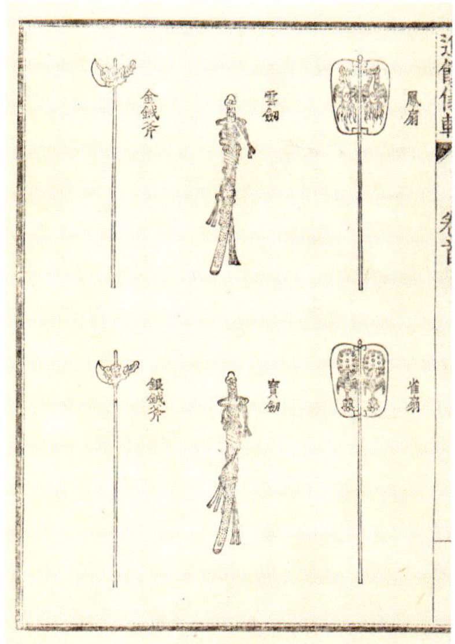

(2)

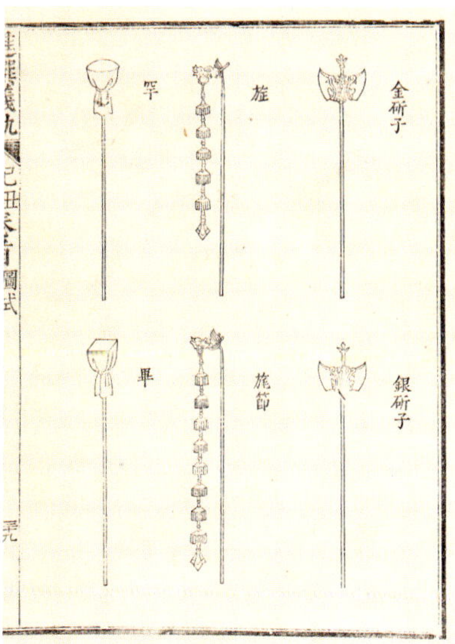

(3)

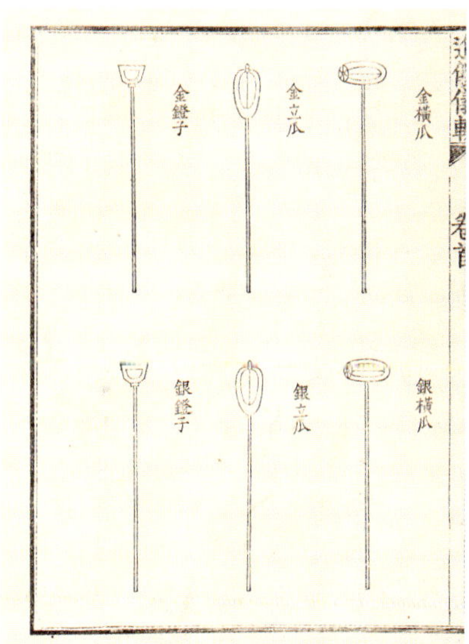

(4)

(1) 산선(繖扇), 일산(日傘), 홍양산(紅陽繖), 수정장(水晶杖), 소금월부(小金鉞斧), 용선(龍扇)
(2) 봉선(鳳扇), 작선(雀扇), 운검(雲劍), 보검(寶劍), 금월부(金鉞斧), 은월부(銀鉞斧)
(3) 금작자(金斫子), 은작자(銀斫子), 정(旌), 모절(旄節), 한(罕), 필(畢)
(4) 금횡과(金橫瓜), 은횡과(銀橫瓜), 금립과(金立瓜), 은립과(銀立瓜), 금등자(金鐙子), 은등자(銀鐙子)

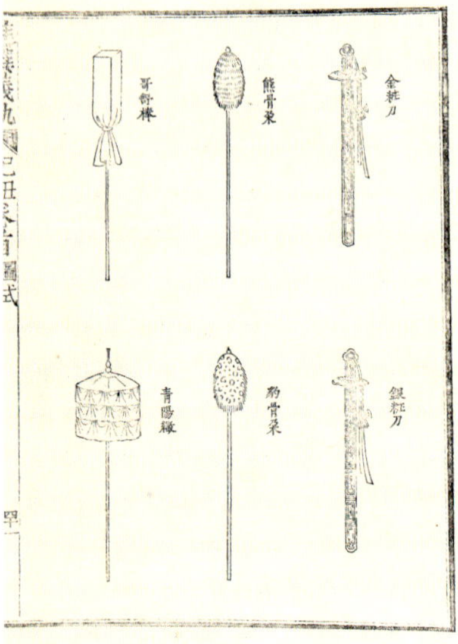

(5)

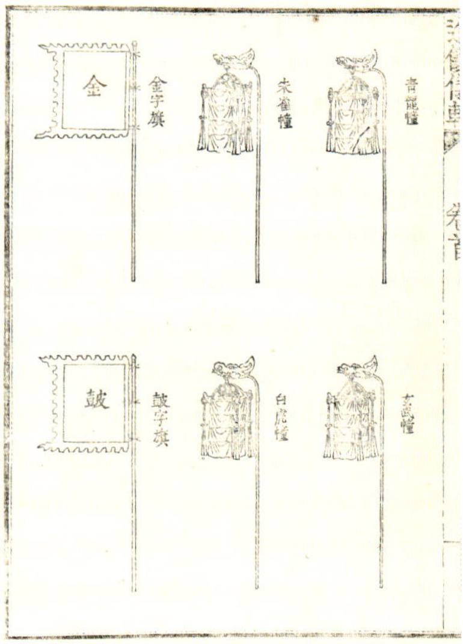

(6)

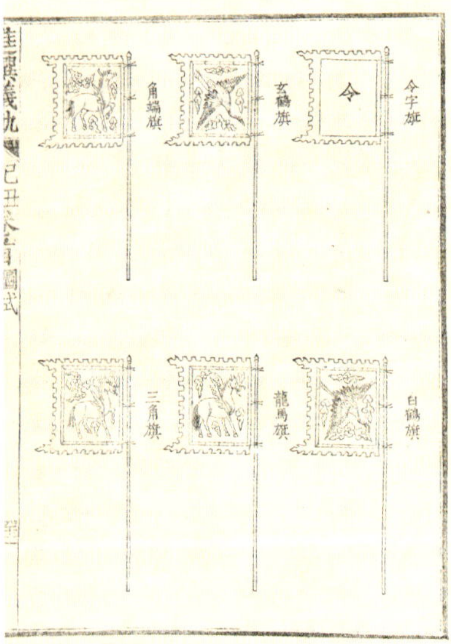

(7)

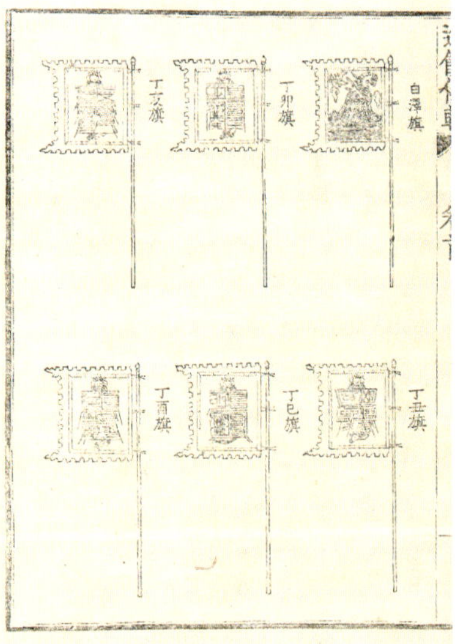

(8)

(5) 금장도(金粧刀), 은장도(銀粧刀), 웅골타(熊骨朶), 표골타(豹骨朶), 가서봉(哥舒棒), 청양산(靑陽繖)

(6) 청용당(靑龍幢), 현무당(玄武幢), 주작당(朱雀幢), 백호당(白虎幢), 금자기(金字旗), 고자기(鼓字旗)

(7) 영자기(令字旗), 백학기(白鶴旗), 현학기(玄鶴旗), 용마기(龍馬旗), 각단기(角端旗), 삼각기(三角旗)

(8) 백택기(白澤旗), 정축기(丁丑旗), 정묘기(丁卯旗), 정사기(丁巳旗), 정해기(丁亥旗), 정유기(丁酉旗)

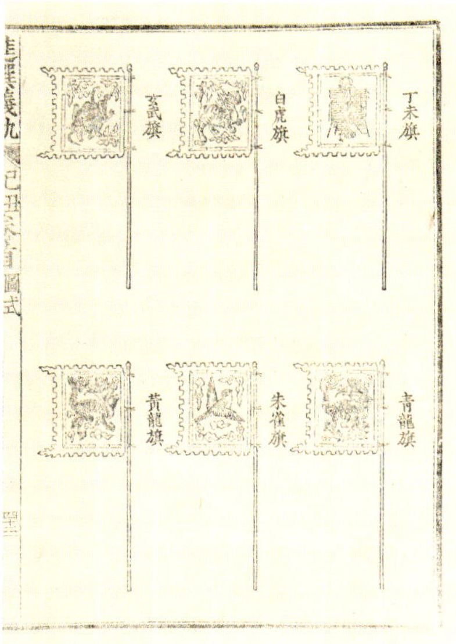

(9)

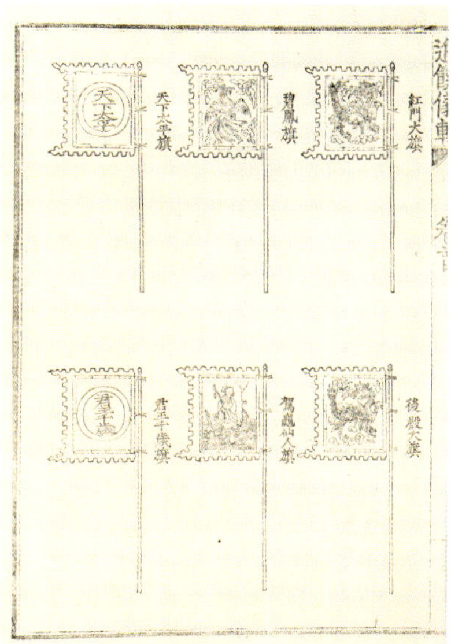

(10)

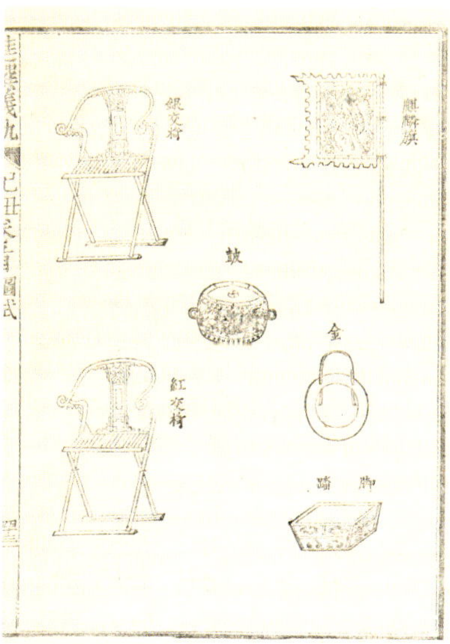

(11)

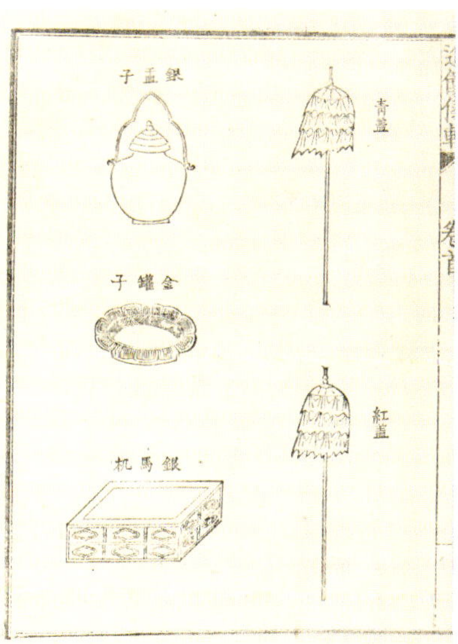

(12)

(9) 정미기(丁未旗), 청룡기(青龍旗), 백호기(白虎旗), 주작기(朱雀旗), 현무기(玄武旗), 황룡기(黃龍旗)

(10) 홍문대기(紅門大旗), 후전대기(後殿大旗), 벽봉기(碧鳳旗), 가구선인기(駕龜仙人旗), 천하태평기(天下太平旗), 군왕천세기(君王千歲旗)

(11) 기린기(麒麟旗), 금(金), 각답(脚踏), 고(鼓), 은교의(銀交椅), 홍교의(紅交椅)

(12) 청개(青盖), 홍개(紅盖), 은우자(銀盂子), 금관자(金罐子), 은마궤(銀馬机)

〈도판 60〉 「길의장(吉儀仗)」, 『명성황후국장도감의궤』, 규장각한국학연구원

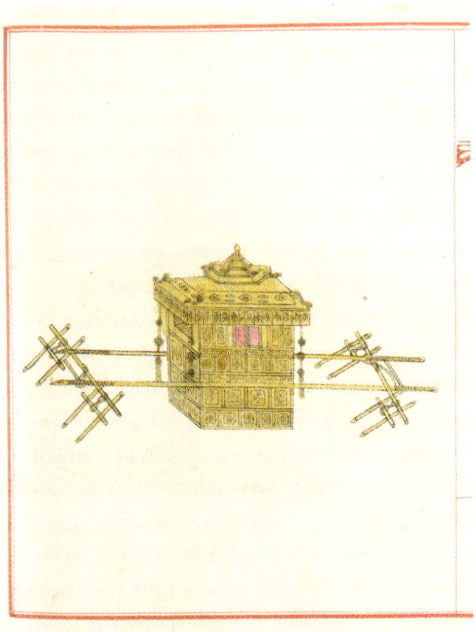

(1) 봉여(鳳輿)

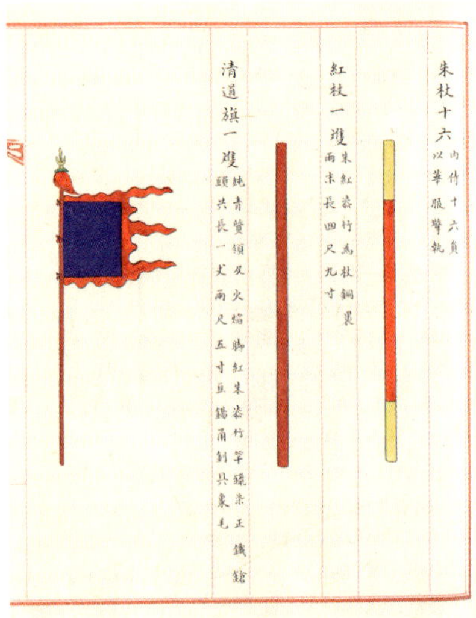

(2) 청도기(清道旗), 홍장(紅杖), 주장(朱杖)

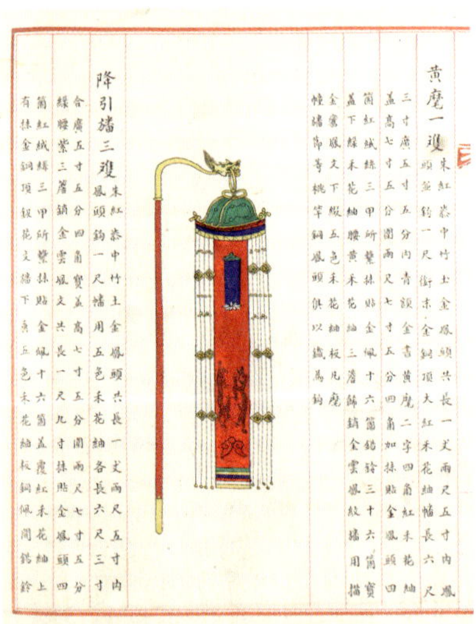

(3) 황휘(黃麾)

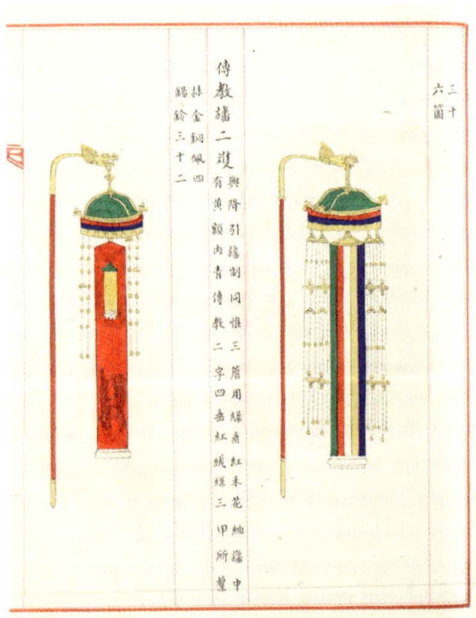

(4) 전교번(傳敎旛), 강인번(降引旛)

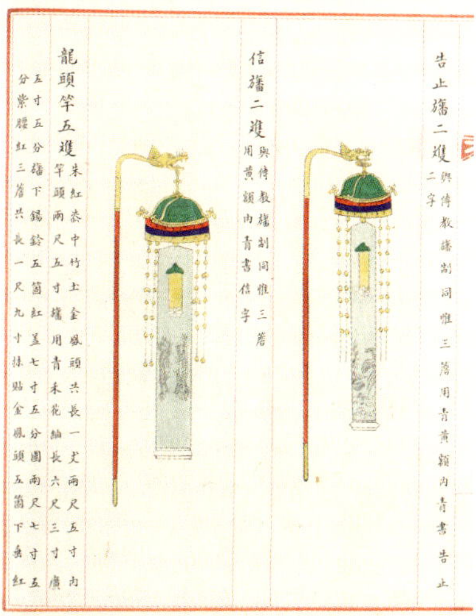

(5) 신번(信旛), 고지번(告止旛)

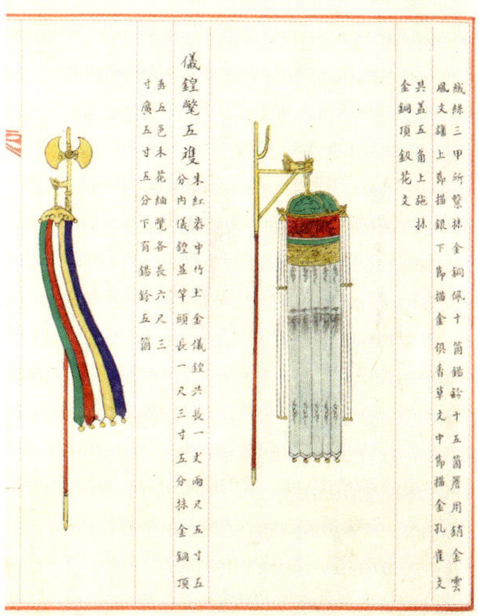

(6) 의굉창(儀鍠氅), 용두간(龍頭竿)

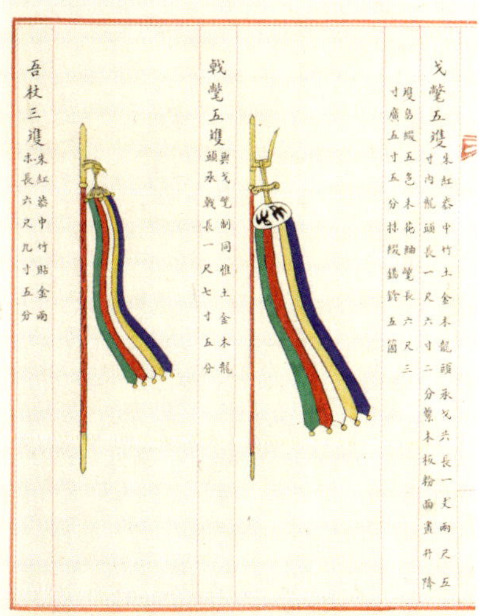

(7) 극창(戟氅), 과창(戈氅)

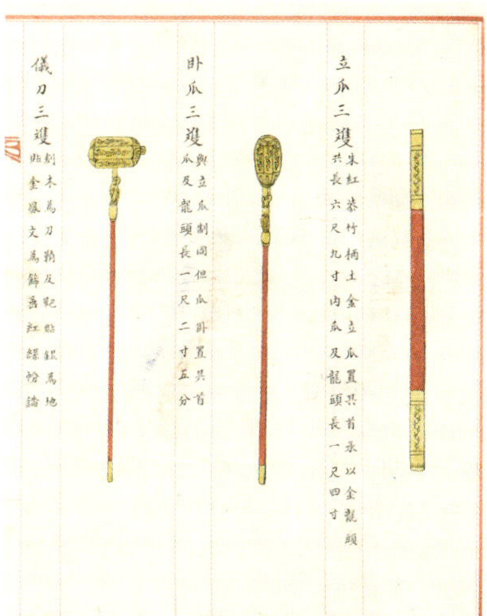

(8) 와과(臥瓜), 입과(立瓜), 오장(吾杖)

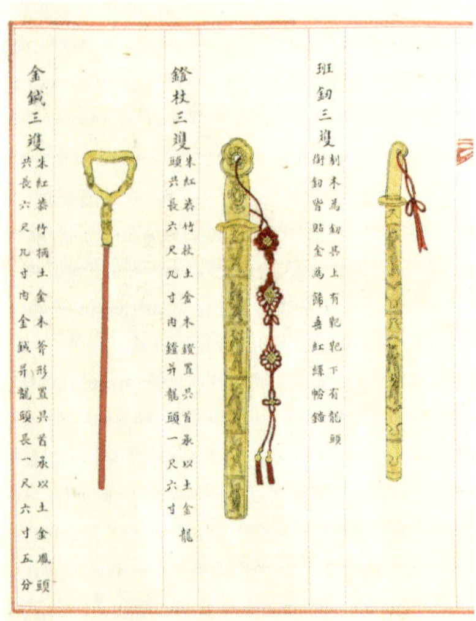

(9) 등장(鐙杖), 반일(班釰), 의도(儀刀)

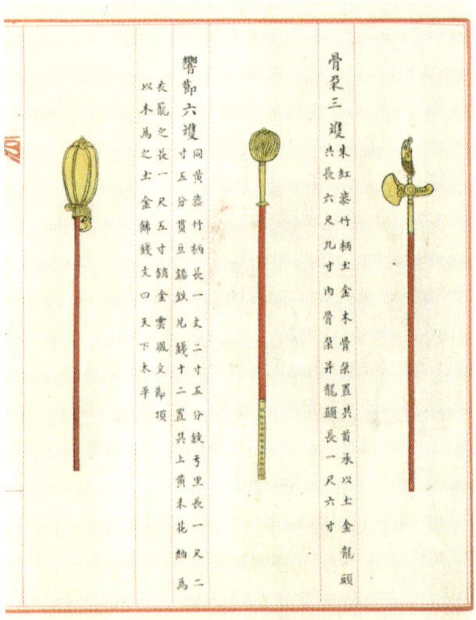

(10) 향절(響節), 골타(骨朶), 금월(金鉞)

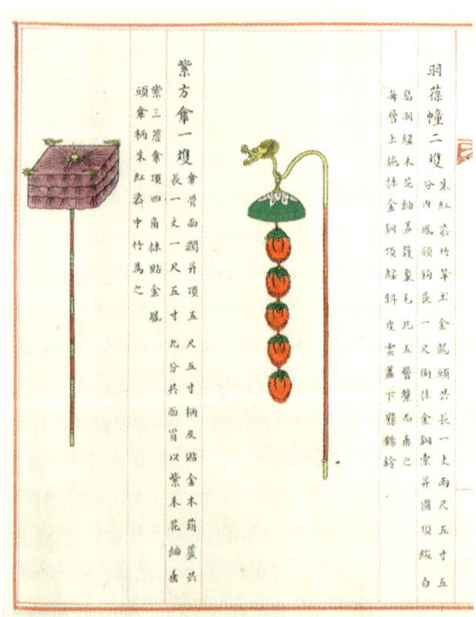

(11) 자방산(紫方傘), 우보당(羽葆幢)

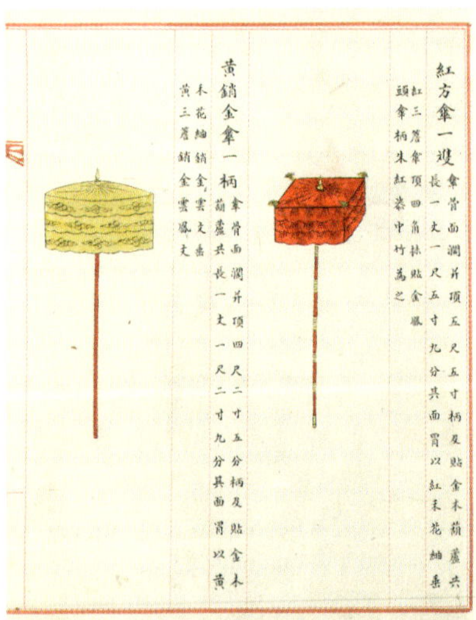

(12) 황소금산(黃銷金傘), 홍방산(紅方傘)

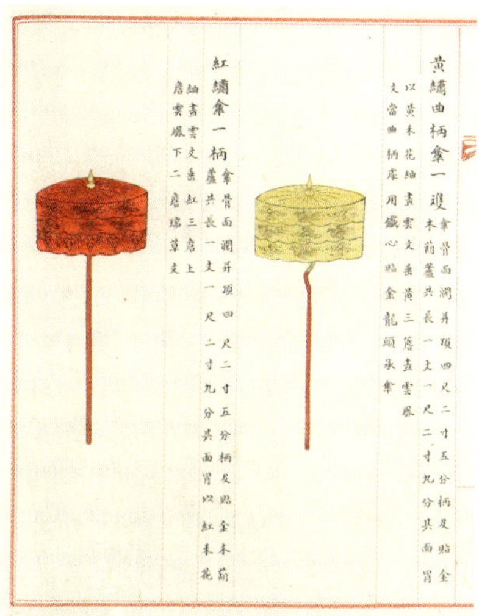

(13) 홍수산(紅繡傘), 황수곡병산(皇繡曲柄傘)

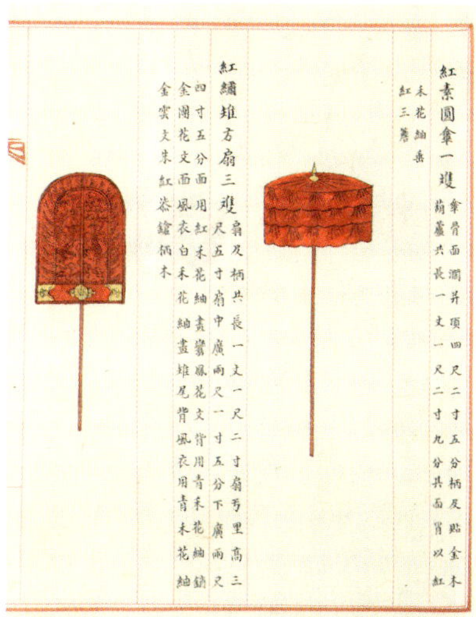

(14) 홍수치방선(紅繡雉方扇),
홍소원산(紅素圓傘)

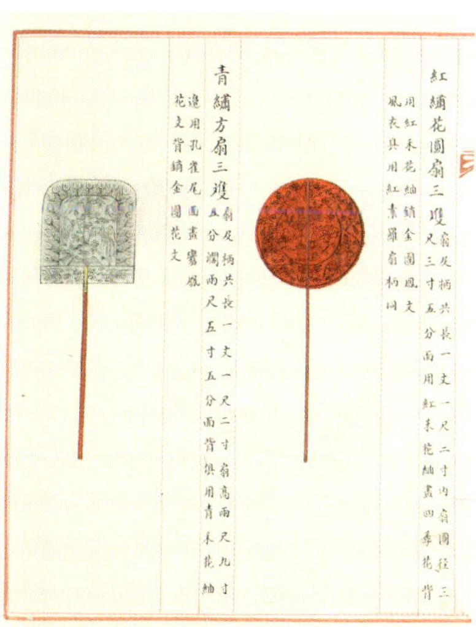

(15) 청수방선(靑繡方扇),
홍수화원선(紅繡花圓扇)

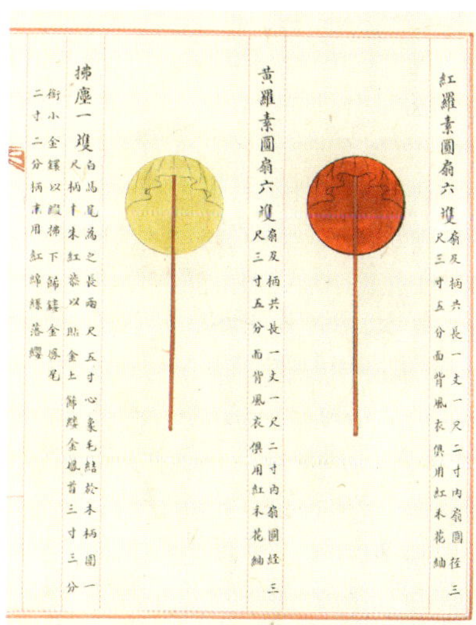

(16) 황라소원선(皇羅素圓扇),
홍라소원선(紅羅素圓扇)

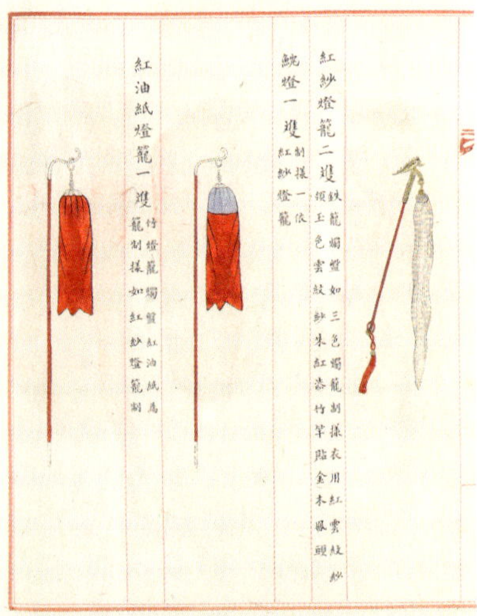

(17) 홍유지등롱(紅油紙燈籠), 심등(魫燈), 홍사등롱(紅紗燈籠)(그림 없음), 불진(拂塵)

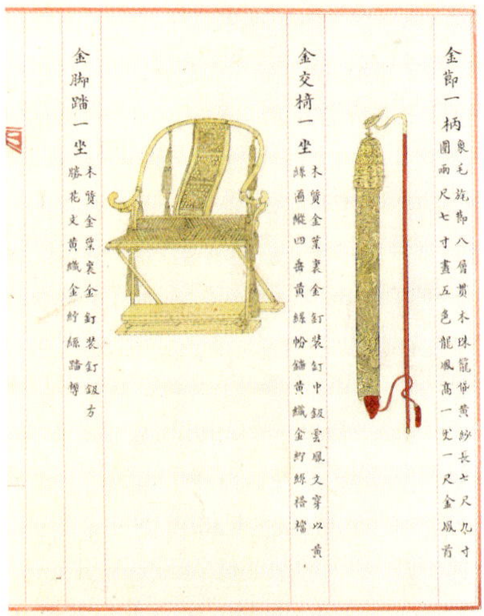

(18) 금교의(金交椅), 금절(金節)

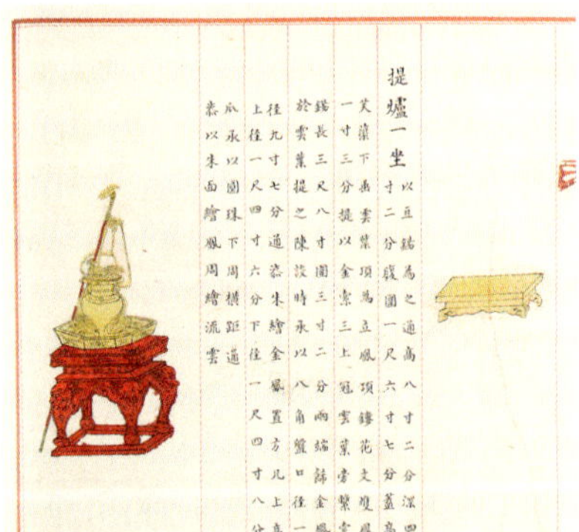

(19) 제로(提爐), 금각답(金脚踏)

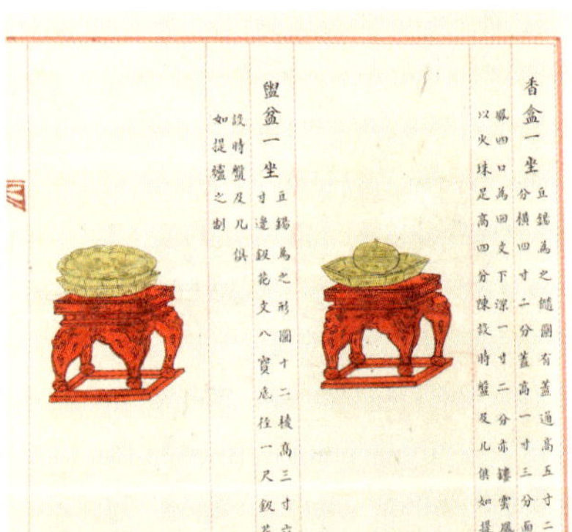

(20) 관분(盥盆), 향합(香盒)

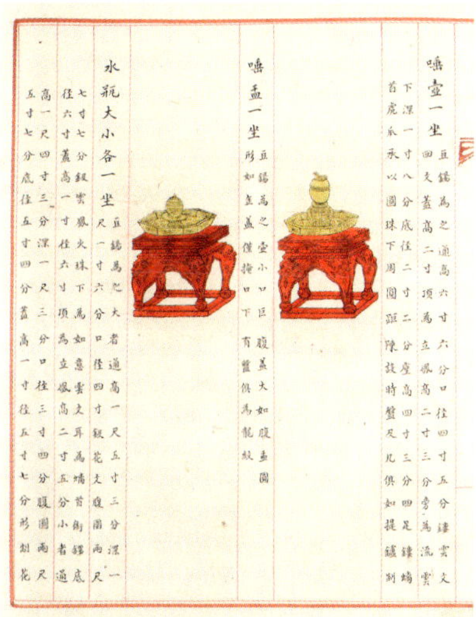

(21) 타우(唾盂), 타호(唾壺)

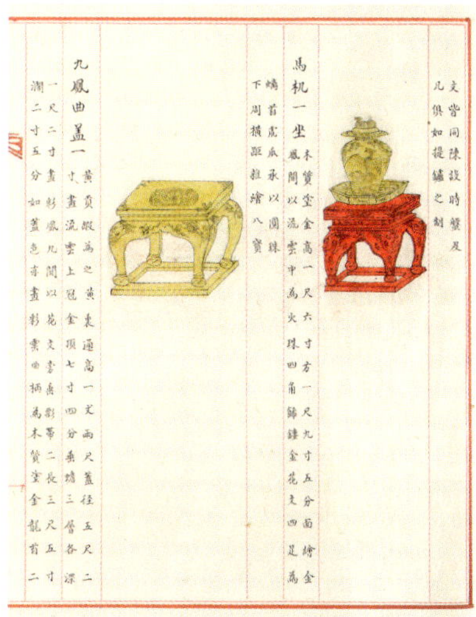

(22) 마궤(馬机), 수병(水瓶)

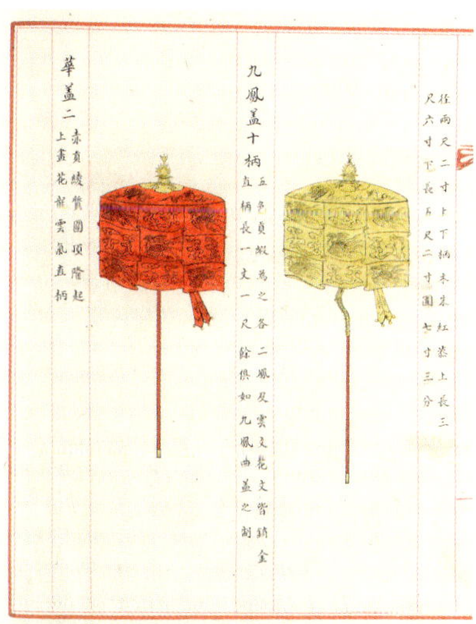

(23) 구봉개(九鳳盖), 구봉곡개(九鳳曲盖)

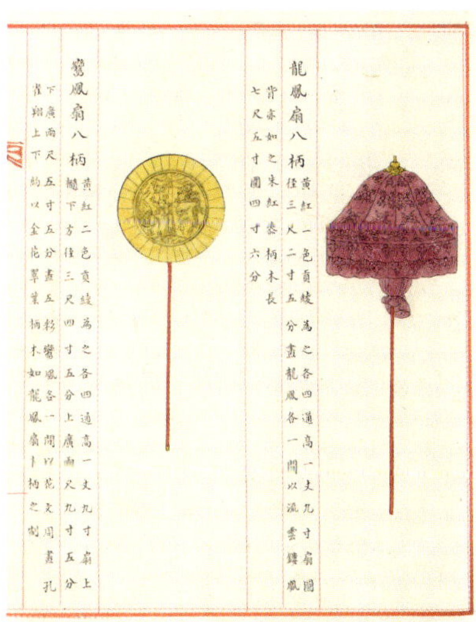

(24) 용봉선(龍鳳扇), 화개(華盖)

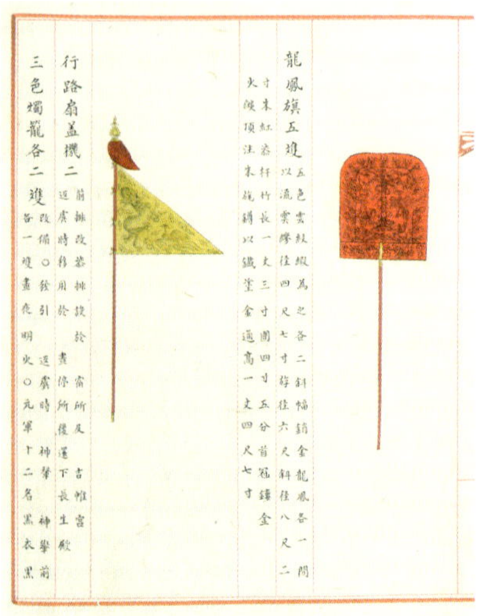

(25) 용봉기(龍鳳旗), 난봉선(鸞鳳扇),

행로선개기(行路扇盖機), 삼색초롱(三色燭籠), 삼색초롱의(三色燭籠衣), 좌장(坐障), 우산(雨傘), 신련전청죽장대홍공릉장(神輦前靑竹障代紅貢綾障) 등은 그림이 그려져 있지 않다.

등에 안장을 얹느냐의 여부에 따라 구분된다. 우보와 둑은 발인 행렬을 절도 있게 지휘하는 데 사용하는 의물이다.

명성황후 국장에서도 흉의장은 방상시, 죽산마, 죽안마, 둑(纛)을 꽂은 둑기(纛機)를 제외한 나머지는 그림이 전하지 않는다. 곧, 안롱, 거자(車子), 청행장(靑行障), 화철초롱, 행유장, 청자수안마 등이다. 그림이 있는 의물을 제시하면 〈도판 62〉와 같다.

방상시는 담당처가 다른 것 이외에 두 의궤의 도설은 차이가 없다. 죽산마와 죽안마는 규모와 제작에 들어가는 재료에서 약간씩 차이가 난다. 우보와 둑은 기능은 동일하나 형태가 다르며, 개선기와 형태가 같은 우보기와 둑기는 그림 설명이 같다.[102] 우보와 둑의 차이가 왕후 국장과 황후 국장이 다른 점이다.

한편, 반차도에는 길의장과 흉의장을 한 번에 볼 수 있다. 길의장과 흉의장의 비교는 「발인반차도」를 제시하는 것으로 대체하고자 한다(〈도판 63〉·〈도판 64〉).[103]

102 『孝顯王后國葬都監儀軌』(奎 13802) 卷2, 二房儀軌 造作秩 凶儀仗 「方相氏」·「竹散馬」·「竹鞍馬」·「羽葆·羽葆機」; 『明成皇后國葬都監儀軌』(奎 13883) 卷2, 二房儀軌 造作 凶儀仗 「方相氏」·「竹散馬」·「竹鞍馬」·「纛·纛機」.

103 『神貞王后國葬都監儀軌』(奎 13736) 卷2, 一房儀軌 [班次圖] 「神貞王后發引班次圖」; 『明

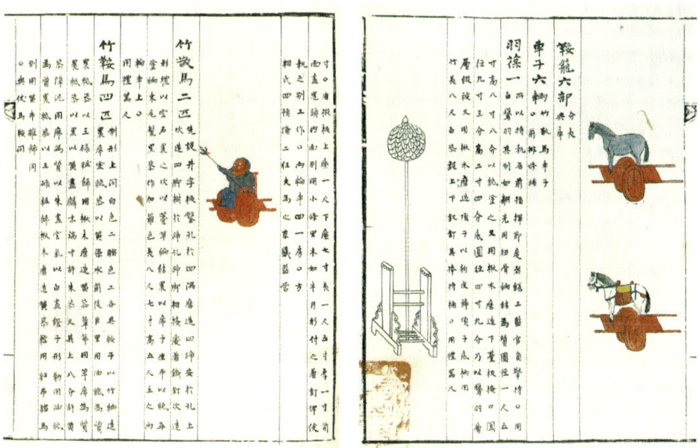

〈도판 61〉「방상시(方相氏)」·「우보(羽葆)·우보기(羽葆機)」·「죽산마(竹散馬)」(상)·「죽안마(竹鞍馬)」(하), 『효현왕후국장도감의궤』, 규장각한국학연구원

〈도판 62〉「방상시」·「죽산마」(상)·「죽안마」(하)·「둑(纛)·둑기(纛機)」, 『명성황후국장도감의궤』, 규장각한국학연구원

成皇后國葬都監儀軌』(奎 13883) 卷2, 一房儀軌 [班次圖]「明成皇后發引班次圖」. 신정왕후의 발인반차도는 원문에 '大行大王大妃發引班次圖'라고 쓰여 있다. 일반적으로 시호 '신정'의 결정은 반차도를 그리는 시기보다 훨씬 앞선다. 그런 까닭에 '신정왕후발인반차도'라고 하지 않고 '대행대왕대비발인반차도'라고 쓴 이유는 의문이다. 여기서는 '명성황후발인반차도'에 대비하여 필자가 임의로 '신정왕후발인반차도'라고 표기했다.

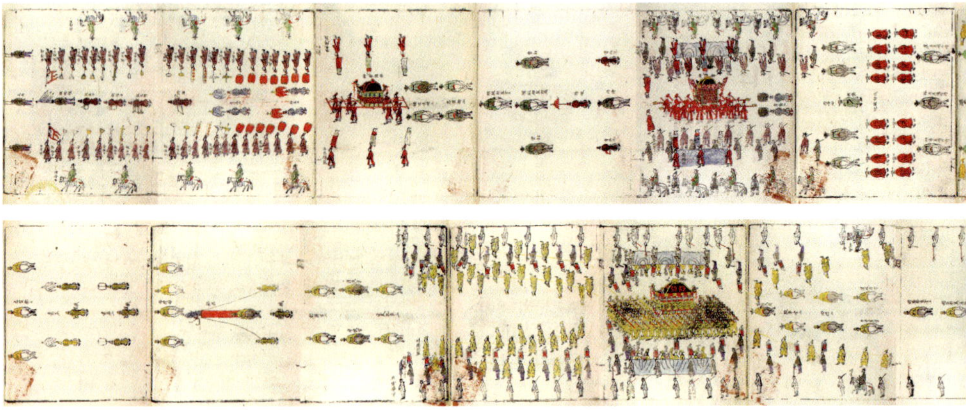

〈도판 63〉「발인반차도(發引班次圖)」, 『신정왕후국장도감의궤』, 규장각한국학연구원

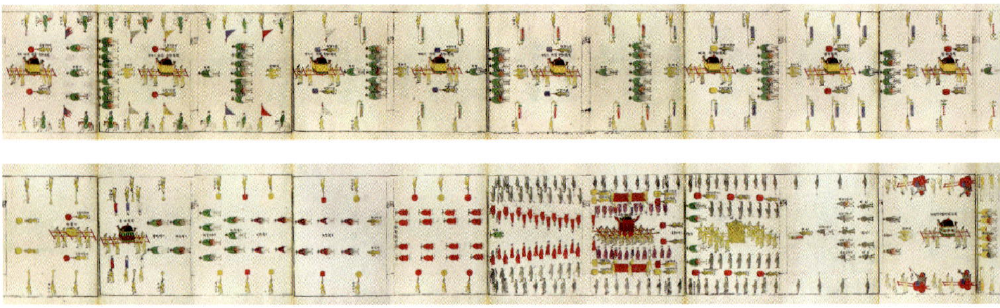

〈도판 64〉「발인반차도」, 『명성황후국장도감의궤』, 규장각한국학연구원

○ 명기(明器)와 악기(樂器)

명기는 무덤에 매안하는 신명(神明)의 그릇이나 병기(兵器) 등으로 살아서 사용하던 것을 형상화하여 제작한다. 악기도 명기에 속한다.

명기와 악기는 『신정왕후국장도감의궤』와 『명성황후국장도감의궤』에 재록된 도설이 대동소이하다. 명기는 육안으로 볼 때 대부분 차이가 없는 듯하고, 악기에서도 그림에서 약간 달라 보이는 듯하나 그림 설명은 대부분 차이가 없다. 단, 배안상(排案床)에서 신정왕후 국장에 사용한 것은 흑진칠(黑眞漆)을,[104] 명성황후 국장에 사용한 것은 황칠(黃漆)을 했다(〈도판

104 『神貞王后國葬都監儀軌』(奎 13736) 卷2, 二房儀軌 造作 樂器「排案床」"(註) 新備 以黑眞漆用".

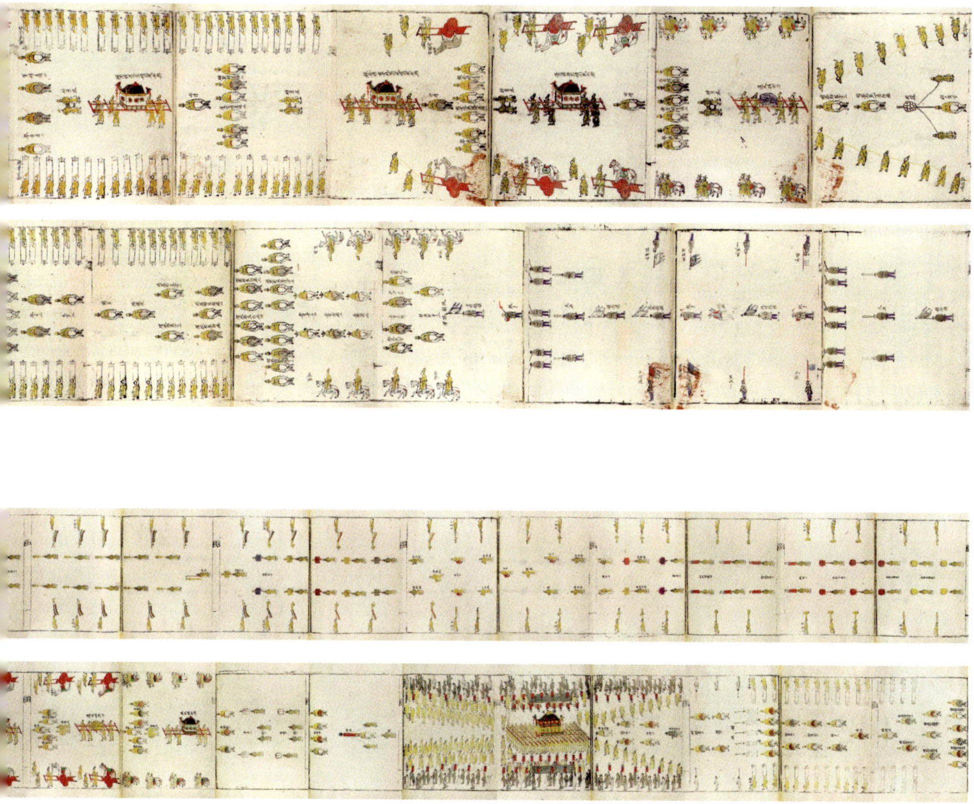

65〉).[105] 악기궤안기판(樂器樻安器板)은 그림은 약간 다르게 보이는 곳이 있으나 그림 설명은 둘 다 같다(〈도판 66〉).[106]

참고로 〈도판 66〉에서 악기궤안기판만이 아니라 변두궤안기판(籩豆樻安器板), 자기궤안기판(磁器樻安器板)이 함께 있어서 묶어서 추가로 설명을 하면 다음과 같다. 악기궤와 변두궤, 자기궤는 악기와 변두, 자기를 담아 보관하는 함이고, 안기판은 악기와 변두, 자기 등을 함 속에 안치한 뒤 흔들리지 않게 고정시키는 판이다.

105 『明成皇后國葬都監儀軌』(奎 13883) 卷2, 二房儀軌 造作 樂器 「排案床」 "(註) 前排以同黃漆入用".

106 『神貞王后國葬都監儀軌』(奎 13736) 卷2, 二房儀軌 造作 樂器 「樂器樻安器板」; 『明成皇后國葬都監儀軌』(奎 13883) 卷2, 二房儀軌 造作 樂器 「樂器樻安器板」.

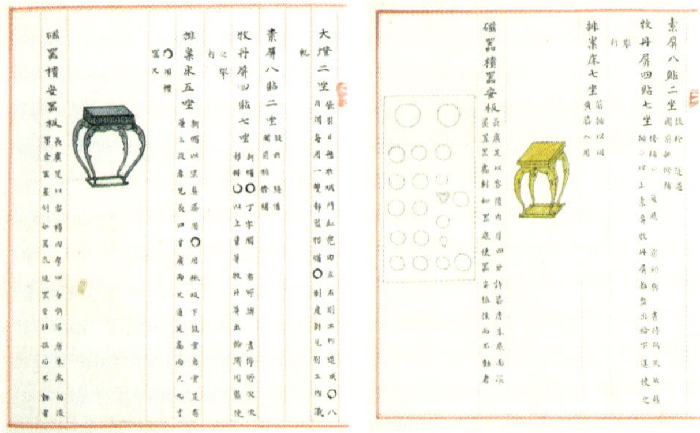

〈도판 65〉「배안상(排案床)」, 『신정왕후국장도감의궤』, 규장각한국학연구원(좌) | 「배안상」, 『명성황후국장도감의궤』, 규장각한국학연구원(우)

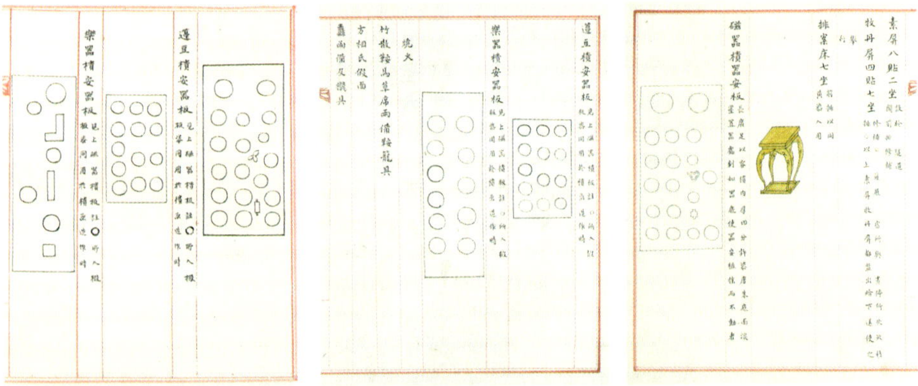

〈도판 66〉「악기궤안기판(樂器樻安器板)」·「변두궤안기판(籩豆樻安器板)」·「자기궤안기판(磁器樻安器板)」, 『신정왕후국장도감의궤』, 규장각한국학연구원(좌) | 「악기궤안기판」·「변두궤안기판」·「자기궤안기판」, 『명성황후국장도감의궤』, 규장각한국학연구원(중·우)

변두궤안기판, 자기궤안기판은 두 의궤의 그림과 그림 설명에서 다른 점이 발견되지 않는다. 하지만 악기궤안기판은 그림 설명은 동일하나 그림 자체가 약간 다르다. 이는 왕후 국장과 황후 국장의 차이가 아닌 사실적인 묘사의 차이이다. 『신정왕후국장도감의궤』에 수록된 그림이 『명성황후국장도감의궤』에 실린 그림보다 사실적으로 그렸다는 뜻이다. 악기의 모양은 제각각이므로 각 악기에 맞춰 악기의 모양을 새긴 점에서 그러하다. 그럴 경우 흔들리지 않고 더 잘 고정시킬 수 있다.

(3) 『삼방의궤』의 도설[107]

『삼방의궤』에는 시책(諡冊)과 시보(諡寶), 애책(哀冊), 증옥(贈玉), 증백(贈帛), 삽선(翣扇), 만장(輓章), 우주(虞主), 죽피방상자(竹皮方箱子), 혼백함소성토등방상자(魂帛函所盛土籐方箱子) 등의 도설이 그려져 있다.

삽선과 만장, 죽피방상자와 혼백함소성토등방상자를 제외한 나머지 의물들은 그 자체만이 아니라 이와 세트를 이루는 일군(一群)의 의물도 함께 그려져 있다. 주요 의물을 보호하고 보존하기 위해 행하는 조치를 요즘의 용어로는 포장(包裝, packaging)한다고 표현한다. 그리고 주요 의물을 보호하고 보존하기 위한 기물을 포장재, 포장 용기라고 한다. 삽선과 만장은 의물 그 자체이지만 죽피방상자와 혼백함소성토등방상자는 주요 의물을 보호하는 용도의 기물이다.

조선시대에는 포장을 지칭하는 용어로 포과(包裹), 봉과(封裹), 결과(結裹), 포궤(包匭), 과(裹), 성(盛) 등 여럿 있었다. 물품의 중요도에 따라 단어를 달리 사용했는데, 가령 책보(冊寶)와 같은 주요 의물은 '봉과'라고 표현했다. 물건의 가치와 중요도에 따라 포장하는 데 들어가는 재료나 그것을 싸는 방법, 몇 겹으로 하는 것 등이 결정되었다.[108] 『삼방의궤』에 수록된 도설은 그러한 면면을 살필 수 있는 계기가 될 것이다.

○ 시책(諡冊)

시책은 옥 조각에 시호인 '명성'을 정해 올린 내용을 새긴 후 책 모양처럼 엮은 옥책이다. 시책 이외에 시책과 관련된 의물은 갑(匣), 내함(內函), 외궤(外樻), 배안상(排案床), 독책상(讀冊床) 등으로 구성되어 있다.

107 『삼방의궤』의 도설은 『신정왕후국장도감의궤』보다 『효현왕후국장도감의궤』의 것이 상태가 더 좋아 『효현왕후국장도감의궤』를 활용하고자 한다.

108 '조선 왕실의 포장 문화' 전반에 대해서는 이현진, 2018(b) 앞의 논문 참조.

갑은 시책을 감싸는 십자형 보자기이다. 내함은 시책을 담아 보관하는 상자, 외궤는 책함(冊函, 내함)을 담는 상자로 내함과 짝을 이루어 사용되었다. 배안상은 갑으로 감싼 시책을 담은 내함·외궤를 행례 장소로 받들고 와서 시책의 내용을 읽기 전 임시로 올려두는 상이다. 독책상은 시책문을 읽을 순서가 되었을 때 시책을 올려두는 상이다.

효현왕후 국장에 사용한 시책과 시책 관련 의물 및 명성황후 국장에 사용한 시책과 시책 관련 의물의 모습은 〈도판 67〉과 〈도판 68〉이 참조된다.

시책은 첩수(貼數)가 다르고 제작에 들어가는 물품이 조금 차이가 날 뿐 전반적으로는 『효현왕후국장도감의궤』와 『명성황후국장도감의궤』의 도설이 같다. 첩수는 시책문 내용의 다과(多寡)에 따라 결정되었다.[109] 갑은 비단을 다른 것으로 사용한 것 이외에 그림 설명은 두 의궤가 동일하다. 그런데 막상 그림을 보면 단추의 위치와 개수가 다르다. 내함의 규모는 책(冊)의 대소(大小)에 따라 제작했다. 내함은 효현왕후 국장에 사용한 것은 왜주홍칠(倭朱紅漆)을, 명성황후 국장에 사용한 것은 당주홍칠(唐朱紅漆)을 했으며, 외궤는 둘 다 흑진칠을 했다.

여기까지는 왕후 국장과 황후 국장의 차이가 거의 드러나지 않는다. 하지만 배안상과 독책상에서 효현왕후 국장에는 둘 다 당주홍칠을, 명성황후 국장에는 둘 다 황칠을 했다. 그에 따라 제작에 들어가는 물품도 차이를 보인다. 또 전자가 자적욕(紫的褥)이라면 후자는 황주욕(黃紬褥)을, 개복(盖覆)에 사용한 보자기[보(袱)]에서 전자가 홍세주(紅細紬)라면 후자는 황주(黃紬)를, 전자가 홍진사(紅眞絲)라면 후자는 황진사(黃眞絲)를 각각 사용했다.[110] 붉은색과 황색은 왕후 국장과 황후 국장의 위계를 드러내는 보편적

109 *효현왕후 시책문: 『孝顯王后國葬都監儀軌』(奎 13802) 卷3, 三房儀軌 「諡冊文」,
*명성황후 시책문: 『明成皇后國葬都監儀軌』(奎 13883) 卷3, 三房儀軌 「諡冊文」.

110 * 효현왕후 국장에 사용한 시책과 시책 관련 의물은 『孝顯王后國葬都監儀軌』(奎 13802)

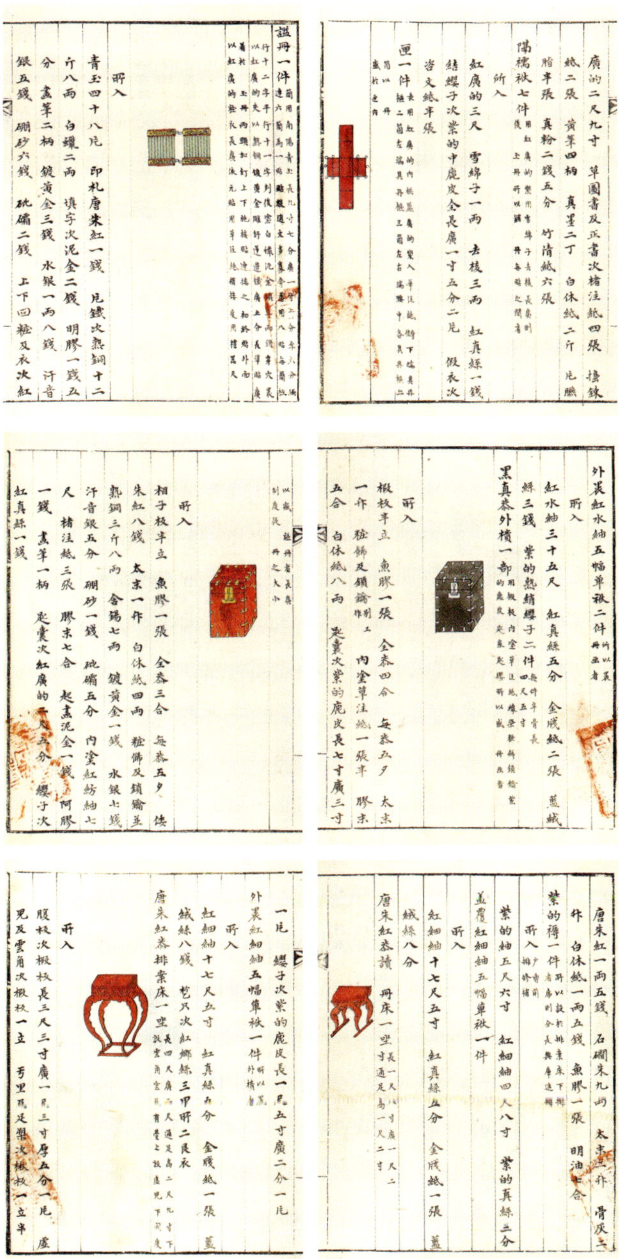

〈도판 67〉「시책(諡冊)」·「갑(匣)」·「왜주홍칠내함(倭朱紅漆內函)」·「흑진칠외궤(黑眞漆外櫃)」·「당주홍칠배안상(唐朱紅漆排案床)」·「당주홍칠독책상(唐朱紅漆讀冊床)」, 『효현왕후국장도감의궤』, 규장각한국학연구원

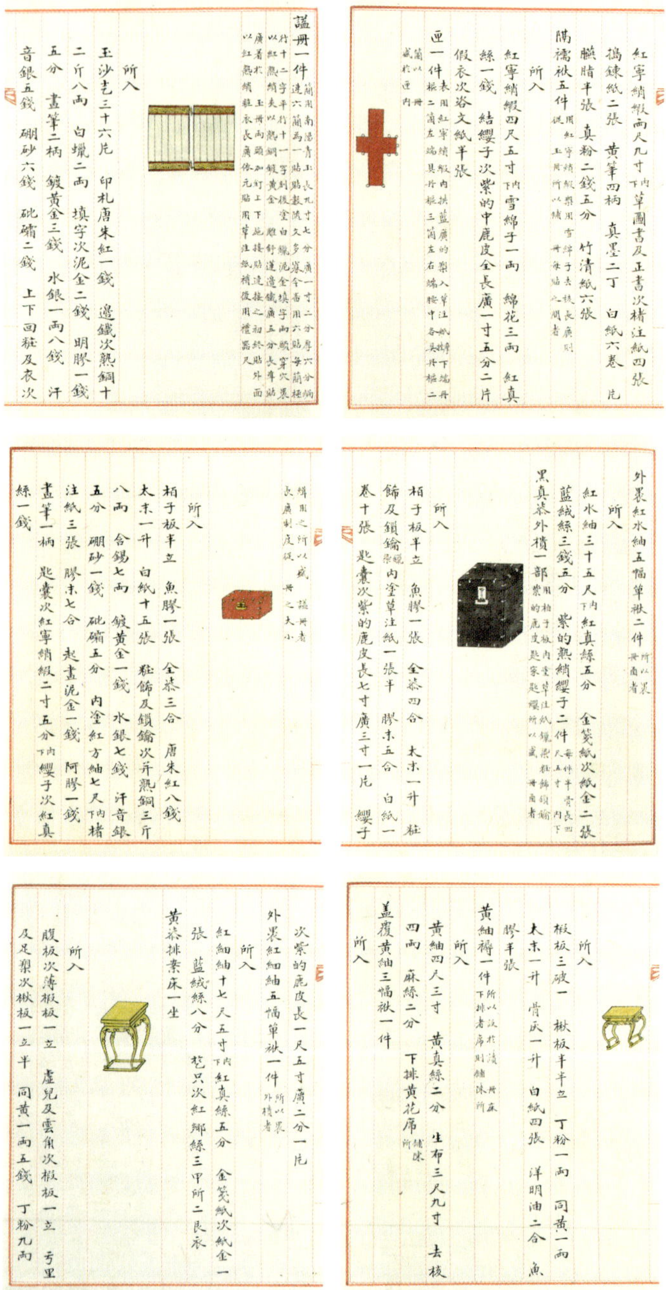

〈도판 68〉「시책」·「갑」·「당주홍칠내함(唐朱紅漆內函)」·「흑진칠외궤」·「황칠배안상(黃漆排案床)」·「황칠독책상(黃漆讀冊床)」, 『명성황후국장도감의궤』, 규장각한국학연구원

인 장치이다.

○ 시보(謚寶)

시보는 시호를 새긴 도장이다. 황후로 책봉된 이후 새로 조성한 시보의 밑면에 '명성황후지보(明成皇后之寶)'라고 새겼다. 시보 이외에 시보와 관련된 의물은 보통(寶筒), 보록(寶盝), 주통(朱筒), 주록(朱盝), 호갑(護匣), 배안상, 독책상 등이 있다. 그중 독책상은 독보상(讀寶床)의 오기가 아닌가 생각되지만 『효현왕후국장도감의궤』와 『명성황후국장도감의궤』에 모두 독책상으로 기록되어 있다.

보통은 시보를 담아 보관하는 안쪽 상자이고, 보록은 시보를 담아 보관하는 바깥쪽 상자이다. 주통은 시보와 짝을 이루어 사용되는 인주(印朱)를 담아 보관하는 안쪽 상자이고, 주록은 인주를 담아 보관하는 바깥쪽 상자이다. 호갑은 시보와 인주를 함께 담아 보관하는 가장 바깥쪽의 가장 큰 수납 상자이다. 곧, 호갑은 시보를 담는 상자인 보통·보록과 인주를 담는 상자인 주통·주록을 함께 담는 가장 바깥쪽 상자로 두 상자를 동시에 담을 수 있도록 똑같은 모양과 크기를 지닌 두 개의 상자가 좌우 양쪽으로 연결된 형태이다. 배안상은 시보를 담은 보통·보록을 행례 장소로 받들고 와서 시보의 내용을 읽기 전 임시로 올려두는 상이다. 독책상은 시보의 내용을 읽을 순서가 되었을 때 시보를 올려두는 상이다.

효헌왕후 국장에 사용한 시보아 시보 관련 의물 및 명성황후 국장에 사

卷3, 三房儀軌 造作秩 「謚冊」·「匣」·「倭朱紅漆內函」·「黑眞漆外樻」·「唐朱紅漆排案床」·「唐朱紅漆讀冊床」 참조.

* 명성황후 국장에 사용한 시책과 시책 관련 의물은 『明成皇后國葬都監儀軌』(奎 13883) 卷3, 三房儀軌 造作 「謚冊」·「匣」·「唐朱紅漆內函」·「黑眞漆外樻」·「黃漆排案床」·「黃漆讀冊床」 참조.

용한 시보와 시보 관련 의물의 모습은 〈도판 69〉와 〈도판 70〉이 참조된다.

시보는 효현왕후의 국장에서 조성한 것은 숙동(熟銅)과 함석(含錫)을 사용하여 주성(鑄成)한 뒤 '도황금(鍍黃金)'이라 하여 겉을 황금으로 입혔다. 명성황후의 국장에서 제작한 시보는 남양옥(南陽玉)으로 만들어 효현왕후의 시보와는 재료 및 규모에서 조금 차이가 난다. 이러한 차이가 왕후 국장과 황후 국장을 구별한다고 보기는 어렵다.

보통은 두 의궤의 도설에서 종이 1장에서 약간의 차이가 있을 뿐 다른 것은 동일하다. 보록은 효현왕후와 명성황후의 것에서 가죽을 왜주홍/당주홍으로 칠하는 이외에 물품의 제작에 들어가는 재료가 조금 다를 뿐 규모는 같다.

주통은 제작에 들어가는 재료의 양에서 조금 차이를 보이는 것이 있다. 또 효현왕후의 주통은 '보통과 같고 당주홍을 담는다.'고 부주되어 있다. 그 이외에는 두 의궤의 기록이 거의 대부분 동일하다. 그런데 효현왕후의 국장에 그려진 그림은 붉은색을, 명성황후의 국장에 그려진 그림은 황색을 띤다. 색에서의 이러한 차이는 앞서 살펴본 여러 의물에서 보았듯이 왕후 국장과 황후 국장을 가늠하는 기준이 된다.

주록은 두 의궤에 모두 '보록과 같다.'라고 되어 있다. 그에 따라 역시 효현왕후와 명성황후의 것에서 가죽을 왜주홍/당주홍으로 칠하는 이외에 물품의 제작에 들어가는 재료나 재료의 양이 조금 다를 뿐 규모는 다르지 않다. 호갑은 두 의궤의 그림과 그림 설명이 같다.

마지막으로 배안상과 독책상이다. 『효현왕후국장도감의궤』의 도설에는 '당주홍칠배안상'과 '당주홍칠독책상'이라 하며 그림은 그려져 있지 않고 제작에 들어가는 물품을 적기했다. 『명성황후국장도감의궤』의 도설에는 '황칠배안상'과 '황칠독책상'이라 하며 그림은 그려져 있지 않고 이 역

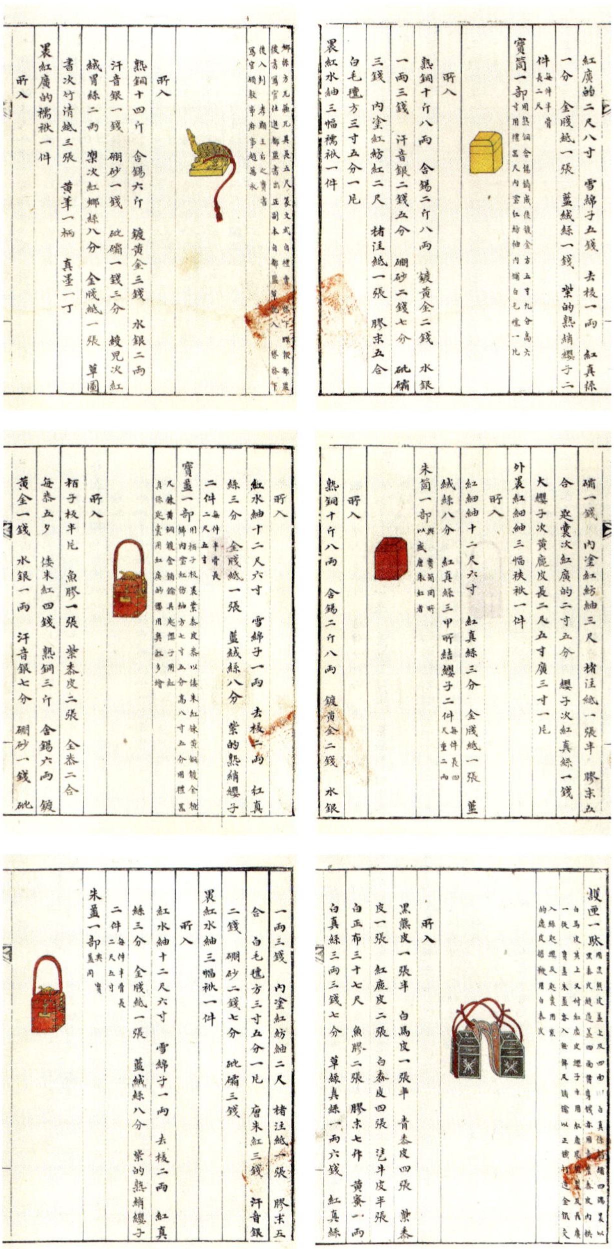

〈도판 69〉 「시보(諡寶)」·「보통(寶筒)」·「보록(寶盝)」·「주통(朱筒)」·「주록(朱盝)」·「호갑(護匣)」, 『효현왕후국장도감의궤』, 규장각한국학연구원

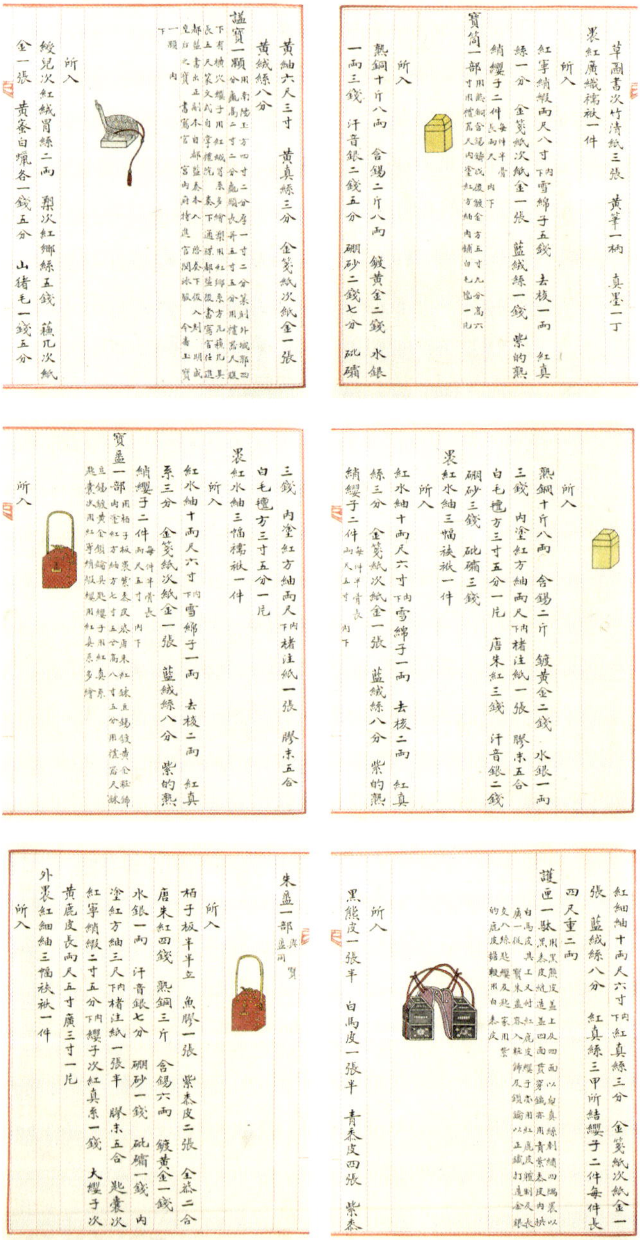

〈도판 70〉「시보」·「보통」·「보록」·「주통」·「주록」·「호갑」, 『명성황후국장도감의궤』, 규장각한국학연구원

시 제작에 들어가는 물품을 나열하고 있다.

그 이외에도 배안상과 독책상에서 효현왕후의 국장에 사용한 것이 자주욕(紫紬褥)·자적욕이라면 명성황후의 국장에 사용한 것은 황주욕을, 개복에 사용한 보자기에서 전자가 홍세주라면 후자는 황세주(黃細紬)를 각각 사용했다. 전자에서 실[사(絲)]은 기록되어 있지 않으나 후자는 황진사를 썼다.[111] 여기서도 붉은 계통과 황색 계통의 차이로 왕후 국장과 황후 국장의 위계를 볼 수 있다.

○ 애책(哀冊)

애책은 옥 조각에 죽은 이를 애도하고 생전의 덕을 찬양한 내용을 새긴 후 책 모양처럼 엮은 옥책이다. 애책 이외에 애책과 관련된 의물은 시책과 동일하다. 곧 갑, 내함, 외궤, 배안상, 독책상 등으로 구성되어 있다.

애책은 『효현왕후국장도감의궤』와 『명성황후국장도감의궤』에 둘 다 '제도(制度)는 시책과 같다.'라고 되어 있다. 그리고 이 역시 애책문 내용의 다과에 따라 첩수가 달랐다.[112] 재료와 재료에 들어가는 양이 조금 다를 뿐 큰 차이를 보이지 않는다(〈도판 71〉).

갑은 『효현왕후국장도감의궤』에는 그림이 그려져 있으나 『명성황후국장도감의궤』에는 그림이 그려져 있지 않다. 그림이 없는 이유는 '제도가 시책의 갑과 같다.'라고 한 부주를 통해 굳이 그리지 않았던 것 같다. 제작

111 *효현왕후 국장에 사용한 시보와 시보 관련 의물은 『孝顯王后國葬都監儀軌』(奎 13802) 卷3, 三房儀軌 造作秩 「諡寶」·「寶筒」·「寶盝」·「朱筒」·「朱盝」·「護匣」·「唐朱紅漆排案床」·「唐朱紅漆讀冊床」 참조.
*명성황후 국장에 사용한 시보와 시보 관련 의물은 『明成皇后國葬都監儀軌』(奎 13883) 卷3, 三房儀軌 造作 「諡寶」·「寶筒」·「寶盝」·「朱筒」·「朱盝」·「護匣」·「黃漆排案床」·「黃漆讀冊床」 참조.

112 *효현왕후 애책문: 『孝顯王后國葬都監儀軌』(奎 13802) 卷3, 三房儀軌 「哀冊文」,
*명성황후 애책문: 『明成皇后國葬都監儀軌』(奎 13883) 卷3, 三房儀軌 「哀冊文」.

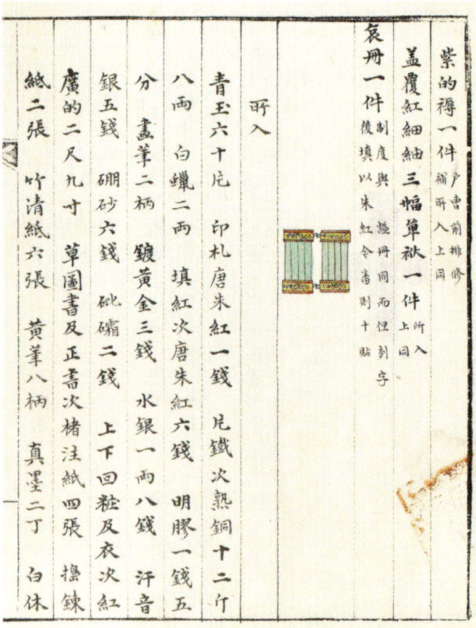

紫的襻一件 戶曹前排修補所入上同
蓋覆紅細紬三幅單袱一件 所入上同
哀冊一件 制度與諡冊同而但刻字後塡以朱紅令當則十貼
所入
青玉六十片 印札唐朱紅一錢 片鐵次熟銅十二斤
八兩 白蠟二兩 塡紅次唐朱紅六錢 明膠一錢五
分 畫筆二柄 鍍黃金三錢 水銀一兩八錢 汗音
銀五錢 硼砂六錢 砒礵二錢 上下回粧及衣次紅
廣的二尺九寸 草圖書及正書次楮注紙四張 擣鍊
紙二張 竹清紙六張 黃筆八柄 眞墨二丁 白休

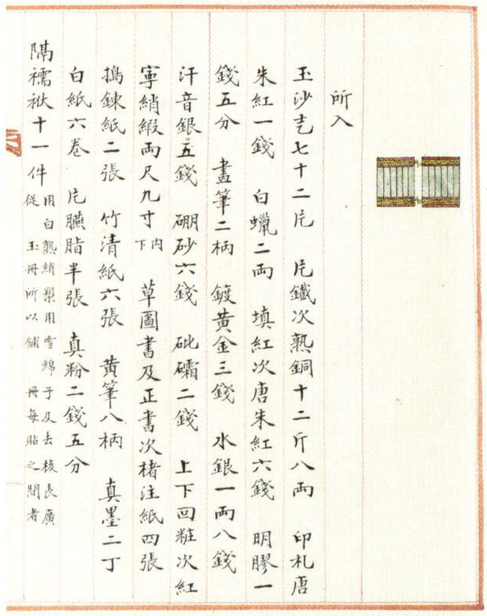

所入
玉沙色七十二片 片鐵次熟銅十二斤八兩 印札唐
朱紅一錢 白蠟二兩 塡紅次唐朱紅六錢 明膠一
錢五分 畫筆二柄 鍍黃金三錢 水銀一兩八錢
汗音銀五錢 硼砂六錢 砒礵二錢 上下回粧次紅
寧綃緞兩尺九寸 下內 草圖書及正書次楮注紙四張
擣鍊紙二張 竹清紙六張 黃筆八柄 眞墨二丁
白紙六卷 片臙脂半張 眞粉二錢五分
隔襦袱十一件 用白熟綃裹用雪綿子及去核長廣從玉冊所以鋪冊每貼之間者

〈도판 71〉「애책(哀冊)」, 『효현왕후국장도감의궤』, 규장각한국학연구원(좌) | 「애책」, 『명성황후국장도감의궤』, 규장각한국학연구원(우)

에 들어간 물품은 아주 조금의 차이 이외에는 대부분 동일하다.

내함은 『효현왕후국장도감의궤』의 왜주홍칠내함과 『명성황후국장도감의궤』의 당주홍칠내함 둘 다 그림이 그려져 있지 않다. 전자는 규모는 시책내함(諡冊內函)과 같으나 기화(起畵)하지 않는다는 부주를 통해, 후자는 제도는 시책내함과 같으나 기화하지 않는다는 주석을 통해 그림을 그리지 않은 이유가 짐작된다. 왜주홍과 당주홍의 차이 및 이로 인한 물품의 차이가 약간 있을 뿐이다.

외궤도 『효현왕후국장도감의궤』의 흑진칠외궤와 『명성황후국장도감의궤』의 흑진칠외궤 둘 다 그림이 그려져 있지 않다. 전자는 '조작(造作)이 시책외궤(諡冊外樻)와 같다.'는 부주가, 후자는 '제도(制度)가 시책외궤와 같다.'는 주석이 있다. 물품에서 조금 다를 뿐 그 이외에는 대부분 같다.

배안상 역시 『효현왕후국장도감의궤』의 당주홍칠배안상과 『명성황후

국장도감의궤』의 황칠배안상 둘 다 그림이 그려져 있지 않다. 효현왕후 국장에 사용한 당주홍칠배안상은 '제작(制作)과 들어가는 물품이 위와 같다.'라고 부주되어 있는데, 이는 시책의 그것과 같다는 뜻으로 이해된다. 명성황후 국장에 사용한 황칠배안상은 규모에 대한 언급은 없고 제작에 들어가는 물품만 나열되어 있다. 또 전자가 자주욕이라면 후자는 황주욕을, 개복에 사용한 보자기에서 전자가 홍세주라면 후자는 황세주를 각각 사용했다. 전자에서 실은 기록되어 있지 않으나 후자는 황진사를 썼다.

독책상 또한 『효현왕후국장도감의궤』와 『명성황후국장도감의궤』 둘 다 그림이 그려져 있지 않다. 효현왕후 국장에 사용한 당주홍칠독책상은 '제작과 들어가는 물품이 위와 같다.'라고 부주되어 있는데, 이 역시 시책의 그것과 같다는 뜻으로 이해된다. 명성황후 국장에 사용한 황칠독책상은 규모에 대한 설명은 없고 제작에 들어가는 물품만 열거되어 있다. 또 전자가 자주욕이라면 후자는 황주욕을, 개복에 사용한 보자기에서 전자가 홍세주라면 후자는 황세주를 각각 사용했다. 전자에서 실은 기록되어 있지 않으나 후자는 황진사를 썼다.[113]

애책도 외궤까지는 왕후 국장과 황후 국장의 차이가 거의 드러나지 않는다. 하지만 배안상과 독책상에서 효현왕후 국장에는 둘 다 당주홍칠을, 명성황후 국장에는 둘 다 황칠을 했으며, 그에 따른 욕(褥)과 보자기, 실 등에서도 색이라는 면에서 동일한 차이를 보였다. 붉은 계통과 황색 계통이 차이가 왕후 국장과 황후 국장의 위계를 분명하게 보여준다.

---

113 *효현왕후 국장에 사용한 애책과 애책 관련 의물은 『孝顯王后國葬都監儀軌』(奎 13802) 卷3, 三房儀軌 造作秩 「哀冊」·「匣」·「倭朱紅漆內函」·「黑眞漆外樻」·「唐朱紅漆排案床」·「唐朱紅漆讀冊床」 참조.

*명성황후 국장에 사용한 애책과 애책 관련 의물은 『明成皇后國葬都監儀軌』(奎 13883) 卷3, 三房儀軌 造作 「哀冊」·「匣」·「唐朱紅漆內函」·「黑眞漆外樻」·「黃漆排案床」·「黃漆讀冊床」 참조.

○ 증옥(贈玉)

증옥은 죽은 사람에게 예물로 바치는 옥으로, 발인할 때 받들고 산릉에 가서 퇴광에 매안했다. 증옥 이외에 증옥과 관련된 의물은 내함, 외궤, 배안상 등이 있다.

효현왕후 국장에 사용한 증옥과 증옥 관련 의물 및 명성황후 국장에 사용한 증옥과 증옥 관련 의물의 모습은 〈도판 72〉와 〈도판 73〉이 참조된다.

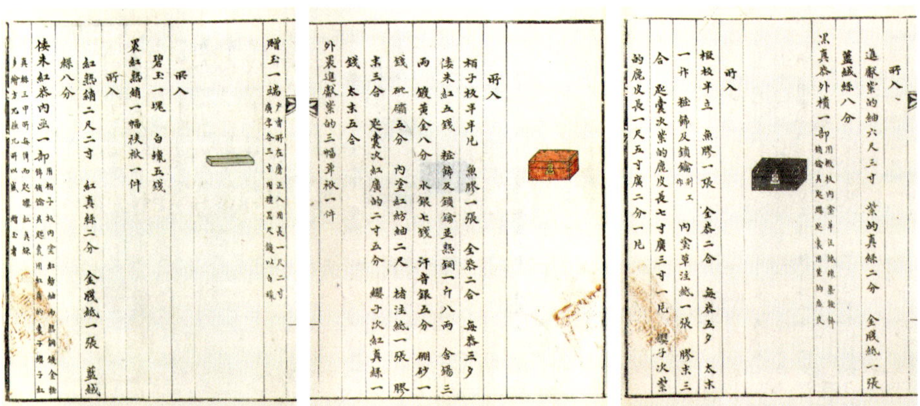

〈도판 72〉「증옥(贈玉)」·「왜주홍칠내함」·「흑진칠외궤」, 『효현왕후국장도감의궤』, 규장각한국학연구원

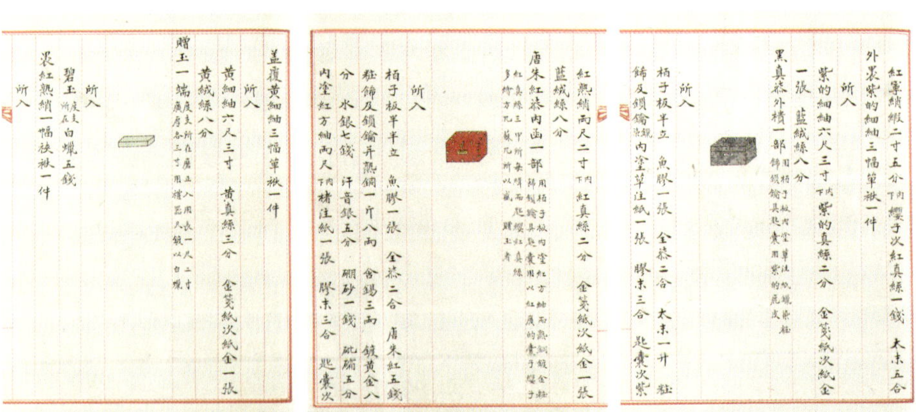

〈도판 73〉「증옥」·「당주홍칠내함」·「흑진칠외궤」, 『명성황후국장도감의궤』, 규장각한국학연구원

증옥은 벽옥(碧玉)의 소재처가 다른 것 이외에 『효현왕후국장도감의궤』와 『명성황후국장도감의궤』에 수록된 도설은 차이가 없다. 내함은 왜주홍칠과 당주홍칠을, 외궤는 둘 다 흑진칠을 하여 앞서 여러 번 언급한 다른 의물들과 같다.

배안상은 두 의궤에 그림이 그려져 있지 않지만 효현왕후 국장에는 당주홍칠을, 명성황후 국장에는 황칠을 했다. 개복에 사용한 보자기에서 전자가 홍세주라면 후자는 황세주를 사용했고, 전자에서 실은 기록되어 있지 않으나 후자는 황진사를 썼다.[114] 증옥에서도 배안상과 관련한 재료·물품의 색에서 왕후 국장과 황후 국장이 구분된다.

○ 증백(贈帛)

증백은 죽은 사람에게 예물로 바치는 폐백으로, 발인할 때 받들고 산릉에 가서 퇴광에 매안했다. 증백 이외에 증백과 관련된 의물은 내함, 외궤, 배안상 등이 있다.

효현왕후 국장에 사용한 증백과 증백 관련 의물 및 명성황후 국장에 사용한 증백의 모습은 〈도판 74〉와 〈도판 75〉가 참조된다.

증백은 비단의 종류가 다른 것 이외에 『효현왕후국장도감의궤』와 『명성황후국장도감의궤』에 실린 도설은 차이가 없다. 내함은 왜주홍칠과 당주홍칠 및 제작에 들어간 재료에서 약간의 차이가 있다. 또 명성황후 국장에 사용한 내함은 그림이 그려져 있지 않은데 '증옥함(贈玉函)과 같다.'는 부주를 통해 그리지 않은 이유가 유추된다. 외궤는 두 국장에서 사용

114 *효현왕후 국상에 사용한 증옥과 증옥 관련 의물은 『孝顯王后國葬都監儀軌』(奎 13802) 卷3, 三房儀軌 造作秩 「贈玉」·「倭朱紅漆內函」·「黑眞漆外櫃」·「唐朱紅漆排案床」 참조.
*명성황후 국장에 사용한 증옥과 증옥 관련 의물은 『明成皇后國葬都監儀軌』(奎 13883) 卷3, 三房儀軌 造作 「贈玉」·「唐朱紅漆內函」·「黑眞漆外櫃」·「黃漆排案床」 참조.

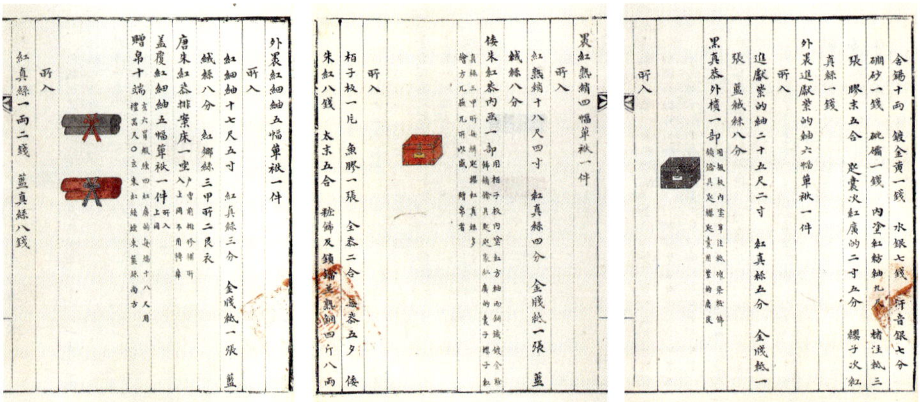

〈도판 74〉「증백(贈帛)」·「왜주홍칠내함」·「흑진칠외궤」, 『효현왕후국장도감의궤』, 규장각한국학연구원

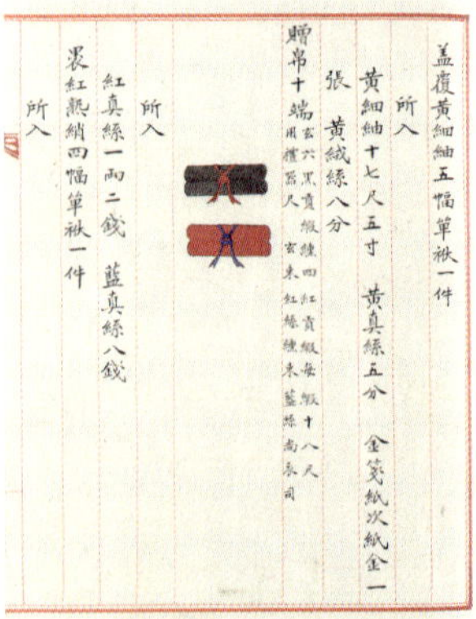

〈도판 75〉「증백」, 『명성황후국장도감의궤』, 규장각한국학연구원

한 것이 모두 흑진칠을 한 점에서는 같으나 명성황후 국장에 사용한 외궤만 그림이 그려져 있지 않다. 이 역시 '증옥궤(贈玉樻)와 같다.'는 주석을 통해 그림의 부재가 짐작된다.

배안상은 두 의궤 모두 그림이 그려져 있지 않다. 하지만 효현왕후 국장에는 당주홍칠을, 명성황후 국장에는 황칠을 했다. 개복에 사용한 보자기에서 전자가 홍세주라면 후자는 황세주를 사용했고, 전자에서 실은 기록되어 있지 않으나 후자는 황진사를 썼다.[115] 증백에서도 배안상과 관련한 재료·물품의 색에서 왕후 국장과 황후 국장의 구분이 뚜렷하다.

○ 삽선(翣扇)

삽선은 재궁을 가리는 데 사용하는 부채 모양의 의물이다. 삽선의 전반

115 *효현왕후 국장에 사용한 증백과 증백 관련 의물은 『孝顯王后國葬都監儀軌』(奎 13802) 卷3, 三房儀軌 造作秩 「贈帛」·「倭朱紅漆內函」·「黑眞漆外樻」·「唐朱紅漆排案床」 참조.
*명성황후 국장에 사용한 증백과 증백 관련 의물은 『明成皇后國葬都監儀軌』(奎 13883) 卷3, 三房儀軌 造作 「贈帛」·「唐朱紅漆內函」·「黑眞漆外樻」·「黃漆排案床」 참조.

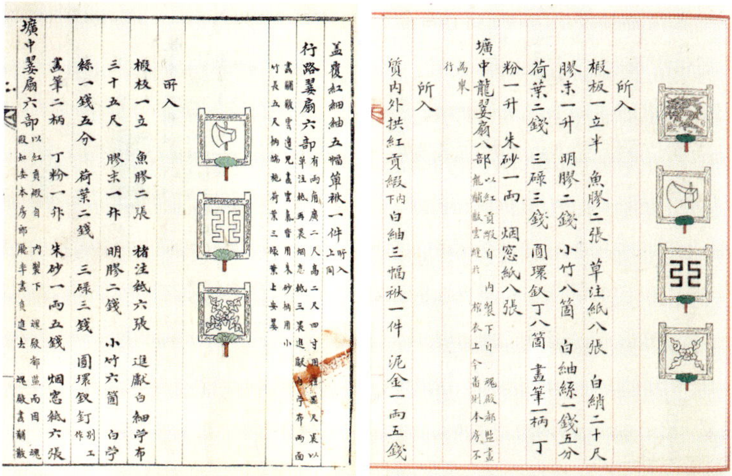

〈도판 76〉「삽선(翣扇)」, 『효현왕후국장도감의궤』, 규장각한국학연구원(좌) | 「삽선」, 『명성황후국장도감의궤』, 규장각한국학연구원(우)

적인 설명은 〈도판 39〉에서 이미 한 번 다루었다. 여기서는 효현왕후와 명성황후의 국장에 사용한 삽선의 그림을 비교하는 데 중점을 두고자 한다.

행로에 사용한 삽선만 그림이 있고 광중에 사용한 삽선은 그려져 있지 않다. 두 국장에서 사용한 삽선에서 가장 큰 차이는 용삽의 추가 여부이다(〈도판 76〉).[116] 용삽의 유무가 왕후 국장과 황후 국장을 가늠하는 준거임이 도설에서 명확하게 드러나 있다.

○ 만장(輓章)

만장은 죽은 자를 애도하며 지은 만가(輓歌)를 적어 족자(簇子) 모양으로 만든 장례용 의물이다.[117] '만장(挽章)'이라고도 한다. 만장의 전반적인 설

116 『孝顯王后國葬都監儀軌』(奎 13802) 卷3, 三房儀軌 造作秩 「行路翣扇」·「壙中翣扇」; 『明成皇后國葬都監儀軌』(奎 13883) 卷3, 三房儀軌 造作 「行路龍翣扇」·「壙中龍翣扇」.

117 효현왕후의 만가를 쓴 사람들과 그들이 쓴 만가의 내용은 『孝顯王后國葬都監儀軌』(奎 13802) 卷3, 三房儀軌 「輓章」, 명성황후의 만가를 쓴 사람들과 그들이 쓴 만가의 내용은

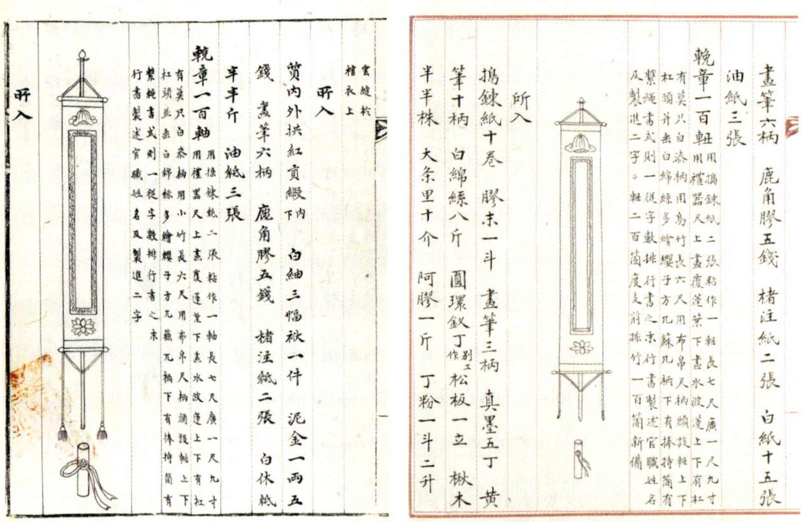

〈도판 77〉 「만장(輓章)」, 『효현왕후국장도감의궤』, 규장각한국학연구원(좌) | 「만장」, 『명성황후국장도감의궤』, 규장각한국학연구원(우)

명은 〈도판 37〉에서 다루었다. 여기서는 효현왕후와 명성황후의 국장에 사용한 만장의 그림을 비교하는 데 초점을 두고자 한다. 들어가는 물품에서 차이가 있을 뿐 그림과 그림 설명은 다르지 않다(〈도판 77〉).[118]

○ 우주(虞主)

우주는 뽕나무로 만들고, 산릉의 길유궁/황당에서 앞면에 글을 쓴 뒤 첫 번째 기일 때까지 혼전에 봉안하는 신주이다. 우주 이외에 우주와 관련된 의물은 내궤(內匱), 외궤(外匱), 대(臺), 의궤(倚几) 등이 있다.

내궤는 우주를 봉안하는 기물이고, 외궤는 내궤를 덮어씌우는 바깥 궤이다. 대는 내궤와 외궤를 안치하는 의물이다. 의궤는 제사를 거행할 때 죽은 자의 혼이 깃든 신주를 봉출(奉出)한 뒤 신주의 뒤에 설치하여 신주가 기댈 수 있게 한 의물이다.

『明成皇后國葬都監儀軌』(奎 13883) 卷3, 三房儀軌 「明成皇后輓章」 참조.

118 『孝顯王后國葬都監儀軌』(奎 13802) 卷3, 三房儀軌 造作秩 「輓章」; 『明成皇后國葬都監儀軌』(奎 13883) 卷3, 三房儀軌 造作 「輓章」.

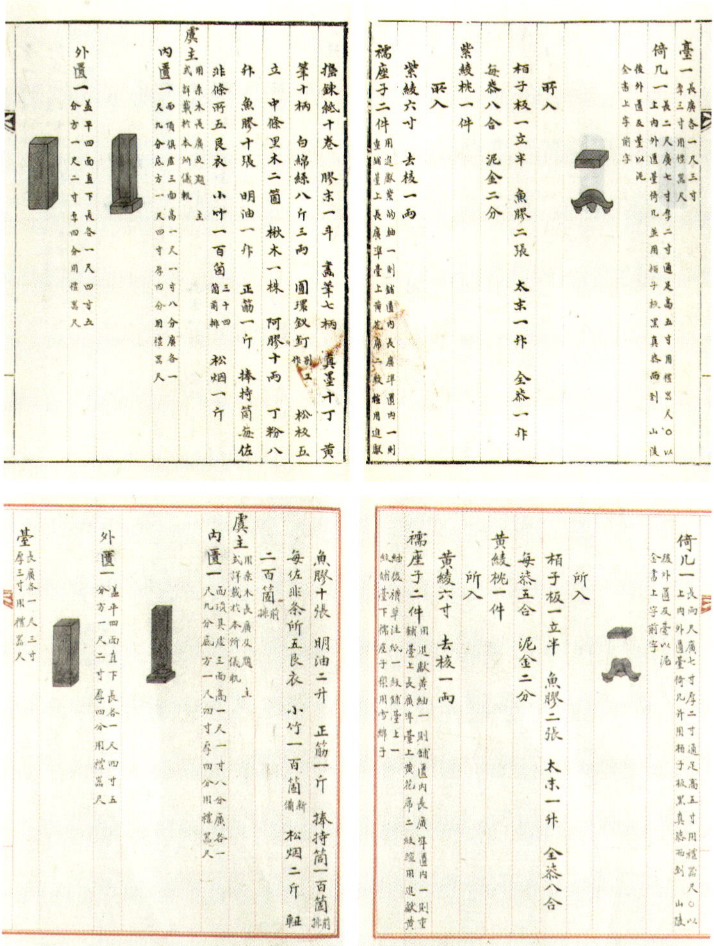

〈도판 78〉「외궤(外匱)」·「내궤(內匱)」·「대(臺)」·「의궤(倚几)」, 『효현왕후국장도감의궤』, 규장각한국학연구원(상) | 「외궤」·「내궤」·「대」·「의궤」, 『명성황후국장도감의궤』, 규장각한국학연구원(하)

『효현왕후국장도감의궤』와 『명성황후국장도감의궤』에는 우주 자체의 그림은 그려져 있지 않고 우주와 관련된 의물들만 그려져 있다. 두 의궤에 그려진 네 그림과 각 그림의 설명은 모두 같다(〈도판 78〉).[119] 신주 전반에 관해서는 변화가 있지 않다고 볼 수 있다.

119 『孝顯王后國葬都監儀軌』(奎 13802) 卷3, 三房儀軌 造作秩「內匱」·「外匱」·「臺」·「倚几」; 『明成皇后國葬都監儀軌』(奎 13883) 卷3, 三房儀軌 造作「內匱」·「外匱」·「臺」·「倚几」.

○ 죽피방상자(竹皮方箱子)

죽피방상자는 신주를 넣은 신주궤(神主匱)를 담는 데 사용하는 다섯 가지 색의 대나무 껍질로 짠 네모난 상자이다.

효현왕후와 명성황후의 국장에 사용한 죽피방상자의 모습은 〈도판 79〉가 참조된다. 『효현왕후국장도감의궤』와 『명성황후국장도감의궤』에서 그림 설명은 같으나 제작에 들어가는 물품에서 약간의 차이를 보인다. 특히 죽피방상자의 개복에 사용한 보자기와 홍칠안(紅漆案)의 개복에 사용한 보자기에서 명주[주(紬)]와 진사(眞絲)의 색이 뚜렷하게 다르다.

전자에서 효현왕후의 국장에 사용한 것은 자세주(紫細紬)와 자적진사(紫的眞絲), 명성황후의 국장에 사용한 것은 황세주와 황진사이다. 후자에서 효현왕후의 국장에 사용한 것은 홍세주와 홍진사, 명성황후의 국장에 사용한 것은 황세주와 황진사이다.

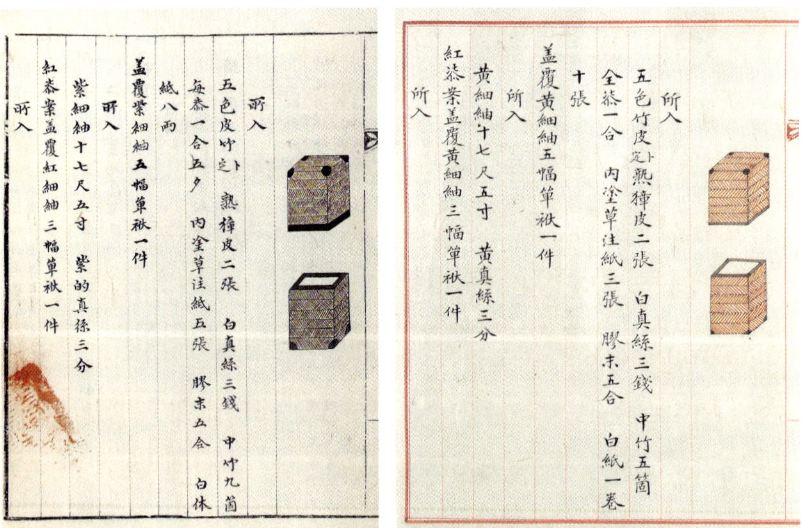

所入
五色皮竹定卜 熟獐皮二張 白真絲三錢 中竹九箇
每漆一合五夕 內塗草注紙五張 膠末五合 白休
紙八兩
蓋覆紫細紬五幅單袱一件
所入
紫細紬十七尺五寸 紫的真絲三分
紅漆案蓋覆紅細紬三幅單袱一件
所入

所入
五色竹皮定卜 熟獐皮二張 白真絲三錢 中竹五箇
全漆一合 內塗草注紙三張 膠末五合 白紙一卷
十張
蓋覆黃細紬五幅單袱一件
所入
黃細紬十七尺五寸 黃真絲三分
紅漆案蓋覆黃細紬三幅單袱一件
所入

〈도판 79〉「죽피방상자(竹皮方箱子)」, 『효현왕후국장도감의궤』, 규장각한국학연구원(좌) | 「죽피방상자」, 『명성황후국장도감의궤』, 규장각한국학연구원(우)

그 밖의 보자기에서도 효현왕후 국장에는 홍수주(紅水紬)와 홍진사, 겹보(裌袱)에는 청세목(靑細木)을 사용했다. 그에 비해 명성황후 국장에는 황수주(黃水紬)와 황진사, 겹보에는 황목(黃木)과 황목사(黃木絲)를 각각 사용했다.[120] 보자기에 사용한 붉고 푸른 계통과 황색 계통이 왕후 국장과 황후 국장의 차이가 드러난 지점이다.

○ 혼백함소성토등방상자(魂帛函所盛土籐方箱子)

혼백함소성토등방상자는 혼백을 넣은 혼백함(魂帛函)을 담는 데 사용하는 대나무 껍질로 짠 네모난 상자이다.

효현왕후와 명성황후의 국장에 사용한 혼백함소성토등방상자의 모습

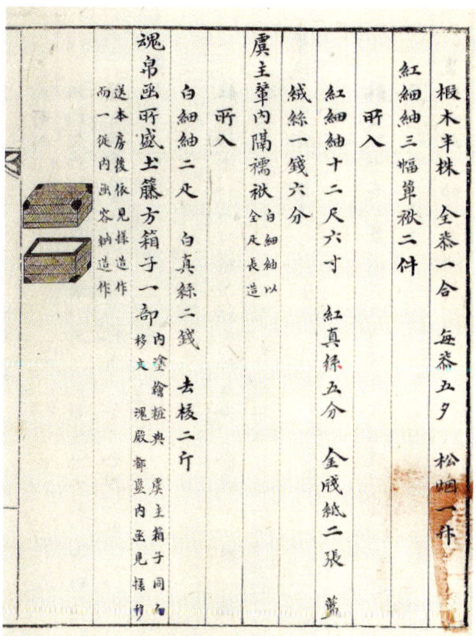
椵木半株 全桼一合 每桼五夕 松烟一件
紅細紬三幅單袱二件
所入
紅細紬十二尺六寸 紅真絲五分 金箋紙二張
絨絲一錢六分
虞主輦內隅襦袱 白細紬以全幅長造
所入
白細紬二疋 白真絲二錢 去核二斤
魂帛函所盛土藤方箱子一部 內塗繪粧與虞主箱子同而移文魂殿都監內函見樣移
送本房後依見樣造作而一從內函容納造作

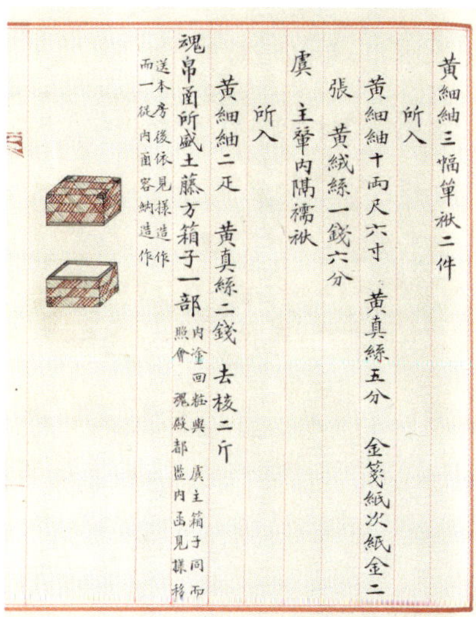
黃細紬三幅單袱二件
所入
黃細紬十兩尺六寸 黃真絲五分 金箋紙次紙金二
張 黃絨絲一錢六分
虞主輦內隅襦袱
所入
黃細紬二疋 黃真絲二錢 去核二斤
魂帛函所盛土藤方箱子一部 內塗回粧與虞主箱子同而照會魂殿都監內函見樣移
送本房後依見樣造作而一從內函容納造作

〈도판 80〉「혼백함소성토등방상자(魂帛函所盛土籐方箱子)」, 『효현왕후국장도감의궤』, 규장각한국학연구원(좌) | 「혼백함소성토등방상자」, 『명성황후국장도감의궤』, 규장각한국학연구원(우)

120 효현왕후 국장과 명성황후 국장에 사용한 죽피방상자에 대한 세 단락의 설명은 『孝顯王后國葬都監儀軌』(奎 13802) 卷3, 三房儀軌 造作秩 「竹皮方箱子」; 『明成皇后國葬都監儀軌』(奎 13883) 卷3, 三房儀軌 造作 「竹皮方箱子」 참조.

은 〈도판 80〉이 참조된다. 『효현왕후국장도감의궤』와 『명성황후국장도감의궤』에서 그림 설명은 거의 차이가 없고, 제작에 들어가는 재료의 양에서 아주 조금의 차이를 보인다.

단, 혼백함소성토등방상자에서도 보자기에서 다른 점이 발견된다. 효현왕후의 국장에는 홍세주와 홍진사, 남융사(藍絨絲)를 사용한 반면, 명성황후의 국장에는 황세주와 황진사, 황융사(黃絨絲)를 사용했다.[121] 보자기에 사용한 붉고 푸른 계통과 황색 계통에서 왕후 국장과 황후 국장의 차이가 발견된다.

○ 산릉제기(山陵祭器)와 혼전제기(魂殿祭器)

산릉에서 사용하는 제기는 『효현왕후국장도감의궤』와 『명성황후국장도감의궤』에 재록된 도설이 거의 차이가 없다. 혼전에서 사용하는 제기는 출입이 있으나 두 의궤에 재록된 도설 역시 육안으로 볼 때에는 대부분 차이가 없다.[122]

(4) 『각소의궤』의 도설

『각소의궤』에는 도설이 2개 있다. 표석(表石)과 지석(誌石)이 그것이다. 『각소의궤』의 도설에서도 『신정왕후국장도감의궤』가 아닌 『효현왕후국장도감의궤』를 위주로 활용하고자 한다.

---

121 효현왕후 국장과 명성황후 국장에 사용한 혼백함소성토등방상자에 대한 두 단락의 설명은 『孝顯王后國葬都監儀軌』(奎 13802) 卷3, 三房儀軌 造作秩 「魂帛函所盛土藤方箱子」; 『明成皇后國葬都監儀軌』(奎 13883) 卷3, 三房儀軌 造作 「魂帛函所盛土藤方箱子」 참조.

122 『孝顯王后國葬都監儀軌』(奎 13802) 卷3, 三房儀軌 造作秩 「山陵祭器」·「魂殿祭器」; 『明成皇后國葬都監儀軌』(奎 13883) 卷3, 三房儀軌 造作 「山陵祭器」·「魂殿祭器」.

○ 표석(表石)

표석은 죽은 사람의 성명, 생년·사망 연월일, 본관, 관직 등을 적은 음기(陰記)가 있는 비석이다.

효현왕후와 명성황후의 국장에 사용한 표석의 모습은 〈도판 81〉이 참조된다. 효현왕후와 명성황후의 국장에 사용한 표석의 모습이 서로 다른 것처럼 보이지만 신정왕후 국장에 사용한 표석을 보면 명성황후의 그것과 거의 다르지 않다.[123] 따라서 그림의 모습으로 왕후 국장과 황후 국장을 드러내기는 어려울 듯하다. 그리고 길이와 너비, 두께 등 규모면에서도 『효현왕후국장도감의궤』와 『명성황후국장도감의궤』의 기록이 다르다. 그렇다고 규모가 확연하게 차이가 나지 않아 이것으로 왕후 국장과 황후 국

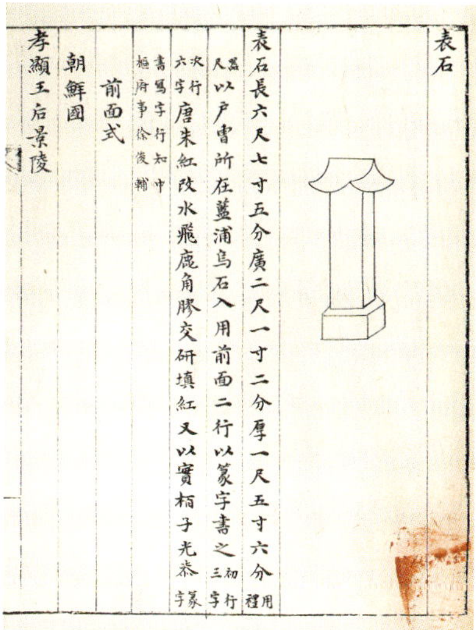

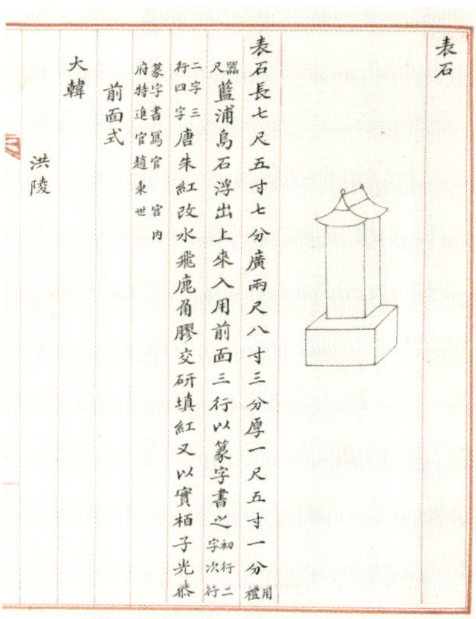

〈도판 81〉「표석(表石)」, 『효현왕후국장도감의궤』, 규장각한국학연구원(좌) | 「표석」, 『명성황후국장도감의궤』, 규장각한국학연구원(우)

123 『神貞王后國葬都監儀軌』(奎 13736)·(奎 13737) 卷4, 表石所儀軌 「表石」. 〈奎 13736〉본은 분상용이고, 〈奎 13737〉본은 어람용이다. 이후 『신정왕후국장도감의궤』에 대해 분상용과 어람용을 거론할 때에는 두 본을 참고했다.

장을 논하기도 어려울 정도이다.

단지 전면(前面)에 새기는 방식이 조금 다르다. 효현왕후는 '조선국(朝鮮國)'을 새긴 뒤 행(行)을 달리하여 효현왕후경릉(孝顯王后景陵)'이라고 새겼다. 반면, 명성황후의 표석 전면에는 '대한(大韓)'을 새기고 행을 바꾸어 '홍릉(洪陵)'을 새긴 뒤 다시 행을 달리하여 '명성(明成) 황후(皇后)'라고 새겼다. 명성과 황후 사이는 1글자 정도 띄었다.[124]

표석은 후면(後面)에 음기가 있다. 그런데 효현왕후의 표석과 명성황후의 표석에는 의궤에 그들의 행적을 담은 후면의 내용이 없다. '전면식(前面式)'만 있고 '후면식(後面式)'은 후면식이라는 3글자조차 없다. 이러한 현상은 왕후/황후 국상인 경우 내상재선이냐 그렇지 않느냐와 관련이 깊은 것 같다. 이러한 추정은 『신정왕후국장도감의궤』에 수록된 표석 기록이 『효현왕후국장도감의궤』와 『명성황후국장도감의궤』의 표석 기록과 다른 것에 착안했다.

『신정왕후국장도감의궤』에 따르면, 전면에는 '조선국(朝鮮國)'을 새기고 행을 바꾸어 '익종대왕수릉(翼宗大王綏陵)'을 새긴 뒤 다시 행을 달리하여 '신정왕후부우(神貞王后祔右)'를 새긴다고 되어 있다. 그리고 후면에 익종과 신정왕후에 대한 행적을 차례로 새기는 방식으로 서술되어 있다.[125] 따라서 신정왕후는 배우자보다 뒤에 승하하여 전면식과 후면식 둘 다 내상재선에 해당하는 효현왕후와 명성황후의 표석에 들어가는 내용과 다르게 된 것으로 보인다.

효현왕후의 배우자인 헌종의 표석을 보면 좀 더 분명해질 것이다. 『헌

124 효현왕후 국장과 명성황후 국장에 사용한 표석에 대한 두 단락의 설명은 『孝顯王后國葬都監儀軌』(奎 13802) 卷4, 表石所儀軌 「表石」; 『明成皇后國葬都監儀軌』(奎 13883) 卷4, 表石所儀軌 「表石」 참조.

125 『神貞王后國葬都監儀軌』(奎 13736) 卷4, 表石所儀軌 「表石」.

종국장도감의궤(憲宗國葬都監儀軌)』를 보면, 헌종의 표석에는 『신정왕후국장도감의궤』의 표석 기록처럼 '전면식'과 '후면식'이 모두 기록되어 있다. 전면에는 '조선국' '헌종대왕경릉(憲宗大王景陵)' '효현왕후부좌(孝顯王后祔左)'로, 후면에는 헌종과 효현왕후의 행적을 차례로 새긴다고 되어 있다.[126] 그렇다면 1903년에 승하하는 헌종의 계비인 효정왕후의 표석 후면은 신정왕후의 표석처럼 헌종, 효현왕후, 효정왕후의 순으로 새길 것으로 예상된다.

효현왕후 표석의 전면식은 국가명(조선국)+시호(효현)+왕후+능호(경릉)의 순서이다. 초행(初行)에 국가명 '조선국' 3글자를, 차행(次行)에 나머지 '효현왕후경릉' 6글자를 차례로 새겼다. 이와는 달리 명성황후 표석의 전면식은 국가명(대한)+능호(홍릉)+시호(명성)+황후의 순서이다. 초행에 국가명 '대한' 2글자를, 차행에 능호 '홍릉' 2글자를, 삼행(三行)에 나머지 '명성 황후' 4글자를 순서대로 새겼다. 왕후, 황후라는 글자를 제외한 전면에 쓰는 방식만으로 왕후 국장과 황후 국장을 구별할 수 있느냐는 또 다른 황후 국장을 검토할 때 분명해지겠지만 회의적이다.

후면식은 후면에 들어가는 내용을 새기는 방식 자체는 왕후의 표석이든 황후의 표석이든 문제될 것 같지 않다. 그것보다 후면에서 중요한 것은 왕후 혹은 황후의 행적을 수록하느냐의 여부로, 이는 내상재선이냐 아니냐가 관건이다. 내상재선이면 행적을 수록하지 않고 그렇지 않다면 수록하기 때문이다. 효현왕후와 명성황후는 둘 다 내상재선에 해당하여 그들의 표석 후면에는 행적이 수록되어 있지 않다. 왕후와 황후의 차이는 후면에 들어가는 내용으로 파악할 뿐이다.

126 『憲宗國葬都監儀軌』(奎 13784) 卷4, 表石所儀軌「表石」.

○ 지석(誌石)

지석은 죽은 사람의 행적을 새겨서 퇴광과 장명등 사이에 매안하는 의물이다. 재료가 자기(磁器)인 경우에는 자지(磁誌)라 하고, 재료가 사기(沙器)인 경우에는 사지석(沙誌石)이라고 한다.

효현왕후와 명성황후의 국장에 사용한 지석의 모습은 〈도판 82〉가 참조된다. 효현왕후와 명성황후의 국장에 사용한 지석의 모습이 서로 다른 것처럼 보이지만 신정왕후 국장에 사용한 지석을 보면 명성황후의 그것에 가깝다.[127] 따라서 그림의 모습으로 왕후 국장과 황후 국장을 드러내기는 어려울 듯하다. 그리고 길이와 너비, 두께 등 규모면에서도 『효현왕후국장도감의궤』와 『명성황후국장도감의궤』의 기록이 다르다. 그렇다고 규모가 확연하게 차이가 나지 않아 이것으로 왕후 국장과 황후 국장을 논하기도 어려울 정도이다.

뿐만 아니라 지석의 장수(張數)가 효현왕후는 9장, 명성황후는 45장이다. 이는 지문 내용의 많고 적음에 따를 뿐, 이 역시 왕후 국장과 황후 국장을 가름할 기준으로 삼기에는 무리이다.

단, 효현왕후의 지석에는 장(張)마다 좌변(左邊) 모퉁이에 효현왕후경릉지(孝顯王后景陵誌) 7자를 쓰고, 명성황후의 지석에는 같은 위치에 명성황후홍릉지(明成皇后洪陵誌) 7자를 썼다. 또 지문의 첫 문장이 효현왕후는 '유명조선국(有明朝鮮國) 효현왕후경릉지(孝顯王后景陵誌)'라고 시작하고, 명성황후는 '대한(大韓) 명성황후(明成皇后) 홍릉지(洪陵誌)'라고 시작했다.[128]

표석이 지상에서 무덤의 주인이 누구인지를 알린다면, 지석은 지하에

127 『神貞王后國葬都監儀軌』(奎 13736)·(奎 13737) 卷4, 誌石所儀軌 「誌石」.

128 효현왕후 국장에 사용한 지석과 명성황후 국장에 사용한 사지석에 대한 세 단락의 설명은 『孝顯王后國葬都監儀軌』(奎 13802) 卷4, 誌石所儀軌 「誌石」; 『明成皇后國葬都監儀軌』(奎 13883) 卷4, 誌石所儀軌 「沙誌石」 참조.

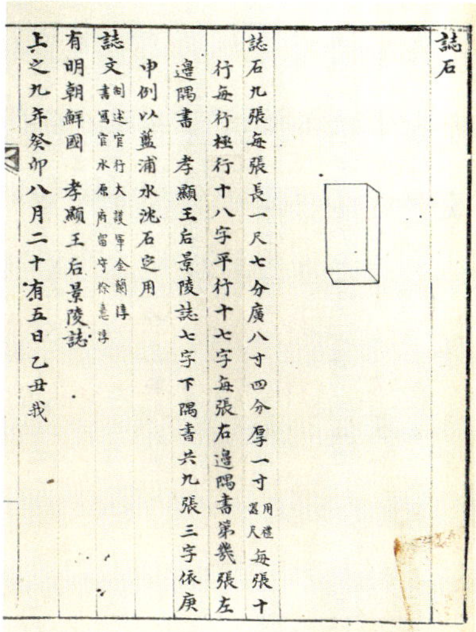

誌石

誌石九張每張長一尺七分廣八寸四分厚一寸 用禮器尺 每張十
行每行極行十八字平行十七字每張右邊隅書第幾張左
邊隅書 孝顯王后景陵誌七字下隅書共九張三字依庚
中例以藍浦水洗石定用
誌文 製述官行大護軍金蘭淳 書寫官水原府留守徐憙淳
有明朝鮮國 孝顯王后景陵誌
上之九年癸卯八月二十有五日乙丑哉

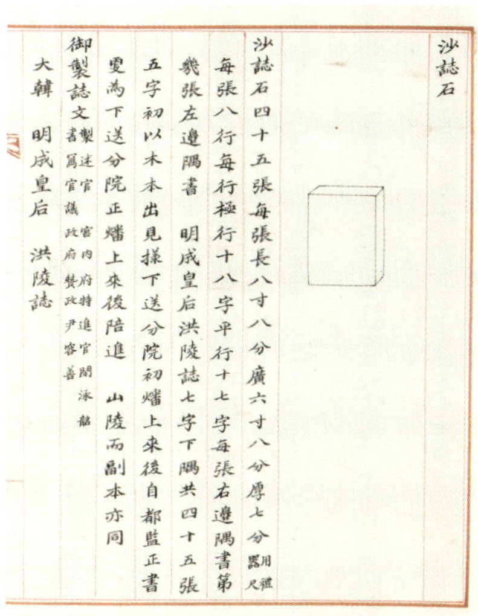

沙誌石

沙誌石四十五張每張長八寸八分廣六寸八分厚七分 用禮器尺
每張八行每行極行十八字平行十七字每張右邊隅書第
幾張左邊隅書 明成皇后洪陵誌七字下隅共四十五張
五字初以木本出見様下送分院初燔上來後自都監正書
更爲下送分院正燔上來後陪進 山陵而副本亦同
御製誌文 製述官宮內府特進官閔泳韶 書寫官議政府贊政尹容善
大韓 明成皇后 洪陵誌

〈도판 82〉「지석(誌石)」, 『효현왕후국장도감의궤』, 규장각한국학연구원(좌) | 「사지석(沙誌石)」, 『명성황후국장도감의궤』, 규장각한국학연구원(우)

서 무덤의 주인이 누구인지를 알려주는 의물이다. 오랜 시간이 흘러서 봉분이 사라지더라도 지석을 통해 무덤의 주인을 알 수 있다.

『국장도감의궤』를 통해 신정왕후/효현왕후 국장에 사용한 의물과 명성황후 국장에 사용한 의물에 대해 검토했다. 왕후 국장에 사용하는 것에서 바뀌지 않은 의물도 있고, 의장처럼 많이 변화한 것도 있고, 규모나 들어간 재료의 변화는 거의 없이 왜주홍칠/당주홍칠과 황칠이라는 칠에 변화를 준 의물도 있고, 그림은 다른데 그림 설명은 같은 의물도 있으며, 세트를 이루는 의물의 경우에는 일부의 의물(내함·배안상·독책상)에만 변화를 주기도 하고, 의물은 거의 변하지 않았는데 그것을 싸는 보자기나 보자기에 사용한 실의 색이 달라지는 등 여러 양상을 보였다.

신정왕후/효현왕후 『국장도감의궤』와 『명성황후국장도감의궤』에 실려 있는 도설을 일일이 비교해 본 결과 이러한 결과가 도출되었다. 그림과 그림 설명에서 가장 뚜렷한 차이는 의물에 사용한 색이었고 이것이 대부분을 차지했다. 그런데 『명성황후국장도감의궤』에는 이러한 양상들의 각각에 대한 설명이 없다. 의물이 변화하지 않은 이유는 무엇이며, 또 변화한 이유는 무엇인지, 세트 중 일부 의물에만 변화가 생긴 이유는 무엇인지 등등이다. 황후 국장으로 바뀐 뒤 달라진 도설이 어디에 근거한 것인지에 대한 파악이 향후 과제이다.

2) 『빈전혼전도감의궤』의 도설

『명성황후빈전혼전도감의궤』에는 『일방의궤』에만 도설이 수록되어 있다. 진칠시소금저도(進漆時素錦褚圖), 신설소금저엄창전면도(新設素錦褚掩窓前面圖)·신설소금저개창후면도(新設素錦褚開窓後面圖), 결과시등도(結裹時凳圖), 고제유둔재전도(古制油芚裁剪圖)·신제유지상갑재전도(新製油紙上匣裁剪圖)·신제유지하갑재전도(新製油紙下匣裁剪圖), 홍전상갑재전도(紅氈上匣裁剪圖)·홍전하갑재전도(紅氈下匣裁剪圖), 광중관의화보도(壙中棺衣畫黼圖), 조석전(朝夕奠), 주다례(晝茶禮), 조석상식(朝夕上食), 우제찬도(虞祭饌圖), 혼전속절삭망제찬도(魂殿俗節朔望祭饌圖) 등이다.

○ 진칠시소금저도(進漆時素錦褚圖)

진칠시소금저도는 재궁에 진칠할 때 사용하는 소금저를 그린 그림이다. 『신정왕후빈전혼전도감의궤』와 『명성황후빈전혼전도감의궤』에 수록된 그림과 그림 설명이 일치한다(〈도판 83〉).[129] 왕후 국장과 황후 국장의 차이가 발견되지 않는다.

---

129 『神貞王后殯殿魂殿都監儀軌』(奎 13747) 卷2, 一房儀軌 圖說「進漆時素錦褚圖」; 『明成皇后殯殿魂殿都監儀軌』(奎 13890) 卷2, 一房儀軌 圖說「進漆時素錦褚圖」.

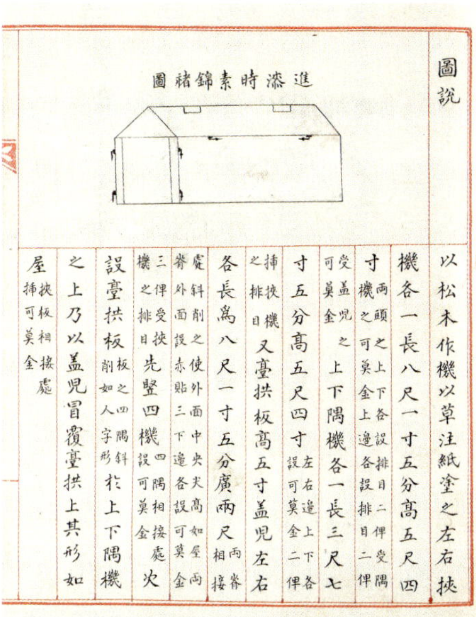

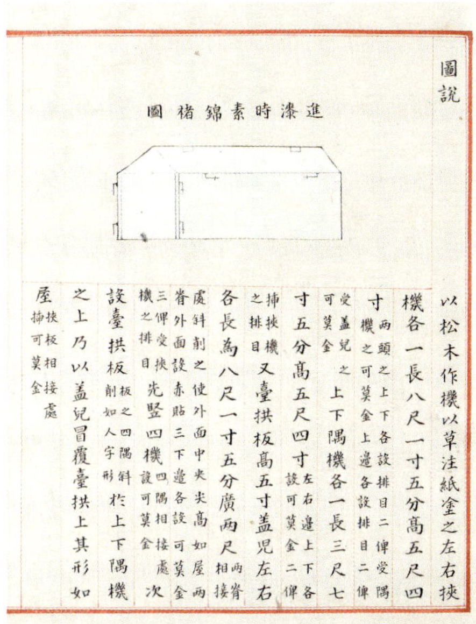

〈도판 83〉「진칠시소금저도(進漆時素錦褚圖)」, 『신정왕후빈전혼전도감의궤』, 규장각한국학연구원(좌) | 「진칠시소금저도」, 『명성황후빈전혼전도감의궤』, 규장각한국학연구원(우)

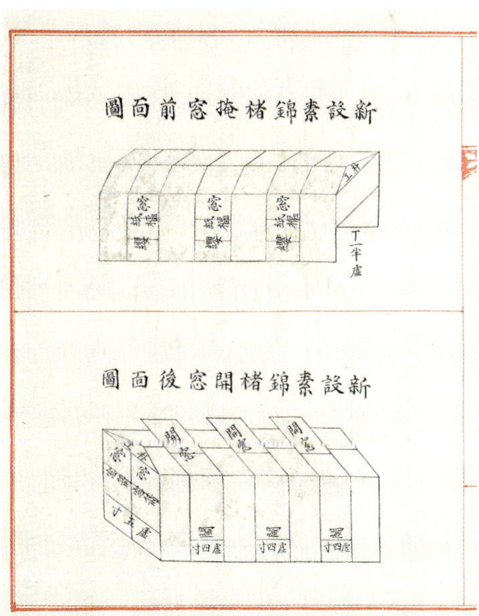

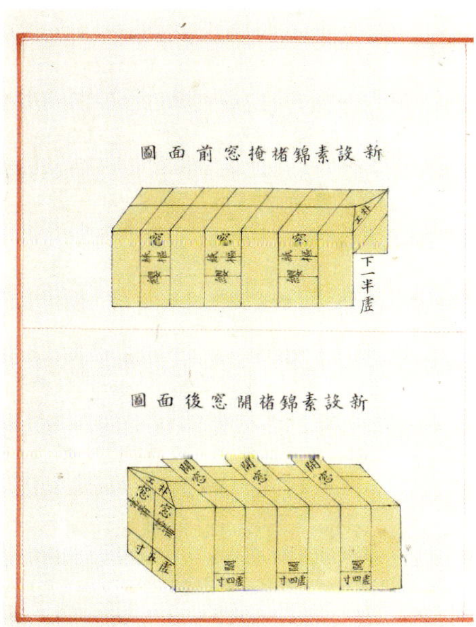

〈도판 84〉「신설소금저엄창전면도(新設素錦褚掩窓前面圖)」·「신설소금저개창후면도(新設素錦褚開窓後面圖)」, 『신정왕후빈전혼전도감의궤』, 규장각한국학연구원(좌) | 「신설소금저엄창전면도」·「신설소금저개창후면도」, 『명성황후빈전혼전도감의궤』, 규장각한국학연구원(우)

○ 신설소금저엄창전면도(新設素錦褚掩窓前面圖)·신설소금저개창후면도(新設素錦褚開窓後面圖)

신설소금저엄창전면도는 새로 설치한 소금저인데 창문을 닫았을 때 앞면을 그린 그림이다. 신설소금저개창후면도도 새로 설치한 소금저인데 창문을 열었을 때 뒷면을 그린 그림이다. 신정왕후와 명성황후의 국장에 사용한 '신설소금저엄창전면도'와 '신설소금저개창후면도'는 〈도판 84〉가 참조된다.

소금저는 2개가 있는데 하나는 병오년 이전의 옛 제도로 재궁에 진칠할 때 사용했다(〈도판 83〉). 나머지 하나는 병오년 이후에 새로 제작한 것으로 곧 재궁을 결과(結裹)한 뒤 결과한 재궁을 덮기 위해 사용했다. 병오년은 정조의 첫째 아들 문효세자(1782~1786)가 훙서한 1786년(정조 10)으로 추정된다.[130]

『신정왕후빈전혼전도감의궤』와 『명성황후빈전혼전도감의궤』에 수록된 그림은 시각적으로 보더라도 분명하게 드러난 차이는 색이다. 신정왕후 국장에 사용한 소금저는 흰색, 명성황후 국장에 사용한 것은 황색이다. 그림 설명에서도 하나만 제외하고 동일한데, 그 하나가 바로 신정왕후의 것에는 백화주(白禾紬), 명성황후의 것에는 황화주(黃禾紬)의 사용이

130 18~19세기에 병오년이라고 하면 1726년(영조 2), 1786년(정조 10), 1846년(헌종 12) 등이 있다. 1805년(순조 5)에 승하한 영조의 계비 정순왕후의 『정순왕후빈전혼전도감의궤』와 1843년(헌종 9)에 승하한 헌종비 효현왕후의 『효현왕후빈전혼전도감의궤』에는 「新設素錦褚掩窓前面圖」·「新設素錦褚開窓後面圖」가 그려져 있다. 그러나 이보다 시기가 앞서는 1757년(영조 33)에 승하한 영조비 정성왕후의 『정성왕후빈전도감의궤』·『정성왕후혼전도감의궤』, 1776년(영조 52)에 승하한 영조의 『영조빈전도감의궤』와 『영조혼전도감의궤』, 1800년(정조 24)에 승하한 정조의 『정조빈전혼전도감의궤』 등에는 아예 이러한 도설이 없다. 1786년에 훙서한 문효세자의 『문효세자예장도감의궤』에 나오는 소금저의 그림 설명을 통해[『文孝世子禮葬都監儀軌』(CORÉEN 2573) 一房儀軌 物件造作秩 「素錦褚」], 1786년 병오년이 가장 유력할 것이라고 추정했다. 이후 서술할 油芚과 紅氈을 보면 이 추정이 좀 더 힘을 받을 것으로 예상된다.

다.[131] 여기서도 색에 의해 왕후와 황후의 신분적 지위를 나타낸 것으로 보인다.

○ 결과시등도(結裹時凳圖)

결과시등도는 재궁을 결과할 때 쓰는 받침대[등(凳)]를 그린 그림이다. 신정왕후와 명성황후의 국장에 사용한 '결과시등도'는 〈도판 85〉가 참조된다.

두 그림에서 테두리 선의 색이 약간 다른 듯하나 이는 색이 짙고 옅은 차이인 듯하다. 그림 설명을 보면 알 수 있는데 그림 설명에는 하나를 제외하고는 모두 같다. 그 하나가 색과 관련된 것이 아니다. 곧, 등의 3가지

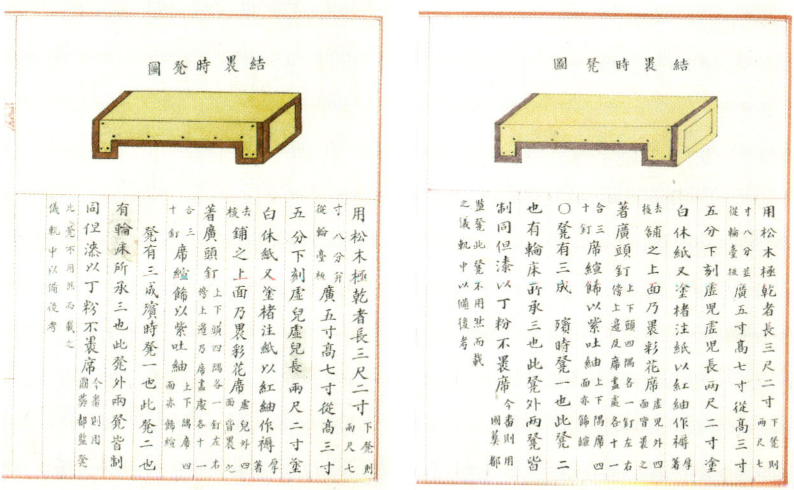

〈도판 85〉「결과시등도(結裹時凳圖)」, 『신정왕후빈전혼전도감의궤』, 규장각한국학연구원(좌) | 「결과시등도」, 『명성황후빈전혼전도감의궤』, 규장각한국학연구원(우)

---

131 『神貞王后殯殿魂殿都監儀軌』(奎 13747) 卷2, 一房儀軌 圖說 「新設素錦褚掩窓前面圖」·「新設素錦褚開窓後面圖」; 『明成皇后殯殿魂殿都監儀軌』(奎 13890) 卷2, 一房儀軌 圖說 「新設素錦褚掩窓前面圖」·「新設素錦褚開窓後面圖」.

쓰임새 중 신정왕후의 국장에 사용한 등은 윤대판(輪臺板)을 받친다는 것이고 명성황후의 국장에 사용한 것은 윤상(輪床)을 받친다는 내용이다.[132] 나머지는 다르지 않기에 이 정도로 왕후 국장과 황후 국장의 차이를 거론하기는 어려울 듯하다.

○ 고제유둔재전도(古制油芚裁剪圖)·신제유지상갑재전도(新製油紙上匣裁剪圖)·신제유지하갑재전도(新製油紙下匣裁剪圖)

'고제유둔재전도'는 옛 제도의 방식으로 재단한 유둔을 펼쳐놓은 모습을 그린 그림이다. 유둔은 두꺼운 종이에 기름을 먹여 비나 습기 등이 스며들지 않도록 만든 것으로 '유지(油紙)'라고도 한다.

'고제유둔재전도'에서 신정왕후 국장에 사용한 그림에서 분상용 의궤(〈奎 13747〉)에는 그림명이 쓰여 있지 않으나 어람용 의궤(〈奎 13745〉)에는 쓰여 있다. 다른 국장에 사용한 것 및 명성황후의 국장에 사용한 것에는 모두 '고제유둔재전도'라고 쓰여 있다. 『신정왕후빈전혼전도감의궤』와 『명성황후빈전혼전도감의궤』에 수록된 그림과 그림 설명이 다르지 않다(〈도판 86〉).[133]

'신제유지상갑재전도'와 '신제유지하갑재전도'는 재궁을 찬궁에 봉안할 때 재궁을 싸는 유둔을 만드는 방법에서 윗 상자인 상갑과 아랫 상자인 하갑을 펼쳐놓은 그림이다.

---

132 『神貞王后殯殿魂殿都監儀軌』(奎 13747) 卷2, 一房儀軌 圖說 「結裹時覓圖」; 『明成皇后殯殿魂殿都監儀軌』(奎 13890) 卷2, 一房儀軌 圖說 「結裹時覓圖」.

133 『神貞王后殯殿魂殿都監儀軌』(奎 13747)·(奎 13745) 卷2, 一房儀軌 圖說 [「古制油芚裁剪圖」]·「古制油芚裁剪圖」; 『明成皇后殯殿魂殿都監儀軌』(奎 13890) 卷2, 一房儀軌 圖說 「古制油芚裁剪圖」. 〈奎 13747〉본은 분상용이고, 〈奎 13745〉본은 어람용이다. 〈奎 13747〉본에는 그림명이 없어서 그림명을 넣은 뒤 [ ]를 표시했다. 〈奎 13745〉본은 그림 위에 그림명이 쓰여 있고 〈도판 86〉에서 볼 수 있다. 이후 『신정왕후빈전혼전도감의궤』에 대해 분상용과 어람용을 거론할 때에는 두 본을 참고했다.

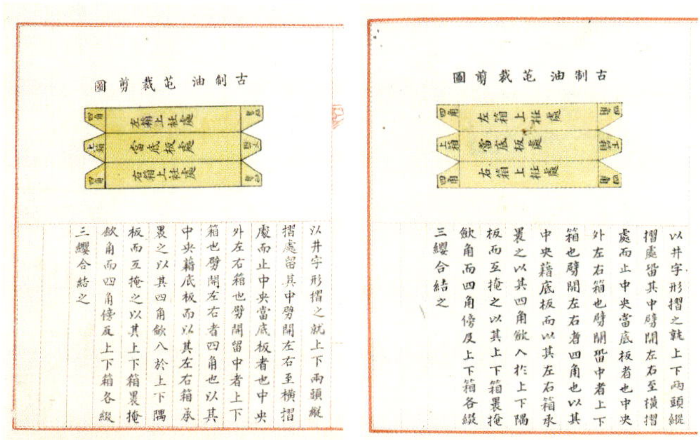

〈도판 86〉「고제유둔재전도(古制油芚裁剪圖)」, 『신정왕후빈전혼전도감의궤』, 규장각한국학연구원(좌) | 「고제유둔재전도」, 『명성황후빈전혼전도감의궤』, 규장각한국학연구원(우)

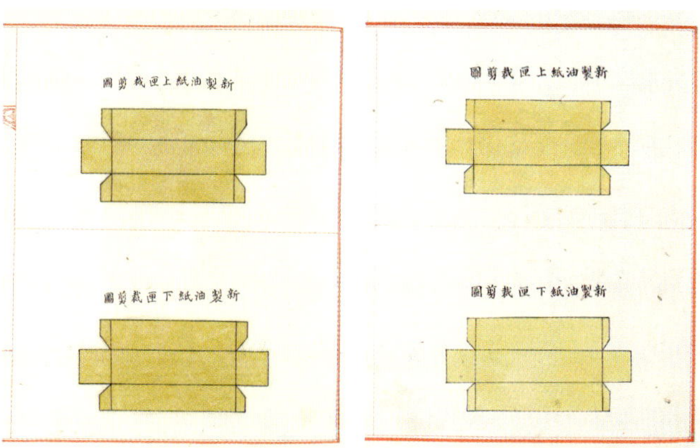

〈도판 87〉「신제유지상갑재전도(新製油紙上匣裁剪圖)」·「신제유지하갑재전도(新製油紙下匣裁剪圖)」, 『신정왕후빈전혼전도감의궤』, 규장각한국학연구원(좌) | 「신제유지상갑재전도」·「신제유지하갑재전도」, 『명성황후빈전혼전도감의궤』, 규장각한국학연구원(우)

'신제유지상갑재전도'와 '신제유지하갑재전도' 역시 『신정왕후빈전혼전도감의궤』와 『명성황후빈전혼전도감의궤』에 수록된 그림과 그림 설명이 같다(〈도판 87〉).[134] '신제(新製)'는 소금저에서 '신설(新設)'이라고 한 것처럼

134 『神貞王后殯殿魂殿都監儀軌』(奎 13747) 卷2, 一房儀軌 圖說 「新製油紙上匣裁剪圖」·

1786년 병오년에 '신제'한 것으로 추정된다. 『문효세자빈궁혼궁도감의궤』에 그보다 앞서 편찬된 의궤에는 그려져 있지 않은 유둔과 홍전(紅氈) 도설이 수록되어 있어서이다.[135]

이상 '고제유둔재전도', '신제유지상갑재전도', '신제유지하갑재전도' 세 도설을 살핀 결과 왕후 국장과 황후 국장의 차이가 발견되지 않는다.

○ 홍전상갑재전도(紅氈上匣裁剪圖)·홍전하갑재전도(紅氈下匣裁剪圖)

'홍전상갑재전도'와 '홍전하갑재전도'는 재궁을 싼 유둔을 다시 홍전으로 감싸기 위한 윗 상자인 상갑과 아랫 상자인 하갑을 펼쳐놓은 그림이

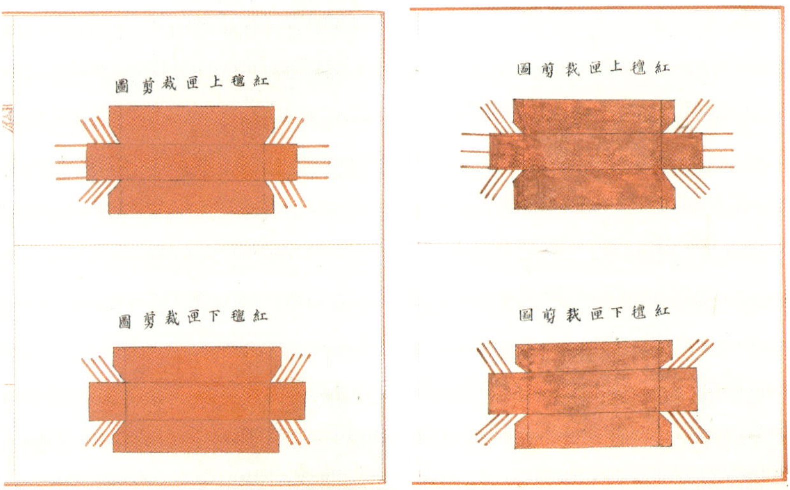

〈도판 88〉「홍전상갑재전도(紅氈上匣裁剪圖)」·「홍전하갑재전도(紅氈下匣裁剪圖)」, 『신정왕후빈전혼전도감의궤』, 규장각한국학연구원(좌) | 「홍전상갑재전도」·「홍전하갑재전도」, 『명성황후빈전혼전도감의궤』, 규장각한국학연구원(우)

「新製油紙下匣裁剪圖」; 『明成皇后殯殿魂殿都監儀軌』(奎 13890) 卷2, 一房儀軌 圖說 「新製油紙上匣裁剪圖」·「新製油紙下匣裁剪圖」.

135 『文孝世子殯宮魂宮都監儀軌』(CORÉEN 2693) 一房 圖式 「油芚」·「紅氈」.

다. 홍전은 붉은색 모섬유로 짠 전이다.

신정왕후와 명성황후의 국장에 사용한 '홍전상갑재전도'와 '홍전하갑재전도'의 모습은 〈도판 88〉이 참조된다. 시각적으로 신정왕후의 국장에 사용한 것은 왜주홍을, 명성황후의 국장에 사용한 것은 당주홍을 칠한 것처럼 보인다. 하지만 그림 설명이 똑같아 단정하기 어렵다.[136] 둘 다 붉은 계통이라는 점에서 공통적이며, 이것으로 신분별 위계의 파악은 어려울 듯하다.

'신설소금저엄창전면도·신설소금저개창후면도' 및 '신제유지상갑재전도·신제유지하갑재전도', 여기에 '홍전상갑재전도·홍전하갑재전도'까지 이들은 적어도 문효세자 예장 관련 도설에서 처음 선보이는 것으로 예상된다. 문효세자 예장 때 그린 도설이 모두 그러한지는 좀 더 확인이 필요하지만 적어도 이 그림들은 그 이전 국장·예장과 그 이후 국장·예장에서 도설면에서는 분기점이 되지 않을까 조심스레 짐작해 본다.

○ 광중관의화보도(壙中棺衣畫黼圖)

광중관의화보도는 산릉에서 현궁에 재궁을 내릴 때 재궁을 덮는 관의(棺衣)에 도끼 문양의 '보(黼)'를 그린 모습을 보여주는 그림이다.

신정왕후와 명성황후의 국장에 사용한 '광중관의화보도'의 모습은 〈도판 89〉가 참조된다. 두 그림에서 색의 차이가 확연하게 다르듯 그림 설명에서도 단 한 곳에서 그 차이가 발견된다. 신정왕후 국장에 사용한 것에는 결과(結裹)한 대관의(大棺衣)로 홍공단(紅貢緞)을 사용한 반면, 명성황후

136 『神貞王后殯殿魂殿都監儀軌』(奎 13747) 卷2, 一房儀軌 圖說 「紅氈上匣裁剪圖」·「紅氈下匣裁剪圖)」; 『明成皇后殯殿魂殿都監儀軌』(奎 13890) 卷2, 一房儀軌 圖說 「紅氈上匣裁剪圖」·「紅氈下匣裁剪圖)」.

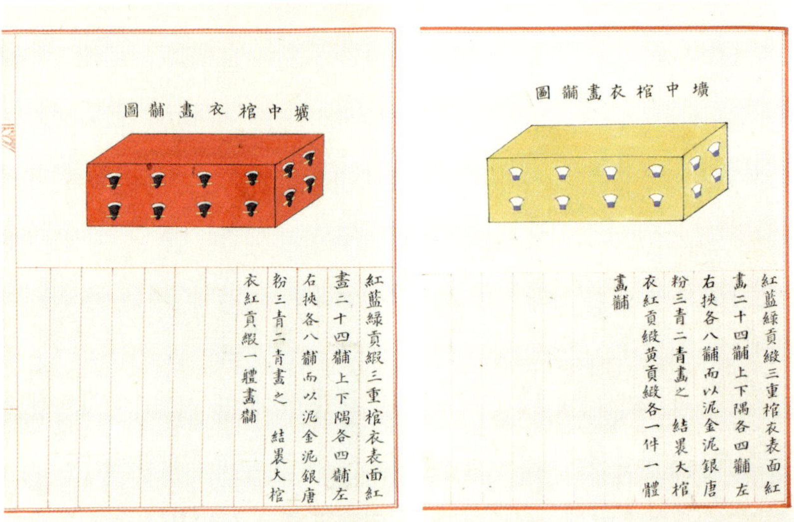

〈도판 89〉「광중관의화보도(壙中棺衣畫黼圖)」, 『신정왕후빈전혼전도감의궤』, 규장각한국학연구원(좌) | 「광중관의화보도」, 『명성황후빈전혼전도감의궤』, 규장각한국학연구원(우)

의 것에는 홍공단과 황공단(皇貢緞) 각 1건(件)을 사용한 점이다.[137] 공단의 색이 왕후 국장과 황후 국장의 위계를 보여주는 요소라 볼 수 있다.

○ 제척(諸尺)

주척(周尺), 예기척(禮器尺), 포백척(布帛尺) 등 여러 자[척(尺)]의 모습을 보여주는 도설이다. 『신정왕후빈전혼전도감의궤』와 『명성황후빈전혼전도감의궤』에 그림과 그림 설명이 다르지 않다(〈도판 90〉).[138]

---

137 『神貞王后殯殿魂殿都監儀軌』(奎 13747) 卷2, 一房儀軌 圖說「壙中棺衣畫黼圖」; 『明成皇后殯殿魂殿都監儀軌』(奎 13890) 卷2, 一房儀軌 圖說「壙中棺衣畫黼圖」.

138 『神貞王后殯殿魂殿都監儀軌』(奎 13747) 卷2, 一房儀軌 圖說「周尺」·「禮器尺」·「布帛尺」; 『明成皇后殯殿魂殿都監儀軌』(奎 13890) 卷2, 一房儀軌 圖說「周尺」·「禮器尺」·「布帛尺」.

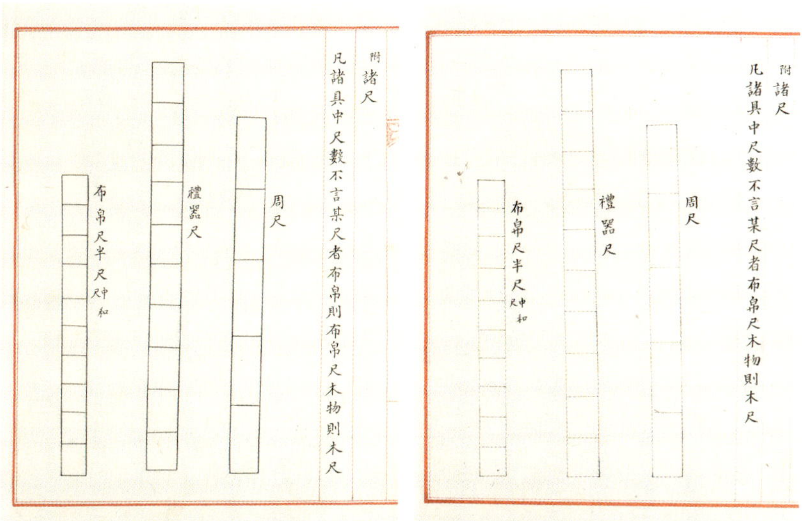

〈도판 90〉「주척(周尺)」·「예기척(禮器尺)」·「포백척(布帛尺)」, 『신정왕후빈전혼전도감의궤』, 규장각한국학연구원(좌) | 「주척」·「예기척」·「포백척」, 『명성황후빈전혼전도감의궤』, 규장각한국학연구원(우)

○ 조석전(朝夕奠)·주다례(晝茶禮)·조석상식(朝夕上食)

조석전·주다례·조석상식을 행할 때의 상차림을 보여주는 진설도이다. 조석전과 주다례, 조석상식 등의 각 진설도 역시 『신정왕후빈전혼전도감의궤』와 『명성황후빈전혼전도감의궤』의 도설이 일치한다(〈도판 91〉·〈도판 92〉·〈도판 93〉).[139]

○ 우제찬도(虞祭饌圖)

우제찬도는 우제를 지낼 때의 상차림을 보여주는 진설도이다. 신정왕후와 명성황후의 국장에 사용한 '우제찬도'의 모습은 〈도판 94〉가 참조된다.

139 『神貞王后殯殿魂殿都監儀軌』(奎 13747) 卷2, 一房儀軌 圖說 「朝夕奠」·「晝茶禮」·「朝夕上食」; 『明成皇后殯殿魂殿都監儀軌』(奎 13890) 卷2, 一房儀軌 圖說 「朝夕奠」·「晝茶禮」·「朝夕上食」.

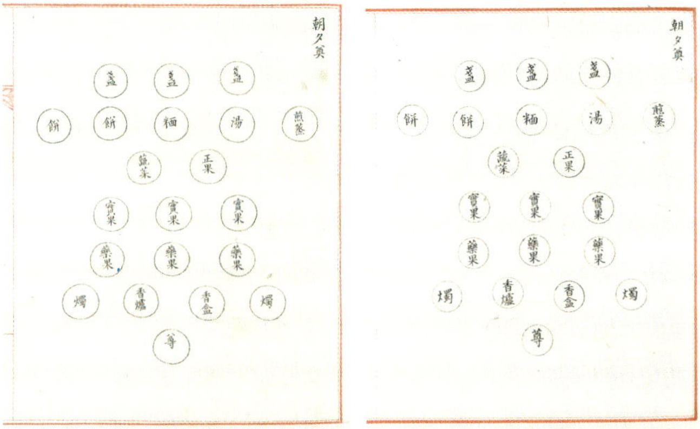

〈도판 91〉「조석전(朝夕奠)」, 『신정왕후빈전혼전도감의궤』, 규장각한국학연구원(좌) | 「조석전」, 『명성황후빈전혼전도감의궤』, 규장각한국학연구원(우)

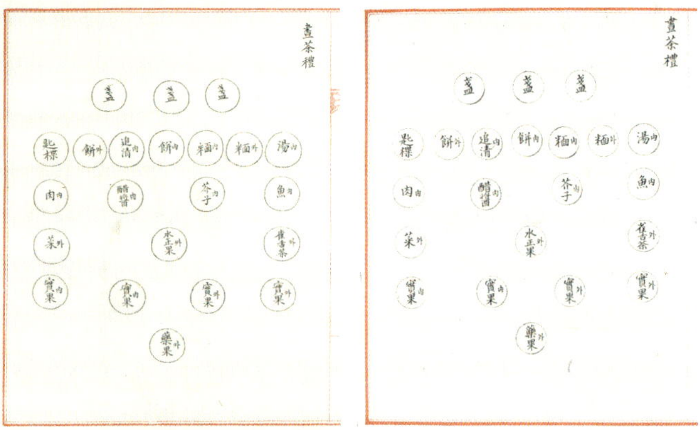

〈도판 92〉「주다례(晝茶禮)」, 『신정왕후빈전혼전도감의궤』, 규장각한국학연구원(좌) | 「주다례」, 『명성황후빈전혼전도감의궤』, 규장각한국학연구원(우)

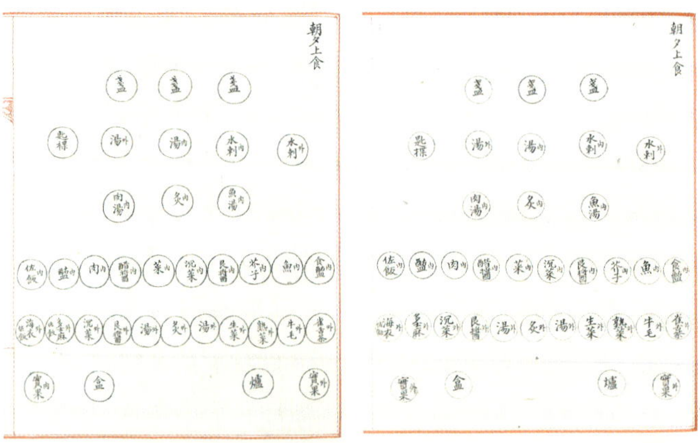

〈도판 93〉「조석상식(朝夕上食)」, 『신정왕후빈전혼전도감의궤』, 규장각한국학연구원(좌) | 「조석상식」, 『명성황후빈전혼전도감의궤』, 규장각한국학연구원(우)

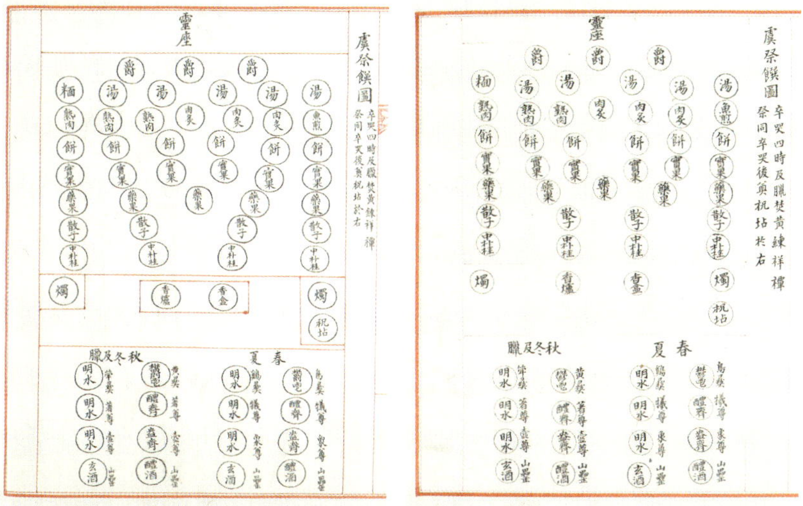

〈도판 94〉「우제찬도(虞祭饌圖)」, 『신정왕후빈전혼전도감의궤』, 규장각한국학연구원(좌) | 「우제찬도」, 『명성황후빈전혼전도감의궤』, 규장각한국학연구원(우)

우제찬도에서는 탁자[탁(卓)]에서 남쪽을 윗 자리[남상(南上)]로 할 때 8행 중 제7행에서 『신정왕후빈전혼전도감의궤』의 경우 분상용 의궤에는 탕(湯)이 6기로 되어 있으나 어람용 의궤에는 면(麵) 1기와 탕 5기로 구성되어 『명성황후빈전혼전 도감의궤』의 면 1기와 탕 5기의 구성과 동일하다. 그리고 주준탁(酒尊卓)에서 술과 명수, 그리고 이들을 담는 제기의 진설은 두 의궤가 다르지 않다. 단, 신정왕후 국장의 경우 분상용 의궤에는 춘하추동만 쓰여 있고 '급납(及臘)' 두 글자가 없다.[140]

'급납'에 대해 부연설명을 하면, 명성황후의 국장에서 초우제[1897년(고종 34) 11월 22일(음력 10월 28일)]부터 구우제[1897년(고종 34) 12월 6일(음력 11월 13일)]를 지내기까지 그사이에 납제사와 겹친 적이 없었다. 이해 납제사는 1898년

140 『神貞王后殯殿魂殿都監儀軌』(奎 13747)·(奎 13745) 卷2, 一房儀軌 圖說「虞祭饌圖」; 『明成皇后殯殿魂殿都監儀軌』(奎 13890) 卷2, 一房儀軌 圖說「虞祭饌圖」.

(고종 35) 1월 20일(음력 1897년 12월 28일)에 지냈기 때문이다. 그럼에도 추정한다면 실제 납제사가 우제를 지내는 날짜와 겹치지 않아서 혹은 진설도를 그릴 때 실수로 누락한 것이 아닌가 한다.

우제를 지낼 때에는 이미 황후 국장으로 바뀐 뒤에 진행되었다. 그러나 적어도 어람용 의궤에 실려 있는 우제찬도에서는 차이점이 발견되지 않는다. 왕후 국장과 황후 국장을 구분짓기는 힘들다는 판단이다.

○ 혼전속절삭망제찬도(魂殿俗節朔望祭饌圖)

혼전속절삭망제찬도는 혼전에서 속절과 삭망에 제사를 지낼 때의 상차림을 보여주는 진설도이다. 신정왕후와 명성황후의 국장에 사용한 '혼전속절삭망제찬도'의 모습은 〈도판 95〉가 참조된다.

혼전속절삭망제찬도에서는 탁자에서 남쪽을 윗 자리로 할 때 8행 중 제7행에서 『신정왕후빈전혼전도감의궤』의 경우 분상용 의궤에는 '탕'이

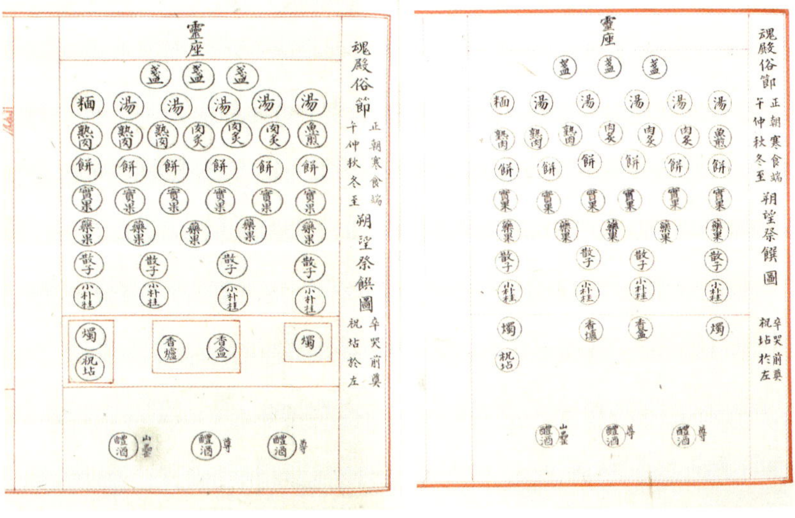

〈도판 95〉「혼전속절삭망제찬도(魂殿俗節朔望祭饌圖)」, 『신정왕후빈전혼전도감의궤』, 규장각한국학연구원(좌) | 「혼전속절삭망제찬도」, 『명성황후빈전혼전도감의궤』, 규장각한국학연구원(우)

6기로 되어 있으나 어람용 의궤에는 면 1기와 탕 5기로 구성되어 『명성황후빈전혼전도감의궤』의 면 1기와 탕 5기의 구성과 동일하다.[141] 이 역시 왕후 국장과 황후 국장으로 구분짓기는 어려울 듯하다.

『빈전혼전도감의궤』의 도설에서는 전반적으로 왕후 국장과 황후 국장에서 의물의 변화가 매우 적은 경향을 띤다. 의물의 용어 및 규모에서의 다른 점은 거의 없고 소금저의 창을 열고 닫는 그림과 관의에서 '색'에 의한 차이를 보이는 정도이다. 자[척(尺)]와 진설도에서는 왕후 국장과 황후 국장의 위계를 드러내는 장치는 없는 것으로 정리된다.

3) 『산릉도감의궤』의 도설

이제 마지막으로 『명성황후홍릉산릉도감의궤』에 수록된 도설을 정리할 차례이다. 그런데 이 의궤에 수록된 도설은 『명성황후국장도감의궤』와 『명성황후빈전혼전도감의궤』에 실린 도설처럼 왕후 국장과 황후 국장과의 비교에만 중점을 두기에는 한계가 있다. 그 때문에 본격적으로 논지를 전개하기에 앞서 한 가지 중요하게 고려해야 하는 점이 있다.

명성황후로 책봉되기 전 앞서 제3~4장에서 보았듯이 명성왕후의 산릉 자리는 두 차례에 걸쳐서 정해졌다. 명성왕후가 승하한 뒤 처음에 산릉 자리로 정한 곳은 숭릉의 우강이었고, 이때 석의에 대해 고종은 명릉·홍릉(弘陵)처럼 장대하게 하지 않는 것이 좋겠다고 하교했다. 그러다가 나중에 고종이 다시 산릉 자리를 간심하게 했고 최종 청량리로 정했다. 산릉 자리를 바꾸었으나 석의와 재목, 기와 등은 공역을 진행하고 있었던 숭릉

141 『神貞王后殯殿魂殿都監儀軌』(奎 13747)·(奎 13745) 卷2, 一房儀軌 圖說 「魂殿俗節朔望祭饌圖」; 『明成皇后殯殿魂殿都監儀軌』(奎 13890) 卷2, 一房儀軌 圖說 「魂殿俗節朔望祭饌圖」.

우강의 것을 옮겨다 쓰기로 했다.

이후 고종이 황제로 즉위하면서 명성왕후를 명성황후로 책봉, 이후 본격적으로 국장을 재개하면서 마침내 황후 국장이 시작되었다. 국체가 제후국에서 천자국으로 승격되고, 왕후에서 황후로 신분이 바뀌었으나 산릉과 관련해서는 특별한 변화가 있지 못했다. '능' 자체가 천자국의 황제나 황후에게 사용할 수 있는 무덤이었기 때문이다. 그럼에도 제후국 국왕이나 왕후의 무덤과 달라야 한다면 능 주변의 건물이나 석물에 변화를 줄 가능성이 크다.

문제는 황후 국장이 시작되고 난 뒤에도 산릉의 건물이나 석물을 바꾸지 않았다는 사실이다. 장례치르는 시점이 너무 늦어진 점도 있고, 또 황후 무덤에 준하는 건물의 건립이나 석물의 제작에 투입할 시간적, 경제적 여유도 없었으며, 설상가상으로 석의에 문제가 생겨 이를 중수하기 위한 장대한 공역이 뒤따랐다. 청량리에 마련한 산릉 자리를 완공하기도 벅찼던 상황에서 황후 무덤에 맞춰 건물이나 석의를 다시 제작한다는 것은 생각지도 못할 뿐더러 그런 논의조차 일지 않았다. 이는 곧 명성황후의 홍릉이 조선의 왕후릉과 차별이 없다는 뜻이기도 하다.

그렇다고 청량리에 조성한 명성황후의 무덤이 황후 무덤과는 거리가 먼 왕후 무덤의 양식으로만 구성되었을까. 청일전쟁 이후 조선의 국제적 위상이 달라졌기에 대한제국의 선포 이전에도 '환구', 대군주 폐하 등 여러 면에서 제후국의 위상에 벗어나는 일련의 흐름이 있었다. 그렇기에 명성황후의 홍릉에도 그러한 장치가 발견될 수 있다는 가능성을 배제할 수는 없다.

『명성황후홍릉산릉도감의궤』에 수록된 도설은 이러한 점을 염두에 두고 검토하고자 한다. 그렇다고 논지를 전개하는 방식이 달라지지는 않는다. 이번에도 『명성황후국장도감의궤』와 『명성황후빈전혼전도감의궤』에 실린 도설을 정리할 때처럼 신정왕후/효현왕후 『산릉도감의궤』에 수록된 도설을 함께 제시하여 비교하는 방식으로 진행하고자 한다.

『산릉도감의궤』의 체제는 『도청의궤』와 『각소의궤』로 구성되어 있다. 『도청의궤』에는 도설이 수록되어 있지 않고, 『각소의궤』 중 삼물소(三物所)와 조성소(造成所), 대부석소(大浮石所)에서 작성한 의궤에 도설이 실려 있다.

(1) 『삼물소의궤』의 도설

『삼물소의궤』에는 몇몇 도설이 더 있지만 의식 절차와 관련되는 건물이나 기구를 중심으로 검토하고자 한다. 능상각(陵上閣), 수도각(隧道閣), 구봉기(鉤捧機), 별녹로(別轆轤), 윤여평상(輪轝平床), 윤여별녹로(輪轝別轆轤) 등이다.

○ 능상각(陵上閣)

능상각은 산릉의 봉분을 조성할 때까지 비와 눈 등을 피하기 위해 현궁 위에 세운 가건물이다. 신정왕후의 수릉에 조성한 능상각과 명성황후의 홍릉에 조성한 능상각의 모습은 〈도판 96〉이 참조된다.

『신정왕후수릉산릉도감의궤』와 『명성황후홍릉산릉도감의궤』 속 그림에서 꼭대기 모양이 좀 다르고, 그림 설명에서는 규모에서 조금씩 차이가 난다. 그렇다고 둘 중 어느 하나의 능상각이 전적으로 더 크다는 뜻은 아닙니다.[142]

142 『神貞王后綏陵山陵都監儀軌』(奎 13749) 下編, 三物所儀軌 圖說 「陵上閣圖」; 『明成皇后洪陵山陵都監儀軌』(奎 13891) 下編, 三物所儀軌 圖說 「陵上閣圖」.

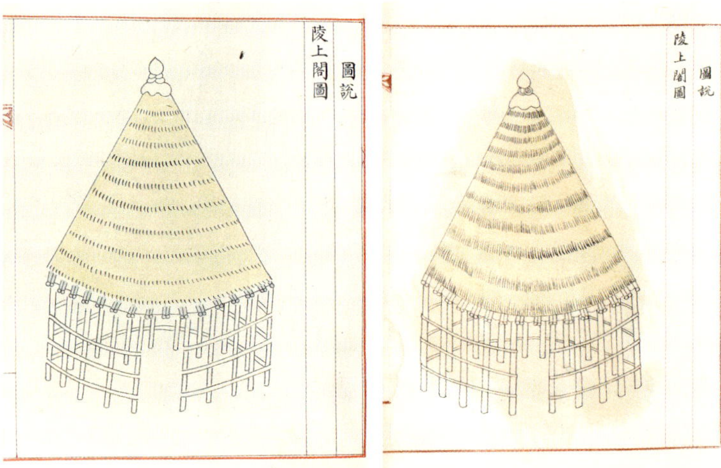

〈도판 96〉「능상각도(陵上閣圖)」, 『신정왕후수릉산릉도감의궤』, 규장각한국학연구원(좌) | 「능상각도」, 『명성황후홍릉산릉도감의궤』, 규장각한국학연구원(우)

○ 수도각(隧道閣)

수도각은 능상각의 남향 정중앙에 연결하여 능의 조성을 마칠 때까지 퇴광을 보호하도록 한 가건물이다. 신정왕후의 수릉에 조성한 수도각과

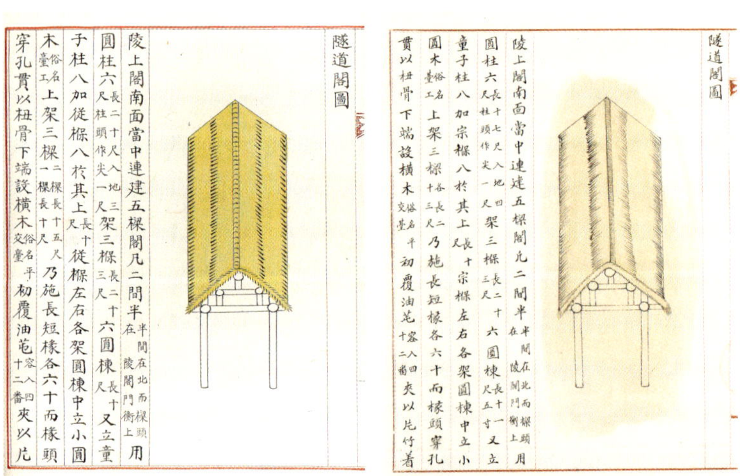

〈도판 97〉「수도각도(隧道閣圖)」, 『신정왕후수릉산릉도감의궤』, 규장각한국학연구원(좌) | 「수도각도」, 『명성황후홍릉산릉도감의궤』, 규장각한국학연구원(우)

명성황후의 홍릉에 조성한 수도각의 모습은 〈도판 97〉이 참조된다.

『신정왕후수릉산릉도감의궤』와 『명성황후홍릉산릉도감의궤』 속 그림은 차이가 발견되지 않고 그림 설명에서 제작 방법은 같으나 규모에서 조금씩 차이가 있다. 능상각처럼 수도각도 전적으로 하나의 수도각이 더 큰 것은 아니다.[143]

○ 구봉기(鉤捧機)

구봉기는 현궁에 재궁이나 외재궁을 내릴 때 사용하는 녹로를 받치고 있는 틀이다. 물레[녹(轆)]가 있는 두 막대가 녹로이고, 이 녹로를 받치고 있는 기둥 위에 걸쳐 있는 네 개의 막대가 구봉기이다.

신정왕후의 수릉에 설치한 구봉기와 명성황후의 홍릉에 설치한 구봉기

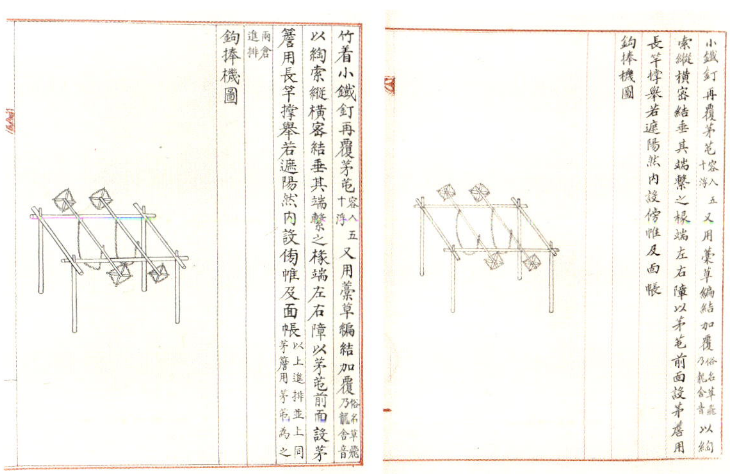

〈도판 98〉 「구봉기도(鉤捧機圖)」, 『신정왕후수릉산릉도감의궤』, 규장각한국학연구원(좌)
| 「구봉기도」, 『명성황후홍릉산릉도감의궤』, 규장각한국학연구원(우)

143 『神貞王后綏陵山陵都監儀軌』(奎 13749) 下編, 三物所儀軌 圖說 「隧道閣圖」; 『明成皇后洪陵山陵都監儀軌』(奎 13891) 下編, 三物所儀軌 圖說 「隧道閣圖」.

의 모습은 〈도판 98〉이 참조된다. 『신정왕후수릉산릉도감의궤』와 『명성황후홍릉산릉도감의궤』 속 그림과 제작 방법을 제시한 그림 설명에서 차이가 거의 드러나지 않는다.[144]

○ 별녹로(別轆轤)

별녹로는 현궁에 재궁이나 외재궁을 내릴 때 사용하는 기구이다. 신정왕후의 수릉에 설치한 별녹로와 명성황후의 홍릉에 설치한 별녹로의 모습은 〈도판 99〉가 참조된다. 『신정왕후수릉산릉도감의궤』와 『명성황후홍릉산릉도감의궤』 속 그림과 그림 설명이 동일하다.[145]

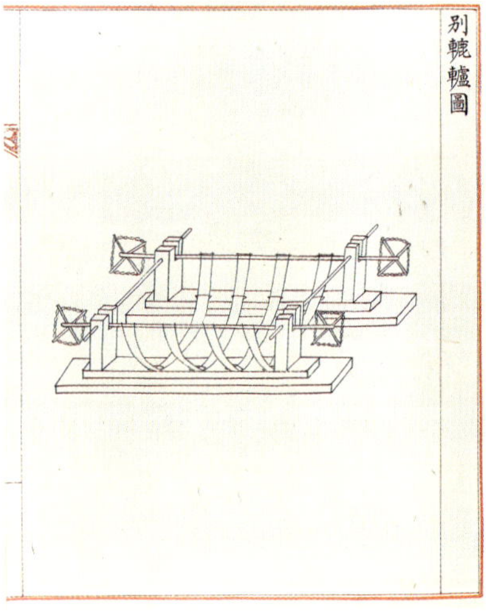

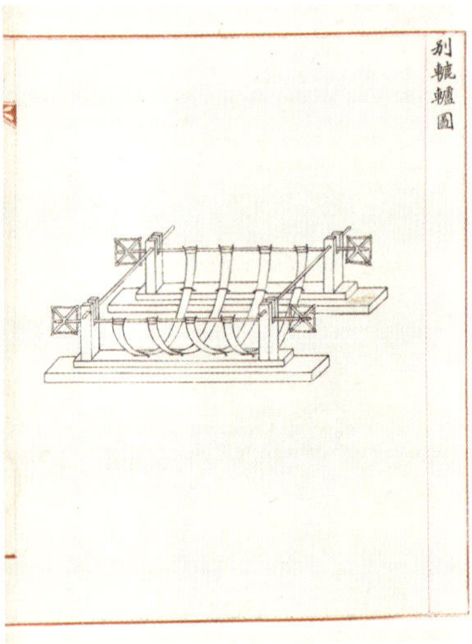

〈도판 99〉 「별녹로도(別轆轤圖)」, 『신정왕후수릉산릉도감의궤』, 규장각한국학연구원(좌) | 「별녹로도」, 『명성황후홍릉산릉도감의궤』, 규장각한국학연구원(우)

144 『神貞王后綏陵山陵都監儀軌』(奎 13749) 下編, 三物所儀軌 圖說 「鉤捧機圖」; 『明成皇后洪陵山陵都監儀軌』(奎 13891) 下編, 三物所儀軌 圖說 「鉤捧機圖」.

145 『神貞王后綏陵山陵都監儀軌』(奎 13749) 下編, 三物所儀軌 圖說 「別轆轤圖」; 『明成皇后洪陵山陵都監儀軌』(奎 13891) 下編, 三物所儀軌 圖說 「別轆轤圖」.

○ 윤여평상(輪轝平床)

윤여평상은 현궁의 앞쪽 공간인 퇴광(退壙)에서 재궁을 현궁 안으로 수평 이동시키는 데 사용되는 기구이다. 신정왕후의 수릉에 사용한 윤여평상과 명성황후의 홍릉에 사용한 윤여평상의 모습은 〈도판 100〉이 참조된다. 『신정왕후수릉산릉도감의궤』와 『명성황후홍릉산릉도감의궤』 속 그림과 그림 설명이 동일하다.[146]

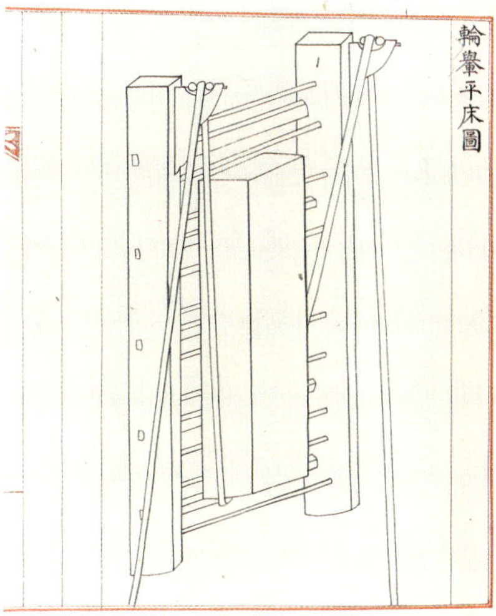

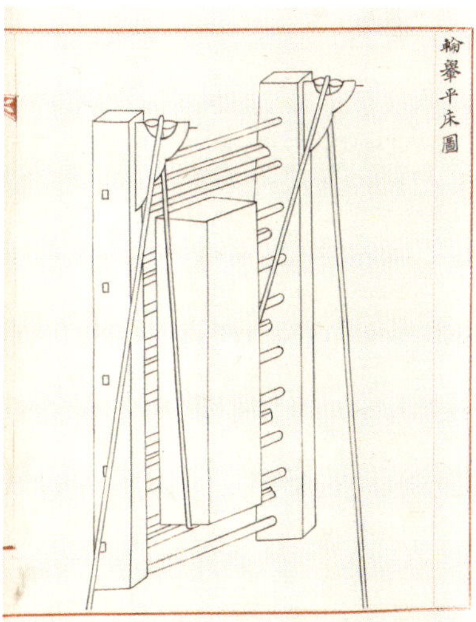

〈도판 100〉「윤여평상도(輪轝平床圖)」, 『신정왕후수릉산릉도감의궤』, 규장각한국학연구원(좌) | 「윤여평상도」, 『명성황후홍릉산릉도감의궤』, 규장각한국학연구원(우)

○ 윤여별녹로(輪轝別轆轤)

윤여별녹로는 윤여평상처럼 현궁의 앞쪽 공간인 퇴광에서 재궁을 현궁 안으로 수평 이동시키는 데 사용되는 기구이다. 단, 윤여평상이 양쪽에서 밧줄을 잡아 당겨 재궁을 운반하는 방식이라면, 윤여별녹로는 물레를 돌

146 『神貞王后綏陵山陵都監儀軌』(奎 13749) 下編, 三物所儀軌 圖說 「輪轝平床圖」; 『明成皇后洪陵山陵都監儀軌』(奎 13891) 下編, 三物所儀軌 圖說 「輪轝平床圖」.

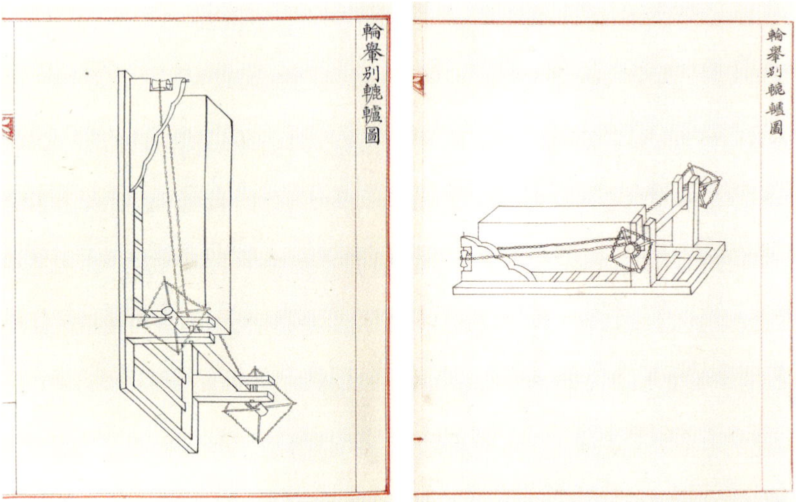

〈도판 101〉「윤여별녹로도(輪轝別轆轤圖)」, 『신정왕후수릉산릉도감의궤』, 규장각한국학연구원(좌) |「윤여별녹로도」, 『명성황후홍릉산릉도감의궤』, 규장각한국학연구원(우)

려 이동시킨다는 점에서 다르다.

신정왕후의 수릉에 사용한 윤여별녹로와 명성황후의 홍릉에 사용한 윤여별녹로의 모습은 〈도판 101〉이 참조된다. 『신정왕후수릉산릉도감의궤』와 『명성황후홍릉산릉도감의궤』 속 그림과 그림 설명이 동일하다.[147]

『삼물소의궤』에 수록된 도설들은 주로 봉분의 조성을 위해 임시로 세운 건물 및 산릉에서 의식을 거행할 때 설치하거나 사용하는 기물들이 대상이다. 의물이라기 보다는 건물, 기물에 해당하므로 왕후 국장 혹은 황후 국장의 차이를 드러내는 것과는 거리가 있다. 실제로도 규모에서 약간의 차이를 보이는 경우도 있었지만 그 정도로는 왕후와 황후의 차이를 논할 만한 계제는 아니라는 판단이다.

147 『神貞王后綏陵山陵都監儀軌』(奎 13749) 下編, 三物所儀軌 圖說「輪轝別轆轤圖」; 『明成皇后洪陵山陵都監儀軌』(奎 13891) 下編, 三物所儀軌 圖說「輪轝別轆轤圖」.

(2) 『조성소의궤』의 도설

여러 도설이 있지만 정자각(丁字閣)/침전(寢殿), 정자각/침전 안 배설, 찬궁(欑宮), 사수(四獸), 회남수평상(回南首平床), 신어평상(神御平床)/하평상(下平床), 윤여배설(輪轝排設), 길유궁(吉帷宮)/황당(皇堂), 비각(碑閣), 유문(帷門) 등을 중심으로 다루고자 한다.

사실 『명성황후홍릉산릉도감의궤』에는 당가(唐家), 신어상(神御床), 삽병(揷屛) 등 황후 국장과 밀접한 관련이 있는 의물로 추정되는 도설이 더 있다. 문제는 이 의물들과 비교할 만한 대상이 효현왕후와 신정왕후, 그보다 앞서 승하한 영조의 계비 정순왕후, 정조비 효의왕후 등의 『산릉도감의궤』에서도 찾아지지 않는다는 사실이다.

당가는 정자각 안에 설치했으며, 신어상과 삽병은 신어평상/하평상을 논할 때 언급하고자 한다. 그중 삽병은 사전적 의미로는 궤안(几案) 위에 올려 놓는 일종의 장식품[파설(擺設)]이라는 뜻인데,[148] 신어상·하평상과 관련이 있지 않을까 추정되지만 의궤에는 그 용도가 밝혀져 있지 않다.

○ 정자각(丁字閣)/침전(寢殿)

정자각과 침전은 능에서 제사를 지내는 건물이다. 효현왕후의 경릉에 건립한 정자각과 명성황후의 홍릉에 건립한 침전의 모습은 〈도판 102〉가 참조된다.

정자각과 침전은 두 의궤 속 도설에서 명확하게 대비된다. 이때 『신정왕후수릉산릉도감의궤』의 그림을 쓰고자 했으나 그림명이 정자각이 아닌 '가정자각(假丁字閣)'이라고 되어 있어 『효현왕후경릉산릉도감의궤』의 정자각 도설로 대체한다.

148 漢語大詞典編輯委員會, 1990 『漢語大詞典』 漢語大詞典出版社.

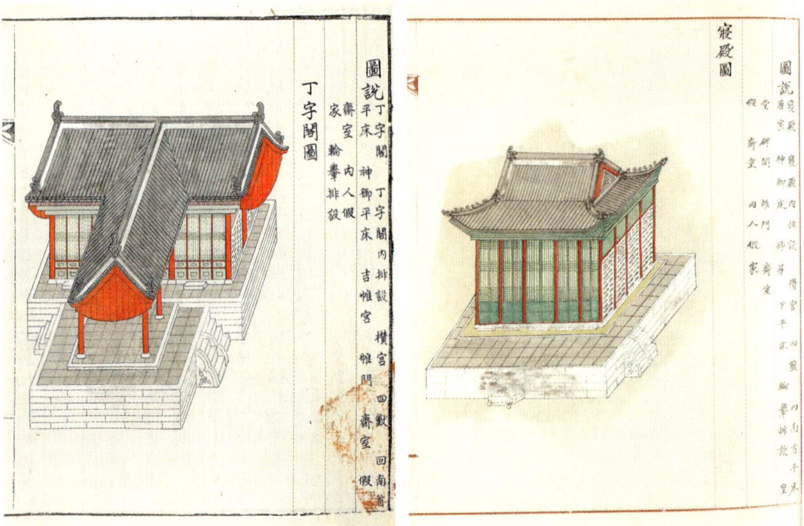

〈도판 102〉「정자각도(丁字閣圖)」, 『효현왕후경릉산릉도감의궤』, 규장각한국학연구원(좌) | 「침전도(寢殿圖)」, 『명성황후홍릉산릉도감의궤』, 규장각한국학연구원(우)

참고로 가정자각에 대해 언급하면, 수릉에는 익종의 제사[길례]를 담당하는 정자각이 이미 있었다. 그렇기에 신정왕후의 상장 기간 동안 산릉에서의 제사를 담당하기 위해 익종의 정자각을 활용하지 않고 이렇듯 가정자각을 건립했다. 길례와 흉례를 한 공간에서 행례할 수 없기 때문이다.[149]

정자각은 능에서 제향을 올리는 '정(丁)'자 형태의 건물이다. 『국조오례서례(國朝五禮序例)』(1474, 성종 5)에는 능실(陵室)의 남쪽에 있되 북쪽에 앉아 남쪽을 향하는 3칸짜리 건물이라고 되어 있다.[150] 그리고 '침전은 곧 정자각이다.'라고 규정하여, 두 용어가 동의어라는 사실을 알려준다. 하지만 조선시대에는 '침전'이라고 하지 않고 예외없이 거의 대부분의 문헌에 정자각이라 기록되어 있고 사람들도 그렇게 일컬었다.

149 홍석주, 2008 「정자각과 가정자각의 조성원칙에 관한 연구」 한국건축역사학회 2008년 춘계 학술발표대회 발표문, 2~3장 참조.

150 『國朝五禮序例』 卷1, 吉禮 壇廟圖說 「山陵」 "寢殿【(註) 卽丁字閣】在陵室之南 坐北南向 凡三間 東西有階 神座在北南向【(註) 王后同塋則西上】".

그러다가 1897년 3월 27일(양력) 총호사 조병세가 전에는 정자각의 규모가 정전(正殿)과 배위청(拜位廳)을 합해서 8칸 혹은 5칸이었는데 이번에는 어떻게 조성해야 하는가를 물었고, 그에 대한 고종의 답변으로 인해 정자각의 명칭과 규모에 변화가 생겼다. 고종은 『오례의』를 근거로 '침전'이라고 일컫고, 제도는 5칸으로 정하되 배위청은 전내(殿內)에 두어서 마련하라는 제칙을 내렸다.[151] 이제는 정자각이라 하지 않고 침전이라 일컬으며 규모는 배위청이 밖으로 드러나지 않는 형태였다.

이러한 결정으로 인해 조선시대에 왕릉에서 지내는 제향 공간이었던 정자각은 이제부터 침전으로 바뀌었다. 또 정자각에서 침전으로 용어가 바뀐 것에 그치지 않고 규모도 바뀌면서 『명성황후홍릉산릉도감의궤』에 반영되었다. 『효현왕후경릉산릉도감의궤』에 실린 정자각과 『명성황후홍릉산릉도감의궤』에 수록된 침전을 통해 고종의 뜻이 잘 반영되었음을 볼 수 있다.[152] 이에 대해 왕후 국장과 황후 국장의 차이를 논하는 것은 합당하다. 다만, 여기에는 주의할 점이 있다.

고종이 제칙을 내린 시점은 아직 대한제국을 선포하기 전이다. 그런데 현재 학계에서든 일반인이든 정자각은 제후국에, 침전은 천자국에 건립한 능의 제향 공간이라고 널리 알려져 있다. 정자각과 침전이 조선 초기부터 동일한 건물을 다르게 지칭했을 뿐임에도 마치 대한제국의 선포와 더불어 천자국으로 국체가 승격되자 국격의 변화에 맞춰 건물의 명칭과 규모를 바꾸었을 것으로 보고 있다. 정자각과 침전이 동의어라는 사

151 『高宗實錄』 卷35, 高宗 34年 3月 27日(陽曆); 『承政院日記』 高宗 34年 2月 25日(甲申)[陽曆 3月 27日]; 『明成皇后洪陵山陵都監儀軌』(奎 13891) 上編, 時日 「丁酉二月二十五日」; 『明成皇后洪陵山陵都監儀軌』(奎 13891) 上編, 詔勅(奏本狀啓附) 「丁酉二月二十五日」.

152 『孝顯王后景陵山陵都監儀軌』(奎 13809) 下編, 造成所儀軌 圖說 「丁字閣圖」; 『明成皇后洪陵山陵都監儀軌』(奎 13891) 下編, 造成所儀軌 圖說 「寢殿圖」.

실이 오랫동안 그리고 널리 알려지지 못해서가 아닌가 조심스레 추정해 본다.

청일전쟁 이후부터 개국, 건양이라는 연호의 사용까지 조선은 이미 제후국의 위상에서 벗어나 있었다. 전통시대에 독자적인 연호의 사용은 천자국 황제만이 가능했고, 그런 까닭에 조선은 대한제국을 선포하여 고종이 황제로 등극하기 전부터 황제국 제도를 쓸 수 있는 여건이 마련되어 있었다. 1895년 윤5월 20일(음력)에 고종이 환구의 건축을 명한 것도 동일한 배경에서 가능했다.[153] 따라서 대한제국을 선포하기 전이지만 침전이라고 일컫고 형태도 중국의 능에 조성한 제향 공간처럼 건립할 수 있었다.

○ 정자각/침전 안 배설도

정자각/침전 안 배설도는 정자각/침전의 내부를 그린 그림이다. 효현왕후의 경릉에 건립한 정자각의 내부에 의물을 배치한 모습과 명성황후의 홍릉에 건립한 침전의 내부 모습은 〈도판 103〉이 참조된다. 정자각에 이어 정자각 안 배설도도 『신정왕후수릉산릉도감의궤』에는 '가정자각 안 배설도'라고 되어 있으므로 『효현왕후경릉산릉도감의궤』의 '정자각 안 배설도'를 대용한다.

『효현왕후경릉산릉도감의궤』와 『명성황후홍릉산릉도감의궤』에 그려진 그림을 보면, 정자각과 침전 안 내부의 큰 구상은 동일하다. 단, 『명성황후홍릉산릉도감의궤』 속 배설도에 비해 『효현왕후경릉산릉도감의궤』에 그려진 배설도에는 의물이나 물품들이 어디에 위치하는지 각 위치마다 글자를 써 두어서 한눈에 파악하기에 용이한 장점이 있다.

그렇다면 침전의 내부는 정자각과 달리 전체적인 구상에만 그친 이유

153 『高宗實錄』 卷33, 高宗 32年 閏5月 庚申(20).

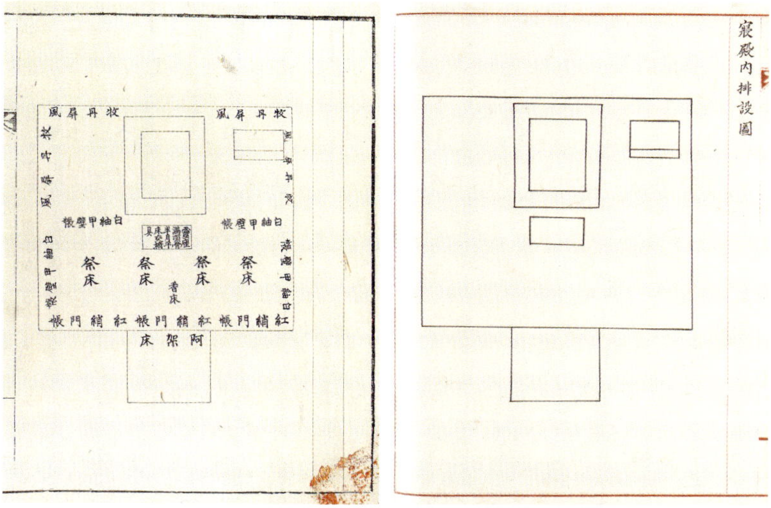

〈도판 103〉「정자각내배설도(丁字閣內排設圖)」, 『효현왕후경릉산릉도감의궤』, 규장각한국학연구원(좌) | 「침전내배설도(寢殿內排設圖)」, 『명성황후홍릉산릉도감의궤』, 규장각한국학연구원(우)

가 무엇일까. 여기에는 두 가지를 상정할 수 있다. 하나는 침전 내부를 보여주는 배설도를 그릴 때까지 배설할 의물이 정해지지 않아 의물이나 물품의 위치까지 비정하기 어려웠을 것이라는 추정이다. 이는 침전에 배설하는 의물·기물이 정자각에 배설하는 그것과 다를 것이라는 가정이 전제되어 있다. 다른 하나는 침전이 정자각과 건물의 규모가 다르다는 점이다. 침전에는 배설청이 없기에 그곳에 배치할 의물까지 고려해야 하는데 '침전 안 배설도'는 그보다 전 단계에서 그렸을 것이라는 가정이다.

'침전 안 배설도' 다음에 이것의 '그림 설명'이 나온다. 이를 보면 침전 안에 어떠한 의물·물품들을 배치했는지가 자세하게 설명되어 있다. '정자각 안 배설도'처럼 '침전 안 배설도'에도 의물·기물의 위치를 설정할 수 있다. 그럼에도 그렇게 하지 않은 것은 위에서 언급한 것처럼 의물·기물이 정해지기 전 배설도를 그렸을 수 있고, 혹은 그림 설명에 나오는 의물·기물의 수가 상당한데 이를 하나하나 배설도에 표기하는 것이 복잡하게 보였을 수 있다.

정자각과 침전에 배설한 의물들에서 다른 점들이 발견된다. 정자각 안에 배설한 것은 제상(祭床)이나 상(床), 춧대[촉대(燭臺)]라고 표현했다. 이에 비해, 침전에는 당가를 비롯해 상과 춧대, 함(函) 관련 물품들의 명칭을 구체적으로 제시했다. 예를 들면, 반아배상(盤兒排床)이라든가 목화용춧대(木畵龍燭臺) 등이 그러하다. 이로 인해 전반적으로 침전에 배설한 물품의 종류와 개수가 더 많은 것처럼 설명되어 있다. 또 정자각에는 배설청이 설치되어 있어 여기에 배설하는 설명이 추가된 점이 그림 설명에서 보이는 다른 점이다.

이를 통해 침전 안에 배설하는 의물·기물의 명칭이 정자각 안에 배설하는 그것보다 구체적이라는 점, 그리고 종류와 개수가 더 많을 수 있다는 사실을 알 수 있다. 이로 인해 '침전 안 배설도'에 구체적으로 이들의 명칭을 기입해 넣지 않을 수 있다. 마지막에 추정한 가설이 유력할 가능성이 상당히 크다.

이 정도로 왕후 국장과 황후 국장의 차이를 언급하기에는 미흡하다. 여기에 더해 두 의궤의 그림 설명을 보면, 홍초장(紅綃帳)과 황초장(黃綃帳), 홍정주(紅鼎紬)와 상사단(賞賜緞), 주칠연갑(朱漆硯匣)과 황칠연갑(黃漆硯匣), 침전에 안치한 찬궁의 주변에 설치한 황주갑장(黃紬甲帳), 침전에 배치한 여러 상(床)의 당황칠(唐黃漆) 등 색에 의한 차이가 확연하게 드러난다.[154] 이는 왕후와 황후의 신분을 드러내는 여러 요소들임에 틀림없다.

154 『孝顯王后景陵山陵都監儀軌』(奎 13809) 下編, 造成所儀軌 圖說 [「丁字閣內排設圖」]; 『明成皇后洪陵山陵都監儀軌』(奎 13891) 下編, 造成所儀軌 圖說 「寢殿內排設圖」. 『효현왕후경릉산릉도감의궤』의 그림에는 '丁字閣內排設圖'라는 그림명이 없으나 『조성소의궤』의 '圖說'이라는 항목명 아래에 '丁字閣內排設'이라고 부주되어 있다. 이를 따라 그림명을

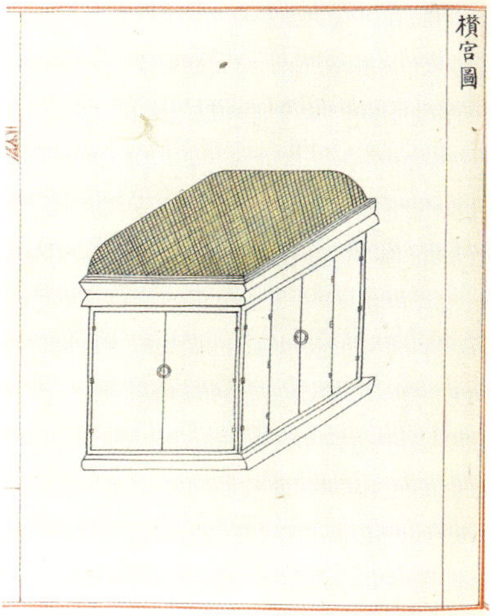

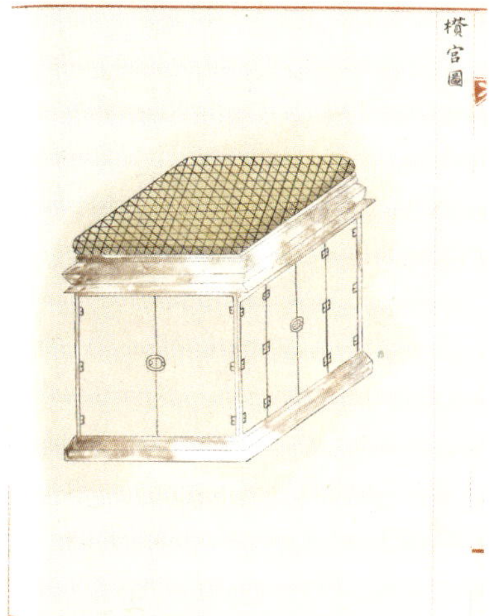

〈도판 104〉「찬궁도(欑宮圖)」, 『신정왕후수릉산릉도감의궤』, 규장각한국학연구원(좌) | 「찬궁도」, 『명성황후홍릉산릉도감의궤』, 규장각한국학연구원(우)

○ 찬궁(欑宮)

찬궁은 국왕이나 왕후의 시신을 봉안한 재궁을 왕릉에 안장하기 전까지 담아서 보관하는 의물이다. 신정왕후의 수릉에 건립한 정자각 안에 안치한 찬궁과 명성황후의 홍릉에 건립한 침전 안에 안치한 찬궁의 모습은 〈도판 104〉가 참조된다.

『신정왕후수릉산릉도감의궤』와 『명성황후홍릉산릉도감의궤』 속 그림은 거의 차이가 없을 정도로 유사하다. 그림 설명도 마찬가지이지만 몇 곳에서 차이가 발견된다. 첫째, 지방목(地防木)의 높이이다. 신정왕후의 찬궁에는 8치[촌(寸)], 명성황후의 것에는 8자[척(尺)]라고 쓰여 있다. 그런데 그 바로 아래에 '『보편(補編)』에 재궁의 장광(長廣)보다 각각 1자 여유있게 한다.'고 부주되어 있다. 따라서 신정왕후의 8치가 오기임이 명백하다.

둘째, 앙장(仰帳)이다. 신정왕후의 찬궁에는 남주(藍紬) 동도리(童道里)를 갖춘 아청목(鴉靑木)이라고 부주되어 있는 반면, 명성황후의 찬궁에는 동

쓰는 란에 '丁字閣內排設圖'라고 쓴 뒤 이러한 정황을 드러내기 위해 [ ]으로 표시했다.

도리를 갖춘 황염주(黃染紬)라고 하여 색에 의한 차이를 보였다. 셋째, 소악(素幄)이다. 신정왕후의 찬궁에는 백주갑악(白紬甲幄), 명성황후의 찬궁에는 황주갑악(黃紬甲幄)이라고 하여, 역시 색이 다르다.[155] 둘째와 셋째에서 색에 의한 왕후 국장과 황후 국장의 위계를 보여준다.

○ 사수도(四獸圖)

사수는 청룡(靑龍), 백호(白虎), 주작(朱雀), 현무(玄武)를 가리키는 동물로, 사자(死者)가 있는 공간을 지키는 상징성을 띠는 동물이다. 신정왕후의 찬궁 안 사수 그림과 명성황후의 찬궁 안 사수 그림의 모습은 〈도판 105〉가 참조된다.

찬궁 안 4면의 장자(障子)에 방위를 따라 사수를 그린 그림을 붙였다. 동쪽에 청룡, 서쪽에 백호를 붙이되 머리는 모두 남쪽을 향하도록 했으며, 남쪽에 주작, 북쪽에 현무를 붙이되 머리는 모두 서쪽을 향하도록 했다.[156] 본서에서 그림의 배치는 〈도판 105〉에서 보듯 사수 각각의 그림마다 신정왕후의 국장에 사용한 그림은 왼쪽에, 명성황후의 국장에 사용한 그림은 오른쪽에 두었다.

사수도는 청룡, 백호, 주작, 현무 네 그림만 그려져 있을 뿐 각각에 대한 그림 설명은 별도로 재록되어 있지 않다. 시각적으로 사수의 차이는 크게 드러나지 않는 듯하다.[157] 사실 이 중에서 주작의 모습이 가장 변화가 심하다. 머리와 발이 세 개 달린 봉황과 같은 모습에서 붉은 참새와 같은 모습

155 『神貞王后綏陵山陵都監儀軌』(奎 13749) 下編, 造成所儀軌 圖說 「欑宮圖」; 『明成皇后洪陵山陵都監儀軌』(奎 13891) 下編, 造成所儀軌 圖說 「欑宮圖」.

156 『明成皇后洪陵山陵都監儀軌』(奎 13891) 下編, 造成所儀軌 圖說 「四獸圖」 "(註) 東靑龍 西白虎 並南首 南朱雀 北玄武 並西首 貼于欑宮內四面障子".

157 『神貞王后綏陵山陵都監儀軌』(奎 13749) 下編, 造成所儀軌 圖說 「四獸圖」; 『明成皇后洪陵山陵都監儀軌』(奎 13891) 下編, 造成所儀軌 圖說 「四獸圖」.

〈도판 105〉「사수도(四獸圖)」, 『신정왕후수릉산릉도감의궤』, 규장각한국학연구원(좌) | 「사수도」, 『명성황후홍릉산릉도감의궤』, 규장각한국학연구원(우)

으로 바뀌었다.[158] 『신정왕후수릉산릉도감의궤』와 『명성황후홍릉산릉도감의궤』에 그려진 주작은 둘 다 붉은 참새의 모습이다.

○ 회남수평상(回南首平床)

회남수평상은 찬궁에 재궁을 안치할 때 시신의 머리가 남쪽을 향하도록 재궁의 방향을 돌리기 위해 설치한 평상이다. 신정왕후의 정자각에 설치한 회남수평상과 명성황후의 침전에 설치한 회남수평상의 모습은 〈도판 106〉이 참조된다.

두 그림만으로는 어떤 차이를 감지하기가 어려울 정도이다. 그리고 회남수평상은 기물이므로 여기에 굳이 어떤 장치를 통해 왕후와 황후의 신

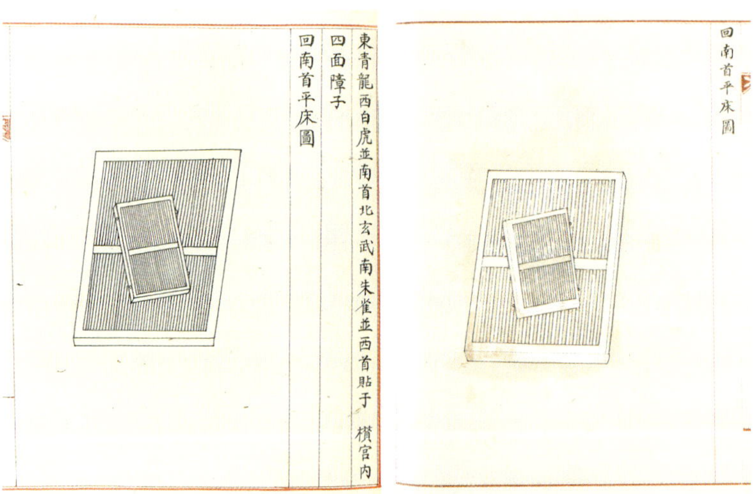

〈도판 106〉「회남수평상도(回南首平床圖)」, 『신정왕후수릉산릉도감의궤』, 규장각한국학연구원(좌) | 「회남수평상」, 『명성황후홍릉산릉도감의궤』, 규장각한국학연구원(우)

158 윤진영, 2007 「조선왕조 산릉도감의궤의 四獸圖」 『仁祖長陵山陵都監儀軌』 藏書閣, 486~487쪽. 양면에 걸쳐서 17세기부터 20세기까지 『산릉도감의궤』 중에서 선별하여 사수도의 그림을 제시했다. 이를 통해 시대별로 사수 각각의 변화한 모습을 볼 수 있다.

분적 위계를 드러냈을까 하는 의구심이 있다. 그림 설명에서는 두 곳에서 뚜렷한 차이가 발견된다.

첫째는 편목(片木)이다. 신정왕후의 국장에 사용한 것은 자적영자(紫的纓子)를 갖춘 채화석(彩花席), 명성황후의 국장에 사용한 것은 자적영자를 갖춘 황화석(黃花席)으로 싼다고 한 점에서 다르다.

둘째는 욕석(褥席)이다. 홍주석(紅紬席)의 무늬가 신정왕후의 국장에 사용한 것은 화문(花紋), 명성황후의 국장에 사용한 것은 용문(龍紋), 내공(內拱)에서 홍주(紅紬)의 선(縇)이 신정왕후의 국장에 사용한 것은 자주(紫紬), 명성황후의 국장에 사용한 것은 황주(黃紬)로 한 차이이다.[159]

회남수평상은 분명 기물이다. 하지만 명성황후의 국장에 사용한 회남수평상이 신정왕후의 국장에 사용한 그것과 무늬와 색에서 다름이 확인된다. '재궁'을 올려놓는 평상이므로 다른 기물에 비해 차이를 두기 위한 장치를 한 것 같다.

○ 신어평상(神御平床)/하평상(下平床)

신어평상은 정자각의 북쪽 신문(神門) 아래에 설치하여 혼령이 임어하도록 한 평상이다(〈도판 107〉). 제사를 지낼 때 정자각의 북쪽 신문을 열어두어 능과 통하게 할 뿐 평상에는 신주와 같은 의물을 올려두지 않는다. 그런데 신어평상과 비교할 만한 의물로 『명성황후홍릉산릉도감의궤』에 2개를 거론할 수 있다. 신어상(神御床)과 하평상(下平床)이 그것이다(〈도판 108〉).

159 『神貞王后綏陵山陵都監儀軌』(奎 13749) 下編, 造成所儀軌 圖說 「回南首平床圖」; 『明成皇后洪陵山陵都監儀軌』(奎 13891) 下編, 造成所儀軌 圖說 「回南首平床」. 『신정왕후수릉산릉도감의궤』의 그림명에는 '圖'자가 있으나 『명성황후홍릉산릉도감의궤』는 없기에 각각 원문을 따라 표기했다.

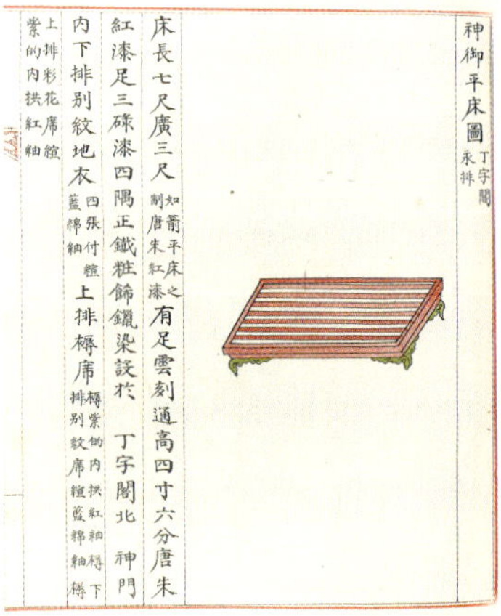

〈도판 107〉「신어평상도(神御平床圖)」, 『신정왕후수릉산릉도감의궤』, 규장각한국학연구원

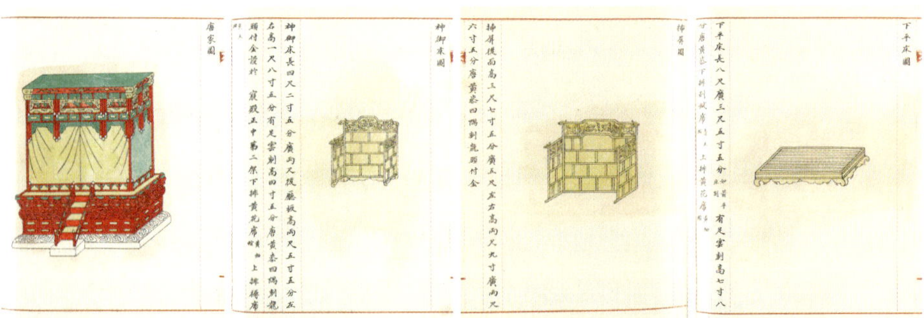

〈도판 108〉「당가도(唐家圖)」·「신어상도(神御床圖)」·「삽병도(揷屛圖)」·「하평상도(下平床圖)」, 『명성황후홍릉산릉도감의궤』, 규장각한국학연구원

〈도판 109〉 2007년 침전 안 당가의 모습 ⓒ 김광수(좌) | 2015년 침전 안 당가의 모습 ⓒ 국립문화재연구소(우)

신어상은 단어 뜻으로는 신어평상과 거의 같다고 보아도 무난할 정도이다. 그런데 형태가 너무 다르다. 하평상은 신어평상과 형태가 거의 비슷하고 그에 따라 그림 설명도 마찬가지로 유사하다. 그런 까닭에 신어평상은 하평상과 비교하는 것이 합당하다.

다만, 『명성황후홍릉산릉도감의궤』에는 당가와 신어상, 삽병, 하평상이 차례로 그림과 그림 설명이 실려 있다(〈도판 108〉). 이는 이들을 함께 묶어서 이해해야 한다는 의미로 판단된다. 곧, 침전 안에 당가를 설치한 뒤 그 안에 신어상, 삽병, 하평상을 함께 배설한 것이다. 현재 홍릉의 침전에는 당가 안에 하평상만 놓여 있다(〈도판 109〉).

그럼에도 형태가 비슷한 신어평상과 하평상을 비교하면 다음과 같다. 둘 다 만드는 방법은 살평상과 같으나 전체적인 규모는 하평상이 좀 더 크다. 또 신어평상과 하평상의 상판에는 여러 개의 가늘고 긴 살대를 나란히 배열하고 상판 아래에는 구름 모양의 운족(雲足)을 붙였다. 신어평상의 상판에는 당주홍칠을 하고 운족에는 엷고 밝은 초록색 안료인 삼록칠(三碌漆)을 한 것에 비해, 하평상은 상판과 운족 모두 당황칠을 했다.

그 밖에 신어평상에서 아래에 까는 별문지의(別紋地衣)에는 남면주(藍綿紬)로 선(縇)을 둘렀다. 그리고 위에 까는 욕석에서 욕은 자적(紫的), 내공은 홍주를 사용했다. 욕 아래에 까는 별문석(別紋席)은 남면주로 선을 두르고, 욕 위에 까는 채화석은 자적으로 선을 둘렀으며, 내공은 홍주를 사용했다. 그와는 달리 하평상에서 아래에 까는 별문석은 청목(靑木)으로 선을 두르며, 위에 까는 황화석은 황주로 선을 둘렀다.[160] 여러모로 왕후 국장과 황후 국장의 차이를 보여주는 사례이다.

160 신정왕후 국장에 사용한 신어평상과 명성황후 국장에 사용한 하평상에 대한 두 단락의 설명은 『神貞王后綏陵山陵都監儀軌』(奎 13749) 下編, 造成所儀軌 圖說 「神御平床圖」; 『明成皇后洪陵山陵都監儀軌』(奎 13891) 下編, 造成所儀軌 圖說 「下平床圖」 참조.

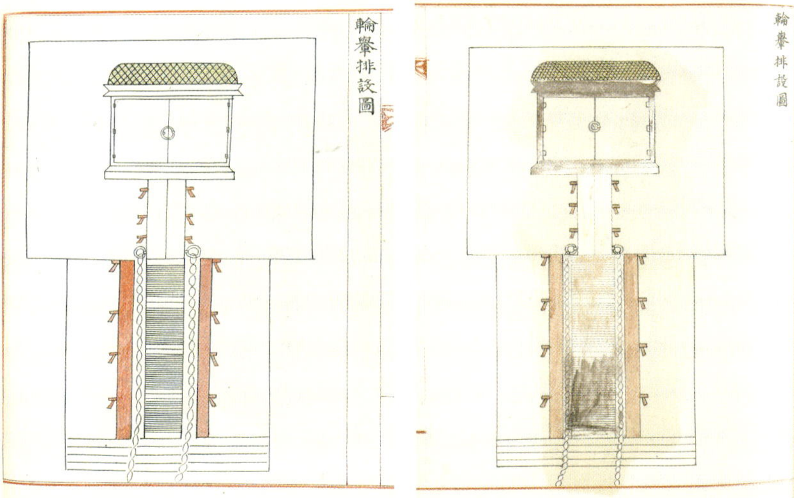

〈도판 110〉「윤여배설도(輪轝排設圖)」, 『신정왕후수릉산릉도감의궤』, 규장각한국학연구원(좌) | 「윤여배설도」, 『명성황후홍릉산릉도감의궤』, 규장각한국학연구원(우)

○ 윤여배설도(輪轝排設圖)

윤여배설도는 정자각/침전의 월대에서부터 정자각/침전의 정전 한가운데에 봉안한 찬궁까지 재궁을 운반하기 위해 윤여를 배설한 모습을 그린 그림이다. 윤여는 재궁을 받들어 견여와 대여에 올리고 내릴 때 및 빈전이나 정자각/침전, 퇴광에서 재궁을 옮기기 위해 사용하는 운반용 기구이다.

신정왕후의 정자각에 설치한 윤여배설과 명성황후의 침전에 설치한 윤여배설의 모습은 〈도판 110〉이 참조된다.

『신정왕후수릉산릉도감의궤』와 『명성황후홍릉산릉도감의궤』에 수록된 그림에서 다른 점이 발견되지 않는다. 그림처럼 그림 설명도 정자각과 침전이라는 공간에서 비롯된 약간의 차이 이외에는 거의 다른 점이 찾아지지 않는다. 윤여를 배설하는 방법에서 명성황후의 경우에는 산륜(散輪)을 설치하는 대신 유륜평상(有輪平床)을 썼다는 점이 차이라면 차이이다.[161] 신분적 위계를 드러내는 장치는 없는 것 같다.

161 『神貞王后綏陵山陵都監儀軌』(奎 13749) 下編, 造成所儀軌 圖說「輪轝排設圖」; 『明成皇后洪陵山陵都監儀軌』(奎 13891) 下編, 造成所儀軌 圖說「輪轝排設圖」.

〈도판 111〉「길유궁도(吉帷宮圖)」, 『효현왕후경릉산릉도감의궤』, 규장각한국학연구원(좌) | 「황당도(皇堂圖)」, 『명성황후홍릉산릉도감의궤』, 규장각한국학연구원(우)

○ 길유궁(吉帷宮)/황당(皇堂)

길유궁과 황당은 산릉에서 신주에 글을 쓰는 장소, 곧 제주소(題主所)이다. 길유궁과 황당의 형태, 기능, 설치하는 위치 등 그 전반에 대해서는 제6장 제1절 2항에서 별도로 설명한 '황당(皇堂)의 기능과 그 위치'라고 한 부분이 참고된다. 효현왕후의 경릉에 설치한 길유궁과 명성황후의 홍릉에 설치한 황당의 모습은 〈도판 111〉이 참조된다.

여기서는 '황당의 기능과 그 위치'에서 언급한 이외의 부분에 대해서 짚어보고자 한다. 그림 설명에서 길유궁에는 보판(補板) 위에 푸른 선을 두른 별문지의와 자주(紫紬)로 선을 두른 채화면석(彩花面席)을 설치했다. 황당에는 보판 위에 청목(靑木)으로 선을 두른 별문지의를 설치하고 이후 다른 내용이 추가되었다. 곧, 상(床), 탁(卓), 제구(諸具)를 설치하는데, 상 아래에는 청목으로 선을 두른 별문석을 배치하고 위에는 황주로 선을 두른 황화석을 배설했다.[162]

---

162 『孝顯王后景陵山陵都監儀軌』(奎 13809) 下編, 造成所儀軌 圖說 「吉帷宮圖」; 『明成皇后

길유궁과 황당이라는 용어의 차이, 채화면석과 별문석·황화석 등 그림 설명에서의 차이 등등이 확인된다.

○ 비각(碑閣)

비각은 능을 조성할 때 비석을 보호하기 위해 세운 건물이다. 『명성황후홍릉산릉도감의궤』와 『명성황후홍릉석의중수도감의궤(明成皇后洪陵石儀重修都監儀軌)』에 비각 도설이 각각 실려 있다(〈도판 112〉).

문제는 조선의 국왕·왕후 국장을 치르면서 편찬한 『산릉도감의궤』에는 비각을 그린 그림과 그 그림에 대해 설명한 도설이 발견되지 않는다는 사실이다. 분명 조선의 국왕·왕후 국장을 치를 때에도 비각을 건립하지만 도설이 찾아지지 않아 명성황후의 홍릉에 세운 비각과의 비교는 어렵다.

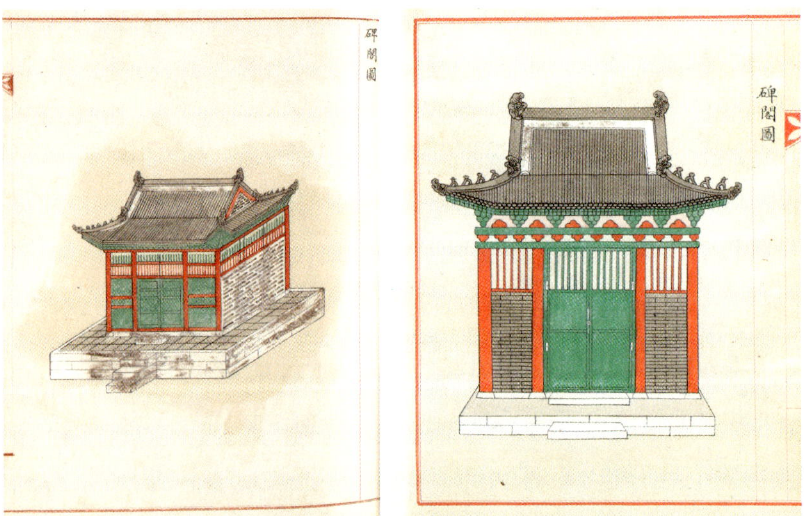

〈도판 112〉 「비각도(碑閣圖)」, 『명성황후홍릉산릉도감의궤』, 규장각한국학연구원(좌) | 「비각도」, 『명성황후홍릉석의중수도감의궤』, 규장각한국학연구원(우)

洪陵山陵都監儀軌』(奎 13891) 下編, 造成所儀軌 圖說 「皇堂圖」.

〈도판 112〉에 『명성황후홍릉산릉도감의궤』와 『명성황후홍릉석의중수도감의궤』에 수록된 비각 그림을 제시한 것도 그 때문이다.

한편, 『명성황후홍릉산릉도감의궤』에는 그림과 그림 설명이 모두 있지만 『명성황후홍릉석의중수도감의궤』에는 그림만 그려져 있고 그림 설명이 없다.[163] 후자의 경우 '중수(重修)'한 비각을 그렸으므로 그림만 그리고 제작 방법을 기술한 그림 설명은 『명성황후홍릉산릉도감의궤』에 기록된 그것과 차이가 없을 것이므로 중복을 피하기 위해 그림 설명은 생략한 것으로 예상된다.

○ 유문도(帷門圖)

유문도는 유문(帷門)을 그린 그림으로, 유문은 휘장을 둘러서 만든 문이다. 산릉을 조성하는 전체의 모습을 그린 조감도이기도 하다.

그림은 앞서 '황당(皇堂)의 기능과 그 위치'라고 한 부분에서 〈도판 41〉로 제시했다. 그런데 여기서는 왕후 국장의 산릉에 조성한 유문도와 황후 국장의 산릉에 조성한 유문도를 비교하기 위해, 그리고 『효현왕후경릉산릉도감의궤』와 『명성황후홍릉산릉도감의궤』에 유문도는 있으나 그림 설명이 없기에 '그림'을 위주로 비교하기 위해 〈도판 41〉에 제시했던 유문도를 그대로 〈도판 113〉에 사용했다.

먼저 두 유문도에서 두드러지게 눈에 띄는 것은 정자각 옆에는 길유궁이 있고, 침전 옆에는 황당이 없다는 것이다. 이는 '황당(皇堂)의 기능과 그 위치'라는 부분에서 언급했다. 그다음으로는 수라간(水剌間)과 수복방(守僕房)의 위치이다. 효현왕후의 경릉에는 수복방이 수라간과 위아래로 나란

163 『明成皇后洪陵山陵都監儀軌』(奎 13891) 下編, 造成所儀軌 圖說 「碑閣圖」; 『明成皇后洪陵石儀重修都監儀軌』(奎 13897) [圖說] 「碑閣圖」.

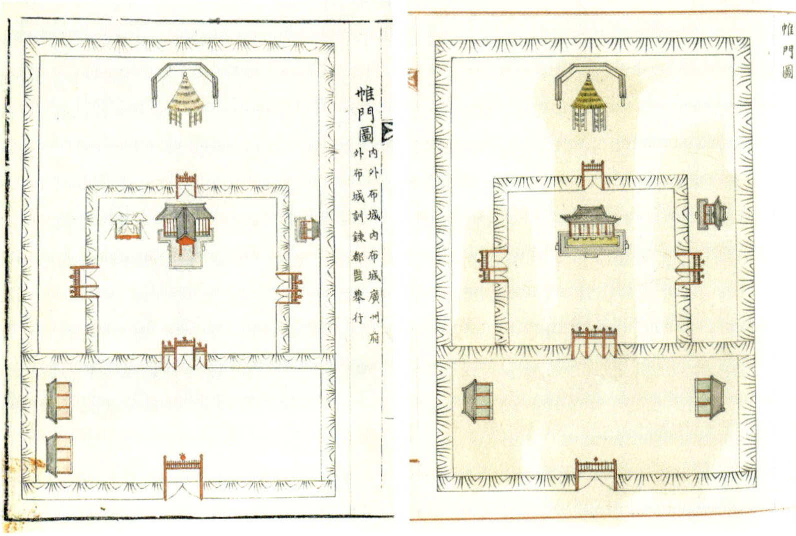

〈도판 113〉「유문도(帷門圖)」, 『효현왕후경릉산릉도감의궤』, 규장각한국학연구원(좌) | 「유문도」, 『명성황후홍릉산릉도감의궤』, 규장각한국학연구원(우)

히 놓였고, 명성황후의 홍릉에는 좌우 대칭으로 자리했다.[164]

정자각과 침전, 길유궁과 황당으로 왕후 국장과 황후 국장의 차이가 한눈에 파악된다. 단, 수라칸과 수복방의 위치는 이를 가늠하는 기준이 될 수 없다. 두 건물은 산릉을 조성할 때 지형에 따라 나란히 혹은 대칭으로 건립하기 때문이다.

수복방이 수라칸과 나란히 놓인 유문도의 대표적 사례는 1821년(순조 21) 정조의 무덤인 건릉(健陵)의 천봉과 효의왕후의 산릉 조성을 보여주는 유문도이다.[165] 대칭적인 모습을 보여주는 대표적인 유문도는 1800년(순조 즉위) 정조의 건릉 조성을 보여주는 유문도이다.[166] 효현왕후의 경릉과 명성황후의 홍릉 유문도에는 그림 위에 수라칸과 수복방이라고 써 놓지 않

164 『孝顯王后景陵山陵都監儀軌』(奎 13809) 下編, 造成所儀軌 圖說 「帷門圖」; 『明成皇后洪陵山陵都監儀軌』(奎 13891) 下編, 造成所儀軌 圖說 「帷門圖」.

165 『正祖孝懿王后健陵山陵都監儀軌』(奎 13664) 下編, 造成所儀軌 圖說 「帷門圖」.

166 『正祖健陵山陵都監儀軌』(奎 13640) 下編, 造成所儀軌 圖說 「帷門圖」.

았으나 일반적으로 대칭인 경우에 동쪽에는 수복방, 서쪽에는 수라칸이 위치한다.

산릉에 조성한 건물 중 가장 두드러진 변화를 보인 것은 정자각과 침전이다. 이는 용어와 규모 모두 변화한 사례이고, 정자각/침전 안 배설도는 의물의 차이는 구체적인 비교가 힘들지만 색에 의한 차이가 왕후와 황후의 위계를 드러냈다. 그 밖에 사수도를 제외한 대부분의 도설에서 차이를 드러낸 주요 요소는 색이었고, 길유궁/황당과 같은 용어라든가 간혹 무늬[문(紋)]의 차이도 있었다. 이렇듯 『조성소의궤』에는 도설에서 신분적 지위를 나타내는 요소가 곳곳에서 확인된다.

(3) 『대부석소의궤』의 도설

여러 도설이 많이 있지만 석상(石床), 장명등(長明燈), 호석(虎石), 양석(羊石), 망주석(望柱石), 문석인(文石人), 무석인(武石人), 마석(馬石), 지석함(誌石函), 퇴광배설도(退壙排設圖), 비석(碑石) 등을 검토 대상으로 삼았다. 『신정왕후수릉산릉도감의궤』에는 이 중 상당수의 도설을 수록하고 있지 않아 『효현왕후경릉산릉도감의궤』에 실린 도설로 대체하고자 한다.

여기에 더해 이번에는 『명성황후홍릉석의중수도감의궤』에 수록된 도설도 함께 보여주고자 한다. 1898년 1월 19일 산릉에 조성한 석의에 문제가 생겨 석의를 중수하게 되었고, 그때 중수한 석의 중 검토 대상으로 삼은 도설과 일치하는 것이 제법 있어서이다. 특히 중수한 석의가 홍릉에 설치한 최종의 석의라는 이유도 있다.

그림의 배치는 석의의 조성 시기를 따랐다. 『효현왕후경릉산릉도감의궤』의 도설은 왼쪽, 『명성황후홍릉산릉도감의궤』의 도설은 가운데, 『명성황후홍릉석의중수도감의궤』의 도설은 오른쪽에 두었다.

○ 석상(石床)

석상은 봉분 정면에 설치한 돌로 만든 장방형의 평상이다. 『효현왕후경릉산릉도감의궤』에는 그림명이 혼유석(魂遊石)으로 되어 있다. 시속에서는 석상을 혼유석이라고 일컬었기 때문이다.[167] 효현왕후의 경릉에 조성한 혼유석과 명성황후의 홍릉에 조성한 석상의 모습은 〈도판 114〉가 참조된다.

사대부가의 무덤에서는 석상에 제수를 차리고 제사를 지냈다. 그러나 왕실/황실 구성원들의 무덤에는 정자각/침전을 건립하여 그곳에서 제수

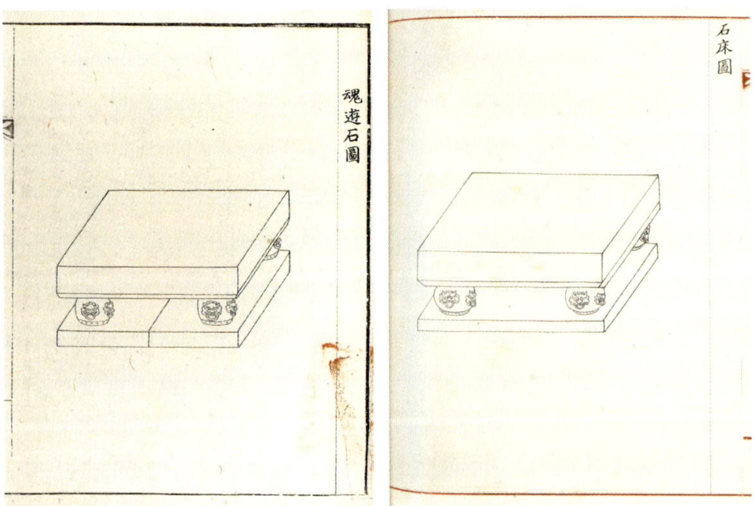

〈도판 114〉「혼유석도(魂遊石圖)」, 『효현왕후경릉산릉도감의궤』, 규장각한국학연구원(좌) | 「석상도(石床圖)」, 『명성황후홍릉산릉도감의궤』, 규장각한국학연구원(우)

167 『正祖健陵山陵都監儀軌』(奎 13640) 下編, 大浮石所儀軌 圖說 「石床圖」 "床【(註) 俗名魂遊石】".

상을 차려서 제사를 지냈다. 그런 이유로 왕실/황실 구성원들의 무덤에 있는 석상은 제수상 대신 죽은 자의 혼령이 노니는 혼유석의 역할을 담당했다.

○ 장명등(長明燈)

장명등은 봉분 정면에 불을 밝히기 위해 설치한 석등(石燈)으로 장명등석(長明燈石)이라고도 한다. 효현왕후의 경릉에 배설한 장명등과 명성황후의 홍릉에 배설한 장명등의 모습은 〈도판 115〉가 참조된다.

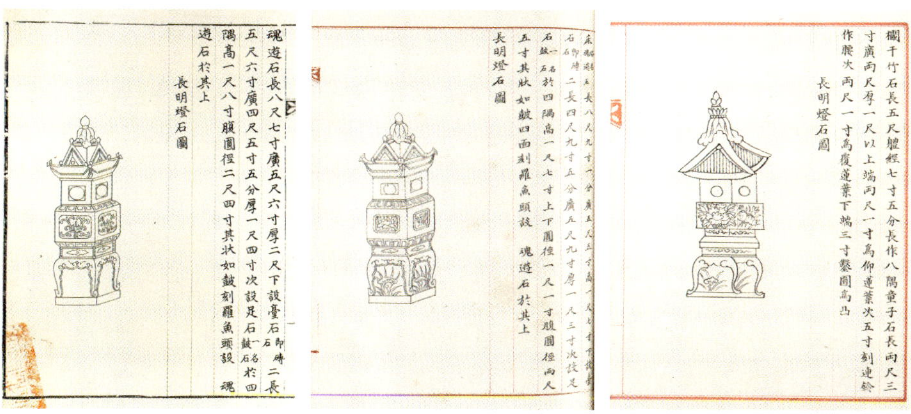

〈도판 115〉「장명등석도(長明燈石圖)」, 『효현왕후경릉산릉도감의궤』, 규장각한국학연구원(좌) | 「장명등석도」, 『명성황후홍릉산릉도감의궤』, 규장각한국학연구원(중) | 「장명등석도」, 『명성황후홍릉석의중수도감의궤』, 규장각한국학연구원(우)

○ 호석(虎石)

호석은 호랑이 모양의 석상(石像)이다. 석호(石虎)라고도 한다. 곡장(曲墻) 안 봉분 주위에 4개의 호석을 양석과 함께 설치하는데, 봉분 양 측면에 2쌍, 뒷면에 2쌍을 각각 배치했다. 효현왕후의 경릉에 배치한 호석과 명성황후의 홍릉에 배치한 호석의 모습은 〈도판 116〉이 참조된다.

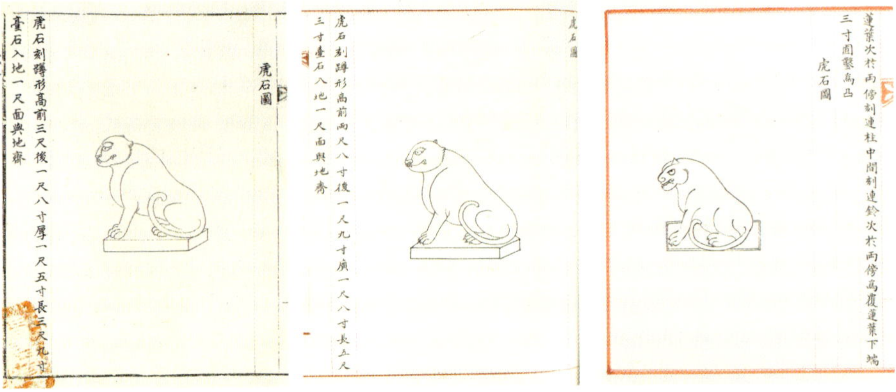

〈도판 116〉「호석도(虎石圖)」, 『효현왕후경릉산릉도감의궤』, 규장각한국학연구원(좌) | 「호석도」, 『명성황후홍릉산릉도감의궤』, 규장각한국학연구원(중) | 「호석도」, 『명성황후홍릉석의중수도감의궤』, 규장각한국학연구원(우)

○ 양석(羊石)

양석은 양 모양의 석의(石儀)이다. 석양(石羊)이라고도 일컫는다. 곡장 안 봉분 주위에 4개의 양석을 호석과 함께 설치하는데, 봉분 양 측면에 2쌍, 뒷면에 2쌍을 각각 배치했다. 효현왕후의 경릉에 배치한 양석과 명성황후의 홍릉에 배치한 양석의 모습은 〈도판 117〉이 참조된다.

〈도판 117〉「양석도(羊石圖)」, 『효현왕후경릉산릉도감의궤』, 규장각한국학연구원(좌) | 「양석도」, 『명성황후홍릉산릉도감의궤』, 규장각한국학연구원(중) | 「양석도」, 『명성황후홍릉석의중수도감의궤』, 규장각한국학연구원(우)

○ 망주석(望柱石)

망주석은 봉분의 앞쪽에 좌우로 설치하는 긴 돌기둥으로, 멀리서도 무덤의 위치를 확인할 수 있도록 표지(標識)하는 기능을 했다.[168] '화표주(華表柱)', '석망주(石望柱)'라고도 부른다. 효현왕후의 경릉에 세운 망주석과 명성황후의 홍릉에 세운 망주석의 모습은 〈도판 118〉이 참조된다.

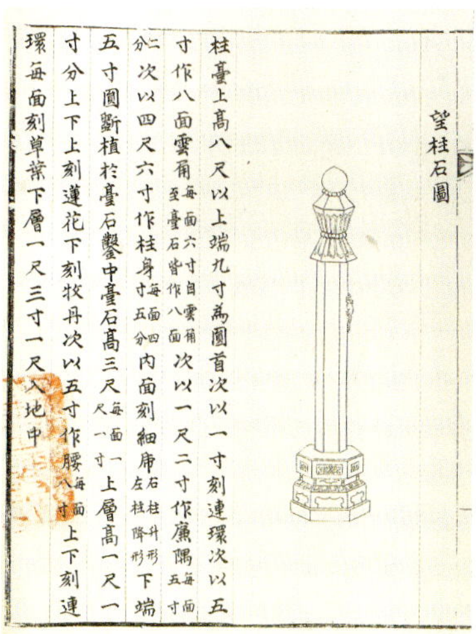
望柱石圖

柱臺上高八尺以上端九寸爲圓首次以一寸刻連環次以五寸作八面雲角(每面六寸自雲角至臺石皆作八面)次以一尺二寸作廉隅(每面五寸二分)次以四尺六寸作柱身(每面四寸五分)內面刻細虎(右柱升形左柱降形)下端五寸圓斲植於臺石鑿中臺石高三尺(每面一尺一寸)上層高一尺一寸分上下上刻蓮花下刻牧丹次以五寸作腰(每面八寸)上下刻連環每面刻草葉下層一尺三寸一尺入地中

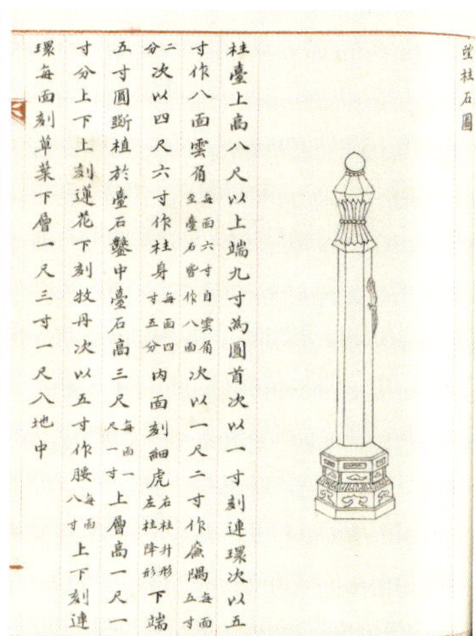
望柱石圖

柱臺上高八尺以上端九寸爲圓首次以一寸刻連環次以五寸作八面雲角(每面六寸自雲角至臺石皆作八面)次以一尺二寸作廉隅(每面五寸二分)次以四尺六寸作柱身(每面四寸五分)內面刻細虎(右柱升形左柱降形)下端五寸圓斲植於臺石鑿中臺石高三尺(每面一尺一寸)上層高一尺一寸分上下上刻蓮花下刻牧丹次以五寸作腰(每面八寸)上下刻連環每面刻草葉下層一尺三寸一尺入地中

〈도판 118〉「망주석도(望柱石圖)」, 『효현왕후경릉산릉도감의궤』, 규장각한국학연구원(좌) | 「망주석도」, 『명성황후홍릉산릉도감의궤』, 규장각한국학연구원(우)

○ 문석인(文石人)

문석인은 봉분의 앞쪽에 좌우에서 서로 마주보게 설치한 문관(文官) 복장을 한 석인상(石人像)이다. '문인석(文人石)', '문석(文石)'이라고도 한다. 마석(馬石)과 함께 설치한다. 효현왕후의 경릉에 설치한 문석인과 명성황후의 홍릉에 설치한 문석인의 모습은 〈도판 119〉가 참조된다.

168 정해득, 2013 『조선 왕릉제도 연구』 신구문화사, 161쪽.

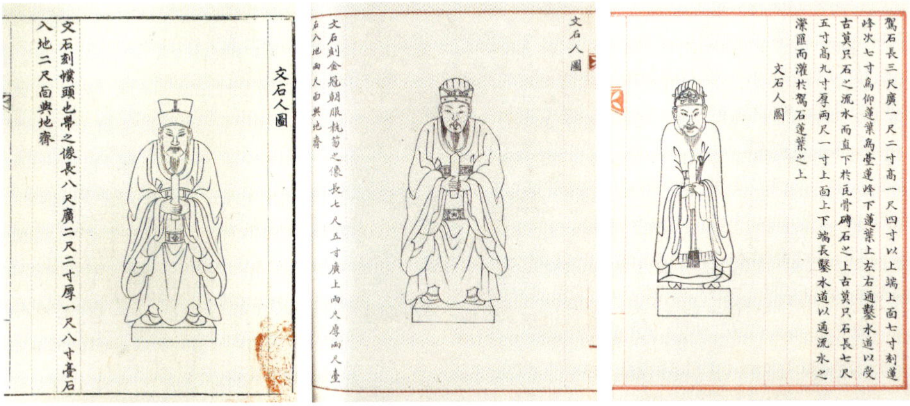

〈도판 119〉「문석인도(文石人圖)」, 『효현왕후경릉산릉도감의궤』, 규장각한국학연구원(좌) | 「문석인도」, 『명성황후홍릉산릉도감의궤』, 규장각한국학연구원(중) | 「문석인도」, 『명성황후홍릉석의중수도감의궤』, 규장각한국학연구원(우)

규모는 세 문석인이 약간씩 차이를 보이는데 그야말로 약간의 차이이다. 확연하게 드러나는 차이는 세 그림과 각각의 그림 설명이다. 효현왕후의 경릉에 설치한 문석인은 설명에는 복두(幞頭)만 언급되었으나 복두와 함께 단령(團領)을 입은 공복(公服) 차림이다. 홍릉에 설치한 문석인은 금관조복(金冠朝服)이라고 설명하고 있는데 금관은 맞지만 옷차림은 조복이라기 보다는 효현왕후의 경릉에 설치한 문석인과 같은 단령이다. 중수한 문석인은 금관조복에 패옥(佩玉)이 추가되었는데 그림과 그림 설명이 일치한다.[169] 복두와 단령, 금관조복(패옥 포함)은 모두 문관이 입는 차림으로 이것으로 왕후릉과 황후릉을 구별하기는 어렵다.

○ 무석인(武石人)

무석인은 봉분의 앞쪽에 좌우에서 서로 마주보게 설치한 무관(武官) 복장을 한 석인(石人)이다. '무인석(武人石)', '무석(武石)'이라고도 부른다. 마석과 함께 설치한다. 효현왕후의 경릉에 설치한 무석인과 명성황후의 홍

169 『孝顯王后景陵山陵都監儀軌』(奎 13809) 下編, 大浮石所儀軌 圖說 「文石人圖」; 『明成皇后洪陵山陵都監儀軌』(奎 13891) 下編, 大浮石所儀軌 圖說 「文石人圖」; 『明成皇后洪陵石儀重修都監儀軌』(奎 13897) [圖說] 石儀圖說 「文石人圖」.

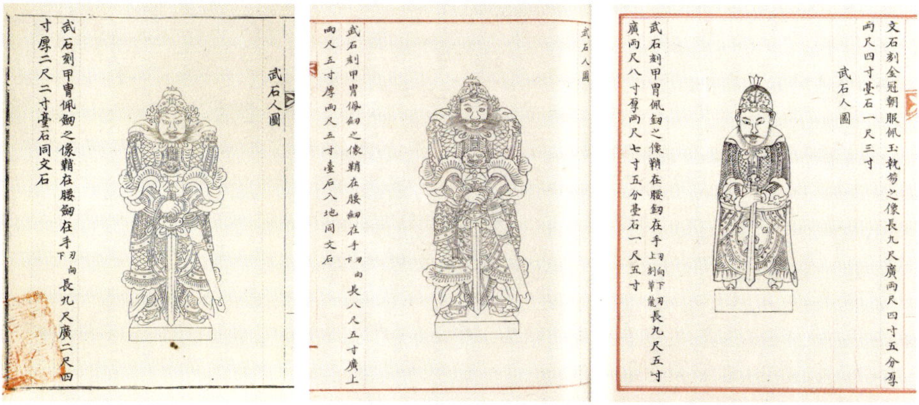

〈도판 120〉「무석인도(武石人圖)」, 『효현왕후경릉산릉도감의궤』, 규장각한국학연구원(좌) | 「무석인도」, 『명성황후홍릉산릉도감의궤』, 규장각한국학연구원(중) | 「무석인도」, 『명성황후홍릉석의중수도감의궤』, 규장각한국학연구원(우)

릉에 설치한 무석인의 모습은 〈도판 120〉이 참조된다.

○ 마석(馬石)

마석은 문석인·무석인과 함께 1쌍으로 조성하여 봉분의 앞쪽 좌우에서 서로 마주보게 설치한 말 모양의 석상이다. '석마(石馬)'라고도 한다. 효현왕후의 경릉에 배설한 마석과 명성황후의 홍릉에 배설한 마석의 모습은 〈도판 121〉이 참조된다.

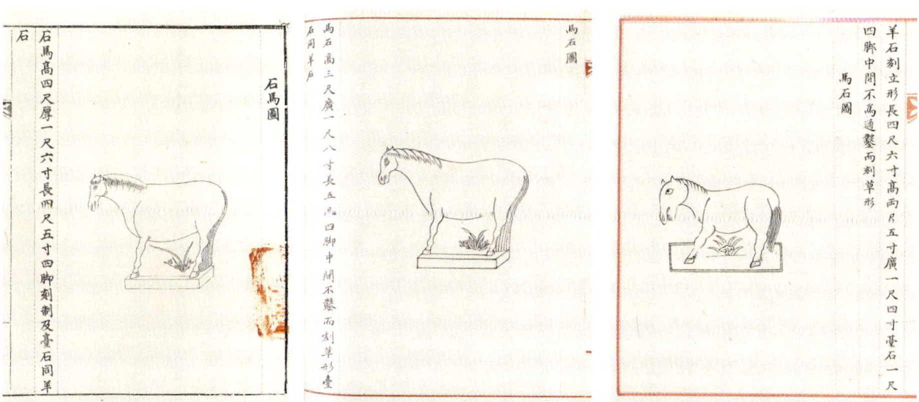

〈도판 121〉「석마도(石馬圖)」, 『효현왕후경릉산릉도감의궤』, 규장각한국학연구원(좌) | 「마석도(馬石圖)」, 『명성황후홍릉산릉도감의궤』, 규장각한국학연구원(중) | 「마석도」, 『명성황후홍릉석의중수도감의궤』, 규장각한국학연구원(우)

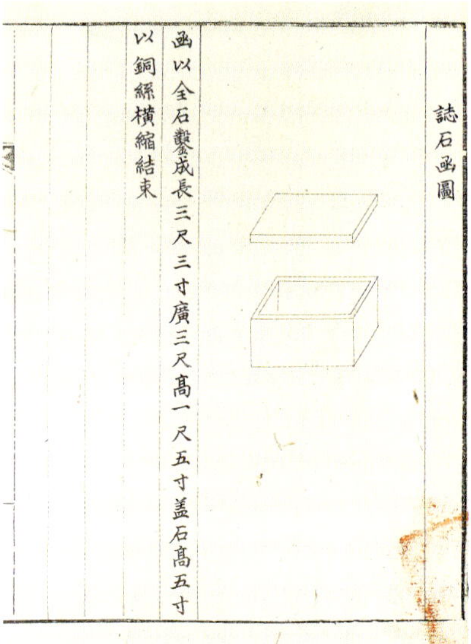

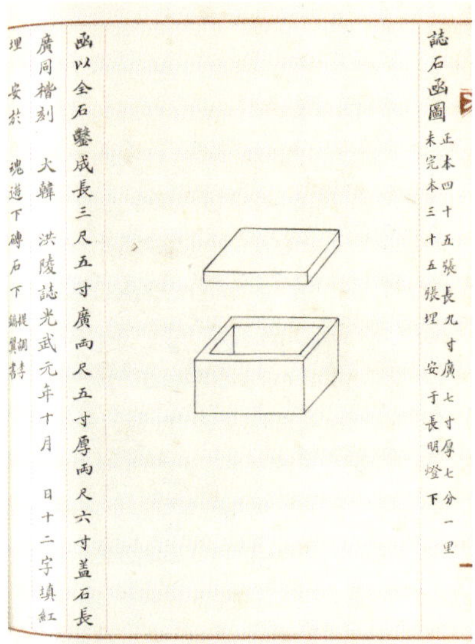

〈도판 122〉「지석함도(誌石函圖)」, 『효현왕후경릉산릉도감의궤』, 규장각한국학연구원(좌) | 「지석함도」, 『명성황후홍릉산릉도감의궤』, 규장각한국학연구원(우)

○ 지석함(誌石函)

지석함은 지석을 담는 상자이다. 지석의 정의와 모습은 〈도판 82〉가 참조된다. 효현왕후의 경릉에 사용한 지석함과 명성황후의 홍릉에 사용한 지석함의 모습은 〈도판 122〉가 참조된다.

○ 퇴광배설도(退壙排設圖)

퇴광배설도는 현궁에 재궁을 내린 뒤 퇴광에 의물·물품을 배설할 때 각각의 위치를 보여주는 그림이다. 퇴광은 재궁을 현궁 안에 봉안할 때 통로 역할을 하는 곳으로, 이후에는 여기에 명기(明器), 복완(服玩) 등을 퇴광배설도에 따라 묻었다. 효현왕후의 경릉에 사용한 퇴광배설도와 명성황후의 홍릉에 사용한 퇴광배설도의 모습은 〈도판 123〉이 참조된다.

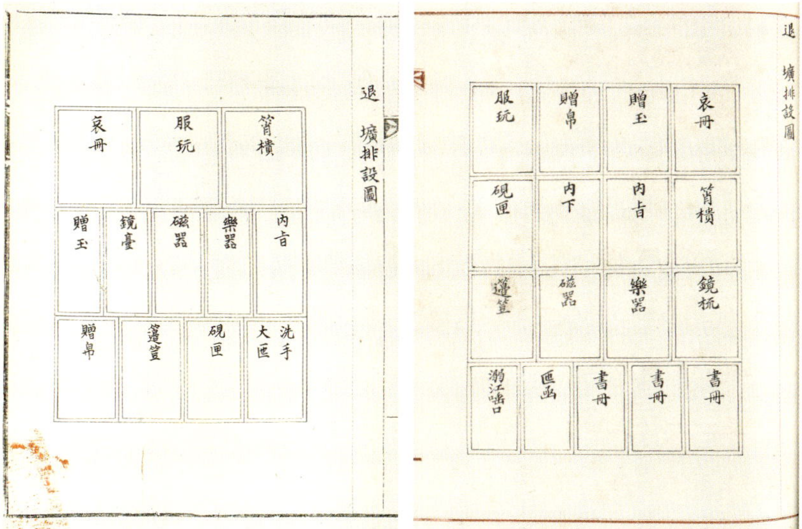

〈도판 123〉「퇴광배설도(退壙排設圖)」, 『효현왕후경릉산릉도감의궤』, 규장각한국학연구원(좌) | 「퇴광배설도」, 『명성황후홍릉산릉도감의궤』, 규장각한국학연구원(우)

○ 비석(碑石)

비석은 표석이라고도 한다. 표석은 〈도판 81〉이 참조된다. 비석은 〈도판 112〉에서 살펴본 비각을 세워 보호했다. 효현왕후의 경릉에 세운 비석

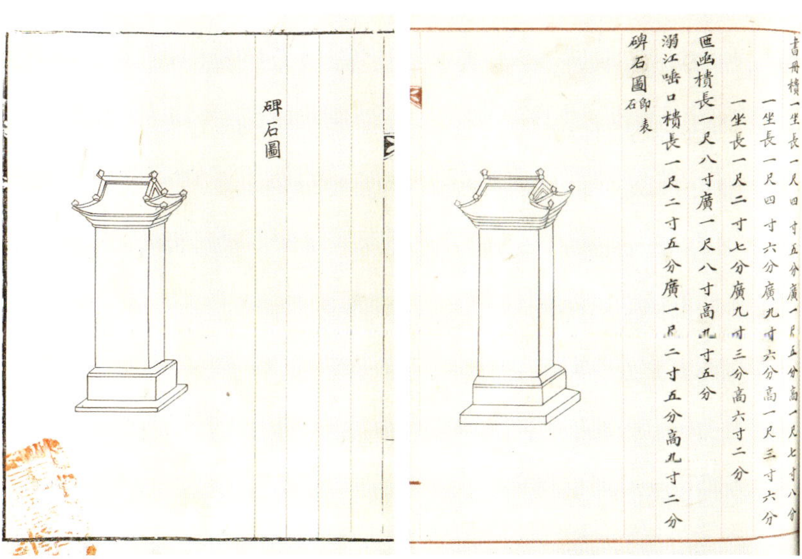

〈도판 124〉「비석도(碑石圖)」, 『효현왕후경릉산릉도감의궤』, 규장각한국학연구원(좌) | 「비석도」, 『명성황후홍릉산릉도감의궤』, 규장각한국학연구원(우)

과 명성황후의 홍릉에 세운 비석의 모습은 〈도판 124〉가 참조된다.

『명성황후홍릉산릉도감의궤』에 수록된 도설과 신정왕후/효현왕후의 국장 때 편찬한 『산릉도감의궤』에 실린 도설을 비교한 결과, 명성황후의 홍릉이 조선의 왕후릉과 거의 다를 바 없을 것이라는 예상은 빗나갔다. 명성황후의 홍릉을 조성할 때 세운 건물, 배설한 의물이나 기물, 물품 등은 왕후의 그것과 다른, 간간이 신분적 위계를 드러내는 장치가 마련되어 있었다. 이는 주로 『조성소의궤』에서 볼 수 있었고, 『삼물소의궤』와 『대부석소의궤』에 수록된 기물이나 석의 등의 도설에서는 그러한 면이 거의 찾아지지 않았다.

1897년 9월 25일자 기사에 환구 의제(儀制)에 대해 논의할 때 심순택이 조성해야 할 의물과 진설 도식은 모두 고례를 참고하자고 했다. 그 고례에 대한 이해는 도설을 싣고 있는 대부사를 대상으로 한 예서를 비롯하여 『대명집례』와 같은 국가전례서, 그리고 대표적인 유서류인 『삼재도회(三才圖會)』와 『독례통고』 등 도설을 싣고 있는 여러 중국의 예서들을 두루 검토할 때 가능하지 않을까 한다.

마지막으로 홍릉의 변화를 보여주는 사진을 제시하면서 마치고자 한다. 청량리에 조성한 명성황후 홍릉의 여러 모습은 〈도판 125〉가 참조된다.[170] 그 뒤 지금의 금곡에 조성한 홍릉의 모습을 보여주는 1930년대에 찍은 사진도 전해지고 있다.[171] 1930년대에 찍은 금곡의 홍릉 사진은 고종의 국장 때 조성한 홍릉의 모습을 보여주며(〈도판 126〉), 명성황후의 능도

170 출처는 국립중앙박물관 소장 조선총독부박물관 유리건판이다. 국립중앙박물관에는 이 사진들을 찍은 시기를 1909년으로 보았다. 『조선왕릉: 綜合學術調査報告書』(IX)(2015, 국립문화재연구소) 243·246쪽에도 동일한 사진이 수록되어 있다. .

171 『조선왕릉: 綜合學術調査報告書』(IX)(2015, 국립문화재연구소) 251쪽.

고종의 국장 때 금곡으로 천릉(遷陵)했다.

현재 홍릉의 모습은 2010년과 2012년에 찍은 사진이다(〈도판 127〉). 외견으로 보면 청량리에 조성한 홍릉은 침전을 제외하면 제후국 조선의 왕릉과 다르지 않고, 1930년대에 찍은 사진과 현재의 홍릉이 황제국의 황릉에 가깝다고 볼 수 있다.

〈도판 125〉 1897~1898년 청량리 소재 홍릉 모습 ⓒ 국립중앙박물관

(1) 홍릉전경

(2) 침전과 비각

(3) 비석(표석)

(4) 능침전경

(5) 장명등

(6) 호석(護石)

(7) 망주석

(8) 무인석과 석마(石馬)

(9) 문인석과 석마

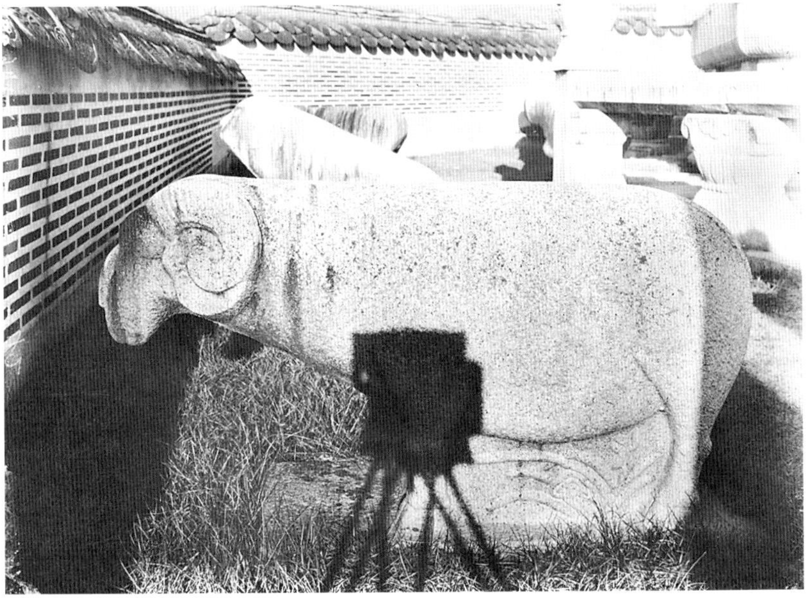

(10) 석양(石羊)

(11) 석호(石虎)

〈도판 126〉 1930년대 금곡 소재 홍릉 전경 ⓒ 국립문화재연구소

(1) 재실(좌), 침전과 비각(중), 수복방(우)

(2) 침전과 비각, 석물들

〈도판 127〉 현재(2010·2012년) 금곡 소재 홍릉 모습 ⓒ 김광수

(1) 홍릉(능침)

(2) 홍릉(능침)과 침전, 석물들

(3) 재실과 침전, 비각, 석물들

(4) 침전과 석물들, 홍살문

(5) 침전과 비각, 석물들

(6) 침전과 비각

결 론

중국은 당부터 명까지, 한국은 고려시대까지 황실의 상장 과정을 기록하지 않았다. 조선은 태종대부터 국가전례를 정비하기 시작하여 세종대에 오례 체제를 갖추었다. 그중 흉례는 『주자가례』를 근간으로 하되 조선의 국왕이나 왕후에게 맞지 않는 절차들은 제후국 국장(國葬)에 걸맞게 수정하며 정비했다. 이후 왕실의 상장례는 1758년에 최종 정비된 『국조상례보편』을 주요 텍스트로 삼아 치렀고 명성왕후의 국장 역시 마찬가지였다.

본서에서 연구 대상으로 삼은 명성왕후/황후는 1895년 일본인들에게 시해를 당하여 일반적인 왕후의 죽음과 달랐다. 그로 인해 국가전례서에 규정된 흉례 절차를 제대로 밟지 못했다. 그 뒤에도 아관파천, 고종의 황제 등극, 명성왕후의 황후 책봉 등 정치적으로 큰 사건이 발생한 가운데 국장이 지연에 지연을 거듭, 복잡한 양상을 띠면서 전개되었다. 끊임없는 변례의 발생, 그리고 왕후 국장에서 황후 국장으로 바뀌기까지 하는 등 상당히 파격적인 국장 행보를 보였다.

명성왕후/황후 국장은 제후국 왕후로서의 국장과 천자국 황후로서의 국장을 모두 볼 수 있었던 점이 가장 큰 특징이었다. 그에 따라 작성된 명성황후 흉례 관련 의궤에도 이런 내용을 담고 있어, 의절, 용어, 도설 등에서 조선의 왕후 국장과 대한제국기 황후 국장의 면모를 모두 확인할 수 있었다.

천자의 죽음을 뜻하는 '붕'자의 사용, 대행왕후가 아닌 대행'황후' 등의 용어에서, 붉은 계통이 아닌 황색 계통의 의물과 물품에서, 정자각과 침전이라는 용어와 건물의 구조 등등에서 왕후가 아닌 황후 국장임을 명백하게 보여주는 요소가 있었다. 하지만 황후 국장으로 바뀌었음에도 왕후 국장과 다름없는 용어, 도설도 상당했다.

아쉬운 점은 황후 국장을 검토하면서 『독례통고』를 제외한 나머지 참고 문헌의 대부분을 알 수 없었다는 사실이다. 의례만이 아니라 용어와 의물 역시 마찬가지로 어떤 문헌을 근거로 한 것인지를 알기 어려웠다. 왕후 국장에서 황후 국장으로 전환하는 과정에 제대로 된 준비를 할 겨를이 없었으며, 중국이나 한국에서 황후 국장을 참고할 만한 문헌이 없었던 것에 기인한 것 같다. 명성황후 국장의 정체성에 고민을 하게 하는 부분이기도 하다.

본서는 『고종실록』을 중심으로 『승정원일기』, 의궤, 등록 등의 자료를 참고했다. 자료의 편찬 시점을 고려한다면 『승정원일기』나 의궤, 등록 등의 자료가 그보다 훨씬 뒤에 편찬한 『고종실록』에 비해 당시의 상황을 더 생생하게 전달할 것임은 의심의 여지가 없다. 그럼에도 필자는 명성왕후/황후 국장을 서술하면서 '전체'의 전개, 진행 방향이라는 측면에서 『고종실록』을 중심에 두었다. 다른 자료, 특히 관찬 자료인 『승정원일기』보다 정치적인 성격이나 시대적인 상황이 『고종실록』에 더 잘 드러났다고 판단했기 때문이다.

명성왕후/황후 국장은 조선시대 여느 국장과 비교할 수 없을 정도로 정치적으로 중요한 사건이 많이 발생했던 시기에 치러졌다. 국운이 위태한 상황 속에서 왕후가 시해되는 전대미문의 사건이 발생했고, 국내외적으로 불안정한 정세 속에서 국장을 진행해야 했다. 따라서 국내외 정국 동향, 주요 정치적 사건, 국장 절차가 매우 긴밀한 관계 속에서 진행되었기 때문에 명성왕후/황후의 국장에서는 『고종실록』을 우선적으로 고려했다.[1]

단, 본서는 의례의 변화에 중점을 두었기에 이를 잘 보여주는 자료가 매우 중요했다. 의궤나 등록이 그러한 면에서 매우 적합한 문헌이고 이를 참고했음은 물론이다. 이에 못지 않게 중요한 자료가 바로 『승정원일기』였다.

『승정원일기』가 '의례' 부분에서 의궤나 등록과 겹치는 곳이 적지 않았다. 그러나 두 자료에 수록되어 있지 않은, 일상적으로 행하는 조·석상식과 주다례를 비롯해 속절, 오대향, 연제, 상제, 담제 등의 의주도 담고 있었다. 의주를 풍부하게 재록하고 있다는 점에서, 그리고 이러한 의주가 그때그때 실제 행한 의례라는 점에서 두 자료에 비해 강점이 있었다.

『조선왕조실록』과 『승정원일기』는 조선 이후 근현대에 이르기까지 연구를 진행함에 있어서 반드시 검토해야 하는 관찬 자료이다. 그에 따라 두 자료에 대한 사료 비판이 선행되어야 하는 것도 고민의 여지가 없는 부분이다. 고종대 역시 어떤 주제를 연구하든 『고종실록』과 『승정원일기』의 성격을 파악하는 것은 중요하다. 본서를 작성할 때에는 『고종실록』과 『승정원일기』가 서로 보완하는 자료로서 의미가 있었다. 두 자료에 대한 사료 비판이나 성격 파악은 앞으로 더 많은 영역에서 검토할 때 구체적으로 드러날 것으로 생각된다.

---

1 현재 학계에서 『고종실록』·『순종실록』의 자료적 객관성에 대해 논란이 있다는 점은 충분히 인지하고 있다. 본서 제4장 각주 5 참조.

본 연구를 진행하면서 사료 비판이 하나 더 필요한 자료가 있었는데 바로 의궤이다. 처음 국장을 시작할 때 총호사에 임명되는 사람이 『고종실록』과 『승정원일기』의 관찬 자료에는 이재면, 『명성황후국장도감의궤』·『명성황후빈전혼전도감의궤』·『명성황후홍릉산릉도감의궤』 등 의궤에는 조병세라고 하여 다르게 기록되어 있었다.

이때 주의할 점이 있다. 세 의궤 중에서도 『명성황후홍릉산릉도감의궤』의 기록이 나머지 두 의궤와 약간 다른 면모를 보였다는 사실이다. 이는 특히 「조칙(詔勅)」이라는 항목에서 볼 수 있다. 『명성황후국장도감의궤』와 『명성황후빈전혼전도감의궤』의 「조칙」조에는 조병세를 임명한 이후부터 어떤 사안을 아뢸 때 '총호사 신 조병세(總護使臣趙秉世)'라고 분명하게 명시되어 있다.

그에 비해 『명성황후홍릉산릉도감의궤』의 「조칙」조에는 1895년 10월 15일(음력) 총호사에 조병세를 임명한다고 한 뒤부터 총호사라고 명시한 곳에 조병세라는 이름 석자가 쓰여 있지 않다. 이유가 정확하지 않지만 국장 초기에 한정하여 '總護使臣○○○'이라고 하여 이름 세 글자가 쓰여 있지 않은 채 그 자리가 비어 있으며, 심지어 궁내부 대신이 아뢸 때 '宮內府大臣臣○○○'이라고 한 곳도 보인다. '總護使臣○○○'은 조병세, '宮內府大臣臣○○○'은 이재면으로 예측된다.

『명성황후홍릉산릉도감의궤』의 이러한 서술 방식은 을미년까지는 지속된 것으로 이해된다. 1895년 12월 11일(음력)까지 '總護使臣○○○'으로 기록되어 있고,[2] 한동안 총호사와 관련한 기록이 없다가 1896년 3월 14일(음력) 총호사를 교체하면서 총호사+이름을 병기했다. 조병세가 사직하기를 청하는 차자를 올리자 고종은 궁내부 특진관 조병세를 해임시키

2 『明成皇后洪陵山陵都監儀軌』(奎 13891) 上編, 詔勅(奏本狀啓附) 「乙未十二月十一日」.

고 그날 곧바로 궁내부 특진관 김병시를 임명한 기록에서 짐작된다.[3] 그리고 김병시를 임명한 이후부터 '총호사 김병시(摠護使金炳始)'라고 썼으며, 이해 4월 6일(음력)에 다시 조병세로 교체하자[4] 그 이후부터는 '총호사 조병세(總護使趙秉世)'라고 썼다.

『명성황후홍릉산릉도감의궤』「조칙」조의 기록이 두 의궤의 그것과 다른 것은 좀 더 면밀한 검토가 요구된다. 그런데 세 의궤에는 일을 담당한 사람들의 명단을 적은 「좌목(座目)」조를 보면, 모두 조병세가 1895년 10월 15일(음력)에 총호사로 임명된 것으로 기록되어 있다.[5] 『명성황후홍릉산릉도감의궤』「조칙」조의 기록에서 총호사 다음에 '조병세'라는 이름이 없는 곳이 있어도 결국 세 의궤에는 1895년 10월 15일(음력)에 그를 임명했다는 사실로 귀결된다.

세 의궤가 의궤청(儀軌廳)을 설치하여 편찬에 들어간 시기는 명성황후의 장례를 치른 1897년 11월 21일(음력 10월 27일) 이후이다.[6] 고종이 황제로 즉위한 뒤에 편찬되었다는 점에서 의궤를 편찬할 때 정치적 입김이 작용하지 않았을까 하는 의구심이 든다.

특히 그보다 앞서 1895년 10월 15일(음력) 총호사 자리에 이재면이 임명되었다(관찬 자료). 이후 아관파천으로 김홍집 내각이 몰락하고 국장 담당자의 교체가 있었을 때 관찬 자료에는 1896년 2월 18일 혹은 20일(양력)에 총호사를 이재면에서 조병세로 교체했다고 기록되어 있었다. 이러한 점

---

3 『明成皇后洪陵山陵都監儀軌』(奎 13891) 上編, 詔勅(奏本狀啓附) 「丙申三月十四日」.

4 『明成皇后洪陵山陵都監儀軌』(奎 13891) 上編, 詔勅(奏本狀啓附) 「丙申四月初六日」.

5 본서 제4장 제1절 2항에서 별도로 다룬 '의궤의 「좌목(座目)」에 등재된 총호사와 제조' 참조.

6 『明成皇后國葬都監儀軌』(奎 13883) 卷1, 都廳儀軌 「儀軌」(附); 『明成皇后殯殿魂殿都監儀軌』(奎 13890) 卷1, 儀軌事例; 『明成皇后洪陵山陵都監儀軌』(奎 13891) 上編, (附)儀軌. 이 중 『명성황후빈전혼전도감의궤』의 경우 항목명이 총목록에는 '儀軌', 본문에는 '儀軌事例'라고 되어 있는데 본문에 기재된 항목명을 따라 '儀軌事例'라고 했다.

들을 감안하면 1895년 10월 15일(음력)에 조병세가 총호사에 임명되었다고 한 의궤의 기록은 충분히 의심할 만하다.

사실 1894년 6월 28일(음력) 관제가 개편되기 전에는 조병세가 좌의정을 역임했다. 그 때문에 의궤의 기록처럼 상장에 관한 모든 일을 총괄하는 총호사에 그가 임명되는 것은 자연스럽다. 총호사 자리는 좌의정을 임명한다고 국가전례서에 규정되어 있기 때문이다. 그리고 의궤의 경우는 1897년 명성황후의 장례를 치른 뒤 편찬에 들어갔으므로 그때 김홍집 내각 및 김홍집 내각 시절에 진행된 국장을 인정하지 않으려는 의도가 의궤에 반영되어, 총호사에 처음 임명된 이재면을 부정하고 애초부터 그 자리에 조병세가 임명된 것처럼 기록할 수 있다.

따라서 의궤에서 국장이 시작되는 처음에 총호사를 조병세라고 한 것은 단순히 기록의 오류라거나 혹은 실수의 소치로 보기는 어렵다. 의궤를 편찬할 때 아예 처음부터 조병세로 기록한 것으로 보는 것이 타당하다. 명성왕후 시절의 국장과 명성황후로 책봉된 이후의 국장을 모두 기록한 세 의궤는 기록 자체를 좀 더 객관화시키는 사료 비판부터 선행될 필요가 있다.

마지막으로 사료 비판과 관련하여 고종의 국장에 관해 언급하고자 한다. 본서에서는 본격적으로 다룰 사안이 아니어서 명성황후의 국장과 관련되는 '부묘' 부분에서 언급한 것이 전부이다. 이때 『순종실록』과 한국학중앙연구원 장서각에 소장되어 있는 고종의 국상과 관련한 의궤를 참조했다. 『순종실록』의 사료 비판은 역사 학계에서도 진행되고 있지만 문제는 주의가 필요한 의궤이다. 이 의궤 역시 사료 검토가 반드시 필요하다고 생각하는 자료이기 때문이다.

현재 필자가 파악한 바로는 고종의 국상을 전반적으로 다룬 연구는 나와 있지 않은 것으로 알고 있다. 그런데 이를 파악하려면 『순종실록』과 의궤를 비롯하여 일본의 궁내청 서릉부 건너편에 있는 국립 공문서관에 있는 '고 이태왕 국장 서류'를 참고할 때 어느 정도 자료의 객관성을 담보한 연구를 진행할 수 있을 것으로 판단된다.[7] 고종의 국장 전반에 대한 검토와 파악은 후일의 연구 과제로 삼고자 한다.

다음은 이 시기를 공부하면서 문헌 자료를 볼 때 주의할 점이다. 바로 날짜를 기재하는 방식이다. 첫째, 건양의 선포로 음력에서 양력으로 바뀌면서 생긴 혼란이다. 1895년 11월 17일이 건양 1년(병신년, 1896) 1월 1일(양력)이다. 이날부터 『고종실록』에는 양력으로 날짜를 기재했다. 그런데 그 밖의 문헌들은 날짜를 기록하는 방식을 약간씩 달리했다. 음력을 쓴 뒤 양력을 기재하거나 양력을 먼저 쓴 뒤 음력을 쓰는 방식, 혹은 예전처럼 음력만을 쓰는 방식이 그것이다. 본서에서 주로 참고한 문헌을 중심으로 건양 이후 날짜를 서술하는 방식을 사례로 제시하면 다음과 같다.

* 『고종실록』: 建陽元年一月一日【(註) 陰曆乙未十一月十七日】.
* 『일성록』: 開國五百四年乙未十一月十七日【(註) 癸丑】 陽曆一月一日【(註) 水曜】
* 『승정원일기』: 開國五百四年乙未十一月十七日【(註) 癸丑】晴 陽曆一月一日
* 의궤: 丙申正月十四日.
* 『경효전일기』(藏 K2-2418): 丙申正月初一日丙申陽二月十三日

7 아마가와 에미꼬·기무라 요이치로 지음/조양욱 옮김, 2012 『조선왕실의궤의 비밀』 기파랑, 75~76쪽.

* 『명성황후국휼등록』(藏 K2-2933): 建陽元年一月二十三日【(註) 十二月初十日】.

『고종실록』에는 건양 1년 1월 1일 아래에 음력으로 날짜를 기재한 것을 볼 수 있다. 그 이후부터는 간혹 필요에 따라 음력을 부주로 처리한 경우를 제외하고 기본적으로는 양력을 위주로 기록했다. 『승정원일기』와 『일성록』에는 음력을 먼저 기술하고 이어서 양력을 병기하되 그사이에 간격을 넓게 두었다.[8]

의궤에는 음력만을 쓰고 양력은 전혀 기록하지 않았다. 『경효전일기』에는 음력과 양력 순으로 쓰되 간격을 띄우지 않고 붙여서 기록했다. 『명성황후국휼등록』에는 양력과 음력 순으로 기록하되 음력을 주석으로 처리했다.

이렇듯 여러 형식으로 날짜를 기록한 것은 오랫동안 음력을 사용하면서 모든 일이 그에 맞춰져 있다가 양력으로 바뀌면서 날짜를 기록하는 방식을 두고 고민한 결과였다. 다만, 본서에서는 『고종실록』을 중심으로 서술했기에 건양 1년 1월 1일부터 '양력'으로 날짜를 쓰면서 필요한 경우 음력을 병기했다. 문제는 『고종실록』에 동일한 기사가 실리지 않은 문헌을

8 참고로 『승정원일기』의 날짜 기록 방식이 음력-양력에서 양력-음력으로 쓰는 순서가 바뀐 시기는 1907년 10월(음력)이다. 이해 10월에 秘書監이 폐지되고 그 사무가 규장각으로 이관되면서 날짜를 쓰는 방식이 바뀌게 되었다. 비서감에서 작성한 마지막 날짜인 '순종 1년 10월 25일'까지는 음력-양력 순으로 썼으나 규장각에서 작성하기 시작한 '순종 1년 10월 26일'부터는 양력-음력 순으로 기재했다. 이는 어디까지나 『비서감일기』와 『규장각일기』의 원문에 근거한 기록 방식이다. 하지만 현재 국사편찬위원회에서 제공하는 『승정원일기』의 웹사이트(http://sjw.history.go.kr)에는 『규장각일기』의 날짜 기록을 양력의 기재 없이 모두 음력으로만 제공하고 있다. 『비서감일기』와 『규장각일기』의 날짜 기록 방식을 확인하기 위해 필자가 검색한 날짜는 2020년 11월 11일이다. 『비서감일기』와 『규장각일기』의 원문은 규장각한국학연구원 웹사이트에서 제공하고 있으나 국사편찬위원회에서 제공하는 『승정원일기』의 웹사이트와도 연동되어 있어 확인이 가능하다.

참고할 때, 특히 음력만을 기재한 의궤를 참고할 때 양력과 음력 날짜를 일일이 대조해야 하는 번거로움이 있다.

다음은 음력에서 양력을 쓰게 되면서 문헌에 기재한 날짜를 이해하는 방식이다. 예를 들면, 1895년 11월 7일자(음력) 기사에서 궁내부에서 상주한 '산릉택일별단'을 기록한 방식이다. '참초파토(斬草破土) 음력병신정월이십일묘시(陰曆丙申正月二十日卯時)'에서 보듯 '음력' 두 글자가 들어가 있다.[9] 사실 이때는 아직 건양을 선포하지 않은 음력을 사용하고 있는 시기이다. 1895년 11월 17일이 건양 1년(병신년, 1896) 1월 1일(양력)이 되기 때문이다. 아직 일어나지도 않은 미래의 일을 보여주는 기록이다.

사실 '음력'이라는 말은 양력(陽曆)이라는 단어를 쓰게 되면서 상대적으로 생긴 용어라고 볼 수 있다. 음력을 사용하던 시기에는 '음력'이라는 단어가 존재할 이유가 없었기 때문이다. 마치 서양 사람들이 거주하는 곳을 양옥(洋屋)이라 지칭하며 새로운 단어가 등장하자 조선 사람들이 거주하는 건물을 한옥(韓屋)이라고 한 것과 다르지 않다. 양력과 양옥이라는 단어가 생겨나자 그에 대응하여 음력과 한옥이라는 용어를 만든 것이었다.

이 시기에는 서구나 일본의 영향을 받으면서 곳곳에서 새로운 단어가 나타났고, 이를 이해하기 위해 혹은 그에 대응하기 위해 새 용어를 만들기도 했다. 후자에 해당하는 음력과 한옥은 그야말로 생각지도 못한, 생각할 필요조차 없었던 용어였다. 이 당시 용어의 다양화에 따른 고민이 뒤따랐을 것임은 의심의 여지가 없다.

그렇다면 『고종실록』의 1895년 11월 7일자(음력) 기사에서 굳이 '음력' 두 글자를 쓴 이유가 무엇일까. 고종 사후에 『고종실록』을 편찬할 때 열흘 뒤인 11월 17일(건양 1년 1월 1일)부터 양력을 사용할 것이라는 사실을 미리

9 『高宗實錄』 卷33, 高宗 32年 11月 癸卯(7).

고려하여 '음력' 두 글자를 넣음으로써 혼란을 피하고자 한 것이 아닌가 추정된다.

다음은 건양 이후의 날짜를 기록할 때 주의해야 하는 부분이다. 먼저 동일한 내용을 기록하면서 날짜를 음력으로 기록한 문헌과 양력으로 기록한 문헌을 판별할 때이다. 『승정원일기』에서 '개국504년(을미, 고종 32) 11월 18일(양력 1월 2일)'자 기사와 『명성황후빈전혼전도감의궤』에서 '을미년 11월 18일'자 내용이다.

* 『승정원일기』: 宮內府大臣奏 梓宮漆布上加漆 **至今四日** 準十五度.[10]

* 『명성황후빈전혼전도감의궤』: 摠護使臣趙秉世謹奏 梓宮漆布上加漆 今二十日 準十五度矣.[11]

두 문헌은 재궁의 칠포 위 가칠이 1월 4일 혹은 11월 20일이 되면 (마지막으로 칠하는) 15번에 준한다는 내용이다. 『승정원일기』에서 '지금사일(至今四日)'은 양력으로 1896년 1월 4일을 가리키고, 『명성황후빈전혼전도감의궤』에서 '금이십일(今二十日)'은 음력으로 1895년 11월 20일을 가리킨다. 그런데 양력 1896년 1월 4일이 곧 음력 1895년 11월 20일이다.

문헌에 따라 이처럼 동일한 날짜를 양력으로 기록하기도 하고, 음력으로 기록하기도 하여 자칫하면 기록의 오류라고 판단할 수 있다. 『승정원일기』와 의궤의 이러한 기록 방식은 이 기사에 그치지 않는다.[12] 그런 까

10 『承政院日記』 高宗 32年 11月 18日(甲寅)[陽曆 1月 2日].

11 『明成皇后殯殿魂殿都監儀軌』(奎 13890) 卷1, 詔勅(稟奏幷入) 「乙未十一月十八日」.

12 동일한 날짜를 양력으로, 음력으로 사용한 예를 하나 더 들면 아래와 같다.

* 『承政院日記』 高宗 32年 11月 23日(己未)[陽曆 1月 7日] "宮內府大臣奏 梓宮書上字及結裹吉日時 令日官金東萬推擇 則**書上字 今一月十日巽時 結裹 同月十二日**爲吉云 以此日時擧行之意 謹上奏 奉旨 東宮 謹當親書矣".

닭에 이 시기 문헌을 볼 때 동일한 날짜를 다르게 기록할 수 있다는 점에 깊은 주의가 필요하다.

다음은 건양 이후에도 음력으로 날짜를 쓰는 의궤에서 날짜를 기록할 때 '음력' 2글자를 넣은 사례이다. 의궤에서는 날짜를 기재할 때 양력은 전혀 고려하지 않지만 고종의 조칙이나 신하들이 음력으로 말한 것을 그대로 '인용'할 때에 볼 수 있다. 가령, 『명성황후빈전혼전도감의궤』에서 「병신년 8월 17일」(음력)자에 "음력 8월 20일에 별전을 올리고 조상식을 행할 때 제문(祭文)은 마땅히 직접 지어서 내리겠다."라는 고종의 조칙에서[13] '음력 8월 20일'을 그대로 옮겼다.

이러한 기록 방식은 건양 이후 모든 면에서 양력을 쓰다가 부분적으로 음력을 쓰기로 조정한 것에서 그 원인이 찾아진다. 고종이 각종 국가 제사와 왕실 구성원들의 탄신일은 구력을 사용하라는 조칙을 내린 것을 가리킨다. 국가적으로 중요한 행사를 치르려고 할 때 양력에 익숙하지 않은 당시 신하들이 음력으로 알고 있던 날짜를 다시 양력으로 환산하려니 쉽지 않았던 것이다. 일련의 일들은 그 수가 적지 않았고, 그때마다 신하들은 실수를 범할까봐 신경을 곤두세워야 했다. 그런 일들이 닥쳤을 때마다 생기는 혼란을 피하기 위해 다시 음력으로 회귀하여 혼란을 방지하려 한 조치였다.

그럴 경우 음력으로 날짜를 기록하는 의궤에도 위 사례처럼 반드시 '음

---

* 『明成皇后殯殿魂殿都監儀軌』(奎 13890) 卷1, 詔勅(稟奏幷入) 「乙未十一月二十二日」 "同日 掌禮院奏曰 梓宮書上字及結裹吉日時 令日官推擇 則**書上字 今月二十六日巽時 結裹 同月二十八日**爲吉云 以此日時擧行 何如 謹上奏 奉旨 東宮 謹當親書矣".
재궁에 상자를 쓰는 날은 『승정원일기』에는 양력 1월 10일, 『명성황후빈전혼전도감의궤』에는 음력 11월 26일로 기재했고, 재궁을 묶고 싸는 결과는 『승정원일기』에는 양력 1월 12일, 『명성황후빈전혼전도감의궤』에는 음력 11월 28일로 기록했다.

13 『明成皇后殯殿魂殿都監儀軌』(奎 13890) 卷1, 詔勅(稟奏幷入) 「丙申八月十七日」 "詔曰 陰曆八月二十日 別奠朝上食祭文 當親撰以下矣".

력'이라는 두 글자가 들어간 인용문을 그대로 옮겨 썼다. 그렇지 않고 양력으로 날짜를 기록하는 문헌은 당연히 국가 제사라든가 탄신일을 거론할 때에는 '음력' 두 글자를 기입했다. 가령, 『고종실록』의 1896년 8월 25일(양력)자 기사에서 '이번 음력 7월 27일에 동궁이 응당 별전을 올릴 것이니 백관들은 입참하라.'는 것과 같다.[14]

사실 음력 7월 27일은 양력 9월 4일로 경복궁 태원전에 봉안되어 있던 명성왕후의 재궁을 경운궁 별전으로 옮겨 봉안하는 날이었다. 문헌에는 '빈전이안' 혹은 '빈전이봉'이라고 한 표현이 그것이다. 의례와 관련된 날짜는 이처럼 음력으로 논의했다. 명성왕후/황후의 '국장'도 음력에 맞추어 진행하다가 건양을 선포한 이후 양력으로 바꾸었다가 다시 음력으로 진행했다.

다음은 향후 이 시기를 연구할 때 바라는 점이다. 청일전쟁 이후 국제적으로 조선이 청으로부터 완전히 독립하면서 의례의 변화가 예고되었고, 실제로도 변화가 시작되었다. 그러다가 1897년 대한제국을 선포하면서 국내적으로도 국가의 정체성이 확실시되면서 의례는 여러 부면에서 본격적으로 변화해 갔다. 본서에서는 조선이 근대로 접어들면서 국가 의례 '변화'의 시작을 명성왕후/황후의 국장을 통해 살펴보았다.

국가 의례 중 흉례를 중심으로 변화되어 가는 양상을 살폈다면 이를 계기로 앞으로는 길례, 가례, 빈례, 군례에서도 이러한 점에 포착하여 의례의 변화를 보여주는 연구가 진행되기를 바란다.

우선 개항 이후 용어부터 바뀌면서 정치, 사회, 외교 등 여러 분야에서 변화가 시작되었다. 그중 국가 의례라는 측면에서 본다면 외교 분야인 빈

14 『高宗實錄』卷34, 高宗 33年 8月 25日(陽曆).

례 연구가 가장 녹록하지 않을 듯하다. 당장 눈앞에 닥친 급박함에 처해 있는 분야이기 때문이다.

현재 조선왕실의 외교의례 및 대한제국의 외교의례를 연구한 저서가 있어,[15] 조선부터 대한제국까지 빈례의 변화 양상을 파악하는데 매우 유용하다. 시대별 '의례 절차'를 잘 정리한 장점이 있으므로 이를 바탕으로 실생활에서 행한 사례를 구체적으로 연구할 시기이다. 의례서에 규정된 의례 절차는 일종의 강령이다. 실제 행례할 때 생길 수 있는 변례는 담고 있지 않기에 실제 행례한 사례를 살펴 대조해 본다면 변화의 역동성을 살필 수 있을 것이다.

다음은 군례이다. 군례는 1882년 임오군란(壬午軍亂)이라는 큰 사건을 겪으면서 군제 개혁이 단행되었다. 최근 조선 왕실의 군사의례에 대해서는 저서가 출간되었다.[16] 이를 발전시켜서 근대로까지 연장한다면 전통시대에서 근대로 바뀌어 가는 과정을 순차적으로 파악할 수 있을 것이다.

다음으로 길례와 가례이다. 두 의례는 급박함이라는 측면에서는 빈례나 군례보다는 덜하다고 볼 수 있다. 하지만 다른 의례에 비해, 특히 길례는 빈번하게 거행하는 의례이다. 근대화가 진행되는 가운데에 이 또한 변화가 없지 않을 것이므로 국가 의례를 중심으로 그 변화 과정을 구체적으로 살펴보는 것은 의미가 있다고 본다.

국가 의례는 국가전례서에 성문화되면 전쟁이나 반란 등 커다란 사회적 변화를 수반하지 않는 한 변화를 기대하기가 쉽지 않다. 하지만 전통시대에서 근대로의 변화는 국가 의례의 변화에 영향을 주기에 충분하다. 흉례의 변화도 본서에서 시작하는 단계라고 볼 수 있으므로 추후에 후속

15 김문식, 2017 『조선왕실의 외교의례』 세창출판사.
16 이왕무, 2019 『조선왕실의 군사의례』 세창출판사.

연구가 이어질 필요가 있고, 이외의 네 의례도 순차적인 검토가 이루어진다면 전통에서 근대까지 왕실과 황실의 의례 연구에 도움이 될 것이다. 다만, 국가전례서에 규정된 제도만의 변화가 아닌 당시 사회의 현실적인 변화를 고려한 국가 의례 연구가 진행되어야 한다는 점을 염두에 두었으면 한다.

마지막으로 본 연구를 진행하면서 체감한 한계 및 향후 연구 과제를 제시함으로써 마치고자 한다. 조선시대를 연구하는 입장에서 근대로까지 연구 범위를 넓힐 때 직면하는 어려움이기도 하다. 본서에서 주로 다룬 시기가 1894년부터 1898년까지이다. 조선의 왕후 국장에서 시작하여 중간에 대한제국 선포, 대한제국 전례(典禮)가 확정되지 않은 가운데 황후 국장을 치렀다. 국가 의례에 영향을 미칠 당시의 국내외적 상황, 국장을 치르면서 새로 마련한 의례와 용어, 의물까지 이들에 대한 파악은 어느 하나 쉬운 과정이 없었다. 그 자체만을 이해하는 것도 쉽지 않았다.

여기에 더해 의례 이외의 각종 신생 용어의 등장, 관직명의 변화, 문헌마다 다른 날짜 기록 방식, 정치세력의 교체와 집권세력의 성격, 의례 담당자의 정치적 성격, 행례 공간으로서의 궁궐, 각종 복식 등 이 역시 이해하는 데 상당한 어려움을 안겨 주었다. 기존의 연구 논저 및 이 당시를 연구하는 역사 연구자, 필자가 접근하기 힘든 건축·복식 연구자에게서 도움을 받기도 했다. 하지만 기본적으로 당시의 시대 배경에 대한 충분한 이해가 선행되어야 한다는 사실이 무엇보다 중요했다. 이는 학제간 융합학 연구가 아니더라도 이 시기 역사 연구자와의 협업이 매우 중요하다는 뜻이다.

다음은 다른 학문 분야와의 협업이다. 본 연구는 '의례'의 변화에 주로 초점을 맞추다보니 건축, 복식, 미술 등 융합학 연구가 이루어져야 해결되는 부분이 적지 않았다. 공간적인 이해가 필요할 때마다 건축학 전공자에게, 복식과 색깔은 전통 복식 전공자에게 문의하는 일이 많았다. 앞으로는 역사를 비롯한 인문학이 건축이나 복식, 미술 등 다양한 학문 분야와 함께 소통할 때 서로의 학문적인 발전과 영역의 확장을 기대할 수 있을 것이다.

참고문헌

1. 자료

『高麗史』(북역, 신서원 영인본, 1991), 『朝鮮王朝實錄』, 『高純宗實錄』, 『承政院日記』, 『日省錄』.

『明成皇后國葬都監儀軌』(奎 13883, 분상용)·(奎 13879, 어람용).

『明成皇后殯殿魂殿都監儀軌』(奎 13890, 분상용)·(奎 13885, 어람용).

『明成皇后洪陵山陵都監儀軌』(奎 13891, 분상용)·(奎 13892, 어람용).

『明成皇后洪陵石儀重修都監儀軌』(奎 13897, 분상용)·(奎 13895, 어람용)·(서울대학교 규장각 영인본, 2000, 〈奎 13899〉본 영인).

『高宗太皇帝御葬主監儀軌』(藏 K2-2920).

『高宗太皇帝殯殿魂殿主監儀軌』(藏 K2-2919).

『高宗太皇帝山陵主監儀軌』(藏 K2-2285).

『高宗太皇帝明成太皇后祔廟主監儀軌』(藏 K2-2218).

『顯宗國葬都監儀軌』(奎 13539).

『仁敬王后國葬都監儀軌』(奎 13553).

『仁敬王后殯殿魂殿都監儀軌』(奎 13554).

『仁顯王后國葬都監儀軌』(奎 13555).

『仁顯王后殯殿都監儀軌』(奎 13556의 1).

『景宗國葬都監儀軌』(奎 13566).

『景宗懿陵山陵都監儀軌』(藏 K2-2329).

『英祖貞純王后嘉禮都監儀軌』(奎 13102).

『貞聖王后國葬都監儀軌』(奎 13589).

『貞聖王后殯殿都監儀軌』(奎 13590의 1).

『貞聖王后魂殿都監儀軌』(奎 13590의 2).

『英祖殯殿都監儀軌』(奎 13584의 1).

『英祖魂殿都監儀軌』(奎 13584의 2).

『英祖元陵山陵都監儀軌』(奎 13586).

『文孝世子禮葬都監儀軌』(CORÉEN 2573).

『文孝世子殯宮魂宮都監儀軌』(CORÉEN 2693).

『正祖國葬都監儀軌』(奎 13634).

『正祖殯殿魂殿都監儀軌』(奎 13637).

『正祖健陵山陵都監儀軌』(奎 13640).

『貞純王后國葬都監儀軌』(奎 13592).

『貞純王后殯殿魂殿都監儀軌』(奎 13594).

『貞純王后元陵山陵都監儀軌』(奎 13596).

『孝懿王后殯殿魂殿都監儀軌』(奎 13650).

『正祖孝懿王后健陵山陵都監儀軌』(奎 13664).

『孝明世子葬禮都監儀軌』(奎 13718).

『孝明世子殯宮魂宮都監儀軌』(奎 13721).

『孝明世子延慶墓墓所都監儀軌』(奎 13728).

『翼宗追崇都監儀軌』(奎 13396).

『孝顯王后國葬都監儀軌』(奎 13802).

『孝顯王后殯殿魂殿都監儀軌』(奎 13805).

『孝顯王后景陵山陵都監儀軌』(奎 13809).

『憲宗國葬都監儀軌』(奎 13784).

『純元王后殯殿魂殿都監儀軌』(奎 13688).

『純元王后仁陵山陵都監儀軌』(奎 13694).

『哲宗睿陵山陵都監儀軌』(奎 13852, 분상용)·(奎 13853, 어람용).

『高宗明成皇后嘉禮都監儀軌』(奎 13153).

『高宗神貞王后孝定王后哲仁王后明成王后上尊號都監儀軌』(奎 13455).

『哲仁王后殯殿魂殿都監儀軌』(奎 13866).

『哲仁王后睿陵山陵都監儀軌』(奎 13873).

『神貞王后加上尊號都監儀軌』(奎 13460).
『高宗神貞王后孝定王后明成王后加上尊號都監儀軌』(奎 13475).
『高宗神貞王后孝定王后明成王后加上尊號都監儀軌』(奎 13473).
『神貞王后國葬都監儀軌』(奎 13736, 분상용)·(奎 13737, 어람용).
『神貞王后殯殿魂殿都監儀軌』(奎 13747, 분상용)·(奎 13745, 어람용).
『神貞王后綏陵山陵都監儀軌』(奎 13749).
『翼宗神貞王后高宗孝定王后明成王后上號都監儀軌』(奎 13425).
『高宗大禮儀軌』(奎 13486, 분상용)·(奎 13488, 어람용).
『太祖神懿王后神德王后莊祖獻敬王后正祖孝懿王后純祖純元王后翼宗神貞王后追尊時儀軌』(奎 13236, 분상용)·(奎 13241, 어람용).
『仁祖仁烈王后莊烈王后孝宗仁宣王后高宗明憲太后明成皇后上號都監儀軌』(奎 13246).
『文祖神貞皇后高宗明憲太后明成皇后上號都監儀軌』(奎 13430).
『孝定王后景陵山陵都監儀軌』(奎 13832).
『明成皇后國恤謄錄』(藏 K2-2933).
『大韓明成皇后洪陵誌』(藏 K2-4422).
『景孝殿日記』(藏 K2-2418).
『殯殿移奉慶運宮時班次圖明成皇后發靷班次圖』(藏 K3-550).
『寶印所儀軌』(奎 14212, 분상용)·(奎 14219, 어람용).
『寶印符信總數』(奎 10291).
『華城城役儀軌』(奎 14590).
『禮葬廳謄錄』(奎 13013).
『慶運宮重建都監儀軌』(奎 14328).
『中和殿營建都監儀軌』(奎 14345).
『進饌儀軌』(奎 14370).
『御筆懸板帖』(奎 10293).

『國朝五禮儀』(민창문화사 영인본, 1994).

『國朝喪禮補編』(奎 3940).

『春官通考』(성균관대학교 대동문화연구원 영인본, 1975~1977).

『春官通考』(奎 12272).

『國朝五禮通編』(이화여자대학교 도서관, 청구번호 고 181.214 이89).

『國朝五禮通編』(藏 K2-2122).

『國朝五禮通編』(奎 4773).

『大韓禮典』(藏 귀 K2-2123).

『春官志』(서울大學校 奎章閣韓國學研究院 영인본, 2013).

『春官志』(『近畿實學淵源諸賢集』 成均館大學校 大東文化研究院 영인본, 2002).

『禮記集說大全』(학민문화사 영인본, 1990).

『禮記注疏』(十三經注疏 整理本, 北京大學出版社, 2000).

『儀禮注疏』(十三經注疏 整理本, 北京大學出版社, 2000).

『大明集禮』(藏 K2-2145).

『家禮』(奎中 311).

『司馬氏書儀』(中華書局 영인본, 1985).

『讀禮通考』(奎中 4780).

『史記』(中華書局 영인본. 1959년 제1판, 1994년 湖北 제13차 인쇄).

『列聖誌狀通紀』(한국정신문화연구원 영인본, 2003).

『王妃世譜』·『列聖王妃世譜』(藏 K2-1696)(韓國學中央研究院 藏書閣 영인본, 2008).

『增補文獻備考』(명문당, 1985).

『東國輿地備考』(서울대학교 규장각한국학연구원 소장, 〈古 4790-10〉, 〈가람古 915.1-D717〉).

『經國大典』(서울大學校 奎章閣 영인본, 1997. 〈奎 1298〉을 영인함).

『續大典』(서울大學校 奎章閣 영인본, 1998. 〈奎 1926〉을 영인함).

『大典通編』(서울大學校 奎章閣 영인본, 1998. 〈奎 202〉를 영인함).

『大典會通』(서울大學校 奎章閣 영인본, 1999. 〈奎 1302〉를 영인함).

『大典會通』(朝鮮總督府中樞院 영인본, 1939).

『六典條例』(서울大學校 奎章閣 영인본, 1999. 〈奎 5289〉를 영인함).

『兩銓便攷』(서울大學校 奎章閣 영인본, 2000. 〈奎 4046〉을 영인함).

『銀臺條例』(서울大學校 奎章閣 영인본, 2000. 〈奎 5046〉을 영인함).

『銀臺便攷』(서울大學校 奎章閣 영인본, 2000. 〈古 5120-155〉를 영인함).

『典律通補』(서울大學校 奎章閣 영인본, 1998. 〈奎貴 1377〉을 영인함).

『漢京識畧』(서울대학교 규장각한국학연구원 소장, 청구번호 가람古 915.11 Y9h).

『朝鮮古蹟圖譜』(朝鮮總督府藏版, 審美書院 영인본, 1930).

『通文館志』(서울대학교 규장각한국학연구원 영인본, 2006).

『(국역) 통문관지』(세종대왕기념사업회 영인본, 1998).

『雲養集』(한국문집총간, 328책).

『葛庵集』(한국문집총간, 127~128책).

『渼湖集』(한국문집총간, 220책).

『沙溪全書』(아세아문화사 영인본, 1982).

〈北闕圖形〉(서울대학교 규장각한국학연구원, 〈奎貴 9978〉)·(국립고궁박물관 〈고궁2341〉).

〈경복궁배치도〉(고려대학교 박물관 소장).

2. 저서

강문식·이현진, 2011『종묘와 사직 -조선을 떠받친 두 기둥-』 책과함께.

김문식, 2017『조선왕실의 외교의례』 세창출판사.

김문자, 김승일 옮김, 2011『명성황후 시해와 일본인』 태학사.

김지영, 2017『길 위의 조정 -조선시대 국왕 행차와 정치적 문화-』 민속원.

문화재청, 2009『조선시대 궁궐 용어해설』 문화재청.

손경석·이상규 해설, 2019『사진으로 보는 近代韓國』(下) 서문당(제2판 10쇄 발행).

아마가와 에미꼬·기무라 요이치로 지음, 조양욱 옮김, 2012『조선왕실의궤의 비밀』 기파랑.

안창모, 2009『덕수궁』 동녘.

양상현·유영미 엮음, 2019『그리피스 컬렉션의 한국사진』 눈빛.

연갑수, 2008『고종대 정치변동 연구』 일지사.

柳永益, 1998『東學農民蜂起와 甲午更張』 一潮閣.

尹邦彦, 2002『朝鮮王朝 宗廟와 祭禮』 문화재청.

이규헌 해설, 2019『사진으로 보는 近代韓國』(上) 서문당(제2판 10쇄 발행).

이민원, 2002『명성황후시해와 아관파천』 국학자료원.

이문웅, 강정원, 선일 편, 2008『서울대학교박물관 소장 식민지시기 유리건판』 서울대학교출판부.

이왕무, 2019『조선왕실의 군사의례』 세창출판사.

이 욱, 2017『조선시대 국왕의 죽음과 상장례喪葬禮 -애통·존숭·기억의 의례화-』 민속원.

李燦·楊普景, 1995『서울의 옛 地圖』 서울시립대학교 부설 서울학연구소.

李鉉淙 編著, 1990『東洋年表』 探求堂(1971년 초판 발행, 1990년 8판 발행).

이현진, 2008『조선후기 종묘 전례 연구』 일지사.

이현진, 2015『왕의 죽음, 정조의 국장』 글항아리.

이현진, 2017『조선 왕실의 상장례』 신구문화사.

鄭肯植, 1991『韓末法令體系分析』 한국법제연구원.

정해득, 2013『조선 왕릉제도 연구』 신구문화사.

朝鮮總督府, 1931『朝鮮古蹟圖譜』(十一) 大塚巧藝社.

池斗煥, 1994『朝鮮前期 儀禮硏究 -性理學 正統論을 中心으로-』 서울大學校出版部.

崔文衡 외, 1992『明成皇后弑害事件』 民音社.

한미사진미술관, 2009『대한제국 황실사진전』 한미사진미술관.

漢語大詞典編輯委員會, 1990『漢語大詞典』 漢語大詞典出版社.

한영우, 2001『명성황후와 대한제국』 효형출판.

홍순민, 1999『우리 궁궐 이야기』 청년사.

황호덕·이상현 편, 2012『한국어의 근대와 이중어사전』 박문사.

〈보고서 및 도록〉

『景福宮 乾淸宮重建報告書』(2006, 文化財廳).

『덕수궁 -복원정비 기본계획-』(2005, 文化財廳).

『100년 전의 기억, 대한제국』(2010, 국립고궁박물관).

『왕의 상징 어보御寶』(2012, 국립고궁박물관).

『옛 문서와 책에서 만나본 어보御寶』(2015, 국립중앙도서관).
『新신 왕실도자 –조선왕실에서 사용한 서양식 도자기–』(2020, 국립고궁박물관).
『조선왕릉 : 綜合學術調査報告書』(Ⅰ~Ⅸ)(2009~2015, 국립문화재연구소).

3. 논문

具仙姬, 1997「淸日戰爭 直前 朝鮮 '屬邦' 問題와 朝·淸關係」『史學硏究』 54.
具仙姬, 2006「청일전쟁의 의미 – 조·청 '속방' 관계를 중심으로–」『한국근현대사연구』 37.
구선희, 2018「제13장 청일전쟁과 조선」『한국의 대외관계와 외교사 _ 근대 편』 동북아역사재단.
김대호, 2011「일제하 종묘를 둘러싼 세력 갈등과 공간 변형 –1920년대 식민 권력과 귀족 세력의 관계를 중심으로–」『서울학연구』 43.
김문식, 2004「숙종이 중간한 『대명집례』」『문헌과해석』 28.
김문식, 2006(a)「高宗의 皇帝 登極儀에 나타난 상징적 함의」『朝鮮時代史學報』 37.
김문식, 2006(b)「장지연이 편찬한 『대한예전』」『문헌과해석』 35.
김문식, 2009「조선시대 國家典禮書의 편찬 양상」『藏書閣』 21.
김연주, 2009「의궤 번역에 있어서 차자 표기 해독」『民族文化』 33.
김영수, 2006「춘생문사건 주도세력 연구 –궁내부에 기반을 둔 정치세력의 형성을 중심으로 –」『士林』 25.
김형종, 2018「제12장 청일전쟁 전후 청의 조선 정책」『한국의 대외관계와 외교사 _ 근대편』 동북아역사재단.
도진순, 2019「역사와 기억 –건국연도와 연호, 그 정치적 함의」『역사비평』 126.
목수현, 2005「대한제국의 원구단: 전통적 상징과 근대적 상징의 교차점」『미술사와 시각문화』 4.
박계리, 2016「〈명성황후 발인반차도〉와 발인 행렬」『美術史學報』 47.
朴鍾天, 2010「朝鮮 後期 『讀禮通考』의 수용과 영향」『韓國實學硏究』 20.
박종천, 2011「茶山 丁若鏞의 『讀禮通考』 硏究 初探」『韓國實學硏究』 21.
박희용, 2010「대한제국의 상징적 공간표상, 원구단」『서울학연구』 40.

서민교, 2004「일본에서의 명성황후 시해사건에 대한 연구와 과제」『史叢』59.

徐榮姬, 1990「1894~1904년의 政治體制 變動과 宮內府」『韓國史論』(서울대학교 국사학과) 23.

서영희, 2011「명성황후 다시 보기」『연보와 평전』6.

석화정, 2017「청일전쟁 전황(戰況)과 '조선의 독립' 문제에 대한 열강의 정책」『軍史』102.

申智惠, 2010『조선 숙종대 왕실 喪葬禮 設行공간의 건축특성 -빈전·산릉·혼전을 대상으로-』경기대학교 건축공학과 박사학위논문.

오연숙, 1996「대한제국기 의정부의 운영과 위상」『역사와 현실』19.

吳蓮淑, 2002「大韓帝國期 高宗의 人事政策과 官僚層의 형성 -議政府 勅任官級 官僚를 중심으로- 」『國史館論叢』100.

오영섭, 2006「고종과 춘생문 사건」『鄕土서울』68.

유바다, 2017『19세기 후반 조선의 국제법적 지위에 관한 연구』고려대학교 한국사학과 박사학위논문.

劉바다, 2017「1894년 淸日戰爭의 발발과 조선의 屬國 지위 청산」『大東文化硏究』98.

유영익, 2002「김홍집(金弘集) -개혁을 서둘다가 임금과 백성에게 배척당한 친일 정치가-」『한국사 시민강좌』31.

윤기엽, 2013「고려 혼전(魂殿)의 설치와 기능」『韓國思想史學』45.

윤진영, 2007「조선왕조 산릉도감의궤의 四獸圖」『仁祖長陵山陵都監儀軌』藏書閣.

李奎喆, 2018『대한제국기 한성부 도시공간의 재편』서울대학교 건축학과 박사학위논문.

이민원, 1988「稱帝논의의 전개와 大韓帝國의 성립」『淸溪史學』5.

李玟源, 2002「조선의 단발령과 을미의병」『毅菴學硏究』創刊號.

이민원, 2004「일본의 침략과 대한제국의 경운궁」『한국독립운동사연구』22.

이민원, 2005「춘생문사건 전후의 조선」『지역문화연구』4.

이민원, 2019「대한제국의 탄생 과정과 위암 장지연 - 칭제건원 논쟁을 중심으로 -」『문명연지』20-1.

李培鎔, 1981 「舊韓末 獨逸의 鑛山利權과 堂峴金鑛」 『梨花史學研究』 11·12(합집)
李培鎔, 1986 「開港 以後 獨逸의 資本浸透와 世昌洋行」 『한국문화연구원논총』 48.
이영옥, 2004 「清朝와 朝鮮(大韓帝國)의 외교관계, 1895~1910」 『中國學報』 50.
李永玉, 2012 「그 이름 불러주기 –실록의 조선·청나라 호칭(互稱) 분석」 『明淸史研究』 38.
이 욱, 2003 「대한제국기 환구제(圜丘祭)에 관한 연구」 『종교연구』 30.
이 욱, 2018 「대한제국의 성립과 명성황후(明成皇后) 국장(國葬)의 변화」 『종교와 문화』 34.
李泰鎭·洪順敏, 1989 「≪日省錄≫刀削의 실상과 경위」 『한국문화』 10.
이현진, 2007 「조선 왕실의 혼전」 『조선시대 문화사』(상), 일지사.
이현진, 2009 「19세기 조선 왕실의 왕위 계승과 종묘 세실론」 『韓國思想史學』 32.
이현진, 2010 「碩齋 尹行恁의 禮學과 喪禮 인식 -『泣血錄』을 중심으로-」 『韓國思想史學』 34.
이현진, 2011 「조선시대 종묘의 부묘 의례와 성격」 『서울학연구』 43.
이현진, 2012(a) 「대한제국의 선포와 종묘 제도의 변화 –七廟의 구성과 황제 추존, 신주 改題를 중심으로-」 『韓國思想史學』 40.
이현진, 2012(b) 「명·청의 賜祭·賜諡에 대한 조선의 대응」 『朝鮮時代史學報』 63.
이현진, 2014 「의궤 번역의 難題 –'凶禮' 관련 의궤를 중심으로」 『고전번역연구』 5.
이현진, 2015(a) 「순조대 惠慶宮의 喪葬 의례와 성격」 『朝鮮時代史學報』 74.
이현진, 2015(b) 「인선왕후의 국장과 혼전도감의궤」 『외규장각 의궤 연구 흉례凶禮』(Ⅰ) 국립중앙박물관.
이현진, 2016(a) 「조선후기 세자빈 禮葬 의례와 그 특징 -賢嬪의 예장을 중심으로-」 『한국문화』 73.
이현진, 2016(b) 「조선후기 綏嬪 朴氏의 喪葬 의례와 성격」 『朝鮮時代史學報』 76.
이현진, 2017 「조선의 왕릉 의례」 『문헌과해석』 81.
이현진, 2018(a) 「조선전기 국왕 국장(國葬)에서 명(明) 사신의 의례설행과 그 공간」 『朝鮮時代史學報』 85.
이현진, 2018(b) 「조선 왕실의 포장(包裝) 문화」 『문헌과해석』 82.

이현진, 2018(c) 「신덕왕후, 왕후로 인정받지 못한 왕비」 『조선의 왕비 기록으로 만나다』 한국학중앙연구원 출판부.

이현진, 2019(a) 「성저십리 및 근교에서 설행한 국가제사」 『조선시대 다스림으로 본 성저십리』 서울역사편찬원.

이현진, 2019(b) 「효명세자의 상장례와 代理聽政 세자의 위상」 『東洋古典硏究』 75.

이현진, 2021 「조선후기 왕후 국상과 後金·淸의 弔問」 『東洋古典硏究』 84.

이현진·손신영, 2017 「조선후기 궁궐의 殿閣 月臺와 의례 -〈동궐도〉와 〈서궐도안〉을 대상으로-」 『東洋古典硏究』 67.

이현진·이혜원, 2019 「조선후기 왕실 喪葬에서 魂宮의 형성과 공간구성 -창경궁 通和殿을 중심으로-」 『朝鮮時代史學報』 88.

李蕙遠, 2009 『景福宮 중건 이후 殿閣構成의 변화-「경복궁배치도」와 「北闕圖形」을 중심으로-』 경기대학교 건축공학과 박사학위논문.

임민혁, 2007 「대한제국기 『大韓禮典』의 편찬과 황제국 의례」 『역사와 실학』 34.

장경호, 2018 「명성황후 시해사건과 춘생문사건 당시 미국의 태도」 『江原史學』 31.

장동우, 2015 「茶山 『喪儀節要』의 淵源과 再成文化의 原則」 『韓國實學硏究』 30.

장영숙, 2014 「李王職의 『高宗·純宗實錄』 편찬사업과 그 실상」 『사학연구』 116.

장영숙, 2017 「『한성신보』의 고종과 명성황후에 대한 인식과 평가」 『한국민족운동사연구』 93.

장영숙, 2018 「대한제국기 『대한예전』 편찬의 정치적 배경과 의미」 『한국민족운동사연구』 97.

전성건, 2016 「19세기 삼례서연구의 다양성과 고증학의 영향 -정약용, 심대윤, 이진상을 중심으로-」 『韓國漢文學硏究』 62.

정욱재, 2016 「日本 宮內廳 所藏 '公族實錄'의 편찬과 특징 -『李熹公實錄』·『李熹公實錄資料』·『李埈公實錄』·『李埈公實錄資料』를 중심으로- 」 『韓國史學報』 64.

丁裕美, 2000 「朝鮮時代 궁궐의 喪·葬禮공간에 관한 硏究」 고려대학교 건축공학과 식사학위논문.

정희찬, 2011 「갑오개혁기(1894~96년) 상납 愆滯 문제와 公錢의 換送」 『韓國史論』(서울대학교 국사학과) 57.

韓哲昊, 1992「甲午更張 中(1894~1896) 貞洞派의 改革活動과 그 意義」『國史館論叢』36.

홍문기, 2006「甲午改革 이후 秘書機關의 변천과 君主權」『韓國史論』(서울대학교 국사학과) 52.

홍석주, 2008「정자각과 가정자각의 조성원칙에 관한 연구」 한국건축역사학회 2008년 춘계학술발표대회 발표문.

홍순민, 2010「광무 연간 전후 경운궁의 조영 경위와 공간구조」『서울학연구』40.

홍웅호, 2010「철도부설권과 러시아의 동아시아 정책」『사림』35.

4. 웹사이트

고려사: http://www.krpia.co.kr/

조선왕조실록: http://sillok.history.go.kr

승정원일기: http://sjw.history.go.kr

일성록: http://kyudb.snu.ac.kr, http://db.itkc.or.kr

규장각한국학연구원: http://e-kyujanggak.snu.ac.kr, http://kyudb.snu.ac.kr

장서각: http://jsg.aks.ac.kr/

한국고전종합DB: http://db.itkc.or.kr

국립중앙박물관 외규장각의궤: http://uigwe.museum.go.kr/

프랑스 국립도서관: http://www.bnf.fr/fr/acc/x.accueil.html

국립문화재연구소: https://www.nrich.go.kr/

국립고궁박물관: https://www.gogung.go.kr/

독례통고·속자치통감: https://sou-yun.com/

국립국어원: https://www.korean.go.kr/

네이버 뉴스라이브러리: newslibrary.naver.com

찾아보기

ㄱ

ㅂ

ㅇ

ㅊ

ㅌ

ㅍ

ㅎ

조선과 대한제국 의례의 경계

초판 1쇄 발행 2022년 3월 4일

지은이 이현진
펴낸이 김길준
펴낸곳 (학)신구학원신구문화사
디자인 은디자인

등록 1968. 6. 10. 제1-205호
주소 경기도 성남시 중원구 광명로 377 우촌학사 1층
전화 031-741-3055~6
팩스 031-741-3054
이메일 shingupub@naver.com
홈페이지 www.shingubook.com

ISBN 978-89-7668-262-8 93900

값 35,000원